대통령의 성적표

대통령의 성적표

THE AMERICAN PRESIDENTS
RANKED BY PERFORMANCE

찰스 F. 파버 | 리처드 B. 파버 지음
김형곤 옮김

혜안

우리들의 부모님
이네즈 맥엘리스터 파버와
리처드 앤드류 파버를 기억하며

| 감사의 글 |

    우리는 사랑과 이해와 격려를 보내준 많은 친구와 친척에게 진심으로 감사를 드린다. 만약 이들의 도움이 없었다면 이 책은 결코 쓰여지지 못했을 것이다. 특히 이 책을 위해 연구를 하는 동안 인내와 관용으로 격려를 아끼지 않았던 팻(Pat)과 팜(Pam)에게 특별한 감사를 드리지 않을 수가 없다. 또한 우리는 파멜라 파버(Pamela Faber)와 엘리자베스 파버(Elizabeth Faber)가 우리의 연구과정을 기꺼이 도와 준 것에 감사를 드린다. 팻트리샤 파버(Patricia Faber)와 데보라 웹(Deborah Webb)은 이 책의 전체 원고를 꼼꼼히 읽어주어 매우 통찰력 있는 비판을 제공해 주었다. 이들의 노고와 공헌에도 감사를 드린다.

    우리는 역시 드모인 공공도서관의 연구 사서들의 도움에도 감사 드리며, 렉싱턴 공공도서관, 켄터키 대학 도서관, 매사추세츠주 샤론 공공도서관의 직원들이 보여준 특별한 도움과 친절에도 감사 드린다.

    일생을 통한 학문에 대한 우리의 사랑은 모두 우리의 부모로부터 물려받은 것이다. 여기에 카우 대학에서 근무했던 호와드 화이트(Howard White)와 돈 페렌바흐(Don Fehrenbacher) 두 교수는 우리에게 지식은 물론 정의와 민주주의 원리에 대한 열정과 헌신적 노력을 가르쳐 주었다. 또한 시카고 대학의 교수 로알드 캠벨과 노던 아이오와 대학의 교수 허버트 마굴리스(Herbert Margulies)에게도 감사를 드린다.

찰스 F. 파버

리처드 B. 파버

6

| 옮긴이의 말 |

이 책은 대학교수로 많은 책을 쓴 찰스 파버(Charles F. Faber)와 교사이자 공무원이자 공군장교였던 리처드 파버(Richard B. Faber)가 공동으로 집필한 미국 대통령들에 대한 평가서 중 하나인 *The American Presidents Ranked by Performance* (Jefferson, North Carolina: McFarland & Company, Inc., Publishers, 2000)를 번역한 책이다.

누가 가장 성공한 대통령인가? 누가 가장 실패한 대통령인가? 1948년 아서 슐레징어 1세(Arthur M. Schlesinger, Sr.,)에 의해 미국 역대 대통령들에 대한 평가가 나온 이래 지금까지 너무나 다양한 평가가 나오고 있다. 어떤 경우는 여론조사를 통해, 어떤 경우는 저자의 개인적 판단에 의해 평가가 매겨져 각각의 대통령들은 그 성공과 실패의 잔을 마셔야만 했다. 그동안의 거의 모든 평가에서 링컨, 프랭클린 루스벨트, 워싱턴은 최고로 성공한 대통령으로 평가를 받고 있다. 반면 하딩, 그랜트, 닉슨 등은 가장 실패한 대통령으로 평가를 받고 있다.

여론조사와 개인적 판단에 의한 평가는 그가 대통령이 되기 전이나, 대통령을 마치고 난 후에까지의 범위를 포함하고 있다. 따라서 그동안의 평가에서는 그가 대통령이 되기 전이나 되고 난 후의 일들이 첨부되어 평가된 관계로 대통령으로서의 업무수행에 따른 성공과 실패 여부가 정확하고 개관적인 평가를 하지 못한 경우가 없지 않았다. 또한 그동안의 평가는 평가에 대한 정확하고 객관적인 판단기준이 없었던 것이 대부분이었다.

그러나 이 책은 대통령으로서의 업무수행을 기초로 하여 평가를 하고 있다. 또한 평가에 대한 정확하고 객관적인 판단기준을 세워 각 영역별로의 업무수행을 나누고 각 영역별로 10항목씩의 하부 판단기준을 제시하였다. 평가방식을 체계적으로 구상했는데, 이 방식을 통해 각 대통령을 다음과 같은 다섯 가지 업무수행 영역에서 평가하였다. 외교를 비롯한 대외관계와 관련된 업무수행, 국내의 각종 문제 및 사업에 대한 업무수행, 행정부와 정부 내에 관련된 업무수행, 지도력 및 의사결정과 관련된 업무수행, 개인적 성격과 도덕성이다. 더불어 각각의 업무수행 영역에 10개의 하부 영역을 제시하였다. 또 각각의 하부 영역마다 긍정적인 지표와 부정적인 지표를 제시하였다. 긍정적인 지표에 대해서는 어떤 대통령이든 1점 혹은 2점의 점수를 부여하고, 역으로 부정적인 지표에는 어떤 대통령이든 -1점 혹은 -2점의 점수를 부여하였다. 이렇게 하면 이론적으로 -20점에서 +20점까지의 범위에서 대통령들이 각 영역마다 자신의 점수를 받을 수 있다. 이렇게 해서 전체 다섯 영역에서 각 대통령이 받을 수 있는 점수의 범위는 -100점에서 +100점이 된다.

따라서 이 책을 통해 우리는 왜 링컨, 프랭클린 루스벨트, 워싱턴 등이 최고의 대통령으로 평가받고, 반면 하딩, 닉슨, 그랜트 등은 최악의 대통령으로 평가받고 있는지 그 구체적인 이유를 알 수 있다.

이러한 평가의 결과가 미국 민주주의 발전에 지대한 기여를 하고 있음은 말할 필요도 없다. 이러한 연구는 대통령이 무엇을 위해 노력해야 하고, 어떻게 행동해야 하는가에 대한 시금석을 제공해 주고 있다.

미국이 200년을 넘기는 동안 세계 최고의 강대국이 된 데에는 여러 가지 이유가 있을 것이다. 그것은 물리적 요인으로 풍부한 자원, 지정학적 위치, 방대한 영토가 있고, 정신적 요인으로 국민들이 부단히 일하게 만드는 청교도 중심의 근로윤리와 다른 사람과 달라지려는 부단한 노력을 보여주는 개인주의가 있으며, 인적 요인으로 막대한 노동력을 제공하는 끊임없는 이민이 있었다. 문제는 이러한 요인들을 종합하여 국가발전을 위한 정책으로 만들어 실천해 나간 주체세력으로 바로 훌륭한 지도자가 있었다는 것이다. 물론 역대 모든 대통령이 성공적인 대통령은 아니었다. 물론 모든 대통령이 실패한 대통령은 아니었다. 오늘날의 미국 국민은 물론 대통령이 되고자 하는 사람들은 대통령에 대한 평가 결과를 통해 자신들의 지난 대통령들의 성공과 실패 여부를 똑바로 보고 평가할 수 있는 많은 기회를 부여받고 있고, 이를 통해 국민들은 어떤 자질과 능력을 가진 사람을 대통령으로 뽑을 것인가, 또 대통령이 되고자 하는 사람들은 어떤 행동을 해야만 위대한 대통령이 될 수 있는가에 대한 지표를 제공받고 있다.

대한민국 정부가 수립되고 반세기를 넘기는 시기 동안 우리는 지금까지 8명의 대통령을 내고 있는데 역대 대통령들에 대한 객관적인 차원의 평가는 단 한 번도 나온 적이 없다. 지금 또 한 명의 다른 대통령이 역사 속에 등장하고 있다. 이제 우리나라도 성공적인 대통령이 나와야만 한다. 더 이상 실패한 대통령이라는 불명예를 우리의 대통령들에게 주어서는 안 되며, 더 이상 최악의 대통령을 둔 국민이라는 오명을 남겨서도 안 된다.

물론 미국과 우리나라의 입장은 많은 면에서 서로 다르다. 그러나 국가를 운영해 가는 기본적 정체성은 우리나 미국이나 모두 같은 대통령제다. 분명 우리도 적어도 제도적으로는 민주공화국으로서 대통령제를 가지고 있다. 모든 대통령은 아니지만 미국 국민들은 많은 대통령에 대해 자부심을 가지고 그런 대통령이 자신들의 지도자라는 사실에 기뻐하고 있다. 우리도 그들처럼 우리의 대통령에 대해 자부심을 갖고 그가 우리의 지도자라는 사실에 기뻐할 수 있는 기회를 가지고 싶다.

물론 평가의 세부지표는 다를 수 있고, 또 달라야 한다. 그러나 이러한 방법의 평가를 통해 역대 대통령에 대한 보다 정확하고 객관적인 평가를 내려야 한다고 생각한다. 단순히 경제를 누가 잘하고, 외교를 누가 잘하고, 통일안보를 누가 잘하고, 또 내치를 누가 잘하고의 차원을 초월하여 국정을 운영하는 데 종합적으로 어느 대통령이 왜 최고의 평가를 받고, 왜 최악의 평가를 받아야 하는가에 대한 연구가 있어야 한다고 생각한다.

미국 역대 대통령들의 업무수행을 기초로 한 이 평가서는 우리 국민 모두가 자부심을 가질 수 있는 대통령을 선택하고 그 사람을 위대한 대통령으로 만들 수 있는 방법을 제시해 주고 있다. 또 이 책은 대통령이 되고자 하는 사람, 대통령이 되었던 사람, 대통령을 보좌하는 모든 사람이 어떤 역할을 해야 하는지에 대해 교훈을 주고 있다. 그래서 무엇보다 성공하는 대통령을 간절히 바라고 있는 국민들 모두에게 이 책을 권하고 싶다.

우리는 9·11테러 이후 테러리스트와의 전쟁, 후세인 축출, 북한 핵무기 등의 문제에 있어 오만할 정도로 미국 주도의 문제해결방법을 취하고 있는 현실을 그대로 인정할 수 없다. 여중생 압사사건의 범인들인 두 명의 미군 병사에 대한 무죄평결로 인한 한국 국민들의 반대감정이 더욱 강화되고 있다. 분명하게 밝히건대, 미국의 위대한 대통령들은 미국뿐만 아니라 세계 속의 일원으로서의 미국, 다른 나라와 공존하는 미국을 만들어 간 대통령이라는 사실을 명심해 주었으면 한다.

어려운 사정에도 불구하고 늘상 역사와 문화 발전에 일조하고 계시는 혜안의 사장님과 편집장님, 그리고 모든 식구들에게 감사드린다.

2003년 1월 1일
푸른 '한솔'을 바라보며 김형곤

| 글싣는 차례 |

미국 대통령 중 누가 가장 위대한가? 어느 대통령이 가장 실패했는가? 이러한 문제는 일반 대중들뿐 아니라 과거의 역사를 정리하고 사람들과 사건들의 중요성을 평가하는 전문적인 역사가들에게 매우 흥미를 유발시키는 질문들이다. 그동안 대통령을 평가하고 등급을 매기는 일은 반세기 이상이나 여러 책과 전문적인 저널, 그리고 대중 언론을 통해서 발표되어 왔다. 클린턴 로시터(Clinton Rossiter)는 대통령을 평가하는 일을 "역사적인 마음을 가지고 있는 미국인들의 가장 큰 흥미를 끄는 실내 스포츠와 같다"고 했다.[1] 베리 리코(Barry Ricco)는 "역사가들의 이와 같은 가장 좋아하는 실내 스포츠는 그동안 너무나 많은 유사(類似) 전문가들이 실외 스포츠로 즐기면서 놀았다"고 말하면서, 이제야말로 이 스포츠를 전문가 집단에게 넘겨주어야 할 시기라고 주장했다.[2] 그러나 이와는 다른 견해로 로버트 머레이(Robert Murray)와 팀 블레싱(Tim Blessing)은 다음과 같이 말했다. "만약 어떤 사람이 운동경기나 임대 자동차 대리점이나 패스트푸드 체인점의 운영에서 1등을 하는 사람으로 선택될 수 있을진대, 대통령직에서는 왜 안 되겠는가?"[3]

정말 왜 못하겠는가? 대통령을 평가하는 방법 중 세 가지가 지난 50년 동안 이용되어 왔다. 가장 잘 알려지고 널리 이용된 것은 전문적인 학자들과 일반 대중들을 대상으로 하는 여론조사였다. 두 번째는 개인 전문가의 견해를

---

1) Clinton Rossiter, *The American Presidency* (New York: New American Library, 1960), 137.
2) Barry D. Riccio, "The U.S. Presidency and the Ratings Game," *The Historian* 52 (August 1990), 583.
3) Robert K. Murray and Tim H. Blessing, "The Presidential Performance Study: A Progress Report," *The Journal of American History* 70 (December 1983), 535.

전적으로 반영하여 쓰여진 책이 있다. 세 번째는 전적으로 주관적인 판단에서부터 보다 과학적인 노력까지 상당한 공을 들인 유형별 분류를 통한 연구가 있어 왔다.

이 책은 평가방법의 네 번째를 제시한다. 광범위한 조사와 연구 이후 우리는 여론조사에 따르는 판단보다 우리 자신의 판단과 평가를 기본으로 삼아 대통령들을 평가했고 잘 정리하여 그 순위를 매겼다. 기존의 다른 연구들과는 대조적으로 이 책의 연구는 평가의 판단기준을 제시했다. 또한 평가에 앞서 각각의 판단 기준에 대한 긍정적인 지표와 부정적인 지표를 미리 제시했다. 그래서 우리는 우리의 평가에 기본이 되는 정확한 판단 기준을 알 수 있을 뿐만 아니라 각각의 판단 기준의 근거가 무엇인지도 알 수 있다.

이 책의 가장 명확하고 큰 특징은 다른 연구나 책들보다 가장 최근에 이루어졌다는 것이며, 따라서 이 책은 이전의 그 어떤 책들보다 더 많은 대통령을 다루고 있다는 점이다. 또한 우리는 이 책에서 보다 최근에 쓰여진 많은 전기를 비롯한 대통령 평가에 대한 연구를 이용했다는 점이다. 이러한 전기와 연구서의 대부분은 이전에 역사가들과 학자들이 이용하기가 어려웠던 대통령과 관련된 많은 원사료를 기초로 하여 만들어진 것이다.

대통령을 평가한 기존 연구에 대한 회고

여론조사를 통한 평가

지난 50년 동안 최소한 여덟 차례에 걸친 여론조사가 이루어졌다. 이런 여론조사의 방법은 대통령을 평가하는 질문에 대해 역사가들과 다른 응답자들이 대답을 하는 식으로 이루어졌다.

최초의 여론조사는 1948년 미국에서 가장 뛰어난 역사가 중의 한 사람인 하버드의 아서 슐레징어 1세(Arthur M. Schlesinger, Sr.)에 의해 수행되었다. 이 여론조사의 결과는 『라이프』(Life)[4] 지에 실려 발표되어 수많은 대중들의 주목을 받았다. 슐레징어는 55명의 학자들을 대상으로 여론조사를 실시했는데 이들은 대부분 역사가였다. 응답자들은 각각의 대통령을 다음과 같은 하나의 범주-위대한(Great), 위대함에 가까운(Near Great), 평균(Average), 평균이하(Below Average), 낙제(Failure)-에 넣을 것을 요구받았다. 그러나 여기에는 평가를 위해 특정하게 지정된 그 어떤 판단 기준은 없었다. 각각의 경우에 평가는 "대통령이 되기 전이나 그 후에 이루어진 일에 대해서는 무시되었고, 단지 대통령직에 있을 때에 수행한 일에 대해서만 이루어지도록 요구되었다."5) 슐레징어는 이 조사를 통해 6명의 대통령에게 '위대한' 점수를 주었다. 링컨, 워싱턴, 프랭클린 루스벨트, 윌슨, 제퍼슨, 잭슨이다. 시어도어 루스벨트, 클리블랜드, 존 애덤스, 포크는 '위대함에 가까운' 점수를 받았다. 그랜트와 하딩은 '낙제' 점수를 받았고, 타일러, 쿨리지, 필모어, 테일러, 뷰캐넌, 피어스는 '평균 이하' 점수를 받았다.

그 후 14년이 지나고 1962년에 슐레징어는 두 번째 여론조사를 실시했다. 이번에는 58명의 역사가들이 포함된 75명의 전문가(역사가를 제외한 나머지는 대부분 정치학자나 저널리스트 였다)를 동반한 조사였다. 슐레징어는 이 여론조사를 『뉴욕 타임즈 매거진』(*New York Times Magazine*)에 발표했다.6) 이 조사에서도 슐레징어는 처음 때와 마찬가지로 유사한 방법을 이용했다. 그는 응답자들에게 각각의 대통령을 다섯 범주 중의 하나에 넣도록 요구했다. 그리고 역시 이번에도 평가를 위한 어떤 특정한 판단 기준은 제시하지 않았다. 이 조사를 정리하면서 슐레징어는 "이 여론조사에 참가한 각각의 참가자들은 어떤 특정한 대통령과 행정부를 좋게 평가하고 나쁘게 평가하는 데 도움을 주는 복잡한 요인을 고려한 상대적인 중요성에 따르는 자신의 평가 측도를 적용했다"고 썼다.7)

4) Arthur M. Schlesinger, Sr., "Historian Rate U.S Presidents," *Life* (November 1, 1948), 65~66, 68, 73~74.
5) Thomas A. Bailey, *Presidential Greatness: The Image and the Man from George Washington to the President* (New York: Appleton-Century, 1962), 24.
6) Arthur M. Schlesinger, Sr., "Our Presidents: A Rating by 75 Historians," *New York Times Magazine* (July 29, 1962), 12~13, 40~41, 43.
7) *Ibid.*, 12.

이 두 번째 여론조사로부터 매겨진 순위도 처음 것과 거의 비슷했다. 잭슨이 '위대한'에서 '위대함에 가까운'으로 강등되었다. 반면 첫 번째 조사에서는 포함되지 않았던 트루먼이 '위대함에 가까운'으로 평가되었다. '평균이하'와 '낙제'에는 8명의 대통령이 그대로 들어갔다. 이 여론조사의 결과 역시 수많은 대중들의 관심과 주목을 받았고 절대적인 인정을 받았다.

1968년에 캔자스 대학의 사회학자인 게리 마라넬(Gary M. Maranell)은 슐레징어의 여론조사를 확대시키고 최신 데이터로 새로 정리하는 조사를 시행했다.8) 그는 미국 역사가 협회(Organization of American Historians)의 회원들 중 무작위로 1095명을 선발하여 조사를 의뢰하고 그 중 571명으로부터 유용한 대답을 받을 수 있었다. 그는 응답자들에게 7개의 서로 다른 범주를 제시하고 각 범주에 따른 11점까지의 점수를 대통령들에게 주도록 요구했다. 마라넬은 이 점수를 종합하여 7개의 서로 다른 범주에서 대통령의 순위를 매겼다. 링컨은 종합적인 명성과 업적에서 1등으로 평가받았다. 프랭클린 루스벨트는 실행력, 대통령의 의욕적 활동, 응답자들의 정보의 총량에서 선두를 차지했다. 윌슨은 이상주의(Idealism)를 실현한 것에 대해 최고 점수를 받았다. 반면 케네디는 융통성에서 최고 점수를 받았다. 마라넬은 비록 종합적인 위대함에 대해서는 분류를 시도하지 않았지만 종합적인 명성을 슐레징어의 여론조사와 비교하여 이용했는데, 약간의 차이만을 드러냈다. 특히 그동안의 여러 조사연구에서 포함되지 않았던 케네디가 마라넬의 종합적인 명성의 범주에서 10위로 등장했다.9)

1981년에 윌리엄 펜 대학의 역사가인 데이비드 포터(David L. Porter)는 41명의 뛰어난 학자들에게 대통령을 평가하도록 요청했다. 그는 슐레징어가 쓴 것과 같은 방법을 이용했는데, 단 슐레징어의 조사에서는 포함되지 않았던 최근의 대통령을 포함시켰다. 그는 이 조사를 통해 슐레징어의 두 번째 여론조사와 아주 비슷한 결과를 얻었다. 단 시어도어 루스벨트와 윌슨이 상위 두

---

8) Gary M. Maranell, "The Evaluation of Presidents: An Extention of the Schlesinger Polls," *Journal of American History* 57 (June 1970), 104~131.

9) *Ibid*., 107.

그룹에서 서로 자리를 바꾸어 점수를 받았고, 슐레징어의 경우 때는 평가되지 않았던 린든 존슨이 클리블랜드를 대신하여 위대함에 가까운 점수를 받았다. 슐레징어가 평가한 평균이하의 점수를 받은 5명의 대통령은 포터의 조사에서도 마찬가지 평가를 받았다. 단지 뷰캐넌은 실패 점수로 강등되었다. 또한 앤드류 존슨은 평균이하로 한 단계 강등되었고, 반면 그랜트는 한 단계 상승되었다. 하딩은 실패 점수를 그대로 유지했고, 닉슨이 새롭게 실패 점수를 받았다. 이 여론조사의 결과는 1987년에 출판되었다.[10)]

1982년에 『시카고 트리뷴 매거진』(Chicago Tribune Magazine)의 정치부 기자인 스티브 닐(Steve Neal)은 대통령에 대한 전기나 연구서를 낸 경험이 있는 역사가와 정치학자들 49명을 대상으로 여론조사를 실시했다. 그는 응답자들에게 다섯 범주를 제시하고 각각 0점에서 5점까지의 점수를 주어 대통령을 평가하도록 요구했다. 다섯 범주는 지도력, 업적, 정치력, 인사, 성격이다. 그는 역시 응답자들에게 역대 대통령 중 10명의 최고와 10명의 최악을 선정해 주도록 요구했다. 닐의 조사 결과는 『시카고 트리뷴 매거진』에 공표되었다.[11)] 점수를 종합해서 매긴 순위는 10명의 최고와 10명의 최악의 대통령의 명단과 완전하게는 일치하지 않았다. 닐의 최고의 대통령 10명에는 포터의 여론조사에 의해 확인된 위대함과 위대함에 가까운 11명 중 9명이 포함되었다. 닐의 명단에서는 존 애덤스와 린든 존슨이 빠지고, 최고의 대통령 10명에는 포터의 여론조사에서는 단지 평균으로 평가 받았던 아이젠하워가 포함되었다.

지금까지의 그 어떤 조사보다도 훨씬 광범위한 연구가 1982년 펜실베이니아 대학 역사학 교수인 로버트 머레이(Robert K. Murray)와 그의 지도 아래 박사학위를 준비중인 팀 블레싱(Tim H. Blessing)에 의해 이루어졌다. 그들은 세부 항목별로 구성된 설문지 2000장 이상을 박사학위를 가진 조교수 이상으로 지난 2년 동안 미국 역사협회에 소속되어 있는 모든 미국 역사가들에게

---

10) David Porter, "American Historian Rate Our Presidents" in William Pederson and Ann M. McLaurin (ed.) *The Rating Game in American Politics* (New York: Irvington Publishers, 1987), 33.
11) Steve Neal, "Our Best and Worst Presidents," *Chicago Tribune Magazine* (January 10, 1982), 8~13, 15, 18.

보냈다. 그들은 846명으로부터 유용한 대답을 받았다. 이들의 종합 결과는
『미국 역사저널』(*The Journal of American History*)[12]에 공표되었고, 이를
다시 잘 정리하여 그들의 책을 통해 발표되었다.[13]

　머레이와 블레싱은 그들의 응답자가 이용할 판단 기준을 제시하지 않았다.
그러나 그들은 속속들이 철저하게 규명해 내는 설문지를 통해 응답자들에게
사실상 평가를 위한 판단 기준을 제시했다. 머레이와 블레싱의 여론조사는
위대한 대통령으로 4명을 선정했다. 링컨, 프랭클린 루스벨트, 워싱턴, 제퍼슨
이다. 시어도어 루스벨트, 윌슨, 잭슨, 트루먼은 위대함에 근접한 대통령으로
선정되었다. 상위 두 그룹에 속한 모든 대통령들은 『시카고 트리뷴』에 발표된
최고의 대통령 10명에 포함되어 있었다. 머레이와 블레싱은 평균이하의 대통
령으로 5명을 선정했는데, 테일러, 타일러, 필모어, 쿨리지, 피어스였다. 또한
앤드류 존슨, 뷰캐넌, 닉슨, 그랜트, 하딩을 5명의 실패한 대통령으로 선정했다.
머레이와 블레싱의 조사가 닐의 조사와 너무나 일치했다는 것은 참으로
인상적인 일이었다. 두 조사에서의 나타난 차이라면 최악의 대통령에 닐은
카트를 선정했는데, 머레이와 블레싱은 테일러를 선정한 것이다.

　1989년에 윌리엄 라이딩스 2세(William J. Ridings, Jr.,)와 스튜어트 머기버
(Stuart B. McIver)는 719명의 전문가들을 대상으로 여론조사를 실시했다.
이들의 대부분은 역사가였고, 여기에는 정치가, 저널리스트, 그리고 각계의
명사들이 포함되어 있었다. 여론조사에서 참가자들은 다섯 가지의 범주 속에
서 대통령을 평가하도록 요구되었다. 지도력, 업적 및 위기관리능력, 성격과
도덕성, 정치력, 인사 영역이었다. 참가들은 또한 10명의 최고의 대통령과
10명의 최악의 대통령을 선정하고 그 각각의 대통령들에게 A에서 F까지
점수를 매기도록 요구받았다. 특정적인 날짜는 아니지만 후에 이 여론조사에
참가한 응답자들은 새롭게 갱신된 결과를 내놓았다. 이 조사에서는 초기에
포함되지 않았던 부시와 클린턴도 포함되어 있었다. 두 번에 걸친 여론조사는

12) Murray and Blessing, "The Presidential Performance Study: A Progress Report," 535~555.
13) Robert K. Murray and Tim H. Blessing, *Greatness in the White House: Rating the Presidents Washington through Carter* (University Park: Pennsylvania State University Press, 1988).

적절하게 결합되어 1997년에『대통령 평가』(Rating the Presidents)라는 제목으로 출판되었다.[14] 이 여론조사는 겨우 30일 동안 대통령직에 있었던 윌리엄 헨리 해리슨(William Henry Harrison)을 포함하여 역대의 모든 대통령을 평가했다. 라이딩스-머기버 여론조사에서 상위 8위까지의 대통령은 다음과 같다. 링컨, 프랭클린 루스벨트, 워싱턴, 제퍼슨, 시어도어 루스벨트, 윌슨, 트루먼, 잭슨. 하위 8명은 타일러, 윌리엄 해리슨, 필모어, 피어스, 그랜트, 앤드류 존슨, 뷰캐넌, 하딩이다.

슐레징어의 세 번째 여론조사가 1996년 슐레징어 2세(Arthur M. Schlesinger, Jr.,)에 의해 이루어졌다. 자신의 아버지가 대통령에 대한 여론조사 게임을 시작한 지 50년 후다. 아버지와 같은 방법론을 사용한 슐레징어 2세는 아버지와 비슷한 결과를 얻었다. 링컨, 워싱턴, 프랭클린 루스벨트가 위대한 점수를 받았고, 제퍼슨, 잭슨, 포크, 시어도어 루스벨트, 윌슨, 트루먼이 위대함에 가까운 평가를 받았다. 실패한 대통령은 피어스, 뷰캐넌, 앤드류 존슨, 그랜트, 하딩, 후버, 닉슨이었다. 슐레징어 2세의 조사는『뉴욕 타임즈 매거진』(New York Times Magazine)에 발표되었다.[15]

여론조사를 통한 대통령의 평가는 매우 흥미롭고 유용한 것이기는 하지만 이것들은 거의 모두 다 같은 결점을 가지고 있다. 이런 여론조사들 중 그 어떤 것도 평가를 하는 데 이용할 의미 있고 상세한 판단 기준을 제시하지 않았다. 평가를 하는 데 판단기준을 규정하지 않은 또 다른 여론조사를 비판한 머레이-블레싱의 연구도 사실상 비슷한 결점을 가지고 있다. 응답자들의 대답과 변할 수 있는 어떤 가변성 사이에서 판단 기준을 제시하고자 하는 것은 우리들이 볼 때 올바른 평가를 위한 적절한 조처가 아닌 듯하다.

응답자들에게 위대한 순서대로 대통령 순위를 매기도록 요구한 여론조사는 아무것도 없었다. 그 대신 대통령에 대해 각 범주마다 숫자로 나타낸 평가를 하도록 요구되었다. 여론조사에 참가한 응답자들은 각 대통령에 대한 작은

---

14) William J. Ridings, Jr., and Stuart B. McIver, *Rating the Presidents* (Secaucus., NJ: Citadel Press, 1997).
15) Arthur M. Schlesinger, Jr., "The Ultimate Approval Rating," *New York Times Magazine* (December 15, 1966), 46~51.

차이의 점수를 계산하고 평균점수에 따라 순위를 매겨야 했다. 만약 링컨이 여론조사를 통한 순위 매김에서 최고의 자리에 오르는 평가를 받았다면, 이것은 조사에 참가한 응답자들 모두가 링컨이 가장 위대한 대통령이라고 믿고 그런 평가를 내렸다는 것을 의미하지 않는다. 단지 각 범주마다 숫자로 나타낸 점수가 계산되었을 때 작은 차이의 점수가 최고라는 것을 의미했다.

학자들에 의한 여론조사와 더불어 국가적 차원의 공식 여론조사가 있었다. 국가적 차원의 여론조사는 그 어느 것도 모든 대통령을 평가하여 그 결과를 공표한 것은 없다. 1945년 7월에 덴버 대학에 있는 전국여론조사국은 미국 전역의 일반 대중을 대상으로 하여 그동안 이 나라에 살아온 가장 위대한 사람 2명 내지 3명을 선정해 줄 것을 요청했다. 이 질문은 대통령으로 한정시키지 않았지만, 응답의 내용은 상위 12위까지 7명이 대통령이었다. 그 중 한 명은 아이젠하워 장군이었는데, 그는 곧바로 대통령이 되었다. 이때 선정된 7명의 대통령을 순위대로 보면 프랭클린 루스벨트, 링컨, 워싱턴, 윌슨, 제퍼슨, 시어도어 루스벨트, 트루먼의 순이다. 대통령이 아닌 위대한 사람으로 선정된 사람은 토머스 에디슨, 헨리 포드, 벤저민 프랭클린, 장군 아이젠하워, 장군 맥아더가 있다. 토머스 베일리(Thomas A. Bailey)가 지적했듯이 대중들은 항상 현재의 견해에 영향을 받은 결과로 보인다.[16] 상위 12명 중 8명이 20세기 인물이었다.

이 시대에 일반 대중을 대상으로 한 가장 뛰어난 여론조사가인 조지 갤럽 (George H. Gallup)은 1956년에 한 여론조사를 실시했다. 이 조사의 질문은 다음과 같았다. "당신은 가장 위대한 미국 대통령 3명을 누구라고 생각하는가?" 당초 이 조사는 1800명의 응답자를 기대했었다. 그러나 모험적인 이 계획은 그 일부를 포기할 수밖에 없었는데 그 이유는 단지 평범한 미국인들이 의미있는 대답을 내놓을 수 있을 만큼 과거사에 대한 지식이 충분하지 못하다는 사실이 명백했기 때문이다.[17] 부분적으로나마 이 조사의 최종적인 결과는 프랭클린 루스벨트를 최고의 대통령으로 선정했고, 그 뒤를 링컨, 워싱턴,

16) Bailey, *Presidential Presidents*, 21.
17) *Ibid.*

아이젠하워, 트루먼, 윌슨, 시어도어 루스벨트, 제퍼슨, 후버, 쿨리지가 이었다. 이 조사에서도 다시 한 번 현재의 견해가 지배적이라는 사실이 확인되었다. 선정된 대통령 가운데 7명은 최근 인물이었다. 심지어 후버와 쿨리지의 경우 역사가들이 전혀 위대한 대통령으로 보고 있지 않음에도 포함되었는데, 이는 현재의 견해가 얼마나 지배적인가를 단적으로 보여준다. 상위 10명에서 단지 3명만이 18세기와 19세기 대통령으로 워싱턴, 링컨, 제퍼슨이었다.

개인에 의한 평가

개인에 의한 대통령 평가는 대부분 슐레징어의 1차 조사에 영감을 받았다. 이런 평가 중 모든 대통령을 대상으로 삼은 것은 하나도 없다. 개인에 의한 평가의 가장 일반적인 방법은 작가가 먼저 가장 위대한 대통령이라고 믿는 7명 내지 10명의 대통령을 선정하고 나서, 왜 그들이 선정되어야 하는가를 설명하는 식이다. 이들 평가의 기준은 여론조사를 이용하거나 작가 자신이 만든 판단기준을 이용했다.

이런 종류의 평가 중 가장 잘 알려진 것은 정치학자이자 역사가인 클린턴 로시터(Clinton Rossiter)의 『미국 대통령』(*The American Presidency*)이다.[18] 로시터는 적극적이고 활동적인 대통령에게 최고의 점수를 주었다. 특히 국가가 위기에 처해 있을 때 주도권을 행사하여 문제를 해결한 대통령에게 최고의 점수를 주었다. 그가 칭찬을 아끼지 않은 대통령은 워싱턴, 제퍼슨, 잭슨, 링컨, 시어도어 루스벨트, 윌슨, 프랭클린 루스벨트, 트루먼이다. 그는 역시 각광을 받지 못한 대통령도 선정했다. 클리블랜드, 해이즈, 앤드류 존슨이 그들이다. 로시터는 대통령이 위기의 시기에 대통령직을 잘 수행했을 경우 그를 위대한 대통령으로 평가할 수 있다고 생각했다. 그는 "이러한 성향은 평온한 시기에 대통령직을 수행하는 사람들에게는 공정하지 않게 작용한다. 그러나 역사가 기록되는 순리가 그러하다"라고 썼다.[19] 그는 역시 위대한

---

18) Rossiter, *The American Presidency.*
19) *Ibid.*, 96.

대통령은 권한을 즐겁게 행사해야만 하다고 주장했다. 그는 "위대한 대통령이 되기 위해서는 늘 위대한 대통령과 같이 생각하고 행동해야한다. 사실 시어도어 루스벨트는 잭슨이나 링컨과 같이 되고자 노력했다"는 의견을 피력했다.[20]

몰턴 볼던(Morton Bolden)은 1961년에 『가장 위대한 미국 대통령 10명』 (*America's Ten Greatest Presidents*)이라는 제목으로 여러 평론을 묶은 평론집을 출판했다.[21] 볼던은 슐레징어의 1차 여론조사에 근거하여 순위에 따른 10명의 대통령을 선정했다. 각각의 학자들은 서로 다른 10편의 평론을 쓰면서 이 주제에 대한 필요성과 가치를 격찬했다. 선정된 대통령은 워싱턴, 존 애덤스, 제퍼슨, 잭슨, 포크, 링컨, 클리블랜드, 윌슨, 시어도어 루스벨트, 프랭클린 루스벨트였다. 볼던은 비록 미국의 대통령을 평가하는 일이 완벽하지 않고 어려운 일이라는 것을 인정했지만 그럼에도 그는 슐레징어가 선정한 위대한 10명을 수용했다. 왜냐하면 슐레징어의 여론조사에 참가한 사람들은 대통령 평가 전문가들이 대거 참가했기 때문이다.

슐레징어의 조사는 정치학자인 헤르만 파이너(Herman Finer)의 『대통령의 위기와 부활』(*The Presidency: Crises and Regeneration*)에서도 이용되었다.[22] 적극적 행동주의와 권한행사가 파이너의 핵심이었다. 그는 역시 신념, 용기, 유능, 일관성, 항구성, 카리스마의 중요성도 인식했다.[23]

케네디 암살사건이 있은 후 얼마 지나지 않은 1964년에 저널리스트인 에릭 스콜스키(Eric Sokolsky)는 『우리의 가장 위대한 대통령 7명』(*Our Seven Greatest Presidents*)을 출판했다.[24] 그는 자신이 영웅으로 생각하는 케네디를 프랭클린 루스벨트, 트루먼, 제퍼슨, 잭슨, 포크, 링컨과 함께 7명의 명단에 올렸다. 그는 초대 대통령을 위대한 7명에 포함시키지 않았는데, 이는 저널리스트의 시각으로 볼 때 워싱턴은 만족할 만한 적극적 행동을 하지 않았기

---

20) *Ibid.*
21) Morton Bolden (ed.), *America's Ten Greatest Presidents* (Chicago: Rand McNally, 1961).
22) Herman Finer, *The Presidency: Crises and Regeneration* (Chicago: University of Chicago Press, 1960).
23) *Ibid.*, 120~147.
24) Eric Sokolsky, *Our Seven Greatest Presidents* (New York: Exposition Press, 1964).

때문이다.

개인에 의한 대통령 평가 중 가장 유용한 책은 스탠포드 대학의 역사가인 토머스 베일리(Thomas Bailey)의 『위대한 대통령』(Presidential Greatness)이다.[25] 베일리는 「측정할 수 없는 것에 대한 측정」, 「편견의 장벽」 등의 제목으로 여러 장을 할애하면서 이러한 평가체계가 태생적으로 안고 있는 단점에 대해 논의한 후 조지 워싱턴에서 린든 존슨에 이르기까지 모든 대통령을 그 자신의 시각대로 평가했다. 베일리는 대통령을 평가하면서 다른 학자들보다 그럴 듯한 대강의 척도를 가지고 평가하려 할 경우, 우리는 우선 보다 정확한 측정의 잣대를 만들어 놓아야 한다는 점을 더욱 분명히 했다. 그는 이상적인 대통령이 반드시 통과해야 할 약 100개 이상의 시험장치를 모아 두었다. 여기에서 그는 43개 항목을 선정하고 그 중에서 35개 항목을 모든 대통령에게 적용했고, 8개 항목은 20세기의 대통령들에게 적용했다.[26] 이러한 판단 기준을 사용했음에도 불구하고 베일리는 대통령의 순위 매기기를 하지 않았다. 그 대신 그는 43개 항목을 이용해서 슐레징어의 여론조사에서 전문가들에 의해 이루어진 판단에 동의를 하는가의 여부를 판단했다.

베일리는 "만약 우리가 대통령들에게 순위를 매겨야 한다면, 내 생각으로 워싱턴이야말로 최고의 자리에 있어야 한다고 믿는다"고 썼다.[27] 그는 자신의 평가에서 존경을 받고 있는 다른 대통령들에게 대해서는 그렇게 관대하지 않았다. 특히 그는 제퍼슨과 잭슨을 격하시켰다. 정직한 아베(HonestAbe : 링컨의 별명)에 대해서 그는 "비록 링컨은 최고로 위대하지는 않지만 위대한 대통령 그 어느 곳에 있어야 한다는 점을 부정하지는 않는다"고 말하여 약간 긍정적 평가를 했다.[28] 베일리는 시어도어 루스벨트와 우드로 윌슨에 대해서는 기껏해야 위대함에 가까운 대통령으로 평가받는다고 말했다.[29] 또한 그는 프랭클린 루스벨트가 미국의 대통령들 중 최고의 자리에 올라야

---

25) Bailey, *Presidential Greatness*.
26) *Ibid.*, 262~266.
27) *Ibid.*, 267.
28) *Ibid.*, 293.
29) *Ibid.*, 308, 312.

한다는 것을 부정할 수 없다고 말했다.[30] 그가 언급한 두 명의 최근의 대통령-
케네디와 린든 존슨-에 대해서는 만족스러운 평가를 내리기에는 시기가
너무 짧아 말을 할 수 없다고 했다. 베일리는 케네디를 격찬했는데, 만약
케네디가 두 번에 걸쳐 8년 동안 대통령직을 지냈다면 그는 아마도 전문가들에
의해 분명 위대함에 가깝거나 위대한 대통령으로 평가받았을 것이라고 말했
다.[31] 1966년 존슨이 현직 대통령으로 있을 때 쓰여진 베일리의 책에서는
존슨에 대해서는 균형 있고 전체적인 평가를 하기에 시기가 너무 짧을 뿐만
아니라 그에 대한 자료도 충분히 공개되지 않은 상태라고 주장했다. 베일리는
균형을 기하여 전체적인 조망을 하기 어렵고, 또 평가를 위한 충분한 자료를
접할 수 없는 경우에는 판단을 신중히 해야 한다는 것을 다음과 같이 설명했다.

위대한 대통령들은 일반적으로 대규모 전쟁을 겪었다. 남 베트남에서
포격이 더해지고 전쟁이 치열해져 감에 따라 린든 존슨은 링컨, 윌슨,
프랭클린 루스벨트와 어깨를 나란히 할 수 있는 유리한 조건을 갖추고
있었다. 말하자면 "린든이 원하는 것이럼 그는 가질 수 있었다"고 생각
한다. 만약 린든이 개인적으로 육체적 쇠약과 국가적으로 경기 침체를
피할 수만 있었다면 그는 아마도 이 명예로운 자리에 오를 수 있었을
것이다. 위기의 시기가 위대한 사람을 만들어 가는 것이 분명한데 그는
분명 위대함으로 가는 도중에 있는 대통령임에 틀림없다.[32]

베일리의 이러한 견해와는 달리 베트남에서의 전쟁 확대는 존슨에게 유리
하게 작용하지 않고 오히려 그를 급격히 전락시키는 것임이 입증되었다.
베일리의 책이 나온 지 겨우 2년 후 존슨은 재선을 포기하였고 그 결정적인
이유는 전쟁 반대여론이었다.

1997년에 남부 네바다 지역사회대학의 전임강사인 프랭크 킹(Frank R.
King)은 『가장 위대한 미국 대통령 9명』(America's Nine Greatest Presidents)을
출간했다. 충분히 예상된 결과에 따라 킹은 워싱턴, 제퍼슨, 링컨, 시어도어

---

30) *Ibid.*, 322.
31) *Ibid.*, 328.
32) *Ibid.*, 334~335.

루스벨트, 프랭클린 루스벨트를 9명의 최고 대통령에 포함시켰다. 그는 역시 먼로, 포크, 트루먼, 아이젠하워도 포함시켰는데, 이들은 모두 다른 조사연구에서도 거의 포함되었지만 단 먼로만은 자주 과소평가 된다. 킹이 탈락시킨 대통령 중 거물은 윌슨이다. 이 연구에서 킹은 각 대통령의 입법상, 군사적, 정치적 업적을 조사하고 각 대통령의 성격, 가치관, 진보성향, 그리고 정치적 업무수행능력 등을 분석했다.[33]

유형별 분류를 통한 평가

루이지애나 주립대학의 윌리엄 페더슨(William D. Pederson)은 대통령을 평가하는 데 있어 유형별 분류를 통한 방법을 사용한 가장 대표적인 학자다. 페더슨과 동료 학자인 앤 맥로린(Ann M. McLaurin)은 듀크 대학의 정치학 교수인 제임스 바버(James David Barber)의 '대통령들에 대한 정신분석인 측면의 분류방법'[34]에 대해 연구를 했다. 그들은 이 연구를 기초로 해서 1987년에 『미국 정치의 학문적인 평가방법』(The Rating Game in American Politics: An Interdisciplinary Approach)이라는 책을 펴내면서 바버의 연구를 다시 발표했다.[35] 바버의 연구에 대한 그들의 주장은 다음과 같다.

'……대통령들을 분석하는' 제임스 바버의 연구는 이 분야에서 의심할 여지없이 가장 논란이 있는 글이다. 또한 정치학 분야에서도 바버의 연구는 가장 많은 숙고와 토론을 요구하는 연구접근방법을 통한 연구다. 바버는 대통령의 행동을 미리 말할 수 있는 능력이 있다고 말했다! 사실 닉슨이 사임하기 여러 해 전에 바버는 닉슨이 스스로를 한 위기 속으로 탈락시킬 것 같다고 예언했다. 바버는 비록 정확히 워터게이트 사건을 예견할 수는 없었지만 그는 닉슨의 인격을 그동안 백악관을 거

---

33) Frank R. King, *America's Nine Greatest Presidents* (Jefferson, NC: McFarland, 1997).

34) James D. Barber, "Analyzing Presidents: From Passive Positive Taft to Active-Negative Nix0n," *The Washington Monthly* 1 (October 1969), 33~54.

35) Ann M. McLaurin and William D. Pederson, *The Rating Game in American Politics: An Interdisciplinary Approach* (New York: Peter Lang, 1987).

쳐 간 주인들 중에서 가장 위험스러운 형태 중 하나로 분류했다. 이 책에서 다시 발표되는 바버의 연구는 정신적으로 건전하지 못한 상태에서 건전한 상태를 분리해 내는 방법으로 네 가지 유형을 설명하고 있다.[36)

바버는 대통령의 특성에 관한 중요한 형태를 두 가지의 큰 도덕성으로 설명했다.

우선 대통령의 성격과 직무에 대한 태도를 기준으로 적극적인 대통령과 소극적인 대통령으로 구분하자. 그리고 일반적으로 즐겁고 낙관적으로 보이는 대통령과 슬프고 비관적이며 짜증을 내는 인상을 주는 대통령으로 구분하자. 이러한 구분을 통한 초보적인 단계의 단서는 대통령의 성격과 특성에 관한 형태별 유형을 예상하게 해준다. '적극-긍정형'(active-positive)은 확신과 융통성을 보여주는 경향이 강하고 합리적인 판단력을 통한 결과 중심적 국정운영을 하는 대통령들이다. '적극-부정형'(active-negative)은 매우 야심적이며 공세적인 성향을 추구하며 적대적인 환경에 대해 권력을 이용하는 투쟁의 대상으로 보는 성향이 강한 대통령들이다. '소극-긍정형'(passive-positive)은 매우 부드러운 성격을 가지고 다른 사람의 조언에 고분고분하며 비판과 원망 대신 칭찬과 사랑을 갈망하는 유형으로 때로는 결단력이 부족한 우유부단한 대통령들이다. '소극-부정형'(passive-nagative)은 복잡한 정치적 상황이나 갈등, 불확실성으로부터 무조건 벗어나고자 하는 유형으로 막연한 사명감과 정식적인 절차를 강조하는 대통령들이다.[37)

정말 이해할 수 없는 일로 바버는 아이젠하워가 소극-부정형에 적합한 대통령이라고 주장했다.[38) 아이크의 그 유명한 쓴웃음이 바버에게는 비애와 짜증의 인상으로 보였던 것이다. 이 책을 쓰고 있는 우리들이 볼 때 이러한 잘못된 판단 하나만 갖고도 바버를 대통령의 특성, 태도, 개성, 그리고 정신적

---

36) Ann M. McLaurin and William D. Pederson, "Dimensions of Rating Game," in Pederson and McLaurin, *The Rating Game in American Politics* 6.

37) Pederson and McLaurin, *The Rating Game in American Politics*, 39~40.

38) *Ibid.*, 54.

건강 등에 대해 전문적인 평가를 하는 사람이라고 보기는 어렵다.

바버가 닉슨이 스스로를 한 위기 속으로 타락시킬 것 같다고 한 예견을 원문대로 정확히 옮겨 보면 다음과 같다. "닉슨은 전임자와 같이 어쩔 수 없이 스스로를 어떤 비참한 상태로 끌고 들어갈 위험이 있다."[39] 사실 이것은 워터게이트에 대한 예견이 아니라 닉슨 역시 린든 존슨이 베트남 전쟁에 연루되어 곤욕을 치른 것과 같은 실수를 할 수 있다는 경고였다. 바버는 닉슨과 존슨을 같은 유형 ─'적극-부정형'─으로 평가했다.[40]

페더슨은 잭슨, 윌슨, 포크, 클리블랜드, 앤드류 존슨, 그리고 두 명의 애덤스를 이 유형(적극-부정형)에 포함시켰다.[41] 그러면 정말 이 모두가 공세적이며 정신적으로 건전하지 못하고 병적이란 말인가?

덧붙여 말하자면 바버는 조지 워싱턴을 소극-부정형에 가장 적합한 대통령이라고 말했다. 페더슨은 바버의 이러한 이례적인 판단에 대해 "대통령직에 대한 현대적인 입장에 따라 이해를 한 결과이며 동시에 국가 탄생 초기의 미국 대통령에 대한 이해가 부족했기 때문"이라고 판단했다.[42]

페더슨은 매라넬의 연구로부터 대통령들의 융통성과 활동성으로부터 도덕성을 구분했다. 그는 대통령을 네 가지 유형으로 분류했는데, 적극적이고 융통성이 있는, 적극적이고 융통성이 없는, 소극적이고 융통성이 있는, 소극적이고 융통성이 없는 유형이다.[43] 매라넬이 분류한 유형과 바버가 분류한 유형 사이에는 높은 상관관계가 있다. 특히 20세기의 대통령들에 대해서는 더욱 관련성이 높다. 이것으로 볼 때 페더슨은 바버가 본래 생각했던 것보다 훨씬 큰 차원에서 대통령의 융통성-비융통성을 평가하고 있었음을 알고 있었다고 할 수 있다.[44] 그럼에도 페더슨은 바버가 사용한 용어에 대해 어떤 설명도 없이 그대로 채택하여 대통령을 적극-긍정형, 적극-부정형, 소극-긍정

---

39) *Ibid.*, 68.
40) *Ibid.*, 56, 62.
41) William D. Pederson, "Amnesty and Presidential Behavior: A 'Barbarian' Test," in Pederson and McLaurin, *The Rating Game in American Politics*, 73.
42) *Ibid.*, 73.
43) *Ibid.*, 72.
44) *Ibid.*, 73.

형, 소극-긍정형으로 분류했다.

페더슨은 선언이나 행정명령의 수단으로 각 대통령이 사면한 사람의 수를 계산하여 평가에 이용했다. 즉, 페더슨은 사면 기록을 각 대통령의 개성적 유형과 관련시켰다. 총 40번의 사면이 이루어진 것을 확인했는데 그 중 15번은 링컨과 앤드류 존슨에 의해 남북전쟁에 뒤이어 이루어졌다.[45] 페더슨은 이것에 대해 말하면서 보다 명백한 이유—전쟁 후 사면에 대한 필요성이 다른 때보다 훨씬 많았다는 사실—를 설명하기보다 이것을 대통령의 유형으로 파악했다. 비록 링컨을 적극-긍정형으로, 존슨을 적극-부정형으로 분류했음에도 불구하고 그는 이를 단순하게 처리해 버렸다.[46] 페더슨의 연구에서 등장한 31명의 다른 대통령들은 총 25회의 사면을 행한 것으로 확인되었다. 이것은 대통령 한 사람당 행한 사면이 한 번도 안 되는 수치다.[47] 수치가 이렇게 보잘 것 없음에도 불구하고, 페더슨은 이러한 사면 기록이 대통령의 특성에 관한 바버의 유형을 지지해 준다고 주장했다.[48] 심지어 페더슨은 지금까지 미국 역사상 범법자에 대해 가장 많은 개인적 사면을 행한 매킨리 대통령에 주목하면서, 필요한 그 어떤 사면을 할 필요성을 미리 없애버린 것에 대해서도 대통령의 특성에 관한 바버의 유형을 지지해 준다고 보았다.[49] 말하자면 페더슨은 매킨리의 행동이 자신의 가설을 가장 잘 뒷받침해 주는 것이라고 생각했던 것이다.[50] 페더슨의 이러한 주장뿐 아니라 그가 설명한 다른 예들도 이 글을 쓰고 있는 우리에게는 터무니없는 것으로 비친다.

비록 우리는 바버와 페더슨의 유형이 완전히 불신당하고 있다고는 말하지 않았지만, 대통령을 평가하는 여타 다른 종류의 글이나 책이 그들의 주장을 이용하지 않는다는 것은 알 수 있다. 분명히 바버의 유형은 정치학에서 가장 논란이 많은 것 중 하나라고는 주장은 두말할 나위도 없다.

---

45) *Ibid.*, 76.
46) *Ibid.*, 77.
47) *Ibid.*, 76.
48) *Ibid.*, 80.
49) *Ibid.*, 79.
50) *Ibid.*

이 책에서 사용한 평가

이 책에서는 우리는 우리 자신의 판단에 의존했다. 우리는 여론조사를 통한 평가를 하지 않았다. 또한 우리는 대통령을 정신분석적인 측면에서 평가하지도 않았고 개인 특성과 성격의 유형에 따른 평가도 하지 않았다. 이 책에서 택한 우리의 평가방법은 대통령들의 업적에 기초를 두었다. 앞에서 언급했듯이 우리는 평가에 앞서 순위에 대한 판단 기준을 상세하게 설명했다. 또한 각 판단 기준에 대한 긍정적인 지표와 부정적인 지표를 미리 제시해 두었다. 그래서 우리는 우리의 평가에 기본이 되는 정확한 판단 기준뿐 아니라 각각의 판단 기준의 근거가 무엇인지 알 수 있다. 각각의 대통령들은 적용할 수 있는 판단 기준에 따라 긍정적, 중립, 혹은 부정적 점수를 받게 된다. 우리는 여기에다 점수를 주었고, 이것에 기초하여 대통령들에 대한 순위가 매겨졌다. 따라서 우리는 1위로 순위가 매겨진 대통령은 2위의 대통령보다 한층 높은 수준의 판단 기준을 접했고, 다시 2위의 대통령은 3위보다 많은 점수를 받았고, 최하위 등수까지 높은 순위는 낮은 순위보다 많은 점수를 받았다고 말할 수 있다.

이 연구의 또 다른 명백한 장점은 여론조사를 비롯한 다른 연구보다 가장 근래에 이루어졌다는 것이다. 따라서 이 연구를 통해 당연히 여러 대통령에 대한 최근의 다양한 연구를 접할 수 있다. 이 연구는 역시 대통령 평가에 대해 이전에 이루어진 그 어떤 연구보다 더 많은 대통령들을 포함했다. 예를 들어 슐레징어의 최초의 여론조사에서는 단지 29명의 대통령이 포함되었다. 또한 1980년대 초에 실시된 여론조사에서는 36명의 대통령이 포함되었다. 그러나 시간이 충분히 흐른 지금 우리는 레이건, 부시, 클린턴을 포함하여 총 39명의 대통령을 연구대상으로 삼았다. 라이딩스와 머기버의 연구를 제외한 이전의 모든 연구에서처럼 우리는 윌리엄 헨리 해리슨(William Henry Harrison)과 제임스 가필드(James Garfield)를 제외시켰다. 이 두 사람은 대통령으로서의 어떤 기록을 남길 정도의 시간 동안 대통령직에 있지 않았다.

우리는 체계적인 평가방식을 구상했다. 그리고 이 체계적인 평가방식에 따라 다음과 같은 다섯 가지 업무수행 영역에서 각 대통령에 대한 평가를 내렸다. 즉, 외교를 비롯한 대외관계와 관련된 업무수행, 국내의 각종 문제 및 사업에 대한 업무수행, 행정부와 정부 내에 관련된 업무수행, 지도력 및 의사결정과 관련된 업무수행, 개인적 성격과 도덕성이다.

이 책을 쓴 연구자들은 대통령의 의무에 대한 자신들의 분석을 통해 각 대통령의 업무수행 영역을 평가했다. 이러한 업무수행 영역은 정치학자들이 확인하는 중요 기능과 크게 다르지 않은 것들이다. 즉, 지도력으로 대표되는 영역, 국정의 구상과 일의 우선순위 배정, 위기관리 능력, 입법부와 행정부의 협력 구축, 일의 완성 능력, 정부의 일상의 일에 대한 감독 등이다.[51] 또한 이 업무수행 영역은 대통령의 역할과 일에 대해 설명하는 역사가들이 전통적으로 강조해 온 대통령의 역할 및 기능과도 크게 다르지 않다. 즉, 국가수반으로서의 지휘자, 행정수반으로서의 행정가, 군을 통솔하는 최고사령관, 법을 집행하는 최고 집행자, 국내문제를 해결하는 일의 창시자, 외교정책의 기획자, 국가를 대표하는 대변인 등이다.[52] 정치학자나 역사가들이 고려하는 각각의 기능과 역할은 우리의 판단기준에 업무수행 영역이나 혹은 중요한 영역에 속하는 하부 영역으로 분명히 나타난다. 우리는 각 대통령의 업무수행과 관련하여 분석을 행하기 때문에 나이, 외모, 건강, 교육, 이전의 경험, 종교 등과 같은 외형적인 요인이나 배경에 대해서는 염두에 두지 않았다. 뿐만 아니라 우리는 융통성, 이상주의, 결단력, 용기, 적극성, 소극성 등과 같은 각 대통령의 특성에 대해서도 고려하지 않았다. 재고해 보면 우리가 주안점으로 삼은 각 대통령의 업무수행 영역과 그 하부 영역에 가장 근접한 것은 토마스 베일리가 사용한 대통령의 업무수행을 평가한 43개의 척도다.[53]

각각의 업무수행 영역에는 10개의 하부 영역을 제시하였다. 또 각각의 하부 영역마다에는 긍정적인 지표와 부정적인 지표를 제시하였다. 긍정적인 지표에 대해서는 어떤 대통령이든 1점 혹은 2점의 점수를 부여하고, 역으로

51) Thomas E. Cronin, *The State of the Presidency* (Boston: Little, Brown, 1973), 251.
52) Murray and Blessing, *Greatness in the White House*, 46.
53) Bailey, *Presidential Greatness*, 262~266.

부정적인 지표에 대해서는 어떤 대통령이든 -1점 혹은 -2점의 점수를 부여하였다. 이렇게 하면 -20점에서 +20점까지의 범위에서 대통령들은 각 영역마다 자신의 점수를 받는 것이 이론적으로 가능하다. 이렇게 해서 전체 다섯 영역에서 각 대통령이 받을 수 있는 점수의 범위는 -100점에서 +100점이다.

이와 같은 측정방법으로 우리는 각 대통령의 업무수행을 조사했다. 우리는 이 일의 명확성과 공정성을 기하기 위해 수많은 관련 서적을 읽고 각 대통령의 추가적인 자료에 대해 토론을 아끼지 않았다. 우리는 미리 제시한 판단 기준에 따라 각 대통령을 평가했고, 그리고 받은 점수에 따라 각 대통령의 순위를 매겼다.

외교를 비롯한 대외관계와 관련된 업무수행

대통령은 미국의 외교정책을 책임지고 있다. 대통령의 헌법적 권한은 연방헌법, 제2조 제2항에 명시되어 있다. "대통령은 미합중국 육·해군의 총사령관이며, 또한 각 주의 민병대가 미합중국의 현역으로 복무할 때 그 총사령관이 된다. …… 대통령은 상원의 건의에 의하여 또한 그 동의를 얻어 조약을 체결할 권한이 있다. 단, 그 건의와 동의는 상원출석 의원의 3분의 2 이상이 찬성해야 한다. 또한 대통령은 대사와 그 밖에 공사와 영사, 대법원의 법관 및 …… 모든 미합중국 관리를 임명하여 상원의 건의와 동의를 얻어 이를 임명한다."

전쟁을 선포할 권한은 대통령의 특권이 아니다. 그것은 연방의회 소관이다. 그러나 미국 역사상 그 어디에서도 의회는 전쟁을 선포하지 않았다. 의회는 단지 대통령에게 전쟁을 권고했을 따름이며, 대통령이 전쟁을 선포하고자 했을 때 결코 거절하지 않았다. 군 최고사령관으로서 대통령의 역할은 전쟁에 대한 공식적인 선언 없이도 외국의 적을 제압하고 국내의 폭동을 진압하기 위한 군사적 행동을 할 수 있는 권한을 대통령에게 주고 있다. 트루먼 대통령의 한국에서의 '군사적 행동'은 아마 군 최고사령관으로서 대통령의 역할을 보여주는 가장 유명한 예일 것이다. 그러나 이것은 미국 대통령이 공식적으로 전쟁을 선포하지 않은 상태에서 미국민을 전쟁 속으로 몰아간 최초의, 그리고 가장 치명적인 사건은 아니다. 공식적으로 전쟁 선포 없이 이루어진 전쟁은 프랑스와의 전쟁이었다. 알렉산더 해밀턴(Alexander Hamilton)의 의견에 따르면, 당시 존 애덤스 대통령은 프랑스의 공격을 무력으로 격퇴시킬 수 있는 권한을 가지고 있었지만 의회의 승인이 없는 상태에서는 보복공격을 명령하지 않았다. 전쟁선포를 의회에 요청하지 않은 상태에서 제퍼슨 대통령은 해군에 명령하여 트리폴리 항구를 봉쇄하고 그 요새에 포격을 가하도록 했다. 섬터 요새가 함락된 다음 날인 1861년 4월 15일 링컨 대통령은 "국가의 법을 강력히 집행하기 위한" 군대의 소집을 명령했다. 남부는 링컨의 이 행동을 전쟁선포와 동일한 것으로 여겼다. 남북전쟁은 미국 역사에서 선포된 것이든 선포되지 않은 것이든 그 어떤 전쟁보다 더 많은 미국인의 생명을 앗아 갔다. 20세기 초기 동안에 미국의 대통령들은 거의 관례대로 라틴아메리카 지역에 군대를 파견해 질서를 회복하고 미국의 이익을 보호하도록 했다. 이러한 이탈적인 군 파병 사건 중 가장 유명한 것은 윌슨이 멕시코에 있는 판초 빌라(Pancho Villa)를 체포하기 위해 군을 파병한 일이다. 미국 군대가 파병되어 가장 큰 희생을 낳고 혹독한 전쟁을 치른 것은 베트남 전쟁인데 이 전쟁은 선포되지 않은 전쟁이었다. 이 전쟁 동안에 3명의 미국 대통령이 머나먼 아시아의 땅에 군을 파병하여 그곳에서 죽게 했다. 최근의 사건으로 부시 대통령은 선포되지 않은 또 다른 전쟁인 걸프 전쟁을 치렀고 클린턴 대통령은 갈등이 있는 세계 곳곳에 군대를 파병했다. 이런 모든 것으로 보아 현역의 최고 군사령관으로서의 대통령의 역할은 외교를 비롯한 대외관계와 관련된 업무를 수행하는 데 엄청난 힘을 가지고 있다는 것이 확실하다.

각종 조약을 체결할 수 있는 대통령의 권한은 상원 출석의원의 3분의 2 이상의 찬성이라는 조건이 달려 있다. 미국 역사를 통하여 이러한 한정조항은 종종 대통령과 상원 사이에 주목할 만한 갈등을 가져왔다. 가장 유명한 갈등은 베르사유 조약과 국제연맹의 회원이 되는 것에 대한 상원 비준을 둘러싸고 빚어진 윌슨 대통령과 상원 사이의 갈등이다. 종종 대통령들은 요구되는 상원의 비준을 피하기 위해 다른 나라와 행정협정을 협상해 왔다. 또한 대통령들은 상하 양원의 합동 결의안을 만들어 다수를 확보함으로써 조약비준을 위한 조건인 상원의 3분의 2이상의 찬성조항을 피해 왔다.

외교를 비롯하여 대외관계와 관련된 업무 수행에서 대사를 비롯한 다른 외교관을 임명하는 대통령의 권한이 미국의 외교정책에 영향을 준다는 것이 너무나 분명하기 때문에 이에 대해서는 더 많은 보충설명이 요구된다. 대통령에 의해 임명되고 대통령에게 책임을 져야 할 국무장관은 국무부를 지휘하며 명목상 외교문제에서 주도적인 대변인의 역할을 하는 것으로 여겨진다. 그러나 사실상 대통령 스스로가 자주 국가의 최고 외교관의 기능을 하곤 한다. 예컨대 윌슨 대통령의 경우 국무장관에게는 사소한 일만 맡기고 외교를 비롯한 대외관계와 관련된 업무수행은 자신이 직접 챙겼다. 심지어 찰스 에번스 휴즈(Charles Evans Hughes)나 존 포스트 덜레스(John Foster Dulles) 같은 강력한 장관들이 주목을 받을 때에도 국무장관은 단지 대통령의 하위자에 불과하였으며 그 역시도 대통령의 바램에 반하는 행동을 거의 하지 않았다. 미국의 대통령과 강대국인 동맹국 혹은 경쟁국의 최고 지도자와의 정상회담은 2차 세계대전 동안에 시작되어 그 이후 대부분의 대통령들에 의해 외교를 위한 수단으로 이용되어 왔다. 이러한 정상회담은 우리 시대에 가장 크고 의미 있는 사건을 낳는 결과를 가져왔다. 외교를 비롯한 대외관계와 관련된 업무 수행에서 대통령의 권한은 독립 후 공화국 초기부터 크게 확대되어 왔다. 이미 공화국 초기에 제임스 매디슨(James Madison)은 워싱턴 대통령의 중립선언이 외교문제에서 대통령의 행정력을 확대 적용함으로써 연방헌법의 집행형식과 정신을 위반하는 것이라고 판단했다.

우리의 평가 체계에서는 외교를 비롯한 대외관계와 관련된 업무수행 영역을 하부 10개 영역으로 나누어 그 판단기준을 상세히 명기하고, 그에 따른 의미 있는 긍정적인 지표와 부정적인 지표를 제시했다.

1. 업무수행 영역 : 외교를 비롯한 대외관계와 관련된 업무수행을 통한 미국의 이익을 증대시키는 일

1.1. 전쟁 수행 혹은 전쟁 기피

긍정적인 지표 : 대통령은 외교적 수완을 발휘하여 국가의 이익에 반하는 전쟁에 미국이 개입하는 것을 미연에 막았다. 역으로 전쟁 개입이 국가의 이익에 필요하게 될 때 대통령은 미국 국민을 효과적으로 지도하여 적으로부

터 승리했다.

부정적인 지표 : 대통령은 국가의 이익에 반하는 전쟁에 미국이 개입하는 것을 미연에 막기 위한 외교적 수완을 발휘하는 데 실패했다. 심지어 대통령은 전쟁에 개입하여 적을 쳐부수는 일이 국가의 이익 신장에 도움이 되는 것임에도 불구하고 적절한 조치를 취하는 데 실패했다. 또한 대통령은 미국 국민을 동원하여 이미 알려져 있는 적에 대한 전쟁을 시작하여 결국 이 전쟁이 국가의 이익에 손해를 주었다.

1.2. 군사력의 적절한 활용

긍정적인 지표 : 대통령이 일관성 있게 군사력과 잠재적 군사력을 이용해 국가의 이익을 보장했다.

부정적인 지표 : 대통령이 군사력을 이용하고 군사적 위협을 통해 국가의 이익에 손해를 입혔다. 그 결과 대통령은 군사력과 군사력의 강화를 이용하는 데 실패했으며 국가의 이익보호에 실패했다.

1.3. 평화의 유지

긍정적인 지표 : 대통령은 조약이나 국제적 협정 같은 외교적 수단을 이용해 미국과 다른 나라 사이에서 평화를 유지하고 이끌었다. 또한 대통령은 중재를 통해 국가 간의 분쟁을 조정하여 안정시켰다.

부정적인 지표 : 세계 여러 나라 사이에서 효과적으로 평화를 유지하는 데 실패함으로써 대통령은 미국의 국가이익에 손해를 입혔다. 또한 대통령은 지나친 유화정책, 엄포, 협박, 혹은 부적절한 수단을 통해 미래의 안정성을 희생시키고 일시적인 평화만을 유지했다.

1.4. 일반적인 국제적 관계

긍정적인 지표 : 대통령이 일관성 있게 다른 나라와 적절한 협력관계를 유지함으로써 미국의 국가의 이익을 증대시켰다. 대통령은 국가의 이익을 증대시키기 위한 도구로서 여러 다른 나라에 대한 외교적인 승인을 하고 그들과의

선린외교관계를 유지했다. 대통령은 적절한 행동을 통해 다른 나라와의 협력관계를 유지했다. 대통령은 여러 지역의 안정보장을 증대시키기 위한 지역 간의 협력관계를 이끌었다. 대통령은 서로 신뢰하고 존경하고 다른 나라의 정부수반과 협력관계를 유지했다.

부정적인 지표 : 대통령은 다른 나라와 적절하지 못한 협력관계를 이끌어 미국의 국가 이익을 증대시키는 데 실패했다. 대통령은 다른 나라에 대한 외교적 승인을 하는 데 실패함으로써 국가의 이익증대에 반하도록 만들었다. 대통령은 상황의 변화와 기회의 도래에도 불구하고 적절한 지역동맹을 이룩하는 데 실패했고, 장기적으로 볼 때 우리의 이익에 손해가 되는 방식으로 지역동맹 관계를 유지했다. 대통령은 세계 다른 나라의 지도자에 대한 존경과 신뢰관계를 유지하여 그들과의 협력관계를 이끄는 데 실패했다.

1.5. 이웃 나라와 사귐성 있는 선린관계 유지

긍정적인 지표 : 대통령이 서반구에 인접한 이웃 나라에 대한 우애관계와 지지를 보여주는 행동을 함으로써 일관성 있게 미국의 국가 이익을 증대시켰다. 대통령은 외교적 인정, 경제적 원조, 또한 다른 수단을 이용해 외국의 안정된 민주주의의 발전을 이끌었다.

부정적인 지표 : 대통령은 서반구에 인접한 이웃 나라에 대한 부적절한 행동을 함으로써 미국의 국가 이익에 손해를 입혔다. 대통령은 다른 나라의 군사적 독재체제나 억압적인 체제와 협력함으로써 민주주의를 희망하는 다른 나라의 국민들에게 피해를 입혔다.

1.6. 국제적인 경쟁

긍정적인 지표 : 대통령은 국제적 경쟁국가에 대해 일관성 있게 미국이 호전적 약탈자들을 분쇄할 수 있는 충분한 힘을 가지고 있으며 미국의 국가 이익을 보호하기 위해 단호한 행동을 입증하는 태도로 행동해 왔다.

부정적인 지표 : 대통령은 미국의 국가 이익에 손해가 되는 행동을 함으로써 외국의 경쟁국을 저지시키는 데 필요한 힘, 용기, 의지를 입증하는 데 실패했다.

1.7. 국제적인 긴장

긍정적인 지표 : 대통령은 미국의 국가 이익을 보호하기 위한 해결책임에도 불구하고 미국에게는 그들을 해칠 의도가 없다는 점을 외국의 경쟁국에 입증함으로써 국제적인 긴장상태를 완화시키는 데 이바지했다.

부정적인 지표 : 협박, 감정적 애국주의, 무력에 의한 위협 등으로 대통령은 세계 다른 나라로 하여금 미국을 그들의 복리에 위험한 국가로 여기게끔 만들었다.

1.8. 세계 여론

긍정적인 지표 : 대통령은 세계 전역에서 미국에 대한 일반 여론을 호의적으로 향상시키는 외교정책을 이끌었다.

부정적인 지표 : 대통령은 세계 전역에서 미국에 대한 일반 여론을 악화시키는 방식으로 외교정책을 이끌었다.

1.9. 관세정책

긍정적인 지표 : 대통령은 미국과 세계경제에 오랫동안 수익이 되는 효과를 발휘하는 관세정책을 추진했다.

부정적인 지표 : 대통령은 세계 경제나 미국의 경제적 복리에 오랫동안 손해를 끼치는 관세정책을 추진했다.

1.10. 세계 전역에 걸친 경제적 복리 증진

긍정적인 지표 : 대통령은 세계의 다른 나라에 대해 공정하고 수익이 되는 방식으로 세계무역의 증진을 이끄는 정책을 추진했다. 대통령은 다른 나라 사람들의 표준적인 생활을 향상시키는 경제적 원조나 무역정책과 다른 경제 정책을 이끌었다.

부정적인 지표 : 대통령은 세계의 다른 나라에 대해 착취적이고 불공정한 무역정책을 이끄는 정책을 시행함으로써 세계무역을 악화시켰다. 또한 대통

령은 미국의 회사를 도와 다른 나라 사람들을 대상으로 경제적 착취를 하도록 했다.

외교를 비롯한 대외관계와 관련된 업무수행 영역에서는 프랭클린 루스벨트가 총 20점 만점에 17점을 획득함으로써 가장 위대한 대통령으로 선정되었다. 알다시피 프랭클린 루스벨트는 2차 대전에서 미국을 승리로 이끌었다. 군 최고사령관으로서 그는 참모장에 조지 마셜(George Marshall), 유럽 전선 최고사령관으로 드와이트 아이젠하워, 태평양 전선 최고사령관에 더글러스 맥아더(Douglas MacArthur)를 임명하여 가장 훌륭하고 성공적인 인사권을 행사했다. 루스벨트는 친구와 같은 공감을 하고 있는 미국인들을 격려하여 그들로 하여금 국내전선에서 총력을 다하여 물자를 생산하도록 만들었다. 처칠, 스탈린 등과 같은 연합국 지도자들과의 협력은 연합국의 승리에 완벽한 기여를 했다. 루스벨트와 처칠에 의한 대서양 헌장의 채택과 루스벨트의 '네 가지 자유' 대한 연설은 FDR이 영감을 가진 지도력을 유감 없이 발휘한 구체적인 증거다.

전쟁에 개입하기에 앞서 루스벨트는 외교를 비롯한 대외관계와 관련된 업무수행에서 이미 전쟁의 목표물을 확정하고 있었다. 또한 그는 전쟁 발발을 미연에 방지하기 위해 외교적 수완을 적절히 이용하고자 했다. 1938년에 그는 백악관에 외교업무를 관장하는 모든 공직자를 소집해서 그들로 하여금 세계평화, 무기감축, 자원에 대한 평등한 이용 등의 일을 추진할 것을 제안했다. 그런데 영국의 수상 체임벌린(Arthur Chamberlain)이 그의 제안을 거절하자 루스벨트는 이 계획을 취소했다. 그는 뮌헨에서의 유화정책에 대해서 극도로 놀라지 않을 수가 없었다. 영국에 대한 무기대여 프로그램은 두 나라에 도움을 주었다. 덕분에 미국이 전쟁에 대비할 동안 영국은 나치를 묶어 두는 역할을 해주었다. 일본이 진주만을 공격하기까지 미국은 전면적인 전쟁 개입을 미루는 사이에 과거 미국이 개입했던 어떤 전쟁보다도 더 열광적이고 통일된 전쟁노력을 확보할 수 있었다.

루스벨트는 단연코 전시에 위대한 지도자였다. 그는 라틴아메리카와 '선린

우호' 정책을 펼쳤고 카리브 해에 있는 여러 공화국으로부터 미국의 군대를 철수시켰다. 그는 쿠바에 대한 정치적 간섭과 미국의 투자를 보호할 목적으로 만들어진 플레트 헌법수정조항을 폐기시켰고, 멕시코와의 석유분쟁을 종결시켰다. 또한 라틴 아메리카의 여러 나라들과 상호무역협정과 불가침조약을 맺었으며, 캐나다와도 다양한 상호무역협정을 체결했다. 프랭클린 루스벨트 행정부는 20가지 이상의 무역협정을 채결했고, 이들 협정 중 대부분은 관세를 인하시킨 것이었다. 이러한 것들은, 비록 외국의 수입식료품들 때문에 일시적으로 미국 농민들이 얼마간 손해를 입기도 했지만 장기적으로 볼 때 미국은 물론 다른 나라에도 이익이 되는 것이었다. 그는 1936년에 평화유지를 위한 미 대륙국가간 협의회에 참가함으로써 현직 대통령으로서는 최초로 남아메리카를 방문했다.

프랭클린 루스벨트는 1933년에 소련을 승인했다. 이 역시 미국의 국익에 도움이 되는 것이었다. 이와 함께 일본의 만주 괴뢰정부에 대한 승인 거절은 너무도 적절하고 당연한 것이었다. 그러나 전쟁 동안 망명중인 드골 정부에 대한 승인을 오랫동안 지연한 것은 연합국에게 도움이 되는 것이 아니었다. 그는 도움이 될 것이라고 믿으면서 1944년에 동유럽 정부에 대한 승인 혹은 불승인을 선택적으로 사용하고자 했다. 그러나 소련이 동유럽을 점령한 상태에서, 또한 소련에 대해 일본에 대한 선전포고를 절실히 요구하던 상태에서 그의 이러한 선택적인 주도권 발휘란 거의 불가능했다.

프랭클린은 해외 식민지주의를 종결시키기를 원했으며 나아가 인도와 인도차이나, 그리고 아프리카의 여러 나라들의 독립을 지지했다. 비록 그는 라틴 아메리카의 군사 독재자들과 협력했지만 그가 진정으로 바란 것은 미국에 의해서 이들 나라가 통치 당하기보다 그들 스스로 자기 나라를 지배하는 것이었다. 그는 독립이 민주주의를 위한 선행조건이라고 굳게 믿고 이를 위해 노력했다.

전쟁 동안 영국, 소련, 그리고 여러 다른 나라와의 협력은 전쟁에 승리를 이끌기 위해서뿐만 아니라 전후 평화유지기구를 창조하기 위해 반드시 필요한 것이었다. 그는 추축국과 싸우는 연합국이 세계평화를 위한 조직이 되어야 한다고 주장했으며, 이를 위해 국제연합(UN)의 창설을 제안했다. 국제연합을 창설하기 위한 샌프란시스코 협의회의 기본 원리는 프랭클린이 죽고 얼마 후 만들어졌다. 이 역시 프랭클린의 선구적인 역할이 맺은 결실이었다.

요약해 보면 프랭클린 루스벨트는 진정한 세계의 지도자 중 한사람이었다. 그는 미국의 권익과 이익을 증진시키는 방식으로 국제관계를 이끌었다. 동시에 그는 세계 공동체 국가에서 미국을 강하고, 평화를 사랑하며, 공정하고, 신뢰할 만한 국가로 보도록 세계여론을 고양시키는 방식으로 국제관계를 이끌었다.

외교를 비롯한 대외관계와 관련된 업무수행에서의 대통령 평가

순 위	하부영역에 따른 판단기준에 대한 평가										
	1.1	1.2	1.3	1.4	1.5	1.6	1.7	1.8	1.9	1.10	총점
1. 프랭클린 루스벨트	2	2	1	2	2	1	1	2	2	2	17
2. 앤드류 잭슨	2	2	0	2	1	2	2	2	2	1	16
3. 조지 워싱턴	2	1	1	2	0	2	2	2	1	1	14
3. 제임스 뷰캐넌	1	1	0	2	1	2	2	2	1	2	14
3. 해리 트루먼	1	1	1	2	2	2	1	2	0	2	14
6. 제임스 매디슨	1	1	0	2	2	2	1	2	1	1	13
6. 제임스 먼로	2	2	2	1	2	2	2	2	-2	0	13
6. 마틴 벤 뷰런	1	1	1	1	1	1	2	1	2	1	13
6. 재크리 테일러	2	2	0	2	1	2	2	1	1	0	13
6. 우드로 윌슨	2	1	1	1	0	0	2	2	2	2	13
6. 빌 클린턴*	0	1	2	2	2	1	1	1	1	2	13
12. 존 애덤스	2	1	1	1	0	2	1	2	1	1	12
12. 존 F. 케네디	1	1	1	2	1	2	0	1	1	2	12
12. 리처드 닉슨	0	2	1	2	0	2	2	2	0	1	12
15. 존 퀸시 애덤스	1	1	0	2	2	2	2	2	-1	0	11
15. 제럴드 포드	1	1	0	2	2	2	1	1	0	1	11
15. 지미 카트	1	0	2	2	2	1	1	1	0	1	11
18. 에이브러햄 링컨	2	1	0	1	0	2	2	2	0	0	10
18. 시어도어 루스벨트	2	0	2	2	0	2	2	0	0	0	10
20. 토마스 제퍼슨	2	2	0	1	0	1	1	2	-1	0	9
21. 라더포즈 헤이스	2	0	0	1	1	1	1	1	0	1	8
21. 글로버 클리블랜드	1	0	0	1	1	2	1	0	1	1	8
21. 윌리엄 태프트	0	1	1	1	0	1	1	1	1	1	8
21. 허버트 후버	2	0	1	1	2	-1	1	2	-1	1	8
21. 조지 부시	1	-2	1	2	-1	1	1	1	2	2	8
26. 밀라드 필모어	1	1	0	0	1	1	2	1	0	0	7
26. 앤드류 존슨	2	-1	0	1	1	1	1	1	1	0	7

26. 워렌 하딩	1	0	2	1	2	0	2	1	-2	0	7
29. 존 타일러	1	0	1	0	-2	1	0	1	2	1	5
29. 체스트 아서	1	2	0	1	1	0	0	0	0	0	5
31. 제임스 포크	-1	0	0	1	-2	2	0	0	2	1	3
31. 로널드 레이건	0	-2	0	2	-2	1	1	0	2	0	3
33. 캘빈 쿨리지	1	-1	2	1	0	1	1	1	-2	-2	2
34. 프랭클린 피어스	1	1	0	-1	-2	1	-1	-1	1	2	1
34. 드와이트 아이젠하워	2	1	1	0	-2	2	-2	-1	0	0	1
34. 린든 존슨	-1	-1	0	1	1	1	0	-1	0	1	1
37. 율리시스 그랜트	2	-1	0	-1	-1	1	1	1	-2	-2	-2
38. 벤저민 해리슨	0	-2	0	1	0	2	-1	0	-2	-2	-4
39. 윌리엄 매킨리	-2	-2	1	2	-2	1	-2	-1	-1	-1	-7

* 1999년 10월 27일 이전 내용으로 평가(31일간 대통령직에 있었던 윌리엄 헨리 해리슨과 6개월 15일간만 대통령직에 있었던 가필드는 평가에서 제외하였다)

국내의 각종 문제 및 사업에 대한 업무수행

국내의 각종 문제 및 사업에 대한 업무수행과 관련하여 대통령의 의무를 특별히 규정하는 헌법조항은 없다. 헌법은 단지 연방의회가 미국의 전체적인 복리를 증진시킬 권한을 행사하여야 하며 이러한 권한을 행사하는 데 있어 필요하고 적절한 모든 법을 만들어야 한다고 규정하고 있다. 대통령의 의무는 이러한 법이 충실하게 집행되고 있는가를 살피는 것이며 나아가 그가 판단하기에 필요하고 국민생활에 도움이 되는 더 많은 법안들은 만들도록 권고하는 것이다.

점차적으로 미국에는 국내 분야에서 대통령의 중요 임무 중 하나가 국가경제의 경영관리, 특히 연방 예산에 대한 경영관리라는 생각이 나타나 확대되었다. 평상시라면 대통령은 균형예산을 이루어야 하며 처리 가능한 범위 안에서 국가의 채무를 유지해야 한다는 일반적인 기대가 있다. 그러나 경기침체의 해결이나 전쟁 수행을 위한 소비지출이 확대되는 경우가 있다. 앤드류 잭슨은 아마도 국가 재정에 대한 대통령의 통제를 강력히 주장한 최초의 대통령일 것이다. 포크 대통령은 잭슨 대통령의 주장의 일부를 제도화해서 예산 통제에 대한 길을 열어 놓았다. 그 후 태프트, 윌슨, 하딩 대통령에 의해서 예산 처리과정에 대한 대통령의 권한이 확대되었다. 클린턴 대통령은 연방 의회의 지출금에 대해 거부권을 행사한 최초의 대통령이었다. 그러나 이러한 권력행사는 비헌법적인 것으로 선언되었다. 프랭클린 루스벨트는 대공황으로부터 국가를 구원하기 위한 노력에서 대통령으로서의 자신의 모든 권한을 행사한 최초의 대통령이었다.

오늘날의 대통령이 중요한 영향력을 행사하는 국내의 업무수행 중 또 다른 분야는 집단과 개인의 권리행사와 관련된 것이다. 14차 수정헌법을 채택하기 이전에 이 분야에서 연방정부가 하는 역할은 상당히 제한되어 있었다. 주요 행정부 인사들의 관심부족과 사법부의 반대로 인하여 수세대 동안 14차 수정헌법의 잠재적인 영향력은 밑으로 묻혀 있었다. 그러다가 트루먼 대통령, 워렌 사법부, 린든 존슨 대통령이 시민권의 신장에서 정부가 하는 역할을 최전면에 내세우게 되었다.

독립 후 시간이 지나면서 행정부의 책임이 어떻게 발전해 왔는가는 미국 내의 각종 문제 및 사업에 대한 업무를 우선적으로 다루는 내각 부서-재무부, 법무부, 내무부, 농무부, 상무부, 노동부, 주택도시개발부, 교통부, 에너지부, 교육부, 위생봉사부, 재향군인 관리국-의 창설에서 볼 수 있다. 이러한 내각 부서에 더하여 15개의 독립된 국(局)이 만들어졌다. 이러한 국의 대부분은 20세기에 만들어졌다.

찰스 맥코이(Charles A. McCoy)는 다음이 같이 썼다. "미국 대통령직의 권한은 미국의 헌법과 법률이 나타내는 것보다 훨씬 크다. 미국 대통령직의 권한은 헌법이나 법률에 의한 것보다 과거 대통령들의 에너지와 열정에 의해서 구성된 하나의 제도이다."[54] 국내 문제에 대한 업무수행에서 대통령을 평가할 때 우리는 초기의 대통령들이 당연히 활동하지 않았던 평가지표의 하부영역 분야에서 그들이 활동을 하지 않았다고 해서 그들에게 부정적인 점수를 주지 않았다. 초기의 대통령들은 20세기에 들어와 형성된 여러 영역에 대해서는 당연히 그 업무수행이 부족할 수밖에 없다. 혁신적인 대통령은 그 자신의 혁신적인 정책 때문에 제대로 된 평가를 받았다. 이 경우 그의 전임자에 대해서는 불리한 평가를 내리지 않았던 반면, 그의 후임자에 대해서는 혁신적인 대통령이 달성했던 그러한 업무수행에 다다르는 생활을 하기를 기대했다.

평가 내용에서 우리는 국내의 각종 문제 및 사업에 대한 업무수행 분야를 긍정적 혹은 부정적인 지표를 의미하는 10개의 하부영역과 특정한 판단기준으로 나누었다.

2. 업무수행 영역 : 국내의 각종 문제 및 사업에 대한 업무수행을 통해 미국 생활을 개선시키는 일

2.1. 재정정책

---

54) Charles A. McCoy, *Polk and the Presidency* (Austin: University of Texas Press, 1960), 3.

긍정적인 지표 : 대통령은 정부의 적절한 재정정책을 통하여 불경기 때 경제를 활성화시키고, 호경기에 인플레이션을 억제시켰다. 대통령은 불경기나 호경기 때 국가 이익이 달려 있는 정부의 지출을 늘이거나 줄이거나 했다. 대통령은 튼튼한 경제를 유지시키는 정책, 부실한 경제를 개선시키는 정책, 그리고 인플레이션, 공황, 경기불황 혹은 불경기와 같은 각종 경제문제를 효과적으로 다루었다.

부정적인 지표 : 대통령은 경제적 안정을 촉진시키는 데 있어 정부의 권한을 효과적으로 사용하지 못했다. 대통령은 경제정책으로 경기침체를 가져왔다. 혹은 경기침체가 발생했을 때 이를 개선하는 정책을 실시하지 못했다. 대통령은 끝없이 치솟는 인플레이션을 막지 못했고, 혹은 집권 이후에 인플레이션이 발생하게 했다.

2.2. 농업, 노동, 자본

긍정적인 지표 : 대통령은 가족단위의 농장 소유를 권장하고 농업의 안정을 가져왔다. 대통령은 의회로 하여금 트러스트, 독점, 그리고 지주회사를 규제하는 법안을 제정하도록 했다. 혹은 역동적으로 기존의 법을 강력히 실시하여 노동과 자본시장에 안정을 가져오게 했다. 대통령은 의회로 하여금 노동조합에 가입하고, 단체교섭권을 발휘하고, 필요할 때 파업을 할 수 있는 노동자의 권한을 보호하기 위한 법률을 제정토록 했다. 대통령은 남성, 여성 혹은 어린이들의 노동조건을 개선시켰다. 대통령은 노사(勞使)간의 세력균형을 유지했다.

부정적인 지표 : 대통령은 독점정책이 계속되는 것을 규제하지 않았다. 대통령은 정부의 권한을 이용하여 평범한 서민, 노동자, 혹은 소농을 억누르고 사회경제적으로 우월한 위치에 있는 사람들의 상태를 더욱 개선시켰다. 대통령은 정부 권한을 이용하여 조직노동을 약화시키고 파업을 파괴시켰으며, 노동자의 노동조합 가입을 차단했다. 대통령은 어린이 노동법, 최저임금제, 혹은 노동조건을 개선시키는 다른 정책을 실시하지 않았다.

2.3. 공공복지 정책

긍정적인 지표 : 대통령은 정부주도의 프로그램을 주도하여 가난을 막고 현존하는 가난으로 생기는 부작용을 줄였다. 대통령은 대통령직이 가지고 있는 권한을 행사하여 사회안정을 제공하고, 건강에 대한 정보·서비스·장비 등을 제공하고, 가난한 사람들을 위해 식량을 제공하고, 깨끗한 음식과 의약에 대한 표준기준을 제공하고, 나아가 범죄를 막고 예방하는 정책을 실시함으로써 모든 사람의 복지를 장려했다.

부정적인 지표 : 대통령은 가난한 사람들을 돕고 가난의 정도와 혹독함을 줄이기 위한 정책을 추진하는 데 정부의 권한을 행사하지 못했다. 대통령은 정부의 권한을 행사하여 국민들의 건강, 안전, 복리에 해가 되게 했다.

2.4. 세금정책

긍정적인 지표 : 대통령은 대부분의 국민들이 낼 수 있을 정도의 세금을 부과하는 세금정책을 장려했다.

부정적인 지표 : 대통령은 상류계층의 소득세에 대한 부담에서 중·하류계층의 소득세 부담으로 세금정책을 바꾸었다.

2.5. 교통망 계량사업, 자원보호, 환경보호

긍정적인 지표 : 대통령은 적절한 정부정책을 추진하여 강, 항구, 운하, 고속도로, 철도, 대량수송, 항공, 항공안전, 우편 서비스, 전화, 전신, 라디오, 텔레비전, 컴퓨터 기술과 같은 교통과 통신을 개선시켰다. 대통령은 자연자원을 보존했으며, 홍수를 통제했고, 환경보호에 앞장섰다.

부정적인 지표 : 대통령은 교통망 개량사업을 추진하도록 하는 데 있어 정부의 권한을 이용하지 못했다. 대통령은 수송과 통신 분야의 독점적인 통제를 허용하여 국민 대다수의 이익에 반하도록 했다. 대통령은 환경을 보호하고 자연자원을 보존하지 못했다.

2.6. 정의로운 인종정책

긍정적인 지표 : 대통령은 노예제도, 노예무역, 노예제도의 확대, 인종차별대우, 혹은 다른 부당한 인종정책을 폐지하기 위해 노력했다. 대통령은 대통령직의 권한을 이용해 인종차별대우 폐지, 투표권 행사 확대, 인종차별 반대활동 등을 통한 시민권의 신장을 지지했다. 대통령은 대통령직의 권한을 이용해 토착 미국인(인디언)의 권한을 지지했다.

부정적인 지표 : 대통령은 노예제도, 노예무역, 노예제도의 확대, 인종차별대우 등을 지지했다. 대통령은 인종차별대우 폐지, 투표권 행사 확대, 인종차별 반대활동 등을 반대했다. 대통령은 토착 미국인을 인종차별적으로 또 불공평한 태도로 취급했다.

2.7. 시민의 자유와 권리

긍정적인 지표 : 대통령은 언론과 출판의 자유를 지지했고 시민들이 평화적으로 반대를 할 수 있는 권리를 지지했다. 대통령은 종교적 자유를 지지했고 나아가 종교적인 아집을 반대했다.

부정적인 지표 : 대통령은 표현의 자유를 억압했다. 대통령은 의견이 다른 반대자들을 혹독하게 처벌했다. 대통령은 다른 사람들의 종교적 자유에 대해 관심을 표명하지 않았다.

2.8. 소수세력

긍정적인 지표 : 대통령은 인종차별을 하지 않는 이민정책을 지지하고 국적과 시민권의 상태에 기초한 인종차별적인 이민정책에 반대했다. 대통령은 여성 참정권과 법 앞에서의 여성의 평등을 지지했다. 대통령은 모든 사람에게 평등고용의 기회를 제공했다. 대통령은 성(gender), 인종, 종교, 국적, 장애에 구애받지 않고 능력 있는 사람들을 임명했다.

부정적인 지표 : 대통령은 유색인이나 어떤 특정 국적을 가지고 있는 사람들의 이민을 반대했다. 대통령은 달갑지 않은 이민에 대해서 2류로 취급했다. 대통령은 여성들이 투표할 수 있는 권리, 재산소유권, 공정한 재판을 받을 수 있는 권리, 또한 법 앞에 평등한 취급을 받을 수 있는 권리를 반대했다.

대통령은 평등고용법을 반대했다. 대통령은 특정 호의적인 사람들에 한정되어 내각과 연방법원을 임명했다.

2.9. 인간 존엄성

긍정적인 지표 : 대통령은 미국의 모든 개개인은 자비롭고 인도적으로 취급되어야 한다고 주장했다. 대통령은 외국에서 인권을 보장하는 데 도움을 주는 정책을 펼쳤다. 대통령은 모든 사람들을 그 신분과 관계없이 존경의 대상으로 보았다. 대통령은 집 없는 사람들의 운명을 개선하고, 가난의 고통을 줄이고, 사회적 약자를 비롯한 모든 개인에 대한 정의를 보장해 주려고 노력했다.

부정적인 지표 : 대통령은 개인을 혹사하는 것을 묵인했다. 대통령은 외국에 의한 인권의 남용을 묵인했다. 대통령은 사회적으로 약자집단에 속한 사람들, 그들의 경제상태와 신분상태에 대해 경멸하는 태도를 보였다. 대통령은 인권에 대해 재산권을 우위에 두었다.

2.10. 교육, 문화, 여가

긍정적인 지표 : 대통령은 국민교육을 위한 학교와 대학에 호의적인 정책을 지지했다. 대통령은 직업훈련과 노동력의 개발을 추진했다. 대통령은 예술 인문학, 박물관, 역사적 유적의 보존, 국립공원과 여가장소의 개발, 라디오, 텔레비전, 컴퓨터 네트워크과 같은 미디어를 통한 교육이용 등을 개발하고 운영하는 데 장려했다.

부정적인 지표 : 대통령은 교육에 대한 연방정부의 지원을 반대했다. 대통령은 국민교육을 위한 학교를 약화시키는 정책을 폈다. 대통령은 예술과 인문학 분야에 대한 연방정부의 지원에 반대했다. 대통령은 국립공원, 역사 유적지, 여가장소의 개발, 운영을 장려하지 않았다. 대통령은 미디어의 교육이용을 지지하지 않았다.

미국 내의 각종 문제 및 사업에 대한 업무수행 영역에서 프랭클린 루스벨트가 총 20점 만점에 18점을 획득함으로써 이 분야에서 1등을 차지했다.

루스벨트는 미국의 가난을 대규모로 추방하기 위해 노력한 최초의 대통령이었다. 그는 연방정부의 모든 권한을 이용해 광범위한 불경기와 싸웠다. 그가 대통령이 되었을 때 실업자 수는 약 1,300만 명 이상에 달했고 그들은 가정을 잃은 가족과 많은 농민, 그리고 도시노동자를 위한 식량 무료배급줄에 서 있었다. 거기에다 그들은 저당권에 따른 지불능력이 없었기 때문에 파산의 골은 더욱 깊어져 갔다. 은행 역시 수천 개가 파산되었다. 루스벨트는 즉시 은행 휴일(bank holiday)을 선포했다. 정부 공무원들은 은행의 회계장부를 면밀히 검토했다. 회계 상태가 좋은 것으로 밝혀진 은행은 다시 영업을 하도록 허락되었고 국고에서 자금을 지원해 주었다. 대통령은 연방의회의 특별회기를 요청해 의회의 승인을 받기 위한 많은 법안을 제출했다. 이때 루스벨트에 의해 제출되어 법으로 만들어진 것들 중에는 농업조종법(Agricultural Adjustment Act), 테네시 계곡 개발공사(Tennessee Valley Authority), 전국 산업 부흥법(National Industrial Recovery Act), 민간 자원 보존단(Civilian Conservation Corps), 공공사업 추진청(Works Progress Administration), 사회보장법(Social Security), 연방예금보험조합(Federal Deposit Insurance Corporation), 증권거래위원회(Securities and Exchange Commission) 등이 있다. 더 많은 뉴딜의 프로그램들이 불경기로 인한 고통을 들어주고 경기회복을 위한 경제의 활성화를 자극하기 위해 만들어졌다. 유럽에서의 전쟁이 발발하기까지 비록 완전한 회복은 이루어지지 않았지만 루스벨트의 노력은 자신감을 상실한 국민들에게 용기와 희망을 주는 값진 역할을 했다.

　　정부지출을 줄이고 균형예산을 이루겠다는 선거공약에도 불구하고 프랭클린 루스벨트는 소위 '펌프에 마중물을 붓는 식의 경기 부양책'(pump priming)이 경제를 다시 자극하는 최선의 길이라는 것을 알았다. 1937년에 그가 정부지출을 다소 억제했을 때 다시 경기후퇴가 일어났고, 이에 그는 또다시 경제를 자극하기 위한 재정정책을 실시했다. 전쟁 동안 그는 가격 통제, 임대료 통제, 그리고 수습 불가능한 인플레이션을 막기 위한 다른 재정정책을 제도화했다.

　　노동자들에게 조직을 할 수 있고 단체교섭을 할 수 있는 권리를 주는 전국노동관계법이 행정부의 지지 없이 통과되었다. 왜냐하면 루스벨트는 전국부흥청이 이 법을 불필요한 것으로 보고 있다고 생각했기 때문이다. 그래서 루스벨트는 상원이 이 법안을 통과시키고 나서 바로 서명을 했던 것이다. 루스벨트는 연좌파업을 불법이라고 생각했지만 군대를 동원해 파업 중인 제네럴 모터스 공장의 노동자를 강제해산 시키는 데 대해서는 반대했다. 1938년에 루스벨트는 한동안 내재되어 있었던 트러스트 금지법안과 반독점 규제법안을 부활시키는 데 큰 관심을 가졌다. 루스벨트는 서먼 아놀드 (Thurman Arnold)를 법무차관에 임명하여 트러스트 금지활동을 담당하게 했다. 연방의회는 전국경제위원회를 구성하여 독점상태를 조사하도록 했다.

농업조종법은 농업에 새로운 활력을 불어넣기 위한 포괄적인 계획이었다. 이 법은 1936년에 위헌적인 것으로 판결을 받았고, 1938년에 토지분배, 각종 지불수당, 잉여생산물을 보관하는 보관 대부금, 시장 할당제 등의 내용을 포함한 개정을 통해 토양보존법안으로 다시 통과되었다. 1935년 프라지어렘 크 지불유예법(FrazierLemke Moratorium Act)을 통해 채권자들은 담보물을 찾을 권리가 상실된 담보물을 5년 동안 처리할 수 없게 되었다. 또한 이 법률을 통해 농민들은 저당 잡힌 자신들의 담보물건에 대해 합리적인 보상을 받을 수 있었다. 이 법이 위헌으로 판결났을 때 법원의 면밀한 조사에도 불구하고 약간의 수정을 통해 다시 법으로 통과되었다.

테네시 계곡 개발공사는 홍수통제와 전력의 생산과 분배를 목적으로 댐을 건설하는 책임을 가지고 일을 했다. 이것은 역시 새로운 형태의 비료를 개발하고 지역의 농업과 산업을 개발하고 육성하기 위한 또 다른 일을 책임지고 일을 했다. 비록 농촌지역의 전략화 프로그램이 TVA의 최고 성과물로 알려졌지만 이 공사는 침식작용의 방지, 상업적 항해영역의 확대, 그리고 여가시설의 증대에 크게 기여했다. 또한 이 공사는 지방 자치단체와 협력하여 대중들의 건강시설을 제공하고, 고용인들의 복지를 위해 낮은 가격의 주택을 제공했으며, 일반적인 복지를 위해 또 다른 기여를 했다.

루스벨트는 누진소득세를 개인뿐 아니라 단체 특히 주식회사에도 적용했다. 루스벨트 이전에 그 어떤 대통령도 능력 있는 대부분의 사람들에게 세금을 부담하게 만든 대통령은 없었다. 모든 뉴딜 프로그램 중 가장 혁명적인 것이라 할 수 있는 것은 사회보장제도일 것이다. 이 내용에는 노인연금과 실험보험에 관련된 것, 빈민, 의존을 필요로 하는 사람, 불구자 등에 대한 적절한 지원을 제공하는 것이 들어 있다.

그는 방위산업체와 정부조직에 인종, 신앙, 피부색, 혹은 국적으로 인한 인종차별대우를 금지하는 행정명령을 내렸다. 그는 공정고용실행위원회를 만들어 성과 종교에 관계없이 능력과 자격을 갖춘 사람을 고용했다. 그는 프란시스 퍼킨스(Frances Perkins)를 노동장관에 임명했는데, 이는 미국 역사상 최초의 여성 장관이었다. 그의 네 가지 자유연설(Four Freedom)은 시민자유와 인권을 위한 영감을 불러일으켰다. 그러나 루스벨트는 두 가지 오점을 남겼다. 그는 전쟁 동안 일본계 미국인을 집단적으로 수용소에 감금시켰다. 또한 그는 무정하게도 유대인 망명자들을 미국으로 받아들이지 않았다. 1944년이 되어서야 그는 유대인들을 받아들였다.

이상 보는 바와 같이 루스벨트는 모든 국민의 전반적인 복지를 증진시키기 위해 대통령직의 권한을 이전의 그 어떤 대통령보다 크게 이용했다. 에이브러햄 링컨과 그의 계승자 앤드류 존슨이 국내의 각종 문제 및 사업에 대한 업무 수행에 관련된 영역에서 2위로 같은 등수를 차지했다. 해리 트루먼과 린든 존슨이 각각 4위를, 우드로 윌슨이 6위를 차지했다.

국내의 각종 문제 및 사업에 대한 업무수행에 관련된 영역에서 가장 최악의 점수로 꼴찌를 차지한 대통령은 로널드 레이건이다. 레이건은 부자들의 재산이 소득이 낮은 사람들에게로 조금씩 이동되리라는 희망을 갖고 부자들의 세금을 감면해 주었다. 그러나 그의 이론은 생각대로 되지 않았고, 빈부격차는 더욱 커져만 갔다. 갑자기 연방예산 부족이 발생했고, 그 결과 미래 세대는 거대한 규모의 국가 빚을 떠안게 되었다. 그는 역시 부자와 기업에 대해 각종 세금 부담을 감면을 해줌으로써 그들이 일정하게 책임져야할 사회의 기본시설을 형편없이 만들어 버렸으며, 역시 부자와 기업이 져야할 환경부담금을 삭감해 주었고, 미국뿐 아니라 전 세계적으로 관심이 고조되고 있던 환경을 보호하고자 하는 각종 법안들에 반대했다.

이 영역에서 부정적인 평가를 받은 대통령은 프랭클린 피어스, 조지 부시, 그랜트, 제임스 뷰캐넌, 캘빈 쿨리지, 리처드 닉슨, 제럴드 포드, 드와이트 아이젠하워, 벤저민 해리슨 등이다.

국내의 각종 문제 및 사업에 대한 업무수행에서의 대통령 평가

순 위	하부영역에 따른 판단기준에 대한 평가										
	2.1	2.2	2.3	2.4	2.5	2.6	2.7	2.8	2.9	2.10	총점
1. 프랭클린 루스벨트	2	2	2	2	2	1	2	1	2	2	18
2. 링컨	2	2	2	2	1	1	2	2	2	1	17
2. 앤드류 존슨	2	2	1	2	2	1	2	1	2	2	17
4. 트루먼	2	1	2	2	1	2	1	2	2	1	16
4. 린든 존슨	1	1	2	1	2	2	1	2	2	2	16
6. 윌슨	2	2	2	2	1	0	1	2	1	2	15
7. 케네디	2	1	2	1	1	2	1	1	1	2	14
7. 클린턴*	2	0	1	1	1	2	1	2	2	2	14
9. 시어도어 루스벨트	2	2	2	0	2	0	1	0	1	2	12
10. 태프트	1	1	1	2	2	0	1	1	1	1	11
10. 카트	-1	0	1	1	2	1	1	2	2	2	11
12. 존 퀸시 애덤스	1	0	1	0	1	2	2	0	2	1	10
12. 제퍼슨	-1	1	0	1	1	2	2	0	2	2	10
14. 매디슨	-1	1	1	0	0	2	2	0	2	1	8
14. 후버	-1	1	-1	2	2	2	1	1	0	1	8
16. 워싱턴	2	0	0	1	1	0	2	0	1	0	7
16. 밴 뷰런	2	2	1	2	0	-1	1	0	0	0	7
16. 테일러	1	0	0	1	1	1	1	1	1	0	7
19. 존 애덤스	2	0	0	1	0	2	-1	0	1	0	5
19. 먼로	-1	0	0	1	0	1	2	0	2	0	5
19. 잭슨	1	2	0	2	1	-2	1	0	0	0	5
19. 매킨리	1	-2	1	0	1	1	2	-1	1	1	5
23. 해이즈	0	-1	0	0	1	1	0	1	1	1	4
24. 필모어	2	0	0	1	2	0	0	-2	0	0	3
24. 클리블랜드	-1	0	-2	1	1	1	2	1	0	0	3
26. 하딩	1	0	-1	-2	0	0	2	-1	2	1	2
27. 타일러	-1	1	0	0	1	-1	2	0	-1	0	1
27. 포크	2	0	-1	2	0	-1	0	0	-1	0	1
29 아서	-2	0	0	0	0	1	0	-1	0	1	-1
29. 벤저민 해리슨	-1	-1	-2	-2	1	0	1	2	0	1	-1
31. 아이젠하워	0	-2	-1	-1	1	2	-2	0	0	0	-3
32. 포드	1	-1	-2	-1	-2	0	1	0	0	0	-4
33. 뷰캐넌	-2	0	-2	-1	-1	-1	2	1	-1	0	-5
33. 쿨리지	-1	-2	-1	-2	0	0	1	0	0	0	-5
33. 닉슨	-1	0	0	0	0	-1	0	0	-2	-1	-5

36. 그랜트	-2	-2	-1	-2	-1	1	-1	0	1	1	-6
37. 피어스	1	-2	-2	1	0	-2	1	-2	-2	0	-7
37. 부시	-2	-1	-1	2	0	-1	-2	0	-1	-1	-7
39. 레이건	-2	-2	-1	-1	-2	0	1	1	-1	-1	-8

* 1999년 10월 27일 이전 내용으로 평가(31일간 대통령직에 있었던 윌리엄 헨리 해리슨과 6개월 15일간만 대통령직에 있었던 가필드는 평가에서 제외하였다)

행정부와 정부 내에 관련된 업무수행

'행정부의 권한'이라는 용어에 대한 설명은 없지만 연방헌법은 행정부 권한이 미국의 대통령에게 귀속되어 있다고 규정하고 있다. 외교와 관련된 일에서의 의무와 미국 군 최고사령관으로서의 의무에 더하여 대통령은 각 행정부서의 중요 관리들에게 의견과 보고서를 요구할 수 있다. 또한 대통령은 형(刑)의 유예와 사면을 할 수 있는 권한을 가지고 있다. 헌법은 대통령에게 공직자를 임명할 수 있는 권한을 부여하고 있다. 대통령은 종종 연방의회에 연방정부에 관한 정보를 제공해야 하며, 필요로 하고 편리한 것으로 판단되는 법안들을 의회에 고려하도록 권고해야 하며, 의회에서 통과된 법안에 대해 승인과 거부권을 행사할 수 있음을 헌법은 명시하고 있다. 헌법은 또한 법이 충실히 집행되고 있는가 하는 점을 대통령이 살펴볼 것을 요구하고 있다.

최고 행정관의 기능은 행정상의 과정 전반을 두루 살피는 것을 포함하고 있다. 또한 일을 계획하고, 조직하고, 행정부 인사를 구성하고, 하부 직원들의 일을 감독하고 통합하는 활동을 포함하고 있다. 더불어 행정에서의 의사소통을 원활히 하고 필요한 예산을 작성하는 일이 포함되어 있다. 최고 행정가의 일반적인 이러한 일 이외에 미국 최고 행정관인 대통령은 행정부의 권위, 다른 부서와의 상호관계, 주(州)정부와의 관계, 국민들과의 관계 등에 대한 범위 확립에 도움을 주는 역할을 해야 한다. 따라서 우리는 이번 장의 제목은 행정부와 정부 간의 관계에 관련된 업무수행(Administration and Inter-governmental Relations)으로 달았다.

행정부의 권한은 어느 정도인가? 초기의 많은 대통령들은 그들의 헌법적 한계점을 넘지 않으려고 매우 신중했다. 예를 들어 입법부에서 대통령의 역할에 대해 특히 몇몇 대통령은 아주 작은 것으로 여겼다. 이와 관련하여 헌법에 언급된 용어는 "의회로 하여금 고려하도록 권고한다"는 것이다. 문구를 엄격하게 해석하는 어떤 대통령은 단지 권고할 권한만 갖고 있는 것이지, 어떤 제안된 사항에 대해 결정을 하도록 의회에 영향력을 행사하거나 설득을 할 수는 없다고 생각했다. 여기에 비해 보다 활동적인 대통령들은 의회의 승인을 얻어내려고 당의 규율을 강요하고, 감언이설로 속이고, 강압하고, 설득하고, 위협하고, 우롱하고, 심지어 그들의 차용증서를 회수하고, 혹은 의회의 간부들에 대해 국민의 여론으로 호소하는 등 많은 전략을 이용했다. 헌법이 대통령은 승인을 원하지 않는다면 법안에 대해 거부권을 행사할 수 있다는 내용을 언급하고 있음에도 불구하고 초기의 대통령들 중 몇몇은 그들이 비헌법적인 것이라고 믿지 않는 한 상하 양원에서 통과된 법안들에 대해 거부권을 행사할 권리가 없다고 생각했다. 또 어떤 대통령들은 거부권과 거부권 행사에 대한 위협을 입법에 관련된 강력한 무기로 이용했다. 관리를 임명할 수 있는 권한은 해고할 수 있는 권한을 동반하고 있는가? 말하자면 어떤 임명이 상원에 의해 승인을 받아야 하는 것일 경우, 대통령은 상원의 동의 없이도 그 임명자를 해고할 수 있는가? 그렇게 할 수 있다고 답한 최초의 대통령이 앤드류 잭슨이다. 여러 대통령들은 그렇게 필요하지 않은 도로, 운하, 다른 교통망 개량사업을 위한 연방자금의 지출에 대해 승인을 거부하였다. 그들은 이러한 지출을 비헌법적인 것이라고 보았기 때문이다. 토머스 제퍼슨은 루이지애나 구입을 헌법의 한계사항까지 확대 적용한 것이라고 생각했다. 주(州)의 권한에 대한 문제는 남북전쟁과 제14차 수정헌법에서도 정착되지 않았다. 이 문제는 최근의 몇몇 대통령들이 하나의 문제로 제기하고 있다.

평가 내용에서 우리는 행정부와 정부 내에 관련된 업무수행 분야를 긍정적 혹은 부정적인 지표를 의미하는 10개의 하부영역과 특정한 판단기준으로 나누었다.

3. 업무수행 영역 : 정부의 행정부를 효과적으로 효능 있게 관리하고 다른 부서와 적절한 관계 유지하는 일

3.1. 행정부를 운영하기 위한 효과적인 계획개발운영

긍정적인 지표 : 대통령은 성취해야 할 목표와 목적을 개발했다. 대통령은 이러한 목표와 목적을 달성하기 위한 조직된 계획을 세웠다. 대통령은 국정을

운영하면서 극복해야만 하는 문제들을 예상하고 장기적인 계획을 구상하고 운영했다.

부정적인 지표 : 대통령은 장기적인 계획을 만들지 않았다. 뿐만 아니라 대통령은 현재의 혼란에 굴복하여 장기적인 목표에 초점을 맞추지 않았다. 대통령은 지속적이고 신중하게 구상된 목표와 목적 없이 대통령직을 수행했다. 대통령은 각종 일들에 대해 미리 준비하기보다 즉흥적으로 처리했다.

3.2. 효과적인 행정을 위한 행정부의 조직

긍정적인 지표 : 대통령은 건전하고 바른 행정상의 원칙에 따라 행정부와 행정부의 인사를 조직했다. 대통령은 국가의 목표를 달성하고 높은 수준의 업무수행 능력을 유지하기 위해 행정조직의 투명한 모형을 마련하고, 의사소통 경로를 확보하고 분명한 행정절차를 유지·운영했다.

부정적인 지표 : 대통령은 행정부의 목표를 달성하는 데 필요한 구조를 제도화하는 데 실패했다. 대통령은 행정부 조직을 문란한 상태로 방기한 채 되는대로 운영했다.

3.3. 행정부의 인사구성

긍정적인 지표 : 대통령은 행정부서와 행정기관에 적합하고 능력을 갖춘 적당한 인사들을 임명했다. 대통령은 국가이익이 달려 있는 문제를 두고 다른 부서와 협력을 기하면서 자기 부서의 일을 효과적으로 처리해 나가는 강하고 능력 있는 내각인사들을 임명했다. 대통령은 자신이 임명한 인사로 하여금 높은 수준의 품행을 유지하도록 했으며 행정부에 오점을 남기는 스캔들이나 부패행위를 막았다.

부정적인 지표 : 대통령이 내각 인사들 간의 갈등과 언쟁을 막지 못해 정부를 혼란 상태로 방치하였다. 비협력적이고 않고 독단적인 내각인사가 실제로 자신의 이익을 위해 발언하는 것임에도 불구하고 대통령은 그가 정부에서 많은 발언권을 행사하는 것을 막지 못했다. 대통령이 임명한 인사가 공직에 있는 동안 적절하지 못한 행동으로 자신의 부를 축적했다. 또한 그들은 부패와

타락과 스캔들로 행정부에 오점을 남겼다. 정부 내에는 대통령에 의해 임명된 인사 인원이 턱없이 부족하거나, 필요 이상의 인원이 배치되었으며, 무자격자나 부적당한 인물들로 가득차 있다.

3.4. 행정부 인사들의 업무에 대한 지도감독

긍정적인 지표 : 대통령은 임명한 인사에게 적절한 역할을 할당했다. 대통령은 임명한 인사가 우선적으로 처리해야 할 것에 기초를 두고 명백한 목표와 목적을 개발하도록 해야 한다. 대통령은 임명한 인사가 자신들의 의무를 수행하도록 그들에게 권위를 부여하고, 그 결과에 대한 책임을 지게 했다.

부정적인 지표 : 대통령은 임명한 인사들에게 명백하고 적절한 일을 주지 않았다. 대통령은 그들에게 너무 과다하거나 너무 과소한 권위를 위임했다. 대통령은 그들에게 결과에 대한 책임을 지우지 못했다.

3.5. 의사소통

긍정적인 지표 : 대통령은 행정부에서 임명한 인사들과 의회, 국민들 간의 의사소통을 위한 효과적인 체제를 개발하여 유지시켰다. 대통령은 불필요한 비밀을 없애고 국민들이 알 필요가 있는 것을 알렸다. 대통령은 연설, 글, 기자회견 같은 방법을 통해 국민과 의회에게 국가가 필요로 하는 것과 국가의 문제, 그리고 행정부의 계획과 우선적으로 처리해야 할 일, 행정부의 업적 등에 대해 대통령이 충분히 알고 있다는 사실을 알렸다. 대통령은 상호 존중의 입장에서 언론과의 관계를 유지했다. 비록 어떤 언론이 대통령이 추진하는 프로그램의 일부에 대해 반대를 하더라도, 대통령도 언론도 서로 간에 상대방에 대해 복수를 하지 않았다.

부정적인 지표 : 대통령은 오로지 일방적인 의사소통 체제만 선호했다. 대통령은 불필요한 비밀을 유지시켰다. 대통령은 국민들에게 국가의 주요 관심사를 알리고 인지시키는 데 실패했다. 대통령은 알맞은 보도 채널을 이용하지 않았다. 대통령은 국민들에게 국가의 중요 부분을 알려주지 않았다. 대통령은 국민들에게 알려져야 할 모든 형태의 정보를 포함시키지 못했다. 대통령과

언론과의 관계에서, 대통령은 간섭하는 언론에 대해 폭력과 공갈로 억압하고, 언론은 대통령에게 사사건건 간섭하는 상황까지 이르게 했다.

3.6. 소비에 대한 관리감독

긍정적인 지표 : 대통령은 의회로부터 국가적으로 중요한 우선사업을 추진해 나가는 데 필요한 자금을 과도하거나 낭비적인 요인 없이 확보했다. 대통령은 정부지출은, 실제로 국가의 비상사태에 즉하여 요구되는 지출 증대를 제외하고는 합리적인 한계 내에서만 확보된다는 절차를 개발하고 유지시켰다.

부정적인 지표 : 대통령은 국가적 사업을 실행해 나가는 데 들어갈 자금을 안전하게 확보하는 데 실패했다. 대통령은 소비에 대한 관리감독을 하지 못했다. 대통령은 비상사태가 아님에도 불구하고 여러 부서로 하여금 추가예산을 쓰도록 하였다. 대통령은 평화시기와 번영의 시기임에도 불구하고 국가빚을 늘렸다.

3.7. 효과적인 운영

긍정적인 지표 : 행정부의 각 부서와 기관은 국가의 중요 목적과 목표를 잘 운영 관리하여 달성했다.

부정적인 지표 : 행정부의 어떤 부서와 기관은 국가의 중요 목적과 목표를 서투르게 운영하여 이를 달성하지 못했다. 그들은 국가가 우선 처리해야 할 일보다 그들 자신의 일을 돌보았다.

3.8. 의회와 협조

긍정적인 지표 : 대통령은 자신의 목표를 실천해 나가는 데 도움이 되는 법률을 재정할 때 의회에서 자기 당 소속 의원들로부터 압도적인 지지를 받았다. 대통령은 반대당 소속 의원들 중 많은 사람들로부터도 지지를 확보했다. 이렇게 하여 대통령은 자신의 프로그램을 용이하게 실천했다. 대통령은 의회가 반대를 하면서도 자신의 행정부에 대해 궁극적으로 방해하지 않는 협력적 분위기를 유지했다. 대통령은 초당적 외교정책으로 의회의 지지를 확보했다.

부정적인 지표 : 대통령은 자기 당 소속의 많은 의원들의 반대로 자신의 프로그램을 의회에서 통과시키지 못하였다. 대통령은 제안된 법안을 통과시키는 데 있어 반대에 부딪혀 충분한 지지를 확보하지 못했다. 대통령은 의회와의 협력관계를 유지하지 못하여 대통령직이 심각한 손상을 당하는 지경에 이를 정도의 의회 반대에 직면했다. 대통령은 행정부의 외교정책을 이끄는 데 있어 의회의 반대자들로부터 반대를 무마시키지 못했다.

3.9. 사법부와 관련된 일

긍정적인 지표 : 대통령은 사법부에서 일하는 사람들의 인사에 뛰어나게 자격을 갖춘 후보들을 추천하여 의회의 승인을 받아냈다. 대통령은 대통령과 사법부 사이의 상호 존경과 신뢰를 바탕으로 사법부의 독립을 유지시켰다.

부정적인 지표 : 대통령은 사법부에 질이 낮은 인사들을 임명했다. 대통령은 사법부와 적대적인 관계를 유지했다.

3.10. 공익 대 사익

긍정적인 지표 : 대통령은 사리사욕보다 공적인 이익을 앞세웠다. 대통령은 특별한 이익단체의 요구에 부응하기보다는 모든 국민의 이익을 최고로 생각하고 행동했다. 대통령은 강력한 힘을 가진 이익집단들(노동조합, 상공회의소, 제조업자협회 등)을 결집하여 자신의 프로그램을 실행하는 데 필요한 법 제정을 성공적으로 돕게 했다. 대통령은 국민들의 존경을 받았고 이러한 존경을 바탕으로 국가를 위한 자신의 목적을 더 수월하게 더 많이 시행했다.

부정적인 지표 : 대통령은 공익과 국가를 위해 일하는 것을 최고로 삼지 않고, 다시 재선되기 위해 노력했으며, 친구와 동료에게 보상하는 데 노력했으며, 개인적 목표를 만족시키는 데 관심을 집중했다. 대통령은 모든 국민들의 필요나 요구에 부응하기보다 기업집단, 노동조합, 농업단체 등 특별한 집단의 요구와 이익에 부응했다. 대통령은 자신을 통하여 자신들의 이익을 실현시키는 특별한 이익집단의 도구에 불과했다. 또한 대통령은 자신의 프로그램을 패배시킨 특별한 이익집단을 적대시했다. 대통령은 국민들로부터 신뢰를

얻지 못해 대통령 자신의 프로그램을 시행하고, 효과적으로 국정을 운영하고, 다른 나라 지도자들과 협력을 통해 효과적으로 이익을 공유하지 못했다.

행정부와 정부 내에 관련된 업무수행 영역에서 조지 워싱턴이 총 20점 만점에 18점을 획득함으로써 이 분야에서 1등을 차지했다. 새 헌법 아래서 그는 미국의 초대 대통령으로서 정부를 조직하고, 공무원을 임명하고, 입법부 및 사법부 간의 관련성을 정립하고, 새로운 정부와 국민 사이의 관련성을 정립 진전시켜야 하는 짐을 지고 있었다. 왕과 군주가 다스리던 시대와 세계 속에서 워싱턴은 그 나라 시민들의 손으로 선출된 최초의 지도자 가운데 한 사람으로서 근대적인 공화국의 대통령이 되었다. 그러한 그에게 주어진 과제는 엄청난 도전이었다.

새로운 국가의 초대 대통령으로서 워싱턴은 모든 행위에 대해 미래를 위한 선례를 세웠다. 그의 핵심적 목적은 강력한 국민정부의 수립과 통일된 연방의 유지였다. 그는 이런 목적이 국가의 평화와 번영을 가져다준다고 생각했다. 외교정책에서는 불간섭의 원칙을 실천했으며 초대 재무장관이었던 알렉산더 해밀턴(Alexander Hamilton)의 경제계획을 통해 이러한 목적을 달성할 수 있다고 보았다. 비록 그는 단순히 의회의 지시를 수행하고 혹은 자신의 중요 보좌관들의 협력적인 동의를 얻어 정책을 수행하는 온화한 행정가라는 입장을 취했지만 그 스스로는 사실 자신의 행정부를 위한 장기적인 틀을 만들어 낸 입안자였다.

워싱턴이 대통령이 되었을 당시에는 대통령직에 대한 그 어떤 행정적인 구조도 없었다. 따라서 그는 전체적인 구조를 만들어 내야만 했다. 이 일을 위해 그는 철저한 준비에 나섰다. 우선 사실에 대해 면밀히 검토를 행하고, 일단 어떤 일을 할지 결정을 내리고 난 후에는 왕성한 의욕과 끈기를 가지고 일을 추진해 나갔다. 그는 행정부, 연방사법부, 그리고 효과적인 외교업무를 수행할 부서를 조직했다.

새롭게 만들어진 직위를 충실히 담보하기 위해 워싱턴은 이 나라 모든 지역의 출신으로부터 적절한 자격을 갖춘 인물들을 국가의 일꾼으로 임명했다. 이렇게 임명된 사람들은 다양한 정치적 견해를 내놓았다. 이 가운데 가장 중요한 직책에 두 사람이 임명되었는데 그들은 각자 새롭게 탄생한 나라에서 만들어진 최초의 중요 정당조직의 지도자가 되었다. 하나는 재무장관으로서, 워싱턴은 뛰어난 재능을 가진 알렉산더 해밀턴을 임명했다. 해밀턴은 연방파의 지도자가 되었고 워싱턴이 국내정책을 펴는 데 가장 가까운 보좌관으로 활동하였다. 다른 하나는 국무장관으로 워싱턴은 해밀턴과 마찬가지로 뛰어난 재능을 지녔던 토머스 제퍼슨(Thomas Jefferson)을 임명했다. 제퍼슨은 공화파로 알려진 반(反)연방파의 지도자가 되었다. 워싱턴은 전쟁장관으로는 그의 오랜 친구이자 장군인 헨리 녹스(Henry Knox)를 임명했다. 정치에 대한 녹스의 실제적 지식과 군사적 경험을 고려할 때 그의 전쟁장관 임명은 너무나 적절한 조처였다. 이 세 부서가 의회에 의해 만들어진 행정부서의 핵심을 이루었다. 또 다른 핵심부서의 장관인 법무장관과 함께 이들은 대통령의 내각에서 공식적이건 비공식적이건 가장 중요하고 핵심적인 일을 담당했다. 워싱턴은 법무장관에 전 버지니아 주지사이자 당시 제헌의회 의원이었던 에드문트 랜돌프(Edmund Randolph)를 임명했다. 이러한 인적 구성은 '한 번도 가 보지 않은 새로운 대지'로 여행을 떠나는 새로운 정부를 이끌어 가는 데 강력한 지지대였다.

행정부를 조직하는 데 있어 워싱턴은 내각의 직책을 만들고, 그 직책에 대한 인사를 단행하고, 각 내각 구성원들 간의 관련 업무를 부과해야 했을 뿐만 아니라, 그 역시 새로운 정부를 이끌어 가는 데 필요한 재정을 확보할 방안을 모색해야 했다. 이 일을 위해 워싱턴은 재무장관인 해밀턴의 충고를 따랐다. 해밀턴은 연방정부는 외국의 부채를 상환하고, 국내의 부채를 액면가 그대로 상환하며, 각 주(州)에서 짊어지고 있는 전쟁 부채를 대신 상환하는 동시에 이러한 상환을 위한 자금을 확보하기 위해 채권을 발행하는 정책을 제안했고 워싱턴은 이에 따랐다. 이렇게 채권을 상환하고 새로 탄생한 정부 관리에게 급료를 지불하고 그 외 다른 비용을 충당하기 위해 많은 돈이 필요했다. 해밀턴은 필요한 자금을 확보하기 위해 공공용지를 판매하고, 수입물품에 대한 관세를 부과하며, 위스키와 같은 생산품에 대한 물품세를 부과하는 정책을 제안했다. 해밀턴은 역시 중앙은행을 만들어 연방정부의 자금을 보관하고, 투자를 하며, 지폐를 발행할 것을 제안했다. 해밀턴의 이러한 제안들 중 몇몇은 많은 논쟁을 불러일으켰지만, 대통령 워싱턴이 이러한 정책이 새로운 국가의 경제적 안정을 위해 필요한 것들이라는 것을 확신하고 이 정책을 지지하여 의회의 승인을 받아 냈다.

워싱턴은 의회의 승인을 필요로 하는 행정부의 관리를 선발하고 임명할 수 있는 권한을 확립했다. 또한 그는 만약 임명한 관리들이 그 자리에 어울리지 않는다면 의회의 승인이 없이도 그들을 해고할 권한을 확립했다. 여러 가지 원인으로 인하여 워싱턴 내각의 각료들은 그의 두 번에 걸친 임기 동안 내내 같이 일한 사람은 아무도 없었다. 서로 다른 당파의 지도자인 해밀턴과 제퍼슨은 워싱턴 행정부 안에서 조화롭게 일을 해 나가지 못했다. 워싱턴 행정부의 내각에는 연방파뿐 아니라 반-연방파 인사들도 함께 있었다. 그리고 워싱턴은 정부란 파벌주의보다 통일된 상태를 유지해야 한다고 믿었고 이를 유지했다. 결국 워싱턴 내각에서 모든 반-연방파 인사들은 연방파 인사들로 대치되었다. 워싱턴은 역시 임명된 인사들이 높은 수준의 행동거지를 유지하도록 했다. 워싱턴은 프랑스 주재 미국 공사로 있으면서 언론에서 위법행위로 인하여 고발을 당한 제임스 먼로(James Monroe)를 본국으로 소환했다. 또한 반역죄로 비판을 받고 있던 법무장관 랜돌프를 사임시켰다.

초창기의 정치적 파당 사이에서 갈등이 생겨나자마자 워싱턴은 초기에 개인적으로 각 내각의 인사들과 의논하는 방식을 지양하고 공식적인 내각 모임을 주도했다. 이러한 정책은 구성원 간의 합의를 통한 의사결정을 이끌어내어 궁극적으로 불협화음을 최대한으로 줄이는 역할을 하였다.

워싱턴은 정치적 정당이 형성되기 전에 만장일치로 대통령에 선출되었다. 그러나 당파주의가 결국 각각의 파당을 형성하게 되었을 때 워싱턴은 해밀턴이 이끄는 당과 당의 노선을 선호했다. 이때 워싱턴은 의회에서 연방파의 압도적인 지지를 받았다. 그는 역시 국내 프로그램을 실천하기 위한 법안을 통과시키는 데 있어 반-연방파의 지지와 협력도 충분히 받았다. 그는 자신이 누리고 있던 평판과 지위를 통해 많은 반대적 요소들을 충분히 극복할 수 있었다. 의회는 외교문제를 놓고도 분리되었다. 연방파는 친영국적이었고, 공화파는 친프랑스적이었다. 제퍼슨이 이끄는 반대당은 처음에는 반-연방파로 불렸는데, 후에 제퍼슨의 지지자들은 이를 연방-공화파라고 불렀고 그 후에 민주-공화파, 혹은 단순히 공화파라고 불렀다. 한참 시간이 흐르고 앤드류 잭슨(Andrew Jackson)이 당을 재정비했을 때 비로소 민주당이 되었다.

1790년의 중간선거 이후 반-연방파 혹은 공화파는 하원에서 다수당을 차지하고 있었다. 그러나 상원에서는 3석에서 5석 정도로 연방파에 뒤져 있었다. 워싱턴은, 별로 지지도 없을 뿐만 아니라 철저한 반대를 일으켰던 제이 조약(Jay Treaty)을 지지하고 상원의 비준을 받는 데 필요한 3분 2찬성을 얻어내기 위해 노골적인 반-영국적인 반대당을 충분히 설득할 수 있었다. 제이 조약은 사실상 신생공화국의 안정보장을 확립하는 데 너무나 중요한 역할을 하였다.

워싱턴은 의회로부터 승인을 받는 것을 당연한 것으로 여겼다. 워싱턴은 대통령으로서의 자신의 일이란 의회의 결정에 대해 권고를 하고 이를 집행하는 것으로 보았다. 워싱턴은 행정 각 부서 공무원들의 일에 대해 헌법적으로 위임된 감독으로서 역할하였다.

초대 대통령으로서 워싱턴은 또 연방법원을 만들고 연방판사를 임명해야 했다. 그는 연방법원을 건실하고 지속적인 개념으로 조직했고, 능력과 자격을 갖춘 인물들을 연방판사로 임명했다. 그는 뛰어난 정치가일 뿐만 아니라 인기 없는 의사결정도 추진할 수 있는 용기를 가진 존 제이를 미국의 초대 대법원 원장에 임명했다. 워싱턴이 임명한 다른 연방판사들 역시 뛰어난 재능을 가진 사람들이었다. 그들이 연방법원을 효과적으로 운영함으로써 법원의 명예를 신장시켰다.

워싱턴에 대한 국민들의 존경은 대단히 커서 이러한 존경은 좀처럼 사라질 성싶지 않다. 워싱턴은 왕도 될 수 있었다. 또한 독재권력자와 거의 유사한 종신 대통령도 될 수 있었다. 그러나 그는 한 공화국의 대통령이라는 제한된 권력만을 선택했다. 정치적 정당이 형성된 이후 그는 소수당의 편을 들었지만 그럼에도 일반 국민들의 지지는 여전했다. 워싱턴은 항상 일반 국민의 이익을 우선하였다. 그는 항상 나라를 위해 최선이라고 생각되는 일을 수행했다. 비록 그의 정치철학이 금융적이고 상업적인 이익집단에게 유리한 정책을 호의적으로 지지하고 있었지만 그는 이러한 일들이 모든 국민들에게 최고의 이익을 가져다줄 것이라고 생각했다.

행정부와 정부 내에 관련된 업무수행에서의 대통령 평가

순 위	하부영역에 따른 판단기준에 대한 평가										
	3.1	3.2	3.3	3.4	3.5	3.6	3.7	3.8	3.9	3.10	총점
1. 워싱턴	2	2	2	2	2	1	2	1	2	2	18
2. 윌슨	2	2	2	2	1	1	2	2	0	2	16
3. 제퍼슨	2	2	2	1	1	1	1	0	2	2	14
4. 트루먼	0	2	2	2	1	2	2	0	0	2	13
4. 케네디	0	1	2	2	2	1	1	1	1	2	13
6. 먼로	2	1	1	0	2	1	1	2	0	2	12
6. 링컨	2	1	1	2	1	0	2	2	-1	2	12
6. 해이즈	1	2	2	2	1	0	2	1	1	0	12
6. 시어도어 루스벨트	1	0	2	0	1	0	2	2	2	2	12
7. 린든 존슨	2	2	2	1	-1	1	1	2	1	1	12
11. 잭슨	2	1	0	2	1	2	2	1	-2	2	11
11. 포크	2	2	2	1	0	2	0	1	0	1	11
11. 아이젠하워	0	2	0	1	1	0	2	2	2	1	11
14. 클리블랜드	1	2	1	2	1	0	1	0	0	2	10
14. 프랭클린 루스벨트	1	0	0	0	2	1	2	2	-1	2	10
16. 벤저민 해리슨	2	1	1	1	2	-2	2	0	1	0	8
17. 존 퀸시 애덤스	0	0	2	1	0	0	1	0	2	1	7
17. 밴 뷰런	0	2	-1	-1	1	2	0	1	2	1	7
17. 태프트	2	1	0	-1	-1	1	1	1	2	1	7
17. 클린턴*	1	0	1	0	1	2	1	-1	1	1	7
21. 카터	1	1	-1	0	-1	2	1	0	2	1	6
22. 존 애덤스	1	1	0	-1	1	1	1	0	2	1	5
22. 매디슨	1	1	0	-1	2	0	0	-1	1	2	5
22. 매킨리	0	0	0	1	2	0	0	1	1	0	5
25. 테일러	0	0	-1	0	-1	0	1	1	1	1	3
25. 부시	-1	1	0	0	1	1	1	0	-1	1	3
27. 필모어	1	0	0	0	0	0	1	0	0	0	2
28. 뷰캐넌	0	2	1	1	-1	-1	-1	-2	1	1	1
29. 하딩	-1	1	-2	0	0	-1	0	1	1	-1	-2
29. 후버	-1	1	1	0	-2	-1	1	-2	1	0	-2
31. 아서	0	-1	2	-1	-2	0	0	-1	0	0	-3
31. 쿨리지	-1	0	0	-1	-1	1	1	-1	0	-1	-3
33. 피어스	-2	1	1	1	-1	-1	1	-2	0	-2	-4

33. 앤드류 존슨	0	-2	-1	-1	-1	1	-2	0	1	1	-4
35. 포드	1	-1	0	-2	-2	0	-1	-1	0	-1	-7
36. 타일러	-1	1	-1	0	-1	-1	-1	-2	0	-2	-8
36. 레이건	1	0	-2	-2	-2	-2	-2	0	0	1	-8
38. 닉슨	-1	0	-2	-2	-2	0	0	-1	-2	-1	-10
39. 그랜트	-2	-2	-2	-1	-1	0	-1	0	-1	-1	-13

* 1999년 10월 27일 이전 내용으로 평가(31일간 대통령직에 있었던 윌리엄 헨리 해리슨과
6개월 15일간만 대통령직에 있었던 가필드는 평가에서 제외하였다)

지도력 및 정책결정과 관련된 업무수행

대통령은 한 사람의 지도자임에 틀림없다. 그 누구라도 최고 행정 책임자는 자신의 조직을 관리·운영하고 이끌어야만 한다. 행정관리와 지도력 사이에는 어떤 차이점이 있을까? 그동안 많은 학자들은 이 문제를 다루어 왔다. 이것에 대한 학자들의 견해는 완전한 동의에까지 도달하지 않았지만 그럼에도 대체로 세 가지 점에서 일치를 보았다. 첫째, 행정과 지도력의 기능은 어떤 목표를 달성하기 위해 인간의 행동을 이끌어 내는 것이라는 점이다. 둘째, 행정은 주로 경영적 관리와 관계되는 반면, 지도력은 주도적인 변화와 관계 있다는 점이다. 셋째, 행정가의 권한은 자신의 행정적 지위로부터 나오는 조직과 권위의 범위 내의 공식적인 역할에 기초를 두고 있지만, 지도자의 권한은 본질적으로 보다 개인적인 것이라는 점이다. 사실 지도자는 자신이 맡고 있는 행정직에 바탕을 둔 권위나 조직의 직책보다는 개인적 영향력과 명성에 더 의존한다. 한 나라의 최고 행정 책임자로서 대통령은 행정가의 권위를 자동적으로 소유하게 된다. 만약 그가 개인적 명성과 영향력에서 오는 지도력까지 겸비하게 된다면 그는 국가를 위한 자신의 국정목표를 펼치고 성취하는 데 더욱 효과적일 수 있다. 가장 위대한 지도자는 미래에 대한 훌륭한 비전을 가지고 있으며, 그는 이 비전을 달성하기 위해 끊임없이 이 비전에 공감하게 하고 다른 사람들이 영감을 받아 열심히 일하게 하여 비전을 달성하도록 하는 사람이다.

행정가의 일 중 중요한 부분은 의사 경정이다. 행정가가 성공하기 위해서는 어려운 문제를 결정하는 용기를 가지고 있어야 하며, 함부로 시기상조적인 결정을 내리는 일이 없도록 하는 신중함을 지니고 있어야 한다. 그리고 유용한 정보에 바탕하여 최선의 행동노선을 선택하는 지혜를 가지고 있어야만 한다. 효과적인 의사결정은 현재 상황을 종합적으로 분석하는 일, 여러 선택 사항들을 추정하고 윤곽을 그리는 일, 시간을 내어 추가적인 정보를 수집하는 일, 모든 행정과정에서 나올 수 있는 가능한 결과를 예측하는 일, 그리고 이런 환경에서 최선의 결정을 하는 일 등을 포함하고 있다. 정치적 결정을 내리는 일은, 인간적인 요소가 더욱 크게 작용하고 있기 때문에 다른 종류의 결정보다 더욱 어렵다. 다른 정당의 수용이 결정한 일을 완성시키는 데 필수적이라고 할 때 그 결정이 다른 정당에 의해 수용될 것인가? 혹시 타협을 해버리거나 끝까지 자신의 의견을 고수하는 것이 더 나은 것은 아닌가? 빵 반덩어리가 아무것도 없는 것보다 더 나은 것은 아닌가? 효과적인 행정가는 그러한 상황을 끊임없이 재평가하고 상황이 정당하다고 판단될 때 결정을 내려야 하는 것이다.

평가 내용에서 우리는 지도력과 정책결정과 관련된 업무수행 분야를 긍정적 혹은 부정적인 지표를 의미하는 10개의 하부영역과 특정한 판단기준으로 나누었다.

4. 업무수행능력 : 효과적인 지도력 발휘와 적절한 정책결정을 통한 국가를 발전시키고 개선시키는 일

4.1. 영감 발휘

긍정적인 지표 : 모범을 보여주건, 권고를 통해서건, 혹은 카리스마에 의해서건 대통령은 행정부의 인사들을 격려하고 고무시켜 고도로 집중적이고 생산적인 노력을 이끌어 냈다. 대통령은 다른 사람을 고무시켜 자신을 이상적인 사람으로 보도록 했으며, 그가 지도하기를 원하는 방향이 무엇이든 자신을 따라오도록 했다. 대통령은 개인적인 모범을 보여 솔선수범함으로써, 혹은 대(對)국민 연설이나 담화문을 통하여 국민들에게 영감을 주어 국가적으로 중요한 목표를 달성하는 데 총체적인 힘을 기울이게 했다.

부정적인 지표 : 대통령은 행정부의 인사들에게 그 어떤 영감도 발휘하지 못해 그들이 영감을 받고, 일에 집중하고, 나아가 적절하게 일을 수행할 수 있도록 하지 못했다. 대통령의 성격이 너무나 부정적이어서 국민들은 마지못해 대통령이 원하는 것을 따랐다. 대통령이 정권을 장악하고 있는 동안 그에 대한 국민들의 악의와 불쾌감은 더욱 커졌다. 국민들은 국가의 복리 증진에 필요한 희생과 노력과 단합된 행동을 마지못해 했다.

4.2. 설득력

긍정적인 지표 : 대통령은 다른 사람들을 설득하여 자신이 추구하는 길이 올바른 길이라는 확신을 줌으로써 자신을 따르도록 했다.

부정적인 지표 : 대통령은 자신이 제안한 일을 채택하거나 자신의 프로그램을 수행하도록 다른 사람을 설득하지 못했다.

4.3. 확신의 구축

긍정적인 지표 : 대통령은 정부에 대한 국민대중의 확신과 신용을 유지했다. 대통령은 설사 어떤 스캔들이나 경기침체, 혹은 다른 어려움을 만난 이후에도 대중의 확신과 신용을 곧 회복했다.

부정적인 지표 : 대통령직에 대한 국민대중의 확신, 일반적으로 정부에 대한 대중의 확신, 혹은 국가 미래에 대한 대중의 확신이 대통령이 현직에 있는 동안 약해졌다.

4.4. 모범적인 업무수행

긍정적인 지표 : 대통령은 자신과 행정부의 인사들, 그리고 다른 사람들을 위한 고도의 업무수행을 기준으로 삼았다. 대통령은 높은 수준의 모범이 되는 업무수행으로 다른 사람이 이를 성취하도록 동기를 부여했다.

부정적인 지표 : 대통령은 행정부 인사들로 하여금 낮은 수준의 적절치 못한 행동을 하도록 했으며, 고도의 능력과 효능을 발휘해 자신들의 의무를 수행하면서 책임을 지도록 하지 못했다.

4.5. 비전(통찰력)

긍정적인 지표 : 대통령은 국가와 세계가 어떤 방향으로 발전해 나가야 할지에 대한 개념을 가지고 있었다. 대통령은 이것에 대해 국민들과 의사소통을 했으며, 국가를 통합하고, 연대감을 만들어 냈으며, 국민들과 함께 국가의 목표를 공유했다.

부정적인 지표 : 대통령은 미래사회에 대한 이상적인 개념을 가지고 있지 않았다. 또한 대통령은 자기 나라의 미래에 대한 꿈도 가지고 있지 않았다. 행정부는 집단과 집단 간에 분열과 갈등으로 점철되어 있었다. 행정부는 통합적인 국가 목표에 대한 감각을 가지고 있지 못했다.

4.6. 구체적인 개념화

긍정적인 지표 : 대통령은 현재 상태에서 앞으로 되어야 할 상태로 국가를 발전시키기 위한 전략을 구체적으로 생각했다.

부정적인 지표 : 대통령은 국가의 현재 상태를 분석하지도 못했고 국가의 운명을 개선시키기 위한 전략도 개발하지 못했다.

4.7. 심사숙고한 선택

긍정적인 지표 : 마지막 결정을 내리기에 앞서 대통령은 다양한 선택안을 심사숙고하여 모든 과정에서 일어날 수 있는 가능한 결과에 관해서 견문이 넓은 판단을 했다. 선택안들을 심사숙고하는 데 있어서 대통령은 보좌관들은 물론 반대자들의 이야기를 아울러 들으면서 결정의 모든 결과에 관한 공정하고 성실한 토론을 했다. 선택안에 관한 대통령의 심사숙고는 역사에 관한 폭넓은 지식과 깊은 이해를 바탕으로 하였다. 정책결정의 지혜는 과거의 실패로부터 기꺼이 배우고자 하는 노력으로 더욱 고양되었다.

부정적인 지표 : 어떤 일의 추진이 결정되자마자 대통령은 그 일에 뛰어들어 이러저러한 선택안을 고려함도 없이 서둘러 밀고 나갔다. 뿐만 아니라 대통령은 그 일에 대해 반대의 입장에 서 있는 사람들의 견해를 조금도 고려하지 않았다. 대통령의 의사결정은 역사 속의 지혜로부터도, 실패가 주는 교훈으로부터도 이루어진 것이 아니었다. 대통령이 생각하는 선택안의 범위는 제한되어 있었다. 왜냐하면 대통령은 다른 사람들에게 확신을 주고, 다른 사람들의 충고를 받아들이고, 다른 사람들과 공개적으로 대화를 나눌 수 없었을 뿐만 아니라 이를 마지못해 하였기 때문이다.

4.8. 지적인 정책결정

긍정적인 지표 : 대통령은 예민한 지성의 소유자로, 어떤 문제를 해결하고 의사를 결정할 때 이를 잘 활용했다.

부정적인 지표 : 대통령은 지성이 부족할 뿐만 아니라 노력도 부족하여 문제를 해결하거나 의사를 결정하는 데 무능했다.

4.9. 양보를 통한 타협과 협조

긍정적인 지표 : 문제해결과 정책결정을 위한 제안에 폭넓은 지지를 얻기 위해 대통령은 세부 항목별로 양보를 통한 타협을 했지만 근본적인 원리는 확고히 유지했다.

부정적인 지표 : 대통령은 어떤 일을 하는 데 있어 마지못해 타협을 했다. 혹은 대통령은 자신이 추진한 원리가 불리한 상태에 놓이게 될 때 이를 확고하게 유지하지 못했다.

4.10. 어려운 결단력(정책결정)과 비상사태에 대한 현명한 대처

긍정적인 지표 : 결단력(정책결정)이 필요한 상황에 직면했을 때 대통령은 아무리 그것이 어렵고 힘든 것일지라도, 또 자신이 잘못했을 때 아무리 그 결과가 불리하고 매정한 것일지라도 그 결정을 내렸다. 대통령은 정책결정시 시간이 허락하는 한 신중하고 주의깊은 태도를 취했으며 비상사태에 차분하게 대처했다. 대통령은 시간상으로 적절한 판단과 정책결정을 내렸다.

부정적인 지표 : 대통령은 무작정 행동을 연기함으로써, 또 결정이 다른 때에 이루어지기를 기대하면서 어려운 정책결정을 피했다. 비상사태에 접했을 때는 무모한 행동으로 적절한 준비도 없이 정책결정을 내렸고, 또 아무런 행동도 취하지 못했다.

지도력 및 정책결정과 관련된 업무수행 영역에서 세 명의 대통령이 모든 판단기준에서 20점 만점에 만점을 받았다. 조지 워싱턴, 토머스 제퍼슨, 에이브러햄 링컨은 모두 영감과 격려를 부여하는 고무적인 지도자들이었다. 그들은 모두 다른 사람들을 설득하여 자신들이 지도하는 방향을 따르도록 했다. 그들은 국민대중에게 확신감을 심어 주었다. 그들은 자신들과 국민들을 위한 높은 수준의 모범이 보여주는 업무를 수행했다. 세 대통령 모두 국가가 어떤 방향으로 발전되어 가야 하는가 하는 비전을 가지고 있었고, 나아가 국민들과 이 비전을 공유하는 능력을 가지고 이를 실천했다. 그들은 구체적인 개념적 전략을 가지고 국정에 임했다. 세 대통령 모두 훌륭하게 정책을 결정하는 사람들이었다, 그들은 모두 여러 선택안을 잘 평가해서 현명하고 지적인 정책결정을 했다. 그들은 타협과 협조가 필요한 때, 또 본래의 원리를 고수해야 할 때를 구별하고 그에 따라 행동했다. 세 대통령 모두 신중하고 용기 있게 정책을 결정했다. 다른 영역에서도 만점을 획득한 대통령들은 없다. 따라서 이 세 대통령이 이 분야에서 만점을 획득한 것은 주목할 만한 것이라 하겠다.

지도력 및 정책결정과 관련된 업무수행에서의 대통령 평가

순 위	하부영역에 따른 판단기준에 대한 평가										
	4.1	4.2	4.3	4.4	4.5	4.6	4.7	4.8	4.9	4.10	총점
1. 워싱턴	2	2	2	2	2	2	2	2	2	2	20
1. 제퍼슨	2	2	2	2	2	2	2	2	2	2	20
1. 링컨	2	2	2	2	2	2	2	2	2	2	20
4. 애덤스	1	2	2	2	2	2	2	2	1	1	17
4. 매디슨	2	2	2	1	2	1	2	2	2	1	17
4. 시어도어 루스벨트	2	2	2	2	1	0	2	2	2	2	17
7. 프랭클린 루스벨트	2	2	2	1	2	2	1	2	0	2	16
8. 포크	0	2	1	2	2	2	2	1	1	2	15
8. 린든 존슨	2	1	1	2	2	2	1	1	2	1	15
10. 윌슨	1	2	-1	2	2	2	2	2	0	2	14
11. 먼로	2	1	0	2	1	2	2	1	0	2	13
11. 케네디	2	1	2	2	1	0	1	1	1	2	13
13. 헤이즈	1	0	1	2	2	1	1	2	0	2	12
13. 트루먼	0	1	0	2	2	1	2	1	1	2	12
15. 잭슨	2	1	2	-1	2	2	0	-1	2	2	11
15. 밴 뷰런	1	2	0	1	0	1	1	1	2	2	11
17. 아이젠하워	2	2	1	1	0	-1	1	1	1	2	10
17. 클린턴*	0	1	0	1	1	1	2	2	0	2	10
19. 뷰캐넌	1	1	1	1	0	-2	1	2	2	1	8
20. 벤저민 해리슨	1	-1	1	2	0	1	0	1	1	1	7
21. 카터	1	1	-1	1	0	0	0	1	1	2	6
22. 존 퀸시 애덤스	-1	0	0	0	2	0	2	2	-1	1	5

											합계
22. 부시	0	1	0	1	-1	0	1	-1	2	2	5
24. 테일러	0	0	0	0	-1	0	1	1	1	2	4
24. 닉슨	0	2	-2	0	2	0	1	1	0	0	4
26. 필모어	0	0	1	0	0	0	0	0	1	1	3
27. 레이건	1	2	2	-2	0	-1	-2	-1	2	1	2
28. 앤드류 존슨	0	-1	0	-1	1	1	-1	0	1	1	1
29. 클리블랜드	0	-1	-1	1	-1	-1	0	1	0	2	0
29. 매킨리	0	0	2	0	0	0	1	1	-2	-2	0
29. 태프트	0	1	1	-1	0	-1	-1	1	-1	1	0
32. 쿨리지	0	0	2	0	0	-1	-2	-1	-1	1	-2
32. 포드	-1	0	0	-1	-1	0	-1	0	1	1	-2
34. 타일러	-1	-1	-1	1	-1	1	-1	-1	0	1	-3
35. 하딩	0	0	-1	-2	0	-1	0	-2	1	0	-5
36. 아서	-1	-1	1	-1	-1	-1	0	-1	-1	-1	-7
37. 후버	-2	-1	-2	1	-2	-1	-1	0	-1	1	-8
38. 피어스	0	-2	-2	0	-1	-2	-2	-2	-1	-1	-11
39. 그랜트	-2	-1	-2	0	-1	-2	-2	-2	-2	2	-12

* 1999년 10월 27일 이전 내용으로 평가(31일간 대통령직에 있었던 윌리엄 헨리 해리슨과 6개월 15일간만 대통령직에 있었던 가필드는 평가에서 제외하였다)

개인적 성격과 도덕성

대통령을 평가할 때 우리는 우선 그 대통령이 현직에 있을 당시 국정에 관한 그의 업무수행 능력과 관련된 것을 주 대상으로 삼았다. 그들이 대통령이 되기 전에 했던 일, 그들이 백악관을 떠나고 난 후에 했던 일, 그들이 개인적인 생활에서 했던 일, 그리고 소위 대통령의 성격 문제 같은 것은, 현직으로서의 대통령직에 영향을 미치는 선에서만 문제가 된다. 한 위대한 대통령은 대통령직의 질을 향상시킬 수 있다. 미국에서 대통령은 정부의 수반일 뿐 아니라 국가의 수반이기도 하다. 수상이 정부의 수반이고, 왕이나 여왕, 그리고 다른 고위 인사가 국가의 수반인 의회중심제 나라와는 대조적으로, 미국에서는 두 직위가 대통령이라는 하나의 자리에 결합되어 있다. 대통령직의 품위를 드높이는 행동 중에는 대통령직이 요구하는 권위를 갖추고 행동할 것, 또 한 나라의 국민들에게 자존심을 심어줄 것, 대통령직의 권한과 정도를 증대시킬 것, 국민 개개인에게까지 이러한 것들이 영향을 미치게 할 것, 그리고 높은 수준의 정직과 도덕수준을 보여줄 것 등이다. 용어에 대한 더 좋은 설명이 없기 때문에 우리는 한 나라의 최고 공직의 질을 강화시킬 수 있고 혹은 파괴시킬 수 있는 대통령의 이러한 행동을 의미하는 데 개인적 성격과 도덕성을 이용했다.

업무수행과 관련된 다른 분야에서와 마찬가지로 우리는 평가 내용에서 개인적 성격과 도덕성과 관련된 업무수행 분야를 긍정적 혹은 부정적인 지표를 의미하는 10개의 하부영역과 특정한 판단기준으로 나누었다.

5. 업무수행 능력 : 긍정적인 개인적 성격과 도덕성을 나타냄으로써 대통령직의 품위를 강화시키는 일

5.1. 대통령의 처신과 행동
긍정적인 지표 : 대통령은 대통령직이 요구하는 권위를 가지고 행동했다.
부정적인 지표 : 대통령은 마음이 좁고, 도량이 좁고, 비열하고, 조잡하고,

그리고 적절치 못한 처신과 행동으로 대통령직의 권위를 떨어뜨렸다.

5.2. 국민들에게 자존심을 심어주는 일

긍정적인 지표 : 대통령은 국민들에게 미국인이라는 자부심을 심어 주었고 국민들에게 자신이 그들의 대통령이라는 사실을 자랑스러워 하도록 해주었다.

부정적인 지표 : 대통령은 국민들에게 자신이 그들을 대표하는 대통령이라는 사실에 부끄러움을 느끼게 했다. 국민들은 대통령 때문에 자신들이 이 나라 국민이라는 사실에 자부심을 갖지 못하였다.

5.3. 대통령직의 품위 향상

긍정적인 지표 : 대통령은 넓은 도량으로 인하여 미국 내는 물론 국외에서도 존경을 받았고 대통령직의 품위를 향상시켰다.

부정적인 지표 : 현직 대통령으로서의 행동으로 인하여 대통령직의 품위를 손상시켰다.

5.4. 대통령직의 권한의 증대

긍정적인 지표 : 일찍이 경험한 적이 없었던 것에 대해 대담하고 용기있게 행동하고 혹은 이전에 대통령이 포기했던 권한을 회복시킴으로써 대통령이 현직에 있는 동안 국가 발전을 위한 행동을 통해 대통령직의 권한을 증대시켰다.

부정적인 지표 : 대통령은 의회와 같은 다른 국가의 기관으로 하여금 대통령직의 권한을 침해하도록 함으로써, 또 국가적 관심사를 처리하는 데 있어 대통령직의 권한을 사용하지 않음으로써 대통령직의 권한을 약화시켰다.

5.5. 국민 대중여론과 대통령직

긍정적인 지표 : 대통령은 국민들에게 대통령이라는 직책이 국민들을 위한 직책이며, 대통령은 국민의 편이라는 생각을 갖게 만들었다.

부정적인 지표 : 대통령은 국민들에게 그가 국민의 일에 관심이 없으며, 국민들

은 대통령의 관심으로부터 무가치한 것이며, 대통령은 국민의 친구가 아니라 적으로 생각하도록 만들었다.

5.6. 대통령에 대한 국민 대중의 접근성

긍정적인 지표 : 대통령은 모든 부분의 국민 대중으로부터 정보를 얻고 그가 얻은 정보로부터 심사숙고를 했다.

부정적인 지표 : 대통령에 대한 국민 대중의 접근이 소규모 가신(家臣)집단과 자기 편 구성원들에 의해 제한되었다.

5.7. 대통령의 정책이 국민 대중에게 전달

긍정적인 지표 : 대통령은 많은 공식, 비공식 채널을 이용하여 국민 대중과 접촉해 왔다. 예를 들어 '노변정담'이나 의회의 수장이나 다른 영향력을 가진 사람들의 간섭에서 벗어나 국민들에게 직접 호소하는 일 등이다.

부정적인 지표 : 대통령은 공식적인 채널을 제외하고는 국민들과 대화를 나누는 데 흥미가 없었다. 대통령은 국민들로부터 떨어져 거리를 두었고 국민들도 거리감을 느꼈다.

5.8. 고결함과 신용

긍정적인 지표 : 대통령은 확고한 도덕적 가치와 원리체계에 입각하여 행동했다. 대통령은 국민들로부터 신용을 얻었으며, 그가 한 말은 맹약과도 같아 한 번 한 약속은 반드시 지켰다.

부정적인 지표 : 대통령은 편리한 대로 자신의 도덕적 원리를 포기했다. 대통령은 자신의 말을 지키지 않아 신용을 얻지 못했다.

5.9. 개인적인 정직

긍정적인 지표 : 대통령은 공적으로 신뢰를 받는다는 믿음 속에서 행동했으며 결코 국민대중의 희생을 바탕으로 공직이 개인적 이익을 취하는 데 이용되어

서는 안 된다는 믿음을 갖고 그렇게 행동했다.

부정적인 지표 : 대통령은 공직과 공적인 결정을 통하여 개인적 이익을 추구했다.

5.10. 개인적인 도덕성

긍정적인 지표 : 대통령은 일상 생활을 통하여 높은 수준의 개인적 도덕성을 드러냄으로써 대통령직의 명성을 드높였다.

부정적인 지표 : 대통령은 일상 생활을 통하여 낮은 수준의 개인적 도덕성을 드러냄으로써 대통령직의 명성을 악화시켰을 뿐 아니라 대통령으로서의 효능도 악화시켰다.

개인적 성격 및 도덕성과 관련된 영역에서 에이브러햄 링컨이 총 20점 만점에 19점을 획득함으로써 이 분야에서 1등을 차지했다. 링컨과 동시대에 살았던 사람들 중 일부는 그를 그렇게 높게 평가하지 않았다. 그러나 오늘날 미국사 전체를 조망해 보면 링컨이 대통령직의 수행에서 매우 긍정적이고 효능을 발휘했다는 것을 알 수 있다. 그의 소박한 태도와 말솜씨는 정적의 조롱 대상이 되었다. 그러나 오늘날 우리는 그의 숨김 없고 솔직한 평이한 말솜씨와 유머 가득한 말로 요점을 지적하는 그의 말솜씨에 대해 경의를 표하고 있다. 링컨 대통령의 품위와 행동은 항상 국가의 명예를 드높여 주었다. 링컨은 국민들이 미국인이라는 사실을 자랑스럽게 만들었고 링컨이 그들의 대통령이라는 사실에 대해서도 자랑스러워 하도록 만들었다. 무엇보다도 링컨은 애국자였고 국민들은 링컨의 애국심에 감응했다. 링컨은 고귀한 용기, 겸손, 인간애, 관대한 아량, 인내, 연방 보존을 위한 헌신, 그리고 전쟁으로 인한 국가적인 상처의 치유와 분리된 국가의 재통합에 헌신함으로써 대통령 직의 품위를 크게 향상시켰다.

링컨은 헌법에 입각한 전쟁의 권한을 확대시켜 국가 비상사태 시 담대하고 용기있는 행동을 취할 수 있는 대통령의 권한을 강화시켰다. 때때로 링컨은 입법부와 사법부의 권한을 침해하면서 칙명과 성명을 통해 대통령의 권한을 행사했다. 이런 이유로 링컨에 반대하는 정적들은 그에게 폭군적인 정치를 한다고 비난했다. 그러나 링컨은 결코 폭군이 아니었다. 링컨이 일시적으로 입법부와 사법부의 권한을 침해한 것은, 극히 참혹하고 무시무시한 비상사태라는 현실 속에서 정당화될 수 있는 것이었다. 시종일관 링컨은 법이 정의실현을 위한 최선의 도구이며 민주주의는 정부의 여러 형태 중 최고라고 믿었다. 그는 '국민의, 국민에 의한, 국민을 위한 정부'의 실현을 원한 감동적인 민주적인 연설가였다.

링컨은 대통령집무실에서 거의 매일, 월요일에서 금요일까지, 심지어 전쟁 중에도 여러 시간씩 방문객을 맞이했다. 누구든지 방문할 수 있었다. 방문객은 영향력 있는 정치가일 수도 있고 평범한 일반 국민일 수도 있었다. 이런 방문객들은 대통령의 귀중한 시간 중 많은 시간을 할애 받아 대통령과 함께 보냈다. 링컨은 국민들의 감정과 느낌을 알고 이해하기 위해 정보를 필요로 했던 것이다. 이러한 링컨은 평범한 서민을 위한 대변인이 되었다. 링컨은 서민들과 함께 개인적인 만남, 대중 연설, 그리고 스스로 쓴 공개서한에서 국민들에게 다가갔던 것이다. 링컨은 의회의 의장에게 공개서한을 넘겨주고 직접적으로 국민들에게 호소하는 관례를 만들었다. 링컨은 미국 국민들로 하여금 자신들의 대통령이 정말로 자신들을 위해 일하는 자신들의 친구라고 생각하도록 만들었다. 대정치가이자 최고의 실용주의자인 링컨은 다양한 집단을 어울러 통합하고 그들로부터 자신의 행정부와 전쟁 노력을 위한 지지를 확보한 국민 모두의 대통령이었다. 심지어 이러한 상황은 전장에서 어려움이 계속되는 중에도 그러했다. 링컨으로 인하여 세계의 평범한 시민들이 미몽에서 깨어나고, 미국을 보다 나은 생활을 위한 지도력을 발휘하는 국가로 보았던 것이다. 전 세계에서 링컨은 민주주의와 자유가 반드시 승리한다는 상징이 되었다.

링컨의 고결과 신용은 전설과도 같이 빛났다. 그는 시종일관 확고한 도덕적 가치와 원리에 입각하여 행동했다. 일단 그가 타협을 하게 되면 그것은 보다 나은 선(善)을 위한 것이었다. 연방 보존은 그에게 최고 선이었고 그는 이 일을 모든 일에 앞서 우선적인 관심을 집중했다. 만약 그가 모든 노예를 자유롭게 하여 연방을 구할 수 있었다면 모든 노예를 해방시켰을 것이다.

역으로 만약 그가 모든 노예를 해방시키지 않고서 연방을 구할 수 있었다면 그렇게 했을 것이다. 그는 남북전쟁을 하나의 민주주의 정부가 살아 남을 수 있는가 하는 시험대로 보았다. 그래서 그는 민주주의의 생존을 확보하기 위한 전쟁에서 승리하고자 혼신을 다했다. 그는 사적으로 공적으로 최고 수준의 도덕성을 유지함으로써 대통령직의 품위를 향상시켰다. 그는 개인적으로 성실하고 정직했으며 국민들을 희생으로 개인적으로 이익을 추구하지 않았다. 그의 별명인 '정직한 아베'(Honest Abe)는 너무나 정확한 표현이었다. 링컨 개인적으로 볼 때 대통령직에 있던 때는 가장 불행한 시간이었다. 사랑하는 아들이 죽고, 아내가 심한 정신적·감정적 질병을 앓고 있었다. 대통령 자신도 상당 기간 우울증에 시달리고 있었다. 그는 전쟁의 공포에 대해 괴로워하며 이를 극복하고자 노력했다. 동정심 가득한 본성을 지녔던 그는 전쟁 희생자들에 대해 오랫동안 연민의 정을 느꼈다. 링컨은 연방을 보존하고 정상상태로 회복시키고자 하는 자신의 목표를 굳게 지켜 나갔고 자신의 반대자에게는 용서의 아량을 베풀었다. 두 번째 임기 취임식에서 승리를 바라보며 그는 국민들에게 "국가의 상처를 치료하고 단합할 것을, 전쟁이 낳은 많은 것들을, 과부와 고아들을, 그리고 정의와 지속적인 평화를 성취하고 소중히 여기기 위한 모든 일을 해 주도록" 호소했다. 남부에 대한 복수 대신에 링컨은 "누구에게도 적의를 나타내지 말고, 모든 사람에게 자비를 베풀 것"을 호소했다. 링컨은 국민들을 자유롭게 하고 영원히 그 자유를 누리도록 하는 영감을 제공한 대통령이었다.

개인적 성격과 도덕성과 관련된 대통령 평가

순 위	하부영역에 따른 판단기준에 대한 평가										
	5.1	5.2	5.3	5.4	5.5	5.6	5.7	5.8	5.9	5.10	총점
1. 링컨	1	2	2	2	2	2	2	2	2	2	19
2. 워싱턴	2	2	2	2	2	1	2	2	1	2	18
2. 제퍼슨	2	2	2	2	2	1	1	2	2	2	18
2. 시어도어 루스벨트	1	2	2	2	2	2	2	1	2	2	18
2. 윌슨	2	2	2	2	2	0	2	2	2	2	18
6. 먼로	2	2	2	2	1	2	2	2	0		17
6. 잭슨	1	2	2	2	2	2	2	0	2	1	17

8. 매디슨	1	2	2	2	2	0	1	2	2	2	16
8. 프랭클린 루스벨트	2	2	2	2	2	0	2	1	2	1	16
10. 트루먼	0	1	0	2	2	2	2	2	2	2	15
11. 매킨리	2	2	1	1	2	2	1	1	1	1	14
12. 케네디	1	2	2	1	2	1	2	0	2	0	13
13. 포크	2	1	1	2	0	0	0	2	2	2	12
13. 해이즈	2	0	1	2	0	1	1	2	2	1	12
15. 존 애덤스	1	1	2	2	0	-1	0	2	2	2	11
15. 밴 뷰런	2	0	1	1	-1	1	2	1	2	2	11
15. 앤드류 존슨	1	1	1	-1	0	2	1	2	2	2	11
15. 클린블랜드	1	1	1	1	1	0	1	2	2	1	11
15. 아이젠하워	2	2	1	0	2	-2	2	1	1	2	11
20. 테일러	1	1	0	0	1	1	1	2	1	2	10
21. 존 퀸시 애덤스	2	0	0	0	-1	2	-1	2	2	2	8
21. 카터	1	-1	0	0	1	0	1	2	2	2	8
23. 타일러	1	-2	0	1	-1	1	0	2	2	2	7
23. 태프트	2	0	-1	0	0	0	0	2	2	2	7
23. 레이건	2	2	2	-1	2	-1	1	-2	2	0	7
26. 벤저민 해리슨	2	0	1	0	-1	-1	1	0	2	2	6
27. 필모어	2	1	0	0	0	1	0	1	1	-1	5
27. 부시	1	1	0	0	0	0	-1	1	2	1	5
29. 포드	1	1	1	-1	0	-1	-1	1	1	2	4
29. 뷰캐넌	2	-2	0	-2	-2	1	1	2	2	2	4
31. 쿨리지	0	1	0	0	1	-2	-2	1	2	2	3
32. 피어스	-1	-1	0	-1	-1	1	1	1	2	1	2
32. 린든 존슨	1	-1	0	2	0	0	0	1	0	-1	2
34. 후버	1	0	0	0	-1	-2	-2	1	2	2	1
35. 하딩	-1	-2	-2	0	0	1	2	1	0	0	-1
36. 클린턴*	-2	-1	0	-1	2	2	1	-2	0	-2	-3
37. 아서	2	-1	-1	-1	-1	0	-2	1	0	-1	-4
38. 그랜트	0	-2	-2	-1	-1	-1	0	-1	0	0	-9
38. 닉슨	-2	-2	-2	0	0	-1	0	-2	0	0	-9

* 1999년 10월 27일 이전 내용으로 평가(31일간 대통령직에 있었던 윌리엄 헨리 해리슨과 6개월 15일간만 대통령직에 있었던 가필드는 평가에서 제외하였다)

종합평가

　모든 업무수행 영역을 고려해 보았다. 그 결과 우리의 가장 위대한 대통령은 에이브러햄 링컨이었다. 한 대통령의 종합평가는 다섯 가지 업무수행 영역에서 받은 점수의 총점이다. 어떤 영역에서 모든 판단기준의 최고 점수를 받은 대통령은 20점을 받았다. 다섯 가지 업무수행 영역에서 가능한 가장 높은 점수는 100점일 것이다. 완벽하게 100점을 획득할 수 있는 사람은 없다. 심지어 미국의 위대한 대통령 중에도 없다. 위대한 해방자(링컨)는 총 78점을 받았다. 그는 개인적 성격과 도덕성과 관련된 영역에서 19점을 획득하여 1등을 했고, 지도력 및 의사결정과 관련된 업무수행 영역에서 만점으로 20점을 획득하여 제퍼슨, 워싱턴과 함께 1등을 했다. 링컨은 국내의 각종 문제 및 사업에 대한 업무수행 영역에서 17점을 차지해 이 영역에서 다른 대통령과 공동 2위를 차지했다. 행정부와 정부 내에 관련된 업무수행에서 링컨은 12점을 받아 공동 5위를 차지했다. 외교를 비롯한 대외관계와 관련된 업무수행에서 링컨은 10점을 받아 공동 18위를 차지했다.

　조지 워싱턴이 전체 점수에서 77점을 받아 링컨보다 1점 뒤진 점수로 2위를 차지했다. 국부(國父)인 워싱턴은 행정부와 정부 내에 관련된 업무수행 영역에서 1등을 차지했다. 또 지도력 및 의사결정과 관련된 업무수행에서 20점 만점을 받아 다른 대통령과 공동 1위를 차지했다. 개인적 성격과 도덕성에서는 다른 대통령과 공동 2위를 차지했고, 외교를 비롯한 대외관계와 관련된 업무수행에서는 3위를 차지했다. 그러나 국내의 각종 문제 및 사업에 대한 업무수행에서 단지 7점만을 받아 공동 16위를 차지했다. 만약 이 영역에서 워싱턴이 보다 좋은 점수를 받았다면 그는 미국의 가장 위대한 대통령으로 최고의 자리에 올랐을 것이다.

　우드로 윌슨과 프랭클린 루스벨트는 공동 3위를 차지했다. 윌슨은 모든 영역에서 상위 10위권 안에 들었다. 모든 영역에서 10위권 안에 든 대통령은 윌슨이 유일하다. 외교를 비롯한 대외관계와 관련된 업무수행과 국내의 각종 문제 및 사업에 대한 업무수행에서 최고 점수로 1등을 차지한 프랭클린 루스벨트는 다른 영역에서는 그리 높은 점수를 받지 못했다. 워싱턴, 링컨과 함께 지도력 및 의사결정과 관련된 업무수행 영역에서 20점 만점을 받아 1등을 차지한 토머스 제퍼슨은 외교를 비롯한 대외관계와 관련된 업무수행과 국내의 각종 문제 및 사업에 대한 업무수행에서 좋은 점수를 획득하지 못했다. 제퍼슨은 종합평가에서 70점을 받은 해리 트루먼과 함께 공동 5위를 차지했다. 시어도어 루스벨트는 종합 7위를, 존 F. 케네디는 종합 8위를 먼로와 앤드류 잭슨은 공동 9위를 차지했다.

율리시스 그랜트는 종합 -42점을 획득하여 모든 대통령 중에서 최하위를 차지했다. 이 장군출신 대통령은 모든 영역에서 부정적인 평가로 최하 또는 최하에 가까운 점수를 받았다. 그랜트는 행정부와 정부 내에 관련된 업무수행과 지도력 및 의사결정과 관련된 업무수행에서 각각 -13점과 -12점을 받아 최하위를 차지했다. 개인적 성격과 도덕성 영역에서는 -9점을 받아 닉슨과 함께 최하위의 점수를 받았다. 프랭클린 피어스는 종합평가에서 -19점을 받아 최하위 다음의 평가를 받았다. 종합에서 마이너스의 점수를 받은 다른 대통령들로는 체스트 아서, 리처드 닉슨, 캘빈 쿨리지, 로널드 레이건, 그리고 존 타일러 등이 있다. 레이건은 국내의 각종 문제 및 사업에 대한 업무수행 영역에서 -8점을 받아 최하위를 차지했다. 닉슨은 개인적 성격과 도덕성 영역에서-9점을 받아 그랜트와 같이 최하위를 차지했다. 외교를 비롯한 대외 관계와 관련된 업무수행 영역에서 최하위를 차지한 대통령은 윌리엄 매킨리 인데, 그는 다른 영역에서는 비교적 좋은 점수를 받아 종합평가에서 17점으로 종합 27위를 차지했다. 최하위 및 하위의 평가를 받은 대통령들은 미국 대통령 에 대한 여론조사에서는 거의 항상 우리가 내린 결과와 일치하고 있다. 즉, 그랜트, 피어스, 닉슨, 쿨리지 등은 거의 최하위의 평가를 받았다. 아서, 타일러 등은 여론조사에서 거의 최하위 내지 최하위에 가까운 평가를 받았다. 그렇다 고 해서 이들이 모든 영역에서 하위 내지 최하위를 받은 것은 아니다. 물론 레이건은 극히 최근에 대통령을 지냈기 때문에 대부분의 여론조사에 포함되 지 않았었다. 여론조사에서 거의 항상 최하위의 평가를 받은 워렌 하딩은 우리의 다섯 가지 영역 중 세 가지에서 마이너스 점수를 받았다. 그러나 그는 종합평가에서 플러스 1점을 받았다.

대통령에 대한 종합평가

대통령 순위	1. 외교	2. 국내	3. 행정	4. 지도력	5. 성격	종합
1. 링컨	10	17	12	20	19	78
2. 워싱턴	14	7	18	20	18	77
3. 윌슨	13	15	16	14	18	76
3. 프랭클린 루스벨트	17	18	9	16	16	76
5. 제퍼슨	9	9	14	20	18	70
5. 트루먼	14	16	13	12	15	70
7. 시어도어 루스벨트	10	12	12	17	18	69
8. 케네디	12	14	13	13	13	65
9. 먼로	13	5	12	13	17	60
9. 잭슨	16	5	11	11	17	60
11. 매디슨	13	8	5	17	16	59
12. 존 애덤스	12	5	5	17	11	50
13. 밴 뷰런	13	7	7	11	11	49
14. 헤이스	8	4	12	12	12	48
15. 린든 존슨	1	16	12	15	2	46
16. 포크	3	1	11	15	12	42
18. 존 퀸시 애덤스	11	10	7	5	8	42
18. 클린턴*	13	14	7	10	-3	41
20. 타일러	13	7	3	4	10	37
21. 태프트	8	11	7	0	7	33
22. 앤드류 존슨	7	17	-4	1	11	32
22. 클리블랜드	8	3	10	0	11	32
24. 아이젠하워	1	-3	11	10	11	30
25. 뷰캐넌	14	-5	1	8	3	21
26. 필모어	7	3	2	3	5	20
27. 매킨리	-7	5	5	0	14	17
28. 벤저민 해리슨	-4	-3	8	7	6	14
28. 부시	8	-7	3	5	5	14
30. 후버	8	8	-2	-8	1	7
31. 타일러	4	0	-6	-3	9	4
32. 포드	11	-4	-7	-2	4	2
33. 하딩	7	2	-2	-5	-1	1
34. 쿨리지	2	-4	-3	-2	3	-4
34. 레이건	3	-8	-8	2	7	-4
36. 닉슨	12	-3	-10	4	-9	-6
37. 아서	5	-1	-3	-7	-4	-10

38. 피어스	1	-7	-4	-11	2	-19
39. 그랜트	-2	-6	-13	-12	-9	-42

* 1999년 10월 27일 이전 내용으로 평가(31일간 대통령직에 있었던 윌리엄 헨리 해리슨과 6개월 15일간만 대통령직에 있었던 가필드는 평가에서 제외하였다)

우리의 평가에서 볼 때 과소평가, 과대평가된 대통령

우리의 판단기준에 따라 상위 10위까지 평가를 받은 대통령 중에서 그동안 이루어진 모든 종류의 대통령 여론조사에서 두 명의 대통령을 제외한 모두가 상위 10위까지의 평가를 받은 대통령들이다. 제임스 먼로와 존 F. 케네디는 많은 여론조사에서 10위까지의 범위에 들지 않은 경우가 많았다. 우리의 평가에서 잭슨과 함께 9위로 평가받은 먼로는 여론조사에서는 12위에서 18위까지의 범위에 걸쳐 있는 경우가 대부분이었다. 먼로는 모든 미국 대통령 중에서 가장 과소 평가된 대통령이라 할 수 있다. 그의 행정부는 미국 역사상 가장 재기 넘치고 뛰어난 외교력을 가진 사람들로 채워졌다. 그는 평화와 번영과 안정의 시기에 대통령직을 수행했다. 그의 행정부는 소위 '화합의 시대'로 잘 알려졌다. 아마 그에게 어떤 종류의 위기가 닥쳐왔다면 그는 여러 여론조사에서 보다 높은 점수를 받았을 것이다. 물론 케네디는 초기의 여러 여론조사에서는 포함되지 않았다. 우리는 그를 8위로 평가했지만, 다른 여론조사에서는 9위에서 15위까지 평가를 받았다.

우리의 평가에서 상위 11위에서 20위까지 평가를 받은 대통령 가운데 5명이 과소평가를 받았다. 우리의 평가에서는 11위를 차지한 제임스 매디슨이 다른 여러 여론조사에서는 10위에서 17위까지 평가를 받고 있다. 비록 여론조사의 절반 이상이 매디슨을 우리의 평가보다 두 단계 아래로 평가했지만 그는 분명 과소평가 되었다. 마틴 벤 뷰런은 우리의 판단기준에 따라 13위의 평가를 받았지만 여러 여론조사에서는 15위에서 21위까지 평가를 받았다. 그는 속임수가 뛰어난 정치가로서의 평가와 카리스마적인 전임 대통령 앤드류 잭슨과의 어쩔 수 없는 비교로 인해 평가에서 큰 손해를 입었다. 러더포드 헤이스는 우리의 평가에서 14위를 차지했다. 한 여론조사는 우리와 일치했지만 다른 여론조사는 우리의 평가보다 한 단계 높았다. 그러나 대부분의 다른 여론조사는 그를 20위에서 25위의 평가를 했다. 헤이스는 결코 1876년의 '훔친 선거'의 오점을 극복할 수 없었다. 우리의 평가에서 포크와 함께 공동 16위로 평가받은 카터는 아마도 11위에서 20위권 사이의 대통령 가운데 가장 과소평가된 대통령일 것이다. 다른 여론조사에서는 카터를 19위에서 25위까지의 평가를 하고 있다. 언론과의 불편한 관계가 카터의 하향평가에 영향을 미쳤고, 아울러 이란에서의 인질 구출실패가 좋지 않은 평가를 받게 하였다. 그의 평판은 다시 회복되는 과정에 있다. 아마 미래의 여론조사는 이 조지아인에게 보다 높은 점수를 주게 될 것이다. 재크리 테일러는 우리의 판단기준에 따라 20위로 평가를 받았다. 다른 여론조사는 그를 보다 낮게 평가했는데 대체로 24위에서 29위의 평가를 받았다. 그는 단 한 번의 임기도 채우지 못하고 여러 가지 현안문제가 산재한 가운데 병에 걸려 불행히도 일찍 죽었다.

우리의 역대 대통령들 가운데 가장 과대평가를 받은 대통령은 아마도 제임스 포크일 것이다. 우리는 그를 16위로 평가했다. 대부분 다른 여론조사는 그를 8위에서 12위로 평가했다. 그는 정복을 통해 미국의 영토를 확장시켰다는 이유로 여러 여론조사 응답자들에게 높은 평가를 받았다. 이것은 언론과 그 시대의 역사가들이 높은 평가한 결과이기도 하다. 우리의 판단기준에서 볼 때 과대평가를 받은 또 다른 대통령들로는 클린블랜드, 아이젠하워, 매킨리가 있다. 비록 크게 과대평가된 것은 아니지만 후버와 아서는 우리의 평가보다 다른 여론조사에서 한 단계 높게 평가받고 있다.

최근 대통령직을 지낸 레이건, 조지 부시, 빌 클린턴은 단지 두 번의 여론조사를 거쳤다. 따라서 그들이 과소평가를 받았다든가 혹은 과대평가를 받았다고 단정하기는 너무 시기상조다. 그러나 우리는 다른 여론조사보다 클린턴을 보다 높게, 레이건과 부시는 보다 낮게 평가했다.

조지 워싱턴
George Washington | 1789~1797

	평가점수	평가등수
외교를 비롯한 대외관계와 관련된 업무수행	14	3(공동)
국내의 각종 문제 및 사업에 대한 업무수행	7	16(공동)
행정부와 정부 내에 관련된 업무수행	18	1
지도력 및 의사결정과 관련된 업무수행	20	1(공동)
개인적 성격과 도덕성	18	2(공동)
종합평가	77	2

배경

조지 워싱턴은 1732년 2월 22일 버지니아 웨스트모어랜드 카운티에서 부유한 대농장주의 아들로 태어났다. 10대에 토지 측량사로 일하고 20세 때 버지니아 민병대의 장교로 임명되어 군생활을 시작했다. 프랑스와 인디언 동맹전쟁의 수많은 전투에 참가하였고, 1758년에 버지니아 하원의원에 당선되어 15년간 일했다. 1774년과 1775년에 그는 대륙회의의 대표로 일하면서 군사문제를 다루는 위원회에서 가장 뛰어난 위원으로 등장했다. 1775년에 대륙회의는 워싱턴을 식민지군 총사령관으로 임명했다. 독립전쟁 동안 의협심 넘치는 영웅적 행동과 카리스마적인 지도력을 배경으로 워싱턴은 미국에서 가장 존경받는 영웅으로 등장했다. 독립전쟁이 끝나자 그는 고향 마운트 버논으로 돌아와 버지니아의 대농장주의 생활로 돌아갔다. 1787년 제헌의회의 의장으로 선출된 그는, 회의를 이끄는 의장으로서 헌법을 둘러싼 제헌의회의 난상토론에 크게 관여하지 않았다. 그러나 그의 지도력은 서로 다른 다양한 의견 속에서도 제헌의회의 단결을 가져왔다.

대통령 후보 지명과 선거

오늘날처럼 대통령 선거전이 장기적으로 지속되는 현실에서 보면 아주 이상하게 보일지 모르지만 미국의 초대 대통령은 대통령 후보로 지명되지도, 대통령 후보가 되지도 않았다. 1788년에는 정치적으로 논쟁을 제기하는 상대 정당이 없었을 뿐만 아니라 전당대회나 당간부회의를 통한 지명도 없었으며, 따라서 대통령 선거운동도 없었다. 선거인단이 구성되고 이들은 1789년 2월 4일 뉴욕 시에 모여 워싱턴을 만장일치로 대통령에 추대하였다. 그러나 당시의 헌법조항에 따르면 대의원들은 두 사람에게 투표를 해야 했다. 여기에서 가장 많은 표를 얻는 사람이 대통령 그 다음으로 많은 표를 받는 사람이 부통령이 되게 되어 있었다. 워싱턴은 선거인단 정족수 69표의 만장일치로 대통령이 되었고 존 애덤스(John Adams)는 39표를 받아 부통령이 되었다.

두 번째 대통령 선거 때에도 워싱턴은 만장일치로 대통령에 추대되었다. 그러나 그의 정책 중 일부에 대해 반대의견이 표출되었다. 특히 당시 재무장관 알렉산더 해밀턴이 주창한 정책에 대한 반대가 심했다. 반대를 주도한 것은 토머스 제퍼슨, 버지니아의 매디슨, 뉴욕의 아론 버와 조지 클린턴 등이었다. 그들은 존 애덤스를 공격의 주목표로 삼고 그를 부통령직에서 탈락시키려 했지만 성공하지 못했다. 이러한 우여곡절을 겪고도 워싱턴은 선거인단 132표를 얻어 대통령에 쉽게 재선되었다.

외교를 비롯한 대외관계와 관련된 업무수행 : 14점 3위(공동)

워싱턴은 국가를 평화상태로 유지시킴으로써 그의 주요 목표를 성공적으로 완수했다. 1793년에 프랑스가 영국, 스페인, 네덜란드 등과 교전상태에 들어갔을 때 워싱턴은 엄격한 중립을 지켰다. 의회가 가결하고 워싱턴이 서명한 중립선언은 1778년에 체결된 프랑스와의 군사조약인 미불조약(Franco-American Treaty)을 무효화시켰으며 미국을 중립 상태로 남게 해주었다. 따라서 워싱턴은 그 어떤 유럽 전쟁에도 개입하지 않게 되었다. 워싱턴은 줄곧 미국의 군사력을 들어 다른 나라에 대해 단 한 번도 위협을 가하지 않았다.

워싱턴 행정부 동안 국가의 주요 관심은 가능한 한 동맹관계는 피하고 중립정책을 유지하는 데 맞추어져 있었다. 물론 당시에는 평화상태를 유지하기 위한 국제기구가 없었다. 또한 서반구에 있는 미국의 이웃 나라들이 유럽의 식민지 상태로 남아 있었다. 따라서 아직은 필연적인 동맹관계는 형성되지 않고 있었다. 이런 상황에서 워싱턴은 가능한 한 신속히 영국, 프랑스, 스페인과 중립적인 외교관계를 설정하고자 노력했다.

이 세 나라와의 관계 속에서 일어난 여러 문제들은 워싱턴 행정부의 외교적 노력에 의해 해결되었다. 새로운 주미 프랑스 대사인 에드먼드 제넷(Edmond Genet)은 미국을 프랑스 편으로 끌어들어 전쟁에 개입시키고자 했다. 제넷은 미국의 여러 항구에 전함을 출정시키고 이들로 하여금 영국을 상대로 전투를 할 것을 종용했다. 그러나 워싱턴은 제넷이 미국의 중립정책을 위험에 빠뜨린다는 이유를 들어 프랑스 정부에 대해 제넷의 소환을 요구했다. 제넷은 곧바로 대사직에서 물러났지만 미국에 머물러도 좋다는 허락을 받았다. 미국의 중립정책은 유지되었고, 워싱턴은 프랑스와의 많은 다른 문제를 성공적으로 처리해 나갔다.

영국과의 관계는 1790년대 초에 악화되었다. 영국 전함들이 프랑스에 식량을 수출하는 미국 상선을 추적하여 수화물들을 몰수하는 일이 발생했다. 영국인들은 때때로 미국 선원들을 포로로 잡아 영국해군에 억류하곤 했다. 미국인들은 서부 변경지역에서 인디언들과 마찰을 자극하는 영국인들에 대해 비난을 가했다. 또한 미국인들은 이미 1783년에 함락된 항구를 포기하지 않으려 하는 영국인들을 비난했다. 워싱턴은 1794년 미국 내의 이러한 불평과 불만을 없애고 영국과의 협상을 끌어 내기 위해 존 제이(John Jay)를 런던에 파견했다. 소위 제이 조약은 영국인들에게 변경지역 항구를 포기할 것을 요구했고, 미국과 영국 사이의 무역을 계속 유지할 것을 보증했다. 그러나 이 조약에는 영국이 미국 배를 나포하여 선원들을 억류하는 행위를 중단하겠다는 약속이 포함되어 있지 않았다. 따라서 반(反)연방파로부터 쓰라린 반대에 부딪쳐야 했지만 그럼에도 이 조약은 20대 10으로 상원을 통과했다.

스페인과의 갈등은 플로리다와 미시시피강 어귀의 소유문제를 둘러싼 논쟁이 핵심이었다. 미국의 이익을 위해 토머스 핑크니(Thomas Pinckney)가

샌 로렌조 조약(Treaty of San Lorenzo)을 협상했다. 이 조약에서 스페인은 미국의 남방한계선을 위도 31도선으로 인정했다. 또한 뉴올리언스에서 미국인들이 자신들의 상품을 면세로 판매할 수 있음을 명시했다. 이 조약을 통해 미국과 스페인은 미시시피 강을 자유롭게 사용할 수 있게 되었다.

미국인 포로들을 석방하고 미국 상선을 괴롭히는 행위를 중지시키기 위해 바르바리(Barbary) 해적과 협상을 체결했다. 협상조건으로 워싱턴은 800,000불의 보석금을 지불하고 여기에 감사조로 연간 24,000불을 주기로 합의했다. 이 조처로 미국인 포로들은 석방되었지만, 해적들에게 조공 성격의 감사비를 지불하는 나쁜 선례가 만들어지게 되었다.

워싱턴은 유럽의 무역 중추세력들과 자유무역을 확립하고 싶어했다. 비록 1792년 관세가 미국의 섬유와 철강 제품에 대해 보호막 역할을 해주었지만 이것은 보호관세라기보다 국고 세입을 올리는 방안이었다고 보는 것이 타당하다. 이때의 낮은 관세율은 세계무역을 촉진시켰고, 워싱턴의 국내 경제정책에서도 이는 마찬가지였다. 국가부채의 삭감은 새로운 국가의 평판과 신용을 향상시켜 주었다. 국립은행은 정부에 대한 확신을 회복시켜 주었다. 제이 조약과 핑크니 조약은 세계무역의 발전에 이바지하였으며 미국의 평화와 번영을 촉진하는 역할을 했다.

워싱턴은 미국이 유럽 강대국들에 의해 존경받을 수 있을 정도로 강력한 국민정부를 수립하는 데 목표를 두었다. 그는 우리 스스로를 위해서 행동하는 것이지 다른 사람들을 위해 행동하지 않는다는 사실을 미국 국민에게는 물론 유럽인에게도 설득해 나갔다. 그는 일관성 있는 중립정책과 불침략 정책을 유지하여 어떤 외국세력에 대해서도 적대감을 가지고 있지 않다는 사실을 입증했다. 워싱턴이 대통령으로 있었던 8년 동안 미국은 무너지거나 사라지지 않는 발전을 보장받은 국가로 인식되었다.

신생 공화국의 초대 대통령으로서 워싱턴은 미지의 세계를 개척해 가며 항해를 해 나가 미국을 강력하고, 평화를 사랑하며, 공정하고, 그리고 세계 각 지역의 국가들이 의존할 수 있는 건실한 구성원으로 건설하는 데 도움을 준 외교정책을 성공적으로 추구했다. 영국과의 제이 조약, 스페인과의 핑크니

조약, 그리고 북서부 인디언들과의 조약 등은 모두 1795년에 완전 체결되었다. 이러한 조약들은 신생 공화국의 안전보장 확립에 대단히 중요한 역할을 하였다. 이러한 조약에 힘입어 워싱턴은 교전중인 세계 속에서도 평화가 유지되고 발전이 보장된 국가의 대통령으로 자신의 행정부를 잘 마무리했던 것이다.

국내의 각종 문제 및 사업에 대한 업무수행 : 7점 16위(공동)

신생 국가의 초대 대통령이 직면한 핵심적인 과업 중 하나는 국가의 재정상 태를 원활히 하는 것이었다. 워싱턴은 인플레이션으로 이내 구매력이 떨어진 통화를 물려받았다. 외국 정부들은 이 신생 정부의 재정적 생존력에 대해 의심의 눈빛을 보내고 있었다. 워싱턴 행정부의 재무장관 알렉산더 해밀턴은 외국과 국내 부채는 액면가 그대로 상환될 것이며 각 주의 전쟁부채는 새로운 중앙정부가 책임지고 상환할 것을 제안했다. 이 제안을 둘러싸고 많은 논란을 거친 후 의회는 부채를 액면가 그대로 상환할 것인가의 여부를 두고 투표에 부쳤다. 그러나 부채를 상환하겠다는 계획은 두 표 차로 하원에서 부결되어 버렸다. 이런 상황에서 해밀턴과 제퍼슨 사이에 그 유명한 거래가 이루어졌다. 제퍼슨이 국가의 수도를 남부지역으로 옮기는 문제를 해밀턴이 지지해 준다는 조건으로, 부채상환에 대한 연방정부의 책임을 지지할 것이라고 동의했다. 이와 더불어 해밀턴은 국립은행의 창설을 제안했다. 이 제안 역시 제퍼슨과 그 지지자들의 반대에도 불구하고 통과되었다.

각 주정부가 진 부채에 대한 연방정부 차원의 책임과 국립은행의 창설은 통화를 건실하게 만들어 주었고 경제를 활성화시키는 동안 인플레이션을 누그러뜨렸다. 해밀턴의 정책은 다른 나라로 하여금 미국이 재정적으로 안정 상태에 있다는 확신을 갖게 해주었다. 보다 강력한 중앙정부와 해밀턴의 경제 프로그램은 새로운 국가에 번영을 가져다주었다. 그러나 이러한 계획에 대해서는 정당한 반대가 있었다. 액면가 그대로 부채를 상환한다는 것은 정부의 담보물을 가진 자들이 그 가치를 완전히 소유한다는 것을 의미했다. 대부분 이들 소유자들은 은행업자나 상인, 혹은 투기업자였다. 이들은 부채의 원래 소유자인 농민, 소상점 주인, 혹은 군인들로부터 삭감된 값에 담보물을 사들인 사람들이었다. 또한 이들은 전쟁 동안 그들이 제공했던 서비스와 공급품에 대해서도 대가를 돌려받은 사람들이었다. 주정부의 부채에 대해 연방정부가 책임을 지는 것은 상대적으로 소규모 주에 대해서는 공정하지 못한 처사로 보였다. 국립은행에 대한 논쟁은 정부가 이러한 제도를 만들 수 있는 헌법적 권한을 가지고 있는가 하는 것에 주로 집중되어 있었다.

헌법조항 그 어디에도 중앙정부가 1784년과 1785년의 전후 경기침체기를 효과적으로 대처해 나가는 데 필요한 힘을 충분히 부여해 주는 곳은 없었다. 그럼에도 헌법에 입각하여 워싱턴은 물려받은 문제들을 효과적으로 처리하여 신생국가는 번영을 거듭했다. 국립은행은 자본 축적을 위한 재원을 제공해 주었고 세금의 원천은 물론 보다 큰 신용을 제공하기 위한 수단을 제공해 주었다.

워싱턴 행정부 동안에 관세로 들어오는 방대한 액수의 정부수입으로 일반 세금은 상당히 낮았다. 1791년에 정부는 위스키 제조업자들에게 연방 차원의 세금을 부과했다. 이와 관련하여 만들어진 법은 정부관리들에게 세금을 안 내는 제조업자들의 집으로 들어가 세금을 거둘 수 있는 권한을 부여했다. 그러자 수많은 항의가 일어났고 의회는 소규모 생산업자들의 세금을 면제해 주었다. 그럼에도 펜실베이니아 지방에 있는 어떤 제조업자들은 여전히 세금 납부를 거부했다. 이에 정부는 연방보안관을 서부 펜실베이니아로 파견하여 세금납부 거부자들의 지도자를 체포하도록 했다. 결국 '위스키 반란'으로 알려진 이 갈등을 중지시키기 위해 워싱턴이 군대를 파견하기 전에 수십 명의 사상자가 나왔다. 그러나 사실 광범위한 저항은 없었고, 반항이라는 용어도 과장된 표현이었다. 대통령의 조처는 새롭게 형성된 국민정부를 강화시켜 주는 역할을 하였다. 그것은 대통령의 문제해결 능력을 입증해 주었고 나아가 국가의 법 집행력 역시 입증해 주었다.

워싱턴은 국가에 평화와 번영을 가져올 여러 정책들을 도입함으로써 국가의 종합적인 공공복지정책을 추진했다. 우리가 오늘날 알고 있는 복지프로그램은 당시로서는 중앙정부의 책임으로 여겨지지 않았다. 뿐만 아니라 기업과 노동의 규제와 조정에서 정부의 개입도 없었다.

조지 워싱턴은 노예를 소유한 남부의 농장주였다. 그는 흑인은 무식하며, 게으르고, 경솔하고, 기만적이며, 실뢰할 수 없는 존재라고 믿었다. 그는 자신의 감독관에게 노예들을 때려도 좋다고 허용했다. 대통령으로서 그는 1792년의 도망노예법을 법으로 제정하는 데 서명했다. 그러나 그는 노예제도와 노예소유주로서 대통령이라는 자신의 입장에 대해 분명히 우려를 나타냈다. 그가 1797년에 필라델피아를 떠나 집으로 돌아왔을 때 사실상 그는 노예해방을 인정했다. 아내가 죽자 그는 자신의 노예를 해방시키겠다는 의지를 표명했다.

여러 면에서 토착미국인(인디언)에 대한 워싱턴의 견해는 당시 기준으로 볼 때 매우 진보적인 것이었다. 워싱턴은 청년기 때의 편견을 극복하고 인디언들을 백인 정착민들 사회 속에 동화시켜 나가고자 했다. 그러나 그는 북서부 지역의 인디언들에 대해서는 강제력을 동원하였다. 1790년 인디언과의 전투에서 패배한 후 워싱턴은 군을 동원하여 1794년 팔런 팀버 전투에서 인디언들을 철저히 파괴시키고 이 지역에 평화를 가져왔다. 남서부 지역에서의 인디언 문제는 적절한 조치에 따라 쉽게 해결되었다.

워싱턴은 연방헌법과 수정헌법과 그의 행정부 동안 첨가된 권리장전을 강력히 지지하였다. 비록 그는 1차 수정헌법의 통과를 강하게 지지하지 않았지만 일단 그것이 헌법으로 채택된 후에는 이 조항을 강력히 지지했다. 그는 모든 종파가 신앙의 자유를 누릴 권리와 모든 사람이 법 앞에서 평등하다는 원리를 지지했다. 그는 모든 형태의 아집과 불관용, 인종차별, 그리고 종교적 차별을 비난했다.

소수세력과 인권문제에 대한 태도, 그리고 모든 사람에게 권위가 있다는 것에 대해서는 미국의 초대 대통령은 큰 업적을 남기지 못했다. 여성참정권은 제헌의회에서 무산되었다. 여성의 권리를 신장하기 위한 최초의 조직적 운동이 워싱턴 행정부 동안에 일어났는데 그는 결코 여성의 권리문제를 공적인 문제로 다루지 않았다. 연방 공직에 임명된 핵심 인물들은 거의 모두 백인 남성이었다. 워싱턴 이후 거의 100년 이상 대부분의 대통령들은 워싱턴처럼 공직에 대한 임명권에서 백인남성 위주의 인사권을 행사했다. 워싱턴은 상류계급의 일원이었다. 그의 친구들과 절친한 동료들은 대부분 같은 계급 출신이었다. 그러나 군 장교로 퍼지 계곡과 다른 여러 곳에서 자신의 부하들과 고통을 함께하면서 그는 좋은 배경을 갖고 있지 못한 일반 국민들의 진가를 인정하게 되었다. 그는 모든 사람에게 평등한 권리와 기회 균등을 제공하는 민주적 형태의 정부를 강하게 지지했다. 그의 경제정책은 기업인, 상인, 대농장주 등 경제적 엘리트들에게 유리한 것이었다. 그러나 그는 이러한 정책이 모든 국민의 전반적인 복리를 증진시키는 일이라고 진심으로 믿었다.

행정부와 정부 내에 관련된 업무수행 : 18점 1위

행정부와 정부 내에 관련된 업무수행 영역에서 조지 워싱턴이 총 20점 만점에 18점을 획득함으로써 이 분야에서 1등을 차지했다. 새 헌법 아래서 그는 미국의 초대 대통령으로서 정부를 조직하고, 공무원을 임명하고, 입법부 및 사법부 간의 관련성을 정립하고, 새로운 정부와 국민 사이의 관련성을 정립 진전시켜야 하는 짐을 지고 있었다. 왕과 군주가 다스리던 시대와 세계 속에서 워싱턴은 그 나라 시민들의 손으로 선출된 최초의 지도자 가운데 한 사람으로서 근대적인 공화국의 대통령이 되었다. 그러한 그에게 주어진 과제는 엄청난 도전이었다.

새로운 국가의 초대 대통령으로서 워싱턴은 모든 행위에 대해 미래를 위한 선례를 세웠다. 그의 핵심적 목적은 강력한 국민정부의 수립과 통일된 연방의 유지였다. 그는 이런 목적이 국가의 평화와 번영을 가져다준다고 생각했다. 외교정책에서는 불간섭의 원칙을 실천했으며 초대 재무장관이었던 알렉산더 해밀턴(Alexander Hamilton)의 경제계획을 통해 이러한 목적을 달성할 수 있다고 보았다. 비록 그는 단순히 의회의 지시를 수행하고 혹은 자신의 중요 보좌관들의 협력적인 동의를 얻어 정책을 수행하는 온화한 행정가라는 입장을 취했지만 그 스스로는 사실 자신의 행정부를 위한 장기적인 틀을 만들어 낸 입안자였다.

워싱턴이 대통령이 되었을 당시에는 대통령직에 대한 그 어떤 행정적인 구조도 없었다. 따라서 그는 전체적인 구조를 만들어 내야만 했다. 이 일을 위해 그는 철저한 준비에 나섰다. 우선 사실에 대해 면밀히 검토를 행하고, 일단 어떤 일을 할지 결정을 내리고 난 후에는 왕성한 의욕과 끈기를 가지고 일을 추진해 나갔다. 그는 행정부, 연방사법부, 그리고 효과적인 외교업무를 수행할 부서를 조직했다.

새롭게 만들어진 직위를 충실히 담보하기 위해 워싱턴은 이 나라 모든 지역의 출신으로부터 적절한 자격을 갖춘 인물들을 국가의 일꾼으로 임명했다. 이렇게 임명된 사람들은 다양한 정치적 견해를 내놓았다. 이 가운데 가장 중요한 직책에 두 사람이 임명되었는데 그들은 각자 새롭게 탄생한 나라에서 만들어진 최초의 중요 정당조직의 지도자가 되었다. 하나는 재무장관으로서, 워싱턴은 뛰어난 재능을 가진 알렉산더 해밀턴을 임명했다. 해밀턴은 연방파의 지도자가 되었고 워싱턴이 국내정책을 펴는 데 가장 가까운 보좌관으로 활동하였다. 다른 하나는 국무장관으로 워싱턴은 해밀턴과 마찬가지로 뛰어난 재능을 지녔던 토머스 제퍼슨(Thomas Jefferson)을 임명했다. 제퍼슨은 공화파로 알려진 반(反)연방파의 지도자가 되었다. 워싱턴은 전쟁장관으로는 그의 오랜 친구이자 장군인 헨리 녹스(Henry Knox)를 임명했다. 정치에 대한 녹스의 실제적 지식과 군사적 경험을 고려할 때 그의 전쟁장관 임명은 너무나 적절한 조처였다. 이 세 부서가 의회에 의해 만들어진 행정부서의 핵심을 이루었다. 또 다른 핵심부서의 장관인 법무장관과 함께 이들은 대통령의 내각에서 공식적이건 비공식적이건 가장 중요하고 핵심적인 일을 담당했다. 워싱턴은 법무장관에 전 버지니아 주지사이자 당시 제헌의회 의원이었던 에드문트 랜돌프(Edmund Randolph)를 임명했다. 이러한 인적 구성은 '한 번도 가 보지 않은 새로운 대지'로 여행을 떠나는 새로운 정부를 이끌어 가는 데 강력한 지지대였다.

행정부를 조직하는 데 있어 워싱턴은 내각의 직책을 만들고, 그 직책에 대한 인사를 단행하고, 각 내각 구성원들 간의 관련 업무를 부과해야 했을 뿐만 아니라, 그 역시 새로운 정부를 이끌어 가는 데 필요한 재정을 확보할 방안을 모색해야 했다. 이 일을 위해 워싱턴은 재무장관인 해밀턴의 충고를 따랐다. 해밀턴은 연방정부는 외국의 부채를 상환하고, 국내의 부채를 액면가 그대로 상환하며, 각 주(州)에서 짊어지고 있는 전쟁 부채를 대신 상환하는 동시에 이러한 상환을 위한 자금을 확보하기 위해 채권을 발행하는 정책을 제안했고 워싱턴은 이에 따랐다. 이렇게 채권을 상환하고 새로 탄생한 정부 관리에게 급료를 지불하고 그 외 다른 비용을 충당하기 위해 많은 돈이 필요했다. 해밀턴은 필요한 자금을 확보하기 위해 공공용지를 판매하고, 수입물품에 대한 관세를 부과하며, 위스키와 같은 생산품에 대한 물품세를 부과하는 정책을 제안했다. 해밀턴은 역시 중앙은행을 만들어 연방정부의 자금을 보관하고, 투자를 하며, 지폐를 발행할 것을 제안했다. 해밀턴의 이러한 제안들 중 몇몇은 많은 논쟁을 불러일으켰지만, 대통령 워싱턴이 이러한 정책이 새로운 국가의 경제적 안정을 위해 필요한 것들이라는 것을 확신하고 이 정책을 지지하여 의회의 승인을 받아 냈다.

　워싱턴은 의회의 승인을 필요로 하는 행정부의 관리를 선발하고 임명할 수 있는 권한을 확립했다. 또한 그는 만약 임명한 관리들이 그 자리에 어울리지 않는다면 의회의 승인이 없이도 그들을 해고할 권한을 확립했다. 여러 가지 원인으로 인하여 워싱턴 내각의 각료들은 그의 두 번에 걸친 임기 동안 내내 같이 일한 사람은 아무도 없었다. 서로 다른 당파의 지도자인 해밀턴과 제퍼슨은 워싱턴 행정부 안에서 조화롭게 일을 해 나가지 못했다. 워싱턴 행정부의 내각에는 연방파뿐 아니라 반-연방파 인사들도 함께 있었다. 그리고 워싱턴은 정부란 파벌주의보다 통일된 상태를 유지해야 한다고 믿었고 이를 유지했다. 결국 워싱턴 내각에서 모든 반-연방파 인사들은 연방파 인사들로 대치되었다. 워싱턴은 역시 임명된 인사들이 높은 수준의 행동거지를 유지하도록 했다. 워싱턴은 프랑스 주재 미국 공사로 있으면서 언론에서 위법행위로 인하여 고발을 당한 제임스 먼로(James Monroe)를 본국으로 소환했다. 또한 반역죄로 비판을 받고 있던 법무장관 랜돌프를 사임시켰다.

　초창기의 정치적 파당 사이에서 갈등이 생겨나자마자 워싱턴은 초기에 개인적으로 각 내각의 인사들과 의논하는 방식을 지양하고 공식적인 내각 모임을 주도했다. 이러한 정책은 구성원 간의 합의를 통한 의사결정을 이끌어

내어 궁극적으로 불협화음을 최대한으로 줄이는 역할을 하였다.

워싱턴은 정치적 정당이 형성되기 전에 만장일치로 대통령에 선출되었다. 그러나 당파주의가 결국 각각의 파당을 형성하게 되었을 때 워싱턴은 해밀턴이 이끄는 당과 당의 노선을 선호했다. 이때 워싱턴은 의회에서 연방파의 압도적인 지지를 받았다. 그는 역시 국내 프로그램을 실천하기 위한 법안을 통과시키는 데 있어 반-연방파의 지지와 협력도 충분히 받았다. 그는 자신이 누리고 있던 평판과 지위를 통해 많은 반대적 요소들을 충분히 극복할 수 있었다. 의회는 외교문제를 놓고도 분리되었다. 연방파는 친영국적이었고, 공화파는 친프랑스적이었다. 제퍼슨이 이끄는 반대당은 처음에는 반-연방파로 불렸는데, 후에 제퍼슨의 지지자들은 이를 연방-공화파라고 불렀고 그 후에 민주공화파, 혹은 단순히 공화파라고 불렀다. 한참 시간이 흐르고 앤드류 잭슨(Andrew Jackson)이 당을 재정비했을 때 비로소 민주당이 되었다.

1790년의 중간선거 이후 반-연방파 혹은 공화파는 하원에서 다수당을 차지하고 있었다. 그러나 상원에서는 3석에서 5석 정도로 연방파에 뒤져 있었다. 워싱턴은, 별로 지지도 없을 뿐만 아니라 철저한 반대를 일으켰던 제이 조약(Jay Treaty)을 지지하고 상원의 비준을 받는 데 필요한 3분 2찬성을 얻어내기 위해 노골적인 반-영국적인 반대당을 충분히 설득할 수 있었다. 제이 조약은 사실상 신생공화국의 안정보장을 확립하는 데 너무나 중요한 역할을 하였다.

워싱턴은 의회로부터 승인을 받는 것을 당연한 것으로 여겼다. 그는 대통령으로서의 자신의 일이란 의회의 결정에 대해 권고를 하고 이를 집행하는 것으로 보았다. 워싱턴은 행정 각 부서 공무원들의 일에 대해 헌법적으로 위임된 감독으로서 역할하였다.

초대 대통령으로서 워싱턴은 또 연방법원을 만들고 연방판사를 임명해야 했다. 그는 연방법원을 건실하고 지속적인 개념으로 조직했고, 능력과 자격을 갖춘 인물들을 연방판사로 임명했다. 그는 뛰어난 정치가일 뿐만 아니라 인기 없는 의사결정도 추진할 수 있는 용기를 가진 존 제이를 미국의 초대 대법원 원장에 임명했다. 워싱턴이 임명한 다른 연방판사들 역시 뛰어난 재능을 가진 사람들이었다. 그들이 연방법원을 효과적으로 운영함으로써 법원의 명예를 신장시켰다.

워싱턴에 대한 국민들의 존경은 대단히 커서 이러한 존경은 좀처럼 사라질 성싶지 않다. 워싱턴은 왕도 될 수 있었다. 또한 독재권력자와 거의 유사한 종신 대통령도 될 수 있었다. 그러나 그는 한 공화국의 대통령이라는 제한된 권력만을 선택했다. 정치적 정당이 형성된 이후 그는 소수당의 편을 들었지만 그럼에도 일반 국민들의 지지는 여전했다. 워싱턴은 항상 일반 국민의 이익을 우선하였다. 그는 항상 나라를 위해 최선이라고 생각되는 일을 수행했다. 비록 그의 정치철학이 금융적이고 상업적인 이익집단에게 유리한 정책을 호의적으로 지지하고 있었지만 그는 이러한 일들이 모든 국민들에게 최고의 이익을 가져다줄 것이라고 생각했다.

지도력 및 의사결정과 관련된 업무수행 : 20점 1위(공동)

독립한 국가의 동포 국민들이 보기에 워싱턴은 자신들의 나라를 대단히 잘 이끌어 갈 수 있는 이상적인 인물이었다. 특히 워싱턴의 존경받을 만한 점은 정책적으로 반대파도 함께 아울러서 자신의 강력한 카리스마적 지도력 아래 단합시킨 것이다. 스스로 모범을 보임으로써 워싱턴은 국민들에게 영감을 주어 그들로 하여금 중요한 국가의 목표를 성취하는 데 열심히 노력하도록 만들었다. 워싱턴은 강하고 설득력 있는 지도자가 제공해 주는 영감, 국가가 필요로 할 때 바로 그 영감을 부여하는 카리스마적 권위를 가지고 있었다. 그는 다른 사람들을 설득하여 자신을 따르게 하는 데 탁월한 능력을 가지고 있었다. 그의 영웅적인 인격이 국민들의 마음을 사로잡았다. 전쟁기 동안 누렸던 그의 인기는 대통령이 되어서도 계속되었다.

워싱턴은 국민 대중으로부터 확신과 지지를 얻고 있었다. 그리고 이것이 역사상 대단히 위험한 시기에 신생국가를 단합시키는 힘이 되었다. 그는 아메리카 식민지동맹(1781~1789) 시절에 극히 쇠약한 시기를 경험하였지만 국민정부를 신뢰하는 확신성을 다시 확립했다. 대부분의 국민들은 워싱턴이 국가를 위해 정당하다고 여겨지는 일을 행할 것이고, 또한 스스로 옳다고 여기는 것을 실행하는 데 헌신할 것이라는 점을 믿어 의심치 않았다. 그는 스스로 높은 수준의 모범이 되는 업무수행을 기준으로 삼았다. 그는 추종자들에게 자신과 비슷한 높은 수준의 업무수행을 모범으로 삼아 그 자신을 존경하도록 만들었다.

미국의 초대 대통령은 국가가 어떤 방향으로 발전해 나갈 것인가 하는 비전(통찰력)을 가지고 있었다. 그는 미국을 강력한 국가로 발전시키고자 했다. 워싱턴이 생각하고 있었던 미국의 통치권은 유럽과 무역을 하면서 북아메리카 대륙 전체에 대한 헤게모니를 장악하는 것이었다. 국가적 단결을 전제로 할 때 영토 확장이 보장될 수 있으며, 나아가 평온과 안전과 번영과 자유가 보장된다고 보았다. 그가 계획한 미국은 건실한 요새와 같은 국가였다.

그러한 국가를 만들기 위한 방법을 구상하는 데 있어 워싱턴은 내각 인사들과 조언자들의 충고를 받아들였다. 그는 항상 해밀턴 편이었으나 그렇다고 맹목적으로 그의 주장을 따른 것은 아니었다. 해밀턴은 워싱턴의 경제프로그램을 수행하는 데 핵심적인 인물이었다. 그러나 이 프로그램의 수행은 해밀턴 혼자서 주도하지도 않았고, 워싱턴도 마찬가지였다. 두 사람은 공통된 전망을 공유하고 있었다. 워싱턴은 신생국가인 미국을 위한 자신의 꿈을 실현시키는 데 결정적인 열쇠를 쥐고 있는 것은 영국이라고 생각했다. 궁극적으로 워싱턴과 해밀턴은 영국과의 동맹이 미국을 위한 자신들의 꿈을 실현시키는 데 중대한 역할을 할 것이라고 결론지었다. 사실 영국과의 무역은 미국 경제를 움직이게 하는 에너지를 제공해 주었으며, 연방을 더욱 결속시키고, 이익만 추구하는 상인계급을 새로운 정부에 충성하도록 만들었다.

의사 경정에서는, 워싱턴은 문제와 관련된 사실들을 미리 모아 두고 어떤 결정을 내릴 것인가를 심사숙고하고, 원하는 결과를 얻기 위해 조화롭게 계획과 행동을 동시에 추구했다. 워싱턴은 단순한 학자는 아니었다. 초대 대통령으로서 그는 자신이 본받거나 혹은 경계해야 할 선임자가 없었다. 그는 자신을 지도해 줄 역사로부터 배워야 할 교훈이 없었다. 당연히 실수를 실수를 하지 않을 수 없었다. 그는 이러한 실수들을 통해 배우고, 비록 그 실수를 인정하기를 꺼려했지만 또다시 같은 실수를 되풀이하지는 않았다.

만약 일이 잘못되었다면 워싱턴 자신보다 다른 누군가가 비난을 받았다. 흥미로운 것은 그가 비참한 실수─새롭게 탄생한 국가를 위험 가득한 여행길에 올려 놓고 쉽게 이탈해 버리는 비극적인 실수─를 했다는 것을 그에게 알려줄 선례가 없었다는 사실이다. 이와 관련하여 토머스 베일리(Thomas A. Bailey)는 자신의 책『위대한 대통령』(Presidential Greatness)에서 "워싱턴은 큰 실수를 하지 않았다. 말하자면 워싱턴은 실수를 하면서도 오랫동안 대통령직에 있었던 그의 계승자들 그 누구도 말을 할 수 없는 종류의 실수를 하지 않았다"고 쓰고 있다.[55]

워싱턴의 의사결정은 용기와 타협, 재평가, 지혜 등으로 특징된다. 용기는 워싱턴의 가장 위대한 자산 중의 하나다. 대통령의 신분으로 그는 엄청난 반대가 있다는 것을 알면서도 제이 조약에 서명했다. 일반 국민들은 빠른 결과를 보고자 했지만 워싱턴은 신중을 기했다. 그는 군사적 경험을 통해 대통령으로서 위기에 대처하는 능력을 향상시켰다. 그는 침착함을 유지하면서 분별력 있는 판단을 내렸으며 어떠한 상황에서도 전전긍긍하지 않았다. 그는 필요하다고 여길 때에는 타협과 협조를 했다. 그러나 결코 기본적인 원리를 포기하지는 않았다. 워싱턴에 관한 전기를 쓴 존 페어링(John E. Ferling)은 "그를 아는 사람 중 그를 비범한 천재로 여기는 사람은 아무도 없다. 대부분의 사람들은 그가 호감 가는 어떤 특성을 가지고 있다고 보았다. 그는 자신의 한계를 알고 있었다고 사람들은 말했다. 그는 충고를 유도해 내는 기술을 알고 있었다. 그는 신중하게 조언을 선별해서 분류하고 이를 다시 평가했으며 최선을 다했다"고 썼다.[56]

개인적 성격과 도덕성 : 18점 2위(공동)

조지 워싱턴의 행동에는 품위와 높은 수준의 가치가 있었다. 그는 자신의 모든 행동이 미래의 대통령들에게 선례가 될 수 있다는 사실을 알고 있었다.

---

55) Bailey, *Presidential Greatness*, 268.
56) John E. Ferling, *The First of Men: A Life of George Washington* (Knoxsville: University of Tennesses Press, 1988), 416.

그는 한 공화국의 대통령에 어울리는 전형을 만들어 내고자 신중하게 노력했다. 초대 대통령으로서 그는 대통령직에 대한 모범적인 기준을 마련했다. 이는 미국 내에서는 물론 국외에서도 그가 존경을 받는 요인이기도 하다. 그는 대통령직에 대한 고유하고 적합한 품격을 만들었다. 워싱턴은 미국인들에게 자신들이 미국인이라는 사실, 워싱턴이 자신들의 대통령이라는 사실에 대해 자부심을 갖도록 만들었다.

워싱턴은 에티켓에 대해서 깊은 관심을 표명했다. 그는 존 애덤스와 알렉산더 해밀턴에게 자신이 일반 대중과의 관계에서 공적으로 어떤 관계를 유지해야 하는가에 대한 조언를 요청했다. 그는 대통령으로 자신이 자유롭게 사람들을 만날 것인지 혹은 만나지 않을 것인지, 백악관을 공개할 것인지 공개하지 않을 것인지, 국가 공휴일에만 리셉션을 열 것인지, 사적인 차 파티 초대를 받아들일 것인지, 또 얼마나 자주 방문객을 접견해야 할지에 대해 결정을 해야만 했다. 얼마 지나지 않아 그는 대통령에 대한 일반인의 접근이 상당히 제한적이어야 한다는 사실을 알게 되었다. 워싱턴은 대통령인 자신을 만나기 원하는 사람들에게 온통 둘러싸여 있다가, 결국 일반 대중과의 접견은 1주일에 한 시간 정도로 하기로 결정했다. 추가 방문은 사전에 반드시 약속이 되었을 때라야 한다는 것을 원칙으로 삼았다. 사람들과 직접 접촉을 하기 위해 워싱턴은 13개 주를 모두 여행했다. 당시의 여행이란 것이 매우 어려운 것이었다는 현실을 고려할 때 이것은 대단히 인상적인 업적이었다고 할 수 있다. 말할 것도 없이 그는 이 일을 훌륭하게 해냈다.

국립은행의 설립과 같은 법안을 통하여 주정부의 부채를 책임진 일, 위스키 반란을 평정한 일, 팔런 팀버 전투에서 인디언을 패배시킨 일, 남서부 인디언들을 수용한 일, 외국과의 관계를 성공적으로 정착시킨 일 등을 통하여 워싱턴은 정부의 힘을 증대시켰고 대통령직의 권한을 확립시켰다.

워싱턴은 다른 사람들이 자신을 사랑하게 만드는 방법을 알고 있었다. 독립전쟁 당시 장군으로서도 이러한 재능을 발휘했던 그는 대통령직에 있으면서도 역시 이러한 재능을 발휘하였다. 이것은 국민들을 위하고 대통령직을 성공적으로 수행하는 데 큰 도움을 주었다.

워싱턴의 정직한 품성은 거의 전설적이다. 그의 인격은 자주 고매한 것으로 전해지고 있다. 그는 국민들로부터 신뢰할 수 있는 사람으로 여겨졌다. 그의 전체 인생과 경력을 살펴보면 그의 고결한 품성과 신뢰성을 이해할 수 있다. 버찌 나무를 자르고 그의 아버지에게 "나는 거짓말을 할 수 없다"고 했다는 파슨 윔스(Parson Weems)의 이야기는 아마도 진실이 아닐 것이다. 그것은 워싱턴의 정직성에 대한 높은 평가를 보여주는 한 예일 것이다. 그는 독립전쟁 동안 군에서 복무했던 것처럼 대통령으로 일하면서 봉급을 받지 않으려 했으나 연방의회는 어떻게 해서든 그에게 봉급을 주었다. 그는 연방의 수도를 선택하는 일로 인하여 개인적으로 이익을 취했다. 그러나 국가의 수도를 옮긴다는 결정은 워싱턴이 부자가 되기 위해 이루어진 것이 아니었다. 이것은 주정부의 부채를 연방이 책임지는 문제를 두고 해밀턴 파와 제퍼슨 파 사이의 타협을 용이하게 하기 위해 취해진 조치였다. 워싱턴은 기품 있는 생활을 유지하였다. 1790년 해밀턴이 이끄는 재무부는 대통령이 정당하게 받아야 할 돈보다 더 많은 액수의 돈을 주었다. 재무부의 이 조치에 대해 워싱턴은 다른 두 해 동안 이때 받은 액수의 돈을 받지 않음으로써 이를 상쇄시켰다.

워싱턴은 청렴과 도덕성의 전형은 아니었다. 그에 관한 전설과 신화는 우리들이 반드시 믿을 만한 것은 아니었다. 그 역시 한 인간이었다. 그 역시 인간적 기질을 지니고 있었다. 그의 고결한 품성에 대해 의문이 제기될 때마다 그 역시 화를 냈다. 화를 낼 때면 종종 사소한 실수들을 하곤 했다. 예를 들어 백악관으로 불러들인 사람을 잠시동안 머물러 있으라고 해 놓고는 이 사실을 잊어 버리곤 했다. 그러나 전체적으로 볼 때 워싱턴의 성격은 부정적이기보다 긍정적이고 밝은 측면이 많았다. 용기, 정직, 결단력, 의무에 대한 책임감, 그리고 정직에 대한 그의 덕성은 대단히 컸고, 이는 그의 대통령직에 대한 명성을 더해 주었다. 당시 새롭게 탄생한 이 국가는 생존을 위해 위대한 대통령을 필요로 했다. 워싱턴은 우리가 생존할 뿐만 아니라 번영할 것이라고 확신했다.

종합평가 : 77점 2위

조지 워싱턴은 총 100점 만점에 77점을 받아 미국의 두 번째로 위대한 대통령에 선정되었다. 행정부와 정부 내에 관련된 업무수행 영역에서 1위를 차지했다. 지도력 및 의사결정과 관련된 업무수행 영역에서는 만점을 받아 공동 1위를 차지했다. 개인적 성격과 도덕성 영역에서는 2위를 차지했고 외교를 비롯한 대외관계와 관련된 업무수행 영역에서 공동 3위를 차지했다. 국내의 각종 문제 및 사업에 대한 업무수행 영역에서 워싱턴은 상위 3위 안에 들어가지 못했다. 미국은 이러한 인물을 초대 대통령으로 가졌다는 사실이 얼마나 행운인지 모른다.

존 애덤스
John Adams | 1797~1801

	평가점수	평가등수
외교를 비롯한 대외관계와 관련된 업무수행	12	12
국내의 각종 문제 및 사업에 대한 업무수행	5	9(공동)
행정부와 정부 내에 관련된 업무수행	5	22(공동)
지도력 및 의사결정과 관련된 업무수행	17	4(공동)
개인적 성격과 도덕성	11	15(공동)
종합평가	50	12

배경

존 애덤스는 1735년 8월 30일 매사추세츠주 브레인트리(현재는 퀸시)에서 태어났다. 이 지역 유지의 아들로 태어난 애덤스는 16세에 하버드 대학에 입학해서 4년 후 졸업했다. 졸업 후 3년간 교사생활을 하다가 변호사가 되었다. 1770년에 그는 매사추세츠 주의회 의원에 당선되어 여기에서 1774년까지 일했다. 그는 두 번의 대륙회의 대의원으로 활동하면서 미국의 독립을 선도하는 지도자들 중 한 사람이 되었다. 그리고 미국 독립선언서를 기초한 한 사람으로서 여러 중요한 위원회에서 일했다. 그 후 10년 동안 애덤스는 대부분 외국에 나가 있었는데 프랑스 주재 대사, 네덜란드 주재 대사, 영국 주재 대사로 일했다.

1788년에 그는 미국으로 되돌아왔고 곧바로 부통령이 되어야 한다는 말을 들었다. 그는 미국 최초의 부통령 자리에 연연하지 않았고 이를 위해 노력도 하지 않았다. 그러나 그는 이 직책을 받아들이지 않으면 안 된다는 사실을 알고 있었고 자신의 지지자들을 실망시키지 않기로 했다. 1789년 3월 애덤스는 부통령이 되었고, 4년 후 다시 부통령에 당선되었다. 그는 독립운동을 할 당시에 역동적인 지도자로 활동하였던 것과는 달리 부통령직은 그저 평범하게 지냈다.

대통령 후보 지명과 선거

조지 워싱턴이 고별 연설을 했을 때 워싱턴은 애덤스가 대통령직을 이어받기를 기대했다. 연방 상원과 하원의 연방파들은 당간부 회의를 열고 비록 공식적인 후보 지명을 하지는 않았지만 애덤스를 지지하자는 데 합의를 보았다. 또한 그들은 애덤스의 러닝메이트로 토머스 핑크니(Thomas Pinckney)를 선정하기로 합의했다. 연방파에 반대하는 집단은 토머스 제퍼슨을 중심으로 모여 그를 대통령 후보로 지명했고 아론 버(Aaron Burr)를 러닝메이트로 지명했다. 당시에는 조직적인 선거운동도 없었다. 후보들은 집에 머물러 있었고 연설도 하지 않았다. 정작 선거운동은 정치집회나 팸플릿, 신문, 기타 글을 통해서 양 후보의 지지자들끼리 이루어졌다. 양 측 간에 인신공격과 추한 정치적 싸움이 난무했다. 그러나 후보 개인적인 면에서는 그렇지 않았다.

애덤스는 과반수에서 1표 많은 71표를 받았다. 그의 러닝메이트는 59표를 받았다. 그의 상대방이었던 토머스 제퍼슨은 68표를 받아 부통령이 되었다. 이것으로 보면 분명 대통령과 부통령을 선출하는 방법에는 결점이 있었다. 그러나 이 제도가 바뀐 것은 1800년 선거가 끝난 후에야였다.

외교를 비롯한 대외관계와 관련된 업무수행 : 12점 12위

과단성 있는 행동을 통해 애덤스는 프랑스와의 전쟁을 막았다. 이것은 그가 대통령으로서 이룬 가장 중요한 업적 중의 하나다. 대통령으로서 애덤스가 취한 행동 중 첫 번째 일은 의회의 특별회기를 소집해 프랑스와의 관계를 정립한 것이었다. 그는 상선의 무장화, 해군력의 확대, 민병대의 재조직을 추진했다. 그는 세 명의 공사를 파리로 파견했고, 파리의 프랑스 외교관들은 만약 미국이 프랑스 외무장관에게 뇌물을 바친다면 조약을 맺겠다는 제안을 해 왔다. 이것이 소위 'X Y Z 사건'으로, 이 사건은 미국 내에서 애국적인 분위기를 고조시켰다. 전쟁 위협이 고조되기 시작하자 애덤스는 행정명령을 내려 상선을 무장시키고 해군부를 설치하는 법안에 서명을 했다. 1798년에서 1800년까지 2년 동안 미국의 군함이 프랑스의 상선을 괴롭혔다. 그동안 약 80척 이상의 프랑스 상선이 이 '선전포고 없는 전쟁'(undeclared war)에서 나포되었다. 애덤스는 대통령에서 물러나 있던 워싱턴을 최고 사령관으로 삼고 군의 전쟁준비를 명령했다. 그런 중에 애덤스는 프랑스가 다시 협상을 재개할 것이라는 소식을 들었다. 1799년 2월 19일에 애덤스는 윌리엄 머레이 (William Murray)를 프랑스 주재 미국 전권대사로 임명하겠다는 안을 상원에 내놓았다. 여기에는 반대가 있었지만 결국 통과되었다. 애덤스는 동시에 프랑스와의 외교적 관계개선에 대한 기대를 재개했다. 또한 그는 만약 프랑스 와 전쟁을 벌이게 될 경우 영국과의 동맹은 어떻게 할 것인가 하는 심각한 고민을 모두 털어내 버렸다. 뿐만 아니라 미국은 군비를 축소하고 완전무장을 완화시켰다. 프랑스와의 협상은 성공적이었다. 1800년 9월에 구(舊)프랑스 정부를 전복시킨 나폴레옹이 미국과의 전쟁위기를 종결시킨다는 협정에 서명했다.

외교력을 통해 애덤스는 국제분쟁의 평화적인 해결의 선례를 세웠고 외국 동맹관계의 파기를 실천했다. 프랑스와의 전쟁을 피한 것은 매우 현명하고 유능한 정치가다운 행동이었다. 이 일은 워싱턴의 고별연설 메시지의 실제적 인 첫 완성품이었다. 바로 미국 외교정책에 영향을 줄 수 있는 유럽의 전쟁으로 부터 1세기 동안은 떨어져 있으라는 충고의 실천이었다. 애덤스는 이처럼 전쟁이 피하고 평화를 성공적으로 일궈내기는 했지만 이 소식은 1800년에 미국 전역에 알려지지 않았고, 이는 선거에서 도움을 주지 못했다.

애덤스 행정부 동안 강하게 성장하고 있던 경제에 도움을 주고 있는 기존의 낮은 관세율은 변화가 없었다. 이 낮은 관세율은 미국의 이익을 증대시켜 주었을 뿐 아니라 세계무역을 증대시키는 데도 이바지했다.

프랑스와의 조약은 애덤스의 힘과 전쟁을 피하고자 하는 그의 결단력을 보여주는 것이었다. 그는 임기 동안 능숙한 외교력을 발휘하여 미국이 다른 나라를 침략할 의도가 없다는 것을 보여주었다. 애덤스의 외교정책의 결단력은 세계에서 미국의 명성을 더 높였다.

국내의 각종 문제 및 사업에 대한 업무수행 : 5점 9위(공동)

대통령으로서 애덤스는 강하고 성장하는 경제를 유지시켜 나갔다. 그가 대통령에 있는 동안 미국에서는 경기침체가 발생하지 않았다. 대부분의 경우 그는 워싱턴 행정부의 세금과 재정정책을 유지했다. 1798년 의회는 육군과 해군을 강화시키는 애덤스의 정책 수행에 필요한 자금을 충당하기 위해 사유재산에 대해 직접세를 부과했다. 그러나 이 세금은 너무나 많은 불만을 샀다. 동부 펜실베이니아 지역에서 수백 명의 폭도들이 이 세금에 대해 항의를 했다. 그들은 연방감옥에 투옥되어 있는 죄인을 석방하고 그 대신 연방보안관을 투옥시켰다. 이들의 지도자인 존 프라이스(John Fries)는 체포되어 국가에 대한 대역죄로 유죄가 인정되어 교수형을 언도 받았다. 2년이 지난 후 애덤스는 이때 체포된 프라이스와 다른 폭도들을 전면 사면하였다. 애덤스 행정부 동안 늘어난 연방부채는 2백만 달러에 지나지 않았다.

애덤스는 노예제도를 악이라고 생각했다. 그는 이 나라 어디에서나 노예제도의 존재를 반대했다. 그러나 그는 노예제도를 두고 전쟁을 벌이는 것은 연방을 파괴시킬 것이라는 통찰력 있는 비범한 식견을 나타냈다. 그는 1785년과 1787년에 만들어진 북서부 포고령(Northwest Ordinance)에서 설정된 인디언 정책을 변함 없이 유지하였다. 그러나 백인 정착자들이 금지구역으로 침입해 들어왔을 때 아무런 조치도 취하지 않았다.

비록 애덤스는 자신이 믿고 있는 언론의 자유를 인정하는 미국 독립혁명의 지도자들 중 한 사람이었지만, 국가 비상사태시 보안법의 일종인 외국인규제법과 선동금지법(Alien and Sedition Acts)에 서명했다. 비록 시민의 자유를 신봉하는 사람들에게 모순이 되는 이 억압법들이 엄격하게 시행되지는 않았지만 애덤스는 이것을 법으로 서명함으로써 시민의 자유로운 생활에 피해를 주었다. 이 법의 첫 번째 조항은 완전한 미국시민이 되는 조건 중 하나로 거주기간을 종래 5년에서 14년으로 늘렸다. 두 번째 조항은 공공의 안정에 위험스러운 존재로 여겨지는 모든 외국인의 추방을 정당화시켰다. 이것은

1800년까지만 효력을 발휘했고, 그 뒤에 다시 새롭게 개정되지 않았다. 세 번째 조항은 전쟁 동안 외국인 적에 대해서는 체포하고 구금하고 추방을 정당화한다는 내용이었다. 그러나 이 조항은 결코 한 번도 적용되지 않았다. 네 번째 조항은 미국의 법 집행을 방해하거나, 선동을 조장하거나, 미국의 행정부, 입법부, 사법부에 대한 사악하고 거짓된 말을 하거나 글로 쓰거나 출판한 사람은 물론 이런 일과 관련된 모든 사람에게 벌금형과 구금형을 가한다는 내용이었다. 이 법에 저촉되어 10명의 공화파를 지지하는 편집자들과 인쇄업자들이 기소되었다.

유일교파 신도인 애덤스는 종교의 자유를 지지했고 종교적 아집을 반대했다. 그러나 그의 행정부는 종교적 자유를 신장시키기 위해 아무일도 하지 않았다.

행정부와 정부 내에 관련된 업무수행 : 5점 22위(공동)

미국 역사상 최초의 행정부 변경은 애덤스가 워싱턴으로부터 대통령직을 넘겨받았을 때 이루어졌다. 연방파이자 워싱턴을 존경하는 한 사람으로서 애덤스는 전임자의 목적과 목표를 계속 수행해 나가고자 했다. 새로운 대통령이 관여한 장기적인 계획은 주로 평화 속에서 경제적 성장을 유지하는 데 목적을 두었다.

해군을 증강시키고자 하는 애덤스의 계획에 부응하여 의회는 1798년에 해군부를 창설했다. 애덤스는 다른 정부조직에서 중요한 변화를 주도하지 않았다. 애덤스 행정부의 실수는 행정 조직 구조상에서 기인한 것이 아니라 대통령을 지지하지 못한 행정부 내의 관리들에 기인한 것이었다.

애덤스는 워싱턴이 구성했던 내각과 행정부의 인사를 그대로 유지시켰다. 물론 여기에는 애덤스에 반대하고 대통령인 그에게 충성하지 않는 사람도 포함되어 있었다. 비록 애덤스가 엽관제의 사용을 탐탁치 않게 여긴 것은 훌륭한 일이기는 하지만, 당시 상황에서 애덤스의 이 같은 조치는 대통령과 그의 행정부, 나아가 국가에 좋지 못한 결과를 가져다주었다. 애덤스 행정부 내에서 그를 반대하고 그에게 충성하지 않는 몇몇 사람들 때문에 애덤스는 행정부 업무를 직접 처리해야 하다는 고충을 안고 있었다. 특히 애덤스는 부통령으로 있는 동안 연방파에 대한 지도력을 넘겨받지 못했기 때문에 여러 가지 문제점이 발생했다. 우선 연방파의 또 다른 거물 알렉산더 해밀턴이 자신의 업무를 게을리하고 방기해 버렸다. 결국 애덤스는 국무장관 토머스 픽커링(Thomas Pickering)과 전쟁장관 제임스 맥헨리(James McHenry)를 해임했다. 이 해임조치로 애덤스는 자신의 행정부에 대한 통제권을 행사할 수 있게 되었다. 그러나 동시에 이 사건을 계기로 연방파 내의 일부 사람들이 애덤스 행정부에 반대하는 분위기가 한층 강화되는 결과를 낳았다.

애덤스는 의회와 우호적인 관계를 유지하지 못했다. 애덤스가 속해 있는 당파인 연방파가 분리되어 한 파는 대통령에 반대하여 해밀턴을 추종했다. 초기에는 반 애덤스 분위기가 암암리에 이루어졌지만 애덤스가 이를 알고 난 후에는 공공연화되었다. 오히려 의회 내에서 애덤스는 반연방파인 공화파로부터 지지를 받았다. 애덤스 행정부에 대한 반대가 다음 선거에도 영향을 주었지만 그렇다고 이들을 어떻게 해 볼 수는 없었다. 심지어 애덤스는 외교문제에서도 양 정파로부터 지지를 받지 못했다. 그럼에도 불구하고 그의 중요한 외교정책은 성공적이었다고 할 수 있다.

1800년 연두회견에서 애덤스는 국가사업부의 개혁을 권고했다. 이 개혁은 의회에서 연방파에 의해 충실히 진행되었다. 1801년에 그동안 3개에서 6개의 순회법원을 설치하는 법안을 통과시켰다. 그 결과 23개의 새로운 연방 판사직이 만들어졌다. 즉시 대통령은 새로운 판사직에 임명권을 행사하고 그 승인을 의회에 제출했다. 애덤스가 임명한 몇몇 재판관의 승인은 거절당했다. 상원은 이때의 사법부 인사에 대해 확증을 연기했으나 애덤스 행정부가 끝나기 전에 이들 재판관을 모두 승인했다. 애덤스 대통령직 마지막 날에 단행된 사법부 인사에는 새로운 인물이 들어 있지 않았지만 이전에 애덤스가 임명한 세 명의 재판관이 이 날 저녁에 승인되었다. 그럼에도 불구하고 애덤스의 반대파들은 애덤스가 밤을 세워 연방파 성향의 재판관들을 임명하는 데 혼신을 다했다고 비난을 했다. 그들의 임명과 승인된 날짜에 관계없이 이때 새롭게 임명된 재판관들은 소위 '한밤중의 재판관'(Midnight Judges)으로 비난 받고 있다. 사실상 애덤스는 대법원장 존 마셜(John Marshall)을 비롯하여 높은 자질을 갖춘 사법관을 재판관으로 임명했고 의회의 승인을 받았다.

애덤스는 전임자와 같이 금융업자와 제조업자, 그리고 상인들의 이익을 위해 노력했지만, 그럼에도 항상 일반 국민들의 이익을 최우선시 했다. 그리고 실제로 그는 모든 국민의 대통령이 되고자 했다. 그의 국정 운영은 정치적 정파주의와 지역주의에 의해 방해를 받았다. 애덤스는 대통령으로서 많은 정책을 내놓았고 그 대부분은 성공을 거두었지만 정치적으로는 실패한 대통령이었다. 애덤스는 워싱턴의 정책을 강력하게 따라 했어야 했고 나아가 자신의 당에 속한 해밀턴과 또 다른 정파에 속하는 제퍼슨과 과감히 대적할 필요가 있었다.

지도력 및 의사결정과 관련된 업무수행 : 17점 4위(공동)

애덤스는 카리스마적인 개성을 갖고 있지는 않았다. 그럼에도 그는 자신의 글과 솔선 모범을 통해 다른 사람을 감동시켜 많은 존경을 받았다. 그는 대화를 할 때 순수한 지적인 능력을 통해 다른 사람을 설득할 수 있는 능력을 갖고 있었다. 자신이 속한 정파를 분리시킨 해밀턴과의 분란과 공화파의 반대에도 불구하고 애덤스는 자신의 많은 프로그램을 입법화하는 데 성공하였다.

1797년 새롭게 탄생하여 아직은 허약한 공화국이 최초로 행정부 교체를 경험하였다. 새로운 대통령이 어떻게 국정을 운영해 갈 것인가? 이 새 대통령이 국제관계에서 영국과 프랑스가 제기한 도전에 어떻게 대처해 나갈까? 하는 것이 문제였다. 그러나 애덤스는 강력한 의지와 결단력을 통해 대통령직과 세계에서의 미국의 위상을 강화시켰다. 비록 그는 여러 가지 반대에 부딪히기는 했지만 국민들로부터 대통령과 정부에 대한 확신을 이끌어 냈다. 애덤스는 비난할 여지가 없는 사람이었다. 그는 자신이 임명한 사람들에게 높은 수준의 업무와 도덕성의 유지를 기대했고, 몇몇 하급자들의 불충을 확인했을 때 그들을 해고했다. 그는 자신이 옳다고 생각하는 일을 해 나갈 때는 그것이 인기가 있건 없건 상관하지 않았다.

애덤스는 미국의 미래에 대한 꿈을 가지고 있었다. 그는 만약 미국이 전쟁을 피하고 중립국으로 남아 있으면서 동맹관계를 명백히 조종할 수만 있다면 미국은 위대한 국가로 성장할 것이라고 믿었다. 그는 미국의 서부로의 확장에 관심을 가지고 있었다. 그는 미국의 해안과 미국 상선을 보호해 줄 수 있는 해군을 창설했고, 전쟁을 피해 감으로써 미국은 내적 성장을 통해 위대한 국가를 건설하는 데 집중할 수 있을 것으로 믿었다.

의사를 결정하기 전에 애덤스는 다양한 선택안을 두고 심사숙고했으며 확고한 결정을 내렸다. 반대에 부딪혔을 때에도 힘과 용기를 가지고 인기에 상관하지 않고 필요한 결정을 내렸다. 격한 성격의 소유자였음에도 불구하고 애덤스는 비상사태에는 늘 침착함을 유지했고 감정에 치우치기보다 논리에 입각한 판단을 내렸다. 그는 워싱턴 행정부로부터 또 유럽 역사에 대한 연구로 부터 그리고 자신의 실수로부터 많은 것을 배우고 교훈을 얻었다. 그 당시 위대한 지성을 가진 애덤스는 국가를 단합시키고 헌법을 보존하는 데 있어 자신의 지성을 사용했다. 대통령으로서 애덤스는 끊임없이 자신의 프로그램 과 결정 상황을 평가하고 재평가하는 성실을 보였다. 대통령에서 물러난 후에는 뒷자리에서 자신의 행정부에 대해 재평가를 했고 가능한 이 일을 공정하고 객관적으로 처리하고자 했다.

애덤스는 자신의 원리를 무시하고 타협하기를 거부했다. 심지어 그는 약간 만 타협한다면 자신이 추구하는 일을 수월하게 이룰 수 있음에도 불구하고 타협을 거부하였다. 그는 인기를 이용하는 정치가들을 심히 비난했다. 그는 다른 사람을 속이는 어떤 행동도 하지 않았다. 심지어 선거에 이기기 위해서도 절대로 속이는 것을 허용하지 않았다. 이처럼 타협을 싫어하는 스타일과 아무리 작은 거짓과 위선이라도 단호히 거부하였던 애덤스는 정치적으로 많은 손해를 보았다. 1799년에 그는 프랑스에 보내는 평화사절단을 한 명에서 위원회로 확대하는 일에 동의함으로써 필요한 타협에 대해서는 기꺼이 타협 을 했다. 이 타협은 폭넓은 지지를 얻었고 또 애덤스가 간절히 바랬던 프랑스와 의 조약을 성취시키도록 해주었다. 그러나 이 타협은 어떠한 환경에서도 굴하지 않았던 애덤스의 원리를 포기한 것은 아니었다.

개인적 성격과 도덕성 : 11점 15위(공동)

대체적으로 애덤스는 미국 최고의 고위직에 알맞는 권위를 가지고 행동했다. 그는 미국 국민들에게 자부심을 주입시켜 주었다. 애덤스의 넓은 도량 덕분에 대통령직의 권위는 상당히 향상되었다. 그의 지도력 덕분에 애덤스는 대통령으로서의 권한도 신장시켰다. 비록 애덤스가 1800년 선거에서 재선되지는 않았지만 국민들은 그를 좋아했다. 그 당시 대통령선거는 국민들이 어떤 후보를 어느 정도나 좋아하는가에 따라 결정되지 않았고 선거인단의 성향과 그들에게 영향을 미치는 정치가들의 책략에 따라 결정되었다.

애덤스 행정부에서는 국민들이 대통령에게 접근할 수 있는 가능성이 상당히 제한되어 있었다. 외국인규제법과 선동금지법은 일반 국민들에게 억압적인 요소로 비춰졌다. 애덤스 역시 폭넓은 국민 층으로부터 정보나 충고를 얻기를 원하지 않았다. 그는 자신의 견해에 대한 다른 사람들의 논평을 크게 염두에 두지 않았다. 대통령에서 물러나고 25년이 지난 후에 여러 가지 글을 통해 애덤스는 대통령으로서의 자신이 취한 행동에 대한 이유를 설명했다. 그는 현직에 있는 동안에는 이 일을 하지 않았다.

애덤스는 단순히 이데올로기적인 신념을 넘어선 덕성을 가지고 있었다. 애덤스에게 덕성이란 높은 수준의 공평함과 순수함 그 자체였다. 애덤스에게 있어 한 번 한 약속은 반드시 지켜져야만 하는 약속이었다. 그는 완벽히 신뢰할 수 있는 사람이었다. '정직한 존 애덤스'로 알려진 그는 당시 대부분의 다른 정치가나 시민들보다 더욱 정직한 사람이었다.

미국 역사상 모든 정치가들 중에서 개인적인 도덕성은 물론 공적인 도덕성에서 애덤스를 능가할 사람은 찾기 힘들다. 그는 적어도 도덕적인 면에서 비난받을 거리를 거의 찾아보기 힘든 인물이었다.

종합평가 : 50점 12위

애덤스는 국내의 각종 문제 및 사업에 대한 업무수행과 행정부와 정부 내에 관련된 업무수행 영역에서는 5점, 지도력 및 의사결정과 관련된 업무수행에서는 17점을 받았다. 전체적으로 그는 50점을 획득하여 12위를 차지했다.

토머스 제퍼슨
Thomas Jefferson | 1801~1809

	평가점수	평가등수
외교를 비롯한 대외관계와 관련된 업무수행	9	20
국내의 각종 문제 및 사업에 대한 업무수행	10	12(공동)
행정부와 정부 내에 관련된 업무수행	14	3
지도력 및 의사결정과 관련된 업무수행	20	1(공동)
개인적 성격과 도덕성	18	2(공동)
종합평가	70	5

배경

토머스 제퍼슨은 1943년 4월 13일 버지니아 앨버말 카운티에 있는 가족이 경영하는 대농장주의 아들로 태어났다. 그의 아버지는 시민들의 일반적인 일을 처리해 주는 지역명사로서 명성이 높았다. 어머니는 버지니아에서 가장 부유하고 가장 영향력 있고 또 가장 안정된 집안인 랜돌프 가문(Randolphs) 출신이었다. 제퍼슨은 윌리엄과 메리 대학을 졸업한 후에 판사 조지 위스 (Geoege Wythe)와 함께 법학을 연구했다. 1767년에 그는 변호사 시험에 합격했다. 그는 자신의 집 몬티셀로(Monticello)를 디자인하고 건축을 감독했다. 1773년에 그는 일반대중의 일을 돌보아 주는 데 많은 일을 하고 자신의 농장 운영의 감독을 위해 법률 관련 일을 그만두었다. 그는 1769년에서 1775년 사이에 버지니아 의회에서 일했는데, 이때 그는 제2차 대륙회의 버지니아 대표로 활동했다. 그는 독립선언서를 작성하기 위해 구성된 한 위원회에서 위원장으로 활동하면서 독립선언서 초안을 기초했다. 1776년 9월에 제퍼슨은 대륙회의에서 사임하고 버지니아 하원으로 돌아왔다.

제퍼슨은 버지니아 주지사에 세 번이나 당선되었다. 그러나 그는 1781년 선거 후 주지사직을 사퇴했다. 1783년에 그는 다시 대륙회의 의원으로 당선되어 이곳에서 1년 동안 일했다. 그 후 존 애덤스, 벤저민 프랭클린과 함께 수호조약과 통상조약을 체결하기 위해 유럽으로 건너갔다. 1785년 프랭클린이 프랑스 주재 미국 대사직을 사임하자 제퍼슨이 이 자리를 대신했다. 1789년 워싱턴 대통령은 제퍼슨을 미국 최초의 국무장관에 임명했다. 제퍼슨과 재무장관 알렉산더 해밀턴과의 갈등은 미국 최초의 정치적 당파를 낳게 했다. 연방파는 해밀턴의 주장과 원리를 받아들였다. 이에 비해 제퍼슨은 반연방파 혹은 공화파를 이끌었다.

1794년에 제퍼슨은 국무장관직을 사임하고 몬티셀로로 돌아왔다. 1796년 그는 정부가 중앙집권화 되어 가는 경향에 우려를 나타냈고, 연방파의 존 애덤스를 상대로 공화파의 대통령 후보가 되었다. 연방헌법에 따라 두 번째로 많은 표를 받은 제퍼슨은 부통령이 되었다. 그러나 애덤스 행정부에서 부통령으로서의 제퍼슨은 거의 활동을 하지 않았다. 그는 연방상원 의장으로 활동하면서 공화파 내에서 자신의 지도력을 확대해 나갔다. 1798년 보안법의 일종인 외국인규제와 선동금지법이 통과되자 제퍼슨은 이 법이 헌법에 위배된다는 내용의 결의안을 발표했다.

대통령 후보 지명과 선거

부통령 임기 중반에 제퍼슨은 1800년 대통령 선거를 위한 준비를 시작했다. 당시 대통령 후보들은 공개적으로 선거운동을 하지 않는 것으로 인식되어 있었다. 그러나 제퍼슨은 편지를 쓰고, 공화파 계열의 신문을 공개적으로 지지했으며, 팸플릿을 유포했으며, 자신의 친구들에게 여러 언론에 자신을 위한 익명의 글을 보내라고 재촉하는 등 다양한 선거운동을 전개했다. 연방의 회내 공화파들은 간부회의를 소집해 부통령 후보로 아론 버(Aaron Burr)를 지명했다. 의견 조율이 이루어져 제퍼슨은 이미 공화파의 대통령 후보가 되어 있었고 간부회의는 이의 없이 그를 대통령 후보로 지명하였다. 곧이어 의회내 연방파들은 모임을 갖고 존 애덤스와 찰스 핑크니(Charles C. Pinckney)

를 연방파의 대통령 후보와 부통령 후보로 지명했다. 무대의 이면에서 해밀턴은 은밀하게 애덤스를 패배시키고자 노력했고 핑크니의 당선을 담보하고자 했다. 해밀턴은 사우스캐롤라이나 선거인단이 자신들의 표를 1796년 때와 마찬가지로 제퍼슨과 핑크니에게 몰아줄 것이라고 생각했다. 선거기간 동안 제퍼슨은 현안문제를 명백히 밝혀내 공화파의 강령으로 발전시켰다. 그는 주권을 옹호했으며, 국가부채의 축소, 자유무역, 언론의 자유, 종교의 자유를 옹호했다. 그는 상비군의 유지, 해군의 확장, 외국과의 동맹, 그리고 무엇보다 외국인 규제와 선동금지법에 반대했다. 제퍼슨은 애덤스 개인에 대해서보다는 연방파의 원리와 정책에 대해 공격의 초점을 맞추었다. 그러나 그의 지지자들이 모두 그를 따랐던 것은 아니다. 사실 애덤스에 대한 가장 신랄한 공격은 공화파에서 나온 것이 아니라 해밀턴과 그의 동료 연방파로부터 나왔다.

사우스캐롤라이나 사람들은 제퍼슨과 버에게 표를 몰아줌으로써 해밀턴의 계획을 무산시켰다. 제퍼슨이 대통령으로 당선될 것은 명백했다. 1796년 상황에서는 명백화되어 있기는 했지만 완전히 정립되지 않은 채였던 헌법의 결점이 대두되었다. 제퍼슨과 버는 똑같이 73표를 받았다. 애덤스는 65표, 핑크니는 64표, 존 제이는 단지 1표를 받았다. 공화파 출신의 여러 선거인단이 동점이 나오는 것을 막기 위해 버에게 투표하지 않는 것을 고려하고 있었다. 그러나 거의 대부분의 선거인단은 다른 누군가가 이 일을 해주리라 생각했다. 그러나 아무도 이 일을 하지 않았다. 결국 제퍼슨과 버는 동점을 받았다. 1800년의 경쟁은 아직 끝나지 않았다.

선거는 이제 연방하원으로 갔다. 이곳에서 각 주는 인구수에 관계없이 1표씩 행사할 수 있었다. 연방파에 속하는 많은 하원의원들은 대통령직을 제퍼슨에게 주지 않기 위해 버에게 투표하기로 결심했다. 또 몇몇은 버를 위해 표를 던졌다. 또 한 부류는 둘다 대통령이 되는 것을 막고자 했다. 왜냐하면 이런 경우 새로운 대통령이 탄생할 때까지 의회는 대통령서리에게 대통령의 책임을 맡도록 하고 있었기 때문이다. 새로운 공화국은 하나의 당파에서 다른 당파로 대통령 권력이 이양되는 최초의 실험에서 헌법적 위기 상황에 직면하였다. 1801년 2월 9일 연방하원은 이 문제를 두고 대통령이 선출될 때까지 논의를 계속하기로 했다. 만약 3월 4일까지 대통령이 확정되지 않는다면 이 나라는 한 후보가 다수표 즉, 9개 주로부터 지지를 받을 때까지 대통령이 없이 지내야만 했다. 선거인단의 투표가 다시 시작되었고 2월 11일 개표가 이루었다. 예상대로 제퍼슨과 버는 똑같이 73표씩을 얻었다. 하원은 즉시 제비뽑기에 나섰다. 첫 번째 제비뽑기에서 제퍼슨은 8개 주로부터 지지를 받았다. 반면 버는 6개 주로부터 지지를 받았다. 그리고 2개 주의 대표들이 나누어졌다. 제비뽑기에 제비뽑기가 계속되었다. 드디어 2월 17일에 이루어진 36번째 제비뽑기에서 두 세력으로 나누어졌던 주의 연방파들이 무효표를 던졌다. 결국 다수 표를 차지한 제퍼슨은 승리를 했고 선거는 끝이 났다.

1804년 선거가 시작되기 전 제12차 수정헌법이 채택되었다. 핵심은 대통령과 부통령 후보의 분리투표였다. 1804년 2월 25일 의회내 공화파 계열의 의원들이 모여 제퍼슨의 두 번째 대통령 후보를 지명했다. 낙담해 있는 버를 대신해서 이번에는 부통령 후보로 조지 클린턴(George Clinton)이 지명되었다. 이에 연방파는 대통령 후보에 찰스 핑크니와 부통령 후보에 루퍼스 킹(Rufus King)을 지명했다. 제퍼슨이 첫 번째 임기를 너무나 성공적으로 잘 치러냈기 때문에 연방파에게는 다시 대통령 자리를 넘겨받을 기회가 없었다. 선거에 참가한 17개 주에서 제퍼슨은 2개 주를 제외하고 모두 승리했다. 핑크니가 단지 선거인단 14표를 얻은 데 반해 제퍼슨은 162표를 획득했다.

외교를 비롯한 대외관계와 관련된 업무수행 : 9점 20위

외교문제에서 제퍼슨은 프랑스 주재 외교관으로 있으면서 성공한 경험을 바탕으로 국제문제에서 큰 모험을 감행했다. 프랑스와 영국이 세계의 주도권을 놓고 우위를 다투고 있을 때 제퍼슨의 모험은 위험천만한 것이었다. 자칫 잘못하면 미국이 꼭두각시로 전락할 위험이 있었다. 그러나 미국의 상업적 번영과 루이지애나 획득이 입증하듯이 기회는 많았다. 제퍼슨은 자신이 원하는 바를 획득했다. 그는 전쟁을 하지 않고도 미시시피 강을 통제할 수 있게 되었다. 방대한 루이지애나 영토 역시 예기치 않은 보너스로 수중에 들어왔다.

첫 번째 임기 동안에 제퍼슨에게 닥친 가장 큰 위기는 대통령선거의 가장 큰 승리로 끝이 났다. 제퍼슨이 대통령이 되었을 때 플로리다와 루이지애나는 스페인의 통치 아래 있었다. 당시 프랑스와 스페인 사이에 루이지애나를 프랑스로 반환한다는 내용의 비밀협상이 이루어지고 있다는 소문이 돌았다. 제퍼슨은 뉴올리언스 항이 프랑스와 같은 강대국의 손에 들어가는 것을 원치 않았다. 1802년 스페인 관리들이 미국 상품을 미시시피강 하류에 내려놓은 것을 금지시켰다. 이에 대해 연방파는 미국의 행동을 요구했고 많은 사람들이 스페인에 대한 군사적 행동을 요구했다. 새로운 공화국에 전쟁에 대한 열기가 끓어올랐다. 제퍼슨은 이 폭발 직전에 놓인 문제를 두고 협상을 벌이도록 제임스 먼로(James Monroe)를 특별대사로 임명하여 스페인과 프랑스에 파견했다. 먼로는 플로리다와 뉴올리언스의 구입을 희망했다. 그러는 동안 스페인은 뉴올리언스 항에 미국 배가 정박할 수 있는 권리를 회복시켰고, 프랑스에 양도하는 협상에서도 이 권리는 보유된다고 명시했다. 먼로가 파리에 도착했을 때 그와 프랑스 주재 미국대사 로버트 리빙스턴(Robert R. Livingston)은 루이지애나의 모든 지역을 미국에 팔겠다는 나폴레옹의 제안을 신속히 받아들였다. 1803년 5월 2일 그들은 루이지애나를 난 1,500만달러에 미국에 양도한다는 조약에 서명했다. 그러나 플로리다는 포함되지 않았고 따라서 경계선은 모호했다. 이로써 미국은 본래 영토의 약 두 배가 넘는 영토를 확보했고 그 속에 전 미시시피 강과 미주리 강이 포함되어 있었다. 제퍼슨은 고무되었다. 헌법의 적법성이라는 면에서는 고려할 여지가 없지는 않았으나 제퍼슨은 이 조약을 상원에 제출했고 상원은 24대 7로 이 조약을 승인했다.

앞에서 설명한 위기보다 작은 규모의 위기가 트리폴리에서 발생했다. 수년 동안 바르바리(Barbary)의 해적들이 지중해에서 조공을 내지 않는 나라들의 배를 약탈해 왔다. 그동안 미국을 비롯한 많은 나라들은 그들과 위험스러운 전쟁을 벌이기보다 차라리 조공을 주는 쪽을 택하였다. 그러나 제퍼슨은 1801년 5월까지는 그동안의 관행대로 조공을 주었으나 그 이후부터는 이러한 관행을 반대했다. 그러나 이때 트리폴리는 더 많은 돈을 요구했고, 제퍼슨이 이를 거절하자 트리폴리는 미국을 상대로 전쟁을 선포했다. 1803년에 해적들은 미국 상선 필라델피아 호(Philadelphia)를 나포했다. 이에 제퍼슨은 신속하고 단호한 조치를 취했다. 의회에 군 파견에 대한 허가를 요청도 하지 않고 가능한 모든 군함들을 이 지역으로 파견했다. 미 해군은 필라델피아 호를 불태우기까지 하면서 해적들을 소탕했다. 1805년 트리폴리는 더 이상 조공을 요구하지 않는다는 데 합의했다. 그러나 제퍼슨은 억류되어 있던 필라델피아 호 승무원을 석방시키기 위한 보석금은 지불하기로 약속했다. 그럼에도 미국은 1815년까지 또 다른 바르바리 해적들에게 조공을 바쳤다. 어쨌든 제퍼슨 대통령 하에 이루어진 트리폴리에 대한 제압은 세계무역의 성장에 도움을 주었다.

영국 배가 미국 함선을 공격한 체사피크 호(Chesapeake) 사건이 일어난 후 제퍼슨은 영국과 프랑스 배에 대해 봉쇄정책을 추진했다. 나폴레옹은 유럽대륙에서 영국상품에 대한 무역거래를 금지하는 베를린 칙령을 발표했다. 그 다음 적용 대상은 이제 미국이 될 것이었다. 또한 영국왕 조지 3세는 억류시킬 수 있는 권리가 미국의 해군 함선은 물론 상선에까지 적용된다고 선언했다. 결국 제퍼슨이 내린 봉쇄령은 미국의 공식적인 무역거래를 중단시켰다. 봉쇄령이 해제될 때까지 제퍼슨의 관세정책은 미국경제에 다소 이롭게 작용했다. 그러나 미국의 경제는 궁극적으로 이 봉쇄조처로 인하여 많은 손해를 보았다. 결국 제퍼슨의 봉쇄령은 일시적이었지만, 14개월 동안 세계경제발달에 적지않은 손해를 끼쳤다.

제퍼슨은 미국이 보다 강대한 국가로 성장하고 있으며 결코 유럽 세력에 굴복하지 않는다는 것을 세계에 표방했다. 그는 국제적 경쟁자를 물리치고 그들의 서반구 정복에 대한 어떤 목적도 용납하지 않는 담대한 외교를 펼쳤다. 제퍼슨이 유럽세력을 대상으로 하여 위험한 게임을 성공적으로 수행함으로써 세계여론에서 미국의 입장은 신장되었다.

국내의 각종 문제 및 사업에 대한 업무수행 : 10점 12위(공동)

첫 번째 임기 동안 제퍼슨은 위스키 반란으로 촉발된 술에 대한 연방세금을 포함하여 내국세를 폐지했다. 불필요한 공직과 비용을 줄임으로써 그는 동시에 국가의 채무를 줄일 수 있었다. 정부는 사치품을 사서 쓰는 사람들이 내는 세금, 주로 외국상품을 소비하는 데서 생기는 세금에서 많은 도움을 받았다. 1807년 공황이 도래하기까지 정부의 전반적인 번영은 지속되었다. 모든 공황이 그런 것처럼 이때의 공황 역시 복잡하고 다양한 이유가 있었으나 대체적으로 제퍼슨의 1807년의 봉쇄령이 이유라는 비난이 쏟아졌다. 사실상 제퍼슨은 봉쇄령 금지조처의 효과를 잘못 계산했다. 이 봉쇄령은 유럽의 경제에는 손상을 주지 않고 오히려 미국의 경제에 손상을 입혔다. 봉쇄령은 상업적 이익에도 손상을 주었다. 그러나 중부 대서양에 접해 있는 주들에서는 이 봉쇄령이 제조업에 자극을 부여하기도 하였다. 오랫동안 지속적으로 내려질 조처는 아니었지만 채 2년이 안 된 1809년에 이 조처는 취소되었다.

제퍼슨은 미국을 농업국으로 발전시키려는 비전을 가지고 있었다. 그는 미국인이 쓰는 소비품에 대해서는 직접 제조하여 사용할 것을 원했으며, 다른 물품에 대해서는 잉여 농업생산물을 거래하여 구입하기를 원했다. 대통령 취임연설에서 그는 농업을 장려하고 보조수단으로 상업을 실시할 것이라고 말했다. 비록 그 자신은 대규모 토지농장주였지만 그는 소규모 농업을 국가의 기간사업으로 보았다. 대통령이 되기 전에 그는 버지니아에서 장자상속법과 한사법(entail)을 없애기 위해 노력했다. 대통령으로서 그는 소규모 농장 소유주의 활동을 촉진시키는 정책을 지속적으로 추진했다. 제퍼슨 대통령 아래서 국가 구성원들의 권력 균형이, 대규모로 부를 획득하는 사람들로부터 소규모의 농부, 소상점주, 장인 등에게로 바뀌어 갔다. 제퍼슨은 정부는 서민들의 목적 달성을 위해 노력해야 하고 그들의 재산권을 보호해 주어야 한다고 믿었다. 가난한 자, 권리가 적은 자, 소외된 자와 같은 아직도 도처에 있는 서민들은 제퍼슨이 가장 열렬히 주창하고 이것을 통해서 보다 평등한 사회가 도래한다고 믿어온 민주적 자유주의의 신조를 믿고 있다.

비록 그는 노예 소유주였지만 이 제도의 해악을 인식하고 있었다. 그는 독립선언서에 노예제도를 없애겠다는 서약을 포함시키고자 했다. 그러나 그의 이러한 생각은 남부의 농장주들과 노예무역 상인들로부터 점점 부를 획득하고 있던 뉴잉글랜드 지방의 정치가들에 의해 무산되었다. 그러나 제퍼슨은 이 제도에 계속 반대했다. 1784년의 그의 칙령에 따르면 서반구의 모든 영토에서 노예제도는 불법이었다. 이때의 칙령이 1785년과 1787년의 칙령으로 교체가 되었을 때에 오하이오 강 북서부 영토에서는 노예제도의 금지가 계속되었다. 그러나 이후부터 오하이오 강 남부지역으로 노예제도가 확대되었다. 노예제도에 대해 헌법상에서 25년간의 유예기간 보장이 끝남에 따라 제퍼슨은 1805년 1월 1일부터 노예무역을 금지하는 법안을 만들고자 노력했다. 이 법은 의회를 통과했고 중요한 진전이 있었다. 궁극적으로 제퍼슨은 노예제도를 폐지하지는 못했으나 노예의 합법적 수입은 중단시켰다.

의회에 보낸 두 번째 연두기자회견에서 제퍼슨은 이웃인 인디언들과 선린관계를 유지할 것을 주장했다. 제퍼슨 행정부는 각종 농기구와 기계를 인디언들에게 제공하였고 농업기술과 가사기술을 가르치기 위해 지도교사를 파견했다. 그는 토착 거주민인 인디언들은 생존을 위해 백인의 생활방식에 적응할 필요가 있다고 생각했다. 루이스와 클라크 탐험대(Lewis and Clark Expedition) 앞에서 그는 인디언들에게 가능한 달래고 회유하는 태도를 취하라고 요구했다. 또 인디언들에게 우리의 희망은 이웃과 친구가 되기를 원하며 서로에게 유익함이 있기를 원한다는 사실을 설명하라고 주문했다. 그래서 서로간에 교역을 할 수 있는 무역 품목이 무엇인지 알기를 원한다는 사실 역시 설명하라고 주문했다.

대통령이 되기 전과 후의 수년 동안 제퍼슨은 버지니아가 폭넓은 대중교육을 위한 시스템을 마련하도록 하기 위해 노력을 아끼지 않았다. 대통령으로서의 그의 노력은, 연방정부는 교육에서 할 역할이 없다는 중론에 의해 많은 제한을 받았다. 제퍼슨이 내켜하지 않는 의회로부터 적은 자금을 확보하여 파견한 루이스와 클라크 탐험대의 목적 중 하나가 실현되었는데, 그것은 미국에 대한 지리적인 지식을 증대시켜 주었다.

제퍼슨은 언론과 출판의 자유와 자유롭게 반대의견을 게재할 수 있는 권리를 옹호했다. 그는 "나는 하나님의 재단 앞에서 인간의 마음 속에 있는 모든 형태의 폭력에 대해 영원히 적대감을 가지고 있다고 맹세한다"고 말했다. 그는 일생 동안 자유의 옹호자로 살아갔다. 그러나 때때로 감정이 앞서기도

했다. 그는 아론 버를 증오했으며 재판을 통해 그를 반역자로 낙인찍었다. 그는 버를 '붙잡기' 위해 윌킨슨(Wilkinson) 장군의 시민권 위반을 눈감아 주었다. 이런 위반을 제외하고는 제퍼슨은 당시 언론의 자유를 주창하는 가장 훌륭한 대변인 중 한 사람이었다. 그의 행정부는 외국인 규제와 선동금지법의 소멸을 이끌었으며 이 법에 저촉되어 벌금을 낸 사람들에게 돈을 돌려주었다. 또한 그는 의회에 영향력을 행사하여 기존의 귀화법을 폐지하고 귀화를 위한 거주 조건을 5년으로 줄여 주었다.

미국의 역대 대통령 중에서 종교의 자유를 제퍼슨만큼 강하게 신봉했던 사람도 없다. 뿐만 아니라 편협한 신앙과 완고함을 반대하는 데 있어 제퍼슨보다 강력하게 주장을 펼친 사람도 없었다. 대통령이 되기 전에 그는 종교적 자유를 위한 버지니아 법안(Virginia's Statute on Religious Liberty)을 작성했다. 그는 교회와 국가의 분리를 주장했다. 그는 자신의 종교적 견해에 대해 무신론자, 이교도, 그리고 나쁜 사람이라는 불공정한 공격을 받았다. 그는 자신의 종교에 대한 이러한 비판에 대해 또 사생활에 대한 비판에 대해 전혀 대꾸를 하지 않았다. 대부분의 경우 그는 자신의 믿음에 대해 침묵을 유지했다. 단지 자신의 믿음대로 살아갔을 뿐이다. 그는 자신이 '비종교적'이라고 공격을 받았을 때에도 자신의 믿음에 따라 평정을 유지했다.

인권에 관한 뛰어난 대변인인 제퍼슨은 인디언과 노예들이 포함된 미국의 모든 개인들에 대해 인간적인 대우가 이루어져야 한다고 믿었다. 독립선언서에 녹아 있는 그의 말은 인권에 관한 최고의 표현이었다. 이는 마치 그의 행동이 노예무역을 반대하고, 외국인 규제와 선동금지법을 반대하고, 교육을 장려하고, 언론과 종교의 자유를 지지하는 것과 같은 것이었다.

제퍼슨은 모든 인간은 존경과 존엄의 대상이 되어야 한다고 믿었다. 자유, 종교, 민주주의에 대한 그의 견해는 현재 상태가 무엇이든 간에 모든 인간은 반드시 존엄의 대상이어야 한다는 믿음에 기초한 것이었다. 그는 모든 인간은 평등하게 창조되었고, 생명과 자유, 행복 추구를 평등하게 누릴 권리가 있다고 믿었다. 그리고 이러한 믿음을 실현하기 위해 효과적이고 활기차게 행동했다.

행정부와 정부 내에 관련된 업무수행 : 14점 3위

제퍼슨은 첫 번째 임기 동안에 자신의 확실한 목적과 목표를 설정했다. 그는 이 목적과 목표를 실현시키기 위해 대통령으로 있는 임기 동안을 활용했다. 그는 자신의 행정부를 위해서뿐 아니라 당 시대를 앞질러 가서 장기적인 계획을 수립하는 데 뛰어난 자질을 발휘했다. 그는 현안문제를 해결하고 극복하여 국가를 발전선상에 오르게 하는 능력을 갖고 있었고 이를 발휘했다. 비록 이상주의자였지만 제퍼슨은 성취 가능한 계획을 수립한 합리적인 실용주의자였다.

그는 행정부를 체계적으로 잘 조직해서 이 행정부를 경영하는 데 뛰어난 능력을 발휘했다. 그의 행정부와 다른 국가 기관들은 잘 운영되어 대통령의 목표와 조화를 이루면서 국가의 중요한 목표를 성취했다. 행정부에 고용된 공무원들 역시 각 부서 장관들과 대통령과 협력하면서 일을 처리하여 수많은 성공을 이끌었다.

제퍼슨은 자신의 내각과 국가의 중요 기관 요직에 핵심적인 인물을 다수 기용했다. 그들 중 최고의 인물은 국무장관에 기용된 제임스 매디슨과 재무장관에 기용된 앨버트 갤라틴(Albert Gallatin)이다. 그러나 그는 단지 친구라는 이유로 몇몇 공직에 대한 임명권을 행사했다. 결국 그의 친구 중 존 페이지(John Page)와 윌리엄 쇼트(William Short)는 상원의 승인을 받지 못했다. 그러나 그의 인사권 행사에서의 이러한 실수는 다른 뛰어난 임명권 행사로 인하여 상당히 상쇄되었다. 그의 내각은 조화를 잘 이루었고 성공적으로 운영되었다. 내각 구성원들 역시 상호 협조 속에서 다른 부서로 문제를 가져와 서로간에 충고를 했다.

제퍼슨은 행정부를 지도해 가는 데 정통해 있었다. 그는 종종 자신이 생각한 아이디어를 넌지시 빗대어 말하면서 이를 정책으로 제안하기도 했다. 이러한 아이디어들은 참모진들에 의해 받아들여져 정책으로 입안되는 경우가 많았다. 흥미로운 사실은 대부분의 참모진들은 제퍼슨이 제시한 아이디어로 인하여 이루어진 결과가 자신들의 아이디어가 아니라는 사실을 종종 알지도 못한다는 것이었다. 이런 방법을 통해 제퍼슨은 항상 자신이 원하는 것을 이루곤 했다.

　제퍼슨은 비밀을 유지해야만 하는 외교문제를 제외하고는 거의 모든 일과 정책을 공개된 의사결정과정을 거쳐 처리하는 것이 최고라고 믿었다. 예를 들어 루이지애나의 구입을 주도하는 협상은 비밀리에 추진되었다. 그는 자신의 정책과 일의 대부분을 연두기자회견과 자신이 직접 쓴 글을 통해 의회와 국민에게 알렸다. 위대한 작가이기도 한 그는 자신의 연설문의 모두를 보통 서법으로 스스로 작성했다.

　제퍼슨은 자신이 속한 조직인 공화파로부터 필요한 지지를 받았다. 하원 세입위원회의 의장인 존 랜돌프(John Randolph)는 제퍼슨의 정책에 종종 방해를 놓곤 했다. 공화파의 한 분파를 이끌고 있던 랜돌프를 비롯한 소수 세력은 소위 '이것도 저것도 아닌 제3의 것'(quids)으로 불렸다.. 랜돌프를 비롯한 제3의 세력은 제퍼슨의 프로그램을 패배시키지 못했다. 왜냐하면 제퍼슨은 하원으로부터 압도적인 지지를 받고 있었기 때문이다. 권력의 분배를 신봉하는 스스로 엄격한 구조주의자임에도 불구하고 제퍼슨은 대통령이 의회에 법률을 주문할 수 있는 권한을 가지고 있다고 믿었을 뿐만 아니라 자신의 제안을 채택케 하고 자신의 목적을 달성하기 위해 공화파 지도자를 이용하는 등 의회의 의원들을 설득할 수 있다고 믿었다.

　연방파는 1796년과 1800년 선거에서 제퍼슨을 반대한 데 대한 그의 보복을 두려워했다. 그러나 이러한 두려움을 터무니없는 것이었다. 제퍼슨은 소수파인 연방파와 접촉을 유지하면서 국가의 발전과 공동 선을 유지하기 위해 공화파와 협조적인 관계를 유지하도록 했다. 두 정치세력이 애덤스 대통령 시절에 노선이 깊게 갈라졌다면, 제퍼슨 대통령 시절에는 더욱 가까워졌다. 따라서 대통령은 정치적으로 반대파에게도 지지를 받았다. 행정부를 넘겨받은 행위는 혁명을 겪고 있는 다른 나라들 특히 프랑스 같은 나라와는 너무나 많은 면에서 차이가 있었다. 제퍼슨은 외교정책 문제에서 양 정치세력으로부터 지지를 받았다. 그러나 모든 면에서 다 그렇지는 않았다. 예를 들어 먼로를 스페인과 프랑스에 특별밀사로 파견한다는 의회의 승인은 연방파의 반대에도 불구하고 그대로 승인되었다. 루이지애나를 구입하는 조약에 대해서는 연방파들 중 단지 한 사람만이 찬성했다. 그런데 제퍼슨과 공화파 뿐만 아니라 연방파들도 증가하고 있는 전쟁 위협에 대해서는 깊은 관심을 표명하였다. 결국 봉쇄령은 양 정치세력의 지지에 의해 통과되었다.

공화파는 행정부와 입법부를 지배했지만 사법부는 지배하지 못했다. 존 마셜과 워싱턴과 애덤스 행정부에서 일했던 연방파에 속했던 다른 인물들은 사법부를 완전 장악하고 있었다. 법원 조직법에 대한 무효화가 사법부에 대한 제퍼슨의 우선정책이었다. 전직 대통령 애덤스는 연방파로 사법부를 구성하는 일에 이 법을 이용했다. 대통령이 되자 제퍼슨은 의회를 통해 이에 대한 무효를 추진했다. 당시 정신병을 앓고 있었던 연방 지방법원 판사인 존 피커링(John Pickering)은 사임을 거절했다. 이에 제퍼슨은 의회에 피커링을 탄핵하기 위한 소송을 제기했다. 즉시 하원은 그를 탄핵했고, 상원은 그에게 유죄 판결을 내렸다. 결국 피커링은 사임하지 않을 수가 없었다. 당시 대법원 판사 새뮤얼 체이스(Samuel Chase)는 공화파에 대한 과격한 비난과 고발을 제기했다. 결국 그는 공화파에 의해 하원에서 탄핵을 당했으나 상원에 의해서는 유죄판결을 받지 않았다. 이는여 사법부와의 관계를 더욱 적대적으로 만들었다.

제퍼슨은 평민들을 너무나 좋아했다. 비록 그를 비판하는 적들과 비판자들이 없지는 않았지만 제퍼슨은 일반 대중들에게 대단한 인기가 있었다. 대중들이 보내는 이러한 존경이 제퍼슨의 목적 달성에 많은 도움을 주었다. 일반 대중들은 제퍼슨을 대통령이 되기 전이나 대통령 재임기간에나 대통령에서 물러난 후에나 시종일관 위대한 사람으로 보았다.

제퍼슨은 항상 자신의 개인적 이익이나 명성보다는 대중들의 이익에 더 많은 관심을 표명했다. 그는 "이 정부는 세계에서 가장 위대한 희망이다"라고 말했다. 그는 이런 희망이 실현될 것이라고 믿었고, 그의 행동은 이러한 희망의 실현을 보기 위한 결단력으로 이루어졌다. 제퍼슨은 모든 국민의 대통령이었다. 또한 그는 최초로 평민을 대변하는 대표였다. 또한 그는 최초로 서부, 프론티어와 농협의 중요성을 인정하고 이를 실현하기 위한 조직화를 이룬 사람이었다.

지도력 및 의사결정과 관련된 업무수행 : 20점 1위(공동)

　제퍼슨은 위대한 비전을 가진 지도자였다. 동시대에 활동한 정치지도자들 중에서 그와 아론 버 두 사람만이 서부가 얼마나 큰 중요성을 갖고 있는가를 인식했다. 대통령이 된 첫 해에 그는 이미 8년의 임기 동안 추구해야 할 목적을 세웠다. 그는 교육에 대한 연방의 지원과 도로와 같은 교통망 개량사업에 대한 연방의 지원과 역할을 제안했다. 제퍼슨은 미국과 세계가 어떠한 방향으로 발전해 가야 하는가에 대한 개념을 가지고 있었다. 그는 최초의 근대 민주주의를 창시한 사람 중에 한 사람이었다. 그는 미국의 발전을 위한 희망에서 끊임없는 개혁을 추진한 개혁가이자 이상주의자였다. 동시에 현실에서는 어떤 일을 해야 하는가에 대한 자신의 판단을 추구하는 실용주의자였다. 제퍼슨은 현재 국가가 어느 방향으로 진행되어 가는가 하는 것으로부터 어디로 진행되어 가야만 하는가 하는 방향까지 국가 운영에 대한 전략을 가지고 있었다.

　그는 지도력이 필요할 때에는 담대하고 신속하게 발휘했다. 그는 자신을 대부분의 사람들이 추종하기를 원하는 이상적인 인물로 인식하게 하는 영감을 가지고 있었다. 제퍼슨은 연설을 많이 하지 않았기 때문에 그가 하는 연설은 거의 들을 수가 없었다. 그래서 그는 정책에 대한 자신의 생각과 노력을 말로 표현하기 전에 신문에 발표하는 방법을 선택했다. 뛰어난 작가이기도 한 그는 중요한 목적을 달성하기 위해 철저한 준비한 글을 통해 사람들에게 영감을 불어넣었다. 인간적인 면에서 제퍼슨은 귀족적인 화려함과 습관을 버리고 서민과 같은 옷을 입었다. 그는 워싱턴과 애덤스에 비해 훨씬 비형식적이었다. 그의 이러한 태도가 많은 평범한 사람들에게 용기와 희망을 주었다. 제퍼슨은 설득력이 뛰어났고 거의 항상 다수가 자신을 지지하도록 만들었다. 이러한 제퍼슨은 신뢰와 존경에 바탕을 둔 우호관계를 발전시켰다. 그가 신뢰한 많은 사람들은 일을 조화롭게 처리해야 한다는 생각을 공유했다. 그는 심지어 경제에 어려움을 가져온 봉쇄령의 와중에도 대중들의 신뢰를 유지했다. 제퍼슨의 성격을 들어 아무리 야비한 공격이 가해져도 사람들은 자신들의 대통령에 대한 믿음과 신뢰를 버리지 않았다.

제퍼슨은 높은 수준의 업무수행을 기준으로 삼아 일을 했다. 그는 종종 밤늦도록 일하고 아침 일찍 일어나곤 했다. 그는 기준과 능력에서 수준이 낮은 사람들보다 매디슨과 갤라틴 같은 높은 수준을 가진 사람들과 보조를 맞추었다. 매디슨은 자신이 마음대로 조종할 수 있는 허약한 사람들이나 혹은 자신의 일을 대신할 수 있는 뛰어난 능력을 가진 사람들 속에 휩싸이지 않았다. 매디슨과 갤라틴은 각각의 사항에 대해 각자의 아이디어를 가지고서 사적인 모임을 통해 대통령과 의견을 나누었다. 그들은 제퍼슨 대통령에 대해 무조건 찬성하는 소위 '예스 맨'이 아니었다. 그들은 대통령 제퍼슨이 동의를 하건 하지 않건 자신들의 생각을 스스럼 없이 말했다.

　그는 담대하게 행동해야 할 때와 의회에게 먼저 행동하도록 해야 할 때를 알고 있었다. 그는 정책결정과 실천에서 타이밍의 대가였다. 그가 속해 있는 공화파가 정권을 잡았음에도 불구하고 그는 연방파에 대한 보복차원의 정책을 실시하지 않음으로써 민주주의를 수호했다고 할 수 있다. 보복은커녕 그는 소수파에 대한 권리를 인정했다. 강압적인 폭력을 사용하기보다 이성을 택하여 신중하게 행동함으로써 그는 프랑스혁명기에 발생한 여러 가지 어려움을 피해 갔다.

　제퍼슨은 선택에 심사숙고를 다했으며, 의사결정은 공개했다. 그는 실용적이었으며 어떤 일을 추진하기 위한 제안에 폭넓은 지지를 얻기 위해서라면 타협도 마다하지 않았다. 그는 겉으로는 유약해 보이나 속으로는 확고한 신념과 행동을 기본으로 삼았다. 제퍼슨은 실패한 정책인 봉쇄령 같은 각종 프로그램을 그것이 완전 취소되기까지 끊임없이 실험에 실험을 거듭했다.

　그는 비범한 용기를 가진 사람이었다. 그는 트리폴리와의 전쟁에서, 또 루이지애나의 구입에서, 루이스와 클라크 탐험대를 파견하는 일에서, 나아가 체사피크 호 사건을 처리하는 데서 담대하게 어려운 결정을 내렸다. 대통령으로 비상사태에 처했을 때 제퍼슨은 차분하되 신속하게 일을 처리했다. 그는 의사결정을 내릴 때 시간이 허락하는 한 적절한 시간 배정을 통해 타당한 생각을 내고 주의와 신중함을 더하는 태도를 유지했다.

개인적 성격과 도덕성 : 18점 2위(공동)

제퍼슨은 특권 계급에 속했지만 평범한 서민의 모습으로 생활했다. 이러한 인상은 미국뿐 아니라 전 세계적으로도 알려졌다. 그는 공적인 생활과 행동에 대해서는 비난과 거리가 멀었다. 그는 사적인 생활과 행동에 관해 이야기하기를 거절했고 자신의 스캔들성 행동에 대한 험담이나 비난에 대해서도 아무 대꾸도 하지 않았다. 그는 실제로 필요하지 않는 허례와 허식, 그리고 각종 의식을 없애고 간소화시켰다. 그는 하급자들을 대할 때 존경으로 대했고 정부 내에서 그들과 조화를 이루어 나갔다. 제퍼슨은 미국 시민들에게 자존심을 심어주었고, 그들로 하여금 자신들이 미국 시민이라는 사실에 대해 또 제퍼슨이 그들의 대통령이라는 사실에 자부심을 갖도록 해주었다. 제퍼슨과 국민들은 미국에서 발전하고 있는 미주주의 정부의 전형을 진심으로 신뢰했다. 제퍼슨은 미국을 민주주의로 발전시켜 나가는 데 자부심을 가지고 일을 추진했으며 대통령의 신분으로 민주주의를 발전시켜 나가는 데 헌신했다. 제퍼슨은 최고의 수완가로 최고의 능력을 발휘하는 사람이었다. 그의 국가에 대한 헌신은 대단히 뛰어났고, 이 때문에 대통령직에 대한 지위는 국내외를 막론하고 상당히 향상되었다. 특히 국내에서 대통령직에 대한 이미지는 더욱 향상되었다. 제퍼슨은 뛰어난 재능을 가진 천재였으며 그를 돕는 내각에는 여러 천재들이 활동하고 있었다. 그의 업무수행과 업적은 대통령직에 대한 지위를 한층 더 향상시켜 주었다.

제퍼슨은 헌법을 존중했다. 그는 대통령이 행동할 수 있는 헌법적 권한을 가지고 있는지의 여부에 대해 분명치 않은 입장에서 담대한 행동을 취했다. 특히 트리폴리와의 전쟁에서 그러했고 루이지애나 구입문제에서도 그러했다. 이로써 대통령직에 대한 권한은 한층 신장되었다. 제퍼슨은 헌법을 자가당착으로 이용하지 않았다. 그는 헌법의 엄격한 적용을 믿었다. 그는 대통령은 주로 외교문제에 관여해야 하고 국내문제는 주(州)정부에 넘겨야 한다고 믿었다. 그는 헌법수정을 제안하여 교육과 교통망 개량사업과 관련하여 자신이 제안한 프로그램의 용이한 실현을 위해 노력했지만, 의회를 통해 이를 통과시키려는 시도를 하지는 않았다. 그는 개혁가였지만 "국가가 책임질 수 있는 이상의 것을 시도해서는 안 된다"고 믿었다. 트리폴리와의 전쟁에서 보여준 그의 행동, 루이지애나 구입과 루이스와 클라크 탐험대의 운영 등은 모두 대통령으로서의 제퍼슨에 대해 유리하게 작용했고 이로써 그는 대통령직의 권한을 증가시켰다.

제퍼슨은 대통령직을 소위 '국민을 위한 공직'으로 만드는 면에서 전임자들보다 더 많은 일을 했다. 그의 서민적인 접근방법, 형식을 털어낸 검소함, 그리고 자신이 맡고 있는 일에 대한 철저한 봉사를 보면서 대다수 국민들은 대통령을 자신들의 편이라고 확신하였다. 열렬한 독서가이기도 했던 제퍼슨은 자신의 참모들의 보고, 신문, 팜플릿 등으로부터 글로 쓰여진 많은 정보를 받았다. 그는 이러한 자료들을 주의 깊게 검토해서 이용했다. 대통령은 자신의 글과 행동을 통해 국민에게 다가섰다. 그러나 대중연설을 통하거나 또 개인적인 접촉을 통해서는 국민과의 접촉을 많이 하지 않았다. 대통령 관저에서도 가능한 접견을 하지 않았다.

그는 내각 인사들과 행정부에 임명한 다른 사람들과 같이 민주정부에 대한 철학과 고결함과 성심함을 이끌었다. 그는 절조가 있는 사람이었다. 그는 성실함과 신뢰성을 통해 항상 믿을 수 있는 사람으로 여겨졌다. 그는 계획에 따라 행동했으며 결코 기본적 원리와 우정을 포기하지 않았다. 그는 뇌물도 받지 않았으며, 정부자금을 개인을 위해 유용하지 않았다. 정부는 점점 번창해 갔지만 대통령으로서 그의 개인적 부는 오히려 열악해졌다.

제퍼슨은 최고의 도덕성을 지닌 사람이었다. 공적인 생활에서는 스캔들이 없었던 그도 사생활에서는 그렇지 못해 이에 대해 말하기를 거절했다. 계몽시대에 활동한 한 사람으로 그는 인간성의 발전을 위해 자신의 생활을 이성적으로 이끌어 가는 데 헌신했다.

종합평가 : 70점 5위

토마스 제퍼슨은 미국 역사상 가장 위대한 미국인 중 한 사람이었다. 그러나 다른 공직에서 최고의 평가를 받았던 데 배해 대통령직에서는 그렇지 못했다. 그는 총 100점 만점에서 종합 70점을 획득하여 39명의 대통령들 중에서 트루먼과 같이 공동 5위를 차지했다. 지도력 및 의사결정과 관련된 업무수행에서 그는 만점을 받았는데, 평가지표의 각 영역에서 20점 만점을 받은 것은 워싱턴, 링컨, 제퍼슨뿐이었다.

	평가점수	평가등수
외교를 비롯한 대외관계와 관련된 업무수행	13	6(공동)
국내의 각종 문제 및 사업에 대한 업무수행	8	14(공동)
행정부와 정부 내에 관련된 업무수행	5	22(공동)
지도력 및 의사결정과 관련된 업무수행	17	4(공동)
개인적 성격과 도덕성	16	8(공동)
종합평가	59	11

배경

제임스 매디슨은 1751년 3월 16일 버지니아 킹 조지 카운티에서 태어났다. 1769년에 오늘날 프린스턴 대학인 뉴저지 대학에 입학하여 2년 만에 정규과정을 마친 후 그의 아버지의 플랜테이션이 있는 몽트펠리어로 되돌아왔다. 1776년 4월 버지니아 의회 대의원으로 당선되어 주 헌법을 기초하는 위원회에서 일했다. 10월에는 버지니아 주의회 의원으로 활동했고, 1777년부터 1779년까지 버지니아 주지사 협의회에서 일했다. 1779년에 그는 제2차 대륙회의의 의원으로 당선되었는데 당시 최연소자였다. 여기에서 1783년까지 일하고, 1784년에서 1786년까지 다시 버지니아 주의회 의원으로 활동했다. 이때 매디슨은 원래 제퍼슨이 개념화시켰던 종교적 자유를 보장하는 내용을 법안으로 만드는 데 골몰했다.

1786년에 그는 다시 제2차 대륙회의의 의원이 되어 활동했다. 알렉산더 해밀턴과 함께 연합헌장을 개정하는 한 위원회에서 주도적인 역할을 했다. 그는 헌법 논쟁에서 중요한 역할을 하였다. 그는 대표는 인구에 비례해야 한다고 주장하였는데 이것이 버지니아 안이었다. 그의 타협은 인구비례에 의한 의원수의 할당문제를 해결했다. 그는 '헌법의 아버지'(Father of the Constitution)라는 별명을 얻게 될 중요한 계기가 되는 다른 일들을 했다. 헌법의 기초에서 자신의 역할을 다했을 뿐 아니라 제헌의회의 절차에 관한 최고 정보인 다양한 글들을 남겨 두었다. 알렉산더 해밀턴, 존 제이(John Jay) 등과 함께 그는 『연방주의자 논문』(Federalist Papers)을 발간했다. 이것은 헌법의 비준을 완벽하게 해주었을 뿐만 아니라 미국 헌법제도에 관한 우리의 이해를 증진시켜 주었다.

1789년에서 1797년까지 그는 연방 하원의원이 되었다. 연방의회에서 일한 1년 동안 그는 수정헌법 12개조를 제안했고 이를 가장 강력히 이끌었다. 수정헌법 중 10개조는 바로 비준되었고 이는 권리장전으로 알려졌다. 연방 하원에 있는 동안 그는 대통령 워싱턴의 프랑스 사절단 동행과 국무장관직 제의를 거절했다. 1798년에 그는 외국인규제와 선동금지법이 위헌이라고 명시한 버지니아 결의안을 기초했다. 1799년에 그는 다시 버지니아 주의회 의원이 되었고, 1801년에는 제퍼슨 대통령 때 국무장관이 되어 제퍼슨과 임기를 같이했다. 매디슨이 국무장관으로 있는 동안 외교문제에서 루이지애나 지방의 매입은 가장 중요한 사건이었다. 매디슨은 제퍼슨 행정부의 외교문제에 너무나 큰 영향을 주어 제퍼슨의 적들이 대통령은 국무장관에게 완전히 조종당하고 있다는 비난을 가할 정도였다.

대통령 후보 지명과 선거

1808년에 민주공화파 출신 당 간부들은 당의 대통령 후보로 매디슨을 추천했다. 조지 클린턴이 부통령 후보로 선정되었다. 연방파는 찰스 핑크니를 대통령 후보에, 루퍼스 킹(Rufus King)을 부통령 후보에 선정했다. 연방파는 제퍼슨의 봉쇄령 정책에 반대하여 그들의 선거운동을 전개해 나갔다. 연방파는 매디슨이 나폴레옹에게는 비굴하게 행동했으며 영국에게는 적대적이어서 결국 증오스러운 봉쇄령을 내리게 되었다고 비난했다. 11월에 제퍼슨이 국무부의 외교적 서신을 의회에 보냈다. 매디슨이 프랑스에 알랑거리고 영국에 호전적이라는 비난은 이 공식적인 서신으로 사라졌다. 매디슨은 선거인단 투표에서 122표를 얻었고 핑크니는 47표 클린턴은 6표를 얻었다.

1812년 민주공화파 당 간부회의는 매디슨의 2차 임기를 합의했다. 투표는 데위트 클린턴(DeWitt Clinton)이 후보가 되기를 바랬던 불만에 찬 의원들이 당 간부회의를 박차고 나가자 만장일치로 매디슨이 추대되었다. 이에 데위트 클린턴은 민주공화파를 탈당하고 연방파의 후보가 되었다. 전쟁에 대한 반대가 클린턴의 최대 선거운동 주제였다. 이에 비해 매디슨은 이 선거에서 방관자와 같았다. 그는 연설도 하지 않고, 글도 쓰지 않고, 선거운동도 하지 않았다. 심지어 그는 다가오는 선거에 대해 아무런 논평도 가하지 않았다. 매디슨은 128표를 얻었고 클린턴은 89표를 얻었다.

외교를 비롯한 대외관계와 관련된 업무수행 : 13점 6위(공동)

매디슨이 대통령이 되기 직전에 1807년의 봉쇄령이 취소되었다. 봉쇄령을 대치하기 위해 의회는 영국과 프랑스를 제외한 모든 나라와는 통상을 한다는 내용의 통상금지법을 통과시켰다. 이 법에도 불구하고 영국과 프랑스의 전함들은 계속 미국 배를 나포하였다. 1810년에 의회는 영국과 프랑스와의 통상을 다시 재개시켰다. 단지 미국 배를 계속하여 침해할 경우 그 국가와는 통상을 금지할 수 있다는 조건을 달았다. 이에 나폴레옹은 영국에 대한 미국의 봉쇄정책을 다시 이끌어 낼 의도로 더 이상 미국의 해상활동을 방해하지 않겠다고 발표하면서 만약 영국이 나폴레옹을 견제하기 위해 유럽에 운송되는 모든 물건이 영국 배나 중립국 배여야 한다는 내용의 긴급칙령을 취소한다면, 자신도 베를린 칙령(대륙 봉쇄령)을 취소하겠다고 발표했다. 이에 매디슨은 만약 영국이 석 달 안에 긴급칙령을 취소하지 않으면 영국과의 모든 무역을 금지하겠다고 선언했다. 이에 영국은 긴급칙령의 취소를 거절했다. 영국 함대가 미국 해안에 침입했고 미국 함선에 함포 사격을 가했으며 함선을 수색하여 선원과 해군들을 구금시켜 버렸다. 전쟁이 임박한 가운데 두 나라의 책임 있는 정치가들은 평화를 위해 노력했다. 미국 배와 영국 군함이 맞붙은 싸움에서 미국 배가 승리를 거두었고 이는 미국 해군력의 강화를 외치는 목소리에 힘을 실어 주었다.

해상문제와 더불어 서부 프론티어 지역의 여러 상황들이 많은 미국인들을 전쟁 열기로 몰아넣었다. 북서부 지역에서 인디언들이 영국에게 전쟁물자를 제공했으며 영국과 끊임없는 우호관계를 유지하고 있었다. 그동안 미국 정착민들의 인디언에 대한 가혹한 처사와 독립전쟁 당시 서부개척을 제한하려 했던 영국의 정책 때문에 인디언들이 영국에 호의적인 감정을 가지고 있었기 때문이다. 이에 영국은 오대호에 있는 군사기지의 철수를 거부했다. 또한 영국은 인디언들의 폭동을 사주하여 결국은 티피카누 전투와 같은 참혹한 전투를 발생시켰다고 비난 받았다. 티피카누에 대한 공격이 있을 당시 인디언 추장 터컴서(Tecumseh)는 남부에 있었고 크리크족 인디언과 체로키족 인디언들을 자극하여 인디언과 영국의 동맹국에 가입하도록 했다. 드디어 의회 내에서 전쟁을 간절히 원하는 주전파 의원들이 형성되었다. 한동안 매디슨은 전쟁을 막기 위한 수단으로 다양한 외교정책을 펼쳤다. 그는 미국이 아직 전쟁을 치를 준비가 되어 있지 않다는 사실을 알고 있었다. 또한 전쟁을 두려워하는 영국 상인들이 무역을 파괴시키리라는 것도 알고 있었다. 그러나 그는 미국이라는 나라가 영국으로부터 받은 모욕을 참을 수 있다는 것도 알고 있었다. 그러나 헨리 클레이(Henry Clay)와 같은 젊고 호전적인 하원의원 지도부에 압력을 받은 매디슨은 드디어 전쟁을 선포했다. 1812년 6월 16일 영국은 긴급칙령을 취소했다. 그러나 시간이 너무 늦었다. 연방하원은 이미 전쟁을 선포했고 이틀 후 연방상원도 전쟁선포에 동의했다. 매디슨이 그토록 피하고자 했던 전쟁이 '매디슨의 전쟁'(Mr. Madison War)으로 불리는 것은 아이러니라 하지 않을 수 없다. 이를 보다 정확히 말하면 아마도 '클리이의 전쟁'(Mr. Clay's War)이 되어야 할 것이다.

어쨌든 1812년 전쟁으로 미국의 국가적 이익이 상당히 늘어났다. 이 전쟁은 민주공화파가 전쟁을 치를 능력을 보유하고 있다는 사실을 입증해 주었다. 전쟁을 수행하는 과정에서 미국 제조업이 확대되었고, 이는 국가경제를 보다 강하게 만들어 주었다. 해군의 승리는 미국의 잠재적인 힘이 해군력에 있다는 것을 입증해 주었다. 뉴올리언스에서의 승리는 앤드류 잭슨을 영웅으로 만들

어 주었고 나아가 미국의 자부심을 크게 고양시켜 주었다. 이 전쟁은 미국의
영토보존에 대한 감각을 더욱 확고하게 심어 주었다. 가장 중요한 것은 미국이
완전한 국가적 의식을 가지게 되었다는 사실이다. 이전의 미국독립은 서류상
으로 보장된 것이었다면 이제야말로 진정한 독립이 보장된 것이었다.

　비록 매디슨은 정부 관련 일에 35년 동안 종사했고 거의 모든 분야에서
훌륭한 자질과 경험을 갖고 있었지만 국가 총사령관으로서의 경험이나 특별
한 자질은 없었다. 그럼에도 그는 작고 준비되지 않은 육군과 더더욱 소규모의
해군을 잘 운영했다. 처음에는 보잘것없이 출발했지만 점점 개선이 이루어져
강력한 군대가 되었다. 매디슨의 전기를 쓴 사람들은 그가 자신이 한 일
중 가장 평가절하하는 분야가 국가 총사령관으로서의 일이었다고 밝히고
있다.[57] 그는 미국 국민들이 혼란을 겪고 있는 상황에서 국가발전을 위한
확고한 방향타를 유지했다. 많은 역사가들은 1812년 전쟁에서 뉴잉글랜드인
들이 반대하여 생긴 어려움을 과소평가하는 경향이 있다. 사실 매디슨은
시민전쟁으로도 발전할 수 있는 잠재적 혼란을 미연에 방지했던 것이다.

　1812년 전쟁이 끝난 후 미국 함대가 알제리 해적들이 미국 상선에 대해
노략질을 다시 시작한 지중해로 파견되었다. 두 척의 알제리 프리깃함이
미국 함대에 의해 나포되었다. 결국 알제리의 장관은 모든 미국인 인질들을
석방하고 이후로는 미국의 상업활동을 방해하거나 조공을 강요하지 않겠다는
조약을 맺었다. 이와 비슷한 조약이 트리폴리와 튀니지와도 조인되었다.

　매디슨은 미래세계가 동맹관계로 되기를 기대했다. 그는 동맹의 원칙은
무한한 공간의 확대로 이루어질 수 있다고 보았다. 만약 세계적인 공간 확대에
대해 방해요소가 있다면 그것들은 통신과 수송의 새로운 발명품과 개선조치
로 줄어들게 될 것이라고 생각했다.

　매디슨은 스페인에 대항하여 혁명을 일으킨 아메리카 대륙에 있는 이전의
여러 스페인 식민지 국가의 독립을 승인했다. 1808년 나폴레옹이 스페인을
점령했을 때 많은 스페인 식민지들이 자치정부를 세웠지만 그들 스스로

---

57) Irving Brandt, *The Fourth President: A Life of James Madison* (Indianapolis: The Bobbs
　　Merrill Company, 1930), 644~645.

독립을 선언하지는 못했다. 당시 제퍼슨 대통령과 국무장관 매디슨은 미국은 독립을 추구하는 식민지 국가와 공동의 관심을 가지고 있다는 입장을 취했고 나아가 미국은 서반구의 일에 유럽이 영향력을 행사하지 못하게 할 것이라고 선언했다. 그러나 라틴 아메리카에 대한 제퍼슨의 다짐은 다른 긴박한 문제들로 인하여 실천으로 옮길 수가 없었다. 1810년에 대통령으로서 매디슨은 남아메리카 지역에 특사를 파견하여 미국이 스페인에 반대한 혁명세력을 도와주고 있다는 사실을 확신시켜 줌으로써 비공식적으로 용기를 주었다. 또한 남아메리카의 특사들은 미국에서 거주하면서 물자를 사고 미국 정부와 직접 혹은 비공식적인 접촉을 했다. 먼로 독트린은 제퍼슨과 매디슨 정책의 논리적인 파생물이었던 것이다.

1810년에 서부 플로리다 의회 군이 스페인이 관리하고 있는 항구로 물밀듯이 들어가 서부 플로리다 준주는 곧 자유롭고 독립된 주로 승격할 것이라고 선언했다. 플로리다 의회는 대통령 매디슨에게 준주를 미국 영토의 일부로 보호해 줄 것을 결의하는 내용을 전달하였다. 이에 응하여 매디슨은 이 지역이 루이지애나 구입의 범위에 들어간다는 이유를 들어 준주의 모든 것은 미국의 관리 하에 있다는 선언을 했다. 1815년에 텍사스를 점령하기 우해 뉴올리언스로부터 불법으로 침입해 들어오는 사람들을 격퇴시켰다.

매디슨은 외교관계에서 알려진 것보다 훨씬 좋은 성과를 올렸다. 그는 명예로운 평화를 원했지만 영국의 비타협성과 나폴레옹의 이간질 때문에 전쟁을 하지 않을 수 없었다. 1812년 전쟁과 알제리 장관에 반대한 행동은 미국이 자신의 권리를 위해 당당히 설 수 있음을 입증해 주었다. 세계여론에서 미국의 입장과 미국의 자존심은 그가 대통령이 된 초기보다 말기에 더욱 고양되었다.

국내의 각종 문제 및 사업에 대한 업무수행 : 8점 14위(공동)

매디슨은 외교문제에 너무나 몰두한 나머지 1815년까지는 국내사업에 대해서는 거의 손을 대지 못했다. 그는 경제적으로 침체기에 대통령이 되었다. 영국은 물론 프랑스와의 갈등이 계속되었기 때문에 경제적 어려움을 이기고 원래의 수준으로 경제를 회복시킬 수 있는 만큼 미국의 무역을 증대시킬 수가 없었다.

전쟁이 발발했을 때 의회는 전쟁비용에 들어갈 세금인상을 거부했다. 매디슨 행정부는 전쟁자금을 공채로 충당해야만 했다. 그 결과 매디슨 행정부의 부채는 뷰캐넌 대통령 이전의 그 어떤 대통령보다 많이 증가했다. 인플레이션은 적자예산의 자연적인 결과였다. 매디슨은 재정정책에서 가장 보잘 것 없는 성적을 냈다. 1813년에 그가 가장 신뢰하는 보좌관인 재무장관 앨버트 갤라틴(AlbertGallatin)은 장관직을 그만두고 영국과 미국 사이의 갈등을 중재하겠다는 러시아의 제안에 부응하여 평화사절단으로 유럽에 갔다. 갤라틴이 없는 동안 재정 혼란이 계속되었고 이는 알렉산더 달라스(Alexander Dallas)가 재무장관이 되기까지 계속되었다. 그의 두 번째 임기 마지막 2년에 경기가 회복되었다.

전쟁이 끝난 후 매디슨은 국내문제에 우선적 배려를 했다. 그는 평화와 함께 도래한 국가세입의 증대와 국민들의 신뢰회복에 매우 만족했다. 그러나 그는 통일된 국가통화가 없다는 사실은 유망한 국립은행의 건립의 필요성을 의미한다고 말했다. 수입관세를 조절하는 문제는 국내 제조업을 육성하기 위한 것이라고 했다. 연방 하원과 상원 의원들이 평화조약의 조항을 보충할 필요가 있는 법률안의 본질을 놓고 다투는 동안 매디슨은 임의적으로 수입관세를 줄였다. 의회는 미국 제2차 은행을 만들었고 매디슨은 이 은행법안에 서명했다.

의회는 대통령이 제시한 일련의 법안을 승인했다. 매디슨의 정책으로 국내 제조업자들이 보호를 받았고 국가 세입은 새로운 관세법에 의해 많이 안정되었다. 이것은 중도적인 관세법으로 무역이 촉진되었음을 의미한다. 이 관세법은 후에 세계경제에 피해를 준 높은 보호관세와는 달랐다. 내국세가 계속 증대되었고 토지세는 절반으로 줄었다. 퇴역군인에게 지급하는 연금도 인정되었다.

그는 당시의 상황에서 훨씬 진보적인 조치를 통해 병약한 사람을 돕는 단체의 결성을 제안했다. 이는 적절한 봉사를 통해 노인과 불구자들을 돕는 일을 조직적으로 행하기 위한 것이었다. 비록 이 제안이 의회에서 통과되지 못했지만, 이것은 매디슨의 빈곤에 대한 관심을 입증해 주는 것이었다. 이는 미국의 초기 대통령들 중에서 보기 드문 관심이었다. 의회에 의해 채택되지 못한 또 다른 제안은 콜럼비아 자치구에 국립대학을 건립하자는 것이었다.

매디슨은 이 나라는 정부주도 하에 도로와 운하의 건설이 필요하다고 말했다. 매디슨은 컬벌랜드 길을 건설하기 위한 예산에 서명을 했지만 대규모의 도로 건설을 국가가 주도하는 것은 헌법에 위배된다고 보았고, 그래서 그는 가능한 수정헌법을 만들자고 제안했다. 헌법정신 위배에 대한 대통령의 망설임을 무시하고 의회는 델라웨어-체사피크 운하, 오하이오-루이지애나 도로, 다른 교통망 개량사업을 위한 예비조치를 취했다. 이에 거부권을 행사하는 메시지에서 매디슨은 의회를 향해, 연방정부가 도로와 수로를 건설하는 것은 국가 번영에 매우 중요하다, 그러나 이런 비헌법적인 일을 승인할 수 없다고 말했다. 그의 거부권에도 불구하고 의회는 법안을 통과시켰다.

또한 매디슨은 인종 문제에서 당시로서는 보다 진보적인 생각을 가지고 있었다. 비록 그는 노예를 소유하고 있었지만 노예제도가 악이라는 것을 인정했다. 그는 노예제도의 갑작스런 폐지는 노예제도가 가지고 있는 본래의 모순보다 더 재앙적인 격변을 이 나라에 가져오게 할 수 있다는 두려움을 표시하면서 노예제도의 점차적인 폐지를 원했다. 그는 노예의 생활상태는 혁명전쟁 이전보다 훨씬 개선되었다고 믿었다. 그러나 그는 노예가 구속되어 있는 상태에서는 결코 행복할 수 없다는 것을 알고 있었다. 그는 언제인가 자신의 노예를 스스로 해방시키려고 생각했다. 그러나 정작 시간이 왔을 때 그는 자기 아내의 가난을 방지하기 위해 그렇게 하지 않았다.

매디슨은 인디언들의 좋은 친구였다. 매디슨이 티피카누 전투에서 보여준 용감성 때문에 윌리엄 헨리 해리슨(William H. Harrison)을 칭찬했을 때 이 장군은 대통령이 침입을 금지시킨 인디언 영토 안으로 50마일이나 더 침입했다는 사실을 알지 못했다. 매디슨은 미시시피 준주지역에 군대를 파견해 인디언 영토 안으로 들어간 백인 정착자들을 추방하고자 했다. 그러나 이 일은 앤드류 잭슨 장군에 의해 잘못 해석되는 바람에 이루어지지 않았다.

매디슨은 잭슨에게 지령을 내려 체로키 인디언과 크리크 인디언들이 뉴올리언스로 가는 군사로를 허락하는 한 그들로부터 어떤 땅도 빼앗지 말도록 지시했다.

천부인권으로 양심의 자유를 주창한 가장 위대한 사람 중 한사람인 매디슨은 언론, 출판, 종교, 집회의 자유를 지지하는 데 있어 결코 흔들리지 않았다. 1812년 전쟁 때에도 또 연방파가 전쟁을 반대하고 뉴잉글랜드 지역이 연방으로부터 탈퇴를 할 것이라고 위협을 가할 때에도 매디슨은 국가보안법을 사용하지 않았고 언론의 자유를 보장했다. 그는 영국군이 미국 의사당을 불살랐을 때에도 시민의 자유를 억압하거나 언론에 재갈을 물리지 않았다. 그가 사람들이 반대의견을 낼 수 있는 권리를 한결같이 보장한 것은 그의 행정부 동안 있을 수 있는 여러 가지 갈등을 막아 주었다. 그는 자신에 대한 다른 사람들의 공격을 철저히 차단하라는 충고를 받았지만 그들에 대해 신뢰를 가지고 그렇게 하지 않았다.

매디슨은 인디언과 노예는 물론 모든 사람들에 대해 인간적으로 대우했다. 그는 인종, 종교, 경제상태, 성에 관계없이 모든 사람을 존경심을 갖고 대했다. 그는 가정으로만 한정해서는 아까운 여성들의 비범한 재능이 남성의 경우와 같이 중요한 것이라는 견해를 가지고 있었다.

행정부와 정부 내에 관련된 업무수행 : 5점 22위(공동)

취임식 연설에서 매디슨은 자신의 행정부의 기본 원리와 추구해야 할 목적에 대해 말했다. 그의 최고의 원리는 평화를 소중히 여기는 것이고 비슷한 생각을 가진 모든 나라끼리 친하게 지내는 것이었다. 그는 교전중인 국가에 대해 진정으로 중립을 유지하려고 했다. 그는 헌법의 보장과 시민권, 특히 종교와 출판의 자유를 지지했다. 그는 헌법이 허락하는 범위 안에서 농업, 제조업, 상업의 장려를 원했고 교육과 과학의 발전을 원했다. 그러나 그는 이런 목적을 달성하기 위한 어떤 특별한 계획을 갖고 있지는 않았다. 그는 전쟁으로 자신의 목적 중 많은 것을 달성할 수 없었다.

매디슨은 자신의 행정부를 잘 조직했지만, 참모진과 인사를 구성하는 데에서는 약간의 실수를 하였다. 메릴랜드의 강력한 힘을 가진 상원의원 새뮤얼 스미스(Samuel Smith)를 달래기 위해 매디슨은 이 상원의원의 동생인 로버트 스미스(Robert Smith)를 국무장관에 임명했다. 로버트는 무엇으로 보나 국무 장관감이 못 되었다. 로버트가 국무장관으로 있는 동안 매디슨은 스스로 국무부 일을 다해야 했다. 심지어 사소한 명령을 하달하는 내용조차 대통령이 직접 작성했다. 전쟁장관 윌리엄 유스티스(William Eustis)와 해군장관 파울 해밀턴(Pau lHamilton)은 자격보다는 지역안배 차원에서 행한 인사였다. 물론 그에게는 이들과 달리 알버트 갤라틴 같은 뛰어난 재무부 장관도 있었다.

대통령은 자신의 내각을 철저히 통제했다. 그러나 그는 무능한 부서장에게 사임을 강요하는 데 필요한 냉정한 결단력이 턱없이 부족했다. 궁극적으로 로버트 스미스는 러시아 주재 미국대사에 임명한다는 조건으로 국무장관을 사임했다. 이번에는 능력 있는 제임스 먼로(James Monroe)가 국무장관에 임명되었다. 유스티스는 의회의 압력을 받고 사임했다. 매디슨은 사실상 전쟁장관 유스티스의 무능을 깨닫지 못하였으며 그래서 한동안 그를 그 자리에 두었다. 유스티스를 대신해 존 암스트롱(John Armstrong)이 전쟁장관 에 임명되었다. 그러나 암스트롱도 역시 적합한 인물이 아님이 밝혀졌다. 국가 최고 사령관으로서의 매디슨은 군 경력 부족이 결점이었고, 무능한 장군과 장관을 선택한 데에는 그 결점이 가장 큰 이유로 작용하였다. 그러나 매디슨의 인사 스타일은 시간이 지남에 따라 향상되어 갔다. 1814년에 그는 다시 암스트롱을 먼로로 대치했다. 결국 먼로는 국무부와 전쟁부의 장관을 동시에 수행했다.

전쟁 동안에는 지켜야 할 많은 비밀들이 있었다. 사람들도 많은 비밀을 지켰다. 매디슨은 여린 목소리를 가졌기 때문에 대중 연설가로서는 널리 알려지지 않았다. 그러나 그는 글은 특별히 잘 썼다. 그가 쓴 대부분의 글은 후대에까지 남아 있다. 제헌의회에 관한 그의 글과 『연방주의자 논문』에 기고한 글은 대통령으로서 그가 쓴 그 어떤 글보다도 중요하다.

7년 동안의 융화과정을 거쳐 민주공화파는 제퍼슨이 대통령으로 있었던 마지막 해에 하나의 세력으로 뭉쳤다. 어느 정도의 반항은 있었지만 당은 의회에서 매디슨이 제안한 일을 대부분 지지했다. 연방파는 매디슨과 전쟁에 대해 반대를 했고 뉴잉글랜드인들 몇몇은 연방에서 탈퇴하고자 했으나 실패했다. 따라서 매디슨 대통령은 외교정책에서 양 당으로부터 지지는 받지 못했다. 자기 당내의 일부 세력뿐 아니라 연방파로부터의 반대는 전쟁 동안 국가를 통일시키지 못한 결과를 낳았다. 또한 지역주의의 증가는 이러한 국가의 분리 현상을 확대시켰다.

첫 번째 임기 초기에 매디슨은 사법부와의 관계를 강화했다. 펜실베이니아 주지사 신더(Snyder)는 민병대를 동원하여 혁명전쟁에 참가한 포상금을 펜실베이니아주에서 지데온 옴스테드에 전해주라는 미국 대법원의 칙령을 거부할 것이라고 발표했다. 결국 펜실베이니아 민병대와 연방군 사이에 충돌이 일어났다. 이에 매디슨은 주지사가 현명하게 항복할 수 있는 품위 있는 방법을 제시했고 체포된 민병대 지도자들은 감옥에 가기 전에 모두 사면되었다. 이로써 주정부는 연방 대법원의 판결에 따라야 한다는 원칙이 성립되었다. 두 번째 임기 동안 매디슨은 대법원 판사 두 명을 임명했다. 이들 중 조셉 스토리(Joseph Story)는 미국 역사상 가장 뛰어난 사법관 중의 한 사람이었다.

매디슨은 거의 35년 이상 공공의 이익을 위해 일하는 공적 생활을 했다. 그는 파당주의의 위험성과 특별한 이익집단의 위험성에 대해 늘 경고를 잊지 않았다. 그는 항상 모든 국민들의 전반적인 선(善)에 대해 관심을 가졌다. 이런 그는 서민들의 지지를 받았다. 그는 농민, 이주민, 서부지역, 그리고 새로운 제조업자들로부터 많은 지지를 받았으나 뉴잉글랜드 지역에서 활동하고 있는 기존 제조업자들이나 상업세력으로부터는 엄청난 반대와 비난을 받았다. 대체적으로 그는 국민들에게 존경을 받았다. 그의 인기도는 1812년 전쟁 초기에 하락했으나 뉴올리언스의 승리 이후 다시 올라갔다.

지도력 및 의사결정과 관련된 업무수행 : 17점 4위(공동)

비록 카리스마는 부족했지만 매디슨은 존경받는 지도자였다. 헌법의 아버지로서 제퍼슨 대통령 때 국무장관을 지낸 매디슨은 대통령이 되기 전부터 국민들로부터 존경을 받았다. 이 존경은 1812년 전쟁으로 다소 흔들리기는 했지만 계속 유지되었다. 개인적인 행동을 통한 모범적인 솔선수범과 글을 통해 그는 국민들에게 용기와 영감을 부여하여 전쟁을 비롯한 어려움들을 잘 극복하도록 해주었다. 그는 전쟁 동안 국가를 잘 지도하는 지도력을, 전쟁 후에는 국가에 대한 신뢰도를 회복시키는 능력을 보여주었다. 그는 정부와 자유, 인권에 관한 글을 통해 국민들에게 깊은 감동을 심어주었다. 대통령은 스스로 높은 수준의 업무수행을 목표로 삼았고, 그가 임명한 몇몇 사람들도 높은 수준의 업무 수행능력을 보여주었다. 그러나 암스트롱이나 로버트 스미스 같은 인물들이 적절치 못한 일을 하는 데 대해서는 한동안 침묵을 지켰다.

미래에 대한 혜안을 가진 매디슨은 위대한 비전을 가지고 있었다. 그는 의회에 보내는 마지막 연설에서, 도량형의 십진법 체제, 형사법의 개정, 내무부의 설치, 교육에 대한 연방자금 지원, 항소순회재판소 제도 등의 도입을 강조했다. 그는 외국과의 평화를 강조했다. 또한 예견된 일로서 헌법의 힘과 자유의 신장을 논했다. 그는 세계 연합에 대해서도 예견했다. 매디슨은 자신의 국내개혁 프로그램을 실천하기 위한 전략을 가지고 있었지만 전쟁이 이 일을 할 수 있는 시간과 노력을 빼앗아 갔다.

매디슨은 생각은 빠르되 행동은 신중했다. 또한 행동을 하기 전에 결정사항에 대한 결과를 예견했다. 그러나 필요하다고 여겨질 때는 단호히 결정을 내렸다. 그는 미국의 역대 대통령들 중에서도 가장 뛰어난 두뇌를 지닌 천재형 인물이었다. 그는 이 지능을 자신의 의사 결정에 사용했다. 그의 용기와 인내는 또 다른 장점이 되었다. 그는 자신이 제안한 것들에 대해 지지를 확보해 내기 위해 자주 타협을 했다. 그가 대통령으로 있는 동안 의회는 그에게 호의적이지는 않았지만 자신이 원하는 것들 중 많은 것을 성취할 수 있었다.

소규모의 육군과 해군을 가진 신생국의 대통령이 당시 최고 강대국의 하나인 영국을 상대로 전쟁을 이끌어 간 것은 매디슨의 위대한 용기 덕분이었다. 그는 자신에 대한 비판이 난무하는데도 용기와 지혜를 잃지 않았다. 심지어 자신과 자신의 일, 특히 전쟁 수행과 관련하여 사악한 인신공격을 받으면서도 언론과 출판의 자유를 제한하지 않았다. 대통령은 전쟁을 비롯한 비상사태에도 침착성을 잃지 않았고 전쟁은 어쩔 수 없이 꼭 필요하다고 생각되었을 때 했다.

미국 대통령들 가운데 가장 학자다운 면모를 지녔던 매디슨은 마음 속으로 세계 역사를 창조해 나갔으며 의사 경정에도 이를 염두에 두었다. 그는 현실을 재평가하여 적절하게 상황을 변화시켜 나갔다. 예를 들어 전쟁이 선포된 후 그는 영국정부가 곧 협상에 응하리라는 것을 알았다. 이에 그는 전쟁을 선포한 자신이 실수를 범했다고 생각하면서 즉시 평화를 추진하고자 했지만 영국이 이를 거부했다. 전쟁을 치르면서 그는 실수로부터 많은 것을 배웠고 상황이 요구하는 대로 전략과 전술을 바꾸었다.

개인적 성격과 도덕성 : 16점 8위(공동)

매디슨 대통령의 품위 있는 행동은 비난과는 거리가 멀었다. 그는 정직했고 진지했고 헌신적이었다. 그는 모든 사람에게 공평무사하게 대했다. 매디슨은 제퍼슨의 형식에 치우치지 않고 서민적인 생활을 계속 유지했다. 그는 하급자에게도 존중하는 태도로 대했다. 때때로 하급자들 중 일부를 해고해야만 했는데, 지나친 배려 때문에 그러지 못한 경우도 있었다.

매디슨의 지혜로운 판단과 뛰어난 글, 자유의 원리에 헌신하는 노력으로 대통령직은 존경을 받았다. 비록 엄격한 헌법주의자였지만 그는 함축적인 의미를 믿었다. 그러나 그는 자신이 생각하기에 헌법적으로 허용 가능한 범위를 넘어서는 상황은 허용하지 않았다. 그의 용기와 미래에 대한 비전은 대통령의 권한 강화에 도움을 주었다.

대다수 국민들은 매디슨이 국민의 편이라고 생각했다. 연방파와 또 매디슨이 속한 당파 내 반대자들의 강한 발발에도 불구하고 만약 그가 세 번째로 대통령에 나서면 압도적으로 당선될 것이라는 사실에 큰 이의가 없었다.

전쟁 동안 매디슨 대통령에게 일반인이 접근하는 것은 제한되었다. 전쟁이 끝난 후 아내 돌리(Dolly) 매디슨이 매주 수요일 밤 리셉션을 열었다. 돌리는 이 리셉션에서 많은 사람들과 만났고 미국 역사상 인기 있는 퍼스트 레이디였다. 매디슨은 개인적인 접촉보다 그의 글을 통해 주로 국민들에게 다가갔다.

매디슨은 줄곧 확고한 도덕적 체계와 가치를 가지고 행동했다. 그는 누구보다도 정직하고 애국적이고 신뢰성을 갖춘 인물이었다. 그는 평생 동안 단한 번도 부정직한 행동에 연루된 적이 없다. 그는 절대 뇌물을 받지 않았고 공적자금을 유용하지 않았다. 비록 그의 행정부가 군인을 모집하는 과정에서 빚어진 사소한 스캔들에 연루되기는 했지만 개인적으로는 어떤 스캔들에도 연루되지 않았다. 그는 가장 높은 도덕성을 갖춘 사람이었다.

종합평가 : 59점 11위

친구인 제퍼슨 대통령과 함께 매디슨은 지금까지 살아온 위대한 미국인 중 한사람이었다. 제퍼슨과 같이 매디슨도 대통령 이외의 분야에서도 미국의 발전에 위대한 기여를 했다. 그는 헌법을 기초하는 데 가장 핵심적인 역할을 했으며 이를 채택하고 이것에 의미를 부여하고 권리장전을 첨가한 위대한 일을 했다. 일생을 통해 매디슨은 양심의 자유, 다른 사람의 권리, 자유로운 활동, 공화국 형태의 정부, 국민의 의지에 따르는 정부, 연방에 대한 열정적인 헌신에서 조금도 식지 않는 열의를 보여주었다.

그는 59점을 받아 11위를 차지했다.

제임스 먼로
James Monroe | 1817~1825

	평가점수	평가등수
외교를 비롯한 대외관계와 관련된 업무수행	13	6(공동)
국내의 각종 문제 및 사업에 대한 업무수행	5	19(공동)
행정부와 정부 내에 관련된 업무수행	12	6(공동)
지도력 및 의사결정과 관련된 업무수행	13	11(공동)
개인적 성격과 도덕성	17	6(공동)
종합평가	60	9(공동)

배경

부유한 농장주의 아들인 제임스 먼로는 1758년 4월 28일 버지니아 웨스트모어랜드 카운티에서 태어났다. 16세 때 윌리엄과 메리 대학에 입학해 변호사가 되기 위한 준비를 했으나 곧 그만두고 군대에 입대했다. 1779년에 제퍼슨 아래서 법률을 다시 공부하고 1786년에 변호사 시험에 합격한 그는 자신의 생의 대부분을 공적인 생활로 보냈다. 버지니아 주에서 그는 주의회 의원, 주지사, 그리고 연방헌법의 비준을 위한 위원회의 위원으로 활동했다. 이 위원회에서 그는 연방헌법의 비준을 반대했는데 그것은 연방정부의 권한이 너무 강해 권리장전이 무시될 수 있다는 이유에서였다. 그 후 그는 연방하원, 연방상원, 전반기 세 명의 대통령 때 유럽에서 외교관을 지내고, 매디슨 대통령 때 국무장관과 전쟁장관을 겸직하였다. 외교관으로 행한 루이지애나 매입은 그의 가장 큰 업중 적 하나다.

대통령 후보 지명과 선거

1816년 대통령 선거에서 민주공화파의 승리는 거의 보장되어 있었다. 국가는 다시 번영의 길을 걷고 있었고 국민들은 1812년 전쟁을 확보한 승리라고 확신하면서 그 결과에 만족하고 있었다. 당시 매디슨은 세 번째로 후보가 되겠다고 나서지 않았다. 이런 상황에서 그를 이어받을 인물은 먼로라는 것이 널리 인정되었다. 먼로의 반대자들은 주로 버지니아 왕조의 계속된 집권에 대한 반대였다. 그럼에도 민주공화파 당 간부회의는 65대 54로 윌리엄 크로포드(William Crawford)를 제치고 먼로를 후보로 선출했다.

1812년 전쟁에 반대하였다는 이유로 국민들로부터 강한 불신을 받고 있던 연방파는 대통령 후보를 내지 않았지만 대체적으로 뉴욕의 루퍼스 킹(Rufus King)을 지지했다. 뚜렷한 정치적 현안문제가 없는 상황에서 연방파는 민주공화파에 위협이 되지 않았다. 1816년 선거는 미국 역사상 가장 차분한 선거가 되었다. 먼로는 16개 주에서 승리해 217표를 확보했고 킹은 3개 주에서 승리해 34표를 확보했다.

연방파가 구심점이 없이 흔들리는 동안 1820년 선거에서 먼로에게 도전할 수 있는 인물은 없었다. 경쟁자가 없는 가운데 먼로는 모든 주에서 승리를 거두어 232표 중 231표를 얻었다. 이탈한 1표는 후보가 아닌 존 퀸시 애덤스(John Quincy Adams)를 선택했다.

외교를 비롯한 대외관계와 관련된 업무수행 : 13점 6위(공동)

먼로의 중요 업적은 외교문제와 관련한 것이다. 전쟁을 통하지 않고도 먼로는 플로리다를 얻었고 태평양에 대한 미국의 영토주장을 확대했다. 또한 그는 외국에서 미국의 권리와 위신과 명예를 더욱 높였다. 오리건 지역에 대한 러시아의 간섭을 차단했으며 42도선 이북에 대한 스페인의 권리주장을 무마시켰다. 그는 먼로 독트린을 발표했다. 그는 국무장관 존 퀸시 애덤스의 능숙한 외교술을 이용하여 평화적인 수단으로 미국의 이익을 증대시켰다.

먼로는 미국의 국방을 튼튼히 했다. 군사적 시위를 통해 스페인이 플로리다에서 철수하도록 만들고, 해적의 소굴인 아멜리아 섬은 게이네스(Gaines) 장군을 파견하여 소탕하였다. 세미놀 인디언들이 미국의 군인과 그들의 가족을 살해하자 먼로는 앤드류 잭슨을 파견하여 이 지역 미군의 지휘를 맡겼다. 당시 잭슨은 자신의 권한 범위를 넘어서까지 플로리다를 침공했고 펜사콜라 지역을 점령했다. 그리고 그는 세미놀 인디언들을 사주한 두 명의 영국 관리를 교수형에 처했다. 먼로는 이러한 잭슨의 행동을 질책했고 펜사콜라를 다시 스페인에 넘겨주었다. 그러나 이 사건은 스페인이 더 이상 플로리다에서 질서를 유지시킬 능력이 없다는 것을 입증해 주었다. 결국 스페인은 동부 플로리다를 500백만 달러를 받고 미국에 양여하고 서부 플로리다에서도 모든 주장을 포기한다는 내용의 조약을 이끌어 냈다. 또한 미국과 스페인은 루이지애나 매입지역의 서부 국경지역으로 사빈 강을 삼는다는 내용에 합의했다. 먼로 독트린의 내용에 포함되어 있는 군사적 행동의 위협은, 유럽 국가들이 라틴 아메리카 지역의 스페인의 이전 식민지를 회복시키고자 하는 시도를 막았으며 서반구에서 더 이상의 식민지 활동을 못하게 했다.

아스토리아의 교역소가 존 애스터(John Aster)에 의해 설치되었는데 1813년 영국에 의해 점령되었다. 1818년 영국은 다시 이 교역소를 미국에게 양여했다. 또한 미국은 뉴펀들랜드나 라브라도 해안지역의 어업권을 인증 받았다. 그리고 미국과 캐나다의 국경선이 북위 49도 상에 걸친 우드스 호수로부터 로키 산맥에까지 설정되었다. 1817년 영국과 맺은 러시-배것 협정(Rush-Bagot)은 오대호에 군사 시설의 설치를 금했다.

1822년 러시아 황제가 베링 해에서 북위 51도 상까지 태평양 해안의 종주권과 이 해안선을 따라 100마일 안으로 그 어떤 나라의 배도 들어올 수 없음을 선언했다. 이에 장기적인 협상을 벌인 끝에 러시아는 54도 40분 남쪽으로는 그 어떤 교역소나 기지도 설치하지 않는다는 데 합의를 보았다. 또한 러시아는 태평양 해안으로부터 떨어진 바다에 대한 통제권 행사를 포기한다는 내용에도 합의했다.

나폴레옹 전쟁 동안 라틴 아메리카에 있는 여러 스페인 식민지 국가가 혁명을 일으켜 독립국가를 선언했다. 1822년 먼로는 독립한 7개 공화국에 대한 승인을 요청하는 특별 메시지를 의회에 보냈다. 1823년 오스트리아, 프랑스, 프로이센, 러시아가 참가하는 4국 동맹은 라틴 아메리카의 식민지가

부로봉 왕조에 의한 소규모 왕조로 통치되어야 한다고 주장했다. 이때 영국의 외무장관이 미국과 영국이 함께 신세계에 대한 유럽 세력의 간섭을 물리치자는 제안을 했다. 이에 먼로와 국무장관 애덤스는 미국은 절대 영국과 함께 이 일을 할 수 없으며 미국은 단독으로 행동하겠다는 입장을 확고히 했다. 미국의 이런 반응은 1823년 12월 의회에 보낸 대통령의 연두교서에 반영되었다. 애덤스와 먼로는 후에 먼로 독트린으로 알려진 이때의 원고 일부를 같이 작성했다. 이것은 수십 년 동안 미국 외교정책의 기본이념이 되었다.

먼로 독트린은 미국의 국가적 이익을 증대시켜 주었고 라틴 아메리카 이웃 국가들과 호의적인 관계를 유지하면서 지원을 아끼지 않을 것임을 보여주었다. 먼로에게 있어서 이 선언은 도덕적인 것으로서, 후에 해석되는 것처럼 제국주의적인 성격의 것이 아니었다. 이에 4국 동맹은 이 선언을 건방진 선언으로 받아들이면서 불쾌감을 드러냈지만, 결국 라틴 아메리카에 대한 그들의 간섭정책은 포기했다. 먼로 독트린은 미국이 미국의 국가적 이익을 단호히 보호한다는 것을 입증해 주었다.

먼로 독트린은 유럽 세력과 새롭게 탄생한 라틴 아메리카 공화국 사이의 전쟁을 방지함으로써 국제적 긴장상태를 완화시켰다. 영국, 러시아, 스페인과의 외교적 협정은 국제적 긴장상태를 더욱 완화시켰다. 먼로는 연두교서에서 독트린을 발표함으로써 미국의 정책을 선언하고 만약 이 독트린의 내용이 외교문서를 통해 공표된다면 세계여론을 환기시키는 데 더 큰 효과가 있을 것이라고 생각했다. 그의 선언은 미국이 미국의 정체성을 확립하는 데 많은 도움을 주었다. 플로리다의 획득을 확정짓는 과정에서 성의있는 활동을 펼친 국무장관 애덤스의 덕으로 미국에 대한 세계여론이 향상되었다. 이는 미국 역시 세계 다른 나라와 같이 평등한 나라임을 보여주었다.

먼로의 외교에서 유일하게 부정적인 것은 관세 분야였다. 의회는 이미 매디슨 행정부 때 통과된 1816년 관세법을 통해 관세율을 올렸다. 이 관세법의 효과는 먼로가 대통령직을 수행하면서부터 나타났다. 이에 더하여 의회는 1818년 철강제품에 대한 관세율을 인상하고 1824년에는 전체적으로 관세율을 올렸다. 장기적으로 이 보호관세는 미국의 무역발달에 악영향을 미쳤다.

프랑스 주재 미국대사 알버트 갤라틴은 프랑스와의 통상조약 체결에 애썼으나 영국과의 통상조약은 의회의 비준을 얻지 못했다.

국내의 각종 문제 및 사업에 대한 업무수행 : 5점 19위(공동)

먼로 행정부 때 미국은 전반적으로 번영을 구가하고 있었다. 그는 경제의 여러 분야를 도와줄 프로그램을 개발하고자 노력했다. 그러나 그의 프로그램은 1819년 공황의 도래를 막지 못했고 일단 침체에 빠진 경기를 다시 회복시키지 못했다. 대통령과 의회는 이 경기침체를 대수롭게 여기지 않았으며 적극적인 대처를 하지 않았다. 그러나 재무장관 윌리엄 크로포드는 정부로부터 공공용지를 산 사람들의 고통을 줄여주기 위해 많은 노력을 기울였다 그러나 경기침체의 원인이 분명히 드러나지 않았기 때문에 정부 주도의 포괄적인 대책은 나오지 못했다. 대통령은 이 현상을 그저 일시적인 것으로 보고 절약과 근면을 강조했다. 그는 금융상의 안정을 확보하려 했고 정부에서 구입한 토지에 대한 저당기간을 늘려 주었다. 그럼에도 경기침체는 3년이나 계속되었다.

먼로는 정부가 주도하여 도로와 수로를 건설하는 일에 대한 헌법의 적법성에 대해 의심을 했다. 따라서 그는 교통망 개량사업을 위해서는 헌법을 수정해야 한다고 생각했으며 이를 위해 헌법수정을 요구했다. 1822년 통행에 어려움이 큰 컴벌랜드 길은 수리할 필요가 있었다. 이에 의회는 수리에 들어갈 자금의 예산을 책정하는 법안과, 연방정부가 통행료 징수소를 세우고 따로 사람을 임명하여 그에게 통행료를 징수하고 만약 통행료를 지불하지 않을 경우 처벌을 가할 수 있는 권한을 연방정부에게 부여하는 법안을 만들었다. 신중한 고민 끝에 먼로는 의회가 도로 수리를 위한 자금의 예산을 책정할 수는 있지만 통행세를 관리하고 통행세를 내지 않는 사람들을 처벌할 수는 없다는 결론을 내렸다. 그는 의회에 자신의 반대이유를 설명했고 이 법안에 거부권을 행사했다. 이것이 의회가 제출한 법안 중 그가 유일하게 거부권을 행사한 예다. 다음 해에 그는 도로의 수리만을 위한 법안에 서명했다. 1824년 그는 중요한 도로와 운하를 건설하기 위한 측량을 가능하게 하는 측량법에 서명했다.

먼로는 1812년 전쟁으로 그동안 쌓여 있던 국가부채 중 6천 7백만 달러를 줄였다. 그러나 경기침체가 도래하면서 이보다 훨씬 많은 공채가 발행되었다. 재무장관 크로포트는 정치적 이유로 적자예산을 겉으로 드러내지 않았고, 또 전쟁기에 받았던 세금도 없앴는데 먼로는 이를 회복시키지 않았다. 따라서 먼로는 가난을 줄이거나 경제를 활성화시키는 일을 하지 못했다. 혁명전쟁에 참가한 퇴역군인들을 위한 연금을 인정하고 담보물에 대한 상환을 완화시켜 주는 것을 제외하고 먼로는 일반적인 복지를 증대시킨 것이 아무것도 없다.

먼로는 노예제도의 악을 인정한 노예소유주였지만 어떻게 이 악을 끝내야 하는지를 알지 못했다. 1819년 그는 불법적으로 체포된 흑인들을 아프리카로 송환하는 법안에 서명했다. 먼로는 미국식민지협회의 구성을 승인했으며 아프리카에 해방노예들로 구성된 한 나라의 건국을 도와주었다. 먼로 대통령의 도움을 받고 이곳에 가서 최초로 정착한 해방노예들은 이곳을 먼로비아(Monrovia)라고 명명했다. 이는 후에 리베리아(Liberia)로 개명되었다. 먼로는 영국과 맺은 국제노예무역조약에 대한 상원의 비준을 얻지 못했다.

먼로는 미주리를 연방에 가입시키는 문제에 대해 공식적으로 이 논쟁에서 떨어져 있었다. 이런 문제에 관여하지 않고 공평성을 유지하는 것이 대통령의 의무라고 생각했기 때문이다. 그러나 개인적으로 미주리가 노예주로 연방에 가입하기를 원했다. 미주리주를 노예주로 메인주를 자유주로 연방가입을 허용하는 미주리 타협에 대해 대통령의 승인을 요구받았을 때 먼로는 준주지역에서 노예제도를 없애는 일이 헌법에 적법한 것인가에 의심을 품었지만 서명을 했다.

먼로는 인도주의적인 인디언 정책을 실시했다. 일반 국민들은 인디언 소유의 토지를 적절한 보상 없이 얻고자 했고 인디언들을 서부로 강제이주 시킬 것을 원했다. 먼로는 인디언들을 문명화시키기를 원했고 그들에게 개인 소유의 토지를 갖도록 했다. 이로써 인디언들 사이에서는 종족소유의 인디언 영토 개념이 사라져 갔다. 준주 정부와 인디언 관리관, 그리고 토지 투기업자들에 의해 인디언들에 대한 무모하고 비인간적인 취급이 난무하는 가운데 먼로는 의회로 하여금 인디언의 권리에 대한 규정을 정하고 그들과 맺은 조약을 파기하지 말 것을 종용했다.

미국 제5대 대통령 먼로는 표현의 자유와 종교의 자유에 관한 강한 신봉자였다. 그는 헌법의 비준을 반대했다. 그는 이 헌법이 기본적인 권리를 보장해주지 못한다고 보았기 때문이다. 권리장전이 헌법에 첨가된 후 그는 이 문서의 가장 강력한 지지자가 되었다. 비록 노예소유자였지만 먼로는 모든 사람들의 인권과 위신을 중히 여겼다. 그는 노예무역을 끝내고자 노력했으며 인디언들에 대해 인간적인 대우를 하고자 노력했다.

행정부와 정부 내에 관련된 업무수행 : 12점 6위(공동)

먼로는 취임식과 연두교서에서 자신의 목적과 목표에 대해 언급했다. 그는 목적과 목표를 달성하기 위한 계획을 신중하게 준비했다. 먼로는 능력 있는 계획입안자였다. 외교에서 거둔 그의 가장 큰 업적은 신중한 계획을 통해 이루어졌고 근면한 실천으로 구성되었다. 그는 행정부를 잘 조직했고, 자격 있고 능력 있는 사람들을 행정부 관리로 임명했다. 그 중 가장 뛰어난 인사가 국무장관에 존 퀸시 애덤스, 전쟁장관 존 칼훈(John Calhoun) 등이다. 먼로는 재무부, 해군부, 법무부에는 매디슨의 인사를 그대로 유임시켰다. 퀸시 애덤스는 피터스부르그, 런던, 겐트 등에서 7년 이상 외교관을 역임한 경험을 가진 인물로, 뛰어난 작가인 동시에 역대 국무장관 중 가장 유능한 국무장관 중 한 사람이었다. 칼훈 역시 훌륭한 전쟁장관이었다. 재무장관 크로포트는 능력은 뛰어났지만 1816년 대통령 선거에서 라이벌이었던 관계로 먼로에 대해 적대적이었다. 크로포트의 야망은 1824년에 대통령이 되는 것이었다. 애덤스, 칼훈, 크로포트는 뛰어난 능력으로 먼로가 자신의 프로그램을 입법화하는 데 많은 도움을 주었다.

그러나 불행히도 먼로가 임명한 몇몇 인사들은 스캔들에 연루되었다. 볼티모어의 판사 시어도릭 블랜드(Theodorick Bland)와 볼티모어의 우체국장 조셉 스킨너(Joseph Skinner)는 해적들과 거래를 했다는 의심을 샀다. 또한 먼로는 제2차 미국은행의 경영에서 오류도 겪었다.

먼로는 여론을 바탕으로 하여 행정부를 운영했다. 그는 자주 내각회의를 소집했고 때때로 이미 어떤 계획을 결정한 후 각 행정부서장의 동의를 얻기 위해 내각회의를 열곤 했다. 그는 자신의 결정사항에 대해 만장일치의 동의를 원했다. 물론 어떨 때는 내각의 진지한 충고도 원했다. 예를 들어 미주리 타협과 같은 것은 더욱 그러했다.

비록 먼로는 뛰어난 연설가는 아니었지만 1817년 디트로이트 서부지역까지 무려 네 달 이상에 걸쳐 전국을 돌아다녔다. 그의 여행은 국가의 단결과 정체성의 확립에 많은 도움을 주었다. 그는 열정적으로 여행을 임했으며 이는 자신에 대한 국민들의 신뢰를 향상시키는 데 많은 도움을 주었다. 이전에 연방파의 본거지였던 뉴잉글랜드에서의 리셉션은 너무나 열정적이어서 당시 그를 본 국민들은 그의 행정부를 '화합의 시대'(Era of Good Feeling)라고 불렀다. 대통령은 자신이 임명한 사람들이나 국민들에게 많은 정보를 공개했다. 그는 백악관을 방문한 많은 사람들을 접견했다. 먼로는 1824년 선거가 임박하기까지 언론과 좋은 관계를 유지했다. 민감한 성격이었던 대통령은 1824년 선거를 두고 몇몇 언론들의 자신에 대해 가한 공격으로 많은 상처를 입었다.

먼로는 국가의 부채가 상당히 줄어들 정도까지 정부의 소비지출을 통제했다. 1819년 이래로 경기침체가 계속되는 동안 그는 더 많은 지출을 삭감하고자 했다. 여기에 더해 의회는 대통령이 요구하는 삭감보다 더 많은 삭감을 의결했다.

먼로는 능력 있는 행정가였다. 특히 대통령으로서 중요한 목적을 달성하는 데 국무부는 큰 역할을 하였다. 그의 행정부는 미국 역사상 가장 뛰어난 외교정책 중 일부를 수행한 것으로 알려졌다. 그러나 국내 분야에서의 업적은 외교분야 만큼은 뛰어나지 못했다. 특히 먼로가 좁은 의미로 해석한 헌법의 권한을 넘지 않겠다는 진지한 생각 때문에 그러했다. 먼로의 효능 있는 행정력은 1824년 대통령에 눈독을 들이고 있던 재무장관의 행동에 다소 손상을 입었다.

화합의 시대 동안 먼로는 1816년 민주공화파가 선거에서 승리한 후 실제로 일당체제 속에서 대통령직을 수행하였다. 먼로는 1820년 재선에 도전해서도 많은 지지를 받았다. 1823년까지 그의 프로그램은 의회의 승인을 수월하게 얻어낼 수 있었다. 그러나 1822년 후 일당체제가 오히려 그에게 불리하게 작용하였다. 제퍼슨이나 매디슨과는 달리 그는 자신의 프로그램에 반대하는 행위가 결국 연방파를 도와주는 셈이 될 것이라는 말을 당내에서 꺼내지 못했다. 먼로는 국가의 지도자였지만 당의 지도자는 아니었다. 대통령의 정책을 실현하는 수단으로서 당을 이용할 수 없었던 그는 여러 잠재적인 대통령 후보들이 난립하는 상황을 어찌해 볼 수가 없었다.

먼로가 임명한 유일한 대법원 판사는, 능력은 갖추었지만 뛰어난 재판관은 아니었던 스미스 톰슨(Smith Thompson)이었다. 사법부 인사와 관련하여 가장 부적합했던 인사는, 해적과 거래를 한 것으로 알려진 시어도릭 블랜드를 볼티모어에 있는 연방 지방법원의 판사로 임명한 것이었다. 이를 제외한다면 그의 사법부와의 관계는 만족할 만하다.

먼로는 전반적인 지지를 얻기 위해 모든 이익집단과 사회 각계각층을 기쁘게 해주고자 했다. 국민들은 그가 여행했을 때 보여주었듯이 그들 존경했다. 그에 대한 국민들의 열정과 환호는 먼로가 영웅이고 또 인기가 많은 사람이었기 때문이 아니라 국가적 단합의 상징이었기 때문이다. 먼로는 미국의 대통령이었고 그가 대통령으로 있는 동안 국가적 정체성이 확립되었다. 먼로는 항상 자신의 이익보다 국민의 이익을 먼저 생각했고 모든 국민의 대통령이 되기를 원했기 때문에 이 나라의 상징으로 평가받기도 한다.

지도력 및 의사결정과 관련된 업무수행 : 13점 11위(공동)

대부분의 국민은 먼로는 좋아했다. 그는 예의바르고 겸손하고 솔직담백하며 친절한 태도로 다른 사람들을 편안하게 해주는 특유의 능력을 가지고 있었다. 그는 자신이 모범적 행동을 보여줌으로써, 또 사려 깊고 신중하게 쓰여진 글을 통해 국민들에게 염감을 부여하였다. 먼로는 비록 대중을 상대로 하는 연설에는 별로 재능이 없었지만 비공식적인 대화나 소규모 사람들이 모인 대화에서는 매우 설득력을 발휘하였다. 그는 공개적인 인물이었고 백악관에 자신을 만나러 온 모든 사람과 대화했다. 국민들의 확신은 그의 외교정책의 업적과 국민주의를 실천하려는 강한 의지에 의해 강화되었다. 그러나

1819년 공황이 도래했을 때 국민들의 확신은 약화되었다. 그는 경기침체는 일시적이라고 말함으로써 국민들의 확신을 다시 회복시키고자 노력했다. 그러나 그는 경제적 침체를 어떻게 치료해야 할지 알지 못했다.

대통령은 높은 수준의 자신의 업무수행을 목표를 삼았다. 그는 지칠 줄 모르는 일꾼이었고 다른 사람들, 특히 그의 내각 인사들에게 효과적으로 일할 수 있도록 동기를 부여하였다. 먼로는 매디슨이나 제퍼슨처럼 미래에 대한 비전은 갖고 있지 않았다. 그는 현실적인 실용주의자였다. 그러나 그의 외교정책의 업적은 미국의 미래에 가장 중요한 영향을 주었다. 그는 내각 내에서 단결하는 전략을 세웠고 내각 구성원들의 힘을 이용해 자신의 프로그램을 법제화하였다. 이 전략은 대통령 임기 2년을 남겨 놓기 전까지 성공적이었다.

대체로 먼로는 시간적 여유를 가지고 천천히 행동했다. 그는 모든 선택안을 주의 깊게 관찰하고, 결정을 내리기 전에 가능한 결과에 대해서도 신중한 판단을 내려야 한다고 생각했다. 먼로는 학자가 아니었다. 그는 풍부한 지성을 소유하지 않았지만 판단력은 뛰어났다. 지칠 줄 모르는 노력가인 그의 성실함과 강한 열정이 그에게 현명하게 일을 처리할 수 있는 지혜를 가져다 주었다. 먼로는 필요하다면 반드시 자신의 프로그램에 대해 재평가를 했다.

먼로는 비상시에 어려운 결정을 내리는 것을 두려워하지 않았다. 그러나 그는 일어날 수 있는 가능한 결과에 대해 충분히 파악을 하고 난 후 침착성을 유지했다. 그는 잭슨 장군이 자신의 권한을 초월하여 플로리다를 침략함으로써 발생한 긴장 상태에서도 현명하게 행동했다. 국민적 영웅인 잭슨을 비난하고 힘이 약해진 나라인 스페인에 사과하는 대신 먼로는 현실 상황을 적절히 이용하여 플로리다를 미국에 양여하도록 스페인과 협상을 벌였다.

개인적 성격과 도덕성 : 17점 6위(공동)

혁명시대의 인물로 대통령에 당선된 지도자 중 마지막 인물인 먼로는 고풍의 권위를 가지고 행동했다. 그는 하급자들에게 예의를 갖추고 대했다. 훌륭하고 경험 많은 외교관이었던 먼로는 국가의 존경받는 지도자는 어떻게 행동해야 하는지를 알고 있었다.

전쟁 후 미국에 국가와 대통령에 대한 자부심이 넘쳐흘렀다. 대통령직은 당시 미국이 그랬던 것처럼 먼로가 대통령으로 있는 동안 그 위신이 향상되었다. 먼로는 외교분야에서 거둔 성공으로 인하여 대통령의 권한을 향상시켰다. 대신 그는 국내문제와 관련해서는 덜 성공적이이었다. 그는 의회에 영향력을 행사하는 데 당내 지도자의 힘을 이용하지 못했다. 그는 의회가 통과시킨 법률안이 비헌법적인 것이라고 생각될 때는 거부권을 행사할 수 있다고 믿었다.

대체적으로 거의 모든 미국인이 먼로를 지지했다. 심지어 다가오는 1824년 대통령 선거에 즈음하여 정치가들과 언론이 먼로를 향해 노골적인 비판을 가하는 상황에서도 많은 국민들은 그를 믿었다. 먼로는 국민들로부터 얻은 정보가 자신의 일을 처리하는 데 도움이 된다는 것을 알고 있었다. 비록 먼로는 공개적이고 공식적인 연설에 별로 재주가 없었지만, 글을 매우 잘 썼고 비공식적인 대화나 소규모 사람들이 모인 연설에서는 훌륭한 재능을 발휘했다. 그는 개인적 접촉과 글을 통해 국민들과 가까이 했다.

먼로는 시종일관 확고한 도덕적 체계와 원리의 바탕 아래 행동했다. 그는 정직한 사람이었다. 너무나 정직했던 그는 40년 이상이나 공직에서 일하고 또 미국 최고의 대통령까지 지냈지만, 가난한 사람으로 은퇴했다. 그는 국고의 낭비를 막는 데 최선을 다했다. 그러나 정작 자신이 은퇴한 후에는 자신의 재산을 지키는 데 실패했다. 결국 그는 정부가 전직 대통령에게 주는 연금을 승인해 줄 것을 의회에 요청해야 했다.

백악관의 자금이 부족하다는 사실은 1822년에 드러났다. 먼로는 이에 자금의 부족현상을 조사한 백악관의 한 조사위원회에 출석을 요구받았다. 이에 먼로는 전임자의 사례를 들어 위원회 출석을 거부했다. 이것은 아직도 입법부와 사법부 사이에 헌법상의 분립이 이루어지지 않았음을 의미한다.

종합평가 : 60점 9위(공동)

먼로는 100점에서 60점을 받아 9위를 차지했다.

존 퀸시 애덤스
John Quincy Adams | 1825~1829

	평가점수	평가등수
외교를 비롯한 대외관계와 관련된 업무수행	11	15(공동)
국내의 각종 문제 및 사업에 대한 업무수행	10	12(공동)
행정부와 정부 내에 관련된 업무수행	7	17(공동)
지도력 및 의사결정과 관련된 업무수행	5	22(공동)
개인적 성격과 도덕성	8	21(공동)
종합평가	41	18

배경

존 퀸시 애덤스는 1767년 7월 11일 매사추세츠주 브레인트리(오늘날 퀸시)에서 태어났다. 그의 아버지는 혁명전쟁기에 지도적인 정치가 중 한 사람이자 미국 제2대 대통령을 지냈다. 명석하고 조숙한 애덤스는 14세 때 러시아 주재 최초의 미국 대사 프란시스 다나(Francis Dana)의 비서로 발탁되었다. 1783년에는 당시 프랑스에서 외교관으로 있던 아버지의 개인비서로 일했다. 1785년 그는 미국으로 돌아왔고 하버드 대학 3학년에 편입해서 1787년에 졸업했다.

하버드를 졸업하고 나서 그는 법학을 공부하기 시작했다. 1790년 7월에 그는 변호사 시험에 합격했다. 1794년 5월 30일 대통령 워싱턴은 그를 네덜란드 주재 미국대사에 임명했다. 이후 그는 계속해서 다른 외교관직의 임명을 받았다. 1802년에 그는 매사추세츠주 상원의원에 당선되었고 1803년에서 1808년까지 연방 상원의원으로 일했다. 1909년에 그는 러시아 주재 미국대사가 되었다. 1811년에 매디슨 대통령은 그를 대법원 판사에 임명했으나 이를 거절했다. 1814년에 매디슨은 그를 영국에 파견하여 1812년 종전을 위한 평화회담의 사절단으로 일하도록 했다. 1815년에서 1817년까지 영국 주재 미국대사로 일하고 1817년에 먼로 대통령은 그를 국무장관에 임명했는데 국무장관으로서 그는 먼로 대통령 임기 동안 대통령과 같이 가면서 많은 업적을 남겼다.

대통령 후보 지명과 선거

1820년 선거에 뒤이어 미국 정치현상은 '우호의 시대'로 접어들었다. 연방파는 대통령은 물론 전국 규모의 선거에 더 이상 후보를 내지 못했다. 한때 강력한 힘을 발휘했던 의회의 당 간부회의는 이제 모두 예말이 되어 버렸다. 여러 능력 있는 후보자들은 모두 민주공화파였는데 모두 자격을 갖춘 인물들이었다. 대통령 먼로가 국무장관인 애덤스를 밀어주고 있고 그가 먼로의 차기 대통령이 될 것이라는 예상이 지배적이었다. 그러나 먼로는 적극적으로 누구를 지지하거나 반대하지 않았다. 애덤스에게 도전할 수 있는 후보는 3명이었다. 재무장관 크로포드, 하원의원 헨리 클레이(Henry Clay), 잭슨 장군 등이 그들이었다.

클레이는 다음과 같은 공약을 내걸었다. 서부진출, 연방정부의 지원을 통한 교통망 개량사업, 보호관세, 미국은행, 그리고 남부 공화파에 대한 적극적 지지 등이었다. 이에 대해 전직 대통령 제퍼슨과 매디슨이 밀고 있던 크로포드는 연방보다 주권, 보호관세 반대, 교통망 개량사업 반대 등을 내세웠다. 애덤스와 잭슨은 둘다 보호관세와 교통망 개량사업에 찬성했다.

선거인단에서 애덤스는 84표를 얻었다. 잭슨은 99표를 얻어 최고 득표를 했지만 당선에 필요한 131표에는 턱없이 모자랐다. 잭슨은 일반 투표에서 최고 득표를 했지만 역시 당선을 확정하는 데는 모자랐다. 클리포드는 41표, 클레이는 37표를 얻었다.

당시의 헌법 규정에 따라 연방 하원이 각 주에서 온 대표들이 한 표씩을 행사하면서 상위 3명의 후보 대통령을 선정해야 했다. 일단 4위를 차지한 클레이는 더 이상 후보가 아니었다. 그러나 그의 지지는 어떤 승자를 위해 유효했다. 13개 주가 애덤스에게 표를 던졌다. 잭슨은 7개 주에서, 크로포드는

4개 주에서 지지를 받았다.

애덤스와 클레이 사이에 부정거래가 있었다는 소문이 나돌았다. 그러나 부정에 대한 고발은 어이없는 것이었다. 왜냐하면 애덤스는 부패와는 거리가 먼 사람이었기 때문이다. 애덤스에 대한 클레이의 지지는 잭슨에 대한 그의 반감의 표시였고 또한 애덤스를 이은 다음 대통령에 자신이 가장 유리하게 접근할 수 있다는 생각에서였다.

외교를 비롯한 대외관계와 관련된 업무수행 : 11점 15위(공동)

애덤스는 4년간 평화기 대통령을 지냈다. 비록 다른 나라와의 사이에 약간의 이견과 문제는 있었지만 애덤스는 이런 것들은 전쟁으로까지 발전시킬 필요가 없다고 생각했고 따라서 전쟁은 없었다. 국민주의자인 애덤스는 미국의 군대를 강화시켰고 다른 나라에 대해 군사적인 위협을 가하지 않고도 장기적으로 미국의 이익을 증대시키는 정책을 추진했다. 다양한 외교적 경험과 국무장관으로서의 경험을 살려 애덤스는 다른 나라의 정상들과 매우 잘 지냈다. 평화를 유지한 것은 그의 가장 큰 업적이었다.

애덤스는 새롭게 탄생한 라틴 아메리카 공화국의 친구이자 지지자였다. 국무장관으로서 그는 먼로 독트린의 기초에 기여했다. 대통령으로서 그는 미국이 남아메리카의 여러 나라들과 우호적인 관계를 유지하기 위해서는 친절과 중용과 인내로 대해야 한다고 썼다.

영국과의 갈등에서도 애덤스는 전혀 주눅들어하지 않았다. 영국주재 미국 대사 루퍼스 킹(Rufus King)은 영국 외무장관 조지 캐닝(George Canning)과 아무런 일도 할 수 없었다. 건강 때문에 대사직을 사임한 킹 대신에 애덤스는 뛰어난 능력을 지닌 외교관 알버트 갤라틴(Albert Gallatin)을 영국 대사로 임명했다. 영국과 관련된 문제에서 갤라틴은 임의로 권한을 행사할 수 있었지만 애덤스는 오리건 문제에 대해 49도선을 확고히 주장했다. 왜냐하면 그는 잭슨 반대파들에게 자신이 약하다는 것을 보여주고 싶어하지 않았기 때문이다. 오리건에 대한 공동관리협정이 또 다른 10년간 맺어졌다. 애덤스는 이 조약에 만족했다.

외교문제에서 거둔 애덤스의 성공이 국제적 긴장상태를 완화시키고 세계에서 미국에 대한 여론을 향상시켰다는 사실 또한 중요하다. 세계는 미국을 강하고 평화를 사랑하는 국가로 보았다.

애덤스의 외교정책 가운데 최고의 실패작은 소위 '혐오의 관세법'(Tariff of Abomination)에 서명한 것이었다. 애덤스를 골탕먹이려는 의도로 의회에 의해 통과된 이 관세의 비율은 일관성이 없었고 터무니없었다. 애덤스는 높은 보호관세를 원했다. 그러나 통과된 이 법은 보호관세가 아니었다. 그가 거부권을 행사하건 인준을 위한 서명을 하건 간에 관세법을 놓고 조롱거리가 될 수밖에 없었다. 그는 상하 양원에서 통과된 법이고 헌법적으로 큰 문제가 없는 법이라면 기꺼이 이 법에 서명해도 된다고 생각했고 이에 서명했다. 이 보호관세법에도 불구하고 미국의 번영은 계속되었다. 하지만 세계무역은 이 관세법으로 많은 손해를 입었다.

국내의 각종 문제 및 사업에 대한 업무수행 : 10점 12위(공동)

미국은 애덤스가 대통령으로 있는 동안 비록 정적들이 그의 모든 행동에 반대했지만 번영을 누렸다. 애덤스는 정부란 사회적 계약에 속해 있는 국민들의 생활상태를 개선시켜 주어야 한다고 믿었고 만약 정부가 국민들의 생활상태를 개선시켜 주지 못한다면 정부의 형태가 어떤 것이든 그 정부는 목적을 달성할 수 없다고 생각했다. 애덤스의 이 견해는 주권(州權)을 주장하는 사람들의 견해와 충돌했다. 또한 애덤스의 주장은 당을 통한 강력한 정치를 희망하였던 사람들로부터도 반대를 받았다. 그러나 그의 견해는 대통령의 권한을 기초로 하여 일하기를 원하는 사람로부터 지지를 받았다. 애덤스는 열심히 일했지만, 정치적 반대 때문에 전반적으로 번영과 부를 공유하지 못한 사람들의 가난을 경감시키는 일을 할 수 없었다. 그는 세 번째 연두회견에서 혁명전쟁에 참여한 퇴역군인들에 대한 노고와 국가의 책임을 언급하고, 그들에게 연방자금으로 원조할 것을 약속했다. 그러나 의회는 이 제안을 법으로 만들어 주지 않았다.

애덤스는 노예제도의 점차적인 해체를 믿었다. 대통령으로서 그는 시민전쟁을 피하고 싶어했기 때문에 노예제 폐지론자는 아니었다. 노예제도를 반대하여 그가 성취한 가장 큰 업적은 대통령을 지낸 후 연방 하원의원을 지내면서였다. 그는 자유와 시민권의 주창자였고 특히 해방노예들의 자유와 권리를 강조했다. 그는 인디언 문제에서도 조지아 주지사 트롭(Troup)을 상대로 인디언들의 권리를 보호해 주면서 인디언들과의 전쟁을 막았다. 애덤스가 인디언 스프링스족의 조약(Treaty of Indian Springs)이 거짓이라는 사실을 알게 되었을 때 그는 인디언 영토를 보존했다. 애덤스는 트롭에게 경고편지를 보냈고 주지사는 이를 무시했다. 후에 조지아주에 있는 모든 인디언이 추방되었고 애덤스의 인간적인 인디언 정책은 성과 없이 실패로 끝났다. 그러나 그는 이런 과정에서도 인디언의 권리를 보장해 주었다. 그는 두 명의 살인자를 체포함으로써 미시건에 있는 위네바고족(Winnebago) 인디언들과의 전쟁을 피하였다.

애덤스는 언론과 출판, 그리고 평화적으로 반대할 권리를 강하게 신봉했다. 그는 대통령을 지낸 후 연방 하원의원으로서 인간적인 연설을 하여 '능변의 원로'(Old Man Eloquent)라는 별명을 얻었다. 유일교파인 애덤스는 종교의 자유를 지지했다. 그는 모든 개개인을 인간적으로 취급해야 한다고 생각했다. 그는 노예제도에 반대하여 싸우고, 미국 인디언들에 대해 바람직한 대우를 하기 위해 싸웠다. 비록 그는 군주제적이고 귀족적이고 엘리트 중심적이라고 비난받았지만 애덤스는 모든 사람의 권위와 위신을 존중했다.

행정부와 정부 내에 관련된 업무수행 : 7점 17위(공동)

의회에 보낸 첫 번째 연두교서에서 애덤스는 자신의 목적과 목표를 밝혔는데, 이때 그가 제안한 것들은 적대적인 의회 때문에 법제화된 것은 하나도 없다. 그가 성취하고자 한 계획은 잘 작성되었지만 이를 구체화시키기 위한 전략은 부족했다.

그는 유임을 원하는 행정부서장의 경우 원하는 대로 해주었다. 그러나 정치적으로 입장을 달리해 온 재무장관 크로포드는 새 대통령 아래에서 일하기를 거부하고 사임했다. 먼로 행정부 내의 두 장관은 전국적인 인물로 당선되었다. 국무장관이었던 애덤스가 대통령이 되었고 전쟁장관 칼훈이 부통령이 되었다. 그리고 다른 행정부 부서장들은 그대로 유임되었다. 행정부 내에 임기가 끝난 많은 다른 사람들도 큰 잘못이 없는 한 그대로 유임되었다. 그 때문인지 많은 사람들은 대통령 애덤스에게 충성을 하지 않았다. 특히 앤드류 잭슨과 그를 지지하는 사람들은 애덤스를 골탕 먹이기까지 했다. 애덤스는 헨리 클레이를 국무장관에 임명했는데, '부정 거래'라는 비난을 가하던 사람들에게 또 다른 빌미를 주었다. 클레이는 애덤스에게 근거 없이 비난하는 사람들을 일소시킬 것을 요구하고 그의 친구에게 이 일을 맡겼으나 애덤스가 반대했다. 애덤스는 자신이 인사권을 행사하여 얻을 수 있는 지지를 받지 못했다.

행정부 조직은 만족할 만한 것으로, 구조적으로는 적절한 것이었다. 애덤스 행정부가 안고 있던 문제는 그의 내각 인사들 중 여러 명이 대통령에게 충성하지 않았다는 것이다. 심지어 1828년 대통령선거에서 잭슨이 승리할 수 있도록 하기 위해 그의 행정부에 반대하는 상황까지 벌어졌다. 그럼에도 불구하고 대부분의 행정부서의 각 관리들은 자신의 임무를 만족스럽게 수행했고 성공적인 결과를 낳았다. 애덤스는 의회와 타협과 거래를 통해서보다 행정부를 통하는 일이 훨씬 성공적이었다.

애덤스는 뛰어난 연설가이자 훌륭한 작가였다. 그는 의회에 보낸 교서와 여러 가지 글을 통해 자신의 국정을 설명했다. 1828년 선거가 다가옴에 따라 애덤스와 그 반대파 언론과의 관계는 미국 역사상 최악의 상황으로 치달았다. 애덤스는 거짓말을 하고 있다는 혹독한 비난을 받았다. 반면 애덤스를 지지하는 언론들은 잭슨과 잭슨 부인에 대해 불공평한 공격을 가하는 방식그로 보복을 했다. 지금까지 알려진 바로는, 그들의 야비한 공격이 잭슨의 아내 레이첼(Rachel)을 죽음으로까지 몰아갔다고 한다.

애덤스가 국민들의 생활개선을 위해 교통망 개량사업에 자금을 충당하고자 지출을 위한 자금에 대해 의회는 승인을 하지 않았다. 이 같은 반대는 정부 권한이 한정되어 있다는 좁은 의미의 헌법해석으로 인한 것이었다.

애덤스가 대통령이 되었을 때 일시적으로 정당이나 정파체제가 존재하지 않았다. 그러나 인구의 1/3 정도의 지지밖에 확보하지 못한 애덤스는 소수세력이 지지하는 대통령이 되었다. 그가 대통령으로 있는 동안 시간이 지나면서 두 개의 서로 다른 정당이 형성되었다. 하나는 애덤스를 중심으로 하는 국민공화파이고 다른 하나는 잭슨을 중심으로 하는 민주당이었다. 대통령이 되고 전반기 2년 동안은 애덤스파가 의회를 주도했으나 1826년 중간선거 이후 애덤스파는 소수당으로 전락했다. 애덤스는 자신의 정파로부터 지지를 받았으나, 자신의 프로그램을 수행해 나가는 데 필요한 의회 내의 자신의 정파는 충분치 않았다. 대통령의 반대파는 거의 모두 대통령을 지지하기를 거부했다. 외교분야는 대통령이 양대 세력으로부터 지지를 받은 유일한 분야였는데, 이 또한 실천전략이 우물쭈물하는 성격이었던 데다 비판도 너무 많아 그에게는 정치적으로 마이너스가 되었다.

애덤스는 사법부 인사도 행정부에 대한 인사와 같은 형식으로 했다. 그는 1824년 선거에서 자신을 지지했는가의 여부는 신경쓰지 않았다. 그는 사법부는 독립되어 있어야 한다는 생각을 갖고 있었다. 그는 대법원 판사에 로버트 트림블(Robert Trimble)을 임명했으나 2년 후 트림블이 갑자기 사망하였다. 비록 짧은 기간이었지만 트림블은 뛰어난 법관임을 보여주었다. 트림블을 대신해서 애덤스는 존 크리튼던(John Crittenden)을 임명했는데 상원에서 그에 대한 승인이 떨어지기 전에 애덤스의 임기가 끝이 났다. 결국 크리튼던은 사법부에 가담하지 못한 상태로 남게 되었다.

대통령은 지역적으로는 북동부 지역, 사회적으로는 제조업자들로부터 지지를 받았다. 일반 국민들은 애덤스를 대통령으로서 존경을 보내지 않았다. 대통령에 당선되기 전에는 성공적인 외교관으로 또 국무장관으로 국민들의 존경을 받았다. 또한 대통령을 끝내고 나서는 위대한 하원의원으로 존경을 받았다. 이에 비해 정작 대통령으로서 그가 받은 존경은 극히 미미했고 그런 면에서 그의 대통령이라는 경력은 일종의 실패였다. 그럼에도 애덤스는 항상 국민들의 이익을 위해 행동했다. 그는 모든 국민들의 대통령이 되기를 원했다. 그러나 국민들의 여론에 비위 맞추는 일은 하지 않았다. 당시 많은 국민들은 앤드류 잭슨의 매력에 빠져 있었고 그러다 보니 애덤스 나름의 장점을 발견해

내지 못한 것이다.

지도력 및 의사결정과 관련된 업무수행 : 5점 22위(공동)

애덤스는 지나치게 경직되고 형식적이어서 영감을 발휘하는 지도자가 되는 데 필요한 카리스마를 개발시키지 못했다. 그는 추종자들에게 영감을 부여하지 못했기 때문에 자신의 목표 가운데 많은 것을 이루지 못했다. 그는 설득력이 뛰어났고 훌륭한 연설가이자 작가였지만 많은 사람들에게 매력을 발산하지 못했다. 또한 자신의 길이 올바른 길이라는 것을 많은 국민들에게 보여주었지만, 그들로 하여금 열정과 성심을 다해 자신을 따라오게 만들지는 못했다. 국민들과의 이러한 관계는, 그가 1824년 선거에서 전쟁영웅인 앤드류 잭슨의 대통령직을 훔쳤다는 생각과 혼합되어 있었다.

대통령은 스스로 높은 수준의 업무수행을 목표로 삼았다. 건강이 좋지 않음에도 불구하고 아침 5시에 일어나 저녁 5시까지 하루종일 일을 했다. 일상사로부터 벗어나 대통령으로 그 어떤 휴식도 취하지 않았다. 오락을 비롯한 그 어떤 사회적 활동을 하지 않았다. 저녁이 되고 밤 11시가 될 때까지 그는 집무실에서 홀로 일했다. 대통령을 지내면서 그는 개인적으로 독서하고 글을 쓸 수 있는 시간도 거의 없었다. 항상 그는 자신을 위해서가 아니라 이 나라를 위해 어떻게 하는 것이 최선의 길인가에 대해 고민했다. 그러나 그는 하급자들이 높은 수준의 업무수행을 목표로 삼게 하는 데는 실패했다. 그는 큰 잘못이 없는 한 자신이 임명한 사람들을 해고시키지 않았다. 그가 임명한 많은 사람들은 1828년 선거에서 자신의 패배를 위해 일했지만 그들을 적절히 관리하고 해고하기를 거절했다.

국가가 어떻게 발전되어 가야하는가에 대한 미래 비전에서 애덤스는 시대를 앞서 갔다. 첫 취임연설에서 그는 교통망 개량사업, 국립대학 건립, 지리학과 천문학의 발달, 도량형의 통일, 전매특허체제의 개발 등을 언급하였다. 물론 압도적인 반대에 부딪혀 이러한 꿈들은 접어야 했다.

애덤스는 다양한 선택안을 고려했고 각 행동과정에서 나올 수 있는 여러 가지 결과를 파악한 후 신중하게 의사결정을 했다. 그는 공개적으로 국정을 행사했다. 자신의 내각인사들에게는 물론 연두교서에서도 공개를 했다. 그는 비상 시기에 침착함을 유지했고 인디언과 전쟁 직전까지 갔던 두 번의 위기도 막았다. 그는 어려운 결정을 하는 용기도 가지고 있었다. 그가 법안에 거부권을 행사하고 사람들을 해고하기를 거부한 것은 용기가 부족해서가 아니라 헌법상의 해석 차이 때문이었다. 그는 단순히 자신이 동의하지 않는다고 해서 제한된 법안에 거부권을 행사할 권한이 없으며, 또 개인이 대통령의 정책에 단순히 반대한다고 해서 그를 해고할 권한이 없다고 믿었다.

애덤스는 교통망 개량사업을 놓고 이 문제가 자신을 정치적으로 상당한 어려운 지경으로까지 몰고 갔음에도 불구하고 자신의 원리를 굽혀 타협하기를 거부했다. 또한 그를 따르는 내각 인사들이 현재의 많은 사람들이 대통령의 프로그램에 반대할 것이라는 경고를 했음에도 불구하고, 어떤 개인이 자신을 따르건 반대하건 자격만 갖추고 있다면 그를 임명했다. 그는 헨리 클레이를 국무장관에 임명했는데, 자신이 보기에 클레이가 국무장관직에 가장 적합하였기 때문이다. 이 사실이 1824년 선거에서 부정거래에 대한 증거로 제시되고 있는 형편에서도 그는 이에 상관하지 않고 소신대로 밀고 나갔다. 이러한 그의 지나친 완고함이 자신의 대통령직의 성공적 수행 가능성을 약화시켰다.

애덤스는 학자였다. 그는 열렬한 독서광이자 책을 사랑했다. 책을 사랑한다면 면에서 그는 토머스 제퍼슨과 비견되었다. 그는 역사를 공부함으로써 많은 것을 배웠으며 일생 동안 공직에 있으면서도 수많은 것을 배웠다. 그는 초대 대통령 워싱턴으로부터 7대 대통령 앤드류 존슨까지 그들과 개인적으로 친분을 가지고 있었다. 그는 명석하였으며 여러 언어를 구사하고 시집을 출간한 유일한 대통령이었다. 또한 학부생으로서 성적이 우수한 대학생과 졸업생으로 구성된 파이 베타 카파(Phi Beta Kappa) 조직의 회원이 된 4명의 대통령 중 한 사람이었다. 그는 방대한 지식과 지혜를 가지고서 외교관과 국무장관직을 훌륭히 수행해 냈다. 또한 대통령을 끝낸 후에도 하원의원으로 위대함을 보여주었다.

그는 자신의 실수로부터 배우는 능력을 가지고 있었다. 대통령을 지내면서 그가 저지른 실수는 하원의원으로 활동하는 동안 많은 도움을 주었다. 그는 임시방편과 타협을 거부한 것 때문에 대통령으로서 그의 경력이 가장 미비하였다는 사실을 알았다.

개인적 성격과 도덕성 : 8점 21위(공동)

대통령으로서의 애덤스는 이전에 외교관으로 있으면서 다른 나라를 대하는 태도로 사람들에게 행동했다. 그는 다른 나라를 존경으로 대했던 것처럼 자기 정부 내에서도 존경과 권위를 바탕으로 행동했다. 애덤스는 국민들로부터 존경을 받지 못한 상태에서 대통령이 되었다. 많은 국민들은 그들의 영웅인 잭슨이 아닌 애덤스라는 인물이 1824년 대통령선거에서 하원을 통해 대통령에 당선된 사실에 분개했다. 그러나 애덤스가 임종을 앞두었을 때 국민들은 다시 그에 대한 존경심과 자부심을 보여주었다. 국민들은 자신이 정당하다고 믿는 것을 위해 싸우는 두려움없는 하원의원을 존경했다.

대통령으로 애덤스는 대통령직의 위상을 신장시키지도 끌어내리지도 않았다. 헌법상의 해석 문제 때문에 그는 소신 있게 행동하지 못했다. 또한 정치적인 반대집단은 자신의 프로그램 중 많은 것을 패배시켰다. 미국의 역대 대통령 가운데 애덤스만큼 적은 지지를 받고 대통령이 된 사람은 없다. 약 2/3가 그가 대통령이 되는 것에 반대했다. 정치력 부족과 타협을 거부하는 완고함 때문에도 애덤스는 자신의 프로그램을 구체화시키는 데 지지를 끌어내지 못했다. 그는 국민들에게 가까이 다가서지 않았다. 만약 그가 의회 내 반대파의 지도자와 국민들에게 보다 가까이 다가갔다면 대통령으로 성공적인 경력을 쌓을 수 있었을 것이다. 그러나 그는 그럴 만한 성격을 타고 나지 못했다.

애덤스는 고결한 사람이었다. 아마 애덤스처럼 항상 확고한 도덕적 가치와 원리에 바탕을 두고 행동을 하는 사람을 찾기는 쉽지 않을 것이다. 그는 정직한 사람이었다. 부정거래에 대한 말들이 나와 있지만 이에 대한 구체적인 내용은 밝혀지지 않았다. 그는 높은 도덕성을 가진 인물이었다. 물론 그의 정적들은 밝혀지지 않은 여러 가지 비도덕성을 들어 그를 비난하기도 하였다. 그러나 그들이 애덤스에게서 밝혀낸 최대의 부정이라고 해야 고작 백악관에 당구대를 설치하기 위해 50달러의 세금을 쓴 것이 전부였다. 아마도 일생을 통해 그가 저지른 최대의 실수는, 1828년 선거에서 자신의 지지자들이 레이첼에 대한 밝혀지지 않은 스캔들을 유포시키는 것을 막지 못한 일일 것이다. 애덤스는 개인적으로 인신공격을 사용하지 않았다. 하지만 그 자신뿐 아니라 그의 지지자들도 인신공격을 하지 못하도록 막았어야만 하지 않았겠는가?

종합평가 : 41점 18위

미국 초창기의 다른 대통령과 마찬가지로 애덤스도 대통령으로서의 업적이 다른 경력에 있는 동안 쌓아올린 업적 때문에 그 빛이 다소 바랬다. 그는 41점을 받아 18위를 차지했다.

앤드류 잭슨
Andrew Jackson | 1829~1837

	평가점수	평가등수
외교를 비롯한 대외관계와 관련된 업무수행	16	2
국내의 각종 문제 및 사업에 대한 업무수행	5	19(공동)
행정부와 정부 내에 관련된 업무수행	11	11(공동)
지도력 및 의사결정과 관련된 업무수행	11	15(공동)
개인적 성격과 도덕성	17	6(공동)
종합평가	60	9(공동)

배경

앤드류 잭슨은 1767년 3월 15일 사우스캐롤라이나 웩스호 근처의 한 통나무 집에서 태어났다. 총명하고 조숙한 어린이였던 그는 공부에는 흥미를 잃어 적절한 철자법과 문법을 익히지 못했다. 그리고 겨우 열세 살 나던 해에 독립혁명전쟁에서 싸우기 위해 자원입대했다. 영국군에 체포되어 영국장교의 군화를 닦으라는 명령을 따르지 않아 기병도로 상처를 입었다. 그 후 2년 동안 법학을 공부한 후 1787년에 변호사시험에 합격했다. 곧 테네시주 네슈빌로 이사하여 여기에서 검사로 일했으며 얼마 후 변호사사무실을 개업했다. 그는 오래지 않아 상당한 부동산을 소유하는 재력가가 되었다. 1797년에 테네시 주의회 의원이 되고, 이어 테네시주 최초의 연방 하원의원에 당선되었다. 그 후 그는 연방 상원의원에 당선되었고 5개월 만에 사임했다. 그 후 6년 동안 테네시주 대법원 판사로 일했다. 그는 농장과 자신의 기업으로부터 많은 돈을 벌었다. 1812년 전쟁에서 장군으로 전투에 참가한 잭슨은 수많은 전투에서 승리를 거두었는데, 그 중 가장 유명한 것이 이 전쟁에서 가장 큰 승리의 하나가 된 뉴올리언스에서의 승리였다. 이때 영국 정규군은 2천 6백 명이 사망한 데 비해 잭슨의 군대는 단지 8명만이 죽었을 뿐이다. 1817년에 그는 플로리다에 있는 세미놀족 인디언을 차단하기 위한 한 원정대를 이끌었다. 1821년에 그는 플로리다 군정지사로 임명되었으나 곧 사임하고 1823년에 다시 연방 상원의원이 되었다. 1824년 그는 대통령에 출마했으나 실패했다. 비록 잭슨이 가장 많은 표를 얻었지만 대통령 당선에 필요한 절대수를 넘지 못하였다. 따라서 선거의 결과는 연방하원의 손으로 넘어갔고 하원은 존 퀸시 애덤스를 선출했다. 잭슨의 추종자들은 이 결과를 놓고 애덤스와 클레이가 부정거래를 통해 대통령직을 도둑질했다고 주장했다. 1825년 잭슨은 다시 상원의원직을 사임하고 애덤스와 클레이에게 복수하고 1828년 대통령에 당선되기 위해 모든 에너지를 집중했다.

대통령 후보 지명과 선거

1828년 대통령 선거에서는 대통령 후보 지명을 위한 당 간부회의가 열리지 않았다. 모든 지명은 주 입법부에 의해 이루어졌다. 1824년 선거에 뒤이어 민주공화파는 두 개의 파당으로 분리되었다. 애덤스와 클레이가 이끄는 파당은 국민공화파로 알려졌고, 애덤스에 반대하면서 잭슨과 마틴 밴 뷰런이 이끈 파당은 스스로를 민주당이라 불렀다. 테네시주 입법부는 잭슨을 대통령 후보로 지명했다. '늙은 히코리'(Old Hickory)가 승리하리라고 인식한 마틴 밴 뷰런은 잭슨을 적극 지지했다. 칼훈과 크로포드 역시 잭슨을 지지했다.

애덤스는 교통망 개량사업과 보호관세를 주장했다. 잭슨은 이런 문제를 비롯한 현안문제에 대해 토론하기를 거절했다. 자연히 두 후보는 전반적으로 현안문제는 무시하고 개인적인 인신공격에 초점을 맞추었다. 미국 선거사상 가장 지저분한 선거 중 하나로 일컬어지는 1828년 선거에서 애덤스는 부정직한 공직거래와 무절제를 일삼았다고 비난받았다. 특히 잭슨파는 애덤스가 클레이와 부정거래를 했다고 주장하며 일방적으로 비난을 쏟아부었다. 또한 애덤스는 고상한 귀족으로 일반 국민들과는 동떨어져 있는 인물이라는 비난도 받았다. 반면 애덤스 대통령을 지지하는 사람들은 잭슨의 인물됨에 대해 무자비한 공격을 가했다. 그들은 잭슨을 도둑놈, 거짓말장이, 간통자, 도박꾼, 술주정뱅이, 살인자로 비난했다. 또한 잭슨을 무식하고 잔인하며 피에 목마른 자라는 비난을 퍼부어 댔다. 애덤스의 지지자들은 1812년 전쟁에서 잭슨의 동의 하에 6명의 민병대를 죽인 내용을 고발하는 소위 죽음의 전단을 유권자들에게 나누어주었다. 또한 잭슨은 아론 버와 같이 미국을 배반하는 일에 공모를 했다고 비난받았다. 잭슨은 그 자신에 대한 비난은 그냥 넘겼지만 아내와 어머니에 대한 비난에 대해서는 크게 분노했다.

결국 미국 역사에서 지속되고 있는 신화가 하나 만들어졌는데 그것은 1828년 선거가 귀족과 평민 간의 경쟁이었다는 점이다. 대부분의 신화가 그렇듯이 이 신화 역시 진실의 뿌리는 약하지만 존재하고 있었다. 소규모로 농사를 짓는 농민들과 노동자들은 대부분 늙은 히코리를 지지한 것은 사실이다. 반면 그를 반대하는 세력들은 부자이거나 노예소유자, 또 대농장의 소유주, 상류계층 출신인 것도 사실이었다. 그러나 이 선거의 결과는 사회계급적 구분에 의하기보다 지역적인 작용이 더 크게 영향을 미쳤음을 알 수 있다. 애덤스는 뉴잉글랜드 지역 6개 주에서 승리를 했다. 대서양에 접해 있는 중부에 있는 주들은 표가 갈렸다. 반면 잭슨은 남부와 서부 12개 주에서 승리를 거두었다. 잭슨은 선거인단 투표에서 178표를 얻어 83표를 얻은 현직 대통령을 누르고 승리했다.

1832년 민주당은 최초로 전당대회를 열었다. 이 전당대회의 목적은 잭슨을 만장일치로 대통령후보로 지명하고 잭슨과 결별한 칼훈을 대신해서 마틴 밴 뷰런을 부통령 후보로 지명하는 일이었다. 뷰런은 첫 번째 후보자 결정선거에서 부통령 후보가 되었다. 반면 국민공화파는 헨리 클레이를 대통령 후보로 지명했다. 미국은행의 신규설립을 인가하는 법안에 잭슨이 거부권을 행사한 것이 당시 최대의 현안이었다. 잭슨은 쉽게 대통령에 당선되었다. 잭슨은 219표를, 클레이는 49표를, 다른 후보는 19표를 얻었다.

외교를 비롯한 대외관계와 관련된 업무수행 : 16점 2위
잭슨은 군사적 행동의 위협을 이용해 미국의 이익을 증대시켰다. 그러나 자신이 추구하는 목적을 달성하기 위해서는 무기를 사용해야 했다. 잭슨 행정부에서 가장 큰 외교적 위기는 나폴레옹 전쟁 당시 프랑스가 미국상선에 입힌 손해에 대한 배상을 프랑스에 요구했을 때 발생했다. 1831년 프랑스는 미국으로 들어가는 프랑스산 와인에 대해 그동안 취한 이익의 일부를 상환하겠다고 약속했다. 그러나 이 약속이 제때 지켜지지 않자 잭슨은 프랑스에 보복을 하겠다고 위협했다. 프랑스는 이 위협에 격노했고 미국과의 외교관계를 단절했다. 잭슨은 해군력을 강화시키고 군사적 행동을 취할 준비를 했다. 이때 프랑스는 만약 잭슨이 군사적 위협에 대해 사과를 한다면 이익의 일부를 상환하겠다고 약속했다. 이에 영국이 중재에 나섰고 잭슨은 이를 수용했다. 그러나 잭슨은 끝내 사과하지 않았다. 결국 사과를 하지 않은 채 질질 끌면서 협상이 체결되었다. 상환은 이루어졌으나 프랑스는 잭슨으로부터 사과를 받지 못했다. 이 사건으로 미국은 국제관계에서 상당한 부러움을 샀다.

서인도제도가 독립혁명 이래로 처음으로 개방되었다. 나폴리 왕국과 덴마크의 이권 주장도 해결되었다. 콜롬비아는 미국상선에 대한 약탈행위를 중단했다. 멕시코와의 계류중인 협상이 다시 체결되었다. 미국 배가 터키항에도 출입할 수 있게 되었다. 1833년에 아시아 국가와의 최초의 조약인 시암(Siam : 태국)과 조약을 맺었다. 잭슨은 끊임없이 다른 나라들로부터 미국의 이익을 보호하기 위해 힘과 용기와 의지를 보여주었다. 비록 잭슨의 외교정책이 엄격하고 요구가 지나친 면이 없지 않으나, 이것은 결코 제국주의적인 것은 아니었다. 다른 나라들은 미국이 다른 나라를 해칠 의도를 가지고 있지 않다는 것을 알고 있었다. 외교정책에서 거둔 잭슨의 성공이 세계평화를 이루는 데 도움을 주었다.

텍사스를 획득하기 위한 협상이 1백만 달러의 지불을 제시한 퀸시 애덤스 행정부 동안에 시작되었다. 잭슨이 대통령이 되었을 때는 그 비용을 5백만 달러까지 올려서 제안한다. 퀸시 애덤스는 텍사스의 뉴세스와 리오그란데 강 사이의 땅을 구입하는 비용으로 1백만 달러를 제시했다. 이 제안을 멕시코의 가치를 손상시키는 것으로 여기고 이를 거절했다. 그러나 미국인들의 텍사스로

의 이동이 계속되었고 이 이동은 이 지역을 구입하고자 했던 잭슨의 희망에
종지부를 찍었다. 얼마 있지 않아 미국인 정착자들이 텍사스에서 반란을
일으키고 독립공화국을 선포했다. 이런 상황에서 잭슨은 멕시코와 맺은 조약
때문에 자신이 대통령직에 있는 마지막 날까지 공화국에 대한 승인을 미루었다.

1832년에 의회는 또 다른 고율의 관세법을 통과시켰다. 당시 사우스캐롤라
이나가 이 관세법을 무효라고 선언했을 때 미국 내에는 내부 갈등이 촉발되었
다. 상원의원 클레이가 모든 관세를 낮추는 타협안을 제시했고 이를 밀고
나갔다. 클레이의 이 행동은 장기적으로 좋은 결과를 낳았다. 잭슨이 다른
나라와 체결한 무역협정, 특히 영국관할 서인도 제도의 여러 나라와 맺은
무역협정은 모든 나라에 이익을 주었고 국제적 관계도 개선시켰다.

잭슨은 프랑스와 성공적으로 협상을 이끌어 내어 미국의 명성을 향상시켰
다. 잭슨 행정부 동안 미국에 대한 세계여론은 상당히 개선되었다.

국내의 각종 문제 및 사업에 대한 업무수행 : 5점 19위(공동)

1832년 잭슨은 국립은행 성격의 제2차 미국은행에 대한 신규설립 인가에
대해 거부권을 행사했다. 왜냐하면 그는 의회는 미국은행을 만들 수 있는
헌법적 권한을 가지고 있지 않은 것으로 보았고, 또 이 제도는 일반 평민들의
희생을 발판으로 삼아 동부 제조업자들의 이익을 증대시켜 주는 특권층을
위한 제도로 보았기 때문이다. 의회는 그의 거부권을 인정했다. 왜냐하면
1차 국립은행의 설립권이 1836년에 끝나는 것으로 되어 있었기 때문이다.
잭슨은 연방자금을 인출하여 이를 주 은행에 예치시켰다. 그러나 이때의
조치로 인하여 많은 문제점이 발생했다. 연방자금을 예치한 주 은행들은
막대한 양의 지폐와 싱용 유가증권을 마구 발행하여 서부 토지 투기와 인플레
이션을 유발시켰다. 잭슨은 이를 수습하기 위해 소위 정화회람을 돌렸다.
이것은 국유지를 불하받은 대가로 내는 화폐는 금화나 은화, 혹은 금과 은으로
보장된 화폐만 인정된다고 규정한 것이었다. 이 조치로 인플레이션과 투기는
막았지만, 결국 밴 뷰런 대통령 초기인 1837년에 공황을 야기시키는 계기가
되었다. 잭슨은 경제를 개선시키기 위한 조치로 정부의 개입정책을 추진한

최초의 대통령이었고, 이 정책은 일시적으로 성공을 거두었다. 1835년 연방정부는 미국 역사상 최초로 국가부채를 완전히 지불했다. 1836년에는 지출되는 액수보다 더 많은 액수가 연방 재무부로 들어왔다. 이에 잭슨은 잉여자금을 주정부에 분배하는 것을 승인했다. 그러나 잭슨의 정책은 장기적으로 연방정부에 재앙을 불러오는 씨앗을 뿌렸다고 할 수 있다.

잭슨은 독점에 반대했다. 그가 미국은행에 대해 반대한 이유 중 하나는 이 은행이 독점이라고 생각했기 때문이다. 그는 이 은행의 방대한 영향력이 민주정부를 위협할 수 있다고 생각했다. 그는 농민, 노동자, 기계공들 역시 이 나라의 번영을 공유해야 한다고 믿었다.

노예소유자로서 노예제도에 찬성했던 잭슨은 노예와 인디언에게 시민권을 주는 것에 반대했다. 잭슨은 인디언은 백인보다 열등하며 만약 백인 정착자들이 인디언의 영토를 원하면 인디언들은 그 땅을 소유할 수 없다고 생각했다. 그는 인디언들에게 남동부 지역에서 나와 미시시피강 서부지역으로 이주할 것을 명령했다. 인디언들의 강제이주는 비극을 낳았으며 미국에게 수치스러운 일이었다. 크리크족 인디언들은 비참한 상태 속에서 소떼와 같이 끌려다녔다. 촉토족 인디언들은 얇은 옷에 신발을 신지 않은 채 영하로 떨어지는 추위 속에서 미시시피강을 건너야 했다. 잭슨은 인디언들에게 호의적인 조지아주에 대한 연방대법원의 긍정적인 판결에 별 관심을 두지 않았다. 잭슨 행정부 말기에 세미놀족과 체로키족을 제외한 거의 모든 인디언들은 남동지역에서 추방되었다. 수천 명에 달하는 인디언들이 토지를 사기 당했으며 강제이주를 당하는 동안 죽었다.

이에 반해 백인, 그 중에서도 서민들에 관한 한 잭슨은 그들의 권위를 위해 온갖 힘을 쏟았다. 그는 부와 특권을 유지시키는 제도에 반대했다. 그는 언론의 자유, 출판의 자유, 그리고 평화롭게 반대할 수 있는 자유를 지지했다. 그는 역시 종교의 자유도 지지했다. 그러나 딱 한 가지, 출판의 자유만은 억압했다. 1835년 12월 그는 의회에 강요하여 미국의 우편제도를 통해서는 노예제도폐지론자의 팜플릿이나 글을 전달하지 말도록 하는 법을 통과시키고자 하였다. 권위에 대한 잭슨의 개념에는 인디언과 흑인은 제외되어 있었다.

행정부와 정부 내에 관련된 업무수행 : 11점 11위(공동)

첫 번째 연두회견에서 잭슨은 자신의 목표를 설정했다. 나폴레옹 전쟁 동안 미국이 입은 손해에 대해 프랑스로부터 배상을 받아내고, 영국령 서인도 제도의 항구들을 미국 무역을 위해 개항시키며, 텍사스를 반드시 합병시키고, 국가부채를 모두 상환하고 남은 예산은 교통망 개량사업을 위해 주정부에 분배하며, 인디언은 반드시 서부로 이주시키며, 조지아주에 독립된 인디언주를 설립하지 못하게 하며, 대통령과 부통령은 직접 국민들의 일반 투표를 통해 선출하고, 미국은행을 없애는 것 등이었다. 그는 이러한 목표를 국민에게 직접 호소하는 방식으로 여러 반대를 극복하고자 했다.

잭슨은 공식적인 내각인사들이 일하는 각 행정부서장과 더불어 그가 신뢰하는 조언자들로 구성된 소위 '식탁 내각'(kitchen cabinet)을 구성했다. 잭슨은 이 조직을 유용하게 이용했다. 늙은 히코리는 정부관리와 참모들을 구성할 때 교육을 많이 받은 사람이나 귀족이나 부자로 제한을 두지 않았다. 그는 많은 평민들을 정부 요직에 임명했다. 비록 몇몇 사람들은 자격 미달이었지만 그동안 완전히 공식적으로 소외되어 있던 사람들에게 정부의 공직을 개방해 줌으로써 미국을 더욱 민주적으로 만들었다. 그는 이전의 행정부 장관들은 단 한 명도 유임시키지 않았다. 그가 도입한 엽관제도는, 공직의 자리는 적은데 신청자는 많아 수요를 다 충족시켜 줄 수 없었다. 대통령으로 있었던 8년 동안 잭슨은 약 11,000명의 연방 공무원 중 약 2,000명을 교체시켰다.

잭슨의 인사는 어떤 면에서는 잘했고 어떤 면에서는 그렇지 못했다. 그의 내각에는 일부 훌륭한 인물도 포함되어 있었지만 대체적으로는 특별히 뛰어난 인물이 없었다. 두 번에 걸친 잭슨 행정부에서 계속 장관을 지낸 사람은 아무도 없었다. 로저 태니(Roger Taney)는 법무장관직에 2년 있었다. 잭슨이 그를 재무장관으로 교체 임명하고자 했을 때 상원이 이 임명에 동의를 하지 않았다. 미국 역사상 내각 인사의 임명을 상원이 거부한 것은 이것이 최초였다. 잭슨의 최악의 인사 중 하나는 뉴욕항 관세청 관세수금원으로 새뮤얼 스와스

아웃(Samuel Swarthout)을 임명한 것이다. 스와스아웃은 이 직책에서 이후 수십 년 동안 지속되는 부패의 관행을 만들면서 정부공금을 횡령했다.

늙은 히코리는 행정부 관리들이 일 처리에 책임을 지도록 했으며 대통령에게 충성하도록 만들었다. 그는 바꾸어야 될 필요가 있다고 여겨질 때는 조금도 주저하지 않고 내각인사를 포함하여 모든 인사를 신속히 단행하였다. 잭슨이 국무장관 존 이튼(John Eaton)의 아내 페기 이튼(Peggy Eaton)을 따돌리는 내각인사들과 그들의 부인을 비난했을 때 밴 뷰런을 제외한 모든 내각인사들이 사임을 했다.

잭슨은 뛰어난 의사전달자였다. 연두회견과 더불어 그는 비공식적인 수단을 통해 국민들과 대화를 했다. 그는 일반 국민들에 대해 일종의 직감 같은 것을 갖고 있었다. 그는 평민들의 희망과 꿈, 그리고 열망과 그들의 편견까지 이해하고 있었고 이런 상황 속에서 그들과 대화했다. 그는 의회와 법원을 넘어 국민들과 직접 대화를 한 최초의 대통령이었다.

잭슨은 뛰어난 행정가이기도 했다. 대통령이 되기 전에 그는 군대를 지휘하는 데 익숙했고 시민들과 같이 일하는 데 능숙해 있었다. 그는 정부의 지출을 완벽하리만치 통제했다. 그래서 정부부채를 상환하고 그 나머지를 주정부에까지 분배해 줄 수 있었다. 이를 위해 그는 특권계층을 위해 쓰여질 자금을 원하는 몇몇 법안에 거부권을 행사했다.

잭슨은 비록 의회 내에서 내내 민주당의 지지를 받았지만 그전의 어떤 대통령보다도 의회에서 제출한 법안에 더 많은 거부권을 행사했다. 이전의 대통령들과는 달리 그는 헌법적인 적합성뿐 아니라 정치적, 경제적, 사회적, 그리고 실용적 이유를 들어 거부권을 행사했다. 의회 내에서 잭슨의 최고 반대세력인 헨리 클레이는 종종 잭슨의 목표 수행을 성공적으로 방해하였다. 특히 잭슨이 임명한 사람을 상원에서 승인하는 일에서 더욱 그러했다. 그럼에도 불구하고 잭슨은 일반적으로 의회로부터 지지를 얻어내는 데 성공적이었으며 특히 외교문제에서는 초당적인 지지를 받았다.

사법부와 관련해서는 별로 좋은 평가를 받지 못하였다. 그는 법원에 복종하거나 법원 판결을 용인하기를 거부했다. 그 중에서 가장 유명한 것은 조지아주에 인디언 영토와 관련된 연방 대법원의 판결에 따르지 않은 것이었다. 그는 대법원의 의견이 행정부를 통제해서는 안 된다고 주장했다. 존 마셜이 사망했을 때 잭슨은 로저 태니를 대법원장에 임명했다. 태니를 재무부 장관에 임명하는 것에는 승인을 거부한 상원이 그의 대법원장 임명에는 동의를 했다. 미국 대법원장으로서 최초의 가톨릭 교도였던 태니는 1864년 그가 죽기까지 무려 28년 동안 대법원장직에 있었다. 오늘날까지 그는 가장 논쟁적인 연방판사 중 한 사람으로 남아 있다. 그의 이름은 그 유명한 드레드 스콧(Dred Scott) 판결과 영원히 연결되어 있다. 대통령으로 있던 마지막 날에 잭슨은 새로운 사법부 법안에 서명했는데 이 내용의 핵심은 연방 대법원 판사를 7명에서 9명으로 확대하는 것이었다. 그는 5명의 배석판사를 임명했는데 한 사람을 제외하고는 모두 훌륭한 판사였다. 그 중 존 맥린(John McLean)이 가장 뛰어났고, 헨리 볼드윈(Henry Baldwin)은 엉뚱한 행위로 악명을 떨친 인물이었다. 윌리엄 스미스(William Smith)는 임명되기 전에 사임했다.

국민들은 늙은 히코리를 환호했다. 사우스캐롤라이나주의 무효선언에 대한 잭슨의 반대로, 잭슨은 공식적으로 그에게 큰 힘이 되었던 남부로부터 받은 지지를 상실해야만 했다. 그 밖에 이 나라의 모든 지역에서 부자를 뺀 각계각층의 모든 국민들이 그를 지지했다. 잭슨은 자신이 이전에 그 어떤 대통령보다 좋은 대통령이라는 사실을 국민들에게 이해시켰다. 그는 미국을 보다 강력한 민주주의 국가로 발전시켰다. 말하자면 제퍼슨에 의해 시작된 미국 민주주의를 더욱 발전시킨 것이다. 평민들은 진심으로 그를 존중했고 지지했다. 늙은 히코리는 이 지지를 바탕으로 국가를 위한 자신의 목표를 달성해 가는데 이용했다.

지도력 및 의사결정과 관련된 업무수행 : 11점 15위(공동)

강한 카리스마를 가진 대통령 중 한 사람인 잭슨은 다른 사람들이 자신을 따르도록 감동을 불어넣어 주었다. 평민들에게 그는 하나의 위대한 감동 그 자체였다. 평민들은 그를 자신들의 꿈과 열망을 공유하고 있는 위대한 영웅으로 보았다. 늙은 히코리는 대중들에게 뛰어난 설득력을 발휘했다.

그가 법원이나 의회를 통하기보다 국민들에게 직접 호소하는 방법을 택한 것은 그 설득력에 힘입은 바가 크다. 그는 몇몇 스캔들에도 불구하고 정부에 대한 확신과 믿음을 유지하는 데 능력이 있었다.

잭슨은 자신의 높은 수준의 업무수행을 국민을 위해 봉사하는 데 바쳤다. 그가 의존했던 대부분의 사람들이 자신과 비슷한 수준의 목표를 가지고 있었고, 잭슨이 그들에게 높은 수준의 업무를 수행하도록 동기를 불어넣었지만, 그는 종종 내각 내에서 현실상태를 똑바로 인식하지 못했으며 나아가 친구들, 특히 지난날 대영국전에서 함께 싸웠던 친구들을 맹목적으로 좋아했다.

잭슨 대통령은 미국 대통령직의 권한을 향상시켰다. 그는 경제민주주의는 국가안보를 위해 필수적이라고 생각했다. 그는 이 나라를 농부와 노동자들이 그들의 노동에 대한 대가를 나누어 갖는 나라로 만드는 밑그림을 그렸다. 그는 귀족과 유산으로 물려받은 부에 기초한 특권적 요새가 파괴되는 나라를 생각했다. 그는 이 나라를 서부로 더욱 확장시켜 나가는 그림을 그렸다. 잭슨의 전략은 이 나라를 더욱 발전시키고 성장시키는 것이었고, 그가 대통령을 지내면서 가장 성공한 것이 이 부분이었다. 그는 대단히 인기 있는 대통령이 되었다.

비록 그는 책을 가까이하지는 않았지만 의사결정을 효과적으로 하는 사람이었다. 그는 학자가 아니었다. 그는 역사로부터 거의 아무것도 배우지 못했다. 자만심이 강하고 고집이 센 그는 자신의 실수로부터도 거의 배우지 못했다. 종종 그는 일방적인 계획을 세우기도 하고 '식탁 내각'의 조언만 반영하기도 했다. 그는 선택안을 신중히 고려하지도 않았고 행동에 대한 결과에 대해서도 크게 염두에 두지 않았다. 그는 핵심적인 결정은 공개적으로 처리하지 않았다. 잭슨은 모든 중요한 결정은 스스로 했으며 가능한 신속히 했다. 그는 무엇을 해야 하는가를 직관적으로 인식하고 있는 사람이었다. 일단 의사가 결정되면 더 이상 이 문제를 고려하지 않았다. 그는 비상시에도 의사 결정 문제에서 대단한 용기를 발휘하여 신속히 일을 처리했다. 그는 일단 일이 정해지면 신속히 행동과정을 설정하고 이를 실천에 옮겼다.

잭슨 대통령은 원리원칙을 확고히 지켰다. 그러나 필요성이 있을 때 즉

국가적 이익이 타협을 요구할 때 정적들과 타협을 했다. 예를 들면 그는 헨리 클레이의 타협 관세법을 수용했다. 그러나 늙은 히코리가 가장 우선시하는 정책들-국가안보, 연방 보존, 인디언 추방 문제 등-에 관한 것은 어떤 결과가 나오든 절대로 타협하지 않았다. 그래서 그는 보상문제를 놓고 프랑스와 전쟁 직전까지 갔고, 남부에 대한 후원과 인사권의 갈등으로 칼훈과 결별했으며, 무효화 반대로 인해 남부의 지지세력을 상실했으며, 조지아 인디언 영토에 대한 대법원 판결에 불복하는 일 등이 발생했다. "우리의 단합된 연방! 이것은 반드시 보존되어야 한다"고 연방법을 무효라고 선언하는 사람들에게 그는 말했다. 그는 "존 마셜은 자신의 판결을 했다. 이제 그가 이 판결을 지키게 만들자"고 법원에 말했다. 그는 주정부는 물론 법원과의 논쟁에서 항상 우위에 있었다.

개인적 성격과 도덕성 : 17점 6위(공동)

대통령으로서의 잭슨은 어떤 다른 직책에 있을 때보다 더 강한 억제력과 권위를 가지고 행동했다. 그러나 실상 그는 항상 마음 속에 진실을 유지하고 있었다. 그는 자기를 따르는 사람들에게는 매우 친절했지만 반대하는 사람들에게는 과감한 공격을 가했다. 특히 페기 이튼에 대한 그의 집착은 워싱턴 정가에 충격을 줄 정도였다. 그러나 많은 평민들이 늙은 히코리의 입장과 그의 행동을 인정했다. 그들은 대통령이 국민들의 대통령이라는 사실에 자부심을 가졌다.

잭슨은 국내외적으로 많은 존경을 받으면서 대통령직의 지위를 향상시켰다. 취임식 당시 그를 지지하는 몇몇 사람들의 행동이 대통령직을 불명예스럽게 했지만 이것은 사소한 사건에 불과하다. 국민들은 대통령직의 위신이 잭슨에 의해 상당히 향상되었다고 보았다. 국민들은 국민의 이익을 위해 대통령직을 행사하는 잭슨을 존경했다. 엽관제도 같은 것은 그동안 권력을 독점해 온 불한당들을 추방시켜야 한다고 생각하고 있던 많은 국민들에게 인기를 끌었다.

늙은 히코리는 정부 공직에 대한 인사를 적절히 활용하고 거부권 행사를 늘림으로써, 미국은행과 부자와 특권층을 공격함으로써, 무엇보다 국민들로 부터 압도적인 지지를 확보함으로써 대통령의 권한을 신장시켰다. 비록 그의 정적들이 그를 '앤드류 왕'(King Andrew)이라고 부르며 조롱했지만 많은 국민들은 잭슨을 민주주의 속에서 대통령의 권한을 신장시킨 인물로 받아들였다. 잭슨은 대통령직은 국민을 위한 공직이고 잭슨 대통령 자신은 특권층 편이 아니라 국민들 편이라는 확신을 국민들에게 심어 주었다.

잭슨은 이전의 그 어떤 대통령보다 더 많이 일반 국민들로부터 많은 정보를 구했고 이를 수용했다. 그는 국민들의 가장 깊은 내면의 감정까지 이해했다. 그리고 그는 이것을 통해 국민들에게 직접 호소하는 방식을 택하여 의회나 법정에서 자신의 지지를 확보하고자 했다.

잭슨은 정직한 사람이며 신뢰할 수 있는 사람이었다. 그는 일단 입밖에 낸 한 말은 반드시 실천했으며 자신의 동료나 친구에게 매우 잘 해주었다. 그러나 인디언에 대한 취급은 비도덕적이인 것으로, 다른 행동들과는 어긋났다. 바로 이것이 그의 대통령직에 대한 최대의 오점이다. 이것을 제외하고 그는 이 나라 국민들이 칭찬할만한 도덕과 원리를 바탕에 두고 행동했다.

종합평가 : 60점 9위(공동)

앤드류 잭슨은 평가 면에서 많은 모순을 가지고 있는 대통령이었다. 그의 대통령직 수행에 대한 평가는 늘상 국제적인 문제보다 국내문제에 집중하는 경우가 많다. 외교를 비롯한 대외관계와 관련한 그의 업무수행은 대단히 성공적이어서 우리는 그를 2위에 올려 두었다. 그는 평범한 국민들의 경제조건을 개선시키기 위해 최초로 연방정부의 힘을 사용한 대통령이었다. 그러나 그의 경제정책은 1837년 공황의 원인이 되었다. 그는 제퍼슨의 혁명을 확대하여 정부를 더욱 민주적으로 만든 공이 크다. 그러나 인디언에 대해서는 이와는 전혀 다른 정책을 취했다. 그는 능력 있는 행정가였으나 행정부와 정부 내에 관련된 업무 수행에서는 많은 것을 숙제로 남겨 두었다. 늙은 히코리처럼 연방대법원의 판결을 무시한 대통령도 없었다. 그는 카리스마적 인물이었으나, 지도력을 발휘하는 스타일은 참여 속에서 민주적으로 이루어졌다기보다는 권위주의적으로 이루어졌다. 그는 용기를 가지고 의사를 결정한 사람이기는 하나 때때로 그의 결정에 대한 결과를 적절히 예측하지 못한 면이 있었다. 그는 자신의 강력한 지도력을 토대로 대통령직의 위신과 권한을 증대시켰으나 종종 소심한 행동으로 대통령직의 위신을 추락시켜 버렸다. 그는 대통령직을 이용하여 과거의 어떤 대통령보다 더 신분에 관계없이 모든 백인들의 이익을 위해 노력했다. 그러나 그는 흑인과 인디언에 대해서는 관심을 두지 않았다. 그는 주정부의 권한을 강력히 신뢰하는 대통령이었다. 그러나 그는 무엇보다 연방의 이익을 최우선시하였다. 그는 60점을 받아 9위를 차지했다.

마틴 밴 뷰런
Martin Van Buren | 1837~1841

	평가점수	평가등수
외교를 비롯한 대외관계와 관련된 업무수행	13	6(공동)
국내의 각종 문제 및 사업에 대한 업무수행	7	16(공동)
행정부와 정부 내에 관련된 업무수행	7	17(공동)
지도력 및 의사결정과 관련된 업무수행	11	15(공동)
개인적 성격과 도덕성	11	15(공동)
종합평가	49	13(공동)

배경

마틴 밴 뷰런은 1872년 12월 7일 뉴욕의 킨더훅에서 태어났다. 교실이 한 칸밖에 안 되는 학교에 다녔던 그는 가정형편상 대학 진학은 꿈꿀 수 없었다. 17세에 한 변호사 사무실에서 서기로 일하고 4년 동안 법률을 공부한 후 21세에 변호사 시험에 합격했다.

1812년 뉴욕주 상원의원에 당선된 그는 1816년에 뉴욕주 상원의원에 다시 당선되었고 곧바로 주 검찰총장에 임명되었다. 1820년에 그는 주지사 드 위트 클린턴(De Witt Clinton)을 교묘하게 누르고 뉴욕주의 민주공화파의 최고 우두머리가 되었다. 그 후 줄곧 뉴욕주 북부지역에 민주공화파의 정치보스로 있었다. 당시 휘그당에서는 써로우 위드(Thurlow Weed)가 뉴욕주 북부지역에서 정치보스로 있었다. 뷰런은 미국 대통령이 된 사람으로 아마도 최초의 전문적인 정치꾼이었다. 그의 성공적인 정치적 음모 때문에 그에게는 '작은 마술사'라든가 '킨더훅의 붉은 여우' 같은 별명들이 따라다녔다.

1821년 뷰런은 연방 상원의원에 당선되었다. 1927년에 다시 연방 상원에 당선되었으나 곧 사임하고 뉴욕주 주지사가 되었다. 두 달 후 주지사에서도 사임하고 잭슨 대통령 아래에서 국무장관이 되었다. 늙은 히코리와 부통령 칼훈이 남부문제 등 여러 가지 사안으로 갈등을 겪고 있을 때 뷰런은 대통령 편에 섰다. 잭슨은 이러한 뷰런을 영국주재 미국대사로 임명했으나, 칼훈이 이 임명에 적극 반대했다. 한 표 차로 상원은 뷰런의 임명을 부결시켰고, 칼훈은 이것으로 뷰런의 정치생명은 끝났다고 생각하였다. 그러나 결과는 전혀 기대를 빗나갔다. 칼훈의 방해공작에 화가 난 잭슨은 칼훈 대신 뷰런을 부통령 후보로 선정해 버린 것이다. 1832년 이 작은 마술사는 늙은 히코리의 러닝메이트로 최선을 다했다.

대통령 후보 지명과 선거

잭슨 대통령은 밴 뷰런이 자신을 계승할 후보라는 사실을 널리 알렸다. 민주당 전당대회에서 이 작은 마술사는 대통령후보자 결정선거 1차에서 만장일치로 후보로 지명되었다. 절망적일 정도로 격심한 분파를 겪고 있던 휘그당은 1836년에 대통령 후보 지명을 위한 전당대회를 열지 못했다. 휘그당의 희망은, 각 주에서 많은 사람들이 뷰런보다 훨씬 마음에 드는 후보에게 투표하고 그 선거결과를 연방 하원으로 가져가 여기에서 휘그당 후보가 당선되게 하는 것이었다. 당시 휘그당의 가장 유력한 후보는 윌리엄 헨리 해리슨(William Henry Harrison) 장군과 상원의원 대니얼 웹스터(Daniel Webster)였다. 휴거 화이트(Hugh L. White)는 독립당의 후보였다. 남부의 칼훈의 지지자들은 상원의원 윌리 맨검(Willie P. Mangum)을 지지했고, 존 맥린(John McLean) 판사는 소멸해 가고 있었던 반비밀공제조합(anti-Masons : 제퍼슨적이고 잭슨적인 종교와 정치의 급진적 민주화에 반대한 보수세력이 결성한 정치체제)의 대통령 후보였다.

당시 선거전에서 쟁점이 된 문제들은 다음과 같은 것들이었다. 초과 세입에 대한 분배, 공공토지를 판매하여 얻은 수입의 처분, 교통망 개량사업, 국립은행의 허가, 노예제도, 그리고 의회가 이전 회기의 기록을 삭제할 수 있는 권한을 가지고 있는가 하는 것들이었다. 그러나 실질적인 선거 쟁점은 주로 개인적인 인신 문제에 집중되어 있었다. 밴 뷰런은 잭슨 행정부에 대해 투표를 통해 국민들로부터 평가를 받고자 했다. 그러나 뷰런의 정적들은 뷰런 자체를 쟁점으로 삼았다. 뷰런은 사치스러운 복장에, 지나치게 멋을 부리고 정략적이며 양심이 없는 사람이라는 공격을 받았다. 그는 교활하고 책략적인 정치가로 비춰졌다.

뷰런은 일반투표에서 간신히 과반수를 넘었다. 그러나 선거인단에서는 170표를 얻었고, 다른 후보들은 모두 합쳐 124표에 그쳤다.

외교를 비롯한 대외관계와 관련된 업무수행 : 13점 6위(공동)

뷰런은 여러 번에 걸친 위기의 순간에도 평화를 유지했다. 메인주의 국경문제, 미국 상선 캐롤라인 사건, 멕시코와의 갈등, 텍사스 국경분쟁 등 이 모든 것을 기술적으로 잘 처리하여 전쟁으로까지 발전하는 것을 미연에 방지하였다.

밴 뷰런은 캐나다에서 영국 식민지정부에 항거하여 캐나다 동부지역 사람들이 두 차례 혁명을 일으켰을 때 평화를 지키기 위해 가능한 군사력을 이용했다. 1837년 첫 혁명에서 밴 뷰런은 중립을 선언했다. 이에 북부주에 속한 뉴욕과 버몬트 시민들은 캐나다의 혁명군들을 동정했지만 대통령은 이 2개 주의 주지사에게 엄정 중립을 강조하는 서한을 보냈다. 서한의 내용은, 이 지역 미국 시민들의 노골적인 행동을 자제시키기 위해 연방보안관과 지방검사를 파견하여 적절한 조치를 취하게 하라는 것이었다. 1838년 1월 4일 나이아가라 강을 중심으로 영국 식민지 정부와 미국 간에 갈등이 폭발했다. 반란군이 전세를 내어 밀수무기를 수공하고 있던 미국 소유의 소형 증기선 캐롤라인호를 영국이 나포하는 과정에서 미국인 몇몇이 상처를 입고 사망하는 일이 벌어졌다. 캐롤라인을 나포한 영국인들은 이 배를 불살라 버렸다. 뷰런은 비상 내각회의를 소집하고, 나이아가라 강에 주둔하고 있는 해군부대에 민병대를 소집했다. 그는 민병대를 소집할 권한을 행사하면서 미국인들에 대해 엄정 중립을 유지할 것을 명령했다. 또한 그는 미국이 평화적인 의도를 가지고 있음을 강조하고 국경을 넘어 캐나다로 침범하고자 하는 민병대원은 체포할 것이라고 했다. 이 문제를 해결하기 위해 뷰런은 추가적인 힘이 필요하다는 사실을 알았다. 그는 연방의회에 위기를 처리할 더 많은 자유재량권과 비상자금을 사용할 수 있는 권한을 요구했다. 의회는 뷰런 대통령에게 군복무를 연장시킬 수 있는 권한과 5만 명의 군인을 소집할 수 있는 권한을 부여하였다. 또한 전쟁 비용으로 1천만 달러를 사용할 수 있도록 해주었다. 이런 내부적 준비를 마친 뷰런은 자신의 아들 존(John)을 런던으로 보내 협상에 추진시키고 윈필드 스콧(Winfield Scott) 장군을 분쟁지역으로 파견했다. 영국정부는 어떤 배상도 하지 않았지만 사건은 평화적으로 해결되었다. 1838년 가을 메인주와 캐나다의 뉴 브룬스빅 사이에서 국경분쟁이 발생했다. 뷰런은 민병대를 소집했고 의회에 자금을 요청했다. 동시에 대통령은 영국과 접촉을 시도하였고 사건은 원만히 해결되었다.

뷰런은 자신이 대통령으로 있는 동안 텍사스의 합병을 미루고자 했다. 그는 멕시코와의 협상을 통해 멕시코와 미국의 외교관계를 재개시켰다. 국무부를 통해 뷰런은 독립 이후 멕시코가 미국 시민에게 가한 몇몇 악행을 해결하도록 하는 권고안을 멕시코로 보냈다. 멕시코 정부는 미국의 이런 주장에 대해 일부 책임을 인정했지만 그 해결은 계속 연기하고 있었다. 불안전한 멕시코 체제를 더욱 약화시키고 싶지 않았던 뷰런 대통령은 이 문제를 군사적으로가 아니라 외교적으로 해결하고자 했다.

밴 뷰런은 영국, 멕시코, 텍사스와의 외교관계를 통해 미국의 국가적 이익을 증대시켰다. 그는 미국과 다른 나라의 전쟁을 막았다. 특히 캐나다 혁명기 때는 중립을 지켜 미국이 전쟁에 끌려들어가는 일이 없도록 하였다. 그는 영국과 멕시코 사이에 벌어진 분쟁에서 미국의 힘을 과시하며 협상에 임했다. 온 나라가 남서부 지역과 북쪽 지역으로의 확장을 열망하고 있었음에도 불구하고 영국과 멕시코와 협정을 맺어 평화를 유지했다. 이것으로 보건대 당시의 미국에는 제국주의적 의도가 조금도 없었다. 캐나다 국경지역에서의 긴장상태 역시 미국의 힘을 과시하고 완벽한 협상력을 통해 완화되었다. 뷰런은 미국의 이익을 지키기 위해 결단력을 보여주었다.

뷰런은 의회가 만든 세율이 낮은 관세법을 승인했다. 비록 이 법으로 정부의 수입이 줄어들었지만 장기적인 측면에서 이익이 되었다. 관세 인하로 인하여 세계무역이 증대되고 많은 나라에 도움을 주었다.

뷰런은 낡고 태만한 군을 다시 강화시켰다. 그는 해군을 창설했으며 작고 잘 쓰지 않는 군함을 크고 새것으로 교체했다. 그의 행정부 동안 남극대륙을 발견했고 군대와 해군의 발달은 미국의 힘을 강화시켜 주었다. 그의 호전적이지 않은 외교정책은 세계에서 미국에 대한 일반 여론을 긍정적으로 더욱 강화시켜 주었다.

국내의 각종 문제 및 사업에 대한 업무수행 : 7점 16위(공동)

뷰런이 대통령이 되고 36일이 지난 시점에 1837년 공황이 시작되었다. 비록 공황의 기본 원인은 뷰런 행정부 이전부터 있었지만 대통령 뷰런이 지켜보는 가운데 공황이 시작되었기 때문에 공황에 대한 비난을 감수해야 했다. 공황의 원인 중 하나는 잭슨 대통령 때 이루어진 국유지에 대한 투기였다. 잭슨이 국유지 판매의 제한을 촉구했음에도 불구하고 의회는 실제 정착자들에게 국유지 판매를 제한하지 않았다. 주은행과 미국은행의 지점들은 금이나 은 같은 안전한 담보 없이 투기업자들에게 막대한 자금을 대부해 주었다. 의회를 통한 다른 방법으로 국유지 판매를 제한할 수 없었기 때문에, 잭슨은 정부가 국유지의 판매대금으로 금이나 은을 받거나 금이나 은으로 보장된 돈만을 요구하는 그 유명한 정화회람을 발행했다. 이것으로 은행은 더 이상 안전한 담보가 없으면 대부를 해주지 않았고 투기는 멈췄다. 서부의 토지는 개발 이전 상태와 같이 되었다. 건설은 멈추고 긴 철로는 녹이 슬었다. 수천 명의 노동자들이 실업자가 되었다. 뉴올리언스에 있는 면화시장이 붕괴되었고 뉴욕시에 있는 많은 은행이 파산했다. 1837년 5월 말에 모든 은행들이 정화지불을 중단했다. 9월에는 동부지역에 있는 대부분의 공장이 문을 닫아야만 했다. 총 600개의 은행이 파산했다. 그 후 4~5년 동안 미국은 이 나라 역사상 가장 심각한 경기침체를 겪었다.

밴 뷰런은 연방정부가 기업의 일에 간섭해서는 안 된다고 믿었고 따라서 경기침체로 고통을 받고 있는 사람들을 도울 의무가 없다고 생각했다. 그는 대통령의 책임은 정부의 금융질서를 잘 유지하는 일에 한정되어 있다고 생각했다. 의회 특별회기에서 그는 잉여세금의 분배건을 취소하고 정부가 소비지출을 충당하기 위해 재무부 증권을 발행하도록 허가했다. 그는 의회에 요청해 독립 재무원을 두도록 했다. 또한 여러 도시에 하위 재무원을 두게 하여 미국의 정부자금을 저축해 두었다. 그러나 의회는 1840년까지 하위 재무원과 관련된 법안을 통과시키기 않았다.

관세율을 낮춘 것은 결과적으로 소비자를 도왔다. 두 번에 걸쳐 경기를 활성화시키기 위해 뷰런은 재무부 증권을 발행하고, 의무공채 지불유예를 선언했다. 경기침체를 대처하기 위한 이러한 뷰런의 조처는 비록 가벼워 보였지만 기업에게는 급진적이고 파괴적인 것으로 여겨졌다. 그러나 그는 이를 통해 일반 국민의 신뢰를 회복한다는 제일의 목표를 달성했다. 1839년에서 1840년 겨울동안 일시적으로 경기가 회복되었다. 그러나 때마침 유럽의 경기침체가 불어닥치는 바람에 미국경제는 1845년까지 침체를 벗어나지 못했다.

밴 뷰런은 남부의 노예를 소유하는 농장주의 영향도, 북부의 은행업자나 산업가, 상인으로부터도 영향을 받지 않았다. 그의 특별한 관심사는 소규모의 독립된 농업이었다. 노동조건의 개선 문제에서 가장 개선된 조처 중 하나가 밴 뷰런의 작품이었는데, 뷰런은 정부고용 노동자들의 노동시간을 하루 10시간으로 줄였다.

비록 뷰런은 이미 존재하고 있는 주에서는 노예제도의 존재를 인정했지만 이 제도의 확산에는 반대했다. 1844년에 그는 민주당 대통령 지명대회 참석을 거부했다. 부분적인 이유이기는 하지만 그는 미국에 더 많은 노예 준주가 만들어질 수 있는 텍사스의 합병에 반대했기 때문이다. 1848년 그는 준주에 노예제도의 확장을 반대하는 강령을 가진 자유토지당의 대통령 후보가 되었다. 그가 대통령으로 있는 동안 아미스타트호(Amistad) 사건이 발생했다. 아미스타트호라는 노예선 선장이 쿠바에서 불법적으로 노예로 판매되어 이곳에서 다른 곳으로 이송되고 있던 아프리카 노예들에 의해 살해당한 사건이었다. 아프리카 흑인들은 승무원에게 자신들을 아프리카로 되돌려 보내줄 것을 요구했다. 그러나 그들은 롱아일랜드로 이송되었고 여기에서 배와 그들이 체포되었다. 국무장관은 그들은 살인죄로 기소해서 쿠바로 다시 보내려 했다. 그러나 그들은 재판을 받고 무죄가 입증되어 아프리카로 되돌아 갈 수 있었다.

뷰런이 대통령으로 있는 동안 인디언인 세미놀 전쟁이 계속되었다. 미군은 휴전의 백기를 무시하고 세미놀족 추장인 오시올라(Osceola)를 체포했고 그는 감옥에서 죽었다. 밴 뷰런은 체로키족에 대한 추방도 계속했다. 그러나 세미놀 전쟁을 시작하고 체로키족의 추방을 시작한 것은 그가 아니었다. 그는 단지 전임자인 잭슨의 일을 물려받았을 뿐이다. 뷰런은 체로키족의 추방을 신속히 그리고 인간적으로 처리하라고 명령했다. 그러나 그의 명령은 지켜지지 않았고 미국들은 방어력도 없는 인디언 농부들을 무자비하게 다루었다.

뷰런은 언론과 출판의 자유, 그리고 평화적으로 반대할 수 있는 권리를 인정했다. 그러나 그는 우편물 중 노예제폐지주의자들의 우편물은 전달하지 않겠다는 남부의 우체국장들에게 강제로 우편물을 전달하라고 하지는 않았다. 그는 의회가 노예제도에 반대하는 토론을 금지하는 함구령을 채택했을 때 이에 항의하지 않았다. 뷰런은 종교적 자유를 지지했고 종교적 아집을 반대했다.

뷰런은 엽관제를 계속 실시했고 단지 백인 남성만 공직에 임명했다. 그는 백인 이민에게는 완전한 시민권을 주었다. 노예제도를 묵과하였고 토착민 미국인(인디언)에 대해 어찌되었든 잘못을 저질렀다. 적당한 재산을 가진 선술집의 아들로 태어나 대통령 자리에까지 오른 뷰런은 스스로를 평민의 지지자로 생각하고 또 그렇게 행동했다. 그러나 그의 타고난 젠 체하는 태도와 변덕스러운 옷차림 때문에 많은 평민들은 뷰런을 자기들 편이라고 인정하는 데 곤란을 느꼈다.

행정부와 정부 내에 관련된 업무수행 : 7점 17위(공동)

밴 뷰런은 잭슨 행정부에서 중요한 역할을 했다. 뷰런은 늙은 히코리의 부하였고, 그의 대통령 당선은 전임자 잭슨으로부터 크게 도움을 받았다. 그는 정부를 관리하는 대통령이 되고자 했다. 그는 잭슨 행정부의 내각인사를 그대로 유지하고 잭슨의 정책을 그대로 추진한 것이라고 말했다. 취임식 연설에서 그는 미래는 밝지만 위험이 없는 것은 아니라고 했다. 그 위험 중 가장 큰 것은 노예제도의 존재 여부를 둘러싼 갈등이라고 말했다.

그 어떤 평민도 정부 직책을 담당해 낼 수 있다는 생각에서 잭슨은 자신의 행정부에 평범한 몇몇 관료들을 임명했다. 밴 뷰런도 잭슨의 이런 인사를 그대로 유지했다. 단지 소수의 사람들만이 인사상의 변화를 경험했을 뿐이다. 정부 조직에서 뷰런이 이룬 가장 큰 변화는 독립 재무원과 하위 재무원을 설립한 일이었다. 하위 재무원 법안은 오랜 기간 의회와 실랑이를 벌인 끝에 법제화하는 데 성공하였다. 뷰런 대통령은 이 과정에서 용기를 보여주고 고집을 부렸다.

잭슨이 임명한 사람들 중 뉴욕 세관원인 새뮤얼 스와스아웃은 1838년 그의 임기가 끝났을 때 제시 호이트(Jasse Hoyt)로 바꾸었다. 새로 임명된 호이트는 약 2백만 달러의 결손 사실을 확인했다. 조사가 행해졌고 당시 미국에 있지 않았던 스와스아웃은 1829년부터 정부자금을 도둑질했다는 사실이 밝혀졌다. 연방 지방검사 윌리엄 프라이스(William Orice)가 스와스아 웃의 도둑행위를 은폐하는 데 도움을 주었을 뿐만 아니라 도둑질한 돈의 일부를 나누어 가졌다. 비록 이 정직하지 못한 관리들은 잭슨에 의해 임명된 것이고 그들의 부정행위가 뷰런에 의해 밝혀졌음에도 이 스캔들은 뷰런 행정부에 마이너스 요소가 되었다.

뷰런의 경우 행정부 부서장들에 대한 인사는 단지 사임이나 은퇴에 의해서 만 시행했다. 그는 목표했던 일을 제대로 해 내지 못한 행정부 관리에 대해 단호한 인사조치를 취하지 않았다. 그럼에도 그의 행정부는 그럭저럭 절 굴러갔다.

뷰런 행정부 동안 정부가 쓸 수 있는 자금은 경기침체와 세미놀 전쟁, 고비용이 들어가는 인디언 추방정책, 또 낮은 관세율로 인한 수입 감소 등으로 상당히 위축되었다. 뷰런은 교통망 개량사업에 연방자금을 사용하는 것에 반대했고 가능한 한 소비를 줄였다. 이런 환경 속에서 그의 행정부는 당연히 예산 부족을 점쳤지만 그는 흑자 속에서 대통령직을 마쳤다.

뷰런은 취임연설, 연두기자회견, 의회에 보낸 특별 연설 등을 통해 국정운영에 대한 기본 방향을 국민들에게 알려주었다. 뷰런은 국내문제에서 소속 민주당으로부터 많은 지지를 받았지만 휘그당으로부터는 철저한 반대를 받았다. 외교 문제에서는 양 당의 지지를 받았는데, 외교문제를 둘러싼 갈등은 당의 노선보다는 지역적인 이권에 크게 좌우되었다. 의회는 전반적으로 뷰런의 제안을 법안화하는 데 적극적이지 않았지만 궁극적으로 그가 임기를 마치는 시점에서 거의 법안화되었다.

술책에 능하고 당파적인 정치가인 뷰런은 임기 마지막 몇 분을 남겨두고 대법원 판사로 피터 대니얼(Peter Daniel)을 임명했고, 대니얼은 1841년 3월 2일 자정을 몇 분 앞두고 상원의 인준을 받았다. 사법부와 대통령 사이에는 상호 존중이 있었다.

뷰런은 술책에 능한 정치가인 동시에 국민을 위한 정치에 힘쓴 정치가이기도 하다. 그는 자신의 이익에 앞서 국민의 이익을 우선했다. 강한 이익집단에 반대하고 일반 시민들에게 더 친근감을 표했다. 1840년 선거에서 그가 패배한 것은 계속된 경기침체 탓도 있었지만 이 선거가 휘그당에 의해 워낙 위장된 선거였던 것이 결정적인 이유였다.

지도력 및 의사결정과 관련된 업무수행 : 11점 15위(공동)

카리스마적인 늙은 히코리의 뒤를 이은 밴 뷰런은 잭슨이 그랬던 것처럼 국민들에게 영감을 주거나 행정부의 관리들에게 영감을 주지는 못했다. 그럼에도 뷰런 행정부 동안 중요한 국가적 목표는 달성되었다. 가장 주목할 만한 것은 외교정책의 성공과 독립 재무원의 탄생이었다.

완벽에 가까운 능숙한 정치가로 알려진 뷰런은 설득력에서 뛰어난 능력을 보여주었다. 필요하다면 뷰런은 타협도 하고 거래도 했다. 그는 스스로 높은 수준의 업무수행 목표를 정했다. 그는 매우 열심히 일했고, 하루에 일하는 시간도 길었다. 그러다 보니 자연적으로 가족과 보내는 시간은 적을 수밖에 없었다. 그는 자신이 임명한 모든 사람들은 아니지만 몇몇에게는 높은 수준의 업무를 수행하도록 동기를 불어넣어 주었다.

학자도 아니고 미래에 대한 비전도 크게 제시하지 못한 뷰런은 이상적이라기 보다 현실적응이 빠른 실용주의자였다. 그는 국가가 어떤 방향으로 발전해 가야 할지에 대한 개념을 가지고 있었다. 그러나 그의 행정부 동안 지역주의에 의한 구분이 계속 심화되고 있었기 때문에 국가발전에 대한 개념을 구체화할 수가 없었다. 뛰어난 전략가이기도 했던 뷰런 대통령은 자신이 목표한 것들을 거의 대부분 달성할 수 있었다. 그러나 이 나라를 경기침체의 구렁텅이에서 끌어내지는 못했다. 그는 이 재앙을 다루는 데 있어 정치적으로 용기를 발휘했다. 그의 정책은 기업인들에게는 급진적이고 파괴적인 것으로 비쳤기 때문에 많은 반대에 부딪혔으나 자신의 정책에 대한 확고한 의지를 유지했다. 그는 하위 재무원 법안의 포기 요구를 거절하였고 결국 이 법안은 통과되었다.

뷰런은 의사결정을 신속하게 하지 않았다. 그는 선택안을 신중히 고려하고, 행동의 결과를 미리 판단하는 스타일이었다. 그는 하급자들로부터 많은 의견을 들었고 그들과 의사결정을 위해 토론을 벌였다. 비록 그가 대학교육을 받지 못했고 역사에 대한 지식도 부족했지만 그는 예리한 지능을 소유하고 있었고 이것을 잘 사용했다. 그는 역시 자신의 실수로부터 배웠다. 뷰런은 어려운 의사결정을 내리고 비상시에도 침착성을 유지했다. 예를 들어 캐나다 국경 위기에서도 적절한 판단과 결정을 내렸다.

뷰런에 대한 국민들의 믿음은 1837년 공황에 의해 약화되었다. 비록 이 경기침체가 합리적으로 볼 때 뷰런의 잘못은 아니었지만, 그는 많은 사람들로부터 비난을 받았다. 뷰런의 정적들은 이 경기침체를 대통령이 국정운영을 원활히 하지 못했기 때문이라고 비난했다. 밴 뷰런은 전임자인 카리스마적인 잭슨이 만들어 낼 수 있었던 국민적인 열망을 자극하지도 못했고 국민들의 마음도 사로잡지 못했다. 이 '작은 마술사'는 항상 전임 대통령으로 성공적인 대통령인 '늙은 히코리'와 비교되는 고통을 받았다.

개인적 성격과 도덕성 : 11점 15위(공동)

대통령으로 뷰런은 권위를 가지고 행동했다. 그는 하급자는 물론 외국 외교관, 심지어 정적들, 그리고 평민을 포함하여 모든 사람들에게 존경심을 가지고 대했으며 신중하고 공손했다. 뷰런은 모든 계층의 국민들로부터 정보를 수집했다. 너무나 많은 사람이 그를 만나러 왔기 때문에 어떤 사람들은 발길을 돌려야 했고 다음 시간을 약속 받았다.

뷰런은 비록 강력한 지도력을 발휘한 전임자의 뒤를 이어 그 존재성이 다소 덜했다고는 하지만 그 역시 담대히 행동했고 대통령의 권한을 강화시켰다. 대통령직의 권한은 뷰런이 거둔 외교정책의 성공과 투쟁을 통한 하부 재무원 법안의 통과로 신장되었다. 미국과 미국 대통령에 대한 국민의 자부심은 경기침체로 상당히 약화되었다. 뷰런은 국민들과 평상시 자주 접촉하고 직접 대화를 나누면서 재선을 위한 선거운동에 나섰다. 그러나 그는 경기침체의 영향을 극복할 수 없었고 정적들의 민주선동을 이겨낼 수가 없었다. 그에 대한 평판은 1840년 선거에서 그에게 쏟아진 공정하지도 정확하지도 않은 비난에서 크게 악영향을 받고 있다.

간계한 정치가라는 평판을 받는 뷰런은 그가 높은 수준의 도덕적 원리를 지키는 사람이라는 사실을 애매하게 만든다. 그는 정직한 사람이었고 개인적으로 어떤 사기행위에도 연루된 적이 없다. 그는 하급자가 권한을 남용하여 국가자금을 착복한 사실을 알고는 그를 해고시켰다. 그는 자신을 믿는 사람이었다. 그는 한 번 한 약속은 지키는 사람이었다. 그는 전 인생을 통해 결코 어떤 스캔들이나 개인적으로 비도덕적 행위에 연루되지 않았다. 단, 다른 사람들이 뷰런의 도덕성에 대해 합당한 불평을 할 수 있는 일이 있었는데, 그것은 그가 주 상원의원으로 있는 동안 토지투기를 하면서 내부문서를 이용한 일이었다. 사실상 그의 정적들은 도덕적인 면에서 보인 이러한 뷰런의 실수는 무시하고 오히려 그에게서 비춰지는 겉모습을 비난하는 데에만 집중했다.

종합평가 : 49점 13위(공동)

밴 뷰런은 당시까지 경기침체 중 최악의 경기침체인 1837년 공황이 닥치기 며칠 전에 미국의 대통령이 된 것이 그에게는 불행이었다. 그는 대통령으로 있는 4년 동안 미국의 경기침체를 결국 극복하지는 못했다. 그러나 그 외중에도 특히 그는 외교문제는 물론 독립 재무원과 관련하여 훌륭한 정책을 펼쳐 상당한 성공을 거두었다. 그는 총 49점을 받아 13위를 차지했다.

윌리엄 헨리 해리슨
William Henry Harrison | 1841

윌리엄 헨리 해리슨은 평가를 하지 않았다.
그가 대통령직에 있었던 시간은 딱 한 달뿐이었다.

배경

윌리엄 헨리 해리슨은 1773년 2월 9일 버지니아 찰스시 카운티에 있는 가족농장에서 태어났다. 해리슨의 집안은 부유한 명문 가문이었다. 그의 아버지는 대륙회의 의원으로 독립선언서에 서명을 했고 버지니아 주지사를 지냈다. 해리슨의 초기 교육은 가정교사가 담당했다. 14세 때 햄던 시드니 대학 의과대학 예과에 등록하고 사우스앰턴 카운티에 있는 대학으로 옮겨 외과의사 도제가 되었다. 1790년에 그는 펜실베이니아 의과 대학원에 등록했으나 아버지가 죽은 후 의사가 되는 길을 포기했다.

1791년에 해리슨은 군에 입대했다. 그가 가담한 전투 중 가장 주목할 만한 것은 팔렌 팀벌스 전투였다. 1793년 1월에 북서부 준주지사로 임명되고, 1799년에 준주 대의원에 당선되어 연방하원에 참석했다. 1800년에서 1812년까지 그는 인디애나 준주지사직을 지냈다. 준주지사로 있는 동안 그는 티피커누 크리크 근처에서 인디언들을 상대로 대대적인 승리를 이끌었다. 이때의 전투로 그는 '티피커누의 원로'(Old Tippecanoe)라는 별명을 얻었다.

1812년 해리슨은 북서부 변경지역에서 미군을 지휘했다. 그는 태메스 전투에서 영국군과 인디언들을 상대로 승리를 거두었고 국민적 영웅이 되었다. 이 전투에서 위대한 인디언 지도자 티컴서가 죽었다. 해리슨은 1814년에 군에서 제대했다.

그 후 20년 동안 그는 다양한 정치적 경력을 쌓았다. 찰스 카운티 정부의 기록 담당자, 서기, 오하이오주 상원의원, 연방 하원의원, 연방 상원의원, 콜롬비아 주재 미국공사직을 지냈다. 1836년에 휘그당 후보로 미국 대통령에 도전했으나 뷰런에게 패배했다.

대통령 후보 지명과 선거

1840년 대통령선거에서 휘그당은 당을 결속시킬 수 있을 만한 사람을 후보로 지명하기로 결정했다. 당에서는 비록 헨리 클레이가 가장 뛰어난 인물이었지만 그는 여러 파당으로 갈린 당을 결속시키기에는 적이 너무 많았다. 클레이의 중요 경쟁자는 해리슨과 윈필드 스콧(Winfield Scott)이었는데 둘다 전쟁영웅이었다. 대통령 후보자 결정 선거 1차에서 클레이가 1등, 해리슨이 2등, 스콧이 3등이 되었다. 3일 동안 투표는 계속되었지만 후보자가 될 수 있는 과반수를 넘긴 후보는 나오지 않았다.

써로우 위드(Thurlow Weed)는 뉴욕주 대의원들을 설득하여 스콧으로 하여금 해리슨을 지지하게 만들었다. 결국 해리슨이 대통령후보가 되었고 존 타일러(John Tyler)는 부통령후보가 되었다.

휘그당은 너무나 다양한 분파로 분리되어 있었기 때문에 강령을 채택하는 문제에서도 합의를 보지 못했다. 그들은 결국 개인적인 품성에서 보아 누가 더 유리한가에 초점을 맞추었다. 뒤이은 선거는 미국 역대 선거사상 가장 감정이 격화된 격화된 선거였다. 선거전이 가열되는 가운데 한 신문기사는, 만약 해리슨이 통나무집에서 살면서 발효된 사과술을 먹는 서민적 이미지를 국민들에게 보인다면 그는 승리할 것이라고 썼다. 휘그당은 이 기사에 착안하여 해리슨에게 통나무집에서 살게 하고 발효된 사과술을 마시게 했다. 반면 휘그당은 민주당 후보 밴 뷰런을 화려한 궁전과 샴페인으로 포장하여 선전했다. 부유하고 귀족적인 해리슨은 오히려 개척자이고 서민적인 사람으로 비춰졌다. 반면 전혀 부유하지도 명문가문 출신도 아닌 밴 뷰런은 여자 같고 제멋대로 탐닉하고 맵시를 내는 사람으로 비난받았다. 당의 상징물로서 통나무집과 그들의 슬로건인 "티피커누와 타일러는 역시"(Tippecanoe and Tyler too)를 가지고 휘그당은 "작은 밴은 쓸모 없는 사람이다"(Little Van is a Used Up Man)를 외쳤다. 일반투표에서는 해리슨이 15만 표 정도 승리했을 뿐인데 선거인단에서 그는 234표를 얻어 60표를 얻은 뷰런을 압도적인 표차로 눌렀다.

취임식과 사망

취임식 날 티피커누의 원로는 흰색의 군마를 타고 의사당까지 행진하고 나서 동쪽 주랑에서 취임식 연설을 했다. 차갑고 폭풍이 불어오는 날씨에도 불구하고 그는 모자도 코트도 거절했다. 그렇게 시작된 그의 연설은 한 시간하고도 45분이 넘었다. 이는 역대 취임식 연설 중 가장 긴 것이었다. 해리슨은 이때의 무리로 인하여 감기와 폐렴에 걸려 정확히 한 달 후 사망했다. 그는 1841년 4월 4일에 대통령이 된 지 한 달 만에 죽었다.

존 타일러
John Tyler | 1841~1845

	평가점수	평가등수
외교를 비롯한 대외관계와 관련된 업무수행	5	29(공동)
국내의 각종 문제 및 사업에 대한 업무수행	1	27(공동)
행정부와 정부 내에 관련된 업무수행	-8	36(공동)
지도력 및 의사결정과 관련된 업무수행	-3	34
개인적 성격과 도덕성	7	23
종합평가	2	31

배경

존 타일러는 1790년 3월 29일 버지니아 찰스시 카운티에 있는 가족농장에서 태어났다. 타일러 집안은 이웃가문인 해리슨 가문과 마찬가지로 버지니아의 최고 명문가문 중 하나였다. 타일러는 윌리엄과 매리 대학을 졸업한 후 1809년에 변호사 시험에 합격했다. 1811년 버지니아 하원에 당선된 그는 여기에서 5년 동안 일했다. 1813년에 군에 입대했으나 한 달 후 군에서 나왔다. 1817년에는 연방 하원의원에 당선되어 2년 동안 일했고 1823년에는 다시 버지니아 하원에 당선되었다. 2년 후에는 버지니아 주지사에 당선되었고, 주지사에 재임되자 곧 사임하고 연방 상원의원이 되고 여기에서 9년 동안 일했다.

1833년 주권을 놓고 잭슨 대통령과 갈등를 겪은 후 타일러는 민주당을 떠났다. 1834년에 휘그당이 만들어지자 자신의 많은 부분이 민주당의 강령과 일치하고 있음에도 불구하고 그는 이 새로운 정당에 가입했다. 1836년 그는 상원 속기록에서 잭슨 대통령에 대한 비난 기록을 삭제하라는 버지니아 입법부의 명령을 거부하고 연방 상원의원직을 사임했다.

1838년에 연방 하원의원에 다시 당선되어 하원의장이 되었다. 같은 해에 그는 해방된 노예들을 아프리카로 되돌려보내는 일을 주목적으로 하는 버지니아 식민지 협회 의장이 되었다.

1840년에 타일러는 연방 상원이 되고자 했으나 경쟁이 치열해 뜻을 이루지 못했고, 휘그당은 타일러에게 부통령후보직을 약속하며 상원의원의 꿈을 접도록 했다.

대통령 후보 지명과 선거

1839년 12월 휘그당 전당대회에서 타일러는 헨리 클레이를 지지했다. 그러나 클레이가 지명전에서 해리슨에게 패배하자 대의원들은 부통령 후보도 노예를 소유한 주에서 나와야 한다는 것에 합의했다. 타일러는 1차 선거에서 부통령 후보가 되었다.

타일러는 현직 대통령이 사망하고 부통령으로서 대통령직을 승계한 최초의 인물이었다. 물론 타일러가 대통령으로 승계해야 하는가, 혹은 대통령 서리가 되어야 하는가에 대한 논란은 있었다. 연방헌법은 "대통령이 대통령직에서 추방되거나, 사망하거나, 사임하거나, 그리고 대통령의 권한과 책임을 담당하지 못할 때는 똑같은 것이 부통령에게 귀속된다"고 규정하고 있다. 문제는 "똑같은 것"이 대통령의 권한과 책임에 관한 것인가 하는 것이었다. 만약 대통령직이 아닌 권한과 책임에 대한 것이라면 타일러는 서리가 되어야만 했다. 그러나 존 타일러는 대통령직으로 해석했고 이를 고집했다. 결국 상하 합동의회는 1841년 3월 31일 타일러를 미국 대통령으로 인정했다.

외교를 비롯한 대외관계와 관련된 업무수행 : 5점 29위(공동)

타일러가 대통령이 되었을 때 캐나다 국경지역은 몇 년 동안 일촉즉발의 위기상황에 있었다. 1841년 11월에 타일러는 성명서를 발표하여 캐나다인들의 의도된 침략행위에 휘말려 들어가지 말라고 경고했다. 탈일러 행정부의 중요한 업적 중 하나는 1842년에 맺은 웹스터-에슈버턴 조약(Webster-Ashburton Treaty)이다. 캐나다와 미국의 국경분쟁을 평화적으로 해결함으로써 영국과의 전쟁 위협이 사라졌다. 이 조약으로 미국은 메인주와 뉴브룬스비크에 의해 주장된 12,000평방 마일 중 7,000마일을 확보할 수 있었다. 동부 해안에서 로키산맥까지 현재의 캐나다 국경선을 확정하는 세부적인 내용도 타결되었다. 단지 후에 개척된 오리건 지방만이 미해결인 채로 남아 있었다. 이 조약에는 역시 캐나다와 미국 사이의 폭력과 기타 사기 범죄를 저지른 사람들의 범인 인도 규정도 포함되어 있었다. 또한 노예무역을 막기 위해 공동대처한다는 내용도 포함하였다.

1844년에 미국과 중국은 평화, 친선, 교역을 늘리기 위해 왕화조약(Treaty of Wanghia)을 채결했다. 이 조약으로 미국은 중국 항구에 들어갈 수 있게 되었고 중국법의 관할에서 벗어날 수 있었다. 따라서 이는 미국 상인들에게 중국무역의 길을 터주는 결과가 되었다.

이러한 업적은 상업활동의 발전에 도움을 주었고 세계의 긴장 상태를 완화시켜 주었고, 미국에 대한 세계여론을 긍정적으로 향상시켜 주었다. 그러나 이러한 효과는 타일러의 멕시코에 대한 정책으로 상당히 삭감되었다. 타일러는 중앙 아메리카에서 미국의 국경선을 확장시키기 위한 제국주의적 꿈을 가지고 있었다. 그는 중앙 아메리카에서 멕시코를 배제하고 이 지역을 하나하나 합병시켜 나가고자 했다. 이런 자신의 꿈을 실행에 옮긴 유일한 예는 텍사스 합병이었다. 텍사스가 1836년 미국 정부에 주(州)가 되기를 신청한 이래로 텍사스 론 스타 공화국(Lone Star Republic)의 합병 문제는 뜨거운 감자였다. 1844년 4월 타일러는 텍사스를 미국에 합병하는 조약에 서명했다. 상원은 이 조약의 비준을 거절했다. 그러나 제임스 포크(James Polk)가 대통령이 되고 합병을 찬성하는 강령을 실천하자 의회는 상하 합동의 회를 열어 텍사스 합병을 비준했다. 이것은 미국 역사상 최초로 상하 합동결의안을 통해 국제조약에서 목적을 달성한 사례이다.

그러나 멕시코 쪽에서 볼 때, 텍사스의 혁명을 끝내고 텍사스의 독립을 인정하는 벨라스코 조약(Treaty of Velasco)은 체포 구속된 산타 안나(Santa Anna)를 강요하여 체결한 조약이고 따라서 무효였다. 멕시코는 미국의 텍사스 합병을 자국의 내정에 대한 미국의 적대적인 간섭이라고 보았다. 그러나 타일러의 입장에서 보면, 이 합병은 원래 루이지애나 구입에 포함되어 있는 지역을 주장하고 확인한 것에 불과했다. 그러나 이런 주장은 그 타당성이 모호한 것이었다. 왜냐하면 당시의 국경선 개념은 분명한 구분이 없었기 때문이다. 타일러는 이에 더하여 멕시코가 이 문제에 대해 군사적으로 대응하지 못하는 것을 확인한 후 론 스타 공화국은 국제적인 문제에서 자신이 원하는 대로 조약을 체결할 수 있는 자유로운 단체라고 주장했다.

타일러는 미국의 목적을 평화적으로 달성하기 위해 군사력을 빌어 시위를 하기도 하였다. 텍사스를 합병하는 과정에서는 멕시코가 공격할 경우를 대비해 미국 함대를 텍사스 해안에 주둔시켰다. 그는 군과 해군의 증대를 의회에 요청했고 해군 함선의 수를 늘렸다. 그는 플로리다에서 새미놀과의 전쟁을 끝내고, 의회에 특별 메시지를 보내 하와이 섬인 샌드위치 섬의 독립을 승인했다. 그는 지금의 미국은 먼로 독트린이 지켜져야 한다고 생각했다. 영국과의 갈등을 끝내기를 희망하며 그는 오리건 북부 국경선으로 위도 49도선을 인정했다. 그는 오리건 길을 따라 군사기지를 설치하고 싶어했으나 의회는 이를 승인하지 않았다.

타일러는 관세를 국가수입을 증대시킬 수 있는 좋은 방법이라고 생각했다. 1841년 정부 수입을 증대시키는 일은 필연적이었다. 비록 타일러는 1833년의 타협관세법을 계속 유지해 나갔지만 그동안 자유로웠던 몇몇 품목에 대해 관세를 부과하고, 낮은 관세율을 적용하던 몇몇 품목에 대해 높은 관세율을 적용하는 관세 확대 법안에 서명했다. 1842년에 의회는 기존 관세율보다 세율을 더 올리는 두 가지 관세법안을 통과시켰다. 그러나 타일러는 이 두 가지에 대해 모두 거부권을 행사했다. 이에 의회는 또 다른 관세법안을 통과시켰는데 이는 타협관세법 이전의 1832년 수준으로까지 관세를 올리는 것으로, 타일러도 서명을 했다. 비록 이 관세법은 미국내의 제조업자들에게 어느 정도의 보호관세를 적용하는 것이었지만 그 실질적인 목적은 정부수입의 증대였다. 타일러는 세계 상업활동을 증대시키는 자유무역을 지지했다. 그러나 관세를 부과하기 위한 실제적인 필요성에 따라 무역거래가 강요되는 경우도 있었다.

국내의 각종 문제 및 사업에 대한 업무수행 : 1점 27위(공동)

대통령을 승계한 타일러는 경제적으로 문제점을 안고 있는 정부를 그대로 이어받았다. 아직도 미국은 1837년 공황을 뒤이은 경기침체에서 회복되지 않은 채였다. 당시 추정된 국가수입은 지출에 필요한 액수보다 적은 것으로 나타났다. 타일러는 수입품목에 관세를 부과하고, 또 공공수입을 받고 쓰는 일을 전문적으로 처리할 기관을 만들어 국가수입을 증대시키고자 했다. 타일러는 의회에 뷰런의 하위 재무원 체제를 대체할 전문 금융기관을 만들도록 요구했다. 그러나 타일러는 국가경제를 호전시키지 못했고 그의 적들은 의회에서 이 문제를 더욱 악용했다. 그럼에도 번영은 서서히 되돌아왔다. 그 이유는 대통령과 의회의 능력과 정책 때문은 아니었지만 어쨌든 경기는 회복되고 있었다.

의회는 대통령이 서명한 독립 재무원 법안을 폐지하는 법안을 통과시켰다. 타일러는 새로운 국립은행을 만들어 운영하기 위한 계획을 제출했다. 이는 주권을 주장하는 사람들이 제기할 수 있는 헌법적 반대를 피하는 국립은행이었다. 여기에는 동의가 없이는 그 어떤 주에도 지점을 설치하지 않는다는 조건이 달려 있었다. 그러나 의회는 이 계획에 반대했다.

첫 번째 연두회견에서 타일러는 재무 관련 계획을 제안했다. 이 계획안은 1842년 의회에 상정되었는데 1843년에 거부되었다. 공공자금은 여전히 선정된 주은행에만 예치될 수 있었고 금융위기는 계속되었다. 그래도 타일러 행정부 동안의 예산부족은 뷰런 행정부보다 적었다.

타일러는 연방의 공공토지를 판매하여 받은 자금을 주정부에 제공하는 법안에 서명했다. 비록 연방정부는 예산부족에 대처하기 위한 자금의 사용과, 또 이전에는 헌법의 적법성을 이유로 들어 자금의 분배에 반대하였지만, 타일러는 주정부를 구원하기 위한 조치로서 분배를 결정했다. 이 법안은 공유지에서 주거를 하고 있고 그들의 주거지를 개선하고 또 새로운 주거지를 세우는 정착자들에게 선매권을 인정했다. 이 선매권을 가진 사람들은 에이커 당 1.25달러로 최대 160에이커를 구입할 수 있었다. 이 법으로 중서부지역 농민들은 큰 이익을 보았다.

주권에 대한 강한 신뢰와 믿음 때문에 타일러는 연방자금으로 교통망 개량사업을 지원하는 것에 반대했다. 그는 1844년에 강과 항구 개발 법안에도 거부권을 행사했다. 그러나 워싱턴에서 볼티모어까지 전신선을 가설하는 데 들어가는 자금예산에는 승인했다. 비록 그는 주권에 대한 견해로 인하여 교육에서 연방정부의 역할은 금지하고 있었지만, 그래도 학문을 증진시킬 수 있는 일을 했다. 그는 해군에 약국과 외과를 설치했다.

타일러는 언론과 출판과 종교적 자유를 지지했다. 그는 종교를 정치에 주입시키고자 하는 아메리카당원은 물론이고 종교적으로 아집을 부리는 단체를 반대했다. 비록 타일러는 제퍼슨의 노선을 충실히 따르고자 했지만 정작 그는 부자계급을 좋아했다. 노예제 문제에서 그는 인권보다 재산권을 중시했다. 또한 그는 인디언들이 시민화 교육에 잘 참여하도록 연방정부가 격려해야 한다고 생각했다. 당시로 볼 때 그의 인디언 정책은 공정한 것이었다.

행정부와 정부 내에 관련된 업무수행 : -8점 36위(공동)

타일러는 해리슨의 죽음으로 뜻하지 않게 대통령에 올랐다. 따라서 당시 그에게는 추구해야 할 어떤 목적이나 목표도 없는 상태였다. 외교 분야에서 그는 캐나다와의 국경분쟁을 종결시키고 남서부 멕시코 영토로까지 국경선을 넓힌다는 목표를 개발했다. 그리고 캐나다와의 국경분쟁을 종결시키고 텍사스를 합병했다. 그러나 캘리포니아와 멕시코의 다른 영토를 획득하는 데는 실패했다.

해리슨 내각은 기존에는 어떤 일을 신중히 하는 것처럼 여겨졌지만 얼마 후 그렇지 않다는 사실이 밝혀졌다. 대통령으로 있던 짧은 기간 동안 해리슨은 내각인사들의 다수결의 원칙에 따라 의사를 결정했다. 그러나 대통령에 오른 타일러는 즉시 기존의 이런 관행을 계속하지 않을 것이며 대통령으로서 자신이 결정권을 행사하겠다고 말했다. 그의 내각에는 서로 다른 정치적 당파에 속한 사람들이 있었는데 이들은 서로를 시기했다. 타일러가 제2차 국립은행에 대해 거부권을 행사한 이후 대니얼 웹스터를 제외한 모든 내각인사가 항의의 표시로 사임을 했다. 1843년에는 웹스터도 타일러의 텍사스

정책에 반대하여 사임을 했다가 결국 대통령의 임기와 같이 갔다.

타일러는 내각인사를 임명하는 데서 몇몇은 실수를 저질렀고 몇몇은 악운이 따랐다. 그가 임명한 사람들 중 4명이 상원에서 거부되었다. 국무장관으로 웹스터를 뒤이은 아벨 업셔(Abel Upshur)와 해군장관 토머스 길머(Thomas Gilmer)는 배 폭발사고로 죽었다. 법무장관 휴 리가레(Hugh Regare)는 일하다가 죽었다. 타일러의 국립은행법안에 대한 거부권 행사에 항의하여 다섯 명의 내각인사들이 사임을 했고 두 명은 텍사스 합병에 반대하여 사임했다. 타일러는 업무수행 능력이 미숙한 다른 사람의 사임도 받아들였다. 결국 타일러는 그때까지 미국 역사상 가장 자주 내각인사를 바꾼 대통령이 되었다. 행정부에서 그가 정적들을 추방하고 자신과 견해를 같이하는 사람들을 임명하기 전까지 그는 정적들에게 둘러싸여 있었다.

2년의 대통령을 마친 후 타일러는 자신의 행정부를 다시 조직했다. 그는 내각인사들에게 적절한 역할을 부여했고 그들에게 자신들의 일을 하도록 위신과 권위도 주었다. 물론 그들이 행한 일의 결과에 대해서도 책임도 지도록 했다. 이제 행정부의 운영이 원활해지고 몇몇 국내 프로그램이 가동되었지만 결과는 성공적이지 않았다.

초기에 타일러는 의회와 재무부로부터 필요한 자금을 받아낼 수가 없었다. 경제가 호전되고 수입이 늘자 예산이 균형을 이루었고 정부 부채도 삭감되어 갔다. 타일러는 효과적인 금융정책으로 정부의 소비지출을 줄이고자 했다.

타일러가 제2차 국립은행 법안에 거부권을 행사하고 난 후 의회내 휘그당 의원들은 휘그당과 대통령 사이의 협조는 끝장났다고 선언하면서 대통령을 비방하는 결의안을 채택했다. 당시 휘그당 언론은 대통령을 혹독하게 비난했다. 탄핵과 암살에 대한 이야기가 난무하는 가운데 휘그당 언론과 팸플릿은 그를 남부 민주당원으로 다시 추방해야 한다고 주장하면서 타일러에 대한 공격과 장기투쟁을 계속했다.

의회와 대통령과의 관계는 극도로 악화되었다. 그는 의회 내에서 자신의 소속 당으로부터도 지지를 상실했다. 그 결과 타일러가 제안한 많은 것들이 의회로부터 거절당했다. 반대로 타일러 역시 앤드류 잭슨을 제외한 그 어떤 대통령보다도 더 많은 거부권을 행사했는데, 의회에서 통과된 아홉 가지 법안에 대해 거부권을 행사했다. 의회는 일부러 타일러의 대통령 임기 마지막 날에 대통령의 거부권을 무시했다.

1842년 말 관세법안에 대한 대통령의 거부권 행사가 있은 후 그를 탄핵하고자 하는 움직임이 일어났다. 휘그당으로 버지니아 출신 연방 하원의원 존 보트스(John Botts)는 대통령을 고발하는 내용을 세부적으로 작성해서 이 고발을 조사하기 위한 위원회 구성을 요구했다. 이 결의안은 127대 83으로 부결되었다.

사법부는 입법부와 행정부가 싸우는 동안에 독립되어 있었다. 타일러는 다섯 명의 대법원 판사를 임명했는데 실제로 단 한 사람만이 대법원 판사로 일했다. 다른 사람들은 사임을 하거나 의회의 비준을 받지 못했다

타일러는 연두회견을 통해 또 백악관을 방문하는 사람들과 의사를 교환했다. 그는 밤에 잦은 파티를 열었다. 그러나 정작 그는 일반 국민들에게까지는 가까이 다가가지 못했다. 그는 평민들 속에서는 불편함을 느꼈다. 타일러는 표를 획득하기 위한 선결조건으로서 토지소유제, 노예제도, 주권, 주정부의 무효화 선언, 탈퇴, 그리고 헌법의 엄격한 적용을 믿었다. 그러나 이런 믿음은 일반 국민들에게 인기가 없었다. 국립은행에 대한 반대조치와 보호관세 역시 인기가 없었다. 그는 은행을 악당으로 규정할 수 있는 능력을 가진 잭슨을 따라가지 못했다. 타일러는 국민들의 여론과 이익집단의 이익에 순응하기 위해 자신의 원리를 굽히기를 거절했다. 그는 의회에서는 물론 일반 국민들에게 너무 인기가 없어서 자신의 프로그램을 법제화시키지 못했다.

지도력 및 의사결정과 관련된 업무수행 : -3점 34위

타일러는 카리스마가 부족했고 다른 사람에게 영감을 주어 자신을 따르도록 하지 못했다. 비록 외교에서 몇 가지 문제는 성공을 거두었지만 대부분의 국내문제에서는 그렇지 못했다. 또한 그는 국민들을 자신 편으로 만들지도 못했다. 미국이 어떻게 발전되어 나가야 할 것인가에 대한 그의 비전은 대부분의 국민들에게 받아들여지지 않았다. 타일러는 미국 국민들의 신뢰를 확보하

지 못했다.

타일러 행정부는 한 마디로 불화 행정부였다. 불화의 많은 이유는 의회 내 타일러의 정적들의 잘못과 관련되어 있었다. 그러나 타협을 거부하는 타일러의 완고함 역시 불화의 원인이 되었다. 사안에 따라 확고한 원리를 고수하는 태대에 대해서는 칭찬을 할 수 있지만, 타일러 대통령이 의회와 국민은 공유할 수 없는 원리를 고수할 때 그의 국정운영은 매우 어려워졌다. 만약 타일러가 2차 국립은행에 대한 문제에서 타협을 했더라면 그의 국정운영은 보다 원활해졌을 것이다.

타일러는 용감하게 의사를 결정했다. 그러나 그 결정이 항상 지적인 판단에 따른 것은 아니었다. 그는 지적이지도 않았고 더불어 상식적으로 행동하지 않은 경우가 많았다. 비상사태에는 침착하였다. 의사를 결정하는 사람으로서 그가 범한 가장 큰 실수는 자신의 결정과 행동에 대해 정치적으로 다양한 견해가 존재할 수 있다는 점을 신중히 고려하지 못한 것이다.

타일러는 의회에 영향력을 행사하고 국민들을 주도적으로 이끄는 데 어려움을 겪었을 뿐 아니라 자신의 행정부 내에서도 많은 문제점을 안고 있었다. 1843년 많은 내각인사들이 사임하거나 추방된 후에야 타일러는 행정부를 다소 정상적으로 운영할 수 있었다.

개인적 성격과 도덕성 : 7점 23위

매력적인 외모를 지닌 남부 신사 타일러는 대통령직에 어울리는 위신과 권위를 가지고 행동했다. 단순한 서리가 아닌 대통령이라는 사실을 고집하면서 그는 대통령의 권한을 강화했다. 외교정책에서 성공을 거두었다는 사실 때문에 그는 국내보다 외국에서 더 많은 존경을 받았다. 정작 미국인들은 그들의 대통령에 대해 자부심을 갖고 있지 않았다. 아마도 그에게 적대적인 언론의 사악한 공격이 국민들의 자부심을 약화시키는 데 크게 기여한 것으로 보인다. 그러나 가장 큰 원인은 국민들이 대통령의 믿음을 공유하지 못했다는 데 있다. 국민들은 평민의 생활을 잘 이해하지 못하는 귀족이 자신의 나라를 지배하는 것을 탐탁스러워하지 않았다. 대부분의 국민들은 타일러가 자기 편이 아니라고 생각했다.

타일러에게 접근할 수 있는 길은 거의 한정되어 있었다. 그는 낮에는 백악관을 방문한 몇몇 사람, 밤에는 파티에 참석한 몇몇 사람들로부터 정보를 구했다. 문제는 그가 구한 정보를 진지하게 고려하지 않았다는 사실이다. 타일러는 의회에 보낸 연설과 백악관 방문자들에게 행한 연설을 통해 국민들에게 국정을 알렸다. 그러나 국민들은 대통령이 자신들과 멀리 떨어져 있는 사람이고 자신들과는 접촉하지 않는 사람이라고 생각했다.

타일러는 도덕적인 사람이었고 비록 자신의 원리가 국민들에게 찬성을 얻지 못했지만 원리를 지키는 사람이었다. 그는 신뢰할 수 있는 사람이었고 한번 한 약속은 지켰다. 대단히 정직한 성품을 지녔던 타일러는 공직을 이용하여 자신이 경제적으로 이익을 추구하거나 하지 않았다. 백악관에서 오락을 즐기는 데 자신의 돈을 많이 소비한 그는 거의 파산상태에서 대통령직을 떠났다. 그에 대한 상스러운 비난에도 불구하고 그는 도덕적인 사람이었다. 사적으로건 공적으로건 그는 그 어떤 스캔들에도 연루되지 않았다.

종합평가 : 2점 31위

타일러는 외교문제와 관련하여 상당한 성공을 거두었다. 그러나 그는 다른 분야에서는 그렇지 못했다. 그는 총 2점을 받아 31위를 차지했다.

제임스 포크
James Polk | 1845~1849

	평가점수	평가등수
외교를 비롯한 대외관계와 관련된 업무수행	3	31(공동)
국내의 각종 문제 및 사업에 대한 업무수행	1	27(공동)
행정부와 정부 내에 관련된 업무수행	11	11(공동)
지도력 및 의사결정과 관련된 업무수행	15	8(공동)
개인적 성격과 도덕성	12	13(공동)
종합평가	42	16(공동)

배경

제임스 포크는 1795년 11월 4일 노스캐롤라이나주 매클랜버거 카운티에 있는 농가에서 태어났다. 포크가 11세가 되었을 때 그의 가족은 테네시로 이사를 했다. 지역 아카데미에서 공부를 한 후 노스캐롤라이나 대학에 입학한 그는 명석하지는 않았지만 근면과 성실로 수학과 고전에서 일등으로 졸업했다. 졸업을 한 후 포크는 연방 하원의원 펠릭스 그룬디(Felix Grundy)에게서 법학을 공부했고 1820년에 변호사 시험에 합격했다. 1823년에 그는 주의회 의원에 당선되었다. 1825년에는 연방 하원의원에 당선되어 14년간 줄곧 일했고 두 번에 걸쳐 하원의장직을 지냈다. 그는 대통령 잭슨을 지지하였고 이 때문에 그에게는 '젊은 히코리'(Young Hickory)라는 별명이 주어졌다. 1839년 테네시 주지사에 당선된 그는 1840년에 테네시주 입법부의 주도로 민주당 부통령 후보가 되었다. 그러나 밴 뷰런과 함께 그는 패배했다. 1841년과 1843년에 주지사에 도전했으나 두 번 다 낙방했다.

대통령 후보 지명과 선거

1844년 민주당 전당대회가 열렸을 때 포크는 당의 부통령 후보가 되고자 했다. 전직 대통령이었던 밴 뷰런이 민주당의 가장 인기 있는 대통령 후보였다. 대통령 후보자 결정선거 1차 투표에서 뷰런은 1등을 했지만 지명을 위한 정족수 2/3의 규정을 충족시켜 주지 못했다. 7차에 걸쳐 투표가 이루어졌지만 뷰런이나 그의 가장 큰 라이벌인 루이스 캐스(Lewis Cass) 모두 지명을 위해 요구되는 정족수에 도달하지 못했다. 결국 전당대회는 밤까지 연기되었다. 밤새 상당한 정치적 거래와 안배가 이루어졌다. 다음 날 아침 제8차 투표에서 포크는 처음으로 대의원의 표를 받았다. 이은 제9차 투표에서 뉴욕 대의원들은 만약 당이 결속만 한다면 후보직을 사퇴할 수 있다는 뷰런의 편지를 공개했다. 이 일이 있은 후 뉴욕 대의원들은 포크에게 마음을 돌렸고 많은 대의원들의 마음을 움직였다. 주(州)에 주를 이어 앞다투어 포크를 지지했다. 마지막 투표에서 포크는 만장일치로 후보로 당선되었다. 미국 역사상 처음으로 주요 정당에서 대통령 후보로 다크호스 후보가 당선되었다.

휘그당 후보인 헨리 클레이는 포크보다 훨씬 잘 알려진 인물이었고 인기도 있었다. 그러나 이 선거에서 개인적 인기도란 정책 현안보다 덜 중요한 것임이 입증되었다. 휘그당은 보호관세와 클레이의 '미국적 체제'(American System)를 중요 공약으로 내걸었다. 포크는 미국은행을 반대했고 텍사스 합병과 오리건 획득을 공약으로 내걸었다. 텍사스와 오리건을 연결시킨 것은 좋은 전략이었다. 텍사스를 얻는 것은 남부 노예 소유주들에게 좋은 것이었고 오리건을 얻는 것은 더 많은 자유주를 원하는 북부인들에게 좋은 것이었다. 민주당은 오리건이 당연히 미국 것이라는 점을 부각시켰다. 클레이는 텍사스 문제와 관련하여 소심함을 드러냈지만 포크는 합병을 기정 사실화 했다. 포크는 두 지역의 방대한 영토가 이미 미국의 일부라는 사실을 부각시키면서 '텍사스의 합병과 오리건의 재점령'을 선전했다.

일반투표에서 두 후보의 표 차는 너무나 근소했다. 포크가 38,000표를 더 얻었다. 그러나 가장 중요한 선거인단에서 포크는 170표를, 클레이는 105표를 받았다.

외교를 비롯한 대외관계와 관련된 업무수행 : 3점 31위(공동)

아마 미국의 '명백한 운명'(manifest destiny)에 대한 개념을 확립시키는 데서 포크보다 더 많은 일을 한 대통령은 없을 것이다. '명백한 운명'이란 미국이 허드슨만에서 파나마 해협까지 전 대륙을 지배할 운명이라는 것이다. 포크는 다른 영토를 얻는 것보다 무엇보다 멕시코 영토를 취하는 것을 최고의 우선정책으로 삼았다. 그는 멕시코와는 전쟁까지 불사했지만 자신의 다른 야심에 대해서는 타협의 길을 택했다.

텍사스 합병은 의회의 합동결의안으로 인정되었고 포크가 대통령으로 취임하기 3일 전에 타일러 대통령에 의해 서명되었다. 텍사스 독립을 인정하기를 거부하는 멕시코는 공식적으로 이 합병에 대해 항의했고 미국과의 외교적 관계를 단절했다. 이에 포크는 재커리 테일러(Zachary Taylor)에게 명령하여 리오그란데강 근처를 점령하도록 했고 멕시코가 전쟁을 시작하지 않는 한 행동을 텍사스 방어로 한정하라고 했다. 포크가 멕시코가 미국과 외교적 관계를 다시 맺고자 한다는 소식을 들었을 때 그는 존 슬리델(John Slidell)을 공사로 임명하여 파견했다. 슬리델은 만약 멕시코가 리오그란데강 입구에서 북위 32도선까지 또 서부 태평양까지의 영원한 국경선에 동의할 경우 캘리포니아와 뉴멕시코 지역을 구입할 임무를 띠고 있었다. 이 때문에 멕시코 여론의 악화되자 멕시코 대통령 헤레라(Herrera)는 슬리델을 만나지 않았다.

1845년 1월 13일 포크의 명령 하에 국무장관은 테일러 장군에게 명령하여 리오그란데강 좌측 둑에 진을 치도록 했다. 이는 멕시코 영토에 대한 침략이었다. 최초의 소규모 전투가 4월 25일에 일어났다. 5월 11일에 포크는 의회에 전쟁 메시지를 보냈다. 그동안에 여러 통로를 통해 멕시코는 미국의 텍사스 합병을 묵인한다는 것을 넌지시 알렸다. 그런데도 미국 군대를 향하여 멕시코 영토로의 진격을 명령한 대통령의 행동은 멕시코인들을 자극하여 전쟁을 촉발시키려고 한다는 비난이 쏟아졌다. 이 전쟁은 미국에게 뉴멕시코와 캘리포니아를 획득할 가능성을 주는 것이었다. 포크가 보았을 때, 이 일은 전쟁을 통하지 않고 평화적인 수단으로는 불가능하였다. 당시 텍사스 문제는 평화적으로 해결될 수 있었다. 그러나 포크는 텍사스보다 더 많은 것을 원했고 이를 위해 전쟁을 기꺼이 하고자 했다.

멕시코와의 전쟁은 오늘날까지도 많은 논쟁을 불러일으키고 있다. 전쟁 결과 멕시코는 텍사스에 대한 주장을 포기하고 500,000평방 마일 이상의 영토를 미국에 양도했다. 멕시코는 이전 영토의 절반으로 축소되었고, 상실한 땅은 대부분 생산지였다. 많은 멕시코인들은 지금까지도 이때의 영토 점령에 대해 분개하고 있다.

포크는 오리건 국경지역을 놓고 영국과 벌인 분쟁에서는 멕시코의 경우와는 전혀 다른 방법으로 문제를 처리했다. 1845년 8월 초에 그는 국경선으로 위도 49도선을 인정할 것을 제의했으나 영국이 거절했다. 그러나 12월에 영국이 포크에게 다시 이 제안을 했을 때 이번에는 포크가 거절했다. 1846년 5월 21일 포크는 기존의 조약에 따라 영국과의 오리건 공동점령은 1년 내에 끝날 것이라고 영국에게 주지시켰다. 6월 10일에 그는 영국의 제안을 상원에 제출하였고 상원은 6월 15일에 여기에 비준하였다. 따라서 포크는 장기적으로 계속된 북서부 지역의 영토분쟁을 타협을 통해 평화적으로 해결했다. 그는 멕시코의 경우와 달리 영국과는 전쟁을 원하지 않았다.

멕시코를 제외한 다른 나라와의 관계에서 포크는 군사적 행동보다 외교력을 발휘했다. 그는 두 차례나 시도한 쿠바 구입 제안을 스페인이 거절했을 때 버틀러(Buttler) 장군을 파견하여 미군이 이 섬에 대해 어떤 침략행위도 하지 못하게 하라고 명령했다. 그는 미국에 성 바톨로매 섬을 판매하겠다는 스웨덴의 제안을 거절했다. 유카탄 정부가 인디언들이 백인을 죽이는 일을 막는 데 도움을 주는 나라에게 유카탄의 주권을 맡길 것이라고 했을 때 포크는 이 나라를 합병할 준비를 했다. 그러나 합병을 위한 어떤 조치를 취하기 전에 유카탄 정부가 인디언과 평화조약을 맺었다. 브라질과 부에노스 아이레스와의 갈등은 평화적으로 해결했다. 포크는 새롭게 만들어진 에콰도르와 볼리비아와 외교적 관계를 수립했다. 그는 미국에게 파나마 해협을 가로지를 수 있는 통행권을 보장한다는 조약을 뉴 그라나다와 채결했다. 영국과는 우편협정을 맺었는데 이 내용은 대륙간 우편물을 수송하는 데 있어서 미국 배에도 영국 배와 똑같은 자격을 준다는 것이었다.

포크는 '먼로 독트린'을 북아메리카에 대한 유럽 세력의 어떠한 간섭도 조금도 허용하지 않는다는 것으로 재해석했다. 비록 모든 유럽 국가들의 기존의 권리는 존중하나 북아메리카 영토에 대한 주권을 하나의 유럽국가에서 다른 유럽국가로 전이할 수 없다고 말했다. 그는 북아메리카 영토에 하와이를 포함시켰다. 이 내용은 소위 포크 독트린(Pork Doctrine)으로 불리고 있다.

포크의 주요 업적 중 하나는 관세율의 인하였다. 1842년 보호관세가 대치되었다. 낮은 관세율에도 불구하고 포크의 새로운 관세법은 무역의 증가에 따라 국가에 더 많은 세입을 가져다주었다. 새로운 관세법은 미국은 물론 다른 나라에도 이익을 가져다주었다. 포크는 의회와 제조업자의 강력한 반대에도 불구하고 이 새로운 관세법을 관철시켰다.

외교 분야에서 포크가 거둔 업적은 매우 인상적이다. 그러나 불행히도 그의 업적 평가 부분에서는 멕시코와의 전쟁 때문에 얼룩이 졌다. 비록 미국은 멕시코를 적으로 간주하고 전쟁을 벌였지만 미국을 제외한 다른 나라들은 미국이 멕시코를 공격할 이유가 하나도 없다고 보았다. 포크는 미국의 힘을 세계에 과시했지만 그것은 평화나 공정한 방법을 통한 것이 아니었다.

국내의 각종 문제 및 사업에 대한 업무수행 : 1점 27위(공동)

포크의 국내정책의 기본 초석은 독립 재무원 제도의 부활이었다. 포크는 연방차원의 세금을 부과하지 않았다. 정부 운영에 필요한 수입은 관세로 충당하였다. 비록 1846년 월커 관세법(Walker Tariff)을 통해 관세율은 낮아졌지만 수입량이 증대했기 때문에 국가소득은 증대되었다. 포크는 관세를 거둘 때까지 수입품을 저장소에 쌓아두라고 명령했다.

포크의 낮은 관세율 정책과 이를 통한 국가소득 증대라는 관세정책은 보호관세를 원하던 제조업자들에게도 경제적으로 이익을 가져다주었다. 포크의 임기 동안은 다른 대통령들에 비해 상대적으로 번영을 누린 시기였다. 그의 경제정책의 기본은 안정이었다. 그는 각 행정부서장에게 명령하여 소비지출을 면밀히 검토하여 낭비를 줄이라고 했다. 비록 당시에는 포괄적인 의미의 국가 총예산이라는 개념이 없었지만 포크는 정부지출의 감독에 도움을 주도록 예산감독관과 비슷한 직책을 만들었다. 그는 정부를 너무나 검소하게 운영하여 멕시코와의 전쟁 때도 세금을 올리지 않았다. 그러나 이 전쟁 때문에 그가 고대하였던 국가부채의 탕감작업을 정지해야 했다. 이에 따라 국가부채는 약 5천 5백만 달러가 불어났다. 이 액수는 역시 전쟁을 한 대통령인 제임스 매디슨 대통령 이래로 가장 많은 액수였다. 멕시코와의 전쟁으로 생겨난 인플레이션은 포크의 정책에 원인이 있는 것이 아니었다.

헌법에 저촉된다는 이유로 포크는 연방자금을 교통망 개량사업에 쓰는 일에 반대했다. 또한 그는 남아도는 연방정부 자금을 주정부에 분배해 주는 데에도 반대했다. 그는 가난한 사람을 도와 주는 일에도 연방정부의 힘을 사용하지 않았고 심지어 미국의 수도에 살고 있는 가난한 사람을 돕는 일에도 반대했다. 그는 강과 항구의 개발 법안에도 반대했다. 그는 이것을 특정선거구 및 특정의원만을 이롭게 하는 정부보조금의 의미를 가진 소위 '돼지통'(pork-barrel) 사업으로 보았고, 이 사업에 대한 헌법의 적법성에도 의심을 했다. 그의 국내정책은 대체로 양호한 편이었으나 당시의 상황에서 국가의 잉여자본을 건설분야에 투자하여 국가를 돕는 일에 써야 했다.

비록 그는 노예소유자로서 노예제도에 찬성했지만 연방의 유지가 노예제도의 유지나 폐지보다 더 중요한 문제라고 생각했다. 그는 멕시코로부터 획득한 어떠한 영토에서도 노예제도를 금지한다는 조항을 가진 윌모트 단서조항(Wilmot Proviso)에 강력히 반대했다. 그는 노예제폐지주의자들을 위험한 인물들이라고 생각했다. 이들은 연방을 해체시킬 수 있다고 보았기 때문이다. 그는 노예를 소유하고 있었을 뿐만 아니라 노예매매를 지지했고 거기에 관여하였다. 심지어 그는 많은 노예들이 잔인한 대우를 받았다는 고발이 들어와도 이를 조사하지 않았다.

포크는 자신의 친구들을 동원하여, 자신과 자신의 행정부에 대해 긍정적인 기사를 쓰고 긍정적인 평가를 내리도록 하기 위해 민주당을 지지하는 워싱턴의 핵심 신문들에 영향력을 행사하게 했다. 당시에는 언론에 대해 약간의 영향력을 행사하는 것은 적절한 행위로 여겨졌다. 왜냐하면 정부가 국가의 수도에 있는 신문들과 친밀한 관계를 유지해야 국정운영에 도움이 된다고 보았기 때문이다. 그러나 그는 반대 언론들의 자유를 박해하지는 않았다.

포크는 종교적 자유를 강하게 주장했고 종교적 아집에 대해서도 강하게 반대했다. 그러나 모르몬 교도에 대한 그의 처분은 종교적 자유와는 거리가 멀었다. 그는 나우부에서 모르몬 교도에 대한 폭동을 막지 않았다. 멕시코와의 전쟁 동안 그는 모르몬 교도도 다른 미국시민과 똑같이 행동해야 한다고 말했다. 이에 따라 모르몬 교도는 군대에 입대했으나 명단은 그들이 캘리포니아에 도착하기까지 고려의 대상도 되지 않았다. 결국 포크는 캘리포니아를 획득하고 난 후 그들을 군에 받아들였다.

심지어 엘리자베스 스탠턴(Elizabeth Stanton)과 루크레샤 모트(Lucretia Mott)가 이끄는 1848년 집회가 수많은 일반 국민들의 토론을 자극하고 이것은 최초의 여성 참정권 대회라고 불렸지만, 포크는 여기에 관심을 두지 않았다. 비록 그는 가난한 사람들을 경멸하거나 무시하지는 않았지만 그들의 생활 개선을 위해서는 아무일도 하지 않았다. 그는 공장에서 일하는 어린이들이 가혹하게 혹사당하는 것이나 가난한 이민에 대해서도 무시했다. 감자기근을 피해 오거나 중부유럽의 전쟁을 피해 온 아일랜드 사람들은 미국 대통령으로부터 아무런 도움을 받지 못했다.

행정부와 정부 내에 관련된 업무수행 : 11점 11위(공동)

행정부를 책임지면서 포크는 네 가지의 주요 목표를 발표했다. 관세를 줄이고, 독립 재무원을 다시 세우고, 오리건 문제를 해결하고, 캘리포니아를 획득하는 것이었다. 그는 이런 목표를 달성하기 위한 계획을 세웠다. 그는 이런 일을 추구하는 데 방해물이 있을 것이라 예견했고 필요할 때마다 이를 기술적으로 피해 갔다. 여러 곳에서 강한 반대가 일어났지만 그는 목표를 달성하였다. 오리건 분쟁의 정착은 타협을 요구했고 캘리포니아를 얻는 데는 멕시코를 누르기 위해 전쟁이 필요했다. 포크는 여러 방법을 통해 이런 모든 목표를 달성했다.

포크는 행정부를 잘 조직했고 핵심적인 인사들에게 자신의 국정운영에 대한 기대를 보냈다. 그는 행정부서장들에게 자신들이 이끄는 부서의 하급

일들을 책임지게 했으며 혼신을 다해 의무를 다하도록 이끌었다. 그는 내각인사로는 자격을 갖춘 백인 남성으로 국한했다. 그의 인사는 비록 지역적 안배와 같은 정치적 고려에 영향을 받았지만 무능한 사람은 임명하지 않았다. 그는 제임스 뷰캐넌을 국무장관에, 조지 뱅크로프트(George Bancroft)를 해군장관에 임명했다. 그는 자신이 임명한 인사들에게 높은 윤리성과 높은 수준의 업무수행 능력을 요구했다. 또한 행정 각 부서의 인사를 임명할 때는 포크 자신의 계획을 지지한다는 것을 조건으로 내걸었다. 포크에 대한 충성은 다양하게 이루어졌다. 따라서 포크는 자신의 행정부에 대한 간섭은 최소한으로 그쳤다.

대통령으로 있는 마지막 날에 그는 내무부를 만드는 법안에 서명했다. 그러나 그는 내무부가 주정부의 권한을 약화시키고 연방정부의 관할권을 강화시킨다고 믿었기 때문에 이 법안을 적극적으로 찬성하지 않았다. 단 이 법안에 대해 헌법적으로 반대할 이유가 없었기 때문에 마지못해 서명은 했다.

포크는 연설과 글을 통해 의회와 국민에게 국정을 알렸다. 그는 자신의 행정부의 목소리로 자신이 잘 관리해 온 신문을 이용했다. 자연히 그는 휘그당 언론으로부터 반대를 받았다. 그는 기자회견을 하지 않았고 주고받는 토론을 하지 않았다.

포크는 각 행정부서장들에게 하급기관의 소비지출을 통제하도록 했다. 그는 정부 자금을 세세한 부분까지 통제하고 관리했다. 그는 아마도 이전의 그 어떤 대통령보다 정부 지출을 잘 관리했던 것으로 보인다. 대체적으로 그의 정부운영은 효과적이었다. 멕시코 공사로 파견한 존 슬라이델의 경우는 의도한 대로 되지 않았는데 이는 예외적인 경우였다. 국무장관 뷰캐넌은 사적으로 혹은 국무회의에서 대통령에게 반대를 하고 대통령의 지시를 따르지 않았지만 결코 대통령의 프로그램을 완전히 벗어나거나 그만두지는 않았다.

민주당 내 파당에도 불구하고 포크는 자신의 중요한 목적을 달성하는 과정에서 입법부로부터 충분한 지지를 이끌어 내었다. 그러나 휘그당으로부터는 지지를 거의 받아내지 못했다. 휘그당은 1846년 중간선거에서 승리하여 의회를 통제하고 난 후부터 포크의 프로그램에 제동을 걸기 시작했다. 그런 와중에서도 그는 낮은 관세율, 독립 재무원, 오리건 분쟁 등의 문제를 해결했다. 멕시코 전쟁은 이미 진행중이었고 휘그당은 이를 멈추게 할 수가 없었다. 그는 캘리포니아의 획득을 포함하고 있는 1848년 2월의 과달루페 히달고 조약(Treaty of Guadalupe Hidalgo)의 상원 비준을 얻는 데 휘그당으로부터 많은 지지를 받았다. 이로써 포크는 자신의 중요 목표 네 가지를 모두 달성할 수 있었다.

포크는 사법부에 대해 큰 고려를 하지 않았다. 그가 연방판사로 임명한 인물들은 능력은 있었으나 뛰어난 것은 아니었다. 그가 대통령으로 있는 동안 2명의 대법원 판사를 임명했다.

일반 국민들의 긍정적인 여론은 포크가 자신의 목표를 달성하는 데 도움을 주었다. 이 경우 많은 국민들이 대통령을 개인적으로 좋아했다기보다는 그의 목표에 동의했기 때문이다. 포크는 일반 국민들의 이익을 우선시했다. 그는 대통령 후보 지명을 수락할 때 한 차례 임기만 대통령을 할 것이라고 약속했다. 그는 특별한 이익집단에 구속받지 않았다. 그러나 그는 일반 국민들과의 접촉이 부족했고 또 헌법이 정부 권한을 상당히 구속하고 있다는 생각을 갖고 일반 국민들의 생활을 개선하려는 노력은 하지 않았다.

지도력 및 의사결정과 관련된 업무수행 : 15점 8위(공동)

카리스마가 부족한 포크는 영감을 발휘하는 지도자는 아니었다. 그러나 그는 사실과 논리적인 근거를 들어 이야기함으로써 상당한 설득력을 발휘했다. 정부에 대한 국민들의 믿음은 8년 전의 추락 상태에서 상당히 회복되었다. 포크는 자신은 물론 다른 사람들에게도 높은 수준의 업무 수행 능력을 요구하였다. 그는 이러한 수준이 가능할 뿐만 아니라 달성되었다고 보았다.

미국이 어떻게 발전되어 가야 하는가에 대한 미래 비전에서 그는 이 해안에서 저 해안까지 단합되고 번영된 국가를 꿈꾸었다. 이것은 당시 많은 미국인들이 꿈꾸었던 비전이다. 그렇지만 역시 많은 사람들은 노예제도를 두고 두 갈래로 갈린 미국을 단합시키는 방법에 대해 동의하지 않았다. 당시 많은 국민들은 서부로의 확장은 전쟁을 통하지 않고도 필연적으로 이루어질 것이라고 믿었다. 그러나 포크는 멕시코인들에게 전쟁을 시작하도록 유도하면서 이 일을 진행했다.

포크는 자신의 목표를 달성하기 위한 전략을 수립하는 데 뛰어났다. 그는 여러 가지 선택안을 신중히 검토하고 의사를 결정하기 전에 각 행동과정의 결과를 미리 예상했다. 그는 학자가 아니었지만 역사의 중요한 원리를 알고 있었고 역사를 통해 많은 것을 배웠다. 그는 실수를 인정하기 싫어했으나 필요하다면 그렇게 했다. 그는 좀처럼 같은 실수를 두 번 반복하지 않았다. 환경이 변하면 문제의 사안에 따라 자신의 입장도 바꾸었다. 예를 들어 그는 이전에 잭슨 정부의 주중심 은행정책에 찬성했지만, 대통령으로서의 그는 독립 재무원에 자금을 예치해 두는 것을 주장했다. 그는 이 목표를 힘겨운 투쟁 끝에 달성하였다.

포크는 확고한 자신의 원리를 유지하는 가운데 세부적인 면에서 타협을 했다. 텍사스 합병과 과달루페 히달고 조약에서의 세부적인 면들이 그의 타협의 좋은 예다. 그러나 타협을 거부하고, 대사가 아닌 공사의 신분으로 슬라이델을 멕시코로 파견하고자 고집함으로써 결국 일은 실패로 끝났다. 만약 타협이 이루어져 멕시코와 협정을 맺었다면 멕시코와의 전쟁은 피할 수도 있었을 것이다. 그가 왜 타협을 하지 않았는가에 대한 중요한 이유는 밝혀지지 않았다.

비상시에 포크는 침착함과 냉정함을 유지했다. 그는 항상 감정보다 이성에 따라 판단을 했다. 포크는 필요할 때 어려운 문제를 경정하는 용기를 가지고 있었다. 그러나 필요 없다고 여겨질 때는 전혀 그렇지 않았다. 자신의 목표를 달성하기 위해 멕시코와의 전쟁이 필요하다고 확신했을 때 그는 멕시코에 대한 행동을 감행하라고 명령하였다. 거기에는 자신이 전쟁을 선포할 경우 의회가 승인해 줄 것이라는 확신도 들어 있었다.

개인적 성격과 도덕성 : 12점 13위(공동)

대통령으로서의 포크는 권위를 가지고 행동했으며 대통령직의 면목을 잃는 행동을 하지 않았다. 많은 미국인들은 멕시코에 대해 미국이 거둔 군사적 성공에 자부심을 가지고 있었다. 그는 전임 대통령들보다 더욱 강한 대통령으로서 자신의 대통령직의 권위와 힘을 거의 잭슨 대통령 수준으로 끌어올렸다. 특히 그는 외교 업무에서 대통령의 권한을 크게 신장시켰다. 그러나 헌법의 저촉의 문제에 부딪혀 국내문제에서는 두드러진 성과를 올리지 못하였다.

포크는 국민들로 하여금 대통령직이란 것이 국민을 위한 자리라고 생각하도록 만들지 못하였다. 그는 잭슨 대통령처럼 평민의 마음을 감동시킬 능력이 부족했다. 따라서 국민들은 포크를 국민의 대통령이라고 생각하지는 않았지만 그렇다고 포크를 그들의 적이라고 생각하지는 않았다. 포크는 국민들로부터 정보를 구하지 않았고, 공식적으로든 비공식적으로든 국민들에게 다가서려고 하지 않았다. 그렇다고 포크가 국민들의 견해를 무시하거나 경멸한 것은 아니었다. 그는 천성적으로 혼자 있기를 좋아했다.

포크는 정치적인 면에서는 굴곡이 심하였지만 그의 개인적 도덕성은 비난받을 이유가 하나도 없다. 그는 자신이 한 말을 지켰으며 믿음성 있게 행동했다. 그는 너무나 정직했다. 그는 자신은 물론이고 아내에 대한 선물도 일체 거절했다. 그는 사적으로 이익을 보기 위해 공직을 조금도 이용한 적이 없었다. 포크는 일생을 통해 높은 수준의 개인적 도덕성을 유지했다. 그의 행정부는 잭슨 이후 상당히 추락하였던 대통령직의 명성을 회복시켰다.

종합평가 : 42점 16위(공동)

100점 만점에 42점을 받은 포크는 16위를 차지했다. 미국 대통령에 대한 대부분의 평가조사에서 포크는 우리가 매긴 것보다 약간 상향된 점수와 등수를 받았다. 많은 역사가들은 포크가 미국의 국경선을 확대시킨 데 대해 높은 점수를 주고 있다. 그러나 우리는 외교에서 이룬 그의 업적을 부정하는 것은 아니지만 그가 고의로 멕시코와의 전쟁을 유도한 일은 정당화될 수 없다고 생각한다. 대부분의 역사가들의 포크에 대한 평가가 19세기의 가장 유명한 역사가 중의 한 사람인 조지 뱅크로프트(George Bancroft)의 영향을 많이 받았다는 점을 지적하고 싶다. 사실상 뱅크로프트는 포크가 대통령후보에 지명되도록 노력한 사람 중 하나였고 내각에서 포크로부터 가장 신뢰받는 한 사람이었으며 나아가 포크의 정책 자문단 중 최고 인물이었다. 자연적으로 뱅크로프트의 역사는 포크를 호의적으로 기술할 수밖에 없을 것이다.

재커리 테일러
Zachary Taylor | 1849~1850

	평가점수	평가등수
외교를 비롯한 대외관계와 관련된 업무수행	13	6(공동)
국내의 각종 문제 및 사업에 대한 업무수행	7	16(공동)
행정부와 정부 내에 관련된 업무수행	3	25(공동)
지도력 및 의사결정과 관련된 업무수행	4	24(공동)
개인적 성격과 도덕성	10	20
종합평가	37	20

배경

재커리 테일러는 1784년 11월 24일 버지니아 오렌지 카운티에서 태어났다. 그는 여덟 살 때 부모와 함께 켄터키주 루이스빌로 이사하였다. 공식적인 교육도 거의 받지 않고 군대 경험도 거의 없었던 그가 1808년 미 육군에서 소위로 임관되었다. 그는 군대에서 착실히 진급하여 1846년에는 소장으로 진급했다. 1812년 전쟁, 블랙호크 전쟁, 제2차 세미놀 전쟁, 멕시코와의 전쟁 등에 참전한 그는 중요 전투를 승리를 이끈 성공적인 군인이었다. 그는 군대에서도 치장한 유니폼은 싫어하고 대신 그저 평범한 복장을 택했다. 다소 정돈되지 못하고 말끔하지 못한 외모 때문에 그에게는 '외모는 단정치 못하지만 능력을 갖춘 늙은이'(Old Rough and Ready)라는 별명이 따라다녔다. 그는 젠체하지 않고 수수한 행동으로 군대 내에서도 대단한 인기를 얻었다. 멕시코와의 전쟁 동안 테일러는 국가적 영웅이 되었다. 군대에 있는 동안 그는 루이지애나와 미시시피에 면화농장을 구입했다.

대통령 후보 지명과 선거

1846년에 정치가들 중 많은 사람들이 테일러를 미래의 대통령 감으로 보기 시작했다. 그러나 당시 테일러는 자신을 대통령후보로 추대하고 있는 모든 노력을 무마시켰다. 1848년 봄 테일러는 민주당은 이 나라를 구분시켜 둔 지역적 갈등을 치유할 수 없으며 휘그당은 선거를 승리로 이끌 인물을 갖고 있지 못하다는 사실을 확인했다. 이런 상황에서 그는 자신이 대통령선거에 나서야 한다는 일종의 의무감을 느꼈다. 그럼에도 그는 후보로 지명되기 위한 노력은 하지 않았다. 그러나 그를 지지하는 사람들이 이를 위해 노력했고 휘그당 전당대회가 열렸을 때 테일러는 가장 유력한 후보였고 결국 후보로 임명되었다.

민주당 전당대회에서는 노예문제를 놓고 사분오열되어 있었다. 노예제도를 강하게 반대하고 있던 뉴욕 출신의 강경파 대의원이 전당대회장을 퇴장했다. 혼란이 계속되는 가운데 민주당은 루이스 캐스를 후보로 임명했고 핵심 강령으로 의회는 노예제도에 대해 왈가왈부할 권한이 없다는 내용을 채택했다. 여러 군소 정당도 후보를 지명했다. 대통령이었던 마틴 밴 뷰런은 자유당의 후보가 되었다.

선거운동 과정에서 테일러는 처음부터 끝까지 평상시와 같이 군대 의무를 충실히 수행했고 자신의 면화농장을 경영했다. 그는 선거유세 여행도 하지 않았고 유세 연설도 하지 않았다. 그러나 테일러의 지지자들은 캐스와 뷰런과 같이 열렬한 선거운동을 했다. 재커리의 만류에도 불구하고 선거의 열기는 뜨거웠다. 큰 횃불과 선전적인 노래가 넘쳐났고 욕설이 난무했다. 선거는 막상막하였다. 테일러와 캐스가 각각 15개 주에서 승리했다. 뷰런은 3위였다. 뉴욕주 선거인단 표를 합산하지 않을 채 두 후보는 127표를 얻었다. 뉴욕주가 문제였다. 우여곡절 끝에 뉴욕주의 선거인단은 테일러에게 기울어져 그가 163표를 얻고 캐스는 127표를 얻었다. 일반투표에서 테일러가 가장 많은 표를 얻었지만 과반수는 넘지 못하였다.

외교를 비롯한 대외관계와 관련된 업무수행 : 13점 6위(공동)

짧은 기간 동안 대통령직에 있으면서 테일러는 외교문제와 관련된 여러 가지 위기들을 잘 극복했다. 그 가운데 가장 성공적인 것은 니카라과 문제를 두고 영국과 벌어졌을 수도 있는 전쟁위기를 모면케 한 클레이턴-불워 조약 (Clayton-Bulwer Treaty)이었다. 그는 역시 캐나다를 합병하자는 미국의 동요를 안정시켰고 독일과의 관계에서는 1818년 중립법을 계속 유지했다. 그는 미국법을 위반한 프랑스와 포르투갈 외교관들을 강력히 처벌했지만 이로 인한 문제는 평화적으로 해결했다. 테일러는 세미놀족을 상대로 한 전쟁에서 민병대를 소집하는 것을 거절했다. 백인 한 명을 죽인 데 대한 보복으로 전체 종족을 처벌하자는 주장을 허락하지 않은 것은 또 다른 세미놀 전쟁을 피하도록 해주었다. 그는 역시 리오그란데강에서 발생한 인디언과의 전쟁도 막았다. 그는 평화를 유지하는 데 있어 미국의 이익을 보호하기 위해 군사적 힘을 과시하여 이를 이용했다. 그는 만약 스페인이 쿠바를 영국에 양도하지 않으면 스페인과 전쟁을 불사할 것이라고 위협했다. 또한 그는 만약 미국의 팽창주의자들이 쿠바를 강제로 침입한다면 이를 막기 위해 군사적 행동에 나설 것이라고 말했다. 그는 만약 텍사스가 뉴멕시코와의 국경분쟁에서 무력을 사용한다면 미국 역시 텍사스를 상대로 군사적 행동을 할 것이라고 위협했다.

테일러는 다른 나라와의 관계에서 시종일관 미국의 이익을 중심에 두었다. 그는 다른 나라로부터의 위협에 맞서 미국의 이익을 강하게 지켰다. 동시에 캐나다, 멕시코, 중앙아메리카, 쿠바 등으로의 팽창을 주장하는 미국 팽창주의자들의 목소리를 자제시켰다. 멕시코와의 전쟁에서 그가 가장 큰 명성을 얻었음에도 불구하고 그는 멕시코와 멕시코 국민들에게 존경을 가지고 대했고 그 결과 그들로부터 많은 존경을 받았다.

비록 그는 이 나라를 위협하는 사항에 대해서는 단호한 입장을 취하였지만 그의 외교정책은 국제적 긴장상태를 완화시켰다. 캐나다, 니카라과, 쿠바에 대한 그의 태도는 해결하기 곤란한 문제들을 상당히 부드럽게 만들어 주었다. 루이스 코슈트(Louis Kossuth)의 지도 아래 헝가리가 오스트리아로부터 독립을 획득하기 위해 투쟁을 시작했을 때 테일러는 미국인들로 하여금 오스트리아가 합법적으로 통치를 하고 있는 동안 혁명주의자들을 돕지 말도록 했다.

그는 만약 코슈트가 혁명에 성공하면 미국은 그의 정부를 승인할 것이라고 발표했다. 테일러는 이처럼 가능한 한 다른 나라의 내정문제에 대해서는 간섭하려 하지 않았다.

세계무역의 발달과 관련하여 테일러 행정부가 행한 특별한 조치는 없었다. 단지 그의 행정부는 국제적 긴장상태를 상당히 완화시키기는 했다. 비록 휘그당이 전통적으로 고율 관세를 유지하고 있었지만 테일러는 대통령으로 있는 동안 관세율을 인상하지 않았다. 그러나 석탄과 철강업자들이 관세율 인상을 대통령에게 요구했고, 국무장관과 재무장관 역시 이들 업자들을 지지했다. 그러나 테일러는 관세법 개정을 위한 특별회기를 요청하기를 거절했다.

국내의 각종 문제 및 사업에 대한 업무수행 : 7점 16위(공동)

번영의 시기에 대통령에 당선된 것은 테일러에게 행운이었다. 당시 세금은 낮았고 테일러는 더 이상 세금을 올릴 필요가 없었다. 그는 번영의 시기가 계속됨에 따라 멕시코 전쟁 때 지게 된 국가 부채를 줄일 수 있었다. 그 당시 다른 휘그당원과 같이 테일러 역시 연방정부가 운하, 도로, 철도 등과 같은 교통망 개량사업에 투자를 해야 한다고 생각했다. 그는 대륙간 횡단철도를 최초로 제안한 사람이었다. 그러나 그가 살아 있는 동안 이 일과 관련해서 아무것도 하지 않았다.

테일러는 자신의 농장에서 일을 시키기 위해 많은 노예를 사들인 노예 소유주였다. 그는 노예들에게 잘 대해주었으나 어디까지나 그들이 노예의 신분을 유지하는 한에서였다. 그는 새로운 준주지역으로의 노예제도의 확대에 강하게 반대했다. 그러나 이미 존재하고 있는 지역에서는 노예제도를 찬성했다. 그는 시민의 자유를 지지했다. 이민들의 권리도 지지했다. 그는 이민을 거부하고 이민세력에게는 공직을 거부하는 아메리카당을 반대했다. 인디언 정책은 다른 대통령에 비하면 비교적 양호하였다. 테일러는 미국에 살고 있는 모든 개개인에 대해 인간적인 대우를 할 것을 주장했다. 비교하여 보건대 당시 다른 사람에 비해 테일러는 신분과 지위에 관계없이 모든 사람을 존경으로 대했다. 그를 국가적인 영웅으로 만들어 준 요인 중 핵심적인 것은 다름 아니라 다른 사람을 평등하게 대하고 존경심을 갖고 대하는 태도에서 기인되었다.

행정부와 정부 내에 관련된 업무수행 : 3점 25위(공동)

대통령으로서 테일러는 자신의 목적과 목표를 우선 해결해야 할 순서대로 마련해 두었다. 여기에서 최고의 우선정책은 연방 보존이었다. 그의 모든 계획은 이 목표를 위한 조치였다. 그는 계획을 구체적으로 구성하지는 못했지만 무엇을 우선적으로 해야 할 것인가에 대해서는 잘 분류해 두었다.

테일러는 행정부 조직에서는 별 특별한 변화를 주지 않았다. 그는 내무부 내에 농업국의 창설을 제안했으나 의회를 통과하지 못했다. 테일러 행정부의 내각 인사들은 몇몇은 좋은 사람들이었으나 모두가 뛰어난 사람들은 아니었다. 테일러는 자신을 지지해 준 사람들에게는 연방공무원 자리를 주어 보상을 해주었고, 자신을 반대한 사람에게는 처벌의 차원에서 자리를 박탈했다. 그리고 그의 인사는 지역안배를 고려했으며, 많은 면에서 족벌주의가 유행했다. 테일러는 엽관제도를 도입한 잭슨보다 더 자주 엽관제도를 이용했다. 내각인사 중 3명이 내각에 불명예를 입힌 갈핀 사건(Galphin affair)에 연루되었다. 이 사건에 그들이 관여한 것은 완전히 합법적이었으나 단지 윤리적인 것이 문제로 되었다. 게다가 그 중 한 명은 엄청난 경제적 이익을 보았다. 그렇다고 이 사건이 국가재정에 손해를 준 것은 없다. 단지 이 사건은 대통령의 입장을 곤란하게 만들었다. 그는 연루된 인사들에게 즉각 사임을 받았어야 했으나 그들에 대해 책임을 묻지 않았다.

비록 그는 검소하게 정부를 운영하여 국가부채를 줄여 나갔지만, 이 일 때문에 많은 칭찬을 받지 못했다. 의회는 당시 당시 자금줄을 쥐고 있었고 대통령과의 세력 경쟁에서 예산집행권을 행사했다. 테일러는 상하 양원에서 소수당 소속으로 당선된 최초의 대통령이었다. 더욱이 그가 속한 당은 노예제도 문제를 두고 지역별로 분리되어 있었다.

짧은 재임기간 동안 테일러는 1명의 대법원 판사를 임명했다. 그는 드레드 스콧(Dred Scott) 판결에 강력히 반대하는 글을 쓴 후 대법원 판사직을 사임했다. 테일러는 텍사스와 뉴멕시코의 국경분쟁이 대통령과 의회가 관섭할 문제가 아니라 사법부에서 처리할 문제라고 하면서 사법부에 대해 이 문제의 해결을 요구했다.

대중을 대상으로 하는 연설이나 글을 쓰는 데에 별 재주가 없었던 그는 일반 국민들과 대화를 나누는 데 많은 어려움을 겪었다. 그의 편지와 연설은 다른 사람들이 대필해 주었다. 그러나 그는 이런 글들에 서명을 하기 전에 이것이 자신의 의견을 충분히 반영한 것인지 면밀히 조사했다. 당시의 관행대로 그는 백악관에서 손님들을 접견했다. 그런 중에 국민들로부터 많은 정보를 입수했다. 그는 친구로 하여금 대통령을 대변해 줄 신문사 하나를 워싱턴에 세우도록 주선해 주었다.

테일러는 모든 국민의 대통령이 되기를 원하였다. 그의 진정한 바램은 당파에 치우치지 않고 지역에 치우치지 않는 대통령이 되는 것이었다. 문제해결에 대한 그의 비당파성은 그저 해 본 말이 아니었다. 그는 진심으로 온 나라 구석구석에 대해 관심을 가졌다. 그는 국민들에게 높은 존경을 받았다. 그러나 이 존경은 주로 전쟁업적을 통한 것이었고, 정치가로서의 업적을 통해서가 아니었다.

지도력 및 의사결정과 관련된 업무수행 : 4점 24위(공동)

대체로 볼 때 테일러는 영감을 발휘한 지도자였다. 그러나 대통령으로서의 그는 성공적이지 못했다. 그는 영감을 주고 다른 사람을 격려하는 연설가 타입이 아니었다. 그에게는 카리스마를 갖춘 개성도 없었다. 종종 테일러는 적절한 설득력을 발휘하기도 했지만 많은 문제에서 적대적인 의회를 설득하여 자신의 지도를 따르게 하는 데는 실패했다. 그는 스스로 높은 수준의 업무수행을 목표로 삼았다. 그러나 다른 사람들에게까지 높은 수준의 업무를 수행하도록 격려하거나 고무시키는 데 항상 성공한 것은 아니다. 정부에 대한 국민의 믿음은 바로 이전의 몇몇 대통령 때와 크게 다를 바 없었다. 테일러는 이 나라와 세계가 어떻게 발전되어 가야 하는가에 대한 미래 비전을 갖고 있었다. 그러나 이 비전을 가지고 전 국민을 단하시키는 데는 성공하지 못했고, 이것을 공유된 국가목표로 삼는 데도 실패했다. 당시 미국을 가장 압도하고 있었던 국가적 관심사는 노예제도를 새로운 주나 준주로 확장하는 문제를 어떻게 처리할 것인가였다. 테일러는 당시 상황을 종합 분석하여 '대통령의 계획'(President's Plan)으로 불리는 하나의 전략을 개발했다. 그것은 캘리포니아와 뉴멕시코 준주가 공화국 형태의 정부를 보장하는 헌법을 채택하고 연방 가입을 신청하면 이 두 개의 주를 연방에 가입시키는 것이었다. 그러면 텍사스와 뉴멕시코의 국경분쟁은 자연히 두 주 사이의 분쟁으로서 사법적인 문제로 처리될 수 있었다. 노예제도 문제는 각각의 주 헌법에서 규정한 대로 될 것이었다.

테일러는 의원들을 설득하는 데 미숙했다. 특히 그는 의원들을 설득하여 당파주의를 극복하고 자신의 계획에 맞추어 단합할 수 있도록 만들지 못했다. 의원들의 반대는 십중팔구 지역적 편견에서 나온 것이었다. 그러나 일부는 대통령과 같이 연방 보존에 강력한 의지를 표명한 사람들로부터도 나왔다.

테일러는 지혜로운 사람이었다. 그는 이 지혜를 이용하여 문제를 해결하거나 의사를 결정했다. 그는 다양한 선택안을 면밀히 검토하고 자신의 행동이 가져올 결과를 고려하여 적절한 의사를 경정했다. 그는 충고에는 귀를 기울였지만 결정은 스스로 내렸다. 그는 역사에 대한 폭넓은 지식과 이해가 부족하였으나, 일반적으로 비판받듯이 그렇게 무식한 것은 아니었다. 테일러는 자신이 제안한 의사에 대해 지지를 얻기 위해 기꺼이 타협했으나 자신이 중요하다고 여기는 원리에 대해서는 확고한 태도를 보였다. 1850년 의회 지도자들이 제안한 일괄 법안(Omnibus Bill) 중 일부가 테일러가 생각하던 원리를 위반했다. 그는 여기에 타협하지 않았다. 당시 일괄 법안이 통과될 가망성은 거의 없었지만 설사 이 법안이 통과되더라도 자신은 단호히 거부권을 행사할 것이라고 공언했다. 테일러가 죽은 후 일괄법안은 1850년 타협안으로 알려진 여러 가지 세분화된 법안으로 분리되어 의회를 통과했고 필모어 대통령이 서명했다.

테일러는 어려운 문제를 결정하는 용기를 가지고 있었고 어려운 문제에 집착하기도 했다. 그는 비록 전쟁이 일어난다고 하더라도 자신의 행동에 대한 결과를 겸허히 받아들였다. 다행히 테일러가 대통령으로 있는 동안 전쟁은 일어나지 않았다. 비상사태에 그는 침착함을 유지하면서 시간이 허락하는 한 의사결정 과정을 면밀히 검토했다. 만약 그가 살아 있으면서 의회가 1850년 타협안을 통과시켰다면 그는 분명 그 일부에 대해 거부권을 행사했을 것이다. 역사에는 '만약'이 없지만, 혹 테일러가 1850년 타협안에 대해 거부권을 행사했다면 어떤 결과가 일어났을지에 대해서는 알 수 없다. (계속해서) 만약 남부가 대통령의 거부권을 수용하고 연방을 탈퇴하지 않았다면 남북전쟁은 피할 수도 있었다. 그러나 테일러가 살아 있는 동안 만약 어떤 주가 연방을 탈퇴했다면 곧 전쟁이 일어났을 것이다. 왜냐하면 테일러는 군사력을 이용해 연방법을 강요하고, 그 어떤 반란행위도 용서치 않았기 때문이다.

개인적 성격과 도덕성 : 10점 20위

테일러는 대통령직에 요구되는 당시의 기준에 적합한 위신을 가지고 행동했다. 오늘날의 관점에서 보면 대통령이 씹는 담배를 씹고 나서 책상 옆에 있는 상자에다 침을 뱉는 것은 위신에 맞지 않는 일일 것이다. 그러나 당시에는 이런 행동이 충분히 용인되었다. 그는 소인배적이고 비열한 행동으로 대통령직의 위신을 추락시키거나 하지 않았다. 국민들은 투박하지만 준비된 늙은이와 같은 전쟁영웅이 그들의 대통령이라는 사실에 자랑스러워했다. 특히 외교 분야에서 그의 행동은 국민의 자부심을 더욱 높여 주었다. 그러나 그의 국내정책에 대해서는 많은 정적들이 혹독한 비판을 했다. 사실상 테일러는 불과 16개월 동안 대통령직에 있었기 때문에 국내정책은 물론 대통령직의 권한과 위상에 대해 왈가왈부할 수 있는 것이 아니었다.

노예제도의 확장을 주장하는 사람들을 제외한 국민들은 테일러를 자신의 편으로 생각했다. 그는 사회의 모든 계층으로부터 정보를 입수하고 그들과 가까이 지냈다. 그는 건강악화를 고려하지 않고 북동부 지역으로의 여행을 하면서 국민들과 직접 만나 대화했다. 그는 대중연설가로는 형편없었다. 대통령직을 이용하여 국민을 강압적으로 대하는 사람도 아니었다. 그러나 그는 국민들로 하여금 대통령이 자신들의 이익을 위해 노력하고 있다고 생각하도록 만들었다.

테일러는 늘 확고한 도덕적 원리와 가치를 가지고 행동했다. 그는 고결한 사람이었다. 공적으로건 사적으로건 정직하였고, 결코 공직을 이용하여 사적인 이익을 탐하지 않았다. 단 대통령직을 이용하여 친구와 친척들을 정부 공직에 임명하는 일은 했다. 테일러는 일생을 통해 높은 수준의 개인적 도덕성을 발휘함으로써 미국 대통령직의 명성을 신장시켰다.

마지막 날

1850년 7월 4일 더위가 푹푹 찌는 날, 그는 워싱턴 기념관의 초석을 깔면서 땡볕 아래 여러 시간을 서 있었다. 배 고프고 지친 상태로 백악관에 되돌아온 그는 버찌 열매와 시원한 우유를 시켜서 먹었다. 열 때문인지 아니면 버찌 때문인지 혹은 우유 때문인지 대통령은 아프기 시작했고 곧이어 심각한 경련을 일으켰다. 의사는 대통령의 병세를 전염병인 콜레라로 진단했다. 염화 제1수은인 감홍(甘汞)과 아편으로 치료를 했지만 대통령은 설사와 구토로 점점 약해졌다. 결국 그는 7월 9일에 사망했다.

테일러의 죽음과 함께 온 나라는 노예제도라는 아직 해결되지 않은 숙제를 어떻게 처리할지의 문제에 부딪혔다. 테일러가 사망하고 대통령을 승계한 필모어가 1850년 타협안에 서명했을 때 국가적 위기는 일단 잠복하게 되었다. 문제는 위기가 끝난 것이 아니라 잠복했다는 사실이었다. 결국 10년이 채 안 되어 연방은 깨어졌다. 연방을 다시 구성하고 노예제도 문제를 해결하는 과제는 고스란히 에이브러햄 링컨에게 넘어갔다.

종합평가 : 37점 20위

테일러는 37점을 받아 20위를 차지했다. 그의 가장 큰 업적은 외교 분야에서였다. 이 분야에서 그는 6위를 차지했다. 그의 가장 약한 분야는 행정부와 관련된 업무였다. 만약 그가 좀더 오래 살았더라면 그는 아마도 이 분야에서도 더 나은 평가를 받았을 것이다.

밀라드 필모어
Millard Fillmore | 1850~1853

	평가점수	평가등수
외교를 비롯한 대외관계와 관련된 업무수행	7	26(공동)
국내의 각종 문제 및 사업에 대한 업무수행	3	24(공동)
행정부와 정부 내에 관련된 업무수행	2	27
지도력 및 의사결정과 관련된 업무수행	3	26
개인적 성격과 도덕성	5	27(공동)
종합평가	20	26

배경

밀라드 필모어는 1800년 1월 7일 뉴욕 케이우가 카운티에 있는 가족농가의 통나무집에서 태어났다. 그가 학교를 다닌 것은 단지 잠시였다. 14세 때 옷을 만드는 도제가 되고, 1819년에는 능숙한 도제로 인정을 받았다. 경제적으로 여유가 생기자 법학을 공부했으며 변호사 서기로 일하고 곧이어 잠시 초등학교에서 교편을 잡았다. 1823년에 그는 변호사 시험에 합격해서 뉴욕의 이스트 오로라 지역에서 변호사 사무실을 열었다. 1823년에 종교와 정치의 민주화 운동에 반대하는 반(反)메이슨 협회(Antimasonic convention)의 대표가 되었다. 써로우 위드(Thurlow Weed)의 도움을 받아 뉴욕 주의회에 의원으로 연이어 센 번이나 당선되었다. 1832년 종교와 정치의 민주화 운동을 반대한 반메이슨 당으로 연방 하원의원에 당선되었다. 1834년 이 당을 탈당한 그는 휘그당에 입당했다. 1836년에 그는 연방 하원에 당선되어 연이어 3차례에 걸쳐 임기를 지내면서 당내에서 상당한 지위를 확보했다. 1844년에 그는 위드의 후원 아래 부통령 출마를 원했다. 그러나 우여곡절 끝에 뉴욕 주지사에 출마했으나 낙방하고 말았다. 1847년에 그는 뉴욕주 감사관에 당선되었다. 감사관은 재정 분야에서 뉴욕주에서 가장 강력한 힘을 발휘하는 자리였다.

대통령 후보 지명과 선거

휘그당 전당대회에서 대통령 후보로 지명된 재커리 테일러는 부통령 후보로 누구를 지명할 것인지에 대해 특별한 사람을 염두에 두지 않았다. 사실 선거에 임하면서도 테일러는 루이지애나에 머물러 있었고, 러닝메이트가 선정되고 난 후에야 자신이 휘그당 대통령 후보에 당선되었다는 사실을 알았다. 그러나 애당초 테일러의 지지자들은 매사추세츠 출신의 직물 제조업자로 노예제 반대주의자인 애봇 로렌스(Abbott Lowrence)를 부통령 후보로 지지했다. 전당대회가 무르익어 감에 따라 로렌스는 가장 인기 있는 후보자가 되었다. 그러나 테일러가 일단 휘그당 대통령 후보로 지명되자 상황은 급변했다. 테일러의 지명을 만장일치로 하자는 제안을 거부한 매사추세츠 대의원들은, 만약 준주가 더 이상의 노예주로 확대되지 않고 미국산업의 보호를 약속한다면 테일러를 지지하겠다는 조건을 달았다. 이런 조건은 로렌스에겐 불리하게 작용했다. 휘그당의 지도자들이 당을 뉴욕을 중심으로 해서 단합해야 한다고 목소리를 높일 때 갑자기 필모어가 부각되었다.

무려 14명의 후보자 이름이 오르내렸다. 후보자 결정선거 제1차의 결과는 근소했다. 필모어가 115표를, 로렌스가 109표를 얻었다. 두 번째 선거에서 로렌스의 지지표가 거의 없어졌다. 필모어는 로렌스의 두 배 이상의 표를 얻어 손쉽게 부통령 후보에 당선되었다.

대통령선거가 다가와도 테일러는 루이지애나에 머물러 있었다. 필모어는 자신을 노예제폐지주의자로 비난하는 남부인들의 주장을 논박했다. 그는 준주에서의 노예제도에 대해 또 노예제도에 대한 연방정부의 입장에 대해 어떤 언급도 하지 않았다. 그는 그동안 아메리카당과의 연합적인 입장을 포기했다. 그는 감자기근과 영국의 지배에 따른 굴복으로 인한 아일랜드 이민의 곤궁한 생활에 동정심을 보임으로써 아일랜드 이민의 표를 확보했다. 필모어는 역시 뉴욕에서 테일러를 위해 선거운동을 벌였다. 또한 그는 8월에 올버니에 써로우 위드가 소집한 한 모임에서 분당(分黨)이라는 카드를 들고 위협을 가하는 반(反)테일러 세력들의 목소리를 잠재웠다. 이 모임을 주도한 위드의 실질적인 의도는 알려지지 않았으나 당지도부가 테일러 후보를 중심으로 단결하자 모임은 끝이 났다.

대통령 테일러가 죽고 부통령 필모어가 1850년 7월 10일에 대통령이 되었다.

외교를 비롯한 대외관계와 관련된 업무수행 : 7점 26위(공동)

필모어의 외교정책은 거의 모두 미국에 이익이 되는 쪽으로 그리고 명예로운 방식으로 추진되었다. 필모어는 가능한 한 전쟁을 피하고자 노력했다. 특히 그는 쿠바를 불법적으로 침입한 미국인들을 사형시킨 스페인에 복수하는 것을 거절함으로써 스페인과의 전쟁을 피했다. 미국 상선이 산후안 항에서 항구세를 내지 않자 니카라과에서 다시 분쟁이 일어났다. 무장한 영국 범선이 미국 배를 추격해 와 함포를 발사했고, 미국 배의 선장은 강제로 항구세를 내야 했다. 필모어는 즉시 군함을 이 지역에 파견했다. 전쟁 위기가 고조되었으나 미국, 영국, 코스타리카, 니카라과가 협상을 통해 문제를 해결했다. 그러나 곧 니카라과 혁명가들이 정권을 잡았고 이때 맺은 협상은 시행되지 않은 채로 끝나 버렸다. 오스트리아가 미국이 헝가리 혁명주의자 코슈트의 편을 들었다고 항의했을 때 필모어는 국무장관 대니얼 웹스터의 발언을 지지했다. 웹스터는 만약 오스트리아가 보복을 시도할 경우 미국 역시 보복을 할 것이며 미국의 이익을 지킬 것이라고 하였다. 터키주재 미국대사가 이 일을 중재했고 터키에 망명해 와 있었던 코슈트는 정치적 자유를 얻었다.

미국은 하와이를 국가로 인정한 최초의 나라였다. 필모어 행정부 이전에 여러 차례에 걸쳐 미국 국무부는 하와이를 독립국으로 인정하는 조치를 취했다. 예를 들어 1843년 영국 해군이 하와이를 점령했을 때는 유럽 세력이 이 섬을 장악하지 못하도록 필요하다면 당연히 무력의 사용도 불사하겠다고 선언했다. 1849년 나폴레옹 3세가 호놀룰루를 점령하자 미국은 이에 대해 항의를 했고 프랑스는 철수하였다. 필모어 행정부 때 또 다른 문제가 발생했다. 1851년에 프랑스가 하와이 왕에게 이 섬을 프랑스 보호령으로 만드는 데 필요한 요구조건을 제시했다. 이에 웹스터는 나폴레옹 3세에게 하와이는 자주독립국으로 있어야 한다는 사실을 주지시켰고, 프랑스는 그들의 요구를 철수하지 않으면 안 되었다.

대부분의 경우 필모어 외교의 기본노선은 엄포나 허풍, 그리고 침략 같은 것과는 멀었다. 그는 일본에 항구를 개항하는 데 있어 미국의 힘을 과시하기 위한 방편으로 일본에 전함을 파견하는 것을 지지했다. 이 일은 테일러 행정부 때 시작되어 피어스 행정부 때 매듭 지어졌다. 필모어는 멕시코의 태후안테펙 철도 프로젝트를 보호하기 위해 이 나라를 상대로 무력을 사용하는 것을 거절했다. 주다 벤저민(Judah Benjamin)은 여기에 투자한 10만 달러를 잃었다. 또한 로보스 섬에 대한 페루의 주장에 도전하기보다는 이 섬에서 구아노(guano : 분화석)를 채집해 간 보스턴 상인들에게 페루가 부과한 사례금을 지불하게 하는 조치를 취하였다.

필모어는 세계무역을 증대시키고자 노력했다. 특히 중국과 일본과의 무역 증대에 노력했다. 니카라과를 가로지르는 운하를 건설하고자 한 그의 노력은 통상 촉진에 그 목적을 두었다. 그는 다른 나라에서 경제 개발에 나서고 있는 그의 상인 친구들을 지지했다. 그러나 멕시코에서 철도 건설과 관련하여 군대를 이용하는 것에 대해서는 반대했다. 그는 고율의 보호관세에 찬성했지만 그가 대통령으로 있는 동안 관세를 심하게 올리지는 않았다.

필모어는 미국의 국가적 이익을 보호하기 위한 해결안을 가지고 있으며 또 다른 나라를 침략할 의도가 없다는 것을 보여줌으로써 계속 국제적 긴장상태를 완화시키고자 노력했다. 특히 이것과 관련하여 그는 미국이 쿠바를 해방시키려는 의도를 갖고 있지 않다는 점을 스페인에게 여러 번 주지시켰다. 하와이 문제와 관련하여 프랑스에 보낸 그의 경고는 미국이 국제문제에서 해결안을 가지고 있음을 분명히 보여준 사례다. 외교문제와는 약간의 거리가 있지만 사우스캐롤라이나가 연방을 탈퇴하겠다는 위협을 했을 때 필모어가 무력을 동원해서라도 연방정부의 요새인 섬터 요새를 방어할 것이라고 공언한 것은 국가적 이익을 보호하겠다는 강력한 의지의 표현이었다. 그는 멕시코의 철도문제, 니카라과 운하문제, 페루의 구아나 문제 등에서 보여주었듯이 서반구의 여러 나라들과 선린우호관계를 유지했다. 외교정책에 보여준 필모어의 행동은 세계무대에서 미국의 위상을 향상시켜 주었다.

국내의 각종 문제 및 사업에 대한 업무수행 : 3위 24점(공동)

증가일로에 있던 산업화, 철도의 발달, 중서부 지역에서 새로운 농경지에 대한 정착 등으로 인하여 미국은 필모어 대통령 때 번영을 누렸다. 필모어 대통령의 경제정책은 비록 기업과 상업에 유리한 조건을 만들어 주었지만 노동자의 임금도 인플레이션과 함께 상승했다. 농업 역시 필모어 행정부 때 번영했다. 필모어는 분명 자본가 편을 들었지만 그렇다고 그가 절대로 반(反)노동적인 것은 아니었다. 사실 노동조합은 그의 행정부 동안에 크게 성장했다. 그는 정부의 핵심적인 기능 중 하나가 기업을 돕는 것이라고 생각했다. 그는 철도건설에 들어갈 보조금으로 토지무상급여를 주장했다. 또한 주정부는 물론 연방정부도 운하, 도로, 항만 등을 건설하고 개선해 나가는 일을 도와야 한다고 생각했다. 이런 것들은 상인계층에 이익을 준다고 보았기 때문이다.

필모어는 일반 대중들이 교통망 개량사업으로 도움을 받는 것을 제외하고는 일반 복지를 추진하기 위해 연방정부의 힘과 자금을 사용하지 않았다. 교통망 개량사업은 기업에 이익을 가져다주었지만 그 효과는 점점 떨어졌다. 필모어는 세금을 낮게 유지하면서도 국가부채를 줄여 나갔다.

필모어는 노예제도는 잘못된 것이고 먼 미래의 어느 때엔가는 없어질 것이며 그때 해방 노예들은 아프리카로 되돌아갈 수 있을 것이라고 믿었다. 그러나 당시 노예제도는 헌법에 의해 보장받고 있었고, 따라서 대통령인 자신은 이 헌법을 지킬 의무가 있다고 믿었다. 노예제폐지주의자들의 활동에 강력히 반대하고 있었던 그는 엄중한 도망노예송환법에 서명했고 이 법의 강력한 시행을 주장했다. 그는 1850년 타협안을 지지했다.

그 당시 많은 백인들과 마찬가지로 필모어 역시 흑인들을 저급한 존재로 여겼다. 비록 그는 계속되는 미국 이민에 대해 허락은 했지만 이민세력에게 투표권을 부여하는 데는 반대했고 정부 공직에는 미국 태생으로 국한시킬 것을 주장했다. 그는 대통령이 되기 전이나 후에나 편협한 정치세력의 지도자였다. 즉 그는 반메이슨당과 미국당의 지도자였다. 그러나 정작 대통령으로서의 행동은 그리 편협한 것이 않았다. 그는 언론과 출판의 자유를 지지했고 교회와 정부의 분리를 강력하게 주장했다. 특히 그는 가톨릭 교구학교에 대한 정부 지지에 강력히 반대했다.

필모어는 분명 부유한 기업인과 전문 직종에 종사하는 사람들에게 더 호의적이었다. 그렇다고 해서 가난한 사람을 경멸하거나 무시하지는 않았다. 도망노예 송환법의 엄격한 시행에서는 인권보다 재산권을 우선시했다. 그의 견해에 따르면, 누구나 헌법정신이 살아 있는 모든 법에 복종해야 하는 것이었다.

행정부와 정부 내에 관련된 업무수행 : 2점 27위

필모어는 두 가지 목적을 가지고 있었다. 연방을 해체위기로부터 구하고 휘그당의 경제 프로그램을 구성하는 것이 그것인데, 단기적으로는 이 두 가지 목표를 달성하는 데 역점을 두었다. 그러나 여러 가지 이유로 인하여 장기적인 목표를 설정하지는 못하였다.

필모어의 행정조직은 그렇게 뛰어난 것이 아니었다. 그는 엽관제를 주로 이용하는 관행을 그대로 따랐다. 그러나 그는 정치적 관심에 따라 능력을 고려하는 인사를 하기도 했다. 그의 가장 잘 알려진 인사는 국무장관인 대니얼 웹스터였다. 그러나 이 위대한 연설가는 당시 건강이 많이 악화된 상태였고 따라서 대통령이 직접 외교문제를 챙기는 경우가 많았다.

의회와의 관계에서 필모어는 텍사스 국경문제와 관련해서는 의회를 설득하는 데 성공하였다. 그러나 다른 문제에서는 늘 의회가 대통령보다 우위에 있었다. 1850년 타협안은 행정부가 주도했다기보다 의회의 업적이었다. 이 타협안에 필모어가 기여한 것이 있다면 동의의 서명뿐이다.

필모어는 연방 사법부의 인사를, 정치적으로 동료들에게는 보상의 의미로, 적들에게는 보복의 의미로 행사했다. 그는 사법부가 행정부로부터 독립되어 있어야 한다는 견해를 결코 입 밖에 낸 적은 없다. 그가 임명한 한 연방 대법원 판사는 그저 평범한 사람이었다.

대통령으로 필모어는 상인계층의 이익을 위해 최대한의 배려를 했다. 이것은 그가 이들로부터 압력을 받았기 때문이 아니라 정부는 기업을 도와야 하며 기업이 좋은 것은 국가에게도 좋다고 보았기 때문이다. 그는 국가를 가능한 한 단합시키려 했기 때문에 지역적으로 한 지역에 대해 다른 지역을 차별하지 않았다. 그가 대통령으로 있는 동안은 그가 오늘날 받고 있는 평가보다 훨씬 긍정적인 평가를 받았다. 그는 국민들과 만나는 것을 좋아했는데 특히 부자, 상인, 그리고 소위 사회지도층들과 만나는 것을 좋아했다.

필모어 행정부는 얼마나 효능적이었을까? 적어도 단기적으로는 성공이었다. 그의 행정부 동안 번영이 계속되었다. 국가는 전쟁이 없이 평화가 유지되었다. 1850년 타협안은 임박한 남부의 탈퇴를 저지시켰다. 이 타협안이 필연적인 남북전쟁을 단순히 연기시킨 것에 불과한지 아니면 막 임박했던 전쟁을 막은 것인지는 확실하지 않다. 몇 년 후 캔자스-네브래스카 법이 통과되었고 드디어 주사위는 던져졌다. 그럼에도 한동안 1850년의 타협안은 성공적이었다. 필모어에 대해 전기를 쓴 로버트 레이백(Robert Rayback)은 "마치 마술과도 같이 그동안 온 나라를 위협하며 휘감고 있던 연방 해체의 먹구름이 사라졌다. ……. 10주밖에 안 되는 짧은 기간 동안 필모어 행정부는 미국과 멕시코 군대가 4년 전에 충돌한 이래로 의회를 괴롭혀 온 준주 정부의 문제를 해결했다."[58] 물론 준주에서의 노예제도문제는 사실상 해결되지 않은 채였다. 그러나 연방은 필모어 행정부 동안 적어도 분리되지 않고 있었다.

지도력 및 의사결정과 관련된 업무수행 : 3점 26위

비록 필모어는 자신이 대통령이 되려는 야심을 갖고 있지 않다고 말하기는 했지만, 분명히 그는 인생의 대부분을 정치적 지도자가 되는 데 쏟아부었다. 그는 카리스마적인 지도자는 아니었다. 자신의 야망, 근면성, 문제 해결에 대한 성실한 검토, 그리고 여러 정쟁을 잘 견뎌내는 능력으로 인하여 필모어는 정치적 지도자라는 자리에 있었다. 그는 자신이 추구하는 길이 올바른 길임을 다른 사람에게 설득을 하는 방법을 택했다. 따라서 그는 다른 사람들에게

---

58) Robert J. Rayback, Millard Fillmore (Buffalo : Buffalo Historical Society, 1959), 253.

자신을 따르라고 강제하지 않았다. 그는 종종 정치적 음모와 술책을 사용했다.

필모어의 비전은 미국이 평화와 번영을 계속 구가할 수 있도록 만들고 지역갈등으로 연방이 해체되는 일을 막는 것이었다. 그는 평화와 번영을 달성했고 연방 해체를 가져오는 지역갈등을 일시적으로 완화시켰다. 그는 지적인 인물이었으나 자신의 목적을 달성하기 위해 필요한 큰 그림과 전략을 구체화하는 데는 능숙하지 못했다. 필모어는 자신과 하급자들에게 높은 수준의 업무수행 능력을 강요하지 않았다. 필모어는 번영의 시기에 대통령이 되어 긴장을 완화시켰기 때문에 정부와 대통령에 대한 국민들의 신뢰 수준을 상당히 높였다. 국내 분야에서 쌓은 그의 업적은 너무나 일시적이어서 필모어에 대한 평가는 오늘날의 사람들에게 그다지 좋지 못하다.

그 당시 분위기인 평등교육에 대한 무용론 때문에 필모어는 공식적인 교육을 제대로 받지 못했다. 대신 그는 폭넓게 책을 읽었고 공개적으로 의사를 결정하고자 했다. 그는 항상 여러 가지 선택안을 고려하고 의사를 결정하기에 앞서 보좌관들로부터 충고를 들었다. 그는 과거의 실수로부터 배우지를 못했다. 정치꾼인 써로우 위드는 자주 그를 속였다.

자신의 목적을 달성하기 위해서라면 필모어는 타협도 마다하지 않았다. 그러나 중요한 원리원칙에서는 굴복하기보다 자신의 생각을 고수했다. 그는 1850년 타협안에 대해 자신의 원리를 포기하는 것으로 보지 않았다. 필모어는 어려운 의사결정을 하는데 많은 어려움을 겪으면서 이런 문제에 집착하였다. 한 가지 예외가 있다면 1852년 선거에 출마하는 문제에 대해 발표를 연기하겠다고 한 것이다. 출마에 대한 연기는 그를 대통령 후보 경선에서 뒤처지게 한 결정적인 요인이었다. 비상사태 때 그는 침착함을 유지했다.

개인적 성격과 도덕성 : 5점 27위(공동)

필모어는 위신을 유지하면서 행동했다. 그는 분명히 공손하고 예의바른 사람이었다. 잘 생긴 외모의 그는 어느 모로든 대통령으로 보였다. 그가 대통령으로 있는 동안 미국인들은 국가에 대해 자부심을 가지고 있었다. 또한 많은 사람들은 그들의 대통령에 대해서도 자부심을 가지고 있었다.

오늘날 필모어는 비난과 조롱을 받고 있지만 당시대 사람들은 이러한 평가를 수용하지 않았을 것이다. 필모어는 대통령직의 지위를 높이지도 떨어뜨리지도 않았다. 휘그당원으로서 그는 대통령직의 권한을 증대시켜야 한다고 보지 않았다.

지역감정으로 인한 지역별 분리 형상과 정치적 당파주의가 필모어에 대한 대중여론의 핵심적인 판단 요인이었다. 대통령은 서민을 포함한 많은 국민들로부터 정보를 구했으며 충고를 받아들였다. 그리고 이 충고를 국정 운영에 많이 반영하였다. 그는 국민들과 많은 접촉을 했다. 그러나 자신의 프로그램을 성공시키기 위해 의회를 뛰어넘어 국민들에게 이 문제를 직접 내보이지는 못했다. 그가 선택한 길은 의회에 양보하는 것이었다.

필모어는 연방을 구하고 상업을 촉진시키는 일에 줄곧 자신의 존재 가치를 두었다. 그는 이 목표를 달성하기 위한 방법론에서는 종종 마음을 바꾸었지만 목표 그 자체에 대해서는 조금도 흔들림이 없었다.

필모어는 개인적으로 정직한 사람이었다. 그는 버팔로 시를 번영시키기 위해 자신의 정치적 영향력을 행사하는 데 조금의 잘못도 범하지 않았다. 그는 친구들과 후원자들로부터 정치헌금을 받을 때도 절제를 잊지 않았다. 이런 헌금은 뇌물과는 거리가 먼 것으로 부정이 개입될 여지가 없었다. 따라서 이런 헌금은 필모어의 정책과 목표에 어떤 영향을 주거나 하지 않았다.

필모어는 철두철미한 정치가였다. 써로우 위드와의 협력이 자신에게 유리하다고 판단했을 때 특히 그러했다. 또한 초기에 정치적 교두보를 마련하기 위해 반메이슨 협회에서 일한 것, 후에 미국당의 대통령 후보 지명을 수락한 것도 역시 철두철미한 정치가다운 행동이었다.

종합평가 : 20점 26위
필모어는 19점을 받아 26위를 차지했다.

프랭클린 피어스

Franklin Pierce | 1853~1857

	평가점수	평가등수
외교를 비롯한 대외관계와 관련된 업무수행	1	34(공동)
국내의 각종 문제 및 사업에 대한 업무수행	-7	37(공동)
행정부와 정부 내에 관련된 업무수행	-4	33(공동)
지도력 및 의사결정과 관련된 업무수행	-11	38
개인적 성격과 도덕성	2	32(공동)
종합평가	-19	38

배경

프랭클린 피어스는 1804년 11월 23일 뉴햄프셔의 힐스보르에서 태어났다. 그는 필립 엑스터 아카데미와 바우두인 대학을 다녔다. 1824년 3등으로 졸업한 그는 당시 뉴햄프셔 주지사 레비 우드뷰리(Levi Woodbury)에게서 법학을 공부한 후 곧바로 콩코드에 자신의 법률 사무실을 개업하고 정치 경력을 쌓기 시작했다. 주 입법부에 의원으로 당선된 그는 당시 주지사였던 아버지와 같이 위원회 활동을 했다. 재선된 그는 26세의 나이에 주 입법부 의장이 되었다. 1833년 그는 연방 하원의원에 당선되어 활동하다가 재선되고 이어 연방 상원의원이 되었다. 임기가 끝나갈 무렵 상원을 사임하고 콩코드로 돌아왔다. 콩코드에서 5년 동안 변호사 생활을 하면서 주 민주당 조직에서 정치경력을 쌓았다.

1846년 대통령 포크는 피어스에게 법무장관직을 제안했으나 피어스는 이를 사양했다. 1847년 그는 미 육군 대령에 임명되었고 곧 육군준장으로 진급했다. 그는 멕시코시티 원정대의 윈필드 스콧(Winfield Scott) 장군 휘하에서 복무했는데 전투 중에 낙마하는 바람에 다리를 삐었다. 이때 입은 부상의 고통으로 그는 전투가 끝날 때까지 졸도 상태로 누워 있어야 했다. 이것 때문에 후에 그는 정적들로부터 겁쟁이라는 비난을 받게 된다.

전쟁이 끝나고 피어스는 뉴햄프셔에서 다시 변호사 생활을 시작하였다. 주 민주당에서 특출한 인물이었던 피어스는 주 헌법을 개정하기 위하여 소집된 한 회의에서 의장으로 선출되었다. 1852년 그는 뉴햄프셔에서는 민주당 선두주자였지만 아직 전국무대에서는 중요인물이 아니었다. 그럼에도 전국 민주당 전당대회에 참가한 뉴햄프셔 대표단들은 고착상태에 빠진 전당대회에서 피어스를 대통령 후보로 지명하기 위해 노력했다. 피어스는 친구들이 자신을 지지하는 데 동의했다.

대통령 후보 지명과 선거

민주당 전당대회가 열렸을 때 피어스는 다크호스 중의 다크호스였다. 4명의 강력한 후보들은 스티븐 더글러스(Stephen A. Douglas), 루이스 캐스(Lewis Cass), 제임스 뷰캐넌(James Buchanan), 윌리엄 매르시(William Marcy)였다. 민주당은 노예제도의 확대와 도망노예송환법의 강제 적용 문제를 두고 심하게 분열되었다. 선두에 선 네 후보는 서로 격렬하게 싸웠고 당파의 감정은 극도로 악화되었다. 이 와중에 2/3 이상 득표자가 후보로 선정된다는 규정이 정해졌다. 이렇게 되자 어떤 후보가 후보 지명에서 승리하기 위한 충분한 지지를 얻기는 더욱 어려워지게 되었다. 전당대회에 참가한 대표단은 3일 동안 투표를 실시하였다. 그러나 전당대회는 점점 고착상태로 빠질 뿐 진전이 없었다. 무려 35차례나 계속된 대통령 후보자 결정투표에서 버지니아 대표단이 피어스의 이름을 전면에 부각시켰다. 그러나 현재 그는 소수의 지지를 받고 있을 뿐이었다. 제49차 투표에서 제임스 다빈(James C. Dobbin)이 열변을 토하면서 피어스를 지지했다. 전당대회에스는 이러한 돌발적인 행동이 계속되었다. 이 소식이 피어스에게 전달되었을 때는 피어스도 거의 믿을 수가 없었다.

휘그당 역시 윈필드 스콧을 무려 53차례의 걸친 대통령 후보자 결정선거 끝에 후보로 선택하면서 민주당이 대통령 후보를 선택하는 것만큼 어려움을 겪고 있었다. 몇몇 소수당이 난립했지만 선거운동은 본질적으로 주요 정당의 후보들 간에 이루어졌다. 피어스는 1850년 타협안을 지지했고 도망노예송환법의 엄격한 적용을 주장했다. 반면 스콧의 견해는 다소 모호했다. 선거운동은 두 주요정당 후보 간의 지저분한 진흙탕으로 변해 있었다. 피어스는 겁쟁이, 술주정뱅이, 반가톨릭으로 비난받았다. 반면 스콧은 야단법석이라는 의미를 가진 자신의 별명 '화려한 축제 분위기'(Fuss and Feathers)로 놀림을 받았다. 또한 이전에 그가 자주 사용한 서투른 말들도 비난거리가 되었다. 그는 또한 외국에서 태어난 미국인에 대한 부당한 적대적인 태도 때문에 비난을 받았다. 스콧은 여러 주를 돌아다니며 각 주에서 수많은 연설을 하며 선거운동을 했다. 그러나 피어스는 집에서 머물면서 선거운동을 하지 않았다.

이 선거에서 피어스는 압도적인 승리를 거두었다. 31개 중에서 4개 주를 제외하고 선거인단 투표에서 피어스는 254표를 얻었고 스콧은 단지 42표를 얻었다.

그런데 대통령에 취임하기 두 달 전 피어스의 유일한 아들인 열한 살 난 베니(Bennie)가 열차사고로 비참하게 죽는 사고가 발생했다. 피어스 부부는 그들의 아들이 죽어가는 것을 지켜볼 수밖에 없었다. 이들 부부는 결국 아들의 죽음으로 인한 충격에서 회복되지 못했다. 피어스는 거의 내내 술에서 위안을 찾았다.

결국 피어스의 대통령직 수행은 완전히 실패로 점철되었고 재선에 나설 기회조차 얻지 못하였다.

외교를 비롯한 대외관계와 관련된 업무수행 : 1점 34위(공동)

취임식 연설에서 피어스는 "나의 행정부는 영토확장을 하게 되면 악(惡)이 있을 것이라는 어리석고 소심한 그 어떤 예측에도 전혀 위축되지 않을 것이다"고 말했다. 대통령으로서 그의 행동은 국가의 영토확장이 그의 목표 중 하나임을 분명히 보여 주었다. 1853년에 그는 하와이 합병을 주장했다. 그러나 부분적이기는 하지만 하와이의 왕 카메하메하(Kamehameha)의 죽음으로 그의 계획은 완전히 와해되었다. 쿠바를 구입하기 위해 피어스 정부의 세 외교관은, 만약 스페인이 쿠바를 팔지 않고 노예만 해방시킨다면 미국이 쿠바를 강제로 빼앗아도 정당하다는 내용의 악명 높은 오스텐드 성명서(Ostend Manifesto)를 발표했다. 이 일은 실패로 끝날 수밖에 없었다. 이것을 두고 유럽의 여러 나라는 미국 양키들의 오만불손한 행동이라고 생각했고, 미국 남부가 이를 일정하게 인정했다 하더라도 북부의 경우에는 노예제도를 확장 사키기 위한 음모라고 보고 여기에 철저히 반대했다. 비록 미국인들은 피어스의 영토확장정책을 지지하기는 했지만 그들 역시 성명서 내용이 알려지자 더 이상 피어스의 입장을 지지하지 않았다. 결국 쿠바는 계속 스페인 소유로 남게 되었다.

침략적이고 공격적인 제국주의 정책을 통해 미국의 새로운 영토를 얻고자 하는 피어스의 외교정책은 다른 나라와의 사이에 갈등을 초래하고 심지의 전쟁의 위협까지 낳았다. 그러나 정작 그는 전쟁보다 협상을 선택했다. 비록 그가 미국을 전쟁 직전까지 몰아가기는 했지만 전쟁의 구렁으로 밀어버리지는 않았던 것이다. 멕시코 영토를 가로지르는 남부선이 태평양까지 이어지는 미국 철도노선의 건설을 위한 가장 최적의 위치라고 여겨지자, 피어스 행정부는 갯스던 매입(Gadsden Purchase)으로 알려진 평화적인 거래를 통해 땅을 사들였다. 치하우하우와 뉴멕시코 사이의 국경을 둘러싸고 갈등이 발생하자 미국은 또다시 전쟁 위기에 처하였다. 1854년 멕시코 대통령 산타 안나(Santa Anna)의 통제 아래 치하우하우는 무장점령되어 있었다. 한동안 미국과 멕시코 사이의 전쟁은 일촉즉발의 위기까지 갔다. 그러나 위기 상황은 중재를 통해 곧 해소되었다. 미국은 이 지역에 대한 멕시코의 주장을 양도받기 위해 멕시코에 1천만 달러를 지불했다.

니카라과와 산토도밍고에서 정부가 개입된 조약이 진행되었으나 아무것도 비준되지 않았다. 니카라과에서 피어스는 미국의 탐험가인 윌리엄 월커(William Walker)가 불법적으로 점령한 체제를 인정했다. 이 승인은 달라스-클레어렌던 협정(Dallas-Clarendon agreement)에 포함되었다. 그러나 미국 상원이 너무나 많은 내용 수정을 요구했기 때문에 영국이 서명을 거부했다. 도미니카 공화국으로부터 사마나 항을 얻는 조약 역시 비준을 받는 데 실패하였다.

영국과 프랑스 대표단은 사마나 항의 양도를 크게 비난했고 결국 여러 항목이 변경되었다. 도미니카 사람들은 미국을 여행할 때 인종차별을 금지하라는 조항을 삽입시켰다. 결국 피어스 행정부는 상원에 이 조약 내용을 제출도 하지 못한 채 파기시켜 버렸다.

피어스의 외교정책 처리 방식은 미국과 다른 나라와의 관계를 혼란스럽게 만들었다. 비록 잠재적 군사력과 무력 사용의 위협이 피어스로 하여금 많은 새로운 영토를 획득하는 데 도움을 주지 못했지만, 다른 나라는 미국의 증가하는 힘을 깨닫게 되었다. 미국은 국제문제에서 경쟁국에 대해 미국의 힘을 과시하며 보다 강력한 역할을 하게 되었다. 그러나 그의 침략적이고 제국주의적인 외교정책은 이웃 국가를 놀라게 했고, 이는 결국 미국에 대한 적대감을 부채질하였다. 확실히 그의 정책은 서반구의 여러 국가와 일반 시민들에게 미국에 대한 부정적인 시각을 심어주었다. 위협과 합병 시도를 보면서 그들은 미국을 다른 나라의 복리안정을 해치는 위험 요인이라고 간주되게 되었다. 피어스의 감정적 애국주의는 행동보다 말이 앞서는 것이었다.

피어스는 무역증대를 장려했고 낮은 관세를 추진했다. 그는 적당한 관세 인하정책을 실시하는 데 상당히 성공적이었다. 영국과 체결한 호혜적인 무역 협정은 미국과 캐나다 사이의 무역장벽을 크게 완화시키는 역할을 했다. 약간의 제한조치는 있었지만 다른 나라의 어부들에게 각 나라의 어장을 개방하도록 했다.

일본과의 무역은 페리(Parry) 제독에 의해 열렸다. 이는 모든 나라에 이익을 주는 결과를 가져왔다. 피어스의 집요한 주장에 따라 일본과의 무역조약이 1854년에 이루어졌다. 덴마크인의 무역항 사용료가 올라갔지만 뷰캐넌 행정부 때 정착되었다. 피어스 행정부 때의 미국 무역은 세계시장을 넓혀 많은 사람들에게 이익이 돌아가도록 했다.

국내의 각종 문제 및 사업에 대한 업무수행 : -7점 37위(공동)

피어스가 번영의 시기에 대통령이 된 것은 행운이었다. 그는 국내의 경제 정책에 대해서는 어떠한 조치도 취하지 않았다. 그럼에도 국가의 번영은 계속되었다. 세금도 인하되고 피어스 행정부는 관세도 인하시켰다. 피어스는 골치 아픈 인플레이션이나 디플레이션 문제를 다루지 않아도 되었다. 국가예산의 소비는 전쟁부를 제외하면 모든 부서에서 줄어들었다. 당시 전쟁부는 피어스의 팽창주의 외교정책을 지지하기 위해 군사력을 증대시키고 있었다. 국내의 각종 문제를 위한 예산 소비의 증대는 국가의 이익을 위해 반드시 필요한 것은 아니었다. 그의 행정부 내내 새로운 국내 정책 프로그램이 약간 필요했기는 했지만 아무것도 진행된 것은 없다.

번영의 시기였음에도 불구하고 한편으로는 가난 문제가 심각했다. 피어스 대통령은 가난한 사람들에 대한 정부 차원의 어떤 도움에도 반대했다. 피어스는 정신적으로 불안전한 사람, 즉 정신병자를 위한 제도적인 관리와 보살핌을 제공해 주고자 하는 도르시아 딕스 법안(Dorothea Dix Bill)에 대해 거부권을 행사했다. 또한 노동자들이 노동조합을 결성할 수 있는 권리를 반대했다. 그의 전쟁장관인 제퍼슨 데이비스(Jefferson Davis)는 국회의사당 부속건물에서 벽돌공들이 만약 계속해서 노동조합을 결성하고자 한다면 그들을 해고하겠다고 위협했다. 결국 노동조합원만 고용하는 클로즈드 숍(closed shop)을 만들고자 한 벽돌공들의 시도는 실패로 끝났다. 국회의사당과 노동자들 사이의 투쟁에서 피어스는 일방적으로 국회의사당 편을 들었다.

피어스는 연방헌법을 지지했고 그 당시 엄격한 문장해석으로 이해되는 헌법 속에 보장된 자유의 권리를 지지했다. 대통령이 되기 전에 피어스는 뉴햄프셔주 헌법에 포함되어 있는 반가톨릭적 내용을 삭제하고자 했다. 그러나 그는 백인이 아닌 다른 유색인종에 대해서는 평등을 위한 어떤 배려도 하지 않았다. 그는 노예제 찬성주의자였으며 인권보다 노예소유주의 재산권을 먼저 생각했다. 그는 노예제도에 대한 자신의 견해와 일치하지 않는 백인에 대해서도 경멸을 보냈으며, 편협한 악감정을 가지고 대했다. 인디언에 대한 그의 취급은 가혹했으며 비인간적이었다.

인디언과의 끊임없는 교전은 피어스가 대통령으로 있는 동안 계속되었다. 그의 행정부 동안 인디언들을 총으로 위협하여 52개 부족에 대해 항복 협상을 받아냈다. 그 과정에서 인디언들로부터 1억 7천 4백만 에이커의 땅을 빼앗고 그 대가가 준 것은 약 1천 1백 달러였다. 이는 1에이커당 10센트도 되지 않는 비용이다. 이전에 행정부는 인디언들을 미시시피 서부지역으로 강제 이주시켰다. 그러나 피어스는 서부 영토를 백인 정착자들에게 나누어 주고자 했다. 피어스 행정부는 두 지역－한 곳은 오늘날 오클라호마, 다른 한 곳은 다코타 였다－에 인디언보호구역을 설치하여 인디언들을 강제적으로 이주시키기로 결정하였고, 그 나머지 영토는 백인 정착자들에게 개방하기로 했다. 당시 내무장관인 로버트 맥클랜드(Robert McClelland)는 두 지역에 토착 인디언들이 30만 명 있으며 이들에게 정부가 쓰는 비용은 연간 2백 60만 달러 이상이라고 밝혔다. 이는 인디언 한 사람당 9달러에 지나지 않는다. 인디언들에게 연금은 현금으로 지불되었는데, 이에 대해 맥클랜드는 인디언들에게 현금을 지급하는 것은 영구적인 개선을 위한 노력을 마비시켜 버리는 것이라고 생각했다. 그는 '붉은 피부'(red skin)를 보살피는 최대의 방법은 그들을 인디언 보호구역으로 이주시켜, 여러 종족을 일정한 한계범위 속에 고립시킨 후 감독관을 통해 그들을 보살피고 일을 하도록 가르치고 기독교 교훈을 가르쳐 주는 것이라고 생각했다. 여기에서 인디언들의 인간으로서의 권리와 이익은 전혀 고려되지 않았고 전통적인 그들의 생활방식은 철저히 파괴되었다.

노예제도에 대한 논쟁은 1850년대에 대통령으로 있었던 모든 사람들에게 독(毒)과도 같은 것이었다. 그들 중 누구도 이 문제를 해결할 능력을 갖고 있지 못했다. 대통령 선거운동에서 피어스는 도망노예송환법의 엄격한 적용과 더불어 1850년 타협안을 지지하는 데 집중했다. 그는 준주 지역에 노예제도가 인정되기를 원했으며 노예제도를 확장시키기 위해 멕시코나 쿠바에 미국의 새로운 남부 영토를 획득하기를 희망했다. 피어스는 모든 지역적인 문제는 노예제도폐지론자들의 선동과 노예제도에 대해 간섭하기를 원하는 북부인들 때문이라고 생각했다. 그의 행정부 동안 피어스가 적극적으로 지지한 불길한 캔자스-네브래스카 법안 때문에 지역감정이 더욱 악화되었다. 무력충돌이 '유혈의 캔자스'(Bleeding Kansas)에서 일어났다. 더욱 악화된 지역적 적대주의는 새로운 단계로 접어들었다. 이미 지역주의에 의해 상당히 약화된 휘그당이 해체되었고, 새로운 정당인 공화당이 탄생되었다. 피어스 행정부 동안 지역주의는 단지 심각한 문제였으나 이제는 전쟁의 위기상황까지 악화되어 갔다.

행정부와 정부 내에 관련된 업무수행 : -4점 33위(공동)

피어스의 목표는 연방의 보존이고, 미국 인구를 아직 개발되지 않은 서부의 준주 지역으로 확장하고, 라틴 아메리카나 하와이에 새로운 땅을 얻고, 그리고 노예제도를 영구화 내지 확대하는 것이었다. 그는 편협한 국민주의적인 정책이나 인종주의적 정책을 통해 발생하게 될 문제점을 예측하지 못했다. 연두교서에서 나타나는 그의 상이한 목적과 목표는 행정부서 장관들에게서 나왔다.

그의 행정부는 잘 운영되었고 정상적인 행정관리상의 원리에 따라 조직되었다. 행정부의 모든 구성원은 자신의 일을 진지하고 신중하게 처리했으며 열심히 일했다. 피어스가 비록 어떤 사안에 대해 자신의 견해를 강력하게 주장했지만 정부의 일은 대부분 행정부서의 장에 의해 이루어졌다. 대통령의 나약성 때문에 각각의 행정부서는 맡은 일에 대해 그들 스스로 결정을 내리는 등 강하고 능력 있는 내각인사들이 더 많은 주도권을 행사했다. 특히 3개 부처의 강력한 내각인사—국무장관 윌리엄 매르시(William Marcy), 전쟁장관 제퍼슨 데이비스(Jefferson Davis), 법무장관 칼랩 쿠싱(Caleb Cushing)—가 내각회의를 이끌어 갔다. 각 내각의 구성원들은 자기 부서에서 근대적이고 근면한 관료정치를 위한 기본을 만드는 개혁적인 과제를 이루고자 했으며 또 그렇게 했다. 데이비스와 철도 자본가들 사이에서 일어난 약간의 마찰을 제외한다는 피어스 행정부를 둘러싸고는 어떤 스캔들도 없었다. 피어스 행정부는 첫 번째로 구성된 인사들이 임기 내내 내각을 구성했다.

내각 구성원들은 개혁적인 일을 실천에 옮기는 데 성공적이었다. 국무장관 매르시는 외교부처의 조직을 개편했다. 재무장관은 공무원과 정부에 속한 노동자들의 엄격한 책임을 주장했고 국가의 채무를 줄여 나갔다. 해군장관은 더 많은 배를 만들 것을 명령했고, 퇴역하는 해군장교들이 은퇴하는 데 도움을 받도록 새로운 절차를 도입했으며, 해군의 인사정책에 대한 새로운 상벌제도를 도입했다. 그리고 해군에서 태형을 강화하는 데 대해 단호히 반대했다. 그는 해군의 도제 프로그램을 다시 만들고 해군의 보수를 올렸다. 법무장관인 쿠싱은 사법부의 확대와 개혁을 주장했다. 그러나 의회가 그의 계획에 반대했다.

피어스는 참모진은 물론 내각 인사들과의 의사소통이라는 면에서 너무나 형편없었다. 피어스는 고분고분한 사람이었고 억지로 만들어진 대통령이었다. 그는 한두 번의 대화로 쉽게 친구가 되는 사람이었다. 의원들은 그의 말을 듣기는 했지만 대부분의 일은 자기들 방식대로 했다. 대부분의 국민과 언론은 대통령에 대한 존경심을 상실했고 그가 추진하는 프로그램에 반대했다. 의회 의원들의 경우 대통령이 속해 있는 당의 출신이 많았음에도 불구하고 피어스 대통령이 진행하는 프로그램에 대해 반대를 함으로써 피어스를 패배시켰다. 그는 물론 제출한 법안과 관련하여 반대당으로부터도 지지를 얻지 못했다. 의회와의 관계는 피어스의 대통령직이 크나큰 손상을 입는 지경까지 악화되었다. 결국 피어스가 속해 있는 당은 1854년 중간선거에서 상하 양원에서 다수당의 자리를 내주게 되었다. 그의 임기 동안 통과된 가장 중요한 법안은 캔자스-네브래스카 법안이었다. 이는 상원의원 더글러스가 주도한 법안으로, 피어스 행정부의 하나의 승리로 여겨졌다. 그러나 이 법안이 준주에서 노예제도를 둘러싼 갈등을 폭발시키고 나아가 남북전쟁을 피할 수 없는 것으로 만들었다는 것이 일반적인 평가다. 최소한 이 법안이 남북을 극단으로 치닫게 하고 캔자스를 유혈의 장으로 만들었다는 점에서 완전히 국가이익에 반(反)하는 것이었다. 피어스는 아홉 차례 거부권을 행사했다. 그러나 그중 다섯 번은 의원들에 의해 다시 무시되었다. 피어스 대통령은 너무나 나약하였고 결국 의회 지도자들이 권력을 장악하고 국가 운영의 키를 조정했다.

피어스는 노예제도에 찬성하는 남부의 이익과 제국주의자의 입장에서만 정책을 펼친 것으로 널리 인식되었다. 이에 대해 국가의 다른 강력한 이익집단들은 그와 그의 정부에 대해 적대적이었다. 특히 북부에 속해 있는 주는 더욱 그러했다. 그는 효과적으로 정국을 운영하지 못했고 결국 대통령에 대한 국민들의 존경심을 완전히 상실했다.

지도력 및 의사결정과 관련된 업무수행 : −11점 38위

피어스는 비록 매력적인 인품을 가지고 있었지만 각 행정부서의 인사들에게 영감이나 자극을 주어 높은 수준의 업무를 수행하도록 하지 못했다. 그들은 대부분 대통령의 허약한 지도력에도 불구하고 진지한 공무원들로서 열심히 일했다. 피어스는 자신이 제안한 것을 채택하도록 다른 사람을 설득하지도 못했을 뿐만 아니라, 열정을 가지고 자신의 프로그램을 수행하지도 않았다.

피어스는 미래에 대한 비전도 없었다. 그는 미국과 세계가 어떻게 발전되어 가야 할 것인지에 대한 개념조차 갖고 있지 못했다. 그는 자신이 추진한 일에 대해 국민들과 연대감도 만들어 내지 못했을 뿐만 아니라 국민들과 국가목표에 대해 공유도 하지 못했다. 그 대신 그가 추진한 프로그램은 국가와 국민을 파당 짓게 만들었으며 지역주의를 불러일으키게 했다. 이러한 지역주의로 인해 급기야 대통령이 속해 있는 당과 반대당은 상호 비난하고 반대하는 파당으로 갈리게 되었다. 급기야 대통령과 그의 견해에 반대하는 새로운 정치운동과 새로운 정당이 출현하여 강한 세력으로 성장했다.

내각 인사들과 의회의 도움으로 피어스는 비상사태에 차분함을 유지할 수 있었고 어려운 의사결정을 내릴 수 있었다. 그러나 그는 거의 모든 일에서 타협에 의존하는 길을 택했다. 그는 어떤 사안을 둘러싸고 반대에 직면하면 확고한 자신의 입장을 밝히지 못했다. 그는 너무 많이 그리고 너무 자주 타협을 했을 뿐 아니라 문제가 되는 양측의 주장에 대해서 너무 자주 애매한 태도를 취했다. 그는 모든 사람을 기쁘게 해주고 싶어했기 때문에 종종 서로 반대편에 있는 사람들은 대통령을 자기 편이라고 생각했다. 이러한 태도는 결국 혼란을 야기시켰고 사람들은 그를 불신하고 경멸하였다. 대통령직에 대한 국민들의 믿음과 신뢰는 피어스 행정부 동안 너무나 약화되었다.

대통령에게 요구되는 평범한 사안조차 종종 피어스에게는 해결능력을 넘어서는 것이었다. 그는 능동적으로 일을 처리해 나가는 것이 아니라 일에 압도당해 버렸다. 그는 상황을 종합적으로 분석할 수 없었으며 문제를 해결하기 위한 적절한 전략도 만들어 내지 못했다. 자주 그는 자신이 결정한 것에 대한 결과도 이해하지 못했다. 또한 자신의 실수를 통하여 배우지도 못했다.

개인적 성격과 도덕성 : 2점 32위(공동)

고분고분하고 사교적이며 핸섬한 외모의 프랭클린 피어스는 19세기 대통령의 전형적인 모델로 등장했다. 그러나 그의 잘난 외모는 다른 사람을 속이기에 충분한 것이었다. 그는 훌륭한 대통령이 될 요소를 거의 아무것도 가지고 있지 못했다. 다른 사람을 기쁘게 하고 다른 사람의 마음에 들기 위해 그래서 기꺼이 타협을 택한 피어스는 대통령으로서의 지도력을 행사하는 데 철저히 실패했다.

피어스는 정직했다. 그는 국민을 희생양으로 삼아 사적으로 이익을 취하기 위해 대통령의 지위를 이용하지 않았다. 이런 의미에서 그는 어느 정도 신뢰할 수 있는 사람이었다. 그는 일부러 자신이 한 약속을 취소하거나 어기지는 않았다. 그러나 사적인 대화를 통해 그는 거의 모든 이야기에 대해 동의와 찬성을 하는 성향을 갖고 있었기 때문에 많은 사람들은 그가 약속을 어긴다고 생각했다. 피어스는 한결같이 자신이 중요하게 여기는 가치와 원리에 따라 행동했다. 그러나 그는 자신의 가치에 따라 노예제도, 인종주의, 감정적인 주전론을 받아들이고 이를 추구하고자 노력했다. 때때로 술에 잔뜩 취하는 것을 제외하고 대통령이었을 때나 대통령이 아니었을 때나 어떤 스캔들에도 연루되지 않았다. 피어스는 술을 탐닉했지만 중독은 되지 않았다. 그는 한동안 술을 전혀 마시지 않기도 했지만 또다시 술을 탐닉하고 이 때문에 자주 곤욕을 치렀다.

피어스는 국민들이 쉽게 접근할 수 있는 대통령이었다. 일대일로 그를 만나는 사람이나 몇몇이 모여 그와 함께 술을 마시는 사람들은 항상 그를 좋아했다. 피어스의 아내가 그들 사이의 마지막 아들이 죽은 후 폐쇄적인 생활을 했기 때문에 그들은 백악관에서 어떤 파티도 열지 않았다. 피어스는 종종 밤에 워싱턴 거리를 걸어다니거나 말을 타고 산책을 했다. 그러면서 종종 자신의 길을 방해하는 낯선 사람들과 이야기를 나누었다. 그가 일반 국민들을 통해 받는 일정한 정보는 대통령으로서 정책을 수립하는 데 고려되었다. 대통령은 취임식 연설과 네 번의 연두교서를 통해 국민들과 공식적으로 의사소통을 했다. 이때 그는 각 행정부서의 장관들에 의해 그에게 전달된 의견을 포함하여 자신의 목적과 목표를 발표했다. 그는 늘 자신의 내각인사들 앞에서 각각의 연설을 되풀이했다.

국민들은 자신들의 대통령에 대해 자부심이 없었다. 어떤 사람들은 그가 술을 너무 많이 마신다는 이유로 그를 싫어했다. 또 어떤 사람들은 그의 정책이 지역주의를 야기시킨다는 이유로 그를 싫어했다. 피어스가 대통령직에 있는 동안 사람들은 미국이라는 국가보다 자신들의 지역과 자신들의 파당에 더 관심을 가지고 집중했다. 대통령인 피어스의 도량과 재능이 보잘 것 없었기 때문에 그는 국내에서는 물론 특히 서반구 지역에서 존경을 받지 못했다. 그러나 유럽과 아시아 일부 지역에서는 그를 존경하는 경우도 있었다. 국제관계에서 미국이 발전을 거듭해 나가면서 미국이라는 국가와 이 나라를 대표하는 대통령에 대한 존경심을 이끌어 냈기 때문이다. 그러나 이러한 존경심은 그가 만들어 낸 것이 아니었다.

피어스는 대통령이 가진 권한의 상당 부분을 내각과 의회로 넘겨줌으로써 대통령의 권위와 위업을 축소시켰다. 대부분의 미국인들은 피어스가 북부 중심의 상공업계층들을 좋아하지 않는다고 믿게 되었다. 그런데 당시 인구의 대부분은 북부에 살고 있었다. 많은 북부인들이 피어스를 남부에 동정심을 가진 북부인으로 보았다. 그를 남부 원리를 추종하는 소신 없는 북부 민주당원이라는 뜻을 가진 소위 도우페이스(doughface)로 불린 것은 이 때문이다. 이와 더불어 후에 남북전쟁 때 남부 편을 든 북부인들은 남부에 동정을 보내는 북부인이라는 개념으로 코퍼해드(copperheads)로 불렸다. 이 두 용어는 모두 경멸적이고 적대적인 뜻을 갖고 있다.

종합평가 : -19점 38위

총 -19점을 받은 피어스는 평가 대상이 된 39명의 대통령 중 꼴찌 다음을 차지했다.

제임스 뷰캐넌
James Buchaanan | 1857~1861

	평가점수	평가등수
외교를 비롯한 대외관계와 관련된 업무수행	14	3(공동)
국내의 각종 문제 및 사업에 대한 업무수행	-5	33(공동)
행정부와 정부 내에 관련된 업무수행	1	28
지도력 및 의사결정과 관련된 업무수행	8	19
개인적 성격과 도덕성	4	29(공동)
종합평가	22	25

배경

제임스 뷰캐넌은 1791년 4월 23일 펜실베이니아 머서스버그 근처의 방 하나짜리 통나무 집에서 태어났다. 디킨슨 대학을 졸업한 후 그는 펜실베이니아의 랭카스터에서 법학을 공부하고 그곳에서 법률사무실을 열었다. 1812년 전쟁 동안 그는 사병으로 군에 입대했다. 그 후 1814년에서 1816년까지 펜실베이니아주 입법부에서 일했다. 1816년 그는 다시 랭카스터의 법률사무실로 되돌아오고 1820년에 전국적인 인물로 정계에 들어서게 되었다. 그 후 그는 연방 하원의원, 연방 상원의원, 러시아 주재대사, 영국 주재대사, 국무장관직을 지냈다.

대통령 후보 지명과 선거

1856년에 뛰어난 4명의 민주당 후보가 당 대통령 후보 지명을 위해 겨루고 있었다. 그들은 현직에 있는 피어스 대통령, 스티븐 더글러스, 루이스 캐스 (Lewis Cass), 그리고 뷰캐넌이었다. 지역적인 분파 현상은 1854년 캔자스-네브래스카 법이 통과된 이후 더욱 심화되었다. 더글러스가 이 법을 제안하고 피어스가 이를 승인했다. 두 사람 다 일반 대중의 주권을 주창했기 때문에 남부에서뿐 아니라 서부에서도 인정하는 후보였다. 그러나 이들은 북부인들과 당내 반노예제주의자의 강경한 반대에 직면해 있었다. 캐스는 남부의 인정을 받지 못하였다. 이제 남은 후보는 뷰캐넌이었다. 그는 캔자스-네브래스카 법이 통과될 때 영국주재 대사로 나가 있어 미국에 있지 않았고 돌아왔을 때도 이 법에 대해 어떤 뚜렷한 입장 표명을 하지 않았기 때문에 어느 편으로부터도 반감을 사지 않았다. 민주당 전당대회가 시작되자 정황은 뷰캐넌에게 유리하게 돌아갔다. 그는 전당대회 시작부터 당 대통령 후보로 지도적인 입장에 섰다. 그러나 그가 당 후보로 지명되는 데 필요한 2/3의 찬성을 확보하기 위해서는 17표가 더 필요했다.

당시 휘그당은 반노예제를 주창하며 많은 사람들이 새로 등장한 공화당에 입당하면서 해체되었다. 공화당 후보는 존 프리몬트(John C. Freemont)였다. 아메리카당과 휘그당의 나머지 사람들은 또 한 번 도전장을 낸 전직 대통령 밀라드 필모어(Millard Fillmore)를 지지했다. 민주당은 연방 보존을 중요 쟁점으로 삼았고 노예제도 문제를 피하고자 했다. 반면 공화당은 "자유 토지, 자유 연설, 그리고 프리몬트"를 슬로건으로 하여 노예제도 찬성론자들을 상대로 싸웠다. 아메리카당은 두 정당을 모두 공격했다.

유권자들은 단지 한 가지 현안-노예제도-에 흥분했다. 뷰캐넌은 남부에서 완전히 승리했고 남부 주(Dixie)가 아닌 다른 5개 주에서 승리를 거두어 선거인단 투표에서 174표를 얻었다. 프리몬트는 118표, 필모어는 8표를 얻었다. 선거인단 투표에서 어렵지 않게 승리를 했음에도 불구하고 뷰캐넌은 일반투표에서 과반수를 얻지 못했다. 그러나 그는 45%를 약간 넘는 지지를 받아 대통령에 당선되었다.

외교를 비롯한 대외관계와 관련된 업무수행 : 14점 3위(공동)

외교문제에서 뷰캐넌은 외국에서 미국의 위신을 더 높이는 확고한 정책을 실시했다. 그는 아시아의 여러 나라들과 통상의 기회를 확대하는 등 외교적 관계수립을 위한 문호를 개방했다. 그는 페르시아(Persia : 1935년 이란이 됨)와 외교사절을 교환하고 일본과도 외교사절을 교환할 수 있도록 했다. 그는 중국과의 무역에서도 특혜권을 인정받았다. 그는 여러 조약을 체결하여 미국이 3개 대륙에서 무역할 수 있는 길을 열었다. 또 프랑스와 조약을 맺어 미국에 살고 있는 프랑스 태생의 귀화한 시민의 권리를 인정했다. 1857년의 낮은 비율의 관세법이 그가 대통령에 취임하기 하루 전에 통과되었다. 그는 비록 자유무역을 주장했지만 필요한 수입을 위해 보다 높은 비율의 관세를 요구했지만 인정되지 않았다. 그러나 정작 그의 슬로건은 '자유 해양과 자유 무역'이었다.

외교관으로서의 경험은 그가 대통령으로서 영국과의 관계를 개선시키는 데 크게 이바지했다. 미국과 영국 정부 사이의 적절한 타협을 통해 양국의 순양함이 아프리카 노예무역을 하는 것으로 의심이 가는 양국의 배에 승선하여 조사할 권한을 인정했다. 1858년 멕시코 만에서 영국 수양함들이 활발히 활동하면서 단 몇 주 만에 약 30척의 미국 배에 올라 조사를 했다. 뷰캐넌이 영국정부에 항의를 했고 영국은 즉각 이 활동을 중지했다. 중앙 아메리카에 대한 영국의 점유문제는 영국이 니카라과와 온두라스와의 조약을 통해 미국이 만족할 만한 내용에 합의함으로써 일단락 되었다. 이로써 중앙아메리카에 통과권이 마련되었다. 그러나 연방의회는 니카라과나 파나마를 가로지르는 운하나 도로를 만들고자 하는 뷰캐넌의 제안을 인정하지 않았다.

한동안 태평양 북서부에서 일어난 사건 때문에 영국과 미국 사이의 감정이 악화되었다. 퓨젯 사운드에 있는 산후안 섬에서 영국인 소유의 돼지 한 마리가 어느 미국인의 정원을 침범하자 미국인이 이 돼지를 총으로 쏴 죽이는 사건이 벌어졌다. 소위 '돼지 전쟁'이다. 이 사건으로 두 나라 군대가 출동했다. 금방이라도 전쟁이 일어날 것 같았지만 결국 두 나라는 중재에 합의를 보았다. 결국 이 섬은 미국이 가져갔다.

미국이 남아메리카에 통과권을 확보하기 위해 군사력을 동원하여 무력시위를 하였다. 미국의 기선이 해군 중령의 지휘 아래 남아메리카에 있는 여러 강에서 항행이 가능한가를 조사하기 위해 파견되었다. 이때 파라과이의 대통령인 로페즈(Lopez)가 파라나 강까지 항해해 오는 미국 기선에 이의를 제기했다. 파라과이의 한 군인이 이 기선을 향해 총격을 가했고 결국 타수가 죽는 사건이 벌어졌다. 뷰캐넌은 남아메리카에 해군 함대를 파견하였고 이를 배경으로 하여 미국 관리는 이 사건에 대해 보상을 받아냈다.

뷰캐넌은 카리브해와 중앙아메리카에서 질서를 유지하는 것이 미국의 책임이라고 주장하여 먼로 독트린을 확대시켰다. 유럽 국가들이 이 지역에 살고 있는 자국의 시민을 보호한다는 명목으로 폭력을 동원하여 위협을 가하는 무질서가 계속되었다. 뷰캐넌은 연방의회에 질서 유지를 위해 행동을 취할 것을 촉구했다. 만약 조치를 취하지 않을 경우 유럽 세력이 먼로 독트린에 도전하여 간섭을 행할 것이라고 했다. 뷰캐넌은 서반구에서 미국의 이익을 보호하기 위해 단호한 행동을 취할 것임을 외국 경쟁국에게 증명해 보임으로써 국제적 긴장을 완화시켰다. 뷰캐넌은 다른 나라 대표들과 잘 지냈고 서로 존경하는 관계를 유지했다. 그의 적극적이고 활동적이고 모험심 강한 외교정책, 특히 자유해양과 자유무역을 위한 그의 목표는 세계에서 미국의 위상을 향상시켰다.

국내의 각종 문제 및 사업에 대한 업무수행 : -5점 33위(공동)

뷰캐넌 행정부는 1857년 공황으로 큰 타격을 입었다. 뷰캐넌은 이 공황에 능동적이고 효과적으로 대처하지 못했다. 재무장관 하웰 콥(Howell Cobb)은 즉각적으로 뉴욕시에 정부보유의 금을 쏟아 넣고 이 시의 상인들로부터 감사와 환호를 받았다. 그러나 행정부 내 다른 부서들은 공공사업을 크게 축소했다. 이러한 축소는 결국 인도주의적인 이유로 인하여 노동자들과 다른 사람들로부터 많은 비판을 받았다. 관세와 토지매매 수준이 형편없이 떨어졌다. 1857년 연두교서에서 뷰캐넌은 원조를 통한 구원이 아니라 개혁을 발표했다. 그는 정부는 공황으로 야기된 여러 어려운 상황에 대해 동정심을 가지고 있지만 고통받는 개개인을 구원하기 위해서는 아무것도 할 수 없다고 하였다. 정부는 금과 은으로 정부 채무를 계속 상환해 나가면서 공공사업을 계속 진행했지만 정작 새로운 일은 아무것도 시작하지 않았다. 대통령은 단지 미래에 있을 수 있는 주기적인 불경기를 막기 위해 파산업무, 은행업무,

신용업무 등을 다루는 새로운 법을 제정할 것을 요구했다. 공황으로 인한 무고한 희생자에 대해 뷰캐넌은 거친 개인주의(rugged individualism)는 역경을 딛고 승리할 것이라고 말했다. 활기찬 젊음과 국민의 에너지가 파산한 사람들을 다시 회복시킬 것이라고 말했다. 확실히 그의 말대로 회복은 되었다. 그러나 그것은 이미 수천 명이 생활 파산과 기아와 절망의 불행을 겪고 난 후였다.

소위 뷰캐넌의 계획은 경제에 도움을 주기보다 오히려 피해를 입혔다. 그는 국민의 건강, 안전, 복지 등에 해로운 정책을 추진했다. 그의 행정부는 충분한 돈을 가지고 있지 않았음에도, 세금을 올린다거나 혹은 다른 어떤 수입세원을 찾아 돈을 축적하기를 거절했다. 오히려 그는 잘못될 운명을 가진 관세를 올리자는 제안을 했다. 1857년 공황기에 그가 가난한 사람들을 돕지 않은 것은 20세기 미국인들의 눈으로 보면 지독한 조처로 보였다. 그러나 이러한 조치는 1800년대에는 관행적인 것이었다.

뷰캐넌은 언론과 출판의 자유, 그리고 평화롭게 반대할 수 있는 권리를 지지했다. 그는 종교적 자유를 지지했으며 종교적인 아집에 반대했다. 그는 비(非)신교도, 외국인, 그리고 이민 등에 반대하는 편견을 가진 정치정당을 반대했다. 그는 실생활 상태가 어떻든 백인에 대해서는 우호적으로 대했다. 그러나 노예제도에 대해서는 묵과했으며, 노예들과 토착 미국인(인디언)들에 대한 학대를 인정했다.

뷰캐넌의 종교적 관용은 소위 '유타 전쟁'(Utah War) 혹은 '모르몬 전쟁'(Mormon War)으로 알려진 사건으로 쓸모없게 되어 버렸다. 1857년에 연방 사법부와 지방 관리들 간에 분규가 발생했다. 모르몬 교도들이 일부다처제의 포기를 거부하자, 무상토지불하 사무소는 유타 땅에 대한 토지소유권을 그들에게 주지 않기로 했다. 뷰캐넌은 1500명의 연방군을 유타에 파견해 연방법의 강제 실시를 명했으며, 주지사인 유타의 영웅인 브리검 영(Brigham Young)을 해임시키고 대신 비(非) 모르몬 교도를 주지사로 임명했다. 영은 정중하게 이 인사조치를 수용했다. 그러나 그는 군사적 억압에 복종하기보다 유타 주민들을 데리고 멕시코로 갈 것이라고 말했다. 우여곡절 끝에 폭력적대결까지는 가지 않았다. 뷰캐넌은 연방군을 유타에서 철수시켰고 영은 주지사에 다시 임명되었다.

뷰캐넌에게 닥친 가장 심각한 문제는 노예제도를 둘러싼 갈등이었다. 대통령 취임 연설이 있기 이틀 전에 일단 노예로 태어난 사람이나 그 노예의 자손들은 그 누구라도 시민으로 인정할 수 없다는 내용의 드레드 스콧 판결이 발표되었다. 여기에다 미주리 타협과 노예제도의 확대에 제한하는 의회가 만든 모든 다른 법은 헌법에 위배된다는 발표가 나왔다. 연방의회도 주 입법부도 노예제도의 확대를 억압할 수 있는 권한을 가지고 있지 않다고 발표했다. 뷰캐넌은 노예제도 문제를 해당 지역에 살고 있는 주민들이 결정해야 한다는 주민주권주의를 말하면서 이 판결에 환영을 표했다.

주민주권은 캔자스에서 입증되었다. 1857년 노예제 찬성론자들이 캔자스에 노예제도를 허용하고 이에 대한 동의를 얻기 위해 유권자들에게 투표를 하는 내용의 리컴톤 헌법(Licompton Constitution)을 주도했다. 그러나 노예제 반대론자들은 이런 내용에 대해 투표하기를 거부했다. 우여곡적 끝에 노예제 찬성론자들은 리컴톤 헌법을 통과시키고 노예주로 캔자스를 연방에 가입시키고자 하였다. 뷰캐넌은 반대론자들의 의견은 전혀 고려하지 않고 이 헌법을 연방의회가 승인하도록 권고했다. 주민주권제도에 대한 최초의 주창자인 상원의원 스티븐 더글러스(Stephen Douglas)는 이에 강력히 반대를 표했다. 리컴톤 헌법에 대한 뷰캐넌의 편파적인 지지에 분노한 북부 유권자들은 대통령 반대운동을 주도하였다. 결국 1858년 상하 양원에 대한 중간선거에서 공화당 후보들이 압승을 거두었다.

1859년 존 브라운(John Brown)이 버지니아 하퍼스 페리에 있는 연방 무기고를 습격하면서 지역 간의 갈등은 더욱 심화되었다. 존 브라운의 공격은 분명 노예반란을 주도하기 위한 무기 확보 차원에서 이루어진 것이라고 간주되었다. 봉기가 실패로 끝나고 존 브라운은 체포되어 교수형을 당했다. 노예제 반대론자들이 이 사건을 계기로 하여 노예제를 폐지하기 위한 새로운 투쟁에 나서게 되었다. 북부와 남부 간의 적대감은 극단적으로 고조되어 갔다.

결국 뷰캐넌은 권력누수 현상이 강하게 나타나는 임기 말기의 레임덕 시기에 대통령으로서 가장 큰 책임을 져야 할 상황에 직면하게 되었다. 링컨이 대통령에 당선된 후 사우스캐롤라이나주가 연방을 탈퇴했다. 곧이어 남부 6개 주가 연방을 탈퇴하면서 남부동맹을 형성했다. 이에 뷰캐넌은 주는 연방을 탈퇴할 권리가 없다고 선언했지만, 연방헌법은 탈퇴를 막을 수 있는 합법적인 근거를 제공하지 못했다. 대통령은 전쟁을 막는 유일한 방법으로서 북부와 남부를 둘 다 만족시키는 방식으로 헌법을 개정할 것을 권고했다. 그는 냉정함을 유지함으로써 아직 탈퇴하지 않은 나머지 8개 노예 주의 충성을 계속 유지할 수 있다고 생각했다. 그렇게 되면 남부동맹에 속한 7개 주가 내분을 일으켜 결국 다시 연방에 가입하게 되기를 희망했다.

사우스캐롤라이나주가 포트 섬터에 주둔해 있는 연방군에게 철수를 요구했을 때 뷰캐넌을 거절했다. 오히려 요새를 강화시키기 위해 함선 '서부의 별'(Star of the West) 호를 파견했다. 이에 사우스캐롤라이나주 포병들이 배를 향해 일제 사격을 가하여 강제 귀환시켰다. 뷰캐넌은 이 사건을 전쟁행위로 보기를 거부했다. 그는 새로 당선된 대통령이 문제 해결의 열쇠를 찾을 때까지 평화가 유지되기를 희망했다. 그는 기존의 노예주에 대해 영구적으로 노예제도를 인정하고, 1820년의 미주리 타협선을 다시 정하자는 내용의 크리튼던 타협안(Crittenden Compromise)을 계속 지지하면서 의회에 평화를 유지할 것을 요구했다. 결국 그는 자신의 임기를 마칠 때까지 전쟁을 피하는 데는 성공했다.

행정부와 정부 내에 관련된 업무수행 : 1점 28위

대통령으로서 뷰캐넌은 많은 목적과 목표를 설정했다. 그러나 이러한 목적과 목표를 수행하기 위한 계획에서 자신과 적대적이었던 의회에 너무 많은 부분을 의존했다. 그는 장기적인 계획을 수립했지만 그 실현에는 거의 실패했다. 특히 노예제 문제는 다른 모든 문제를 엉망으로 만들어 놓았다.

뷰캐넌은 바른 행정상의 원리에 따라 행정부를 조직했다. 그는 국가적 목표를 수행하고 높은 수준의 업무수행능력을 유지하기 위해, 조직의 원칙으로 깨끗한 절차와 의사소통을 위한 채널, 그리고 깨끗한 절차를 확립했다.

뷰캐넌은 적절한 자리에 능력 있는 사람을 다수 임명했다. 그러나 그의 인사에는 실망스러운 인사도 없지 않았다. 강력하고 능력 있는 내각 인사 중에는 재무장관 호웰 콥(Howell Cobb), 법무장관 제레미 블랙(Jeremi Black) 등이 있다. 전 국무장관이자 능력 있는 외교관이었던 뷰캐넌은 존 아펠턴(John Appelton)의 도움을 받아 국무부 일을 자신이 직접 챙겼다. 공식적으로 국무부 장관은 전직 장군이자 대통령 후보였던 루이스 캐스(Lewis Cass)였다. 게으르고 한 물 간 인물로 받아들여지고 있던 실패한 영웅 캐스는 그저 표면상의 대표에 불과했다. 그러나 그는 뷰캐넌의 정책과 비슷한 정책을 가지고 있었고 어려운 내각회의에서 대통령을 강력하게 지지했다. 지역 간의 긴장이 강화되면서 남부와 북부 출신 내각인사들은 서로에게 비난을 가했다. 사우스캐롤라이나주가 탈퇴한 후 남부 출신의 모든 내각인사가 사임을 했고 그 자리는 대통령과 비슷한 생각을 가진 사람들로 채워졌다. 결국 대통령 임기 마지막 몇 달 동안 내각은 단결했다.

뷰캐넌 행정부는 전체적으로 보아 의사소통에 문제가 있었다. 대통령으로서 그는 연 기자회견을 통해 국민과 의회에 자신의 정책을 알렸다. 그러나 대통령이 말한 것에 대해 많은 국민들이 관심을 기울이지 않았다. 의회와 언론에서 뷰캐넌은 공화당원은 물론 민주당원에게도 공격의 대상이 되었으며, 지역적으로도 북부는 물론 남부인에게까지 비난을 샀다. 심지어 언론은 그가 대통령직을 떠나고 5년이 지나기까지 그에 대한 비난의 논조를 실었다. 특히 뷰캐넌은 그가 그토록 막고자 노력했던 남북전쟁을 일으켰다 하여 가장 큰 비난을 받았다. 1868년 그는 자신의 행정부를 변호하는 자서전을 썼다. 그러나 지금도 많은 역사가들은 뷰캐넌에 대해 형편없는 점수를 준다. 평가가 이러한 이유 중 일부는 그에 대한 언론의 좋지 않은 평가 때문이다.

뷰캐넌은 사법부 인사에서 능력을 갖춘 우수한 후보를 지명했고 의회로부터 승인을 받았다. 그는 드레드 스콧 판결 이후 대법원에 대한 국민의 신뢰가 크게 금 갔음에도 불구하고 상호 존경을 가지고 사법부의 독립을 유지했다. 사우스캐롤라이나주 출신의 연방판사들은 모두 이 주가 연방으로부터 탈퇴했을 때 사퇴했다.

취임식 연설에서 뷰캐넌은 대통령직은 한 차례의 임기로 끝내겠다고 선언했다. 이 선언은 고조되고 있는 지역적인 차이로 인한 갈등을 더욱 증폭시켜 뷰캐넌의 대통령직 수행을 약화시켰다. 결국 더글러스가 민주당의 지도력을 넘겨받았고 1860년 대통령 선거에서 자신이 유리한 고지를 점하기 위해 뷰캐넌을 혹독하게 공격했던 것이다. 1858년 중간선거에서 뷰캐넌의 지지자들은 선거에서 거의 참패했고, 더불어 민주당도 연방하원에 대한 통제권을 상실했다. 공화당뿐 아니라 민주당에게까지 반대를 받는 상황에서 대통령이 자신의 프로그램을 실현하는 데 필요한 의회의 지지를 얻기란 매우 어려웠다. 뷰캐넌이 추진한 외교정책 중 일부는 양당의 지지로 성공을 했다. 그러나 다른 문제들은 의회의 반대 때문에 실패로 끝났다.

뷰캐넌은 자신의 이익에 비해 대중의 이익을 앞세웠다. 그는 지역적 이익집단으로부터의 반대에 부딪혔다. 북부와 남부 간의 적대감은 갈수록 심해졌고, 이는 대통령의 프로그램 중 많은 것이 실패로 끝날 운명임을 예고했다.

지도력 및 의사결정과 관련된 업무수행 : 8점 19위

비록 미래에 대한 위대한 비전 같은 것은 가지고 있지 않았지만 뷰캐넌은 최소한 국가와 세계가 어떤 방향으로 발전되어 가는가에 대한 개념은 가지고 있었다. 그러나 그는 자신의 목적을 달성하기 위한 전략을 만들어 내지 못했다. 그는 의회에 너무나 많은 권한을 넘겨주었는데 이것이 자신의 프로그램을 수행하는데 필요한 행동을 제약하였다. 뷰캐넌은 고조되는 지역주의와 극단주의로부터 국가를 통일시키지 못했다.

노예제 문제를 둘러싼 극단주의 때문에 뷰캐넌은 의회를 설득하여 자신의 견해를 관철시킬 수 없었다. 그는 연방주의자였고 지역적인 견해보다 전국적인 견해를 지지했다. 반면 의회는 지역주의에 지배되고 있었다. 그는 자신의 임기가 끝날 때까지 어떻게든 남북전쟁을 피하기 위해 할 수 있는 모든 방법을 동원하였다.

국민의 신뢰를 유지하기 위한 대통령의 능력은 1857년 공황, 유혈의 캔자스, 드레드 스콧 판결, 대중여론에 불을 지른 링컨-더글러스 논쟁, 하퍼스 페리에서의 존 브라운의 습격사건, 그리고 사우스캐롤라이나주의 탈퇴 등으로 완전히 손상을 입었다. 이런 모든 사건 속에서도 뷰캐넌은 평화를 유지했다.

뷰캐넌은 1857년 공황으로 인하여 생긴 문제들을 다루는 것을 제외하고 행정부를 생산적인 부서로 이끌었다. 이러한 생산적인 활동은 1860년 11월 링컨이 당선된 이후 부분적으로 약화되었다. 그렇지만 뷰캐넌은 자신의 내각 인사들에게 영감을 부여하였다. 그는 열심히 일했으며 의무 수행에 충실했다. 캐스를 제외하면 그가 그 자신에게 했던 것처럼 자신이 임명한 인사들에게도 높은 수준의 업무수행을 요구했다.

최종결정을 내리기에 앞서 뷰캐넌은 항상 다양한 선택안을 평가하고 각각의 행동에 대해 어떤 결과가 일어날지에 대한 분명한 판단을 했다. 그는 일을 좀처럼 서두르지 않았다. 그러한 그도 모르몬 교도 사건에서는 일을 서두르는 바람에 상황을 더 어렵게 만들었다. 뷰캐넌은 역사에 대한 지식을 가지고 있었고 이해를 했다. 그는 자신의 실수로부터 배울 줄 아는 사람이었다. 그는 두뇌도 좋았다. 이는 여러 해에 걸쳐 정부에서 일한 경험에서 얻은 지혜에 의해 더욱 강화되었다.

뷰캐넌은 필요하다면 기꺼이 타협했다. 캔자스에서 유혈 참사를 끝내는 타협안을 통과시키는 데 기꺼이 찬성했다. 그는 노예제도 문제를 해결하기 위한 시도로서 크리튼던 타협안에 찬성했다. 뷰캐넌은 전쟁을 피하기 위해 의회로 하여금 헌법수정이나 제헌회의 소집을 요구했다. 버지니아주의 권고 사항에도 서명했다.

뷰캐넌에 대해 어떤 비판이 가해지든 그는 어려운 의사결정을 내릴 수 있었다. 그는 비상시기에 침착을 유지했고 항상 자신을 통제했다. 따라서 그가 레임덕 시기에 안정되지 못하고 안절부절했다는 비판은 전혀 잘못 알려진 것이다. 임기가 끝나는 시기에도 그는 평화를 지키기 위해 끊임없이 노력하면서 일했다.

개인적 성격과 도덕성 : 4점 29위(공동)
뷰캐넌은 대통령직이 요구하는 권위를 가지고 행동했다. 자신의 강력하고 건실한 외교정책 때문에 뷰캐넌은 외국인들에게 더 많은 존경을 받은 대통령이었다. 그러나 그는 고조되는 지역적 적대주의를 막지 못하여 그와 자신의 대통령직은 국내에서는 존경을 받지 못했다. 뷰캐넌은 대통령으로서 국민의 이익을 위해 일한다는 사실을 국민들에게 확신시키는 데 실패했다. 많은 사람들이 그를 오해했고 그의 국내 정책에 대해 분개했다. 대통령직은 뷰캐넌에게 생색이 안 나는 일이었다.

엄격한 개념주의자인 뷰캐넌은 정부의 권력분리를 당연한 것으로 여기고 이를 적극 지지했다. 그의 헌법 해석에 따르면, 대통령보다 의회가 국내문제를 주도적으로 이끌어가야 했다. 따라서 법을 제안하고 만드는 것은 의회의 일이며, 대통령은 이것을 집행하는 것이 의무였다. 연두기자회견에서 그는 의회도 국가문제를 해결할 책임을 공평하게 지고 있다고 말했다. 그럼에도 그는 여러 경우, 특히 외교문제에서는 대통령으로서 확고한 행동을 취했다.

뷰캐넌은 모든 영역의 국민들로부터 정보를 얻었다. 독신자인 그는 매일 저녁 워싱턴 거리를 산책하며 만나는 많은 사람들과 자주 대화를 나누었다. 매주 그는 15명의 사람들과 간단한 저녁식사를 했으며 30명의 손님을 초대해 만찬을 즐겼다. 그는 취임 연설, 연두기자회견, 그리고 사우스캐롤라이나주의 탈퇴 이후 실시한 특별연설을 통해 국민들에게 직접 자신의 이야기를 하였다.

대통령으로서 뷰캐넌은 확고한 도덕적 가치와 원리에 입각하여 행동했다. 그는 도덕적인 면에서 신뢰를 받았고 그의 언어는 유하고 친절했다. 그는 한 번 한 약속은 거의 지켰다. 헌법이 노예제도를 묵과했듯이 그 역시 노예제도를 인정했다. 그는 입헌공화국을 인간이 만든 가장 위대한 정부형태라고 믿었다. 그는 인간의 행동은 감정이 아니라 지능에 의해 통제되어야 한다고 믿었다. 또한 공무원이란 공적인 신뢰 그 자체이며 공직을 이용하여 일반 국민의 희생을 발판으로 삼아 경제적으로 이익을 보는 것은 절대 있을 수 없는 일이라고 생각했다. 그는 한때 적대적인 의회의 한 조사위원회로부터 조사를 받았다. 그러나 이 위원회는 결국 뷰캐넌이 법과 예의를 위반한 사실을 찾아내지 못했다.

일생을 통해 뷰캐넌은 높은 수준의 사적인 도덕성을 유지했다. 그는 정신적인 끈기와 도덕적인 지구력을 가지고 있었다. 그는 의무를 지키는 데 최선을 다했고 고집스러울 만큼 원리를 준수했으며 항상 스스로를 통제했다. 뷰캐넌은 비난의 여지가 없는 정직한 사람이자 애국심 강한 사람이며 상당한 능력을 갖춘 사람이었다.

종합평가 : 22점 25위

평화기에 그의 도덕성, 법에 관한 폭넓은 지식, 그리고 그동안 축적된 방대한 경험 등으로 보건대 뷰캐넌은 훌륭한 대통령이 될 수 있었다. 그러나 그러나 그가 대통령으로 있었던 시기는 훌륭한 대통령으로 되기에는 너무나 벅찬 일들이 많았다. 그는 외교분야에서 상당한 성공을 거두었지만 노예제도가 야기시킨 여러 문제들을 해결할 수 없었다. 그러나 링컨이 대통령에 오른 후 주들이 연방에서 탈퇴하였고, 남북전쟁이 뷰캐넌이 대통령에 있는 동안에는 시작되지 않았다는 사실을 언급할 필요가 있다. 그는 총 22점을 받았고 전체 중에서 25위를 차지했다.

	평가점수	평가등수
외교를 비롯한 대외관계와 관련된 업무수행	10	18(공동)
국내의 각종 문제 및 사업에 대한 업무수행	17	2(공동)
행정부와 정부 내에 관련된 업무수행	12	6(공동)
지도력 및 의사결정과 관련된 업무수행	20	1(공동)
개인적 성격과 도덕성	19	1
종합평가	78	1

배경

에이브러햄 링컨은 1809년 2월 12일 캔터키주 후젠빌 근처에 있는 작은 통나무집에서 태어났다. 링컨 부부는 1816년에 인디애나주로 이사를 했고, 1830년에는 일리노이주로 이사했다. 22세가 되어서야 링컨은 뉴 세일럼에서 정착했다. 독학을 한 링컨은 젊은 시절을 통해 학교를 거의 1년도 채 다니지 않았다. 그러나 그는 독서광이었고 이로부터 많은 지식과 지혜를 얻었다.

1831년 링컨은 뉴 세일럼에 있는 한 가게의 점원으로 일했다. 블랙 호크 전쟁(Black Hawk War)에 잠시 참전한 후 뉴 세일럼에 있는 한 잡화점을 인수하여 동업을 하였다. 이 사업은 고전을 면치 못하였고 곧 동업관계는 해체되었다. 그 후 3년 동안 그는 뉴 세일럼의 우체국장으로 일했다. 1834년 링컨은 주 입법부 의원으로 당선되었는데 이때가 네 번의 임기 중 첫 번째였다. 그는 이때부터 법학을 공부하기 시작했다. 1837년에 스프링필드로 이사를 했고 여기에서 동업 형태로 법률사무소를 열고 활동했다.

1846년 링컨은 연방 하원의원에 당선되었다. 멕시코 전쟁에 반대한 전력이 문제가 되어 그는 연임을 위한 지명을 받지 못했다. 그는 스프링필드에 있는 법률사무소로 되돌아왔고 곧이어 오리건 준주 장관, 또 주지사로 임명되었으나 이를 거절했다. 1854년에 그는 민주당 소속 연방 상원의원 스티븐 더글러스가 추진한 캔자스-네브래스카 법에 반대하면서 일리노이주의 지도자로 부상하였다. 링컨은 일리노이주 입법부 의원에 다섯 번째로 당선되었다. 그러나 그는 곧바로 사퇴하고 연방 상원의원에 출마했으나 실패했다.

1856년 링컨은 새롭게 탄생한 공화당에 가입했다. 처음으로 열린 공화당의 전당대회에서 링컨은 일리노이주에서 가장 인기 있는 사람으로 거명되면서 부통령 후보로 지명될 뻔했다. 그러나 후보자 결정선거 1차 투표에서 겨우 110표밖에 얻지 못했고 2차 투표에서 그의 지지자들은 방향을 바꾸어 윌리엄 데이턴(William L. Dayton)을 지지하였다. 링컨은 프리몽트-데이턴 후보를 위해 일리노이주에서 무려 50회 이상 연설을 하는 등 선거운동에 최선을 다했다.

1858년에 열린 일리노이주 공화당 전당대회에서 링컨은 공화당으로부터 민주당 출신의 현 연방 상원의원 더글러스를 상대로 연방 상원의원에 도전하도록 지명받았다. 링컨은 다음과 같은 수락연설을 통해 전국적인 주목을 받았다. "한 집이 균열이 생겨 나누어지게 되면 그 집은 결코 바로 서 있지 못한다. 나는 이 정부가 절반은 노예고 절반은 자유인의 상태로는 영원히 존재할 수 없다고 믿는다." 이어 그 유명한 링컨과 더글러스 논쟁이 뒤따랐다. 비록 일리노이주 입법부는 연방 상원의원으로 더글러스를 택했지만, 이 논쟁으로 링컨은 공화당의 주도적인 연설가 중 한 사람으로서 중앙 정치무대에 선두주자로 부각되었다.

대통령 후보 지명과 선거

사람들은 링컨을 두고 잠재적 능력을 갖춘 대통령 후보라고 말했다. 여기에다 그는 일리노이주 공화당 전당대회에서 가장 인기인으로 거명되었다. 전국 전당대회가 시카고에서 개최되었을 때 선두를 달리고 있는 것은 윌리엄 시워드(William H. Seward)였다. 구경꾼은 링컨의 지지자들로 채워졌고 링컨의 매니저들은 무대 뒤에서 중립성향의 대의원들을 앞세워 대통령 후보자 결정 선거 2차와 3차 투표에서 일리노이주에서 가장 인기 있는 링컨을 지지하도록 준비해 두었다. 그러나 예상했듯이 시워드가 가장 많은 지지를 받았고 링컨은 두 번째였다. 제2차 투표에서도 시워드가 선두를 달렸지만 링컨은 근소한 표 차로 그 뒤를 따랐다. 3차 투표에서는 링컨이 선두를 압도했고 주정부는 거의 만장일치로 유리한 쪽을 지지했다. 한니발 햄린(Hannibal Hamlin)이 부통령 후보로 지명되었다.

반면 민주당 전당대회는 남부 출신 대의원의 대부분이 일반 시민의 주권을 강조하는 강령을 채택한 데 항의하여 전당대회장을 퇴장해 버렸다. 민주당은 다시 전당대회를 열었으나 또다시 남부 출신 대의원들이 퇴장해 버렸다. 이것은 어떤 후보도 민주당 규정에 명시된 재적인원 2/3의 찬성을 얻기란 불가능하다는 것을 의미했다. 결국 재적인원이 아닌 참석인원 2/3로 한다는 쪽으로 의견이 모아졌고 대통령 후보자 지명을 위한 조건이 마련되었다. 이렇게 해서 더글러스가 지명을 받았다. 그러나 남부출신 대의원들은 이를 인정하지 않고 자신들의 후보인 존 브레킨리지(John C. Breckenridge)를 지명하여 민주당은 두 명의 후보를 내는 결과가 되었다. 이런 와중에 구 휘그당과 아메리카당의 잔존세력들이 호헌 통일당을 만들어 존 벨(John Bell)을 대통령 후보로 선출했다.

민주당이 분열되자 링컨은 승리를 확신했다. 그는 스프링필드에 있는 집에 머물면서 수백 명의 방문객을 받아들였다. 그러나 그는 현안문제에 대해서는 대화를 거부했다. 더글러스는 선거운동을 하면서 일반 시민의 주권을 열렬히 강조했다. 또한 그는 만약 링컨이 승리하게 된다면 이는 남부의 탈퇴를 의미한다고 경고했다. 브레킨리지는 드레드 스콧 판결을 적극적으로 지지한 노예제도를 찬성하는 후보자였다. 벨을 지지하는 소위 벨의 도당들(Bell Ringers)은 연방과 헌법정부를 보존하는 쪽으로 정책을 결정했다.

링컨은 일반투표에서 과반수는 획득했지만 큰 표 차이로 승리를 하지 못했다. 더글러스가 2위를 차지하고, 브레킨리지가 3위, 벨이 4위를 차지했다. 링컨은 선거인단 투표에서 180표를 얻었다. 그러나 이 중 단 한 표도 남부에서는 나오지 않았다. 브레킨리지는 15개의 노예주 중 11개 주에서 승리를 했는데 선거인단에서 72표를 얻었다. 벨은 3개 주에서 승리를 했는데 선거인단에서 39표를 얻었다. 일반투표에서 2위를 했음에도 불구하고 더글러스는 단지 1개 주에서만 승리하여 선거인단에서는 12표만을 얻었을 뿐이다.

1864년에 남북전쟁의 전황이 북부에 불리하게 돌아가면서 링컨의 재선 기회는 그리 밝아 보이지 않았다. 공화당 급진파는 당의 주류에서 이탈하여 독립적으로 전당대회를 열고 존 프리몽트를 대통령 후보로 지명했다. 프리몽 트를 앞세운 공화당 급진파는 전쟁을 보다 적극적이고 공세적으로 추진할 것과 지난 30년 동안 지속되어 온 대통령직의 1회 임기 전통을 계속 유지할 것이라는 강령을 내걸었다. 그러나 프리몽트는 얼마 후 사퇴하고 링컨을 지지했다. 소수의 공화당원들이 링컨에 반대하기는 하였지만 정기적인 공화 당 전당대회에서 단지 1개 주를 제외한 모든 주에서 다수의 찬성표를 얻어 링컨은 두 번째 임기를 위한 당의 대통령 후보 지명을 쉽게 받아냈다. 링컨의 지지를 더욱 확고히 하기 위해 이 전당대회는 전국적인 연방 차원의 대회로 이끌었다. 연방에 충성하면서 남아 있던 테네시주 민주당원인 앤드류 존슨 (Andrew Johnson)이 부통령 후보로 지명되었다.

북부가 전쟁에 이길 수 없을 것이라고 확신한 민주당은 평화적인 강령을 채택했다. 민주당은 조지 맥클란(George B. McClellan) 장군을 대통령 후보로 지명했는데, 그는 지명은 수락하되 민주당이 채택한 강령은 허용하지 않았다. 그러나 오래지 않아 전쟁상황은 극적으로 반전하였다. 셔먼(Sherman) 장군이 아틀란타를 탈환하고, 파라굿(Farragut) 제독이 모빌에서 승리를 거두었으며, 장군 셔리단(Sheridan)이 셴안도아 계곡으로부터 남부동맹군을 몰아냈다. 이 같은 전세 역전은 당연히 민주당 선거운동의 버팀목을 뽑아버렸다.

링컨은 쉽게 승리했다. 그는 압도적인 승리를 거두었지만 당시 군인의 표는 따로 합산되었다. 링컨은 22개 주에서 승리하고 선거인단에서 212표를 얻었다. 반면 맥클란은 단지 3개 주에서 승리하고 12표의 선거인단을 얻었을 뿐이다.

외교를 비롯한 대외관계와 관련된 업무수행 : 10점 18위(공동)

링컨은 미국 남부동맹 주재 외교관들인 제임스 매이슨(James Mason)과 존 슬라이델(John Slidell)을 석방시켜 함선 트렌트 호(Trent)를 둘러싸고 일어난 영국 및 프랑스와의 전쟁위기를 피해 갔다. 그들은 미국 함선에 의해 중립국 배에서 나포되었다가 추방된 인물들이었다. 멕시코로 향하던 또 다른 영국 함선 피터호프 호(Peterhoff)가 수출입 금지품목을 운반한다는 의심을 사서 미국 함선에 나포되었다. 이번에도 대통령은 나포한 배와 승무원을 석방해 줌으로써 영국과의 전쟁을 피해 갔다. 이 두 사건의 문제 해결에 나선 세력은 링컨에게 권한을 위임받은 것도 아니었고 링컨에게 미리 알린 것도 아니었다. 이러한 행동은 국제법 위반이었다. 이에 대통령은 이러한 잘못된 행위를 바로잡기 위한 필요한 조치를 취했다. 남북전쟁에 동원된 군사력은 미국의 힘과 해결능력을 보여주고, 민주주의와 자유가 살아 있다는 것을 증명해 보임으로써 장기간에 걸쳐 이익을 널리 촉진시켜 주었다.

링컨 행정부 동안 미국이 개입한 대외전쟁은 없었다. 대통령은 국제적 평화유지에 관여하지 않았다. 링컨이 연방의 해체를 받아들였다면 남북전쟁은 막을 수 있었다. 그러나 연방 해체는 링컨에게는 절대 받아들일 수 없는 일이었다. 그는 남부의 첫 총성이 울려퍼진 포트 섬터에 식량을 비롯한 전쟁물자를 보낼 것을 주장했다.

링컨은 흑인들이 통치하는 하이티와 리베리아에 대한 외교적 승인을 권고했다. 그는 역시 미국에서 가까운 미래에 노예해방이 이루어져야 한다고 주장했으며 외국의 민주주의를 장려했다. 그러나 그는 멕시코의 맥시밀리언 정부를 승인했다. 페르디난드 맥시밀리언(Ferdinand Maximilian) 대공은 프랑스 나폴레옹 3세의 꼭두각시로 멕시코의 왕자를 획득한 인물이었다. 이 일에서 링컨은 미국이 남북전쟁의 와중에 있다는 이유로 결국 먼로 독트린의 위반을 허용한 결과가 되었다. 전쟁의 와중에 있던 그로서는 이를 막을 힘이 없었던 것이다.

대통령은 해양에서 미국의 국제적 경쟁세력들을 일관되게 제압하려고 노력했다. 남부동맹에 대한 봉쇄는 미국의 힘을 과시한 것이었다. 비록 이 일이 세계무역에 피해를 주고 또 프랑스와 영국의 산업현장에 필요한 면화 부족을 불러 영국과 프랑스의 경제적 손상을 주었지만, 이는 전쟁으로 인한 보다 중요한 우선적 행동으로서 필요한 것이었고 정당화되는 것이었다. 링컨 은 비록 고율관세의 유지를 계속 주장했지만 사실상 전쟁 때문에 관세 문제나 일반적인 경제복지의 추진 같은 문제에 관심을 쏟지 못했다. 과세율은 그가 대통령으로 있는 동안 점차 상승했지만 이는 보호무역적인 성격보다 국고 세입의 증대라는 성격에 더욱 가까웠다.

링컨은 영국인으로 남부동맹 편에 섰다가 연방 편으로 귀순한 사람들을 영국으로 돌려보내줌으로써 영국과의 긴장상태를 완화시켰다. 또한 그는 백악관을 영국의 평범한 사람들에게 미국의 사정을 자신감 있게 설명하는 장소로 사용하였다. 트렌트호와 피터호프호 사건 이후 그의 행동은 역시 국제적 긴장상태의 완화에 치중되어 있었다. 세계여론은 링컨의 그러한 노력 에 호의적인 눈길을 보냈다. 전쟁에서 거둔 군사적 성공과 노예해방선언 이후 링컨 행정부는 미국에 대한 세계여론을 더욱 신장시켰다.

국내의 각종 문제 및 사업에 대한 업무수행 : 17점 2위(공동)

전쟁자금의 조달을 위해 링컨 정부는 세금을 올렸고, 채권을 팔았으며, 지폐를 발행했다. 세금문제에서 관세를 인상했으며, 판매세를 징수했다. 또한 일정 수준 이상의 소득에 대해 소득세를 부과했다. 1817년 이후 처음으로 국내 생산자와 소비자에 대해 각종 세금이 부과되었다. 1861년 내국세법에 의해 미국 역사상 처음으로 소득세가 부과되었다. 비록 이 소득세는 비헌법적 인 것이라는 판결을 받았지만 그럼에도 이때의 소득세는 미국의 20세기 세금구조의 선례를 마련하는 결과가 되었다.

국립은행법이 만들어져 처음으로 국가통화를 확립함으로써 하나의 네트워 크에 입각한 국립은행의 운영이 가능해졌다. 하나의 은행이 영업 허가를 받기 위해 필요한 것은 미국 채권을 구입하고 그 채권을 워싱턴에 보관하는 일이었다. 이 조건이 충족되면 은행은 구입한 채권의 90%까지 지폐를 발행하 여 사용할 수가 있었다. 이러한 절차를 통해 연방정부는 전쟁 수행에 필요한 자금을 확보할 수 있었고 일반대중들에게 안정된 통화를 제공하였으며 나아가 은행업자들에게 수익을 보장해 주었다.

세금을 모으고 채권을 팔기 전에 정부는 돈을 준비해야만 했다. 돈을 분비하는 유일한 재원은 그린백(greenbacks)으로 부르는 지폐를 발행하는 것이었다. 그런데 이 지폐는 미국 재무부에서 금이나 은으로 준비하고 있지 않은 것이었다. 결국 이것은 인플레이션을 가져왔고 미래에 여러 금융문제를 발생시켰지만 그럼에도 당시에는 이것이 필수적인 것이었다. 총 4억 5천만 달러가 그린백 지폐로 발행되었다. 이것으로 약 6억 6천 7백만 달러의 세금이 모였고, 20억 달러 이상의 채권이 팔렸다.

전쟁은 북부의 산업발전을 촉진하는 자극제로 작용했다. 통화개혁은 서부의 어려운 경제사정을 완화시켜 주었다. 링컨은 노동자와 농민이 경제상태의 개선으로부터 이익을 누려야 한다고 믿었다. 농무부와 토지무상제도가 만들어졌다. 자작농장법인 홈스테드 법(Homestead Act)이 만들어져 소유권을 가진 가족농의 증대를 촉진시켰으며 서부 대평원 지역의 정착에 큰 도움을 주었다. 링컨은 노예제도가 준주지역으로 확대되어서는 안 된다고 믿었다. 그래야만 좀더 나은 생활을 원하는 가난한 사람, 실업자, 이민, 그리고 그 외의 사람들이 더 많은 기회를 잡을 수 있을 것이라고 생각했다. 노동세력에 대해 강한 친근감을 가지고 그들이 파업할 수 있는 권한이 있다는 견해를 지지했다. 그는 역시 광범위한 이민을 호의적으로 지지했다.

그는 대통령이 되기 전부터 도로, 운하, 강 등의 교통망 개량사업에 대한 연방의 지원에 찬성했다. 그러나 대통령이 된 후 가장 우선적인 일은 전쟁이었다. 따라서 전쟁수행과 직접 관련이 없는 교통망 개량사업은 잠시 보류되었다.

링컨은 노예해방선언을 발표하고 제13차 수정헌법을 제안함으로써 노예제도의 종식을 가져오는 데 큰 도움을 주었다. 링컨은 워싱턴에서 말이 끄는 시내마차의 인종차별 폐지와 연방법원에서 아프리카계 미국인이 증인으로 채택될 수 있다는 내용의 의회가 제출한 법안을 승인했다. 그는 아이티로부터 온 흑인 대사를 인정했다. 그가 한 마지막 대중연설에서 링컨은 교육받은 아프리카계 미국인이나 아프리카계 미국인 군인들에게 즉시 참정권을 부여할 것을 요구했다. 이는 모든 미국인에게 보통선거권을 부여하게 되는 작지만 최초의 획기적인 단계였다. 이는 링컨에게 있어 중요한 변화가 있었음을 보여준다. 이전에 그는 흑인에 대한 사회적·정치적 평등에 반대해 왔기 때문이다. 그는 해방노예의 복지를 증진시키기 위해 흑인해방국을 설치하고, 미네소타에서 수족(Sioux)의 폭동을 진압했다. 링컨은 광포한 행동 때문에 사형을 언도받은 303명의 수족 인디언들 가운데 39명을 제외하고 모두 형량을 감했다. 그들 중 한 명은 사면을 해주었다.

전시 권한을 이용하여 대통령은 칙령으로 인신보호영장의 일시 중지를 명했으며 전쟁 동안 군법에 저촉된다고 선언했다. 그러나 언론의 자유는 유지되었고 전시 동안에 어떤 보안법 종류는 통과시키지 않았다. 또 사실상의 검열제도도 없었다. 남북전쟁의 위기 상황에서 헌법은 그 해석이 확대되었지만 결코 파괴적으로는 되지 않았다. 링컨은 종교적 자유를 지지했다. 그는 교회에서 전쟁 반대를 설교하는 성직자를 체포하지 말라고 명령했다.

링컨의 전쟁 수행 권한은 그의 인간적 동정심, 유머, 변호사다운 훈계, 반대세력에 대한 공정성, 그리고 무엇보다 포괄적인 성격 등으로 상당히 부드럽게 상쇄되었다. 그는 북군이건 남군이건 전쟁에서 죽은 사람들에 대해 애도를 표했다. 링컨은 많은 사람들에게 사면을 단행했고 사형언도를 받은 사람들은 감형을 해주었다. 특히 경계 의무를 수행하다가 조는 바람에 기소당한 젊은 군인들과 탈영한 젊은 군인들을 감형조치하였다. 그는 전쟁에서 너무 많은 사람들이 죽어 가고 있으며 군인들은 사형을 당해서는 안 된다고 생각했다.

행정부와 정부 내에 관련된 업무수행 : 12점 6위(공동)

링컨의 핵심적인 목표는 전쟁에 승리하여 연방을 구원하는 것이었다. 두 번째 목표인 노예제도문제의 해결은 이 핵심적인 목표에 밀려나 있었다. 노예제도와 관련된 그의 정책과 결정은 군사적·정치적 상황에 따라 좌우되었다.

전쟁 초기에 군 조직을 비롯한 행정부 조직은 제대로 조직이 이루어지지 않은 채였다. 전쟁을 수행해 가면서 건실한 조직이 만들어졌다. 링컨은 여러 번에 걸쳐 일반 국민에게 군대 자원을 요구했다. 징병은 궁극적으로 전쟁에서 승리하기 위한 충분한 병기의 획득을 필요로 했다. 전쟁이 시작되자 지휘관을 누구로 해야 할지 적임자가 없었다. 링컨이 그랜트 장군을 총사령관으로 임명한 후 연방군은 승리를 거두기 시작했다. 전쟁이 끝나 감에 따라 링컨은 시민과 군사 문제에서 더욱 돋보이는 지도자가 되었다. 그가 뛰어난 지도자라는 사실은 그가 암살된 후에야 인식되기 시작했다. 그가 사건을 통제한 것이 아니라 사건이 자신을 통제해 갔다고 하는 링컨의 주장은 지나친 겸손의 표현이었다. 사실은 그의 지도력이 위대한 사건을 낳았던 것이다.

내각 인사에 대해 링컨은 공화당과 민주당을 구분하지 않고 또 각 지역 출신을 능력에 따라 등용했다. 내각 구성원들 사이의 마찰과 상호 적대감에도 불구하고 매우 능란하게 내각을 운영해 나갔다. 첫 번째 임기 동안에 그는 종종 내각 인사들과 상의하지 않고 행동을 하기도 했다. 두 번째 임기 동안에는 아직 전국적인 인물이 아닌 사람들을 내각 인사로 선발하기도 했다. 링컨은 이들과 같이 일하면 더 잘 할 수 있으리라 기대했다.

전쟁기에 유지해야 할 비밀들은 일단 제쳐두고 링컨은 고용인과 육군과 해군, 그리고 일반 시민과 효과적인 두 가지 방법으로 대화를 계속했다. 실제적인 국가 비상사태에 직면해서 링컨은 소비를 증대시키는 데 필요한 자금을 확보했다. 위대한 행정가인 링컨은 자신의 목표를 달성했다.

의회에서 대통령이 속해 있는 당은 보수적인 공화당원, 공화당 급진파, 이전의 민주당원, 그리고 이전의 휘그당 계열 인사들로 구성되어 있었다. 노련한 대(大)정치가 링컨은, 비록 공화당 급진파 사이에 1864년 여름에 그를 물러나게 하려는 시도가 있기는 했지만 당내에 잠재되어 있는 모든 당파들로부터 지지를 받고 있었다. 의회내 민주당은 링컨과 전쟁을 지지하는 사람들과, 이 두 가지에 반대하는 사람들로 나누어져 있었다. 이런 상황 속에서 링컨은 자신의 외교정책과 국내정책은 물론 전쟁수행을 위한 대부분의 정책에서 목적을 달성하기에 충분한 지지를 확보하고 있었다.

링컨이 인신보호영장을 중지시킨 일에 대해 대법원장 로저 태니(Roger Taney)는 불법이라고 판결했다. 하지만 링컨은 태니의 판결을 무시했다.

국가 비상사태인 전쟁기의 대통령인 링컨은 사법부와 입법부의 기능을 침해하기도 했다. 태니가 죽은 후에 링컨은 대법원장에 샐몬 체이스(Salmon P. Chase)를 임명했다. 대통령으로 있는 동안 링컨은 4명의 배석판사를 대법원 판사로 임명했다. 두 사람은 보수주의자였고 두 사람은 자유주의자였다.

지도력 및 의사결정과 관련된 업무수행 : 20점 1위(공동)

링컨은 미국 역사에서 가장 위대한 지도자 중 한 사람이었다. 인격적으로 모범되는 행동과 연설, 그리고 수많은 글을 통해 링컨은 국민들에게 영감을 주어 그들로 하여금 전쟁에 승리하기 위해 혼신을 힘을 다하도록 했다. 그는 세련되지도 못하고 서투르고 그저 평범한 이야기나 하는 이야기꾼, 변경 개척자 같은 그런 카리스마를 가진 사람이었다. 사람들은 그를 존경했고 기꺼이 그를 따르고 싶어했다. 대통령 가운데 평범한 시민들과 이러한 관계를 유지해 온 대통령은 그동안 앤드류 잭슨을 제외하고는 없었다. 링컨은 국민들을 설득해서 연방과 노예제도에 대한 자신의 견해가 올바르다는 것을 그들에게 확신시키고 그럼으로써 그들이 자발적으로 대통령을 따르게 만들었다. 전쟁이 고조된 시기에도 그는 일반 국민에 대한 확신을 유지했다. 그는 압도적인 표 차로 두 번째 임기에 당선되었다. 대통령은 자신은 물론 다른 사람들을 위한 높은 수준의 업무수행을 기준으로 삼았다. 그는 업무수행 능력이 보잘 것 없는 장군들은 지휘관직에서 해고하고 능력 있는 군지휘관을 찾는 일에 성심을 다했다. 중요한 정치적 의견을 결정해야 하는 상황에서 그는 항상 한 발 앞으로 나와 길을 인도했다. 대통령이자 빈틈없는 현실주의자이자 또 위대한 실용주의자인 그는 미국과 세계가 함께 발전되어 가야 한다는 생각을 가지고 있었다. 그는 미리 생각하고 국가가 발전되어 가야 하는 방향으로 발전하도록 진일보시켜 두었다. 발전의 각 단계는 다음 단계를 위한 길을 예비해 두었다.

의사결정 및 정책을 결정하기에 앞서 링컨은 다양한 선택안을 심사숙고했고 일어날 수 있는 결과에 대해 최대한의 고려를 했다. 그는 큰 목적을 가진 대의를 위해서는 큰 위험도 감수할 수 있다고 믿었다. 링컨은 강한 적응력과 명백한 통찰력을 가지고 있었다. 이러한 능력으로 그는 정치분야뿐 아니라 군사 분야에서도 성공적으로 적응할 수 있었다. 그는 민첩한 지성을 소유하고 있었는데 이것으로 그는 위트와 유머를 항상 유지했다. 노예해방선언은 용기와 대담성의 산물이자 상당한 수준의 독창성의 산물이었다.

연방을 구원한다는 최우선 목표를 달성하기 위해 오랫동안 링컨은 소위 명예로운 타협도 기꺼이 받아들였다. 그러나 그는 노예제에 대한 남부의 요구를 만족시키는 내용의 크리튼던 타협(Crittenden Comprise)에는 단호히 거부했다. 그는 이 나라는 너무나 오랫동안 노예제도문제로 어려움을 겪었으며, 이제야말로 올바른 기준을 잡아야 할 때가 왔다고 믿었다. 따라서 타협은 해결책이 아니었다. 포트섬터의 함락 후 전쟁은 더 이상 머뭇거릴 수 있는 선택안이 아니었다. 전쟁 동안 링컨은 수많은 어렵고 힘든 결정을 내렸다. 비록 그가 수많은 밤을 잠 못 이루면서 고민했지만 그럼에도 단호하고 정확하고 공정한 결정을 내렸다.

개인적 성격과 도덕성 : 19점 1위

개인적 성격과 도덕성과 관련된 영역에서 에이브러햄 링컨은 총 20점 만점에 19점을 획득함으로써 이 분야에서 1등을 차지했다. 링컨과 동시대에 살았던 사람들 중 일부는 그를 그렇게 높게 평가하지 않았다. 그러나 오늘날 미국 역사 전체를 조망해 보면 링컨이 대통령직을 수행하는 데 있어서 매우 긍정적이고 효능을 발휘했다는 사실을 알 수 있다. 그의 소박한 태도와 말솜씨는 정적으로부터 조롱을 받았다. 그러나 오늘날 우리는 그의 숨김 없는 솔직한 평이한 말솜씨와 유머 가득한 말로 요점을 지적하는 그의 말솜씨에 대해 경의를 표하고 있다. 링컨 대통령의 품위와 행동은 항상 국가의 명예를 드높여 주었다. 링컨은 국민들이 미국인이라는 사실을 자랑스럽게 만들었고 링컨이 그들의 대통령이라는 사실에 대해서도 국민들은 자랑스러워했다. 무엇보다도 링컨은 애국자이었고 국민들은 링컨의 애국심에 감응했다. 링컨은 고귀한 용기, 겸손, 인간애, 관대한 아량, 인내, 연방 보존을 위한 헌신, 그리고 전쟁으로 인한 국가적인 상처의 치료, 분리된 국가의 재통합을 위한 헌신을 통해 대통령직의 품위를 크게 향상시켰다.

링컨은 헌법에 입각한 전쟁의 권한을 확대시켜 국가 비상사태 시에 담대하고 용기 있는 행동을 취할 수 있는 대통령의 권한을 강화시켰다. 때때로 링컨은 입법부와 사법부의 권한을 침해하면서 칙명과 성명으로 대통령의 권한을 행사했다. 이런 이유로 링컨을 반대하는 정적들은 그가 폭군적인 정치를 한다고 비난했다. 그러나 링컨은 결코 폭군이 아니었다. 링컨이 일시적으로 입법부와 사법부의 권한을 침해한 것은 사실이나, 이는 참혹하고 무시무시한 전쟁이라는 비상사태의 상황에서 정당화될 수 있는 것이었다. 시종일관 링컨은 법이란 정의실현을 위한 최선의 도구이며 민주주의는 정부의 여러 형태 중 최고 형태임을 믿어 왔다. 그는 "국민의, 국민에 의한, 국민을 위한 정부"라는 감동적인 민주적인 연설을 한 인물이었다.

링컨은 대통령집무실에서 거의 매일, 월요일에서 금요일까지, 심지어 전쟁 중일 때도 여러 시간 동안 방문객을 맞이했다. 누구든 방문할 수 있었다. 그들은 영향력 있는 정치가일 수도 있고 평범한 일반 국민일 수도 있었다. 이런 방문객들은 대통령의 귀중한 시간의 많은 시간을 할애 받아 대통령과 함께 보냈다. 링컨은 국민들의 감정과 느낌을 알고 이해하기 위해 정보를 필요로 했던 것이다. 이러한 링컨은 평범한 서민을 위한 대변인이 되었다. 링컨은 개인적인 만남, 대중 연설, 그리고 스스로 쓴 공개서한을 통해 서민들에게 다가갔다. 링컨은 의회의 의장에게 공개서한을 넘겨주고 직접 국민들에게 호소하는 관례를 만들었다. 링컨은 미국 국민들로 하여금 자신들의 대통령이 진정으로 자신들을 위해 일하고 있는 자신들의 친구로 생각하게끔 만들었다. 대정치가이자 최고의 실용주의자인 링컨은 다양한 집단을 한데 아울러 통합하고 그들로부터 자신의 행정부와 전쟁 노력에 대한 지지를 확보한 국민 모두의 대통령이었다. 심지어 이러한 상황은 전장에서 어려움이 계속되는 중에도 그러했다. 세계의 평범한 시민들이 링컨으로 인하여 미몽에서 깨어나 미국을 보다 나은 자신들의 생활을 위해 지도력을 발휘할 수 있는 국가로 보게 된 것이다. 전 세계에서 링컨은 민주주의와 자유는 반드시 승리한다는 상징이 되었다.

링컨의 고결함과 신용은 전설처럼 빛났다. 그는 시종일관 확고한 도덕적 가치와 원리에 입각하여 행동했다. 일단 그가 타협을 하게 되면 그것은 보다 나은 선(善)을 위한 것이었다. 연방을 보존하는 일은 그에게 최고 선이었고 그는 이 일을 모든 일에 우선하여 관심을 집중했다. 만약 그가 모든 노예를 자유롭게 하여 연방을 구할 수 있었다면 그는 모든 노예를 해방시켰을 것이다. 역으로 만약 그가 모든 노예를 해방시키지 않고서 연방을 구할 수 있었다면 역시 그렇게 했을 것이다. 그는 남북전쟁을 하나의 민주주의 정부가 살아 남을 수 있는가 하는 시험대로 보았다. 그래서 그는 민주주의의 생존을 확보하기 위한 전쟁에서 승리하기 위해 혼신을 다했던 것이다. 그는 사적으로 공적으로 최고 수준의 도덕성을 유지함으로써 대통령직의 품위를 향상시켰다. 그는 개인적으로 성실하고 정직했으며 국민들의 희생을 발판으로 삼아 개인적인 이익을 추구하지 않았다. 그의 별명인 '정직한 아베'(Honest Abe)는 너무나 그를 너무나 잘 표현한 것이었다. 개인적으로 볼 때 링컨에게 있어서 대통령직은 가장 불행한 시간이었다. 사랑하는 아들이 죽고, 아내는 심한 정신적·감정적 질병을 앓고 있었다. 대통령 자신도 상당 기간 우울증에 시달리고 있었다. 그는 전쟁의 공포에 대해 괴로워하며 이를 극복하기 위해 노력했다. 동정심 가득한 본성을 가진 그는 전쟁 희생자들에 대해 오랫동안 연민의 정을 버리지 못하였다. 링컨은 연방을 보존하고 정상상태로 회복시키고자 하는 자신의 목표를 조금의 흔들림도 없이 지켜 나갔고 자신을 반대하는 사람들에게 용서의 아량을 베풀었다. 두 번째 임기 취임식에서 승리를 바라보면서 그는 국민들에게 "국가의 상처를 치료하고 단합할 것을, 전쟁이 낳은 많은 것들을, 과부와 고아들을, 그리고 정의와 지속적인 평화를 성취하고 소중히 여기기 위한 모든 일을 해 주도록" 호소했다. 링컨은 남부에 대한 복수 대신 "누구에게도 적의를 나타내지 말고, 모든 사람에게 자비를 베풀 것을" 호소했다. 링컨은 국민들을 자유롭게 하고 영원히 그 자유를 누리도록 하는 영감을 제공하는 대통령이었다.

죽는 날

남군의 총사령과 로버트 리(Robert Lee)가 애포매톡스에서 북부 총사령관 그랜트에게 항복한 지 5일이 지난 1865년 4월 14일 저녁, 링컨은 워싱턴 포드 극장에서 열리는 한 연극공연을 관람하고 있었다. 존 윌키스 부스(John Wilkes Booth)라 불리는 남부 동조자가 대통령이 앉아 있는 특등실 뒤쪽으로 들어와 링컨의 머리를 향해 총을 쏘았다. 곧바로 링컨은 의식을 잃고 그 상태로 길 건너 한 하숙집으로 옮겨졌으나 다음 날 사망하였다.

사악한 범죄를 저지른 후 부스는 연극이 공연되는 무대를 향해 껑충 뛰어내렸다. 그는 다리가 부러진 상태로 성조기를 잡아채고 그곳을 걸어갔다. 그는 절뚝거리면서 무대를 가로질러 준비해 놓은 말을 타고 도망쳤다. 그러나 곧바로 연방군의 추격을 받아 버지니아의 한 헛간에서 덫에 걸렸다. 막다른 골목에 달한 부스는 스스로에게 총을 쏘았고 추격해 온 군인 중 한 사람이 발사한 총에 맞아 죽었다. 4월 26일이었다. 링컨의 암살사건과 관련하여 4명의 다른 사람이 기소되어 암살 혐의로 교수형에 처해졌다.

남북전쟁이 승리로 막을 내리면서 들려온 링컨의 암살 소식은 그를 순교자로 만들어 주었다. 미국 전역에서뿐 아니라 세계 전역에서 그의 명성은 그가 죽은지 130년이 지난 지금까지 유지되고 있으며, 그 명성은 좀처럼 줄어들 기미가 보이지 않는다. 오늘날까지 그는 연방을 보존하고, 민주주의를 구원하고, 나아가 노예제도의 종결을 가져오는 데 도움을 준 위대한 대통령으로 기억되고 있다. 대부분의 사람들은 링컨이 게티스버그 연설과 또 두 번째 취임 연설에서 보여준 인간미 넘치는 마음과 자비와 같은 사랑, 그리고 영감을 부여하는 말들을 기억하고 있다. 링컨은 조지 워싱턴과 함께 미국의 가장 위대한 국가 영웅으로서 사랑받고 존경받고 있다. 링컨과 워싱턴은 아마도 미국인들의 마음 속에서 또 자유를 사랑하는 전 세계인의 마음 속에 영원히 살아 있는 인물일 것이다.

종합평가 : 78점 1위

링컨은 종합평가에서 1위를 차지했고 가장 위대한 대통령으로 평가를 받았다. 그는 100점 만점에 총 78점을 획득했다.

앤드류 존슨
Andrew Johnson | 1865~1869

	평가점수	평가등수
외교를 비롯한 대외관계와 관련된 업무수행	7	26(공동)
국내의 각종 문제 및 사업에 대한 업무수행	17	2(공동)
행정부와 정부 내에 관련된 업무수행	-4	33(공동)
지도력 및 의사결정과 관련된 업무수행	1	28
개인적 성격과 도덕성	11	15(공동)
종합평가	32	22(공동)

배경

앤드류 존슨은 1808년 12월 29일 노스캐롤라이나의 렐리에 있는 작은 통나무집에서 태어났다. 아버지는 앤드류가 세 살 때 죽었다. 따라서 집안 형편이 어려웠고, 이 때문에 그는 단 한 번도 학교에 다니지 못했다. 13세 때 양복 재단사의 도제가 되었는데, 존슨의 십장이 일하면서 글도 읽어 주고 알파벳도 가르쳐 주었다. 그는 스스로 읽기 위해 많은 노력을 했다. 1826년 그의 가족이 테네시주로 이사를 했고 앤드류는 그곳 그린빌에서 재봉가게를 열었다.

19세 나던 해에 시의회 의원에 당선된 그는 2년 동안 시의회 의원으로 일하고 난 후 3년 동안은 시장으로 일했다. 노동자들의 권리의 옹호자로 정평이 나게 된 존슨은 테네시주 주의회 의원으로 세 번이나 연속으로 당선되었다. 그 후 10년 동안 연방 하원의원으로, 테네시주 주지사로 한 번, 연방 상원의원으로 한 번씩 일을 했다. 1860년에 열린 민주당 전국 전당대회에서 존슨은 테네시주에서 가장 인기 있는 주민 후보가 되었다. 그러나 그는 존 브레킨리지(John C. Breckenridge)에게 양보하고 후보에서 물러났다.

링컨이 당선된 후 존슨은 남부주로서는 유일하게 연방 탈퇴에 반대하여 남아 있으면서 연방에 충성했다. 그는 자신의 주인 테네시가 남부연합에 가입한 이후에도 연방 상원에 남아 있었다. 당시 남부 출신 상원의원으로 이러한 행동을 한 것은 그가 유일하였다. 1862년 링컨은 존슨을 테네시주 군정지사(military governor)에 임명했다.

대통령 후보 지명과 선거

1864년 공화당은 결속을 다지는 의미에서 전국 연방당으로 개명했다. 링컨은 부통령으로 있는 공화당 급진파 출신의 한니발 햄린(Hannibal Hamlin)을 이번 선거에서는 바꾸고자 했다. 인기가 있어 표를 모으기에 적합한 민주당 출신의 전쟁영웅을 선택하고자 했다. 링컨의 첫 선택은 벤저민 버틀러(Benjamin Butler) 장군이었다. 그러나 버틀러는 이내 사퇴해 버렸고 링컨이 두 번째로 선택한 인물은 존슨이었다. 1864년 선거에 대한 자세한 설명은 에이브러햄 링컨의 경우를 보기 바란다.

링컨이 암살 당하자 존슨이 대통령직을 계승했다. 암살음모의 본래 구도는 존슨도 죽이는 것으로 되어 있었다. 본래 이일을 결행하기로 한 암살자가 빠져 버리는 바람에 부통령이 살아남아 죽은 대통령을 계승하게 되었다.

1868년에 민주당 전국 전당대회에서 존슨은 대통령 후보자 결정선거 1차에서 조지 펜들턴(George H. Pendleton)에 이어 2위를 차지했다. 22차까지 간 결정선거에서 사람들은 민주당이 호레이쇼 세이모어(Horatio Seymour)를 후보로 지명하자 모두 깜짝 놀랐다. 그는 입후보하지도 않았으며, 자신이 지명되기를 원하지도 않았던 사람으로서 마지못해 민주당의 결정을 받아들였다.

외교를 비롯한 대외관계와 관련된 업무수행 : 7점 26(공동)

외교를 비롯한 대외관계 업무는 거의 모두 국내의 각종 업무들과 뒤섞여 있다. 이 자명한 이치가 앤드류 존슨 행정부에서보다 더 명백한 경우는 없을 것이다. 존슨이 대통령이 되었을 때 남북전쟁은 거의 끝을 보이고 있었다.

대통령으로 그는 곧 그 전쟁을 끝냈다. 전쟁이 계속되는 지역에서 항복이 받아들여지고 전투는 중단되었다. 존슨이 대통령으로서 가장 큰 관심을 갖았던 평화 유지는 미국 국경 내에서의 것이지 다른 나라까지 포함하는 것은 아니었다. 폭동사태가 일어나기는 했지만 더 이상 남북전쟁은 발생하지 하지 않았다.

의회는 국가 이익에 손해를 입힌 남부에 대해 필요 이상으로 군정을 연장시켜 나갔다. 그러나 대통령 존슨은 남부에 대한 봉쇄를 철회하고 남부 여러 항구를 다시 개항시켰으며 대통령의 명령으로 그동안 금지되었던 무역거래 중단을 끝내게 했다. 존슨은 관세까지 낮추려 했지만 의회는 대통령의 반대에도 불구하고 오히려 관세를 올렸다. 존슨은 남부 주에 대해 주정부에 대한 그들의 권한을 돌려주고 연방의회에 그들의 대표를 파견하게 하고자 했다. 그러나 대통령의 이러한 계획은 의회를 통제하고 있는 공화당 급진파에 의해 좌절되었다.

다루기 힘든 국제적 문제가 국내정치의 현실에 의해 더욱 복잡해지는 상황 속에서 존슨은 산토도밍고에서 떨어져 있는 알타 벨로(Alta Velo) 섬에 함대를 파견하는 것에 대해 반대했다. 이 섬은 매우 귀중한 구아노(guano : 인조질소비료의 원료가 되는 糞化石)의 보유지로서 산토도밍고 정부가 금지조치를 내리기 전까지는 미국이 개발·착취하고 있었다. 이 일에 대해 대통령 탄핵재판에 관여하는 한 관계자가 대통령을 협박하여 군사적 간섭을 행할 것을 종용했으나 결국 실패했다. 아일랜드 해방을 위한 페니언 운동(Fenian Movement : 아일랜드의 독립을 목적으로 하여 주로 재미 아일랜드 사람으로 이루어진 비밀결사단체의 운동) 동안에 아일랜드계 미국인들이 캐나다에 침입했을 때 또 다른 잠정적인 문제가 발생했다. 캐나다인들은 그들을 추방하였고 더 이상 문제가 시끄러워지기를 원치 안했던 미연방 당국자들이 이들을 고향으로 돌려보냈다.

남북전쟁이 끝나자마자 존슨은 리오그란데로 군대를 파견하여 먼로 독트린을 재확인했다. 1866년 미국은 멕시코 대통령 후아레스(Juarez)를 공식적으로 승인했다. 1867년에 멕시코에 주둔하고 있던 프랑스는 미국의 외교적 압력에 의해 멕시코에서 철수했고, 맥시밀리언(Maximilian)은 체포되어 사형 당했다. 이로써 서반구에서 유럽 세력이 자신들 마음대로 왕좌를 차지하고자 한 마지막 시도는 막을 내렸다.

영국과 미국은 남북전쟁 동안에 영국이 취한 중립전쟁에 대해 서로 다른 견해를 가지고 있었다. 남북전쟁 동안 영국은 자국의 조선소에서 앨라배마호 같은 배를 건조하여 남부연합에 유리하게 쓰이게 하였다. 이에 대한 손실을 영국정부에 요구한 것이 앨라배마 요구(Alabama claims)였는데, 이에 대해 영국은 어떤 사과도 손해배상도 하지 않았다. 이 때문에 연방 상원은 비준을 거부하면서 하나의 해결책을 제시했다. 그것은 영국이 남부연합을 인정한 것처럼 당시 영국과 전쟁을 하고 있는 아비시니아(Abyssinia : 이디오피아의 옛 이름)에게도 똑같은 권리를 인정한다는 결의안이 제공되었다.

존슨 행정부의 가장 위대한 외교적 업적이라면 역시 알래스카의 구입이었다. 상원이 알래스카를 비준한 것은 당시 국무장관 시워드의 노력 덕분이었다. 시워드는 역시 덴마크와 협상을 통해 산토 토마스(St. Thomas)와 산토 존(St. John)을 구입하고자 했지만 여 조약은 상원 외교관계 위원회에서 무산되었다.

존슨은 의회에서, 쿠바의 정치적·사회적 문제를 해결하기 위해 미국의 효과적인 도움이 곧 필요해지게 될 것이라고 밝혔다. 그는 선린관계와 관용정책의 보증으로 하와이와 호혜조약을 권고했다. 그는 이를 통해 하와이가 연방에 자발적으로 가입하도록 유도했다. 그는 서인도 제도에서 먼로 독트린의 실천을 강하게 주장했다.

멕시코에서의 프랑스인 추방은 미국의 힘과 결단력을 보여준 것이었다. 존슨의 외교정책은 미국이 국가이익을 보호하는 동안 그 라이벌 국가에 대해 음모를 가지고 있지 않다는 것을 보여주는 것이었다. 존슨은 외교정책에 관한 한 국내에서 보다 국외에서 더 인기가 있었다. 국제문제에 대한 그의 확고한 그러나 공정하고 평화적인 접근방법은 외국에서 그를 존경하게 만든 요인이기도 했다.

국내의 각종 문제 및 사업에 대한 업무수행 : 17점 2위(공동)

대통령직을 인수하면서 존슨은 평생 동안 자신을 지배해 온 주제-국민생활의 향상과 복지-에 대한 말을 꺼냈다. 그는 이전에 노예들을 비롯하여 모든 국민의 복지에 대해 관심을 피력했다. 존슨이 의회에서 의원으로 일할 때마다 매번 자작농작법의 통과를 추진했다. 존슨은 소규모 가족농을 지지했지만 남부의 귀족적인 농장주에는 반대했다. 특히 남부의 가난한 백인들의 생활을 향상시키기 위한 자유토지를 원했다.

인플레이션을 관리하기 위해 존슨은 유통되고 있는 지폐를 회수했다. 그는 정부 지출에서 절약을 장려했다. 특히 지출을 줄이기 위해 육군과 해군의 규모를 축소시켰다. 그의 세금정책은 지불 능력이 있는 사람들에게 세금이라는 짐을 지우는 것이었다. 그는 가난한 사람들보다 많은 부를 축적한 사람들에게 부과하는 세금제도와 관세제도를 권고했다. 의회가 존슨의 관세정책을 무산시키는 데 전념했기 때문에 존슨은 자신의 세금정책은 실현할 수가 있었다.

존슨은 교통망 개량사업을 위해 연방예산을 낭비하는 것에 반대했다. 그는 이런 사업은 각각의 주정부가 책임을 지고 시행해야 하는 것이라고 생각했다. 주지사였을 당시 그는 주정부가 교육을 지원해 달라는 제안을 하였다. 그러나 대통령으로서 그는 공립학교에 대한 연방정부의 지원을 바람직하게 여기지 않았다. 왜냐하면 이 일은 주정부의 일이라고 보았기 때문이다. 1867년 그는 미국 최초로 교육국장에 헨리 베르나르드(Henry Barnard)를 임명했다. 그는 19세기의 미국 교육관계 지도자들 중 가장 핵심적인 인물이었다.

1866년에 인디언 수족(Sioux)의 영토에서 철도건설이 시작되자 인디언 반란이 일어났다. 강한 적대감이 표출되었다. 수족은 그들의 땅과 길을 보호하기 위해 급기야 군 주둔지를 포위하여 결국 필립 커니항에 군대 파견을 막았다. 이러한 돌발사건은 여기저기 분포되어 있는 여러 목장과 넓은 지역의 우편중개소로까지 공포를 확산시켰다. 네브래스카에서 진행중인 모든 철도건설 현장은 군이 지키게 되었다. 결국 한 평화위원회가 구성되고 수족 영토에 있는 군 주둔지를 포기하고 철길을 변경함으로써 수족과 평화관계를 유지했다. 이 조치로 인해 존슨은 토착 미국인들을 공정하게 다루었다는 평가를 듣고 있다.

존슨은 이전에 노예 소유주였고 남부인이었다. 그러나 노예제도는 전쟁이 끝나고 제13차 수정헌법이 비준됨으로써 종말을 고하였다. 연방정부의 메시지를 통해 존슨 대통령은 흑인 참정권의 여부는 각 주의 관할 사항이며, 이전의 노예는 그들이 자유를 누리는 데 있어서, 노동할 수 있는 권리에 있어서, 재산을 소유할 수 있는 권리에 있어서, 또 노동을 하고 정당한 대가를 받을 권리에 있어서 보호를 받아야 한다고 말했다. 그는 강제적인 식민화 작업에는 반대했지만 다른 나라로 이주해 가고자 하는 사람들에 대해서는 적극 도움을 주었다. 그는 두 인종은 서로 이익과 우애를 보장하는 국가에서 살기 위해 서로 노력해야 한다고 말했다.

존슨은 언론의 자유와 출판의 자유, 그리고 평화롭게 반대할 수 있는 권리를 지지했다. 그는 종교의 자유를 지지했고 편협한 신앙을 배격했다. 그는 아메리카당 운동과, 가톨릭 교도와 외국인에 대한 이들의 편협주의에 대해 적극 반대를 했다. 존슨은 재건시대에 저질러진 여러 불공평한 재판관행들, 즉 인신보호영장의 발부를 거절한다거나 또 배심원에 의한 평결을 거부하는 행위 등을 반대했다. 그는 역시 군정치 하에서 저질러진 여러 악행과 남용에 대해서도 반대했다. 대부분의 역사가들은 흑인해방국법과 시민권법에 대한 그의 거부권 행사가 흑인에 반대하는 편견 때문이 아니라 남부와 화해를 도모한 데서 이루어진 것이라고 믿고 있다.

행정부와 정부 내에 관련된 업무수행 : −4점 33위(공동)

존슨은 임기 첫 해 동안에 달성해야 할 목적과 목표를 세웠다. 그의 주요 목표는 연방과 헌법을 보존하는 것이었다. 그는 노예제도만 빼고, 미국을 전쟁 이전 상태로 되돌려 놓고 싶어했다. 그는 평화와 통일로 가는 길을 열어놓기를 희망했다. 그러나 공화당 급진파 중심의 의회는 존슨의 친남부적인 정책에 의심의 눈길을 보냈다. 이는 결국 대통령에 대한 노골적인 반대로 발전했고 이로 인하여 존슨은 국가를 발전시켜 나가는 데 필요한 문제들을 해결할 수가 없었다. 이것 역시 그의 능력이었다.

행정부에서도 자리를 차지하고 있던 공화당 급진파들은 대통령의 지휘권과 지휘노선을 방해했다. 존슨은 행정부 인사들로 하여금 일의 결과에 대해 개인적으로 책임을 지우지 못했다. 게다가 입법부는 행정부 일에 대해 고의로 훼방을 놓았다. 지나칠 정도로 잦은 의회의 반대 때문에 존슨은 자신의 프로그램을 수행할 충분한 자금을 마련할 수가 없었다.

존슨은 여러 친구들의 충고에도 불구하고 링컨이 만들어 놓은 내각을 그대로 유지했다. 따라서 존슨 내각에서는 처음부터 마찰음이 없을 수 없었다. 특히 전쟁장관 에드윈 스탠턴(Edwin A. Stanton)은 존슨 대통령에게 파멸의 원인이었다. 감정적으로 안정을 잃은 스탠턴은 백악관과 다른 행정부서를 염탐했고, 존슨이 군법에 따라 스탠턴을 처리하려 했으나 스탠턴이 이 명령에 불복했다. 루이지애나 폭동이 일어나기 전 루이지애나 주지사는 존슨에게 명령 하달을 기대하며 전보를 쳤다. 그러나 스탠턴은 이 전보를 무시하고 대통령에게 보여주지도 않았다. 이 사건으로 200명이 죽었다. 전보를 받아본 존슨은 폭동과 사람들의 죽음에 대해 스탠턴을 비난했다. 링컨 암살 관련자의 사형이 진행중이었을 때는, 스탠턴은 슈레트(Surratt) 부인의 선고에 대해 법원의 관용적인 판결을 요구하는 권고가 들어 있는 페이지를 찢어 버렸다. 그리고 그녀가 사형을 당한 후 스탠턴은 찢겨져 나간 페이지를 다시 가져다 놓았다. 이 사실을 알게 된 존슨은 스탠턴의 사퇴를 요구했으나 역시 스탠턴은 사퇴를 거부했다. 대통령은 결국 스탠턴을 전쟁장관직에서 파직하고 임시장관으로 그랜트를 임명했다. 이런 상태에서 공화당 급진파 중심의 연방 상원이 공직보장법에 따라 스탠턴을 다시 전쟁장관직을 담당케 하도록 명령했다. 이렇게 되자 그랜트는 존슨과의 약속을 파기하고 직책을 스탠턴에게 돌려주었다. 이제 스탠턴은 대통령의 승인이 없이 명령을 내렸다. 기가 막힌 존슨은 공직보장법을 위반하면서 스탠턴을 파면시켜 버렸다. 결국 중범죄와 경범죄가 적용되어 존슨은 의회에 의해 탄핵재판을 받아야 했다. 이 재판에서 존슨은 무죄판결을 받았고, 그때까지 장관직을 유지하고 있던 스탠턴은 사퇴했다.

존슨은 행정부, 의회, 심지어 일반 국민들과의 의사소통에서 많은 문제를 안고 있었다. 즉흥적으로 연설하는 성향이 강했던 존슨은 자주 곤란한 상태에 빠지곤 했다. 이에 존슨의 조언자들은 미리 연설을 준비하여 글로 만들어 놓은 후 연설을 하라고 요구했다. 그러나 존슨은 이러한 조언들을 무시해 버렸다. 사실 존슨은 청중이 둘 이상만 되면 그루터기 정치연설대 위에서 내용에서든 설득력에서든 결코 훌륭하다 할 수 없는 연설을 하곤 했다.

존슨 대통령은 거의 항상 의사결정을 직접 발표하기까지 그 내용을 자신만이 알고 있었다. 그는 다른 사람을 크게 믿지 않았다. 1866년 존슨은 당시까지의 선례를 깨고 중간선거 유세를 위해 전국을 돌아다녔다. 이 과정에서 그는 많은 실수를 저질러 언론의 지지를 절반 이상이나 상실했다. 결국 대통령에 대한 왜곡된 사실과 거짓말들이 신문지상을 장식하였다. 얼마 후 탄핵재판을 받게 되었을 때 존슨은 비로소 이 재판과 관련하여 자기 편에 선 사람들과 효과있게 대화를 나눌 수 있었다.

전쟁이 끝난 후의 사회는 도덕성의 총체적 파괴와 부패 현상이 만연되어 있었다. 내국세 국장인 롤린스(E. A. Rollins)가 위스키 도당(Whiskey Ring) 사건에 연루되었다. 존슨은 롤린스의 사퇴를 요구했고 그는 사퇴했다. 롤린스는 기소되었으나 위스키 도당이 재판관과 배심원들을 통제하고 있었기 때문에 곧바로 무죄석방 되었다.

존슨은 공화당의 링컨과 함께 연방당의 후보로 선출되었다. 공화당은 당시 상하 양원에서 다수당을 차지하고 있었다. 테디우스 스티븐스(Thaddeus Stevens)는 존슨에게 임기 첫 해를 보내는 동안 대통령의 재건정책을 변경하라고 말했다. 스티븐스는 남부 재건에 대해 이야기할 수 있는 것은 오직 연방의회 뿐이라고 주장했다. 그러나 존슨은 최고사령관이라는 권력을 가진 자신의 입장에 따라 행동할 것이며, 모든 주정부는 자신의 정부를 공화정 형태로 보장받을 수 있다는 연방헌법에 대한 믿음 속에서 행동한다고 말했다. 결국 존슨은 의회에서 공화당의 지지를 상실해 버렸다. 전쟁 동안 대통령과 입법부 간의 권력투쟁은 더욱 격렬해졌다. 공화당 급진파들은 남부를 처벌하기 위해서뿐 아니라 남부주가 연방의회에 대표를 파견하는 사태를 막기 위해 계속 군정이 유지되기를 원했다. 존슨은 자신의 생각과 주장을 굽히지 않고 링컨의 온화한 재건정책을 계속 유지했다. 이에 급진파들은 탄핵이라는 수단을 통해 통제권을 제압하고자 했다. 존슨은 단 한 표 차로 무죄석방 되었다. 공화당 의원 7명이 민주당 편을 들었다. 총 54명의 상원의원 중 42명이 공화당이었고 12명이 민주당이었다. 이에 공화당 급진파가 손을 들었고 재판은 막을 내렸다. 비록 의회의 행동으로 인하여 존슨의 권력은 만신창이가 되었지만 그는 연방헌법을 수호하고 대통령직도 유지했다.

존슨은 대통령과 사법부 사이의 상호존중을 유지함으로써 사법부의 독립을 유지했다. 연방의회는 연방 대법원을 폐지하려 했지만 이 시도는 실패로 돌아갔다. 대통령의 반대에도 불구하고 남부에서 군정을 유지시킴으로써 의회는 인신보호영장과 배심원에 의한 재판을 평화시기까지 오랫동안 끌고 가는 것을 막을 수 있었다. 존슨은 연방 대법원 판사로 단 한 명의 임명을 요청하였으나 그는 상원에서 비준받지 못했다.

존슨은 북부에서뿐 아니라 남부에서도 대통령이라고 생각했다. 그는 모든 국민의 대통령이었다. 그는 특별한 대우와 이익을 받는 사람들보다 평범한 시민들을 지지했다. 그는 항상 자신의 이익에 앞서 일반 시민의 이익을 위해 노력했다. 남부인에 대한 최초의 대사면 선언에서 그는 14부류에 들어가는 반란자들에 대해서는 사면을 보류했다. 이러한 부류에는 육군과 해군의 고위 장교, 웨스트포인트와 아나폴리스에서 교육을 받은 장교, 재산이 2만 달러 이상인 반란자들이 포함되었다. 이러한 조치는 전쟁책임 문제로 존슨이 비난 하고 있던 귀족집단에 대한 일종의 공격이었다. 이 14부류에서 제외된 사람들 은 개인별로 대통령으로부터 사면을 받았다. 존슨은 남부의 평범한 시민들은 실제로 그들이 원하지 않았던 전쟁에 말려들었을 뿐이라고 믿었다.

지도력 및 의사결정과 관련된 업무수행 : 1점 28위

결코 강한 지도자가 아니었던 존슨은 카리스마가 약했으며 연설과 글을 통해 국민들에게 영감을 부여하는 능력이 없었다. 그는 행정부 인사들—예를 들어 그랜트와 스탠턴—을 통제하지 못해 그들이 부적절한 행동을 막지 못했다. 또한 다른 사람들을 설득하는 데도 늘 실패하여 그들을 자기편으로 끌어오지 못했다. 그럼에도 불구하고 탄핵재판에 회부되어 재판을 받는 동안 정치적인 반대세력에 속하는 의원 중 7명이 존슨의 편을 들었다는 것은 다소 의아스러운 일이다. 존슨은 원칙을 이야기했으며 주저하거나 동요하지 않았다. 정직하고 헌신적이며 도덕적이었던 그는 의회의 압력에 굴복하기를 거부함으로써 대통령직뿐 아니라 미국의 헌법 정부의 형태를 강화시켰다.

존슨은 미래에 대한 비전을 거의 가지고 있지 않았으며 그는 학자도 아니었다. 그러나 미국의 대통령으로서 미국과 세계가 어떻게 발전되어 가야 하는가에 대한 생각은 있었다. 그는 몇 가지 중요한 원리를 견지하고 있었다. 즉,평범한 일반 국민의 복지와 발전, 견제와 균형을 이루는 헌법, 남부에 대해서는 재건보다는 원래 상태로 돌아가는 복귀 등이 그것이다. 존슨 대통령은 절대로 동요하지 않았다. 따라서 타협은 생각도 않았고 자신의 믿음을 고수했다. 그는 뇌물수수나 공갈 협박을 단호히 거절했다. 그러나 존슨은 자신의 생각과 정책을 성공적으로 실현해 나갈 전략을 짜내지는 못했다.

대통령과 의회에 대한 국민들의 신뢰는, 존슨과 급진파 사이의 극단적인 불화로 인하여 약화되었다. 탄핵재판에서 무죄석방이 된 후 대통령직에 대한 위상과 헌법에 대한 확신은 다소 회복되었다. 대통령은 자기에 대해서는 높은 수준의 업무수행 능력을 요구하고 실제로 그렇게 행동했지만, 다른 사람에게는 그것을 요구하지 못했다. 그는 자신의 내각 인사들 중 다수가 부적절한 행위에 관여하고 있음을 알면서도 처리할 방법을 찾지 못했다. 사실 그는 공직보장법이 통과되기 오래 전에 행정부를 정화했어야만 했다.

마지막 의사결정을 내리기에 앞서 존슨은 여러 가지 선택안을 놓고 판단을 위해 심사숙고할 시간을 가졌다. 자주 존슨은 쉽지 않은 결정을 내리곤 했다. 심지어 탄핵재판 중에도 차분함을 유지했고 적절한 처신을 했다. 그러나 존슨은 국민들이 자신을 믿도록 만드는 능력은 갖고 있지 않았다. 그는 중요한 의사결정 때는 내각의 도움 없이 혼자 처리하였다. 독학이었지만 책을 많이 읽은 존슨은 예리한 지성의 소유자로서 그것을 국가 문제를 판단하는 데 적용했다. 그러나 대인관계에서는 너무나 자주 잘못된 판단을 내렸다. 그의 절제되지 않은 분노에 가까운 폭발은 그의 적들이 자신에게 사용한 공격수단을 되돌려주곤 했다.

개인적 성격과 도덕성 : 11점 15위(공동)

존슨은 정치연설대에서 연설하는 때를 제외하고는 권위를 가지고 행동했다. 그는 두 차례나 술에 취한 상태에서 연설을 하여—한 번은 부통령 취임식에서, 또 한 번은 1866년 워싱턴 탄생기념일에서—비난을 받았다. 그는 취임식에 앞서 너무 많은 술을 마셨던 것으로 보인다. 몸 상태가 좋지 않아 취임식에서 기운을 차리기 위해 마신 약간의 위스키가 화근이었다. 그러나 존슨은 항상 자신의 일을 수행하는 동안에는 위엄을 가지고 행동했다.

북부와 남부 두 곳에서 모두 평범한 국민들은 항상 존슨을 지지했고 그가 대통령이라는 사실을 자랑스럽게 여겼다. 그러나 그 반대쪽에 서 있는 특권계층을 지지하는 언론은 존슨에 대한 사실들을 왜곡 날조하고 거짓말을 했다. 여기에다 연방의회의 파렴치한 공화당 급진파들은 그야말로 쉼임 없이 그를 공격해 댔다. 이러한 집요한 선전과 널리 확산된 부패가 가져온 전반적인 도덕성 하락으로, 국민들은 스스로에게뿐 아니라 국가에 대해서도 자부심을 갖지 못했다. 당시 대부분의 시민과 언론은 존슨이 탄핵재판에서 무죄판결을 받은 데 대해 찬성의 박수를 아끼지 않았다.

의회가 정권을 접수하고자 한 시도에 맞서 그는 대통령직을 성공적으로 방어함으로써 대통령직의 지위는 향상되었다. 탄핵재판의 변호를 담당한 팀의 능력이 재판을 제기한 팀에 비해 한 수 위였고 토론에서도 우위를 점했다. 신문과의 인터뷰를 통해 존슨은 이 탄핵재판에 일반 국민들이 도움을 주도록 자신에게 유리하게 만들었다. 어쨌든 존슨 대통령은 이전보다 국내에서 더 존경받는 대통령이 되었고 국외에서는 더욱 그러했다.

전쟁 수행과 관련하여 큰 권한을 쥐고 있었던 링컨은 다른 두 부서의 권한을 침해했다. 이에 비해 존슨은 전쟁의 권한을 입법부와 사법부, 특히 주정부에게 넘겨줄 생각을 갖고 있었다. 존슨은 군정(軍政)을 민정(民政)으로 바꾸고자 했다. 그리고 그는 탈퇴한 주들을 연방에 복귀시키고자 했다. 그는 남부 주들은 남북전쟁 동안 연방을 떠나지 않았으며, 따라서 지금도 주정부로서의 지위를 유지하고 있다고 생각했다. 그러나 의회는 대통령과 생각이 달랐고 따라서 대통령의 권한을 침해했다. 그들이 할 수 있는 한 최대한 모든 권한을 이용해 대통령을 약화시키고자 하였다. 존슨은 이러한 공격으로부터 대통령직을 방어하기 위해 의회와 싸웠다. 이러한 갈등에서 대통령직은 일시적으로 약화되었다.

존슨은 국민의 대통령이 되고자 했다. 사실상 평범한 일반 국민들은 존슨 대통령을 자기들 편이라고 생각했다. 그러나 존슨은 1868년 대통령선거에서 양당의 지도자로 선출될 만큼 충분히 인기가 있었던 것이 아니다. 존슨은 대통령이란 어떠한 시민이든, 신분이 높건 낮건, 위대한 사람이건 보잘것없는 사람이건 그 누구나 가까이 다가갈 수 있는 존재여야 한다고 믿었다. 매일 일정 시간에 그의 집무실은 그를 만나기를 원하는 모든 사람에게 개방되어 있었다. 그를 방문한 많은 사람들은 사면을 원하는 이전의 반역자들이었다. 존슨은 한동안 여러 곳을 직접 방문해서 평범한 남부시민들에게 사면을 내려주었다.

존슨은 의회의 간부들을 무시하고 국민에게 직접 변호를 호소한 최초의 대통령이었다. 탄핵재판이 진행되는 동안 연방 상원은 변호인측 증인들에게 자갈을 물려 증언을 하지 못하도록 했다. 이에 존슨은 이 재판에서 자기편을 표현하기 위해 여러 신문과의 인터뷰에 참석했다. 그는 상하원 합동재건위원회를 비난하면서 연방 의사당의 계단에서 연설을 했다. 그는 내각의 여러 인사들과 그랜트 장군과 같이 여러 도시를 돌며 연설하면서 미국 전역에 걸친 정치여행에 나섰다.

일생을 통해 존슨은 개인적이건 공적이건 높은 수준의 도덕성을 유지했다. 그는 너무나 정직했고 공익을 희생 삼아 개인적 이익을 취하기 위해 자신의 직책을 조금도 사용하지 않았다. 그는 확고한 도덕적 가치와 원리 속에서 행동했다.

종합평가 : 32점 22위(공동)

우리의 평가에서 존슨은 100점 만점에 32점을 획득했다. 그는 39명의 대통령 중 공동 22위를 차지했다. 민주당원이었지만 공화당에 의해 대통령으로 선출된 그는, 과거 타일러 대통령이 민주당원이면서 휘그당에 의해 당선되었을 때와 마찬가지의 어려움을 안고 있었다. 두 사람 모두 의회와의 관계에서 많은 어려움을 겪었다. 다만 존슨의 경우는 더욱 심각했다. 대통령과 공화당 급진파와의 권력투쟁이 그의 행정부 내내 진행되었다.

율리시스 심슨 그랜트
Ulysses Simpson Grant | 1869~1877

	평가점수	평가등수
외교를 비롯한 대외관계와 관련된 업무수행	-2	37
국내의 각종 문제 및 사업에 대한 업무수행	-6	36
행정부와 정부 내에 관련된 업무수행	-13	39
지도력 및 의사결정과 관련된 업무수행	-12	39
개인적 성격과 도덕성	-9	38(공동)
종합평가	-42	39

배경

하이엄 율리시스 그랜트(Hiram Ulysses Simpson Grant)는 1822년 4월 27일에 오하이오주 포인트 플리전트에 있는 방 두 개짜리 오두막집에서 태어났다. 1839년 미 육군사관학교에 입학을 허가받는 과정에서 그의 이름이 율리시스 심슨 그랜트로 잘못 등록되었다. 그랜트는 이 이름이 좋다고 생각하여 그대로 사용하게 된다. 1843년에 그는 총 39명 중에서 21등으로 육군사관학교를 졸업했다. 1845년에 그는 재크리 테일러 장군을 따라 텍사스로 가 멕시코 침략에 동참했다. 그 후 그는 윈필드 스콧 장군 휘하로 들어가 점령한 멕시코시를 행진했다. 두 명의 걸출한 장군 아래에서 그랜트는 성실과 용기로 군복무를 하면서 포화 속에서의 용감한 행동으로 인하여 두 번이나 표창을 받았다.

멕시코 전쟁이 끝난 후 그랜트는 서부 해안을 비롯한 여러 곳에서 주둔했다. 불만스럽고 외롭게 가족과 떨어져 생활을 해야 했던 그랜트는 자주 술독에 빠져 있었다. 그는 술과 연관된 불미스러운 일로 견책을 받고 군대를 제대해서 1854년에 가족에게로 돌아왔다. 그 다음 6년 동안 그랜트는 농삿일, 부동산

판매일, 관세청 서기 일 모두에서 실패를 거듭했다. 이로 인한 낙담과 경제적 곤궁으로 인하여 일리노이주 걸리나에 있는 그의 두 형제가 운영하는 가죽제품 가게의 점원으로 일을 했다.

남북전쟁이 발발하자 그랜트는 대령 계급으로 군대에 다시 들어갔다. 그는 곧바로 육군준장으로 진급을 했고 이어 소장이 되었다. 헨리 요새, 도넬슨 요새, 실로흐 전투, 빅스버거 전투, 채트누가 전투 등에서 거둔 그의 연이은 승리로 인하여 링컨 대통령은 가장 좋아하는 장군으로 그랜트를 뽑았다. 1864년 봄에 링컨은 그를 육군준장으로 진급시켜 연방군 총사령관에 임명했다. 그랜트의 지휘 아래 전쟁의 형세가 바뀌어 북부가 승리를 거두는 입장이 되었다. 그는 1865년 4월 9일에 아포매톡스에서 남군 총사령관인 로버트 리(Robert Lee) 장군으로부터 항복을 받아들였다. 전쟁 후 그랜트는 걸리나로 되돌아왔다. 1866년 연방하원은 그를 육군대장에 임명하였는데, 워싱턴 장군 이후 처음이었다. 1867년에서 1868년까지 그랜트는 일시적으로 전쟁장관 대리직을 수행했다.

대통령 후보 지명과 선거

그랜트는 정치적 경험이 일천한 인물이었다. 그러나 1868년의 대통령 선거에서 반드시 승리를 담보해 줄 후보를 원하고 있던 공화당에게는 이 점이 아무런 문제가 되지 않았다. 인기 있는 전쟁영웅으로서 그랜트는 대중들에게 가장 인기 있는 후보였다. 그는 대통령 존슨을 멀리하고 존슨의 탄핵을 은근히 바라면서, 재건에 대한 공화당 급진파의 계획을 지지했다. 1868년 그랜트의 인기는 더욱 상승했고 공화당 전당대회가 있고 난 후 몇 달이 지나고 그가 공화당 후보로 선택되리라는 것이 분명해졌다. 이런 상황에서 그랜트를 상대로 싸우겠다는 나서는 후보는 없었다. 결국 그랜트는 대대적인 환호 속에서 너무나 쉽게 공화당 대통령 후보로 되었다. 쉴러 콜팩스(Schuyler Colfax)가 그의 러닝메이트로 선발되었다. 그랜트는 짧고 단순한 연설로 공화당의 대통령 지명을 받아들였다. 그는 공화당 강령에 서명했고, 대중의 의지에 따라 법을 집행할 것을 약속했다. 그리고 그는 "우리 평화를 유지하자"

라는 말로 후보수락 연설을 마쳤다. 이 말은 그 후 공화당의 선거 슬로건이 되었다.

민주당은 호레이쇼 세이모어(Horatio Seymour)를 대통령 후보로 지명했다. 정작 선거전이 시작되자 그랜트와 세이모어 모두 직접 선거전에 뛰어들지 않았다. 완만한 선거전으로 시작한 두 후보 진영의 열광자들은 그 어떤 선거전에서보다 혹독한 진흙탕 싸움을 벌였다. 그랜트는 상대방 진영으로부터 도살자, 거짓말쟁이, 술고래, 변덕꾸러기, 그리고 진정한 객관적인 능력과 인품이 부족한 꼭두각시라는 비난을 받았다. 반면 세이모어는 전쟁 동안 연방에 불충했다는 비난을 받았다. 공화당은 세이모어에게 표를 주는 것은 국가를 해치는 것과 같다고 주장했다.

결국 그랜트는 압도적인 승리를 거두었다. 세이모어가 단지 8개 주의 승리로 80명의 선거인단을 확보한 데 비해 그는 26개 주의 승리로 214명의 선거인단을 확보했다.

1872년 그랜트는 공화당 대통령 후보자 결정투표에서 만장일치로 다시 대통령 후보가 되었다. 이번에는 헨리 윌슨(Henry Wilson)이 그의 러닝메이트였다. 그랜트를 반대한 자유공화당원은 따로 전당대회를 개최하고 호레이스 그릴리(Horace Greeley)를 대통령 후보에 B. 그랏즈 브라운(B. Gratz Brown)을 부통령 후보로 지명했다. 민주당은 자유공화당 당원 후보를 지지했고 자신들은 후보를 내지 않았다. 그 결과 7개 이상의 다른 군소 정당들이 제각기 후보를 냈다.

1872년 선거는 부정 선거전 양상을 띠었다. 그랜트 측에서는 그릴리를 외모, 경력, 채식주의, 절제, 심령술 등과 것들을 트집 잡아 비난했다. 반면 그랜트는 부패, 족벌주의, 편애, 태만한 대통령직 수행 등으로 비난을 받았다. 그랜트를 지지하는 세력들은 거대한 선거자금을 모았다. 자금은 다양한 곳으로부터 모집했는데 인디언 무역업자, 각종 국가사업을 시행하는 도급업자, '위스키 도당', 그리고 정부 공직을 원하는 사람들로부터 엄청난 액수가 모집되었다.

그랜트 자신은 선거전에 뛰어들지 않았다. 선거전 초반기에는 그릴리 역시 선거전에 들어가지 않았다. 9월이 되자 그릴리가 그랜트를 비난하는 연설을 하기 시작했으나, 인디애나주의 민주당 세력이 그러한 그릴리의 연설은 선거에 도움을 주기보다 피해를 준다고 하면서 그 같은 연설을 그만둘 것을 요구했다. 그릴리는 곧바로 집으로 돌아왔다.

이 선거에서 그랜트는 1868년 선거보다 더욱 압도적인 표차로 승리를 했다. 그릴리는 33개 주에서 승리를 거두어 총 286명의 선거인단을 확보했다. 그릴리는 남부와 남부에 접해 있는 6개 주에서만 승리를 했을 뿐이다. 선거가 끝나고 3주 후 그릴리는 비탄에 잠겨 사망했다.

외교를 비롯한 대외관계와 관련된 업무수행 : -2점 37위

그랜트의 대부분의 외교정책을 주도한 것은 대단한 유능한 국무장관 해밀턴 피쉬(Hamilton Fish)였다. 외교정책에서 거둔 성공은 바로 이 피쉬의 결단과 행동에 의해 이루어졌고, 실패는 항상 그랜트의 독단적인 행동으로 인하여 발생했다.

대통령으로서 그랜트가 거둔 가장 큰 업적 중 하나는 아마 영국과 맺은 워싱턴 조약일 것이다. 이는 소위 앨라배마 요구(Alabama claims : 영국정부는 남북전쟁 동안 앨라배마 호와 같은 배를 영국조선소가 남부연합을 위해 건조하도록 허용함으로써 중립법을 위반했고, 이 함대로 인해 미국이 많은 손실을 입었으므로 영국으로부터 배상을 받아야 한다는 미국의 요구)를 정착시킨 것이다. 두 나라는 국제적인 중재를 요구하기로 합의를 보았다. 중재단은 제네바에서 만났고 미국은 영국으로부터 유감 표시와 함께 1억 5천 5백만 달러를 배상 받았다. 두 번의 임기 동안 그랜트는 전쟁 개입을 피했다. 따라서 당시 그랜트는 쿠바 혁명과 무관한 상태를 유지하였고, 혁명이 끝나자 그랜트는 쿠바 반란군에 대한 외교적 승인에 따른 성명서를 준비했다. 그랜트는 이 성명서에 서명을 하고 이를 피쉬에게 보내 확인하여 출판하도록 했다. 그러나 쿠바 반란군이 정부를 조직할 수 없을 뿐만 아니라 효과적인 군대도 가지고 있지 않다는 사실을 확인한 피쉬는 이 서류를 파기시켜 버렸다.

그랜트는 미국은 베네수엘라 혁명에 대한 독일의 간섭을 더 이상 참을 수 없다고 독일에게 공지했다. 이어 그는 베네수엘라에게 남아메리카 국가에 대한 독일의 폭력적인 간섭을 막기 위한 원조를 제공했다. 먼로 독트린에 대한 그랜트의 추가는 다음과 같다. "이 대륙에는 유럽의 그 어떤 나라에도 양도될 수 있는 영토가 한치도 없다." 영국과 스페인은 미국이 그들에 대해 공격할 의도가 없다는 것을 느꼈으며 그랜트를 평화적인 인물로 보았다. 두 번째 임기가 끝나갈 무렵 세계여론은 그랜트에 대해 국내여론보다 훨씬 높게 좋은 평가를 했다.

그랜트 아래 육군은 여러 국내 사건에 동원되었다. 예를 들어 권력을 잡은 공화당 정부가 패배한 남부동맹지역에 군정을 실시하기 위해 군대를 동원하고, 인디언들을 처단하기 위해 서부에 군대를 파견한 일 등이 그것이다. 그랜트 행정부 동안 해군은 상당히 계속 약화된 상태였다.

그랜트는 산토도밍고를 병합하려 했으나 실패했다. 그랜트는 병합을 위한 조약에 서명하였으나 상원의 비준을 받지 못하였다. 산토도밍고 병합 반대를 이끈 것은 상원의원 찰스 섬너(Charles Sumner)였는데, 그는 이 계획에 대한 엄청난 기만과 협잡을 폭로했다.

두 번에 걸친 임기 내내 그랜트는 대기업의 이익을 보장하는 고율의 보호관세를 유지했다. 이 문제에서 그랜트는 의회의 공화당 세력으로부터 지지를 받았다. 1874년 중간선거에서 의회의 다수당을 장악한 민주당은 관세를 줄이고자 하였으나 성공하지 못했다. 결국 그랜트의 관세정책은 세계무역에 손상을 주고 다른 나라 사람들에게 손해를 입혔다. 그랜트는 하와이와 호혜조약을 체결하고 사모아에 미국 배를 출항시켰다.

국내의 각종 문제 및 사업에 대한 업무수행 : -6점 36위

1873년 공황 동안 그랜트의 재정정책은 역효과를 낳았다. 그 해 연두교서에서 그랜트는 정부지출을 줄이고 통화량을 감축시킬 것을 요구했다. 그는 사실상 아직 출발도 하지 않은 공공건물에 대한 정부지출을 중단시켰다. 공공근로도 국가나 지역사회가 그들 인력을 필요로 할 때까지 가동시키지 않았다. 그랜트는 전쟁중에 발행한 그린백(greenbacks) 지폐를 금화로 바꾸어 주는 태환법(Specie Resumption Act)을 원했다. 그러나 농민을 비롯한 채권자들의 반발이 거세어, 1875년에 가서야 채권자들의 도움을 받고 있는 공화당 지도부를 중심으로 해서 이 법이 통과되었다. 사실 그랜트는 통화의 신축성을 원했다. 이를 통해 투기를 막고자 했던 것이다. 의회는 인플레이션을 막기 위해 그린백을 더 많이 발행하고자 하나의 법안을 의결했지만, 그랜트는 동부 금융업자들 중심의 채권자들의 압력을 받고 이를 거부했다. 결국 이 태환법은 채권자들에게만 이익을 주고 채무자들에게는 아무런 도움도 주지 못하는 결과를 낳았다. 왜냐하면 정부의 금에 기본을 둔 화폐정책은 그들이 원하는 만큼 많이 확대될 수는 없었기 때문이다. 따라서 그랜트의 재정정책은 결국 소수 채권자들의 이익만 증대시키는 결과를 낳았다.

그랜트는 교통망개량사업을 중단시켰다. 공황이 한참일 때에도 그랜트는 해방노예와 인디언을 조금씩 돕는 프로그램을 제외하고는 가난을 구제하기 위한 어떤 프로그램도 실시하지 않았다. 그는 가난한 사람을 돕기보다 부자와 기업인을 돕는 데 더욱 관심을 기울였다. 그는 선거에서 자신을 지지해 주고 자신의 정책을 뒷받침 해 주는 사람들에게 확실하게 보상을 해주었다. 그랜트는 부자들을 위한 세금우대정책과 고소득자들에 대한 고율의 세금반대정책을 추진했다.

그랜트는 정부 권한을 이용하여 대기업이 서민과 농민, 그리고 노동자들을 지배할 수 있도록 했다. 기만과 부패의 온상인 철도회사의 주도로 화물요금과 승객요금이 크게 뛰어올랐다. 농민들은 철도회사에 반대하기 위해 농협협동조합 지부의 농장을 중심으로 단결했다. 의회는 주 입법부에 철도회사의 요금을 규제하도록 압력을 가했다. 이어 의회는 높은 가격으로 농기계를 팔고자 하는 제조업자와 도매상인들에 반대했다. 이 같은 과정에서 의회는 대통령으로부터 아무런 도움도 받지 않았다. 외국인 이민세력에 대한 도움정책에서 그랜트는 새로 도착하는 이민들에 대한 착취를 금지하라는 내용의 메시지를 의회에 보냈다. 그러나 이민들이 타고오는 배는 물론 그들의 생활공간의 위생상태는 실상 조금도 개선되지 않았고 이민을 속이고 기만하는 일을 막기 위한 방법도 전혀 마련되지 않았다.

그랜트는 해방노예들이 투표를 할 수 있는 권한과 공직을 보유할 수 있는 권한을 지지했다. 의회는 토착 미국인(인디언)을 위해 200만 달러의 지출을 승인했다. 그러나 어떻게 이 자금이 쓰여져야 하는가에 대한 내용이 없었기 때문에 단 한 푼도 지출되지 않았다. 내무장관인 제이콥 콕스(Jacob D. Cox)의 제안에 따라 그랜트는 인디언 정책에 고문과 도움을 줄 박애주의자들로 구성된 한 위원회를 구성했다. 그랜트의 이런 프로그램은 인디언의 경제적 곤궁을 해결하고자 하는 그의 진지한 노력을 입증해 주기는 했다. 그러나 사실 그는 6개월 전에 인디언 문제를 다루는 인디언 국을 전쟁부에 통합시켜 버린 상태였다. 그랜트 행정부 시기에 노정된 수많은 스캔들 중에는 인디언을 관리하는 공직자들의 부패도 한 몫을 차지했다. 그랜트 행정부 시기에 여전히 서부 변경지역에서는 인디언과의 전쟁이 진행중이었다. 그럼에도 몇몇 역사가들은 그랜트야말로 인디언에 대해 자선적인 태도를 가지고 있었다고 주장하고 있다.

당시 미 육군의 인디언에 대한 태도는 자선적이기는커녕 호전 그 자체였다. 1874년 블랙 힐(Black Hills)에서 황금이 발견된 후 광부들이 이 지역으로 몰려들었고 결국은 인디언과 맺은 조약을 무시하고 그들의 권리를 파기했다. 이 때문에 인디언과의 소규모 전투가 끝없이 계속되었고 미 육군은 수족(Sioux)을 완전히 소탕하여 인디언 보호구역으로 감금시켜 버렸다. 크레이지 홀스(Crazy Horse)와 시팅 불(Sitting Bull)의 지도 아래 인디언들은 저항을 계속하면서 로즈버드(Rosebud) 전투와 리틀 빅 혼(Little Big Horn) 전투를 이끌었다.

대통령은 모든 주 정부에 성(sex), 피부색, 출생장소, 주거장소 등에 관계없이 모든 어린이들을 위한 자유공립학교를 세워 운영할 것을 요구하는 헌법수정을 제안했다. 이 수정헌법의 내용에는 공립학교에서 종교적 교리를 가르치는 것을 금지시키는 내용이 포함되어 있었다. 또한 특정 종교의 종파에서 세운 학교에 할당될 자금을 주지 않을 것이라는 내용도 포함되어 있었다. 그러나 이 혁신적이고 시대를 앞서간 제안은 의회에 의해 묵살되었다. 그랜트 행정부 하에서 교육과 레크리에이션, 그리고 자원보존에서 하나의 중요한 진전이 있었는데, 의회가 엘로우스톤 국립공원을 만든 것이었다. 그러나 이것 역시 주도는 의회였다.

행정부와 정부 내에 관련된 업무수행 : -13점 39위

그랜트는 대통령으로서 성취해야 할 목적과 목표, 혹은 확고한 계획 등을 가지고 있지 않았다. 그는 장기적인 계획을 수립하지도, 어떤 문제를 해결하기 위한 청사진을 제시하지도 못했다. 취임식에서 그랜트는 일반적인 내용만 이야기했을 뿐이다. 그랜트는 국민들의 의지에 반하는 어떠한 정책도 강요하지 않겠다고 선언했다. 그는 그저 최대의 많은 국민들에게 최대의 선을 말했다. 그랜트는 대통령으로서 정치가들과 다른 사람들로부터 독립적인 직무수행을 주장했다. 왜냐하면 사실상 그들에 의해 대통령에 당선되었던 그랜트는 그들의 간섭 때문에 대통령직을 수행할 수 없었기 때문이다. 그러나 그랜트는 그들의 영향으로부터 단 한 번도 벗어나지 못했다. 그는 사형법이 있어야 하며 국가채무를 줄여야 한다고 주장했다. 첫 번째 연두교서에서 그린백 지폐에 대한 상환과 국가채무에 대한 상환을 권고했다. 외교에 관계되는 일은 국무장관이 작성해 준 내용을, 재정문제 대해서는 재무장관이 작성해 준 내용을 그대로 읽었다.

그랜트는 각 행정부처의 장관들에게 자신의 부처를 운영하라고 맡겨두었다. 그리고 그는 장관들에 대해 아무런 간섭도 하지 않았다. 그랜트는 군대에서는 성공을 거두었지만 대통령으로서 행정부를 운영하는 데는 완전히 실패했다. 특히 그의 인사정책은 어떤 명확한 방향이 없이 그저 신세를 진 사람들에 대한 일종의 보상책의 차원에서 이루어졌다. 그의 내각에서 능력 있는 두 명의 장관-국무장관 해밀턴 피쉬와 재무장관 조지 바트웰(George S. Boutwell)-은 자신들의 부처를 잘 운영했고 대통령의 허물을 감추어 주었다. 그러나 다른 인사들의 경우는 공직을 수행하기에는 턱없이 능력이 부족했을 뿐 아니라 탐욕과 욕망으로 가득찬 인물들이었다. 그랜트는 그들이 행한 일의 결과를 스스로 책임지도록 만들지 못했다.

그랜트는 족벌주의와 편애를 일삼은 인사로 비난을 받고 있다. 그가 임명한 많은 사람들은 공직을 수행할 자격을 갖추고 있지 못했을 뿐 아니라, 임명된 그 자리에는 도저히 적합하지 않은 몰이배 같은 사람들이었다. 부패와 스캔들이 그랜트 행정부를 철저하게 오염시켰다. 그랜트 행정부 내각에서 개각의 비율은 여타 행정부에 비해 훨씬 높았다. 그의 행정부 동안 7개의 내각이 들어섰고 무려 25명의 다른 사람들이 자리를 바꾸었다.

그랜트는 정부지출의 축소를 원했다. 사실 재무부는 국가 채무를 상당히 줄였고, 이는 그랜트의 긍정적인 업적 중 하나가 되었다. 그러나 1873년 공황이 발생했고, 경제를 활성화시키기 위해서는 그동안 줄였던 정부의 지출보다 훨씬 더 많은 돈이 필요했다. 그럼에도 그랜트는 정부지출을 계속 삭감했다.

그랜트는 비록 직접 연설문을 작성하기도 하였지만, 보좌관들이 적어준 대로 읽는 경우도 많았다. 그가 행한 두 번의 취임연설과 연두교서는 알맹이는 없고 그저 일반적이고 단순한 내용으로 이루어져 있었다. 국민과 의회와 언론을 대상으로 하는 적절한 보도의 부족은 그의 대통령직 수행을 힘들게 하였다.

그랜트는 의회에서 분당(分黨)된 공화당은 물론 상대당인 민주당으로부터도 거의 지지를 받지 못했다. 그는 재임기간 동안 총 92개 법안에 대해 거부권을 행사했는데, 그 이전에 어떤 대통령도 이렇게 많은 거부권을 행사해 본 적이 없었고, 그 이전의 대통령들이 행사한 거부권의 총수를 합친 수보다도 많았다. 그러나 그의 거부권 행사에도 불구하고 4개 법안은 법으로 만들어졌다. 그는 초당(超黨)적인 외교정책을 지지하지 않았다. 그랜트는 사법부의 임명권 행사로 큰 비난을 받았다. 가장 논란이 되었던 것은 대법원 판사에 대한 인사였는데, 전 전쟁장관이었던 에드윈 스탠턴(Edwin A. Stanton)은 임명된 지 4일 만에 사망하여 연방 판사직을 수행하지 못했다. 그랜트는 대법원장에는 능력 있는 법률가 모리슨 웨이트(Morrison R. Waite)를 임명했는데, 그는 14년 동안 이 직책에 있었다.

자신의 친구(들)에 대한 보상이나 기업인들에 대한 그랜트의 호의는 지나칠 정도였고 이 때문에 그는 국가를 위해 최선을 다하지 못했다. 국민들은 그랜트의 행정부와 연관된 각종 스캔들과 부패에 경멸을 보냈고, 그의 임기 마지막

2년 동안은 대통령직을 수행하기가 상당히 어려웠다.

지도력 및 의사결정과 관련된 업무수행 : -12점 39위

그랜트는 극적인 개성이나 역동적인 힘이 결여된 특색 없는 인격의 소유자였다. 그는 행정부 인사들에게 영감을 부여하여 생산적인 노력을 하도록 하지 못했으며, 국민들로 하여금 어떤 일을 수행할 수 있도록 영감도 주지 못하는, 야망도 없고 상상력도 없는 대통령이었다. 그랜트는 상대방을 설득할 능력도 없었다. 국민들을 통합할 만한 능력이 없었던 그랜트는 뚜렷한 목적으로 담대한 선언을 해야 할 때에도 분명한 태도를 보여주지 못했다. 그는 경기공황 동안 그리고 여러 스캔들이 폭로된 후 곤두박질친 신뢰를 회복시킬 수가 없었다. 그랜트는 상상력을 발휘하는 통찰력이 없었다. 그는 일단 일이 일어나면 그 문제들을 실제적으로 해결하고자 했지만, 대통령으로서 행정부 내에서는 물론이고 공화당 내에서도 정책입안자로 자리하지 못했다. 단지 마음만 있을 뿐이었다. 그랜트는 자신을 대통령으로 만들어 준 공화당이 갈갈이 찢어지는 것을 그냥 바라보고만 있었다. 공화당은 3개 파당-급진파, 충성파, 자유파 혹은 개혁파-으로 분파되었다.

첫 임기 동안 그의 행정부 인사들이 적절치 못한 부당하고 부정적인 일에 관여하였다. 그러나 그는 이를 묵인하였고, 그들이 능력 있는 일을 수행할 수 있도록 책임을 지우는 데 실패하였다. 그랜트는 1872년 선거에 앞서 자신의 행정부에 대한 조사를 근거로 부패와 무능을 이유로 들어 192명의 인사를 행정부에서 추방시켰다. 이 조사는 자유공화당원들의 탈당으로 세력이 위축된 그랜트의 명령에 따라 이루어졌다. 그러나 이러한 노력에도 불구하고 사람들은 정말 대청소의 대상이 되어야 할 것은 그랜트 본인이라고 여겼다. 사실 그랜트는 정부 내에서 정직과 효능을 원했다. 그러나 그의 두 번째 임기 동안 똑같은 부정과 부패의 문제가 다시 대두했다. 느슨한 생활태도와 부주의, 부정확, 그리고 순진함 때문에 그랜트는 계속 부정과 부조리를 일삼는 사람들을 공직에 임명했고 그들을 관리감독하지 못했다. 그의 두 번째 행정부 역시 부패와 타락으로 점철되었다.

그랜트는 정치가와 행정가로서의 경험이 전무한 전혀 준비 되지 않은 대통령이었다. 그는 문제와 상황을 분석할 능력도 부족했고, 군대가 아닌 문민정부를 이끌어 갈 전략도 개발하지도 못했다. 그랜트는 군인다운 기질과 맹공격을 가하는 전술로 인하여 전쟁영웅이 되었다. 그는 전쟁터에서 신속한 결정과 과단성, 완고함을 보여줌으로써 성공하였다. 그러나 국가 최고 행정가로서, 또 대통령으로서 그의 이러한 기질은 정치가로서 행정가로서 성공하는 데에 방해만 되었다. 그는 어쩔 수 없이 마지못해 타협을 하는 고집불통의 성격소유자였다. 그는 여러 가지 선택안은 조금도 고려하지 않고 섣불리 결정을 내려 버리는 성미 급한 사람이었다. 그는 정책결정 과정에서 역사가 주는 지식과 교훈을 고려하지 않았을 뿐 아니라, 실패로부터 배울 수 있는 교훈도 고려하지 않았다. 그는 대두분 혼자서 정책결정을 했으며, 그 결정이 나올 때까지는 침묵을 지켰다. 그는 능력 있고 편견이 없는 조언자들의 충고도 받지 않았다. 그가 받은 군사교육과 군대 경험을 가지고는, 훌륭하고 성공적인 대통령이 될 수 있는 정치적·사회적 문제를 해결할 기술을 기를 수가 없었다. 그는 하기 어려운 결정을 잘했다. 그는 침묵을 지키면서 비상사태를 잘 넘겼다. 이런 면에서는 그의 군대 경험이 도움이 되었다. 그러나 군인으로서의 그의 지도력은 정치력이나 문민정부를 이끌어 가는 유능한 대통령의 자질로 변화 되지 못했다.

개인적 성격과 도덕성 : -9점 38위(공동)

대통령 취임식 날 그랜트는 퇴임하는 대통령 앤드류 존슨과 함께 식장에 말을 타고 행진하기를 거절했다. 그들 사이에는 개인적인 원한이 있었기 때문이다. 그랜트는 취임식에서 취해야 할 관습과 태도에 대해 적당하게 처리했다. 그는 취임식 행사 자체는 별 가치가 없는 것으로 처리해 버렸지만, 행사에 참석한 사람들에게는 정중하고 예의바른 행동을 했다. 취임식에서 대통령이 보이지 않을 때는 술에 취해 있을 것이라는 소문이 나돌았다.

대통령으로서 그랜트가 가지고 있던 약점 중 가장 큰 것은 도덕적·윤리적인 측면이었다. 그의 많은 동료들은 자신들의 부와 명예를 증대시키기 위해서는 수단과 방법을 가리지 않는 파렴치하고 비도덕적인 사람들이었다. 그랜트의 주위에 모여든 많은 사람이 비도덕적이고 정직하지 못한 사람들이었다. 이런 상황에서 대통령은 사기꾼 같은 정치꾼들에게 좌지우지당하고 있었다. 그는 너무나 순진한 사람이었다. 원래 정직한 사람인 그랜트는 그의 가까운 동료들이 자행한 그런 악한 행위에는 직접 관여하지 않았다. 그랜트의 두 번째 임기는 '바닥으로 추락한 국가적 불명예'로 특징지어졌다. 경기침체로 인한 공황과 여러 스캔들을 접하면서 국민들은 그랜트가 자신들의 대통령이라는 사실에 부끄러움을 느꼈다. 대통령직의 명예와 위신은 그랜트로 인하여 상실되었다. 그랜트 행정부에서 터져나온 여러 스캔들과 대통령으로서의 지도력 부재로 대통령직은 그 영향력이 크게 약화되었다. 이런 것들은 국가에 많은 손해를 끼쳤고 그랜트의 권한은 의회 공화당 급진파들에 의해 완전히 좌지우지되었다.

그랜트에 대한 국민의 지지도는 두 번째 임기 동안 완전히 추락했다. 이는 스캔들로 점철된 그의 행정부 때문이기도 하지만 부분적으로는 그의 성격과 도덕성 때문이기도 하였다. 비록 백악관이 격주로 목요일마다 두 시간 개방을 하기는 했지만, 정작 그랜트는 혼자만의 생활에 함몰되어 다른 사람과의 접촉을 끊고 있었다. 그랜트는 아무 말도 하지 않고 정보를 받아들였다. 그에게 말을 건네는 사람들은 그의 침묵이 종종 승인을 의미한다고 생각하곤 했다. 그가 받아들이는 대부분의 정보는 대통령의 신분으로서 조금도 고려됨이 없이 사라져 버렸다. 공식적인 대중 연설도 두 번의 취임식 연설과 의회에 보낸 한 번의 연두교서 정도가 전부였다.

그랜트에 대한 비평들 가운데 자주 언급되는 것 중 하나가 약속을 지키지 않았다는 것인데, 예컨대 에드윈 스텐톤에게 전쟁장관직을 주기로 했다가 윌리엄 벨크냅(William W. Belknap)을 그 자리에 앉힌 것이나 선거운동 동안에 약속한 서정쇄신안을 고려하지 않았던 것 등이 그것이다. 그는 역시 친구와 친인척이 관련된 각종 사건에서 대통령으로서 견지해야 할 도덕적 원리를 포기하였다고 비난을 받았다. 자신의 친인척과 친구들이 부정·부패로 인하여 체포될 때마다 그랜트는 앞장서서 이들을 변호하였다. 그랜트 자신은 결코 현금으로 뇌물을 받거나 하지는 않았지만, 자신이 참석해서는 안 될 자리에 참석하여 많은 사람들로부터 값비싼 선물을 받았다. 그랜트는 정책결정과 의사결정서 친인척과 친구들의 말을 너무나 잘 믿었다. 그랜트는 대통령 선거에서 핵심적인 자금모금책인 제임스 피스크 2세(James Fisk, Jr.)와 제이 굴드(Jay Gould)가 금시장의 금을 매점하는 것을 중지시켰다. 그러나 이때는 이미 그들이 금값 조작으로 막대한 이익을 추구한 뒤였다.

그랜트는 대통령으로 있으면서 어떤 스캔들로 인하여 개인적으로 직접 기소되거나 한 일은 없었다. 그러나 그의 개인비서 오르빌 밥콕(Orvill Babcock)과 두 명의 내각 인사인 전쟁장관 벨크닙과 재무장관 윌리엄 리처드슨(William A. Richardson)은 뇌물을 받아 부당이득을 취한 혐의로 체포되어 사임을 해야 했다. 그의 행정부 내에서 그가 임명한 수많은 하부조직 인사들이 많은 기업인들과 의회 의원들과의 부정사건에 연루되었다. 어떻게 보면 그랜트는 그의 행정부를 오염시킨 부정직(不正直)과 비윤리적 행위의 주체자라기보다 오히려 희생자다. 그러나 대통령으로서 이를 미연에 막고 정화시키지 못한 것은 전적으로 그의 책임이다.

종합평가 : -42점 39위

그랜트는 우리가 제시한 모든 영역에서 부정적인 점수를 가장 많이 받은 가장 실패한 대통령이다. 그가 총 -42점을 받아 다른 대통령들과 큰 점수 차이로 꼴찌를 차지했다.

러드퍼드 헤이스
Rutherford B. Hays | 1877~1881

	평가점수	평가등수
외교를 비롯한 대외관계와 관련된 업무수행	8	21
국내의 각종 문제 및 사업에 대한 업무수행	4	23
행정부와 정부 내에 관련된 업무수행	12	5(공동)
지도력 및 의사결정과 관련된 업무수행	12	13(공동)
개인적 성격과 도덕성	12	13(공동)
종합평가	48	14

배경

러드퍼드 헤이스는 1822년 10월 4일 오하이오주 델라웨어에서 태어났다. 아버지는 그가 태어나기 전에 사망했고, 어머니와 외삼촌이 그를 키워주었다. 헤이스는 오하이오와 코네티컷에 있는 사립학교에서 교육을 받았다. 그는 케넌 대학을 일등으로 졸업하고 하버드 대학 법과 대학원을 입학했다. 이곳을 졸업한 후 헤이스는 오하이오 프리몽트에서 변호업을 개업하고 1849년에 신시내티로 이사했다. 1855년, 그는 대의원으로서 공화당 전당대회에 참가했다. 1858년에 그는 신시내티 시 법무관에 당선되었다.

남북전쟁이 발발하자 오하이오 민병대에 가담하여 소령이 된 그는 남부 산악지역 전투에 참가하였다가 심각한 부상을 입었다. 그 후 그는 대령으로 진급했고, 그 유명한 세넌도어 계곡 전투에 참가했다. 1863년 육군준장으로 진급한 그는 1864년에 다시 민병대 소장으로 진급했다. 군인 신분으로 있는 동안 그는 연방 하원의원에 공화당의 지명을 받았다. 하지만 그는 선거를 위해 신시내티로 돌아갈 생각은 없었고, 겨우 당선되었다. 그는 전쟁이 끝나기 전까지 군대에 그대로 남아 있었다. 군대에 있는 동안 그는 연방하원에 당선되었고 1866년에 재선되었다.

1867년에 모든 성인남성에게 참정권을 주어야 한다는 강령을 가지고 헤이스는 오하이오 주지사 선거에 나섰다. 그는 검소하고 정직한 주정부를 만들겠다고 약속했다. 그는 공훈에 따른 인사를 장려하고, 주정부의 부채를 삭감하고, 교육을 장려하고, 감옥제도를 개혁하고, 정신병자에 대해 보다 나은 대우를 공약했다. 그는 2년 동안 주지사로 일하고, 1872년 대의원 신분으로 공화당 전국 전당대회에 참가했다. 여기에서 그는 그랜트 장군의 재지명을 지지했다. 헤이스는 1872년 의회의 지지를 받은 공화당 후보였는데 결국 그랜트에게 패배했다. 1875년에는 다시 오하이오주 주지사에 당선되었다.

대통령 후보 지명과 선거

1875년 오하이오 주지사 선거에서 승리함으로써 헤이스는 전국적인 정당의 지도자로서 주목을 끌게 되었다. 이 틈을 이용하여 헤이스는 1876년에 가능한 한 대통령 후보가 되고자 했다. 그러나 공화당 전국전당대회가 열렸을 때 당이 가장 선호한 후보자는 그가 아니었다. 가장 인기 있는 인물은 전 연방 하원의장을 지낸 제임스 블레인(James Blaine)이었다. 그랜트 행정부의 행정관료들은 뉴욕의 정치보스 로스코 콩클링(Roscoe Conkling)을 지지했다. 반면 당내 개혁파들은 재무장관으로 위스키 도당(Whiskey Ring)들을 심문한 검사였던 벤저민 브리스토우(Benjamin Bristow)를 지지했다.

전당대회가 열리고 갑자기 로버트 잉거솔(Robert Ingersoll)이 충격적인 연설로 블레인을 대통령 후보로 지명한다고 하였고, 대통령 후보자 결정선거 1차 투표에서 바로 후보를 선정할 것 같은 분위기를 조성하였다. 그러나 때마침 전당대회가 열리고 있던 장소를 밝히는 연료가 다 떨어졌고 이를 보충할 방도가 없었다. 결국 전당대회는 연기되었고, 다음 날 아침 투표가 다시 시작되었다. 초기에는 블레인이 앞서 나갔으나 좀처럼 과반수를 넘지든 못했다. 우여곡절 끝에 7차 투표에서 헤이스가 대통령 후보로 결정되었다. 공화당 대통령 후보자가 정해지지 않은 상태에서 뉴욕 출신 연방 하원의원인 윌리엄 휠러(William Wheeler)가 부통령 후보로 선출되었다.

민주당은 대통령 후보에 뉴욕 주지사 새뮤얼 틸든(Samuel Tilden)을, 부통령 후보에 토마스 헨드릭스(Thomas Hendricks)를 지명했다. 틸든은 트위드 도당 (Tweed Ring)을 조사한 검사로 위대한 개혁가라는 평판을 얻고 있었다. 민주당 은 이 선거의 핵심 테마를 개혁으로 삼았다. 당시 미국은 아직 1873년 공황에서 완전히 회복되지 않은 상태였고 따라서 민주당은 공화당의 경기침체에 대해 서도 비난의 화살을 날렸다. 그러면서 민주당은 그랜트 행정부의 각종 스캔들 과 낭비를 가장 중요한 공격대상으로 삼았다.

두 후보자는 모두 경화(硬貨 : hard money), 공무원제도의 개혁인 전문 공무원제도 개혁, 남부에 남아 있는 연방군의 마지막 철수 등을 지지했다. 공화당은 피묻은 셔츠를 흔들면서 남북전쟁 동안 민주당이 취한 입장을 비난했다. 공화당은 전쟁 동안 헤이스가 보여준 업적을 강조하면서 이를 민간인이었던 틸든과 비교하였다. 공화당을 지지하는 언론들은 틸든의 성격 에 대해 무자비한 공격을 가했다.

역대 미국 선거사상 처음으로 전문적인 선전활동가들이 대부분의 민주당 선거운동에 동참했다. 여기에는 틸든의 개인적인 지시에 따라 문인단체, 웅변가 단체, 여러 통신단체들이 활동했다. 그들은 민주당의 승리를 확신하면서 열심히 선거운동을 전개하였다. 반면에 공화당의 헤이스는 분파된 공화당의 여러 당파로부터 지지를 얻어 내기 위해 선거운동을 주로 침묵으로 일관했다.

선거가 있던 날 밤 승리자는 틸든처럼 보였다. 헤이스는 스스로 선거에 떨어졌다고 믿고 잠을 청하였다. 『뉴욕타임스』(New York Times) 사무실을 지키고 있던 4명의 기자는 이른 아침 개표상황을 지켜보고 나서, 선거 결과가 남부의 3개 주에 의해 결정된다는 사실을 알았다. 편집장 존 라이드(John Reid)는 공화당의 유력자 사가랴 챈들러(Zachariah Chandler)와 접촉했다. 두 사람은 곧 선거인단 투표에서 헤이스가 이기도록 하기 위한 계획을 세웠다. 플로리다, 사우스캐롤라이나, 루이지애나의 여론조사 위원회를 통제하고 있는 것은 공화당이었다. 만약 헤이스가 3개 주에 배정되어 있는 선거인단 표 19표를 얻게 된다면 그가 선거인단 투표에서 틸든보다 1표를 더 많이 얻게 될 것이었다. 두 당 사이에 뇌물과 거짓, 사기 등에 대한 고발이 오가는 가운데 공화당은 선거인단의 결과가 3개 주 모두 헤이스의 승리로 돌아가도록 공작을 벌였다.

선거인단 투표 결과가 나왔을 때, 논란이 일어난 3개 주에서 온 공화당 선거인단과 민주당 선거인단도 역시 함께 몰려들었다. 또 다른 논쟁이 오리건 주에서 발생했다 .틸든은 공화당 선거인단 중 한 명이 자격이 없으며 따라서 민주당 선거인단으로 대치하라고 주장했다. 그렇게 될 경우 결국 틸든에게 184표가 돌아가고 헤이스에게는 165표가 돌아가게 될 것이었다. 당선에 필요한 185표를 얻기 위해서는 헤이스는 모두 20표가 더 필요했다. 이제 논란이된 선거 결과의 타당성을 어떻게 결정할지가 문제였다. 이것은 분명 의회가결정할 문제였다. 그런데 상원은 공화당이 다수를 차지하고 있었고 하원은민주당이 1석 차이로 다수를 차지하고 있었다. 상원으로 할 것인지, 하원으로할 것인지를 둘러싸고 논란이 계속되는 가운데 교착상태에 빠진 의회는해를 넘겨 1877년 1월, 투표 결과를 판단하기 위한 특별위원회를 구성했다(위원회는 상원의원 5명, 하원의원 5명, 대법원 판사 5명의 총 15명으로 구성되었다. 여기에서 5명은 공화당원, 5명은 민주당원, 판사 2명은 공화당 지지자, 2명은 민주당 지지자, 1명은 데이비드 데이비스 독립파였다. 위원회 활동중에 일리노이 의회가 데이비스를 상원의원으로 선출하자 데이비스는 위원회를 사임하였고 그 자리는 공화당을 지지하는 판사에게 돌아갔다. 선거의최종 결과는 정확히 당론에 따라 결정되었다). 대통령 취임식 이틀 전인3월 2일, 위원회는 최종 평결을 전달했다. 헤이스가 8, 틸든 7로 논란이 된20표는 모두 헤이스에게 돌아가는 것으로 결정되었다.

민주당은 이 결정에 분노했다. 한동안 정국은 또 다른 시민전쟁으로 휩쓸려들어갈 것 같은 분위기였다. 그러나 틸든은 문제가 언론에 크게 보도되는것을 원하지 않았다. 민주당이 남부에 남아 있는 마지막 연방군의 철수 약속을받아낸 후 곧 바로 이 결정을 수용할 것이라고 발표했다. 헤이스는 그가이런 밀약적 거래에 가담하지 않았다고 말했다. 그럼에도 취임 후 곧바로연방군대의 철수를 명령했다. 이것으로 급진적 재건시대는 끝이 났다.

최종 공식적인 결과는 헤이스가 21개 주로부터 185표, 틸든이 17개 주로부터 184표를 얻은 것으로 기록되었다. 일반투표에서 헤이스가 받은 표는 틸든에 비해 약 25만 표가 적었다. 틸든은 일반투표에서 과반수의 표를 얻고도 대통령이 되지 못한 유일한 대통령 후보가 되었다.

외교를 비롯한 대외관계와 관련된 업무수행 : 8점 21위

헤이스는 전쟁의 위기에 평화적으로 문제를 해결하고자 했다. 프랑스가 중앙아메리카를 가로지르는 운하를 건설하고자 하자 헤이스는 이를 먼로독트린의 위반으로 보았다. 헤이스는 만약 운하가 건설된다면 그것은 반드시 미국의 관리 아래 건설되어야 한다고 주장했다. 프랑스와는 전쟁 직전까지 갔지만, 프랑스 프로젝트 팀들이 황열병과 경영 잘못으로 이를 포기함으로서 전쟁을 피할 수 있었다. 헤이스는 혁명분자들의 습격을 막기 위해 멕시코 국경지역에 군대를 파병했다. 이 습격은 미국이 프로피리오 디아즈(Porfirio Dias) 정권을 인정하면서 진정되었다. 헤이스는 평화를 증진시키는 데 군대를 효과적으로 이용했다. 그러나 그는 미 해군의 상황이 형편없이 저하되는 것을 그대로 보고 있었다. 헤이스는 러시아-터키 전쟁과 칠레와 볼리비아 사이의 태평양전쟁에 개입하지 않았다.

멕시코에서 보여준 헤이스의 행동과, 중앙아메리카의 운하건설을 둘러싸고 보여준 단호한 입장표명은 미국의 이익을 증대시켜 주었다. 국무장관 윌리엄 에바르츠(William Evarts)는 라틴아메리카의 상황에 대한 유럽의 모든 행동에 대해 매우 민감하게 반응했고 과테말라에 대한 영국의 간섭과 침략행위에는 소리 높여 항의했다. 헤이스는 외국에 대해 적대적인 태도를 가지고 있지 않았다. 헤이스가 멕시코를 병합하기 원한다는 블레인의 주장은 잘못된 것이었다. 헤이스 행정부 동안에 관세에 대한 변화는 없었다. 국무장관 에바르츠는 적극적이고 공세적인 발언을 했다. 그는 잉여생산물을 판매하기 위한 외국시장을 찾아야 한다고 주장했고, 영사단을 새롭게 구성하여 미국 기업인들의 환영을 받았으며, 외국의 경제, 풍습, 정부 등을 설명하는 영사의 보고서를 매달 제출하라고 명령했다. 미국에 대한 세계여론은 헤이스 행정부의 행동으로 상당히 고양되었다.

국내의 각종 문제 및 사업에 대한 업무수행 : 4점 23위

헤이스는 외국문제와 관련해서 뿐만 아니라 국내문제와 관련해서도 평화를
사랑하는 사람이었다. 그는 1877년 군의 철수를 명령하여 남부로부터 군정을
종결시켰다. 1870년대 말, 목장주와 다른 집단들 사이에 뉴멕시코의 링컨
카운티의 통제권을 놓고 싸움이 벌어졌는데, 헤이스는 전투부대에 명령을
내려 싸움을 중지시키고, 루 월리스(Lew Wallace) 장군을 준주 지사로 임명했
다. 월리스 장군은 이 지역에서 군법을 적용한다고 선언했고 군을 동원하여
유혈의 참사를 막음으로써 링컨 카운티 전쟁을 종결시켰다. 헤이스 행정부는
일시적이지만 인디언과의 수없는 전쟁을 중단했다. 네즈 퍼스 전쟁(Nez Perce
War)은 1000마일 이상을 도주하다가 캐나다에서 단 40마일도 도망치지 못한
채 붙잡힌 추장 조셉(Joseph)의 항복으로 끝이 났다.

비록 현대의 여러 역사가들이 네즈 퍼스족에 대해 적지않은 동정심을
보이고 있지만, 실질적으로 1860년에서 1890년대 사이의 미국 대통령들
가운데 인디언들을 다루는 데 가장 호의적이었던 인물은 헤이스였다. 내무장
관 칼 슈르즈(Carl Schurz)는 인디언들에 대한 보다 호의적인 대우를 지지했고
이를 위해 여러 가지 계획을 세웠다. 이전 행정부에서 인디언 상무관이 전쟁장
관 윌리엄 벨크넙(William Belknap)으로부터 관직 서임을 약속받고 인디언들
에게 줄 싸구려 물품을 구입했다. 말하자면 벨크넙은 상무관 관직을 유지시켜
주는 대가로 많은 뇌물을 착복했고 인디언 상무관은 인디언에게 주어질
물품을 판매할 권한을 가지게 되었다. 곳곳에서 가격을 조작하고 사기와
기만이 만연했다. 인디언 감독관들은 아무런 자격도 없는 자신들의 친척
이름을 급료 지불 명부에 올렸다. 그랜트 행정부에서 인디언 물품 계약자들과
감독관들이 이익을 착복하는 동안 수많은 인디언들이 굶어 죽었다. 슈르즈는
인디언 상무관은 물론 핵심 사무관과 이들의 악랄한 행동대원들을 해고시켰
다. 인디언 국을 완전히 새롭게 조직함으로써 슈르즈는 인디언 문제에 대한
명예를 회복시켰다. 헤이스의 인디언 정책은 인디언으로부터 얻은 땅에 대해

공정한 보상을 해주고 그들에게 산업기술과 일반교육을 시키며, 궁극적으로 미국 시민으로 만드는 것이었다. 헤이스는 성명서를 발표하여 인디언 영토로부터 불법점거자들이 들어오지 못하도록 했다.

헤이스는 금융시스템의 안전한 운영을 바랐다. 그는 그린백 지폐와 은화 주창자들에 반대했다. 은화 주조를 위해 연방정부에 대해 매달 2백만에서 4백만 달러의 은을 구입할 것을 요구한 블랜드-알리슨 법(Bland Allison Act)은 그의 거부권 행사에도 불구하고 통과되었다. 이는 통화 유통을 크게 증가시켜 인플레이션을 이끌어 냄으로써 농민과 채무자들을 도와줄 것으로 생각되었다. 그러나 실상은 그렇지 못했다. 때마침 헤이스 행정부 때 1873년 공황이 막을 내리고 번영이 다시 시작되었다. 번영의 도래는 그가 취한 금융정책 덕분은 아니었다. 번영은 그의 금융정책과 상관없이 도래했다. 1879년 헤이스는 다시 그린백 지폐를 지불하기 시작했다. 이 정책은 농민과 노동자보다 기업에 확신을 심어 주고 종종 기업의 발전을 도와 주는 결과가 되었다.

헤이스는 농민과 노동자보다 기업 이익에 더욱 호의적이었다. 전국적인 철도 노동자들의 파업이 일어나는 동안 국내 폭력사태에 대해 단호히 대처하겠다는 성명서를 발표했고, 4개 주에 주둔해 있는 군대에 명령을 내려 파업을 종결시켰다. 헤이스 행정부 동안 미국의 경제는 농업사회에서 산업사회로의 전환을 이루었다. 헤이스는 산업 전반의 트러스트와 독점체제의 강화가 이루어지는 현실에 무감각한 것처럼 보였다. 헤이스는 정부 권한을 이용하여 빈자들을 돕거나 하는 일을 하지 못했다.

그러나 어떤 면에서 보면 헤이스 행정부에게도 진취적인 면도 있었다. 내무장관 슈르즈는 역대 행정부 내각인사 가운데 가장 강력한 자연보호주의자 중 한 사람이었다. 그는 자연을 파괴하는 벌목자들부터 서부의 산림지를 보호하였다. 헤이스는 공교육을 증진시키기 위하여 주정부의 교육예산을 보충해 줄 연방정부의 예산안을 의회에 제출했다. 또한 의회 도서관 건물의 신축을 의회에 요구하고 워싱턴 기념관을 완성했다.

헤이스는 언론과 출판의 자유를 지지했고 또한 평화적으로 반대를 할 권리도 인정했다. 그러나 파업 노동자들에 대해서는 군대의 힘을 동원했다.

그는 종교의 자유를 지지했으며 종교적 편견에 반대했다. 그러나 일부다처제를 시행하고 있는 모르몬 교도의 권리에 대해서는 인정치 않았다. 헤이스는 국적에 대해서도 편견을 가지고 있지 않았다. 헤이스는 1878년 최초의 중국 대사관 직원을 인정하였고, 1879년에는 미국과 중국이 체결한 조약을 중국이 위반했다는 이유로 만들어진 중국인 이민입국금지 법안에 대해 거부권을 행사했다. 국무장관 에바르츠는 1880년 조약인 새로운 협정을 맺었는데, 이는 이민을 억제하는 것이었지만 앞으로의 중국 이민을 완전히 금지시키는 것은 아니었다.

헤이스는 인종적이고 민족적인 것에 대해서 부정적이지는 않았다. 그는 제15차 수정헌법을 지지했다. 헤이스는 남부로부터 연방군을 철수시켰고 이전의 반역자들의 주에게 그 지역의 통제권을 넘겨주었다. 제15차 수정헌법을 강요하지는 않은 상태로 헤이스는 남부를 백인 우월주의자들에게 넘겨주었다. 이로써 남북전쟁 후 공화당에 가담한 남부의 백인과 남북전쟁 후 북부에서 남부로 한몫 챙기러 간 뜨내기 정치인이 주도한 해방노예에 의한 남부의 통치는 끝이 났다. 남부는 곧 백인에 의한 백인을 위한 정책을 채택하게 되었고 이에 이전의 노예들은 모든 시민권을 상실하게 되었다. 그러나 이러한 현상이 헤이스 행정부 내내 계속된 것은 아니었다. 헤이스는 남부에서 선거를 할 때 선거를 감시하는 연방군대의 철수를 요구하는 법안에 서명하지 않았다.

행정부와 정부 내에 관련된 업무수행 : 12점 5위(공동)

대통령으로서 헤이스의 목표는 정부의 행정 부서를 개혁하고 연방정부를 다시 회복시키고 지역적인 적대감을 종결시키고 안전한 금융시스템을 마련하고 정부 내 부패를 일소하는 것이었다. 헤이스는 이러한 목표를 성공적으로 달성할 수 있는 방안을 구체화시켰다.

헤이스는 행정부와 공정한 행정조직의 원리에 따라 행정부의 인사를 조직했다. 각 행정부서는 유능하고 충성을 다한 각 행정부서장의 도움을 받은 헤이스에 의해 잘 운영되었다. 헤이스는 1877년경 미국에서 관행으로 이루어지고 있던 독직 형태를 파괴하는 개혁정책을 도입했다. 그는 유능하고 능률적인 공무원을 얻기 위해서는 직책에 적합한 시험제도를 도입해야 한다고 발표했다. 공무원 지원자들은 하급자 선정에 책임이 있는 각 행정부서장에게 먼저 심사를 받았다. 이 일은 미국 대통령 역사상 매우 중대한 개혁조치였다. 초기의 대통령들은 직접 공무원 지원자들을 인터뷰하는 데 엄청난 시간을 낭비했기 때문이다.

헤이스는 뇌물을 받아 해고된 해군장관인 리처드 톰슨(Richard Thompson)을 제외한 강하고 능력 있는 내각 인사를 선정했다. 헤이스는 여러 가지로 훌륭한 일을 수행한 뛰어난 세 명의 인물을 장관으로 임명했다. 국무장관 에바르츠, 내무장관 슈르즈, 그리고 재무장관 존 셔먼(John Sherman)이다. 뉴욕 관세청은 오랫동안 여러 가지 스캔들을 일으키며 불명예스러운 일을 자행하고 있었다. 헤이스는 이를 조사하도록 제이 위원회(Jay Commission)를 만들었고, 위원회는 애당심에 넘치는 공화당 상원의원 로스코 콩클링(Roscoe Conkling)을 추종하는 소인배 정치가들과 몰이배들 200명이 어떤 이유도 없이 뉴욕 관세청으로부터 정규적으로 돈을 상납받고 있다는 사실을 밝혀 냈다. 헤이스는 이 무익한 사람들을 해고시킬 것을 명령했고, 나아가 사소한 일을 시키고 추종자들에게 보상을 해주는 정부조직을 근절시키고자 노력했다. 헤이스는 관세 징수관 체스트 아서(Chester Arthur)를 비롯한 세 명의 관세청 고위 관리를 해고했다.

헤이스는 행정부 내의 부패 현상을 일소해 나갔다. 각 행정부서의 인사들에게 적절한 역할을 부여하였으며, 그들이 맡은 바 일을 잘 해나가도록 지도하였다. 그는 정부 공무원들의 선거운동을 금지하라는 행정명령을 내렸고 또 정치적인 목적으로 정부의 공무원직을 할당하지 말도록 명령했다. 앞으로 일어날 수 있는 부패를 방지하기 위해 그는 제출된 전문 공무원제도를 적극 지지했다. 그러나 의회는 이 제안을 법으로 만드는 데에 반대했다.

헤이스는 개혁 후보로 대통령에 다시 출마하지는 않았지만 1876년 대통령 당선에 많은 도움을 준 애당심이 강한 지도자들에게 자신의 견해를 피력했다. 뉴욕 관세청 관리에 대한 대대적인 해고 이후 콩클링은 헤이스와 사이가 좋지 않았다. 공화당의 정치보스들은 일반 국민들과 마찬가지로 헤이스에게 완전히 기습을 당했던 것이다.

헤이스는 의회와 국민들에게 취임사를 했으며 매년 연두교서를 발표했다. 백악관에서 헤이스는 매일 저녁 식사 후 잠자리에 들기 전까지 여러 손님을 받았다. 그는 정치를 하는 데는 정직을, 국가에는 평화를 이룩해야 한다고 굳게 믿었고, 그렇게 하려고 노력했다.

종종 헤이스는 의회로부터 충분한 자금을 확보하는 데 어려움을 겪었다. 의회로부터 승인을 받은 정부지출금 역시 종종 수정되는 경우가 있었다. 헤이스는 검소한 대통령이었고 과다하고 낭비가 있는 지출은 막고자 노력한 대통령이었다. 공화당 내 애당심으로 똘똘 뭉친 정치보스와 그 추종자들은 헤이스를 마음대로 조종할 수가 없었다. 그들은 개혁적인 면에서 헤이스를 지지하는 상대 민주당 때문에 자기들 마음대로 과두체제를 요리할 수가 없었던 것이다.

헤이스는 대법원 판사에 2명을 임명했다. 윌리엄 우즈(William Woods)와 존 할랜(John Harlan)이다. 할랜은 획기적인 사건에 다른 의견을 내놓은 자유주의자였다. 그는 연방소득세는 비헌법적이라고 선언했으며 여러 가지 시민권을 다루는 소송에서도 다수의 의견보다는 소수의 의견을 지지했다. 그는 법원 경력이 33년이나 되는 오랜 베테랑으로, 미국 사법부 사상 뛰어난 인물 중 한 사람으로 기록되었다. 1879년에 헤이스는 자격과 능력을 갖춘 여성들이 대법원에서 변호를 할 수 있도록 허락했다.

헤이스에 의한 법원의 중요한 판결 중 하나는 네브래스카 연방 지방법원에 의해 이루어졌다. 이 판결은 인디언 역시 미국법이 미치는 영향권 아래에 있는 사람이라고 판결했다. 이 판결은 미국 정부가 조약을 위반하면서 인디언 폰카족(Ponca)을 네브래스카로부터 오클라호마로 강제 이주시킨 후에 일어났다. 기아와 질병에 허덕이면서 추장 스탠딩 베어(Standing Bear)의 지휘 아래 다수의 폰카족 인디언들이 네브래스카로 귀환하려 했으나 체포되었다. 네브래스카 연방 지방법원 판사 던디(Dundy)는 추장 베어와 25명의 폰카족 인디언을 석방시켰다. 헤이스는 인디언을 이주시키는 과정에서 조약을 위반하였으며 추장을 체포하는 가운데 실수를 범했다는 사실을 인정했다. 그는 이 문제를 해결할 위원회를 구성하여 조치를 취하게 했다.

헤이스는 자신의 이익에 앞서 일반 국민들의 이익을 먼저 배려했다. 특별한 이익단체와 관련해서는 노동자와 농민보다 기업 쪽에 더 호의를 가지고 있었다. 논란이 되었던 1876년 선거로 인해 헤이스는 많은 국민들로부터 존경을 상실할 수밖에 없었다. 많은 국민들은 공화당이 정당하게 승리한 후보자 틸든으로부터 대통령직을 도둑질했다고 믿었다. 헤이스는 자신은 이 문제와 관련하여 명예롭게 행동했다고 주장했고, 대단한 자부심을 가지고 취임식에서 다음과 같이 말했다. "국가를 위해 최선을 다하는 사람은 당을 위해 최선을 다하는 사람이다."

지도력 및 의사결정과 관련된 업무수행 : 12점 13위(공동)

헤이스는 행정부의 인사들에게 영감을 주어 그들이 최선을 다하도록 자극을 가했다. 그러나 그는 카리스마의 부족과 단정치 못한 외모와 성격, 형편없는 대중연설 능력 때문에 국민들에게 영감을 주지는 못했다. 헤이스는 큰 일을 치르는 데 필요한 설득력은 충분히 가지고 있었지만, 그럼에도 당으로부터 재지명을 받는 데는 실패했다. 그는 대통령 후보가 되는 것은 재지명이 아닌 국민의 충분한 요구로 가능할 것이라고 말했다. 헤이스는 각종 스캔들과 부패와 경기침체로 인해 추락한 정부에 대한 국민의 신뢰성을 상당히 회복시켰다.

헤이스는 자신은 물론 다른 사람들을 위한 높은 수준의 업무수행을 설정했다. 지금까지 앤드류 잭슨을 제외하고 헤이스만큼 일을 능률적으로 처리해 간 대통령은 없었다. 헤이스는 후원과 특권보다 정부를 기업과 같이 효율적으로 운영했다.

헤이스는 미래에 대한 비전을 가지고 있었고 개혁가였다. 그는 미국이 어떻게 발전되어 가야 할 것이며, 이를 위해 무엇을 해야 할지에 대해 기본 개념을 가지고 있었다. 그는 부패한 정부관료들을 해고시켰다. 그는 전문 공무원제도의 정착을 위해 노력했다. 내무장관 슈르즈를 통해서는 인디언 문제에 대해 다양한 개혁조치를 취했고, 남부의 군정을 끝냈다. 그는 대통령의 권한에 제한을 가하는 의회의 불법적 행위에 대해서는 단호히 맞서싸워 대통령의 권한을 회복시켰다. 그는 미국을 발전시킬 수 있는 전략을 개발했다.

헤이스 행정부 때 내각회의는 유쾌하고 진지했으며 효과적이었다. 대통령은 하급자들로부터 많은 이야기를 들었고 선택안들을 고려했다. 헤이스의 조언자들 가운데 자신의 의견만을 고집하며 주장하는 사람은 없었다. 헤이스는 기업이 하는 것과 같은 식으로 의사결정을 내렸다. 그는 예리한 지능을 소유하고 있었고 이를 이용하여 문제를 해결했다. 그는 타협을 많이 하지 않았고, 필요할 때는 어려운 결정도 내렸다. 그는 의회가 제출한 법안에 대해 13번 거부권을 행사했는데, 단 한 번은 무시되었다. 그는 비상사태에도 침착함을 유지했다.

개인적 성격과 도덕성 : 12점 13점(공동)

헤이스는 항상 스스로 권위를 가지고 행동했고 대통령으로 있는 동안 절대로 적절치 못한 행동은 삼갔다. 그는 넓은 도량을 인물로 국내외를 막론하고 존경을 받았다. 헤이스는 국민들이 자신의 개혁조치와 업적을 자랑스럽게 여기도록 만들었다.

의회의 괴두적인 정치형태로부터 대통령의 권한을 되찾음으로써 헤이스는 미국 정부의 형태를 지키는 데 일조했다. 만약 그의 행정부가 이전 행정부처럼 의회에 지배 당했다면 미국의 국가 형태는 대통령중심제에서 의회중심제로 바뀌었을지도 모른다. 물론 대통령의 권한 역시 아주 미미한 상태로 되었을 것이다.

그의 행정부 말에 헤이스는 국민들로 하여금 대통령은 자신들의 편이라고 생각하도록 만들었다. 헤이스는 많은 국민들로부터 정보를 구했다. 그는 백악관에서 직접 방문객을 받고 남부를 여행했으며 연방정부와 반대입장에 서 있는 남부 국민들과 대화를 나누었다. 1880년 그는 샌프란시스코에서 열린 남북전쟁 연대 친목회에 참가하였는데, 이로써 현직에 있는 대통령으로서 최초로 서부 해안지역을 방문한 대통령이 되었다.

헤이스는 시종일관 확고한 도덕적 가치와 원리를 가지고 행동했다. 그는 신뢰를 받았다. 그의 말은 긍정적이었고 약속은 분명히 지켰다. 개인적으로 정직한 헤이스는 공직을 이용해 자신의 이익을 조금도 추구하지 않았다. 헤이스는 평생을 통해 높은 수준의 개인적 도덕성을 보여주었다. 그는 자신이 대통령이 된 논란의 선거를 제외하고 사적으로든 공적으로든 어떤 스캔들에도 연루되지 않았다.

종합평가 : 48점 14위

헤이스는 100점 만점에 48점을 받고 39명의 대통령 중 14위를 차지했다. 그는 일반적으로 인식되고 있는 것보다 훌륭한 대통령이었다. 그가 여론 조사에서 낮은 점수를 받은 것은 역시 단 한 번의 임기로 그쳤다는 점, 그리고 틸든이 승리한 것으로 여겨진 선거에서 우여곡절 끝에 대통령이 되었다는 것 등이 영향을 미쳤을 것이다.

제임스 가필드
James Garfield | 1881

가필드는 평가를 하지 않았다.
그는 단지 6개월 보름 동안, 그것도 80일은 병석에 있었던 대통령이다.

배경

제임스 가필드는 1831년 11월 19일 오하이오주 쿠야호가 카운티에 있는 방하나짜리의 빈한한 통나무 집에서 태어났다. 아버지는 그가 18세가 되었을 때 죽었고 어머니가 30에이커의 농장에서 일하면서 가족을 부양했다. 10대에 제임스는 마을 공립학교를 다니다가 방학이 되면 여러 가지 잡일을 했다. 1848년에서 1849년까지 그 지역의 소규모 아카데미에 다니면서 목수 일을 했고 초등학교에서 교사를 했다. 1851년에서 1854년까지 하이름 전기회사에 입사하여 관리인으로 일하고 아울러 교사로 일하면서 생계를 꾸려나갔다. 1854년 그는 윌리엄스 대학 2학년에 편입했고 1856년에 졸업했다.

가필드는 하이름 대학 교수가 되어 오하이오로 되돌아왔다. 1년 후 그는 이 대학 총장이 되었다. 남북전쟁 동안 가필드는 오하이오 지원부대에서 대령이 되었고, 캔터키 미들 크릭 전투에서 승리한 후 연방군에서 최연소 육군 준장이 되었다. 계속된 전투에서 승리를 거두며 그는 소장으로 진급했고, 군에 있는 중에 1862년 연방 하원의원에 당선되었다. 곧 군을 제대한 그는 이후 8번이나 연방 하원의원에 당선되었다. 그는 연방예산위원회 의장직과 여러 다른 위원회 위원으로 일했다. 그는 공화당 급진파들이 추진한 재건법안을 지지했고, 앤드류 존슨 대통령의 탄핵을 지지했다. 그는 논쟁이 된 1876년 헤이스-틸든의 선거를 해결하는 위원회의 위원으로 일을 했다.

헤이스 행정부 동안 가필드는 연방하원에서 공화당 원내총무를 지냈다. 그는 공화당 내에서 콩클린이 이끄는 애당심 강한 세력과 블레인이 이끄는 여러 다른 공화당들 사이를 중재했다. 1880년에 오하이오주 입법부에 의해 연방 상원의원에 당선되었으나, 그가 상원의원 자리에 앉기 전에 다른 중요한 일이 일어났다.

대통령 후보 지명과 선거

가필드는 1880년에 열린 공화당 전국 전당대회에서 오하이오주 대의원 대표였다. 여기에서도 블레인파와 콩클링파가 갈등을 일으키고 있었다. 콩클링파는 그랜트의 3선을 추진했다. 콩클링과 그의 충실한 부하였던 체스트 아서는 대통령 후보자 결정선거 제1차에서 그랜트가 재지명될 것을 예견했다. 그러나 다른 사람들은 블레인을 선두주자로 생각했다.

1차 선거에서 그랜트가 블레인을 20표 앞섰다. 하루종일 큰 변동은 없었지만 27표가 더 확보되었다. 그런데 그랜트가 더 이상 표를 얻지 못했다. 이런 와중에 가필드가 추천되었다. 후보가 아닌 가필드는 1차 선거에서는 한 표도 얻지 못했다. 이어 계속된 다른 초기의 투표에서는 단지 한 표만을 얻었을 뿐이다. 그에게 표가 몰린 것은 제34차 투표에서였다. 제35차 투표에서 그는 50표를 얻었다. 각 주가 차례차례 오하이오 출신 상원의원에게 줄을 섰다. 블레인 지지자들은 가필드의 이러한 상승세를 막기 위해 그랜트를 버리고 블레인을 지지해줄 것을 요청했다. 그러나 콩클링은 화를 내며 반대했고, 콩클링파가 계속 그랜트를 지지하는 가운데 가필드는 제36차 선거에서 공화당 대통령 후보로 선정되었다. 이렇게 되자 콩클링은 마음을 바꾸어 만장일치로 가필드의 대통령 후보 지명을 지지했다. 이에 대한 보상으로 콩클링은 가필드의 러닝메이트를 지명할 권리가 부여받았고 그는 체스트 아서를 지명했다.

민주당은 대통령 후보에 윈필드 핸콕(Winfield Hancock)을 지명했다. 민주당은 당시 심각한 내분에 휩싸여 있었다. 건실한 민주당원을 확인하기도 어려웠고 어떤 문제에 대해서는 공화당의 논리에 가까웠다. 그러나 공화당도 역시 심하게 분리되어 있었다. 블레인파와 콩클링파는 상호 의심하고 시기하고 있었다. 가필드는 이러한 공화당의 내분을 치료하기 위한 이상적인 후보였다. 정치적 신념이 부족한 그는 그야말로 모든 정파에 잘 어울리는 사람이었다. 그는 충실한 추종자였고 실용주의자였으며 무엇보다 당내에서 적이 없었다.

선거운동은 단조롭고 지루하기 짝이 없었다. 민주당 후보 핸콕은 어디 하나 나무랄 데 없는 경력을 가지고 있었다. 그러나 그는 특별히 정치에 관해서 아는 것이 별로 없었다. 두 당은 그들의 후보의 전쟁경력과 영웅주의, 정직, 성실성 등에 대해 자랑스레 떠들었다. 10월 말경 뉴욕의 한 주간신문이 가필드가 값싼 중국노동자의 수입을 주창했다는 내용에 서명했다는 위조된 편지를 인쇄한 내용이 선거전의 쟁점으로 대두하였다. 이 편지는 위조라는 비난을 받았지만 민주당은 수천 부씩 인쇄하여 이를 유포했다. 이 때문에 가필드는 하마터면 선거에서 떨어질 뻔했다.

일반 선거에서 가필드는 핸콕에게 승리를 거두었지만 그 표 차이는 1만 표도 나지 않았다. 두 사람 모두 19개 주에서 승리를 거두었으나 가필드는 선거인단이 많은 주에서 승리하여 214표를 얻고, 핸콕은 154표를 얻었다.

암살과 암살의 여파

1881년 7월 2일, 가필드는 뉴욕행 기차를 타기 위해 워싱턴 철도역으로 들어서고 있었다. 덥수룩한 옷차림을 한 키가 작은 사내가 갑자기 다가와 권총을 끄집어 내어 대통령의 등을 향해 발사했다. 대통령은 바닥에 쓰러졌고 이 암살자는 곧 경찰에 체포되었다. 그는 "나는 이 일을 해냈고 기꺼이 감옥에 갈 것이다. 나는 애당심 강한 콩클링파다. 아서가 대통령이 될 것이다"라고 말했다.

가필드는 두 발의 총상을 입었다. 한 발은 오른쪽 팔을 스쳐가 큰 상처를 내지 않았으나, 다른 한 발은 등 아래 부분을 관통하여 갈비뼈를 부수고 췌장 부근에 박혔다. 그는 곧바로 백악관으로 이송되었고, 의사들은 총알을 찾아내기 위해 깨끗한 손과 살균된 도구를 이용해 상처를 계속 조사했다.

세 번에 걸친 수술 끝에 의사들은 농양을 없애고 깨진 뼛조각을 제거했다. 그러나 피가 오염된 가필드는 9월 17일에 기관지 폐렴으로 발전했고 결국 이틀 후 사망했다.

암살자 찰스 기토(Charles J. Guiteau)는 1880년 선거에서 가필드를 지지했고 그 보상으로 파리에서의 외교직을 원했다. 그러나 이 바램은 실현되지 않았다. 비록 기토는 자신을 애당심 강하고 아서의 친구라고 주장했지만, 그는 콩클링파의 식객에 불과했고 아서의 친구로 여겨지지 않았다. 그는 정신병자임을 들어 유죄 판결을 벗어나려 했다. 분명 그는 정신적으로 불안정하고 미쳤다는 분명한 증거가 있었다. 그럼에도 불구하고 그에게는 유죄가 선언되었고, 1882년 6월 30일 교수형에 처해졌다.

체스트 아서
Chester A. Arthur | 1881~1885

	평가점수	평가등수
외교를 비롯한 대외관계와 관련된 업무수행	5	29(공동)
국내의 각종 문제 및 사업에 대한 업무수행	-1	29
행정부와 정부 내에 관련된 업무수행	-3	31(공동)
지도력 및 의사결정과 관련된 업무수행	-7	36
개인적 성격과 도덕성	-4	37
종합평가	-10	37

배경

체스트 아서는 1879년 10월 5일에 버몬트주 노스 페어필드 근처에 있는 한 사제관에서 태어났다. 1848년에 유니언 대학을 졸업하면서 성적이 우수한 미국 대학 재학생과 졸업생으로 조직된 파이 베타 카파(Phi Beta Kappa)의 회원이 되었다. 그는 교사를 하면서 법률을 공부하였는데, 변호사가 되어 동업자가 되기까지 뉴욕에 있는 한 한 법률사무소에서 직원으로 일했다. 정치에 입문한 그는 곧 뉴욕의 휘그당 보스 써로우 위드(Thurlow Weed)의 눈에 들었다. 위드는 아서를 육군준장 계급을 주어 주지사 참모진의 수석 기사직 자리에 앉혔다. 남북전쟁 동안 그는 뉴욕시에 있는 병참기지를 책임졌다.

위드가 공무원들로부터 정치헌금을 모금하기 시작했을 때 아서와 그의 친구 토마스 머피(Rhomas Murphy)는 당을 위한 수금원이 되었다. 1869년 머피는 윌리엄 트위드(William Tweed)와 합의하여 뉴욕시 세금위원회에 고문실을 만들어 운영했는데, 이때 아서는 가장 돈이 많이 모이는 직책에 임명되었다. 소위 트위드 도당에 의해 세금징수는 너무나 교묘하게 자행되었다. 아서가 트위드를 위해 무엇을 했는지는 알려지지 않았으나 아서는 곧 부자가 되었다. 1870년 그는 세금 수금원 직책을 사임하고 로스코 콩클링의 보좌관이 되었다.

콩클링이 연방 상원의원이 되었을 때 그는 뉴욕주 공화당의 통제권을 가지고 있었다. 그는 대통령 그랜트의 특별한 후원 아래 이 나라에서 가장 이익을 많이 보는 지역 중 하나인 뉴욕항의 관금 수금원으로 임명된 머피를 그 자리에 다시 재임명했다. 너무 노골적으로 관세청 수입을 자신의 호주머니에 채워 넣은 머피는 결국 추방되었다. 그런데도 그에게는 자기의 후임자를 추천할 수 있는 권한이 부여되었고, 그는 자신의 가장 절친한 친구인 체스트 아서를 추천했다. 관세 수금원으로 있으면서 아서는 콩클링의 지시를 받았다. 새로운 전문 공무원제도에 의한 각종 규제에도 불구하고 그는 많은 친구와 친척, 그리고 콩클링이 추천하는 사람들에게 일자리를 만들어 주었다. 콩클링의 가장 충실한 이권운동가 중의 한 사람인 아서는 점차 사회 각 기관을 책임지게 되었다. 비록 정치헌금은 불법적이었지만 아서는 1872년 그랜트의 재선을 바라는 선거운동을 위한 자발적인 기부를 통해 방대한 액수의 돈을 모금했다.

1876년 헤이스가 대통령 선거운동을 하는 동안 관세청 공무원들에게 자발적인 기부를 강요한 아서의 태도는 무모할 정도로 심각했다. 헤이스가 아서의 다양한 활동에 많은 덕을 보았음에도 불구하고 새 대통령은 공무원사회를 개혁하는 전문공무원제도를 도입하고 관세청을 조사하도록 했다. 조사 결과 엄청난 비능률과 부패가 밝혀졌다. 이때 시어도어 루스벨트(Theodore Roosevelt)가 아서의 자리에 대신 추천되었다. 아서는 사임을 거부했고 콩클링의 앞잡이들은 아서의 유임을 위해 계속 로비를 벌이면서 루스벨트의 임명동의를 방해했다. 의회가 휴회에 들어간 후 헤이스는 아서를 해임하고 그 대신 에드윈 메릿(Edwin Merrit)을 임명했다.

아서는 변호사로 되돌아왔다. 1879년 뉴욕시에 위치하고 있는 공화당 중앙위원회 위원장이 된 그는, 1880년에 대통령후보 선출을 위한 공화당 전당대회에서 당에 대한 공로(막대한 자금 모금)로 상당히 호의적인 지지를 받았다.

대통령 후보 지명과 선거

1880년 선거는 앞의 가필드를 설명하면서 자세하게 밝힌 바 있다.

아서는 부통령이 된다는 명예에 전율과 같은 감동을 느끼고 있었다. 그러나 그는 연방 상원에서 사회를 보는 것과 같은 부통령직의 공식적인 직무에 대해서는 아무런 흥미가 없었다. 그가 하고자 했고 실질적으로 했던 중요한 일은 자신과 콩클링의 친구들에게 정부의 각종 이권사업을 만들어 주거나 그들에게 일자리를 주는 것이었다. 그는 가필드가 암살당했을 당시 뉴욕에 있었는데, 바로 콩클링의 상원의원 재선을 위한 선거를 돕고 있었다. 가필드의 상태가 악화되자 대통령이 집무를 할 수 없을 때 자신이 대통령의 일을 대신할 수 있는 가능성에 대해 이야기를 들었다. 1881년 9월 19일 가필드는 죽었고, 다음 날 아서가 대통령에 취임했다.

아서는 대통령에 재선되기를 원했고 이를 위해 열심히 노력했다. 그러나 자신을 위한 선거에서는 그토록 익숙하고 재능을 발휘했던 선거전략(자금모금)을 쓰지 않았다. 그는 신장염의 일종인 브라이트병에 걸려 고생하고 있었다. 만약 아서가 대통령으로서의 정치력을 보유했다면 1884년 대통령 선거에서 여러 다른 후보세력과 연합할 수 있었을 것이고 제임스 블레인(James Blaine)의 도전을 막을 수 있을 것이다. 재선에 필요한 최소한의 기본 토대인 국민들의 지지도 없이 또 전문적이고 교묘한 술수로 가득찬 정치가들의 농간에 후보 지명이 달려 있는 상태에서 아서의 후보 지명은 요원한 것이었다. 결국 공화당 대통령 후보자 결정선거 제5차에서 블레인이 지명되었다.

외교를 비롯한 대외관계와 관련된 업무수행 : 5점 29위(공동)

아서가 대통령을 승계하고 몇 달 동안 외교문제는 가필드 행정부에서 자리를 지켜 온 국무장관 제임스 블레인이 이끌어 갔다. 블레인은 1881년 12월에 사임하고 그 자리는 프레드릭 프리링휴이센(Frederick Frelinghuysen)에게 넘어갔다. 처음에 아서는 범아메리카평화회의를 소집하자는 블레인의 계획에 찬성했다. 그러나 프리링휴이센이 국무장관이 되고 자신의 전임자의 의심스러운 일들을 밝혀 내자 아서는 평화회담 문제를 의회의 판단에 맡기기로 결정했다. 의회는 평화회의에 관심이 없었고 아서는 이 계획을 취소시켰다. 블레인이 제안한 평화회담이 미국에 이익이 되었는지 안 되었는지는 밝혀지지 않았고, 아서는 이 문제를 의회에 떠넘김으로써 대통령으로서의 책임을 방기했다.

블레인은 콜롬비아와 코스타리카 국경선 문제를 유럽이 중재하고 나서겠다는 제안에 엄중 항의했다. 블레인은 미국이 라틴아메리카 국가들 사이의 분쟁을 조정하도록 라틴아메리카를 지도하고 있다고 주장했다. 그런데도 유럽 강대국들은 이런 분쟁에 간섭하고자 했으며 이 지역에 유럽의 정치적·경제적 영향력을 확대하고자 했다. 이에 미국은 이 지역에 평화와 안정을 유지시키기 위한 행동을 취함으로써 유럽의 간섭을 배제시켰다. 블레인은 과감하게 중앙아메리카 연방을 구상하고, 미국의 관리 아래 니카라과를 가로지르는 운하건설을 지지했다. 그는 중앙아메리카에 강력하고 통일된 정부가 성립된다면 유럽의 간섭은 더 이상 없을 것이라 생각했다. 블레인은 과테말라와 멕시코 사이에 벌어진 분쟁에 끼여 들었다. 멕시코가 평화 중재를 거절하고 군대를 파병했을 때 블레인은 만약 멕시코가 과테말라를 침공한다면 이를 미국에 대한 비우호적인 행동으로 간주하겠다고 멕시코에 경고했다. 그는 멕시코 주재 미국대사에게 이 분쟁을 끝내기 위해 미국의 영향력을 행사하도록 지지했다. 그러나 멕시코와 외교관계가 악화되고 과테말라와의 분쟁도 안정되지 않았고 전쟁은 계속되었다. 이 분쟁에 미국이 어떤 의도를 가지고 있는가 하는 의심이 유포되었다.

프리링휴이센이 블레인을 이어 국무장관이 되었을 때 미국은 이웃 국가에 대해 덜 침략적인 정책을 채택했다. 블레인과 같이 새 국무장관은 미국의 관리 아래 과테말라를 가로지르는 운하를 원했다. 그는 영국에 편지를 보내 미국과 영국은 중앙아메리카 지역에 건설되는 운하에 대한 어떤 한 나라의 독점을 금하는 내용의 클레이턴-불워 조약(Clayton-Bulwer Treaty)의 완전한 폐기를 종용했다. 영국이 이를 거절하자 새로운 국무장관은 니카라과와의 협상을 통해 제안된 운하에 대해 공동 관리를 제안하였다. 이에 연방 상원은 보다 많은 협상을 요구하면서 이 조약의 내용을 수정했다. 그러나 이와 관련하여 협상이 완수되기 전에 아서의 임기가 끝이 났다. 후임대통령 클리블랜드는 프리링휴이센의 조약을 취소하였다. 중앙아메리카 연방에 대한 희망은 과테말라가 연방에 가담한다는 조건으로 미국에게 멕시코 침략에 대한 도움을 요구했을 때 취소되었다. 아서는 이 전쟁뿐 아니라 페루와 칠레 사이의 전쟁에도 간섭을 원하지 않았다.

미국 해군과 상선 조직은 남북전쟁 후 상당히 침체되어 있었다. 아서는 국가의 이익에 너무나 중요한 해군의 재건을 강력하게 요구했다. 1883년 의회는 수요를 충족하기에는 아직 멀었지만 네 척의 새로운 배를 건조하는 법안을 통과시켰다. 아서는 의회에 보내는 모든 연두교서에서 배 건조에 들어갈 자금 확보를 강력히 요구했다. 1885년 초 의회는 드디어 네 척의 배를 건조하는 데 들어갈 자금을 확보했다. 해군장관 윌리엄 챈들러(William Chandler)는 해군대학과 해군정보부의 창설을 지시했다. 그는 각종 이권이 개입된 해군 인사에 대해 크게 비난하면서 그 개혁을 시도했다.

1882년 11월 중간선거의 핵심은 관세인하 문제였다. 관세법 개정으로 점수도 따고 의회 다수당을 차지한 민주당이 더 많은 관세인하를 추진하는 것도 막기 위해 공화당은 적극적으로 관세법 개정에 관여했다. 아서는 관세를 대폭 인하하려고 했으나 의회는 극히 소폭의 인하를 인정하는 법안을 통과시켰고, 아서는 별 이견 없이 서명했다. 멕시코와 상업 관련 조약, 미국과 스페인 두 나라 사이의 관세인하와 다른 내용이 포함된 조약, 도미니카 공화국과 하와이와의 상호 호혜조약 등은 아서 행정부가 추진한 사업들인데 모두 의회에서 통과되지 않았다.

국내의 각종 문제 및 사업에 대한 업무수행 : -1점 29위

아서 행정부 동안 미국은 다시 천천히 경기침체기로 접어들었다. 문제는 이 경기침체의 원인에 대한 적절한 진단도, 이를 해결하기 위한 실질적인 처방도 없었다는 점이다.

아서는 자작농장 소유자들로부터 목장주들을 보호하기 위해 홈스테드법의 개정을 원했다. 그는 공공 토지에 울타리를 치는 행위에 반대했다. 전국

노동국과 가축산업국이 세워졌다. 아서는 노동자의 이익보다 기업의 이익, 또 소규모 농업 종사자들보다 대규모 농업종사자들의 이익에 더 많은 관심을 갖고 있었다. 아서는 미국으로 들어오는 수많은 이민들을 수송하는 증기기관을 장착한 배의 안전과 건강에 관한 표준을 설정하는 법안에 거부권을 행사했다. 그가 반대한 것은 법안의 목적이 아니라, 법안의 세부 내용에 보이는 표현상의 문제 때문이었다. 의회가 이를 개정한 후 그는 여기에 서명했다.

아서는 담배와 술을 제외한 모든 내국세의 폐지도 제안했는데, 의회는 아무 반응도 보이지 않았다. 비록 내국세 부분에서 잉여가 있었지만 의회는 더 이상 세금을 줄이는 안에 대해서는 거부했다. 의회도 대통령 아서도 잉여자금을 교통망 개량사업이나 기타 복지조치에 사용하기를 원하지 않았다. 의회와 대통령은 이런 사업은 국민 정부의 적절한 기능이 아니라고 믿었다. 후에 경기침체는 과잉 세금을 줄이게 만들었다.

아서는 알래스카에 준주정부를 만들었다. 그는 특정 선거구 의원만을 이롭게 하는 정부사업의 성격이 강한 하천과 항구법안에 대해 거부권을 행사했다. 그러나 의회는 이 거부권을 무시했다. 아서의 내무장관은 목재 문화(timber culture)와 공유지의 선매권 법안의 취소를 요구했다. 아서는 공공의 숲을 보호하는 데 관심을 갖고 있었고, 이를 위한 입법을 추진하기도 했지만 이루어지지는 않았다.

아서는 원래 흑인일 경우 아무리 능력이 있다 해도 평등권을 인정하지 않았으나, 점차 이 같은 견해를 바꾸어 갔다. 그는 여러 명의 흑인을 정부 공무원직에 임명했고 흑인들의 교육을 위해 연방정부의 원조를 요구했다. 그는 인디언들을 무시하는, 그들의 영토에 대한 무단침입을 금지하는 법안을 제안했다. 그는 인디언이 완전한 미국시민이 되는 데 도움을 줄 조치를 만들어 점차적으로 미국시민으로 흡수했다. 아서 행정부는 인디언들을 동화시키고 그들에게 문명화된 농사를 짓게 하고 인디언 문화를 포기하게 하고 나아가 자기 종족의 영토를 포기하도록 만들기를 원했던 당시 국민들의 바람을 반영했다. 그는 인디언을 위한 더 많은 학교의 필요성을 강조했다. 그는 인디언들의 개인적인 토지소유를 허락하는 법안을 계속 제안했다. 아서는 인디언 보호구역에 대한 주와 준주의 법안을 확대시켰다. 이를 통해 인디언들은 법의 보호를 받을 수 있었고 법정에서 인권과 재산권을 유지할 수가 있었다. 그는 인디언 영토에 대한 불법침입을 차단했다. 그는 인디언 영토를 완전히 개방하라는 압력을 물리쳤고 특히 애리조나주 동북부 산악지역에 살고 있었던 주니족(Zuni) 인디언들의 영토를 보존했다. 그러나 다코타 준주 지역에 있었던 크로 크릭족(Crow Creek) 인디언들의 영토는 실수로 그만 개방하고 말았다.

1879년 헤이스는 중국이민을 심하게 반대하는 법안에 거부권을 행사했다. 이 법안은 중국인에 대한 시민권 부여에 반대하는 내용을 포함하고 있었고 또 이미 미국에 와 있는 모든 중국인이 만약 일시적으로 미국을 떠났다가 다시 미국으로 오기를 원할 경우 반드시 미국세관에 등록할 것을 요구하는 내용을 포함하고 있었다. 아서 역시 이 법안에 거부권을 행사했고 의회는 이 거부권을 무시할 수 없었다. 이 법안 내용은 20년 이민입국금지에서 10년 금지로 수정되었고, 아서는 법안에 서명했다. 아서는 서부 준주지역의 일부에서 이루어지고 있는 일부다처제의 강제 금지를 의회에 요구했다. 그는 일반 국민의 자유를 신장시키기 위한 어떤 특별한 일을 하지 않았다. 더더욱 그는 가난한 사람들을 위해서는 아무일도 하지 않았다. 그는 연방군 소속 퇴역 군인들에게 연금을 지급하는 법을 재촉했고 연금인상도 제안했으며, 의회 도서관 건물의 건축을 승인했다.

행정부와 정부 내에 관련된 업무수행 : −3점 31위(공동)

아서는 여러 가지 목적과 목표를 가지고 있었다. 그러나 그는 자신의 프로그램들을 법제화시킬 어떤 구체적인 계획에도 착수하지 못했다. 그는 체계적으로 일을 처리하고 의사소통을 통한 공감대를 만들어 내지 못했다. 그는 높은 수준의 업무수행을 해 나가는 절차를 확립하지 못했다.

의심을 줄이기 위해 아서는 한동안 가필드 내각을 그대로 유지했다. 재무장관이 사임했을 때 그는 콩클링의 지지를 받는 찰스 폴저(Charles Folger)를 임명했다. 이 임명은 애당심 강한 콩클링파에게 재무부를 맡기는 격이 되었다.

법무장관이 사임했을 때 아서는 벤저민 브리웨스터(Benjamin Brewster)를 임명했다. 비록 브리웨스터는 콩클링파의 조직과 친하게 지내고 있었지만 그는 유능하고 전문공무원제도 개혁을 주창하는 사람이었다. 블레인이 국무 장관직을 사임했을 때 콩클링이 이 자리를 대신할 것으로 기대되었으나 아서는 대중 여론이 이를 허용하지 않는다는 것을 알았다. 결국 그는 유명한 뉴저지 출신으로 나름대로 존경을 받고 있던 콩클링파인 프리링휴이센을 임명했다. 가필드 내각의 다른 인사들이 사임했을 때도 아서는 스캔들에 연루되지 않은 콩클링파를 임명했다. 가필드 내각 인사들 중 전쟁장관 로버트 링컨(Robert Lincoln)만이 아서 행정부 동안 그 자리를 지켰다.

아서는 자신의 인사가 직책에 아주 적합하고 임기 보장과 승진은 효능과 능력 있는 인사를 중심으로 이루어졌다고 말했다. 그러나 공직에 대한 임명이 나 승진에 공개된 경쟁적인 시험제도를 도입하는 데에는 찬성하지 않았다. 인사권을 행사할 때 아서는 항상 인사가 이루어지는 지역 출신의 공화당 상원의원과 하원의원의 조언에 귀를 기울였다. 그는 일주일에 3일을 할애하여 공무원 희망자들과 면접을 했다. 그는 무자격자는 임명하지 않을 것이라 말했지만 실상은 그렇지 못했다. 그는 자신의 약속을 끝까지 지키는 사람이 아니었으나, 대통령으로서 그의 기록은 대통령 이전에 남긴 기록보다 훨씬 긍정적으로 평가할 수 있다.

정치 헌금문제와 관련해서 그는 기부를 거부하는 사람 중 누구도 불이익을 당하거나 해고된 일이 없다고 말했다. 그러나 자발적인 기부는 상당히 장려되 었다. 아서가 대통령이 된 초기에 의회는 전문공무원제도 개혁에 대해 관심이 없었다. 그러나 1882년 중간선거에서 전문공무원제도 개혁을 지지하는 것이 실질적으로 정치적인 이익이 있다는 것을 대통령은 물론 양당의 많은 의원들 이 알게 되었다. 아서는 이제 공개 시험제도의 도입을 반대하던 자신의 견해를 철회했다. 공무원제도 개혁법안인 펜들턴 법안(Pendleton bill)이 압도적인 표 차로 통과되고 아서는 여기에 서명했다. 이 법은 연방정부 각 부처와 세관, 50명 이상의 직원이 있는 우체국에 해당되는 것이었다. 당시 개혁가들은 공무원위원회에 대한 아서의 임명을 찬성했다. 아서는 이 펜들턴 법안을 효과적이고 능률적으로 활용함으로써 자신의 비판자들을 놀라게 했다.

아서는 대통령으로 해야 할 일들을 달가워하지 않았다. 그는 하급자들에게 자신이 해야 할 일을 대부분 위임하였다. 대통령으로서 그는 그렇게 많은 것을 위임해서는 안 되었음에도 불구하고 위임할 수 있는 그 이상의 것들을 위임해 버린 것이다. 그는 몇몇 하급자들이 높은 수준의 업무를 수행하도록 관리하지 못했다. 아서는 언론과도 관계가 별로 좋지 못했다. 기자들과 이야기하는 것을 좋아하지 않았던 그는 그는 자신이 말한 그 어떤 것도 인용하지 말라고 요청했지만 아무 소용이 없었다. 아서는 공식적인 연설이 아닌 다른 통로를 통해 자신의 생각이 공표되는 것은 바람직하지 못하다고 생각하고 있었다.

그는 많은 잉여자금을 물려받았기 때문에 재무부에 방대한 자금을 확보하고 있었다. 그러나 자신의 프로그램들을 수행하는 데 필요한 예산을 의회에서 확보하는 데는 세련되지 못했다. 또한 정부란 헌법 아래서 한정적으로 움직여야 한다는 생각을 갖고 있었던 그는 대통령으로서 예산 확보에 실패를 했다. 아서는 의회와의 관계에서도 성공적이지 못했다. 아서의 제안 중 많은 것이 의회에서 무시되었다. 관세법의 개정도 흐지부지해져 연기되었다. 심지어 의회는 대통령 승계에 대해서도 결정을 내리지 않았다. 은행 파산에 관한 필요한 법률과 대법원 관련법의 개정은 고려의 대상도 되지 않았다. 제48차 의회에서 민주당은 하원에서 다수당이 되었다. 아서는 사안에 따라서는 종종 분파되어 있는 공화당보다는 민주당으로부터 더 많은 지지를 받았다.

그의 행정부 중 몇몇 부서는 잘 운영되었다. 특히 해군부는 가장 뛰어난 부서였다. 내무부 역시 훌륭하게 일을 처리했다. 블레인이 장관으로 있던 시기의 국무부는 대통령의 계획보다 장관의 계획을 더 많이 수행했다. 아서 행정부는 두 지역 사이를 특정 계약자가 물건을 나르는 우편물 운송노선과 관련된 소송사건에서 유죄 판결을 이끌어 내는 데 실패했다. 대법원 판사 자리에 공석이 발생했을 때는 콩클링을 임명했는데, 콩클링이 이를 거절했다. 아서는 대법원 판사 두 명을 임명했는 데 한 사람은 호레이셔 그레이(Horace Gray)이고, 다른 사람은 새뮤얼 블래치포드(Samuel Blatchford)였다. 이 두 사람 다 비범하지는 않았지만 유능한 법조인들이었다.

아서는 일반 국민들에게 귀족적인 거드름을 피웠고, 이에 국민들은 그에게 존경을 보이지 않았다. 아서는 항상 자기 자신과 콩클링과 친구들의 이익을 위해 행동한다는 평가를 받았다.

지도력 및 의사결정과 관련된 업무수행 : −7점 36위

아서는 영감을 발휘하는 지도자 스타일이 아니었다. 콩클링 조직의 돈으로 좌우되는 부패한 조직원이라는 그의 평판은 너무나 불리하게 작용했다. 특히 언론과의 관계에서 더욱 그러했다. 그가 대통령으로 일한 시간이 짧았다는 점도 정부 공무원들을 최선을 다하도록 이끌지 못한 큰 이유가 되었다. 비록 그는 대통령으로서 부적절한 행동에 가담한 것은 아니지만 그렇다고 해서 대통령직을 수행하는 데 다이나믹한 에너지를 발휘했다거나 생동감 있게 행동한 것도 아니었다. 우편물 운송노선과 관련된 독직사건에는 아서의 친구인 상원의원 스티픈 도로시(Stephen Dorsey)는 물론 공화당 전국위원회의 다른 간부들이 여럿 연루되었다. 정부 검사들이 방대한 양의 증거를 제출했지만 피고들은 무죄석방되었다. 비록 대통령이 부도덕한 일을 한 것은 아니지만 이들에 대해 유죄판결을 내리지 못한 아서 행정부는 많은 비판을 받았다. 이 일로 인해 아서는 불공정한 사람이라는 이미지를 갖게 되었다.

아서는 사람들에게 대통령이 정당한 길을 가고 있다는 확신을 심어주지 못하였고 때문에 그들로 하여금 자신을 따르도록 만들 수 없었다. 종종 의회는 아서의 제안을 거절했고 무시했다. 아서는 미래의 이상적인 국가 건설에 대한 비전을 제시하지도 못했다. 만약 그가 미국에 대한 꿈이 있었다면 그는 이것을 국민들과 공유하지 못했을 것이다. 그는 이데올로기적인 생각도 계획도 없었다. 어떤 일을 하는 데 있어 분명한 개념을 정립한다는 것은 대통령에게 너무나 어려운 문제였다. 그는 미국이 발전해 가는 데 필요한 전략을 개발하지도 못했고 이에 대한 대화도 하지 못했다. 미국은 아서 행정부 동안 대통령이 분명한 발전방향을 제시하지 못한 채 방황하고 있었다.

아서 대통령의 의사결정 스타일에 관해서는 알려진 바가 거의 없다. 그는 죽기 전에 자신이 가지고 있던 문서를 모두 불살라 버렸고, 그의 동료들로부터도 실질적인 자료는 얻을 수가 없다. 그는 아마도 다른 사람과 대화를 하지 않고 스스로 의사를 결정했던 것 같다. 사실 그의 내각 회의 수준의 대화 내용은 그 어디에도 남아 있지 않다.

아서는 지능적이기는 하지만 문제를 해결하고 의사를 경정하는 데 이 지능을 잘 활용했는지는 알 수 없다. 그는 자신의 실수로부터 많은 것을 배웠다. 그는 너무 타협을 잘했는데, 이데올로기적인 어떤 확신이나 원칙이 없었기 때문에 좀처럼 확고한 어떤 원칙을 고수하지 않았다. 그는 콩클링을 국무장관에 임명하기를 거절했지만 조금 후에 그를 대법원 판사에 임명했다. 아서는 비상사태에 침착함을 유지했다. 가능한 한 의사결정을 연기하고 자주 자신의 의사결정 권한을 포기하여 의회나 행정부서장에게 넘겨주었다.

개인적 성격과 도덕성 : -4점 37위

국민들은 아서와 같은 사람이 자신들의 대통령이라는 사실에 자부심을 갖지 못했다. 비록 아서가 공무원제도를 개혁하는 일을 했지만 국민들은 아서로부터 기쁨을 얻지 못했다. 국민들은 이익을 추종한 그의 과거 경력에 대한 이미지를 떨쳐낼 수 없었다. 그가 뉴욕에 본부를 둔 부패하고 극단적인 애당심으로 악명 높은 콩클링을 위해 일한 콩클링파의 리더였고, 또 세관에서 자신의 지위를 이용하여 콩클링파의 이익을 취했기 때문에 아서는 좋지 않은 평판 속에서 대통령이 되었다. 물론 대통령이 되고 나서 그는 부패에 가담하지 않았으나 그의 과거는 대통령직의 영광을 상당히 변색시켰다.

아서는 대통령을 지내면서 휘그당의 논리를 추구했다. 그는 대통령이란 오로지 행정부에만 책임을 지고, 의회에 대해서는 상관하지 않는다고 믿었다. 그래서 그는 의회에 특히 연방상원이 정부의 여러 분야를 지배하도록 했다. 그는 자신은 미국 국민을 대표하고 있고 국민에게 정직하고 합리적으로 정부를 운영하는 모습을 보여야 한다고 생각했다.

아서는 국민들에게 대통령이란 국민들을 위한 직책이며 아서가 국민 편이라는 믿음을 주지 못했다. 그는 스스로 흑인과 인디언들의 형편을 도와주는 일을 하는 것으로 보았으나, 대다수 국민들은 아서가 그들을 돌봐주었다고 생각하지 않았다. 그는 정규적이고 공개적으로 국민들과 자주 대화를 했어야 했다. 그는 일 주일에 세 번 하루에 한 시간 정도만 일반 국민들과 간단한 인사를 나누고, 점심식사를 끝낸 후 약속이 잡혀 있는 방문객을 만났다. 그가 국민들로부터 얻은 정보를 신중히 고려했다는 증거는 없다. 아서는 현안 문제를 들고 의회를 넘어 국민들에게 직접 호소하는 방식 같은 것은 생각도 하지 못했다. 말하자면 그는 대중들로부터 멀리 떨어져 있었다.

비록 그는 공무원이 공공의 신용이 있어야 한다고 믿지는 않았지만, 대통령이라는 직책을 이용해 다른 사람을 희생시키고 자신의 이익을 추구하거나 하지는 않았다. 하지만 대통령이 되기 전에 뉴욕에서 이 같은 일을 했었다. 따라서 그가 대통령으로서 만족할 만한 수준의 도덕성을 유지하고 이에 따라 행동하려고 노력했다고는 해도, 그가 대통령이 되기 이전에 보여준 낮은 수준의 행동 때문에 그의 대통령으로서의 명성은 상당히 퇴색할 수밖에 없었다.

종합평가 : -10점 37위

비록 아서는 개혁주의자들이 비판하는 것처럼 그렇게 나쁜 대통령은 아니었지만 분명 대통령으로서의 업무수행에스는 많은 점에서 아쉬움을 남겼다. 그는 총 -10점을 받고 37위에 선정되었다.

그로버 클리블랜드
Grover Cleveland | 1884~1889, 1893~1897

	평가점수	평가등수
외교를 비롯한 대외관계와 관련된 업무수행	8	21(공동)
국내의 각종 문제 및 사업에 대한 업무수행	3	24(공동)
행정부와 정부 내에 관련된 업무수행	10	14
지도력 및 의사결정과 관련된 업무수행	0	29(공동)
개인적 성격과 도덕성	11	15(공동)
종합평가	32	22(공동)

배경

스티픈 그로버 클리블랜드는 뉴저지주 캘드웰에 있는 한 장로교 목사관에서 1837년 3월 18일에 태어났다. 소년이었을 때 그는 스티픈이라는 이름을 더 이상 사용하지 않았다. 14세 때 학교를 그만두고 잡화점 점원으로 일하고 한동안은 뉴욕시에 있는 한 맹인학교에서 교편을 잡았다. 그는 대학에 입학하기를 간절히 원했지만 그렇게 할 수가 없었다. 삼촌의 배려로 버팔로에 있는 변호사 사무실에서 법학을 공부한 클리블랜드는 1859년 변호사가 되었다. 그는 과부인 어머니와 어린 동생들을 부양하고 있었기 때문에 남북전쟁 동안에도 돈을 벌어야 했다. 그는 변호사를 하면서 동시에 감독관, 부지방검사, 에리 카운티 보안관, 버펄로 시장을 지냈다. 클리블랜드는 정직과 성실, 그리고 시정부의 효능적인 운영으로 1883년에 뉴욕 주지사에 당선되었다. 그는 태머니 홀(Tammany Hall)의 작태에 일침을 가하고 주차원의 개혁 프로그램을 계속하였다. 또한 주정부의 일자리는 은혜를 베푸는 방식이 아니라 능력에 따라 인사를 행할 것이라 주장했다. 그는 부풀린 예산안 법안에 거부권을 행사했고 전문공무원제 법안을 장려하고 서명했다. 그는 공무원 위원회에 특출한 개혁가를 임명했다.

대통령 후보 지명과 선거

이 같은 개혁을 통해 클리블랜드는 빠른 속도로 대통령 후보 경쟁자로 부상하였다. 국민들은 남북전쟁 이후 만연한 정부의 부패현상에 혐오를 느끼고 있었다. 클리블랜드는 정직하고 유능했으며 무엇보다도 당선가능성이 있었다. 그의 선거운동 슬로건은 "공무원은 공공의 신용이다"였다. 1884년 민주당 전국 전당대회가 열렸을 때 클리블랜드는 선두주자였다. 태머니홀 조직의 강력한 반대에도 불구하고 그는 대통령 후보자 결정선거 2차 투표에서 민주당 대통령 후보로 임명되었다. 전당대회는 부통령 후보로 토머스 헨드릭스(Thomas Hendricks)를 선출했다. 공화당은 오랜 기간 당의 지도자 중 한 사람이었던 제임스 블레인을 지명했다. 그러나 블레인은 당 내의 개혁요소를 수용하지 못했고, 따라서 공화당 내에서 공화당의 정책을 따르지 않고 독자노선을 걷는 중도파인 머그웜프(Mugwumps)로 불리는 개혁가들은 오히려 클리블랜드를 지지하였다.

민주당의 강령은 관세법을 개정하여 관세를 인하한다는 내용을 핵심으로 하였다. 반면 공화당은 고율의 보호관세를 지지했다. 이 문제를 제외한 다른 문제에서는 두 당 사이에 거의 차이가 없었다. 따라서 선거운동 양상은 상대 당 후보의 개인적 도덕성을 공격하는 데 집중되었다. 민주당은 블레인이 철도회사와의 거래와 관련된 스캔들에 연루되었다고 주장했으나, 밝혀진 사실은 아무것도 없었다. 공화당 지지계열의 신문들은 클리블랜드가 버펄로에 있는 젊은 과부와 연애사건을 일으켜 아이까지 낳았다는 폭로성 기사를 썼다. 클리블랜드는 그 여자와 불법적인 관계를 가졌음을 인정하고, 비록 그 아이가 자신의 아이임이 확실하지는 않았지만 책임감을 느끼고 아이의 양육비를 지불했다. 이 스캔들 때문에 클리블랜드는 거의 낙방될 뻔했다. 그러나 그의 지지자들은 클리블랜드야말로 공적인 생활에서 정직과 성실의 모범적 전형을 보여주었다는 사실을 지적했다.

선거운동이 끝나갈 즈음 두 경쟁자의 차이는 엇비슷했다. 선거 결과는 뉴욕의 형편에 달려 있었다. 이런 상황에서 블레인에게 결정적으로 불리한 일이 일어났다. 그는 뉴욕에서 열리는 한 모임에 참석했는데, 이 모임에 참석한 새뮤얼 블랑차드(Samuel Blanchard)가 민주당을 두고 "괴상, 가톨릭주의, 반란 성향을 가진 정당" 같다고 말했다. 당시 블레인은 자신이 반가톨릭주의자라고 주장했지만 이 말을 할 때 적절한 수위조절을 하지 못한 것이 실수였다. 결국 그는 뉴욕에서 가톨릭 표를 거의 모두 잃었고 약간의 표 차로 클린블랜드에게 패하였다. 결국 블랑차드의 말 한 마디가 블레인의 대통령 당선을 무산시켰던 것이다. 이 일이 있은 후 클리블랜드가 블레인을 앞서 갔다. 그러나 그는 일반투표에서 과반수를 넘지 못했다. 그는 20개 주에서 승리하여 선거인단 219표를 얻었고, 블레인은 18개 주에서 승리하여 182표를 얻었다. 뉴욕에 배정된 36명의 선거인단은 클리블랜드에게로 갔고 블레인은 패배했다.

1888년 민주당 전국 전당대회는 클리블랜드를 두 번째 대통령 후보로 선출했다. 알랜 서만(Allen Thuman)이 부통령으로 지명되었다. 공화당은 벤저민 해리슨을 임명했다. 선거운동 동안 내내 클린블랜드는 관세 인하와 금본위제도의 채택을 주장했다. 이에 비해 공화당은 보호무역과 고율관세를 주장했다. 해리슨은 집에 있으면서 공개적인 발언을 거의 하지 않았다. 4년 전 대통령 선거와는 전혀 반대로 개인적 인신공격 같은 것은 거의 없었다. 그러나 클리블랜드는 영국 대사 라이놀 색빌 웨스트(Lionnel Sackville-West)의 발언 때문에 큰 피해를 보았다. 그는 클리블랜드의 승리를 희망한다고 했는데, 민주당 정부가 공화당보다는 모국인 영국에 더 회유적이고 친하게 지낼 것이기 때문이라고 했다. 영국 대사의 이 말은 클리블랜드를 지지하고 있던 아일랜드계 미국인의 지지를 떨어뜨렸고, 무엇보다 영국에 대한 회유적인 태도 때문에 손해를 본 다른 유권자들까지 떨어져 나가게 만들었다. 그럼에도 불구하고 일반 투표에서 클린블랜드는 승리했지만 선거인단에서 165표를 얻고, 해리슨은 235표를 얻었다. 그는 해리슨에게 패배했다.

1892년 공화당은 해리슨의 두 번째 임기를 위해 그를 다시 대통령 후보로 지명했다. 화이트로 라이드(Whitelaw Reid)가 부통령 후보에 지명되었다. 태머니홀의 강력한 반대에도 불구하고 민주당은 대통령 후보자 지명선거 1차에서 클리블랜드는 지명했다. 부통령 후보에는 아들라이 스틴븐슨(Adlai Stevenson)을 임명했다. 1892년 선거는 앞선 두 선거와 달리 해리슨도 클리블랜드도 활동적으로 운동하지 않았다. 두 정당 간의 중요한 차이는 관세문제였다. 흥분한 유권자들 중 일부는 급진적이고 혁신적인 강령을 채택한 인민당의 출현에 고개를 돌렸다. 이 새로운 정당은 제임스 위버(James Weaver)를 대통령 후보로 선정했다. 세 번을 연달아 출마한 클리블랜드는 일반투표에서도 승리하고 선거인단에서도 승리를 거두었다. 이 선거에서 그가 277표, 해리슨이 145표, 위버가 22표를 얻었다.

외교를 비롯한 대외관계와 관련된 업무수행 : 8점 21위(공동)

두 번의 임기 동안 클리블랜드는 전쟁을 하지 않았다. 여러 가지 어렵고 곤란한 문제에 맞닥뜨릴 때마다 외교술을 발휘하였다. 군사력의 잠재적 사용 가능성에 대한 시사는 다른 나라에서 미국의 이익을 보호해 주었다. 클리블랜드는 쿠바 혁명의 와중에 스페인과의 전쟁을 피했다. 그는 혁명을 일으킨 쿠바인들을 전쟁 당사자로 보지 않았고, 쿠바에 대한 불법 무단 침입을 막기 위해 모든 노력을 강구하였다. 또한 스페인 정부에 대해서는 이 갈등을 끝내기 위해 쿠바에 자치정부를 인정하라고 종용했다. 동시에 쿠바 반란자들에 대해서도 외교적 승인을 보류하고 있었다.

대통령과 국무장관 리처드 올리(Richard Olney)는 베네수엘라와 영국령 가이아나 사이에 벌어진 국경분쟁에 대해 무력 사용의 가능성을 들어 강력히 위협을 가하였으나, 다행히 영국의 외교로 전쟁은 피할 수 있었다. 클리블랜드는 하와이, 북극, 베링해, 사모아 섬, 콜롬비아의 파나마 지역, 브라질 등에서 일어난 크고 작은 사건들에서 군사력의 잠재적 사용 가능성 카드를 아주 적절히 활용하였다. 이런 행동은 대부분 미국에 이익을 주었지만 몇몇은 그렇지 못했다.

클리블랜드는 하와이 임시정부를 승인하는 데 반대했다. 해리슨 행정부 때 하와이 여왕 릴리우칼라니(Liliuokalani)가 표면상으로 하와이에서 살고 있는 미국인들의 재산과 생명을 보호하기 위해 이곳에 파견된 미국 전함에서 내린 해군과 해병대의 도움을 받으며 사업을 하고 있던 미국인 농장주들의 공작으로 추방되었다. 이때 미국은 합병조약 문제를 둘러싸고 협상을 벌였고 해리슨 행정부 때 완전히 매듭이 지어지지 못한 상태였다. 하와이에서 보여준 미국의 행동이 분명 명예롭지 못하다는 사실을 안 클리블랜드는 조약을 철회했다. 그는 여왕이 다시 권한을 되찾기를 원했다.

클리블랜드는 먼로 독트린의 주창자인 동시에 이 독트린의 강력한 실행자였다. 라틴아메리카 국가들은 자신들이 유럽 국가들과 분쟁을 하게 될 경우 미국으로부터 도움을 받을 수 있다는 점을 강력히 시사했다. 클리블랜드는 미국이 미국의 이익을 보호하고 있음을 행동을 통해 보여주었다. 클리블랜드의 반제국주의 노선과 국제문제 해결을 위한 중재자로서의 헌신적인 역할은 결과적으로 미국이 다른 나라에 대해 침략 의도를 갖고 있지 않음을 보여주었다. 1888년 클리블랜드는 범아메리카회의를 소집하였고, 각국 대표단이 해리슨이 대통령으로 있던 1889년 봄에 도착했다.

첫 번째 임기 동안 클리블랜드는 관세인하정책을 폈다. 반면 그의 반대파는 고율의 보호관세를 주장했다. 1888년 선거는 관세문제를 놓고 격돌했고 이 싸움에서 결국 클리블랜드는 패배했다. 관세문제를 놓고 또다시 싸움이 벌어진 1892년 선거에서는 클리블랜드가 승리를 거두었고, 하원은 대통령이 제시한 관세법안을 승인했다. 그러나 상원은 이 법안을 634번이나 수정하였고, 이렇게 되자 법안은 특별한 이익집단에 유리한 것으로 바뀌어 버렸다. 결국 협의 하에 상원의 수정된 내용이 받아들여졌고 상하 양원에서 통과되었다. 클리블랜드는 여기에 서명을 하지 않은 채로 법안이 법인 효력을 발휘하도록 내버려 두었다.

클리블랜드는 아서 행정부 때 도미니카 공화국과 서인도 제도의 스페인령 앤틸리스와 맺은 상호 호혜적인 무역협정을 철회했다. 멕시코와 맺은 호혜조약 역시 무색해지도록 내버려 두었다. 아서 행정부 때 콜롬비아와 엘살바도르와 맺기로 되어 있던 호혜무역원칙도 취소되었다. 클리블랜드는 공화당이 상대 나라에 경제적 보호령을 세우려고 한다고 의심하였기 때문에 호혜적인 협정에 반대했다. 클리블랜드는 세계무역을 촉진시키고 세계 모든 나라에 이익이 되고 공정한 방향으로 경제적 이익을 촉진시키기 위해 관세의 종합적인 인하를 원했다. 그러나 상원은 그가 제시한 관세법을 손상시켰고 그 결과 무역은 확대되지 않았다.

국내의 각종 문제 및 사업에 대한 업무수행 : 3점 24위(공동)

1893년 공황은 클리블랜드가 두 번째 취임을 하기 전에 시작되었다. 그가 대통령을 지낸 시기는 지금까지 미국 역사상 가장 심각한 경기침체에 빠진 때였다. 은행과 기업이 파산하고 실업률은 증가했으며 가격이 떨어지고 농업이 파괴되었다. 경기침체는 더욱 악화되고 국민들은 실제로 굶주리고 있었다. 여기에서 클리블랜드가 내놓은 대책은 경기회복을 이끌어 내지 못했다. 클리블랜드 정부는 두 가지 핵심적인 재정정책을 실시했다. 하나는 안전한 지불능력을 가진 금융시스템과 금본위제도를 실시하며, 다른 하나는 관세를 인하하여 무역을 확대하고 시장을 증대시키는 일이었다. 만약 그의 이 시도가 채택되었다면 그의 관세정책은 더욱 힘을 받았을 것이다. 클리블랜드의 태환화폐인 경화(硬貨 : hard money)정책은 역효과를 내었다. 이것은 오히려 채권자들에게 도움을 주고 농민·노동자·채무자들을 더욱 피폐하게 만들어 결국 경기침체는 더욱 악화되었다.

클리블랜드는 대기업의 힘이 너무 커지기 전에 규제할 필요가 있다고 생각하였다. 그는 1887년 주간통상법(Interstate Commerce Act)을 통해 미국 사상 최초로 연방 차원에서 기업에 대한 통제를 실시했다. 그의 행정부 동안 노동부가 만들어졌고, 클리블랜드는 철도회사와 목동들로부터 약 8천만 에이커 이상의 공공용지를 회수했다. 클리블랜드는 어떤 회사가 자기 소유의 숲을 갖고 있다 하라도 그 숲을 무조건 남벌하는 일을 금지했고, 공공용지와 인디언 영토에 대한 무단침입자들을 추방했다. 클리블랜드 대통령은 조직된 노동세력의 친구는 아니었다. 풀면 파업(Pullman Strike) 동안 파업 파괴자들이 고용되었고 연방공무원을 준비시켜 파업자들의 일을 대신하게 하였다. 언론은 파업을 '혁명과 무정부 상태'로 묘사하였다. 국무장관 올리는 파업의 파괴를 원했고, 이에 클리블랜드는 군대를 파견했다. 그리고 올리는 연방판사로 하여금 파업 중지명령을 내리도록 준비했다. 군대가 소집되고 시카고에서 폭동이 일어났다. 클리블랜드는 철도회사 편이었고 대통령으로서 권력을 행사했다. 법무부의 임시 관리로 등록된 군인들은 총경영자협회에서 자금을 받았다. 이들은 연방의 일을 집행하는 대리인으로 인정되었다. 이때의 사건에 대한 조사가 이루어진 후 작성된 공식 서류를 살펴보면, 노동자의 권리를 보호하지 못한 클리블랜드와 올리가 비난을 받고 있다.

올리는 트러스트를 강하게 압박하지 않았다. 그는 단지 대기업의 트러스트 관련 소송에서 정부가 패하게 될 경우에만 트러스트에 다소 반대하는 입장에 섰다. 클리블랜드는 트러스트 파괴를 바람직한 것으로 보았다. 그러나 그것은 그저 주 차원의 것이었고, 시어도어 루스벨트처럼 연방 차원의 것은 아니었다. 클리블랜드 행정부에서 만든 윌슨 관세법안은 지불능력을 가진 모든 사람에게 세금을 부과시키는 가장 공정한 세금인 소득세를 포함하고 있다. 그러나 대법원은 이 소득세를 비헌법적이라고 판결했다.

인디언 보호구역을 탈출한 아파치족의 공격에 대한 보복으로 정부는 인디언 보호구역에 살고 있지 않는 아파치족을 모조리 잡아들이자는 운동을 벌였다. 군인에게는 무장 능력이 있는 모든 남자 인디언을 죽이고 여자와 어린아이를 보호구역으로 되돌려보내라는 명령이 떨어졌다. 이 일을 제외한다면 그는 인디언들의 권리에 대해 대체적으로 호의적이었다. 대통령으로서 클리블랜드가 취한 첫 번째 조치는, 정착민의 오클라호마 정착 반대성명서를 발표한 것이었다. 또한 그는 목장주들에게 사이엔족(Cheyenne)과 아라파호족(Arapaho) 보호구역에 있는 인디언 영토에서 철수할 것을 명령했다. 그는 궁극적으로 인디언들이 시민이 되어야 한다는 생각을 갖고 그들에 대한 교육과 문명화를 위한 법률작업을 지지했다. 클리블랜드는 아프리카계 미국인(흑인), 토착 미국인(인디언), 중국계 이민 등에 대해 가부장적이고 온정주의적인 태도로 대했다. 그는 소수의 아프리카계 미국인을 공직에 임명했다. 그는 이들 소수세력에 대한 정책을 성공으로 이끄는 핵심적인 열쇠가 교육이라고 믿었다. 한동안 클리블랜드는 인디언 정책이 실시되는 지역에서 개혁가였다. 그는 자신이 진지하게 인디언들의 운명을 개선해 주는 것이라고 생각한 도우즈법(Dawes Act)에 서명했다. 그러나 불행히도 이 법은 장기적으로 인디언들의 복지에 오히려 악영향을 주었다. 대통령은 남부 흑인들의 참정권을 보호하는 것을 목표로 한 포스 법안(Force Bill)에 반대했다. 그는 이것이 중앙정부의 권한을 위험스러울 정도로 너무 확장시키게 될 것이라고 믿었다.

클리블랜드는 언론과 출판, 그리고 평화적으로 반대할 수 있는 권리를 지지했다. 그는 종교적 자유를 지지했으며 종교적 아집과 독선에 반대했다. 클리블랜드는 신문에 대해 불평을 했는데 특히 신문의 선정적인 기사와 노골적인 거짓기사에 분노하였다. 당시의 많은 신문들은 쿠바 반란에 대한 미국의 간섭정책을 지지했다. 언론은 쿠바 반란세력에 의해 자행되는 살인과 약탈 행위는 무시하고 오로지 스페인의 잔악무도한 행위만을 보도했다.

당시 클리블랜드는 중국계 이민에 반대하는 편견을 드러내었다. 이러한 편견은 바람직한 이민이란 미국의 가치를 수용하고 미국사회와 잘 융합되는 사람이라는 생각에서 나온 것이었다. 클리블랜드는 남동 유럽으로부터 오는 이민을 막고자 하는 토착민 우월주의적인 운동에 반대했다. 대통령은 그들이 미국사회에 영원히 정착하고 미국의 생활방식을 수용할 의도가 있는 한 그들을 환영했다.

그는 국내 교통망 개량사업을 위해 연방자금을 사용하는 데 대해 반대했다. 마찬가지로 강 개발법안과 항구 개발법안에 대해서도 거부권을 행사했다. 그는 1893년 공황 이후 계속된 국민들의 절망적인 상태를 극복하지 못했다. 첫 번째 임기 동안 그는 정부가 국민들을 부양해서는 안 되며 농업보조금 또한 허락할 수 없다는 내용의 텍사스 부양법안에 거부권을 행사했다. 그러나 두 번째 임기 이후 경기가 더욱 침체된 상황에서도 가난한 사람을 돕는 것을 거부했다. 그는 이런 일은 정부가 할 일이 아니라고 믿었다.

클리블랜드는 자연자원을 보존했고 공공용지와 인디언 영토를 보호함으로써 환경을 보존했다. 그는 공립학교 운영에 호의적인 정책을 포함한 교육 전반을 지지했다. 그는 남부 아프리카계 미국인들을 위한 상업학교의 건립을 장려했으며 토착민 미국인들이 미국 생활에 쉽게 동화되도록 학교 건립을 장려했다. 1893년 2차 임기 취임식에서 클리블랜드가 관심을 집중한 것은 오로지 경제부흥이었고, 사실상 국민들의 교육과 휴식을 위한 조치에는 별 관심이 없었다.

행정부와 정부 내에 관련된 업무수행 : 10점 14위

클리블랜드가 달성하고자 한 중요 목적은 금본위제를 유지하면서 관세를 인하하는 것이었다. 그는 또한 정직한 정부를 목표로 삼았다. 능력 있고 양심적인 행정가인 클리블랜드는 행정부를 기업체처럼 조직했다. 그는 정치적인 교우관계에 기초한 보직을 빌미로 연방공무원에 대한 인사조치를 하는 데 반대했다. 그가 주로 삼은 것은 능력 위주의 인사였다.

첫 번째 임기 동안 그는 훌륭한 내각을 구성했다. 그러나 두 번째 임기 동안에는 자신이 원하는 사람들을 내각인사로 임명할 수 없었고 따라서 첫 번째 인사에 비해 뛰어나지 못했다. 논쟁의 여지가 있지만 리차드 올리는 유능하고 적극적이며 공세적인 인물이었다. 그러나 성미가 급했고 고집불통의 사람이었다. 이런 성격 때문에 올리는 두 가지의 최악의 실수를 범하게 되는데, 하나는 풀먼 파업사건이고 다른 하나는 베네수엘라 국경분쟁을 겪고 있는 영국에 대한 전쟁위협이었다. 클리블랜드는 자신이 임명한 인사들에게 적절히 임무를 할당했으며 그들에게 의무를 수행하도록 권위를 세워 주었다. 그러나 어떤 면에서는 그들의 의무수행이 대통령의 바램과 일치되는 경우가 많았다. 클리블랜드 행정부의 내무부, 해군부, 재무부 등에서는 부패가 일소되었다.

클리블랜드는 행정부 인사들과 적절하고 효과적인 대화를 나누었다. 물론 그는 종종 퉁명스럽고 고집스러운 면도 보여주었다. 그는 사사건건 대통령을 방해하면서 공정한 소명기회를 갖자는 대통령의 제안을 무시하는 언론과도 늘 긴장상태를 유지했다.

금본위제도와 안전한 지불능력이 있는 금융시스템을 유지하기 위해 클리블랜드는 정부공채를 발행했다. 그러나 경제를 개선하고 경기회복을 돕기 위해 정부가 요구한 자금이 의회에서 승인이 나지 않았다. 클리블랜드는 수많은 연금에 대해 '도둑질'과 같다 하여 거부권을 행사했고 정부의 소비지출을 극도로 축소했다. 문제는 클리블랜드가 당의 지도자도 아니고 의회의 지도자도 아니었다는 점이다. 그가 속한 민주당이 금본위주의자와 은본위주의자로 심하게 분열되어 있었던 것 또한 대통령에게 불리하게 작용했다. 클리블랜드는 초당적인 외교정책에서도 의회의 지지를 받지 못하고 있었다.

클리블랜드가 대통령으로 있는 동안 연방 대법원은 상당히 형편없는 판결을 내렸다. 소득세를 타당하지 못한 것으로 판결했고 풀먼 파업 동안에 발부된 법원의 금지명령이 계속 효력을 발휘하도록 만들었으며, 독점을 견제하고자 하는 시도를 거의 불가능하게 만들었다. 이 모든 것은 후에 다시 수정되었다. 수정헌법으로 소득세를 거두고, 대법원은 스스로 새로운 판결을 내려 트러스트를 견제하게 했으며, 노동분쟁에 대한 법원의 금지명령은 반드시 법률에 따라 가능하도록 되었다. 클리블랜드는 몇몇 형편없는 대법원의 판결에 대해 공정치 못한 판단과 비판을 했다. 이러한 형편없는 판결을 내린 판사들은 대부분 클리블랜드가 아니라 다른 대통령에 의해 임명된 판사들이었다. 첫 번째 임기 동안 그는 대법원장에 멜빌 풀러(Melville Fuller)를 임명했고 판사에 루시우스 퀸투스 킨킨네이투스 레마르(Lucius Quintus Cincinatus Lamar)를 임명했다. 두 번째 임기 동안 그는 에드워드 화이트(Edward White)와 루퍼스 펙햄(Lufus Peckham)을 임명했다. 화이트는 비헌법적이라고 판결한 소득세 판결에서 반대의견을 낸 사람이었고, 또한 트러스트 반대 입장을 주장한 사람이었다. 그는 후에 부대법원장이 되었다.

클리블랜드는 공무원직이 정말 공적인 신뢰가 있는 자리라고 생각했다. 그가 선거운동 때 내건 슬로건들은, 당선을 위한 음모가 아니라 자신이 해야 할 임무에 대한 진지한 표현이었다. 그는 항상 보편적인 선을 위해 행동했다. 그는 자신이 정당하고 바르다고 생각하는 것에 기초를 두고 의사와 정책을 결정했다. 그는 특별한 이익집단에 의해 영향을 받지 않았다. 또한 특별한 이익집단의 압력을 이용하여 자신의 프로그램을 실현시킨다든가 하지 않았다. 국민들은 그의 이런 면을 좋아하였다.

지도력 및 의사결정과 관련된 업무수행 : 0점 29위(공동)

대통령은 모범적으로 행정부의 관리들에게 영감을 발휘하여 그들로 하여금 높은 수준의 업무를 수행하도록 만들었다. 그러나 그의 상당한 모범에도 불구하고, 자신이 임명한 사람들에게서와 같은 영향력을 의회에 대해서는 발휘하지 못했다. 그의 연설과 글은 초라한 수준이었고, 이는 자신이 보여준 모범을 다른 사람들이 따라하지 못하게 만드는 원인이 되었다. 그는 프로그램과 계획들을 명확히 공식화시켜 나갈 수 있는 설득력 있는 당 지도자가 아니었다. 그가 당을 설득하여 기꺼이 자신의 계획을 도와주도록 만들지 못한 이유가 여기에 있다. 클리블랜드의 독선적이고 인색한 사고방식은 분명 자신의 대통령직 수행에 방해가 되었을 것이다. 두 번째 임기 동안 점점 악화되어만 가는 경기침체 때문에 대통령은 정부에 대한 국민의 확신감을 유지시켜 나갈 수 없었다. 그는 경제를 개선시키기 위한 전략을 구상해 내지 못했다.

비록 클리블랜드는 지적이고 근면한 사람이었지만 좋은 교육을 받지 못했을 뿐만 아니라 대통령으로서도 준비가 거의 되어 있지 않았다. 문제를 해결하고 의사를 결정할 때 그는 명석한 지능과 확고한 도덕성에 바탕을 두었지만, 미래에 대한 비전은 갖고 있지 못했다. 그는 학자도 아니었고 역사에 대한 지식도 부족했다. 그럼에도 그는 자신의 실수로부터 많은 것을 배우고 자신의 결정을 지지하는 내각 인사들과 협조적으로 일을 잘 처리했다.

클리블랜드는 자신의 믿음에 너무나 집착했다. 그가 조금만 더 타협의 묘미를 살릴 수 있었다면 그의 국정은 더욱 성공적이었을 것이다. 그는 별로 중요한 문제가 아닌 경우에는 타협을 했고, 비상사태 때는 차분함과 용기를 가지고 행동했다.

개인적 성격과 도덕성 : 11점 15위(공동)

클리블랜드는 위엄과 권위를 가지고 행동했다. 그는 몸무게가 자그마치 250파운드나 나갔지만 항상 깔끔하고 단정한 옷차림새를 유지하였다. 젊었을 때 버펄로에 있는 살롱과 맥주홀에 자주 간 적이 있었으나 결혼 후에는 이런 자리를 그만두었다. 클리블랜드는 사회적 세련미가 부족한 대신 검소하고 솔직한 개성을 갖춘 인물이었다. 다른 사람들은 여기에서 그의 인간적인 면을 발견하였다. 그는 젠 체하는 사람이 아니었다. 과거 행정부의 스캔들에 진저리가 났던 많은 사람들은 클리블랜드의 정직성을 자랑스럽게 여겼다. 그가 추진한 일부 외교정책에 대해서도 자부심을 가졌다. 클리블랜드가 정직하고 양심적인 사람이었기 때문에 대통령직의 위상은 상당히 고양되었다. 그러나 그는 경기침체를 효과적으로 다루어 이를 극복하는 데는 실패했기 때문에 이것이 그에 대한 존경심을 많이 약화시켰다.

첫 번째 취임식 연설에서 클리블랜드는 자신의 의무와 책임을 다하는 대통령이 되겠다고 말했다. 대통령이 되고 2년이 지난 후 그는 대통령이란 법을 집행할 뿐 아니라 법의 집행에도 도움을 주어야 한다고 생각했다. 대통령의 역할을 다시 인식하게 된 클리블랜드는 의회와 권력을 놓고 자주 갈등을 일으키게 되었다. 결과적으로 클리블랜드 하에서 행정부는 독립을 하게 되고 대통령의 권한은 증대되었다. 클리블랜드는 대통령과 부통령은 모든 국민으로부터 선출었으며 따라서 대통령인 자신은 국민들의 이익을 대표하고 있다고 주장했다. 그는 많은 의원들이 어떤 유력한 개인이나 기업에 선을 대고 있다는 사실을 알고 심한 충격을 받았다. 경기침체 초기에는 국민들은 대통령을 국민의 편이라고 믿었으나, 경기침체가 계속되자 농민 · 노동자 · 채무자 · 빈자들은 클리블랜드를 자신들의 이익에 반하는 입장에 서 있다고 생각했다.

대통령은 일반 국민들로부터 많은 정보를 수집하기는 하였으나 이것을 심각하게 고려하지는 않았다. 그는 공무원 자리를 찾고 있는 사람들을, 생산적인 일에 쓸 수 있는 시간을 쓸데 없이 낭비하는 귀찮은 존재로 보았다. 클리블랜드는 의회 지도부를 제쳐두고 연설과 소규모 모임, 그리고 일부 친하게 지내는 몇몇 언론을 통해 국민들에게 직접 문제를 제시하였다. 그는 국민들에게 국정의 판단 문제를 공개하고, 특별히 성공을 거두지는 못했지만 열심히 하고자 노력했다.

클리블랜드는 자신이 내린 모든 정책 결정에서 도덕적 기초를 생각했다. 그는 믿음직한 인물이었다. 그의 말은 친절했고 약속은 꼭 지켰다. 그의 정직과 근면성은 대단히 모범적인 것이었다. 그는 결코 공직을 이용하여 다른 사람들을 희생 삼아 개인적인 이익을 추구하거나 하지 않았다. 정직과 효능이 정부기능의 핵심적인 내용이라고 믿은 그는 대통령으로서 정말 열심히 일했고, 그가 책임과 의무를 다한 것은 대통령직에 대한 우수 품질 보증서라고 할 수 있다. 그는 평생의 정치경력을 통해 높은 수준의 도덕성을 보여주어 대통령직의 명예를 더 높였다.

종합평가 : 32점 22위(공동)

클리블랜드는 정직하고 개혁적인 대통령이었다. 완고한 성격의 그는 정치적 편법주의에 자신의 원리를 포기하거나 하지 않았다. 그는 총 32점을 받아 22등을 차지했다.

벤저민 해리슨
Benjamin Harrison | 1889~1893

	평가점수	평가등수
외교를 비롯한 대외관계와 관련된 업무수행	-4	38
국내의 각종 문제 및 사업에 대한 업무수행	-3	30(공동)
행정부와 정부 내에 관련된 업무수행	8	16
지도력 및 의사결정과 관련된 업무수행	7	20
개인적 성격과 도덕성	6	26
종합평가	14	28(공동)

배경

벤저민 해리슨은 1833년 8월 20일에 오하이오주 노스벤드에서 태어났다. 그의 아버지는 연방 하원의원을 지냈고, 그의 할아버지는 미국 제 9대 대통령이 었으며, 그의 증조할아버지는 독립선언서 서명자였다. 벤저민은 1852년에 상위의 성적으로 마이애미 대학을 졸업하고 곧바로 신시내티에 있는 한 법률회사에 취직하여 법률서적을 공부했다. 변호사 시험에 합격하여 신시내티에서 첫 변호사 사무실을 연 그는 그 후 인디애나폴리스로 사무실을 옮겼다. 1857년에 시 검사가 되고 곧이어 공화당 전국위원회 간사가 되었다. 1860년에 는 인디애나주 대법원의 대변인으로 당선되어 활동했다. 1862년 인디애나 보병연대에서 대령으로 군 생활을 하였다. 서부지역에서 2년간 복무한 후 그의 군대는 셔먼 장군 군대와 연합하였고 1864년 애틀랜타 전쟁에 참가했다. 전쟁이 끝나갈 무렵 그는 육군준장에 임명되었고 용감하다는 찬사를 받았다.

전쟁 후 해리슨은 다시 변호사 일을 시작했고 주 대법원의 대변인의 일도 계속했다. 그는 인디애나주에서 가장 뛰어난 변호사 중 한 사람이 되었고 많은 수입을 올렸다. 1876년 그는 공화당 후보로 인디애나 주지사 선거에 출마했다가 아깝게 패배했다. 선거운동에서 보여준 열의와 근소한 표 차이로 인해 해리슨은 전국적인 인물로 부상하였다. 헤이스 대통령은 그를 미시시피 강 위원회 위원으로 임명하였고 1878년에는 공화당 주 전당대회에서 의장이 되었다. 1880년에 열린 공화당 전국 전당대회에 인디애나주 대의원 대표로 참석한 그는 다크호스 대통령 후보인 가필드의 대통령 후보 지명을 도왔다. 1881년 가필드에 의해 해리슨은 내각의 자리를 제의 받았으나 이를 받아들이지 않았다. 대신에 그는 연방 상원의원이 되었다. 1887년 그는 단지 두 표 차로 연방 상원의원에 재선되지 못했다.

대통령 후보 지명과 선거

1888년에 공화당 전국위원회가 열렸을 때 당시 당의 세력을 지배하는 인물은 유럽에 머물러 있었다. 제임스 블레인은 자신이 대통령 후보가 되지 않을 것이라고 발표했다. 그러나 많은 사람들은 그가 후보로 선택된다면 그는 이 선택을 받아들일 것이라고 믿었다. 블레인이 결장한 상태에서 공화당 대통령 후보의 선두주자로 나선 것은 셔먼 장군과 월트 그레이스함(Walter Graceham)이었다. 그러나 두 사람 모두 후보 지명을 위해 필요한 대의원의 표를 확보하지 못했다. 대통령 후보자 결정선거 제3차를 거친 후 대부분의 당 지도부는 윌리엄 알리손(William Allison)를 대통령 후보로 삼음으로써 고착상태에 빠진 전당대회를 끝내고자 했다. 그러나 동부 금융계의 이익을 대변하고 있던 천시 디퓨(Chauncey Depew)가 알리손을 거부하고 해리슨을 타협카드로 제시했다. 이와 더불어 영국에 가 있던 블레인이 비밀 전보를 통해 해리슨을 대통령 후보로, 레바이 머턴(Levi Morton)을 부통령 후보로 지명할 것을 전당대회에 충고했다. 8차 선거를 거친 후 헤리슨은 대통령 후보에 지명되었다. 머턴은 부통령 후보를 수락했다. 민주당은 그로버 클리블랜드를 다시 만장일치로 대통령 후보로 지명했다. 1888년 선거에 대해서는 클리블랜드의 설명을 참조하기 바란다.

1892년에 공화당 전당대회가 열렸을 때 당은 아직까지 1890년 중간선거에서 패배한 충격에서 벗어나지 못한 상태였다. 당의 지도부 중 많은 사람들이 제임스 블레인을 대통령 후보로 선출할 생각을 갖고 있었다. 그러나 블레인은 공화당 지명전에 자신의 이름이 거론되는 것을 원치 않았다. 결국 해리슨이 1차 선거에서 다시 지명되었다. 민주당은 전직 대통령이자 후보였던 클리블랜드를 다시 지명했다. 급진적 성향의 신당 인민당은 제임스 위버(James Weaver)를 지명했다. 1892년 선거에 대해서도 클리블랜드 항목을 참조하기 바란다.

외교를 비롯한 대외관계와 관련된 업무수행 : -4점 38위

취임식 연설에서 해리슨은 영토확장의 장점에 대해 역설했다. 인구의 증가를 가져올 뿐 아니라 기업의 부를 증대시켜 준다고 하였다. 해리슨은 세계평화에 대한 미국의 기여는 외국정부의 일에 대한 불간섭의 원칙을 지키는 것이며, 국제분쟁에서 중재자 역할을 하는 것이라고 말했다. 그러나 해리슨과 국무장관 블레인의 활발한 외교정책으로 외교력을 발휘하여 안정시킬 문제와, 다음 정부를 위해 매듭을 짓지 말고 남겨 두어야 할 문제에 이르기까지 미국이 개입을 했다. 이러한 문제들 가운데 중요한 것이 사모아섬, 베링해, 그리고 하와이섬 문제였다. 사모아섬에서는 독일과 전쟁 직전까지 갔다가 외교력으로 이를 피하였다. 결국 여기에는 영국·독일·미국의 3국에 의한 섭정 보호국이 세워졌다. 의회는 대통령으로 하여금 베링해 영해 너머까지 미국의 영토임을 선언하도록 했으며 이를 법으로 선포했다. 영국은 이 법의 내용에 대해 반대를 했고 이 문제는 국제재판소의 판결을 요구하게 되었다. 하와이에서는 미국의 농장주들이 미국 전함에서 내린 미 해군과 해병대로부터 도움을 받아 1893년 초에 하와이 여왕 릴리우칼라니를 추방했다. 새롭게 구성된 하와이 정부는 미국에게 하와이를 미국의 준주로 받아줄 것을 요청했다. 해리슨은 상원에 병합을 위한 조약을 급히 제출했다. 상원이 이를 법제화시키기 전에 클리블랜드가 다시 대통령이 되었고 그는 이 조약을 파기시켰다. 이탈리아, 칠레와의 사이에서 발생한 사소한 문제들도 사과와 배상을 통해 전쟁 위협을 피할 수 있었다.

해리슨 행정부 동안 범아메리카 회의가 개최되고 국제금융회의가 조직되었다. 해리슨의 범아메리카 대륙정책은 무역을 증진시키고 적절한 외교관계를 유지하며 상호 안전보장을 유지하는 데 기본이 있었다. 그는 미국을 위한 외국 시장의 확대를 원했다. 대통령은 아메리카 대륙 간에 기선으로 거래되는 무역에서는 관세를 통일하자고 제안했고, 상표법과 저작권법의 시행, 중재조약 등에 대해서도 언급하였다. 그는 범아메리카 회의에 대해 기대가 컸고, 이것이 결국 범아메리카 연합의 출범으로 이어졌다.

해리슨은 근대적이고 보다 강력하게 해군을 증강시켰고 새로운 상선의 건조을 요구하였다. 그는 미국 군인에 대한 존경을 주장하다가 이 일 때문에 칠레와 거의 전쟁까지 할 뻔하였다. 물론 전쟁까지는 가지 않았지만 이러한 해리슨의 정책은 국제적 긴장상태를 증대시켰다. 하와이, 사모아, 베링해에서의 미국의 행동과 이탈리아, 칠레가 개입된 문제에 대한 미국의 해결책은 미국에 불리한 세계여론을 조성하였다. 단 범아메리카 회의는 미국에 대한 세계여론을 긍정적으로 만들어 주었다.

해리슨은 보호관세정책을 추진했다. 1890년 매킨리 관세법은 보다 고율의 관세를 요구했다. 이 때문에 가난한 사람들의 생활비는 늘어가기만 하고 더욱 고통스러운 지경에 빠지게 되었다. 이 법의 상호 호혜조약 역시 논란의 대상이 되었다. 민주당은 상호 호혜조약이 미국의 기업인들을 돕기 위한 가면에 불과하다고 비판했다. 분명 상호 호혜조약은 모든 나라에 공정한 것도, 이익이 되는 것도 아니었다. 고율 관세는 세계경제 발전에 해가 되었다.

국내의 각종 문제 및 사업에 대한 업무수행 : -3점 30위(공동)

금본위제도나 은본위제도의 도입이 정치의 핵심적인 논쟁거리가 되던 시기에 해리슨은 복본위제도를 선호했다. 은화의 자유주조 같은 통화 인플레이션 정책에서 나온 셔먼 은 매입법이 통과되었다. 이 법으로 재무부가 매달 구입해야 할 은의 양은 엄청나게 증가했고, 이 은에 대한 대가는 재무부의 약속어음으로 상환되어야 했으며, 이 약속어음은 결국 달러 통화량의 증가를 가져왔다. 이 법은 농민·노동자·채무자·서부지역에 이익을 가져다주었다. 특히 서부 은광업자들이 막대한 이익을 보았으나, '정부가 은을 구입하고

금으로 지불해 주는' 이러한 법에 대해 많은 사람들이 불안감을 느끼고 있었다. 대부분의 사람들은 정부가 발행한 어음을 금으로 상환해 줄 것을 요구하였고, 결국 재무부의 금 보유량 고갈에 대한 두려움은 1893년 공황의 한 원인이 되었다. 이때의 경기침체의 또 다른 원인은 당시 경제를 강타한 매킨리 관세법 이었다. 해리슨 대통령은 공채 발행을 원하는 월스트리트의 요구를 거절했다. 국제금융협의회는 실패로 끝났다. 경기침체가 가져온 가장 큰 악영향은 클리 블랜드의 두 번째 임기가 시작되고 난 후에야 본격화되었다. 그러나 그 시작은 이미 해리슨 행정부 때부터 시작되었다.

셔먼 트러스트 금지법안은 대기업을 규제할 목적으로 통과된 최초의 법었 다. 비록 이 법은 효과 없음이 판명되었지만 해리슨은 진지하게 이것이 트러스 트를 억제하는 데 도움을 줄 것이라고 믿었다. 비록 이 법이 의회에서 양 당의 지지를 받고 통과되었지만 이것에 대한 실천은 그렇게 강요되지 않았고, 따라서 트러스트는 이 법의 굴레를 벗어나 도망칠 수 있는 길을 쉽게 찾았다. 해리슨은 정부의 권한을 이용하여 조직노동을 약화시켰고 파업을 파괴시켰 다. 카네기 철강회사 홈스테드 공장에서는 20명의 노동자들이 노동자들과 무장한 파업파괴단체인 핑커턴(Pinkerton) 단원들과의 마찰 속에서 죽었다. 결국 군대까지 동원되어 노동인력으로 대치된 노동자를 보호했다. 36명의 광부들이 코우어 드 알레인(Couer d'Alene) 지역에서 사망하였고 이곳에서 파업을 벌이던 노동자들이 추방되었다. 해리슨은 군대를 파견하여 혼란을 진압하였다. 테네시에서는 광부들이 기소된 노동자들을 위해 싸웠고 뉴욕에 서는 철도원들이 파업을 벌이는 동안 방화, 철로파괴, 살인 등이 발생했다.

농민들은 자신들의 생산품을 낮은 가격으로 팔아야 했으나, 그들이 필요로 하는 공산품을 비롯한 물품은 훨씬 비싼 값에 구입해야 했다. 농민들의 늘어나 는 부채액은 그들을 더욱 고통스럽게 하였다. 1890년 중간선거가 열리는 기간에 해리슨은 중서부 지역 국민들의 불만을 듣는다는 이유로 이 지역을 여행했다. 매킨리 관세법은 가난한 사람에게 더욱 가혹하였다. 이 새로운 관세법이 생활비를 증대시킨다는 사실이 명백해졌다. 민주당은 농민과 노동 자들이 생활필수품을 살 수 없을 만큼 가격이 뛰어올랐다며 공화당 행정부를 비난했다. 해리슨은 가난을 줄이기 위해 정부가 주도해서 일을 하는 것은 합헌적이라고 생각하지 않았다.

해리슨은 교통망 개량사업에 대한 일관성 없는 정책으로 비난을 샀다. 그는 강이나 항구를 개발하는 법안에 대해서는 서명을 했지만 소규모의 공공사업 법안에 대해서는 거부권을 행사했다. 강과 항구를 개발하기 위한 예산 배정은 특정선거구 및 의원만 이롭게 하는 정부보조금법안인 소위 돼지통 법안으로, 이는 의원들의 강력한 지지를 받았기 때문에 대통령이 이 법안의 통과를 반대하기란 매우 어려웠다. 해리슨은 미시시피강 수로를 개선하는 사업에 들어갈 자금 100만 달러를 확보하는 데 애를 썼다.

해리슨은 아프리카계 미국인이 자유롭게 투표를 할 수 있고 그들의 투표를 계산에 넣을 수 있도록 보장해 주는 소위 효력법안의 통과를 위해 많은 노력을 했다. 이 법안은 하원에서는 통과되었으나 상원에서 통과되지 않았다. 토착 미국인(인디언)과 백인 정착자들 사이에서 소규모 전투가 계속되었다. 운디드 니(Wounded Knee) 전투가 1890년에 일어났고, 해리슨의 정책은 이 전쟁에 대한 비난에서 완전하게 벗어나지 못했다. 그는 수족(Sioux)의 약 1천 1백만 에이커에 달하는 영토를 일반 정착지로 개방했다. 나바호족(Navaho)의 거주지는 너무나 좁아 결국 이들 인디언들이 백인 정착지로 밀려드는 사건이 일어났다. 해리슨은 인디언의 생활개선을 위해 아무것도 하지 않았으며 그들에게서 빼앗은 영토를 백인이 소유하는 것을 허락했다. 그는 오클라호마의 인디언 영토를 정착지로 개방했고 이것은 오클라호마 정착 붐을 불러일으켰다. 1892년 그는 오클라호마와 노스다코타, 몬태나주에 있는 인디언 영토를 추가적으로 백인들에게 개방했다. 인디언 상무관 토머스 모르간(Thomas Morgan)과 인디언 교육국장 대니얼 돌체스터(Daniel Dorchester)의 작업은 가톨릭 교도들이 운영하고 있던 인디언 학교를 폐쇄시킬 것이라는 의심을 받아 가톨릭 교회 간부들로부터 강력한 반대를 받았다. 두 사람은 가톨릭을 반대하는 편견 때문에 비난을 받고 있었다. 해리슨은 언론의 자유, 출판의 자유, 그리고 평화롭게 반대할 수 있는 자유를 지지했다. 그는 조만간 일부다처제 반대법을 따르겠다고 동의한 모르몬 교도를 사면시켰다.

해리슨은 상당히 큰 몇몇 남부 도시의 우체국장직에 아프리카계 미국인을 임명했다. 그는 더 많은 흑인에게 연방정부의 일자리를 주고자 했고 사실 농촌지역의 우체국과 철도 우편수송 담당 부서에 수천 명의 흑인을 고용하고자 한 체신차관 제임스 클라크슨(James Clarkson)의 요구를 받아들였다. 그는 해리슨 대통령에게 영향력을 행사하여 재부무 일자리에 흑인들의 고용을 금하고 있는 재무부만의 불문율을 깨뜨리도록 했다. 해리슨은 흑인 노리스 쿠니(Norris Cuney)를 갈베스턴 항의 세관원으로 임명하였고, 이는 재무부의 피부색에 따른 불문율을 깬 사건이 되었다. 프레더릭 더글러스(Frederick Douglass)는 아이티 주재 미국 대사이자 총영사로 임명되었다. 힘의 논리에 입각한 정치적 배려와 안배가 판을 치던 시기에 해리슨은 전문공무원제도 개혁을 지지했다. 그럼에도 그는 비판자들로부터 이권운동가의 왕으로 비난을 받고 있다. 1년에 약 55,000명의 우체국장 중 31,000명이 교체되었다. 1888년에 해리슨을 지지했던 전문 공무원제도 개혁주의자들은 1892년 선거에서 클리블랜드 쪽으로 돌아섰다.

취임식 연설에서 해리슨은 모든 사람들을 위한 사회적 정의를 실천할 것이라 맹서했다. 그는 외국에서 미국인의 인권을 보장하기 위해 노력했다. 그러나 노동분쟁과 파업이 일고 있는 현장에서 그는 인권보다 재산권을 우선시 취급했다. 그는 인디언들의 인권에는 거의 관심을 두지 않았던 반면 퇴역군인에게는 지나칠 정도로 선심을 썼다. 그는 불구이거나 생활비를 벌수 없는 사람으로, 그 불구가 군 복무중에서 얻었던 것이든 아니든 상관없이 90일 이상 복무한 연방군 출신의 퇴역군인에게 연금을 지급하는 법안에 기꺼이 서명했다. 그의 행정부 동안 연금 수혜자는 무려 세 배나 증가했다.

해리슨은 미국인의 교육적·종교적인 발전을 도모하였다. 그는 보편적인 일반 교육을 강조했다. 1888년 선거운동 기간에 다수의 공화당원들은 교육에 대한 연방의 지원을 지지했으나, 의회에서 통과되지 않았다. 해리슨은 연방이 교육에 대해 자금과 정책을 내놓는 것은 위헌성이 있다고 보았으며 이 일은 연방보다 주정부나 지방정부가 해야 할 일이라 생각했다. 따라서 그는 교육의 발전을 주제로 의회에서 연설을 하면서도, 이를 위해 어떤 제안도 내놓지 않았다. 국내문제에서 해리슨이 가장 크게 기여한 점이라면 아마 자연휴양지의 보존이라 할 수 있을 것이다. 그는 세쿼이어와 요세미티에 국립공원을 건설하는 법안에 서명했고, 대통령 성명서를 통해 엘로우스톤 국립공원에 인접한 지역을 포함한 여러 숲을 보존했다.

행정부와 정부 내에 관련된 업무수행 : 8점 16위

취임식 연설과 첫 번째 의회연설에서 해리슨은 자신의 목표를 발표했다. 즉, 미국이 더욱 성장하고, 보호관세를 채택하고, 법 앞에 동일하고 평등하게 국정을 이끌며, 먼로 독트린을 강화하고, 해군의 근대화와 효능을 더 높이며, 보다 편리한 석탄저장소를 만들고, 더 훌륭한 부두와 항구를 건설하고, 외국정부의 일에 불간섭 원칙을 지키며, 국제분쟁에서 중재를 이끌고, 준주 지역을 빠른 시일 내에 주로 승격시키고, 무기명 비밀 자유투표제도를 도입하고, 퇴역군인에 대한 연금제도를 강화하고, 또한 전문공무원제도를 강화한다는 것을 발표했다. 또한 그는 과다한 경화주조로부터 은을 보호하고, 인종문제를 다루고, 그리고 철도 노동자들의 안전을 보호하는 법안을 만들 것을 요구했다. 해리슨의 장기적인 계획 중에는 입법부의 지지를 확보하는 것도 포함되어 있었다.

해리슨은 인디언과 관계되는 문제를 완전히 내무부 장관에게 위임해 버렸다. 해리슨은 흑인의 시민권 문제, 퇴역군인의 연금 문제, 트러스트와 독점 문제, 은의 경화주조 문제, 관세 문제 등에만 관심을 가졌다. 국무장관 블레인이 자주 아팠고 따라서 해리슨은 많은 면에서 국무장관 일까지 스스로 해야 했다. 그는 자신이 임명한 인사들을 충분히 활용하지 못했으며 그들에게 업무를 충분히 위임하지 않은 상태에서 스스로 일을 처리했다.

해리슨은 몇몇 인사에서는 매우 성공적이었다. 그러나 다른 몇몇 인사의 경우, 정치적 후원과 배려를 무시한 인사를 단행하여 당내 정치 보스들의 분노를 샀다. 해리슨은 강력하고 유능한 내각을 구성했는데 특히 해군장관 벤저민 트레시(Benjamin Tracy)는 해리슨 행정부가 일군 업적 중 가장 큰 일을 해냈다. 새로운 해군의 탄생과 해군의 근대화가 그것이다. 원기왕성한 개혁가인 시어도어 루스벨트는 공무원 국장에 임명되었다. 시어도어는 정직했으며 양심적이었고 공무원법을 적용하는 데 매우 성공적이었다.

그러나 연금국 국장 제임스 태너(James Tanner)는 무절제하고 불법적인 예산낭비로 강제 사임되었다. 밀워키의 우체국장 조지 파울(George Paul)은 공무원 시험과 관련하여 부정을 저질러 강제 사임되었다.

해리슨 행정부의 내무장관 존 노블(John Noble)은 1891년의 종합토지개혁법의 작성과 운영을 담당했는데, 대통령의 성명서를 통해 여러 곳의 산림지를 보호할 수 있었다.

그러나 해리슨의 재무장관, 전쟁장관, 체신장관 등은 대통령과 친구관계이거나 혹은 그들이 보낸 정치적인 후원과 지지에 대한 보답으로 임명되었다. 이러한 임명을 들어 해리슨의 반대자들은 해리슨의 인사를 족벌주의와 편파주의에 물든 인사라고 비난을 가했다. 그러나 해리슨은 반드시 그런 것만은 아니었다.

효과적인 웅변가이자 능숙한 연설가였던 해리슨은 행정부 인사들과 의회와 국민들과 효과적으로 대화하는 능력을 갖고 있었다. 대통령으로서 그는 많은 여행을 하면서 출발지에서 목적지까지 여러 곳에서 멈추어 연설을 했다. 해리슨은 언론과 우호적인 관계를 유지했는데, 이 때문에 일부 정치가들은 대통령이 너무 많은 언론 관계자들을 공직에 앉힌다는 비난을 하기도 했다.

해리슨 행정부의 예산 소비는 낭비하는 편이었다. 특히 퇴역군인에 대한 연금지급과 교통망 개량사업에 들어간 예산 낭비가 더욱 그러했다. 공화당의 통제 하에 있었던 제51차 의회는 '10억 달러 의회'라는 꼬리표를 달고 다녔다. 1889년과 1891년 사이의 예산 소비가 거의 10억 달러를 넘었기 때문이다. 이러한 낭비 때문에 공화당 중심의 의회는 민주당원들로부터 심한 질책을 받았다. 그런데 너무나도 역설적으로, 1890년 중간선거 이후 민주당이 통제하게 된 의회는 1차 투표에서 10억 달러 이상의 예산을 쓰는 데 합의했다.

해리슨이 대통령이 되었을 때 해리슨이 속한 공화당은 상하 양원을 통제하고 있었다. 그러나 상하 양원의 지도부는 대통령에게 호의적이지 않았다.

후원과 배려 차원에서 이루어지는 인사문제가 도마 위에 올랐고, 전문공무원 제도 법안을 강화하고자 하는 해리슨의 시도를 당은 못마땅해 하였다. 당시 공화당은 은본위제도와 금본위제도를 지지하는 세력으로 갈라져 있었다. 반면 민주당은 고율관세를 반대하는 입장으로 똘똘 뭉쳐 있었다. 그러나 공화당에서 떨어져 나온 인민주의자들은 해리슨을 지지하였다. 의회의 많은 반대에도 불구하고 초기에 해리슨이 제안한 법안은 대부분 통과되었다. 외교 정책에서, 민주당과 제국주의 반대자들은 하와이의 합병에 반대했다. 1890년 중간선거에서 민주당이 압승을 거둔 후 많은 법안은 의회를 통과하지 못했다.

해리슨 행정부 때 연방 순회항소법원이 만들어졌다. 이 개혁조치로 재판이 제기되는 곳마다 출동해서 재판을 해야 했던 연방 대법원 판사들을 여러 가지로 자유롭게 만들어 주었다. 해리슨의 사법부 인사는, 정치적 배려와 후원이 아니라 능력에 따라 했다. 해리슨은 4명의 연방 부대법원장을 임명했다. 데이비드 브리워(Davis Brewer), 헨리 브라운(Henry Brown), 조지 시라스(George Shiras), 호웰 잭슨(Howell Jackson) 등이다. 이러한 인사조치에 대해 공화당 지도부가 비난을 가하자, 해리슨은 당파적인 사법부는 절대 믿을 수가 없다고 대답했다. 그가 임명한 법무장관은 연방 사법부의 인사를 천거하는 데 있어 당파적인 압력을 거부한 높은 도덕성을 갖춘 사람이었다.

지도력 및 의사결정과 관련된 업무수행 : 7점 20위

해리슨은 각 행정부서의 업무에 관한 지식과 자신의 지능, 그리고 정직성으로 각 행정부서 관리들에게 영감을 부여하였다. 연설을 통해서 그는 국민들을 지도해 나가고자 했지만 그 효과는 별로였다. 카리스마도 부족하고 서민적인 분위기도 거의 찾아볼 수 없었던 해리슨은 국민들의 마음을 움직일 수가 없었던 것이다. 그는 자신의 목적을 이루기 위해 다른 정치가들을 설득하는 능력이 있었으나 국민에게는 그렇지 못하였다. 그는 대통령 선거 일반투표에서 클리블랜드보다 적은 표를 받은 상태에서 대통령이 되었고, 해리슨이 속해 있는 공화당은 1890년 중간선거에서 많은 의석을 잃었다. 1892년 그는 재선을 위해 노력했지만 실패했다. 개인적으로는 정직한 대통령이었던 그는 여러 가지 스캔들로 실망해 있는 국민들의 정부에 대한 신뢰를 일정하게 회복시켰다. 해리슨은 자신은 물론 다른 사람들에게도 높은 수준의 업무수행을 요구하였다. 그는 무능하고 부패한 관리들을 해임하고 다른 사람으로 교체시켰다.

해리슨은 미국과 세계가 어떻게 발전되어 가야 하는가에 대한 개념을 가지고 있었고, 이것을 공표하였다. 그러나 이것으로 국가를 단합시킬 수는 없었다. 국민들은 지역별·이익단체별로 제각각 나뉘어져 있었다. 북부와 남부, 서부와 동부, 자본세력과 노동세력, 금본위제도 주창자와 은본위제도 주창자, 농업세력과 기업세력으로 나뉘어졌다. 공화당 역시 관세와 은화의 자유주조 문제를 놓고 파가 갈렸다. 제3당이 출현하여 기업·노동·통화·농업 분야의 전면적인 개혁을 요구했다. 이러한 갈등과 분파 때문에 해리슨은 자신의 프로그램을 부분적으로밖에는 입법화시킬 수 없었다.

대부분의 경우, 대통령은 의사결정 사항을 미리 알려주고 다양한 선택안을 놓고 심사숙고하여 판단을 내린 후 그 결과도 알려 주었다. 그러나 그는 주변에 훌륭한 생각을 가지고 충고를 해줄 만한 사람을 두지 못했고, 혹은 다른 사람의 판단을 탐탁치 않게 여기는 성향이 강했다. 그러다 보니 자연히 대통령 독단으로 일을 결정하는 예가 많을 수밖에 없었다. 대통령 임기 마지막 시기에 하와이를 합병하고자 하였던 그의 결정도 지나치게 서둘렀던 면이 없지 않다. 해리슨은 지적인 인물이었으나 다른 사람과의 관계를 효과적으로 이끌어 가지는 못했다. 자신이 제안한 일들에 성사시키키 위해서는 보다 폭넓은 지지를 확보할 필요가 있었고, 그러기 위해서는 적어도 상하 양원에서 자신이 속해 있는 공화당과 적절히 타협을 할 줄도 알아야 했다. 대통령은 어려운 의사결정을 했고 비상시에도 침착함을 유지했다.

개인적 성격과 도덕성 : 6점 26위

비록 해리슨은 엄격하고 냉정하게는 보였지만 품위 있고 위엄을 가지고 있었다. 대통령이 되고 한동안 미국의 대통령직은 해리슨의 정직성과 정치적 보스들에 대적하는 해리슨의 용기로 인하여 국민들로부터 존경을 받았다.

남북전쟁 이후 계속되어 온 대통령과 입법부 간의 권력투쟁에서 해리슨은 다른 대통령에 비해 일정하게 승리를 거두었다고 할 수 있다. 공화당 의원들이 대통령의 집무실 책상에 올려놓은 법안을 전혀 검토도 하지 않은 채 손쉽게 서명을 했다고 비난하는 것은 해리슨의 대통령직 수행을 전체적으로 보건대 공정하지 못한 평가라고 할 수 잇다. 사실 그는 공화당의 통제 아래 있던 제51차 의회가 만든 44개 법안에 대해 거부권을 행사하였고, 그가 행사한 거부권 가운데 무시된 것은 단 한 건밖에 안 되었다.

해리슨 대통령 초기에 일부 국민들은 당의 보스와 당 기구의 영향에서 벗어나 독자적으로 국정을 운영하고 전문공무원제도를 이용하고 여러 가지 개혁 조치를 행한 해리슨 대통령에 대해 자부심을 가지고 있었다.

그러나 노동자들은 폭력적이고 흉악한 핑커턴 수사관들이 노동자들을 죽일 기세로 온 나라를 뒤지고 다니자, 이를 허용한 해리슨에게 불만을 토로했다. 노동자뿐 아니라 농민, 광부, 제국주의 반대자들, 남부인, 서부인 등이 해리슨을 불만족스러워했다.

훌륭한 연설가인 해리슨은 많은 여행과 대중연설을 했다. 그는 취임식 연설과 네 번의 연두기자회견을 했다. 그러나 해리슨은 일반 국민으로부터 정보를 구하지 않았고, 농부와 노동자들은 해리슨 대통령이 자신들에게 관심이 없는 사람이라고 보았다. 그는 공직을 구하는 사람들과 이러저러한 일들로 백악관을 방문하는 사람들을 귀찮게 여겼다. 해리슨은 자신이 극도로 신뢰하는 핵심적인 몇몇 사람들로부터 지원을 받기는 했지만 사실상 거의 스스로 국정을 운영해 나갔고, 무능한 하급자에 대해서는 몹시 화를 냈다.

해리슨은 정직하고 신뢰성 있는 사람이기는 했지만, 그의 행동은 비난의 여지를 안고 있었다. 물론 그럼에도 불구하고 그는 전반적으로 선한 의도를 가지고 행동했다. 그의 하와이 합병정책이나 노동분쟁 해결책은 우리 눈에는 도덕적이지 못한 것으로 비치지만, 이것은 미국 기업을 우선하는 정책에 대한 그의 진지한 믿음에서 나온 결과였다. 해리슨은 정직하지 못한 정치가들이 수두룩한 시대에 정직한 사람이었다. 그는 일생을 통해 높은 수준의 개인적 도덕성을 보여주어 대통령직의 명예를 향상시켰다. 기도를 생활화하고 있었던 그는 개인적으로 어떤 스캔들에도 연루되지 않았다.

종합평가 : 14점 28위(공동)

해리슨은 총 14점을 받아 28위를 차지했다.

윌리엄 매킨리
William McKinley | 1897~1901

	평가점수	평가등수
외교를 비롯한 대외관계와 관련된 업무수행	-7	39
국내의 각종 문제 및 사업에 대한 업무수행	5	19(공동)
행정부와 정부 내에 관련된 업무수행	5	22(공동)
지도력 및 의사결정과 관련된 업무수행	0	29(공동)
개인적 성격과 도덕성	14	11
종합평가	17	27

배경

윌리엄 매킨리는 1843년 1월 29일에 오하이오주 닐스에서 태어났다. 그는 알레게니 대학에 입학했으나 병 때문에 중도에서 포기했다. 한때 그는 우체국 직원과 공립학교 교사를 역임하고, 남북전쟁 때 오하이오 의용대에 자원했다. 군 식당에서 일하고 있던 하사관 매킨리는 용감한 행동으로 소위로 진급하였고, 전쟁이 끝나고는 명예 소령으로 진급했다. 그는 곧바로 뉴욕 올버니에 있는 법과 대학원을 다녔는데 1867년에 변호사 시험에 합격했고 오하이오주 캔턴에서 변호업을 개업했다. 이어 그는 공화당에서 활동하고 1869년에 스탁 카운티 지방검사에 선출되었다. 1876년에 연방 하원의원에 당선된 후 연이어 6번이나 당선되었다. 1890년에 매킨리 관세법을 입안하였고, 1891년 오하이오 주지사로 당선되어 두 차례 연임했다. 주지사로 있을 당시 그는 노동혼란을 막기 위해 군대를 동원하고 기업에 소비세를 부과했다. 그리고 수송 노동자들의 안전을 위한 법률을 만들고 고용주들의 노동조합 반대활동에 제한을 가했다.

대통령 후보 지명과 선거

매킨리는 1892년 현직 대통령 해리슨의 재지명을 위협하는 가장 강력한 경쟁자였다. 1896년 그는 공화당의 가장 강력한 대통령 후보였다. 공화당의 정치보스인 마크 한나(Mark Hanna)가 전당대회에 앞서 매킨리를 위한 선거유세여행에 들어갈 자금을 동원했다. 이것은 매킨리가 공화당 대통령 후보자 결정선거 1차에서 쉽게 후보로 지명될 수 있었던 계기가 되었다. 민주당에서는 윌리엄 브라이언(William J. Bryan)이 지명을 받았다. 선거운동에서 매킨리가 관세에 대한 자신의 치적을 주로 내세웠던 데 비해 브라이언은 은화의 자유로운 주조를 핵심 현안으로 삼았다. 매킨리는 은화 사용에 대한 주장을 일축하고 금본위제도와 건전한 금융제도를 주장했다. 브라이언은 약 600회 이상의 연설을 하며 전국을 돌아다녔다. 이에 비해 매킨리는 자신의 집에 머물면서 자신을 만나러 온 대의원들을 상대로 현관에서 연설을 했다. 브라이언은 연설을 통해 월스트리트 은행업자들을 국가경제의 악화에 책임이 있는 거만한 금권가라고 비난했다. 공화당은 브라이언을 두고 기업을 파괴시킬 위험스러운 급진주의자라고 비난했다. 1896년 선거는 마치 서사적인 투쟁과도 같았다. 이것은 동부 산업주의자들에 대한 남서부 농민들의 투쟁이었고, 채권자들에 대한 채무자들의 투쟁이었으며, 부자에 대한 빈자들의 투쟁이었다. 군소 정당들이 선거전에 뛰어들었다. 인민당 역시 브라인언을 대통령 후보로 지명했다. 민주당 내에서 금본위제도를 주장하는 민주당원들은 국민민주당을 결성하고 존 팔머(John Palmer)를 대통령 후보로 지명했다. 이에 더하여 4개의 다른 소수 정당이 대통령 후보를 냈다. 매킨리는 일반투표에서 간신히 과반수를 넘겼다. 그러나 선거인단 투표에서는 브라이언이 176표를 얻은 데 비해 매킨리는 271표를 얻었다.

1900년 대통령 매킨리는 두 번째 임기를 위한 대통령 후보자 결정선거 1차에서 공화당 대통령 후보로 결정되었다. 부통령인 가렛 호바트(Garret Hobat)가 현직에서 사망했기 때문에 공화당은 새로운 부통령 후보를 선택해야만 했다. 뉴욕과 펜실베이니아의 공화당 정치보스인 한나의 근심에도 불구하고 공화당 전당대회는 시어도어 루스벨트(Theodore Roosevelt)를 부통령 후보로 선정했다. 민주당은 다시 브라이언을 후보로 지명했다. 이번 선거에서도 역시 여러 군소정당들이 자신의 후보를 내거나 브라이언을 추천하거나 했다. 민주당은 매킨리가 전통적인 미국의 반제국주의적인 정책을 포기했다고 비난했으며 최근 전쟁에서 스페인으로부터 얻은 영토에 사는 방어능력이 없는 수백 명의 민간인들을 정복했다고 고발했다. 이에 비해 공화당은 매킨리 행정부가 수천만 명에 달하는 사람들을 스페인 제국주의의 압제와 독재로부터 해방시켰다고 주장했다. 선거 결과는 분명했다. 미국인들은 스스로를 압제자라기보다 해방자이기를 원했다. 매킨리는 선거인단이나 일반투표에서 1896년 선거 때보다 더 많은 표를 얻었다. 선거인단에서 브라이언에게 155표가, 매킨리에게 292표가 돌아왔다.

외교를 비롯한 대외관계와 관련된 업무수행 : -7점 39위

미서전쟁은 피할 수가 있었다. 1895년 쿠바에서 혁명이 일어났지만 클리블랜드는 중립정책을 폈고, 1897년에 매킨리 역시 중립정책을 선택했다. 그러나 미국의 대중여론은 쿠바의 혁명가들에 대한 지지가 너무나 강했다. 전쟁의 열기가 상원 주전론자들과 황색 언론에 의해 달아올랐다. 클리블랜드와 달리 매킨리는 여론의 압력에 영향받아 쿠바 사태에 간섭을 하고 나섰다. 1898년 하바나 항에서 군함 메인 호(Maine)가 격침된 후 매킨리는 스페인에 최후통첩을 보냈다. 몇 번에 걸쳐 지연되기는 했지만 스페인은 미국이 요구한 거의 모든 것을 수용하고 전쟁을 피하는 데 동의했다. 그럼에도 불구하고 매킨리는 이미 의회에 전쟁선포 문서를 보냈으며 그 뒤 스페인의 응답 내용을 첨부해 보냈다. 의회는 전쟁을 선포했다.

매킨리는 상원에서는 통과되지 않았지만 상하 양원의 합동결의안을 통해 하와이를 합병했다. 스페인은 미국에게 푸에르토리코, 괌, 필리핀 섬을 미국에 양도했고 쿠바에서 철수했다. 즉시 필리핀인들은 자신들의 독립정부를 세웠고 미국 지배의 정통성을 인정하지 않았다. 매킨리는 필리핀의 독립운동을 군대로 진압했고, 정의롭지 못한 미국의 제국주의적 침략은 미국의 국가적 이익에 손해를 끼쳤다.

그러나 세계 다른 지역에서는 매킨리는 다소 정의를 지키려고 노력했다. 미국은 보어전쟁에서 중립을 유지했다. 매킨리는 중국에 대한 문호개방정책을 선언함으로써 평화를 유지시켰다. 의화단 사건 동안 공사관원을 구원하고자 매킨리는 국제문제를 해결할 일부 군대를 파견했다. 매킨리는 러시아 황제가 제기한 국제문제 중재기구를 마련하기 위해 열린 1899년의 헤이그 협약에 대표단을 파견했다. 이 협약은 국제적인 긴장상태를 완화시켰으며 미래 발전을 위한 근원적인 노력에 착수하였다.

매킨리의 첫 임기 동안 딩글리 관세법(Dingley Tariff)이 통과되었다. 이 관세법은 지금까지의 관세법 중 가장 높은 관세율을 적용한 것으로 상호 호혜주의를 원칙으로 삼았다. 매킨리는 법무부 특별 교환국 국장에 존 카슨(John A. Kasson)을 임명했다. 카슨은 이 관세법을 놓고 외국과 중재협상을 시작했다. 이 협상은 조약 형태로 상원에 제출되었으나 비준이 되지 않았다. 결국 대통령은 이 관세법에 대한 생각을 바꾸었다. 그는 암살 당하기 하루 전에 상호 호혜의 원칙을 더욱 강고히 하여 관세율을 낮출 것이라고 발표했다. 그러나 사실 전쟁의 결과 얻어진 무역 이익은 공정한 것이 아니었다.

사실상 딩글리 관세법은 다른 나라를 분노케 하는 내용을 담고 있었다. 미서전쟁 동안 영국을 제외한 유럽 국가들은 스페인에 대해 우호적이었다. 라틴아메리카의 여러 나라들도 미국에 의한 쿠바 독립을 달가워하지 않았다. 그들은 '북미 대륙의 거인'이 자행하는 제국주의와 군사적·경제적·문화적 침략행위를 비난했다. 미서전쟁을 통해 미국이 영국에 대해 가진 새로운 감정이 전쟁으로 얻은 가장 큰 소득 중의 하나였다. 매킨리와 그의 국무장관 존 헤이(John Hay)는 영국과 미국 사이에 기록되지 않은 구전의 동맹을 맺었다. 알래스카와 캐나다 문제를 포함해서 두 나라 사이의 갈등과 모든 문제들이 잘 풀려나갔고, 이는 후에 파나마 운하의 건설 문제를 해결할 때도 좋은 선례가 되었다.

국내의 각종 문제 및 사업에 대한 업무수행 : 5점 19위(공동)

매킨리가 대통령에 취임할 당시에 경기침체가 끝을 보이고 번영의 시기가 도래하여 그가 대통령으로 있는 동안 이 번영이 계속되었다. 공화당은 국민들에게 선거의 무기로 번영을 들고 나왔고 그의 재선 슬로건을 '풍부한 만찬통'(Full Dinner Pail)으로 삼았다. 번영의 원인은 완전 생산에 기초하여 수입에 비해 수출이 훨씬 많았던 데 있었다. 매킨리는 관세에 관한 자신의 생각을 바꾸었을 뿐만 아니라, 금은 복본위제도를 주창하던 데서 금본위제도를 주창하는 쪽으로 입장을 바꾸었다. 그 결과 1900년 금본위제도법이 만들어지고, 매킨리는 세금을 인상하고 공채를 팔아 전비를 마련했다.

전쟁 후 매킨리는 쿠바의 사회적·산업적 복구를 위한 거대한 프로그램을 실시했다. 미국인들은 기아에 허덕이는 사람들을 먹여주었으며 병든 환자를 돌봐주었다. 쿠바의 여러 도시에서 위생사업이 일어나고, 설탕과 담배농장이 다시 개간되었으며, 각종 기구들이 다시 만들어지고 도로가 건설되었다. 전쟁 후 가난에 허덕이게 된 푸에르토리코를 위해 미국은 생필품을 보냈다. 매킨리가 사망한 후 푸에르토리코에서는 곧바로 자유무역이 행해졌다. 매킨리는 최근 접수한 땅들에다 내부 교통망 개량사업을 추진하는 정부정책을 실시했다. 국무장관 헤이와 함께 매킨리는 파나마 운하 건설을 위한 기본도로의 건설에 나섰다. 제2차 헤이-파운스포트 조약(Hay-Pounceforte treaty)이 매킨리 사망 후 상원에서 비준되었다.

매킨리는 농민과 노동자들에 비해 기업인과 산업주의자들 편을 들었다. 그는 항상 대기업을 지지했다. 그러면서도 증가하고 있는 기업의 트러스트의 위협을 인식하고 있었다. 처음에 그는 트러스트 문제를 주차원의 입법과정을 통해 해결할 수 있을 것이라고 생각했는데 곧 이것만 갖고는 충분치 않다는 것을 알았다. 1899년 그는 가까운 시일 내에 의회에 트러스트 반대법을 요청할 생각으로, 이 문제를 연구하기 위한 많은 자료를 모으기 시작했다. 그러면서 그는 재선을 준비하였다. 그러나 암살 당하면서 트러스트를 상대로 행동할 수 있는 기회는 영영 없어지게 되었다. 결과적으로 매킨리와 관련하여 자료를 검토해 보면, 그는 독점적인 관행에 간섭을 행하지 않고 그대로 허락한 것이 되었다.

매킨리는 필리핀인, 푸에르토리코인, 쿠바인들에게 가부장적인 태도를 취하였다. 젊었을 때 매킨리는 노예제도에 반대했다. 그는 재건시대 이후 남부의 흑인노예에 대한 정의롭지 못한 행동을 비난했다. 매킨리의 내무장관 에탄 히치콕(Ethan Hitchcock)은 정착자들에게 인디언들을 착취하지 말 것이며, 정의롭지 못한 행동을 하지 말도록 권고했다. 매킨리의 가장 중요한 거부권 행사는, 인디언 보호구역인 나바조(Navajo)의 공개적인 개발 법안에 대해서였다. 역사적으로 헌법적인 권리와 정의 실현에 헌신하다가 지금은 식민지를 소유하는 국가로 변하게 됨에 따라 미국은 새로운 식민국가의 상태를 어떻게 정립해야 할 것인가를 둘러싸고 어려움을 겪었다. 매킨리는 필리핀과 푸에르토리코가 미국 헌법을 확대 적용할 수 없는 반(反)독립 상태여야 한다고 보았다. 그는 특히 필리핀인들의 시민권 획득을 원하지 않았다. 1901년 봄 연방 대법원은 필리핀 섬이 미국의회의 통치 아래 있는 식민지임을 선언했다. 또한 필리핀인들에 대해서는, 일부는 시민권을 인정해 주고 일부는 인정하지 않는 정책을 기초로 삼았다. 매킨리는 쿠바에서의 인권남용에 관해 관심을 갖고 있었고, 이것은 전쟁으로까지 발전한 쿠바 사태에 간섭정책을 취하게 된 중요 원인 중 하나가 되었다. 전쟁이 끝난 후 그는 쿠바 식민지인들에 대한 인간적인 대우를 주장했다. 군정 하에서 일부 권력남용 사례가 있기는 했지만, 매킨리는 이 군정을 곧 민정체제로 바꾸고 쿠바 시민에 대한 대우도 개선되었다.

매킨리는 언론과 출판의 자유 그리고 반대자의 권리를 지지했으며, 종교적 자유도 지지했다. 심지어 황색언론에 의한 선정주의, 과장, 불공평, 허위 사실에 직면해서도 언론을 비난하지 않았다. 한때 교직에 몸 담은 바 있던 매킨리는 국민교육에도 큰 관심을 가지고 있었다. 그는 1890년대 동안에 미국 교육이 일군 큰 발전과 개혁에 매우 흡족해했다. 매킨리는 1899년 빅스버거에 국립기념비를 설립함으로써 역사적 유적지의 보존에 도움을 주었다. 이곳은 후에 국립공원이 되었고, 1898년 그는 레이니어 산도 국립공원으로 만들었다.

행정부와 정부 내에 관련된 업무수행 : 5점 22위(공동)

358

매킨리는 첫 번째 취임연설에서 자신의 목적과 목표를 밝혔다. 우선 그는 관세개혁을 주장하고 이어 통화개혁을 이야기했다. 여기에서 그는 국제적 금은 복본위제를 지지했다. 그는 역시 정복전쟁에 반대했으며 영토침략도 원하지 않았다. 그는 중재역할을 좋아했으며 상호 호혜주의 원칙을 견지하는 관세정책을 추구하고 국내의 번영을 이끌기 위한 사업의 추진을 원했다. 이런 일들을 위해 매킨리는 장기적인 계획에 착수했지만 극복해야만 했던 몇 가지 문제점을 해결하는 데는 실패했다. 그래서 그는 자신의 목적 중 일부를 변경했다. 관세개혁, 호혜주의, 국내의 번영 등의 목적은 달성되었다. 그러나 국제적 금은 복복위제에 대한 주장은 금본위제도를 주장하는 입장으로 바꾸었고 곧 금본위제도가 실시되었다. 또한 평화를 유지하고자 한 목적도 달성하지 못하였다.

행정부 초기에 매킨리는 정치적 · 지역적 안배를 고려한 내각을 구성함으로써 적절치 못한 인사를 행했다. 인사에서 기본이 되어야 할 풍부한 경험, 교육을 통한 지식, 능력과 같은 자격조건이 배려되지 않았다. 그의 초기 내각에 들어온 사람들 중 대학교육을 받은 사람은 단 두 사람뿐이었고 세 사람은 대학 2년 정도를 마쳤을 뿐이다. 오하이오 정치보스인 마크 한나가 상원의원 자리를 원하자, 매킨리는 오하이오주 상원의원 존 셔먼(John Sherman)을 국무장관에 임명하고, 상원의원 자리 하나를 비워두어 오하이오 주지사를 통해 한나를 임명하도록 했다. 이것은 결정적인 실수였다. 셔먼은 건강이 극히 좋지 않았다. 그의 청각과 기억력은 너무나 악화되어 국무부 일은 하급자들이 거의 처리해야 했고, 중요한 결정은 매킨리와 국무차관 윌리엄 데이(William Day)가 내렸다. 전쟁이 일어나자 국무장관 셔먼은 데이로 바뀌었고 이어 곧바로 이들보다 유능한 외교관 출신의 존 헤이가 국무장관이 되었다.

전쟁장관 러셀 알저(Russel Alger)는 전쟁을 수행하면서 방부처리한 쇠고기와 관련된 스캔들에 연루되었다. 이에 매킨리는 이를 조사하기 위한 위원회를 결성했지만, 위원회는 독극물 쇠고기에 대한 증거를 발견하지 못했다. 그러나 위원회는 전쟁을 수행할 때 저질러진 많은 실수를 발견했고, 1899년 이후 알저의 후임자가 착수한 미국 군대의 현대화 작업에 대해 권고를 했다. 매킨리는 알저의 잘못을 알면서도 너무나 오랫동안 그를 현직에 그대로 놔두었다. 그러나 결국에는 어쩔 수 없이 매킨리는 알저를 해고했고, 유능한 엘리후 룻(Elihu Root)이 그 후임자가 되었다. 매킨리의 초창기 내각은 평균 이하였지만 후에 헤이와 룻 같은 인물이 내각인사에 보강됨으로써 상당히 향상되었다. 내각 인사들 중 매킨리와 가장 친한 사람은 농무장관 제임스 윌슨(James Wilson)이었는데 그는 3명의 대통령 밑에서 농무장관직을 지냈다. 매킨리는 누구에게도 알리고 싶지 않은 미묘한 정치적 문제를 제임스 윌슨에게 위임했고, 따라서 윌슨은 매킨리의 가장 중요한 정보원이었다.

매킨리는 인내와 화해와 애정 어린 배려로 행정부 인사를 관리했다. 그는 하급자들에게 두려움의 대상이 아닌 존경의 대상이었다. 그는 국무부를 제외한 각 행정부서장들에게 일을 자유롭게 처리할 수 있는 권한을 부여했다. 매킨리 대통령의 강력한 국정 운영은 다음과 같은 상태에서 형성되었다. 하급자에게 권한을 위임하는 태도, 충고를 기꺼이 수용하는 태도, 많은 대화를 통한 정책 결정 등이었다. 그러나 기대한 목표치를 하급자들이 달성하지 못했을 때도 이를 사실로서 인정하기 싫어하는 어정쩡한 태도와 지나친 동정심 때문에 그는 매우 약한 대통령이라는 이미지를 심어주기도 하였다.

매킨리는 의사를 전달하는 데 있어 매우 솔직담백했다. 그는 행정부에 고용된 사람들, 의회의 의원 및 직원들, 그리고 일반 대중과 효과적으로 대화를 했다. 그는 글로 쓰기보다 연설하기를 좋아했고 어떤 사람에게 간단한 메모나 편지를 전달하기보다 대화를 좋아했다. 그는 전국을 여행하면서 국민들에게 연설하기를 좋아했고 국민들과 즐겁게 악수를 나누었다. 황색언론, 퓰리처의 『뉴욕월드』(New York World)와 윌리엄 허스트(William R. Hearst)의 『뉴욕저널』(New York Journal) 등은 고의로 매킨리의 평화노력을 방해했다. 퓰리처는 자신의 모든 힘과 재능을 동원하여 자기 신문을 과장하여 표현하였다. 허스트 신문에서 메인호의 폭발을 다룬 리처드 데이비스(Richard Davis)의 설명은 미서전쟁의 핵심 원인이 되었다. 데이비스와 허스트는 심지어 스페인에 재앙이 불어닥치라는 것을 알고 미국이 일부러 메인호를 폭발시키도록 음모를 꾸몄다고까지 주장했다.

대통령으로 있는 동안 매킨리는 상하 양원에서 다수당이었던 공화당의 지원을 받았다. 그는 행정부 인사들을 이끄는 것처럼 친밀한 설득력으로 의회와 관계를 유지했다. 매킨리는 단지 14개 법안에 대해서만 거부권을 행사했다. 그는 의원들과의 사이에 갈등이 일어날 경우 직접 부딪히기보다 방향 선회 쪽을 택했다. 그러나 종종 그의 외교정책은 의회에서 양당으로부터 지지를 받지 못하기도 했다. 필리핀 점령은 특히 크게 논쟁거리가 되었다. 이는 민주당에서뿐 아니라 하원의장인 토마스 리드(Thomas Reed)를 포함한 뛰어난 공화당 의원들까지 반대하는 문제였다. 리드는 당론을 따르기보다 차라리 의장직을 사임하는 쪽을 택했다. 매킨리의 가장 강력한 정치경쟁자였던 브라이언은 필리핀인들을 자유를 주장하는 자신의 제안이 다가오는 1900년 선거에서 승리를 가져다줄 것이라는 기대 하에 미국의 필리핀 점령을 지지했다. 브라이언의 태도 변화는 인준을 위한 2/3 찬성 조건을 쉽게 충족시켰다.

매킨리 행정부 동안 대통령과 사법부 사이에는 만족할 만한 관계가 유지되었다. 연방 대법원은 필리핀인들은 미국시민이 될 수 없다는 매킨리의 견해를 지지했다. 매킨리는 한 명의 대법원 판사를 임명했는데, 그가 바로 조셉 맥켄나(Joseph McKenna)로 지난날 매킨리와 의회에서 함께 일한 인물이었다. 후에 그는 판사가 되었고 매킨리 정부의 초대 법무장관이 되었다.

매킨리는 항상 대기업의 후원자였지만 기업을 두둔하기 위한 어떤 조치를 취하는 것은 원하지 않았다. 이것은 그가 어떤 특별한 단체에 의해 압력을 받아서라기보다 그의 자연적인 성향 때문이었을 것이다. 매킨리는 단지 친구라는 이유로 그들을 정치적 공직에 임명함으로써 그들에게 보상을 해주었다. 그러면서 그는 자신은 물론 이들이 국민들의 이익을 위해 최선을 다해주기를 바랬다. 그는 국민의 여론을 잘 파악했고 이에 따라 의사를 결정했다.

지도력 및 의사결정과 관련된 업무수행 : 0점 29위(공동)

비록 카리스마적인 지도자는 아니었지만 매킨리는 국민을 사랑하고 모든 사람들이 자신을 사랑해 주기를 바라는 친절하고 온화한 대통령이었다. 국민들 역시 그에게 많은 애정을 보여주었다. 만약 그가 보다 강력한 대통령이었다면 보다 효과적인 지도자가 될 수 있었을 것이다. 매킨리는 정부에 대한 국민들의 확신을 유지시켰고, 국민들은 과거의 행정부가 보여준 침체상태, 전쟁부 스캔들, 스페인과의 전쟁, 그리고 필리핀인의 폭동문제 등이 해결된 후 다시 경기가 회복되리라는 희망을 매킨리 정부에게서 찾았다. 매킨리는 이런 모든 일이 지나간 1900년에 재선되었다. 매킨리는 행정부 인사들에게 영감을 불어넣어 주었다. 그는 그들과 서로 마주보며 대화를 나누고 그들의 이야기에 귀를 기울이고 그들을 사랑하며 동시에 그들로부터 사랑받는 대통령이었다. 그러나 매킨리는 행정부 인사들이 맡은 바의 일을 제대로 수행해 내지 못했을 때도 이를 시정하지 않은 채 오랫동안 그를 자리에 머물게 하는 예가 종종 있었다. 아마도 그는 그러한 것이 배려라고 생각했던 것 같다. 매킨리는 뛰어난 설득력을 발휘하여 자신이 희망하는 바를 이루곤 했다. 그는 행정부 인사들이 적절치 못한 행동에 개입하는 것을 묵인했고, 이 때문에 높은 수준의 효과를 창출하지 못하고서도 행정부 인사들은 그 책임을 지지 않았다. 셔먼, 알저, 그리고 여러 장군들은 무능했고, 헤이, 룻, 레오나르드 우드(Leonard Wood) 장군 등은 높은 수준으로 업무를 수행했다.

미국과 세계가 어떻게 발전되어 가야 하는가에 대한 매킨리의 개념은 사건과 대중여론의 향방에 따른 자신의 행동과 함께 변해 갔다. 외교문제에서 매킨리가 보여준 안타까울 정도의 공식적인 침묵은, 그가 여기에 대해 관심이 부족했기 때문이 아니다. 그는 이제 고립주의 시대는 미국을 위해 막을 내려야 하며, 미국은 국제적인 강대국의 자리를 확보해야 한다는 점을 인식하고 있었다. 그는 필요할 때마다 외국 강대국들과의 견해 차이를 중재로 해결해야 한다고 믿었다. 이러한 태도 때문에 미국은 세계 협력을 위한 일반적인 노력에 참가할 수 있게 되었다.

매킨리는 의사를 결정할 때 신중했다. 그는 여러 선택안을 평가해서 하급자들로부터 의견을 듣고 그들의 정보를 수용했다. 그는 의사를 경정하기 위해 필요한 정보를 가능한 많이 모았다. 매킨리는 예리하고 뛰어난 지능을 소유했고 그것을 문제를 해결하고 의사를 결정하는 데 이용했다. 비상사태에도 그는 침착함을 유지했다. 그러나 종종 시기 적절한 판단을 내리는 데는 실패하기도 했다. 가령 매킨리는 스페인과의 전쟁을 피하기 위해 또 필리핀의 갈등을 피하기 위해 타협을 하지 않았다.

개인적 성격과 도덕성 : 14점 11위

매킨리는 단순하고 뻐기지 않는 순수한 취향을 갖고 있었지만 그렇다고 해서 대통령으로서의 권위를 망각하거나 한 것이 아니고 대통령직의 권한과 명예를 효과적으로 누렸다. 그는 국민들이 미국인이라는 사실에 자부심을 느끼도록 했으며, 자신이 그들의 대통령이라는 사실에도 자부심을 가지도록 했다. 미국이 세계 강대국으로 등장한 덕분에 대통령직의 지위도 상당히 향상되었다. 많은 국민들은 매킨리를 국민의 대통령이라고 생각했고 그를 자신들의 편이라고 느꼈다. 그는 모든 국민들로부터 정보를 받아들였다. 방문객에게서도 정보를 입수하여 이것을 활용했다. 그는 여행을 하면서 일반 국민들의 분위기, 희망, 열망 등을 익혔고, 수많은 공식·비공식 기자회견을 했다. 그는 훌륭한 연설가이자 웅변가였으며 이야기하기 좋아하는 대통령이었다. 단 논쟁적인 문제가 제기되거나 별로 달갑지 않는 상황이 전개되면 표현을 별로 하지 않았다. 이와 관련하여 만약 그가 국민들에게 진심으로 다가가 스페인의 쿠바 양도 문제가 어느 정도로 이루어져야 하는가에 대한 국민들의 의견을 수렴했다면 미서전쟁의 양상은 바뀌었을 것이다. 매킨리가 그렇게 하지 못한 것은 그가 국민들과의 의사소통에 실패했을 뿐 아니라 그의 도덕적이고 원칙적인 원리를 지키지 못했기 때문으로 여겨지고 있다.

그는 미서전쟁 문제를 제외한다면 확고한 도덕적 가치와 원리에 입각하여 행동하였다. 그는 신뢰감을 가지고 자신의 말을 지키고자 노력했다. 매킨리는 정직했으며 결코 공직을 이용하여 다른 사람을 희생 삼아 개인적인 이익을 취하거나 하지 않았다. 그는 일생 동안 높은 수준의 개인적 도덕성을 유지하여 대통령직의 명성을 드높였다. 그는 결코 개인적 스캔들에 연루된 적이 없으며, 병약한 아내 이다(Ida)를 보살펴 많은 감탄과 존경을 받았다.

암살과 암살의 여파

매킨리는 1901년 9월 6일 버팔로에서 열리는 범아메리카 박람회의 한 공개 리셉션에 참가하고 있었다. 그와 악수를 하기 위해 대기하고 있던 수백만 명의 사람들 속에 아나키스트 레온 촐고츠(Leon Czolgosz)가 끼여 있었다. 매킨리가 촐고츠가 내민 왼손을 잡기 위해 손을 내밀었을 때 그는 손수건으로 감싼 오른손에서 연발권총을 꺼내 매킨리의 가슴을 향해 두 발을 발사했다. 부상당한 대통령은 구급차로 병원으로 이송되었으나 8일 후인 1901년 9월 14일에 사망했다. 촐고츠는 재판을 받고 1901년 10월 29일 뉴욕의 어번에 있는 어번 주감옥에서 전기감전사로 처형되었다.

종합평가 : 17점 27위

매킨리는 지적이고 인기 있는 대통령이었다. 그러나 그는 종종 미국이 최고의 이익을 내도록 자신의 능력을 충분히 발휘하지 못했다. 특히 미서전쟁을 막지 못한 것은 가장 불명예스러운 일이었다. 그는 100점 만점에 17점을 받았고 39명의 대통령 중 28위를 차지했다.

시어도어 루스벨트
Theodore Roosevelt | 1901~1908

	평가점수	평가등수
외교를 비롯한 대외관계와 관련된 업무수행	10	18(공동)
국내의 각종 문제 및 사업에 대한 업무수행	12	9
행정부와 정부 내에 관련된 업무수행	12	6(공동)
지도력 및 의사결정과 관련된 업무수행	17	4(공동)
개인적 성격과 도덕성	18	2(공동)
종합평가	69	7

배경

시어도어 루스벨트는 1858년 10월 17일 뉴욕시의 한 부유한 가정에서 태어났다. 그는 하버드 대학의 우수한 학생과 졸업생으로 구성된 파이 베타 카파(Phi Beta Kappa) 조직의 일원으로 활동하였고 1880년에 졸업했다. 어린 시절 건강이 좋지 않았던 그는 체력단련을 통해 건강을 단련시켰다. 1882년에서 1884년까지 뉴욕주 입법부에서 주의원으로 활동하고, 이때 그는 부패를 적으로 여기고 선(善)한 정부에 큰 관심을 표명했다. 1884년부터 1886년까지 노스다코타의 배드랜드에서 사냥꾼과 목장주로 살다 갑자기 불어온 심한 눈보라로 많은 소를 잃고 뉴욕으로 되돌아와 저술활동에 전념했다. 많은 책을 쓴 그는 30권 이상의 책을 출간했다. 공무원위원회의 위원으로 6년 동안을 일한 후 2년 동안 뉴욕 경찰국의 국장으로 일했다. 1897년 그는 해군차관에 임명되었으나 미서전쟁에 참가하기 위해 사임했다. 그는 이 전쟁에서 소위 '사나운 기병'(Rough Riders)을 이끌고 승리하여 전쟁영웅이 되었다. 1898년에 그는 뉴욕 주지사가 되었다.

대통령 후보 지명과 선거

매킨리 대통령이 1900년에 두 번째 임기를 위해 대통령 후보로 지명되었다. 공화당 전당대회는 그의 러닝메이트로 시어도어 루스벨트를 선택했다. 그가 부통령 후보로 선택된 이면에는, 뉴욕에서 활동하고 있는 공화당 정치보스 토머스 플랫(Thomas Platt)이 개혁성향의 주지사를 뉴욕주에서 추방하고자 하는 욕망이 작용했다. 이 선거에 대한 상세한 설명은 윌리엄 매킨리가 대통령이 과정을 참조하면 될 것이다. 매킨리가 암살된 후 시어도어 루스벨트는 대통령에 올랐다.

1904년 공화당은 만장일치로 그를 대통령 후보로 지명했다. 민주당은 앨턴 파커(Alton B. Parker)를 지명했다. 공화당의 강령은 보호관세의 추진, 외국과의 무역 증대, 금본위제도의 채택, 해군의 확장, 상선의 증대였고, 여기에 시어도어의 외교와 국내정책을 찬양하는 것이었다. 반면 민주당의 강령은 보호관세를 반대하고 혁신적인 입법을 추진하며, 제국주의와 루스벨트의 정책을 비난하는 것이었다. 루스벨트는 선거인단 투표에서 336대 140으로 승리하고 일반투표에서는 압도적인 표차로 파커를 물리쳤다.

그러나 루스벨트는 1908년에 대통령 선거에 출마하지 않겠다고 선언하고 자신은 피보호자인 윌리엄 태프트를 지지했다. 태프트 행정부 동안 두 사람은 서로 반목하게 되고, 결국 1912년 루스벨트가 공화당의 대통령 후보 지명을 받기 위해 노력했다. 그러나 태프트가 대통령 후보로 지명되자 루스벨트와 그의 추종자들은 혁신당을 만들어 태프트와 우드로 윌슨과 더불어 제3당의 후보로 출마했다. 10월 14일 루스벨트는 군중집회에서 연설을 하기 위해 그가 묵고 있던 밀워키의 호텔을 떠났다. 바로 이때 그는 세 번의 대통령직을 반대하는 한 정신병자에게 가슴에 총을 맞았다. 다행히 그의 안경케이스가 이 총알을 방어하여 심각한 부상을 입지는 않았다. 총알이 가슴에 박힌 채로 그는 스케줄에 맞추어 연설을 했다. 그 후 태프트와 윌슨 역시 루스벨트가 회복될 때까지 선거운동을 자제했다. 이 선거에 대해서는 우드로 윌슨의 참조하기 바란다.

외교를 비롯한 대외관계와 관련된 업무수행 : 10점 18위(공동)

루스벨트는 자신의 외교정책을 수행하고 전쟁을 막기 위해 중재와 폭력적인 위협이라는 수단을 둘다 이용했다. 그는 알래스카와 캐나다 사이에 빚어진 갈등을 해소시키기 위해 중재라는 수단을 활용했다. 독일이 베네수엘라의 영토를 점령하고자 하는 계획이 명백해지자 루스벨트는 독일 황제에게 일주일의 말미를 주어, 중재에 동의를 하거나 아니면 미국 함대에게 발포명령을 내릴 것이라는 내용을 보냈다. 결국 독일은 전함을 철수하였고, 이 문제는 헤이그에 있는 국제사법재판소로 넘어가게 되었다. 산토도밍고가 유럽의 여러 나라들에게 진 빚을 갚을 수가 없게 되자, 루스벨트는 만약 유럽의 어떤 세력이든 이 섬나라를 침범하게 될 경우 미국은 무력을 사용할 것이라고 발표했다. 그는 미국의 관리에게 산토도밍고의 관세제도와 세금 수집을 책임지게 하고 이 나라의 빚을 갚도록 했다. 그는 먼로 독트린에 대한 소위 루스벨트 추론을 첨가시켰다. 이는 국제관계에서 무기력하거나 나쁜 행위를 할 경우 미국이 국제경찰로서 활동할 것이라는 내용이었다. 미국인이 모르코에서 납치를 당했을 때 루스벨트는 즉각적으로 모르코에 위협을 가했고 그 미국인은 아무런 피해도 보지 않고 풀려났다. 모르코의 통제권을 두고 독일과 프랑스 사이의 갈등의 골이 깊어져 전쟁의 기운이 증가되자 루스벨트는 양측을 설득하여 국제적인 대화를 통해 이 문제를 해결하도록 했다. 그는 또한 일본과의 룻-다카히라 협상(Root-Takahira Agreement)을 중재했다. 이 협상은 두 나라가 태평양에서 영토를 획득하지 않겠다는 합의였다. 그는 필리핀에서 평화를 유지시켰고 이 나라에 자치정부를 수립하기 위한 첫 단계를 시행했다. 그는 러일전쟁을 종결시키는 평화회담의 중재자로 활동하였고, 그것으로 노벨 평화상을 받았는데 미국인으로서는 처음이었다.

루스벨트의 국제적인 외교 업적을 깎아내린 가장 큰 오점은 파나마에서 일어났다. 루스벨트가 해협을 가로지르는 땅을 구입하는 문제를 놓고 콜롬비아와 협상을 하는 동안 파나마의 폭도들이 혁명정부를 수립했다. 루스벨트는 자신을 비롯한 미국인에 의해 자극 받은 반란을 콜롬비아가 진압하는 것을 막기 위해 군을 파견했다. 루스벨트는 즉시 파나마 공화국을 승인하고 운하건설을 위한 조약에 서명했다. 루스벨트는 파나마 운하를 자신의 가장 위대한 업적 중 하나로 여겼다. 그러나 많은 라틴아메리카의 사람들은 북미 대륙의 거인이 콜롬비아를 다루는 방식에 실망감을 감추지 못했고, 미국에 대해 적지 않은 반감을 표명했다.

그는 세계무역을 증진시키기 위해 이전의 행정부에서 법제화시킨 관세율을 줄이고자 했다. 그러나 자신이 속해 있는 공화당의 많은 의원들이 고율 관세의 유지를 원했기 때문에 그의 바램은 실현되지 않았다.

루스벨트는 평화 유지에 힘과 군비가 대단히 중요하다고 굳게 믿었다. 그의 좌우명은 "부드럽게 말하고 위압적으로 행동하라"였다. 그는 해군을 대규모로 강화시키고 미국의 힘을 과시하기 위해 대규모의 백색 함선을 세계 여러 곳으로 파견했다. 미국에 대한 세계여론은, 루스벨트가 미국의 힘을 보여주고 꼬 그럼으로써 평화를 유지하고자 하는 노력에 크게 고양되었다.

국내의 각종 문제 및 사업에 대한 업무수행 : 12점 9위

루스벨트가 대통령을 하고 있는 동안 이 나라는 번영을 누렸다. 1907년의 은행 파산과 주식시장의 슬럼프는 일시적인 경기침체를 가져왔을 뿐이다. 루스벨트는 효과적으로 1907년 공황을 극복했다. 재무장관은 국립은행에 250억 달러의 정부자금을 쏟아부었고, 루스벨트는 테네시 탄광철강회사의 주식을 미국 철강회사가 구입하는 데 반대하는 반러스트적 행동을 하지 않겠다고 약속했다. 그 때문인지 어쨌든 1908년 봄이 되자 경기는 회복되기 작했고 1909년에는 완전히 회복되었다.

고기포장 산업의 비위생 상태에 대한 업튼 싱클레어(Upton Sinclair)의 폭로에 따라 루스벨트는 정육검사법(Meat Inspection Act)과 순정식품 및 의약품법을 통과시켰다. 의회는 상무부와 노동부를 새로 설립했다. 대통령은 셔먼 트러스트 금지법을 강력하게 실시하여 트러스트 파괴자(trust bluster)라는 별명까지 얻었다. 루스벨트 행정부 동안 정부는 44개 회사에 대한 반트러스트 소송을 제기했다. 이를 통해 모건의 북부증권사가 해체되고, 록펠러의 석유 트러스트가 파괴되고, 듀크의 담배 트러스트, 그 밖에 다른 트러스트가 파괴되었다. 새로 통과된 헵번법(Hepburn Act)은 주간통상위원회에 철도요금을 고정하는 등 철도회사의 회계장부를 조사할 수 있도록 한 것이었다. 1905년의 한 연설에서 루스벨트는 기업이 자기 마음대로 가격을 책정하고, 비밀장부를 조작하며, 정부의 개입 없이 노동자들과 협상해 버리는 행위를 막을 것이라고 발표했다. 그는 폭군과 같은 부자를 용납하지 않는 사회를 실현하고자 했다. 광산노동자들의 파업이 발생했을 때 루스벨트는 이러한 파업은 중재를 통해 해결되어야 할 것이라고 주장했다. 광산 소유주들이 이를 거절하자 루즈벨트는 광산 자체를 몰수하겠다는 위협을 가했다. 결국 소유주들은 광부들이 원하는 대부분을 주라는 한 위원회의 권고사항을 수용한다는 데 합의를 보았다. 루스벨트는 광부들에게 공정한 거래를 할 것이라고 말했다. 그의 공정거래정책은 그 후 미국의 정치적·사회적 사고의 형태를 변화시켰고 윌슨, 프랭클린 루스벨트, 트루먼, 린든 존슨 등으로 이어지는 20세기의 국내 개혁 프로그램을 출발시켰다고 할 수 있다.

인종차별의 폐지를 주장하며 시대에 훨씬 앞선 생각을 한 루스벨트는 그의 가족과 함께 백악관에서 흑인 지도자 부커 T. 워싱턴(Booker T. Washington)과 식사를 했다. 유색인종에 대한 공정한 처사로 얻은 그의 높은 평판은 텍사스 브룬스빌에서 일어난 한 사건에 의해 상당히 삭감되었다. 이 사건은 아프리카계 미국인 군인들이 이 지역에서 총을 쏘았다는 이유로 기소된 것이었다. 루스벨트는 160명의 아프리카계 미국인 군인들을 아무 보상도 해주지 않은 채 불명예 제대시킬 것을 명했다. 심지어 이들은 공식적으로 법적인 항의나 무죄의 추정도 받지 못했다. 루스벨트는 샌프란시스코 학교위원회에 압력을 가해 시·공립학교에 일본계 미국인 자녀의 입학을 제한하는 조치를 바꾸게 했다. 그러나 이와 동시에 그는 이민을 엄격히 제한한다는 신사협정을 일본과 체결했다. 루스벨트는 저임금으로 백인의 일을 대신하는 아시아계 노동자들을 달가워하지 않았다. 그의 토착민 미국인(인디언)에 대한 정책은 그렇게 긍정적인 것이 아니었다. 도우즈 단독보유법은 전체 인디언 보호구역을 새롭게 재편하는 것으로 1906년에 수정되었다. 대통령은 계약을 통해 경작 대부지라는 명목으로 인디언 개개인에게 땅을 분배하도록 했다. 결국 이러한 조치는 땅을 할당받은 인디언으로부터 백인들이 더 많은 땅을 매입할 수 있도록 해주었다. 그 결과 많은 토착민 미국인들은 자신의 땅을 팔고 돈을 소비하여 가난해졌다.

루스벨트는 언론, 출판, 종교의 자유를 지지했다. 그는 상무노동장관에 오스카 스트라우스(Oscar S. Straus)를 임명했다. 이는 유대인을 내각 요인으로 임명한 미국사상 최초의 처사였다. 한편, 그는 대통령을 그만둘 때까지 공식적으로는 여성들의 참정권을 지지하지 않았지만 루스벨트의 1912년 혁신당의 강령의 항목에는 여성의 참정권 주장이 포함되었다. 모든 사람에 대한 품위 있는 태도는 루스벨트의 공정거래정책의 일부분이었다.

루스벨트는 위대한 자원보호주의자였다. 1912년의 개간법은 서부 황무지의 개간과 관개를 가능하게 해주었다. 그는 25건의 개간과 관개 계획을 시작했다. 또한 국립산림지로 1억 2천 5백만 에이커를, 탄광지로 6천 8백 에이커를, 1500개 이상의 수력확보지 등을 확보해 두었다. 그는 펠리칸 섬에 국립 야생동물 보호지를 세웠고, 최초의 국립기념탑으로 데빌 타워(Devils Tower)를 만들도록 지시했다. 그는 위대한 자원보호주의자였지만, 한편으로 큰 사냥감을 잡는 사냥꾼이기도 했다. 대통령에서 물러나고 아프리카를 여행하면서 그와 그의 아들 커밋(Kermit)은 300마리 이상의 동물을 잡았다. 그러나 당시에는 사냥감을 죽이는 것과 자연자원을 보존하는 것 사이의 괴리는 전혀 논박거리가 되지 않았다.

정부와 정부 내에 관련된 업무수행 : 12점 6위(공동)

루스벨트는 의회에서 행한 여러 연설을 통해 자신의 목적과 목표를 분명히 밝혔다. 그는 장기적인 계획을 수립하고,. 국가가 발전하기 위하여 반드시 해결해야 할 문제들을 현실화시켜 가는 능력을 갖고 있었다. 유럽에서의 그의 장기적인 평화 노력은 1914년에 실패로 끝났다. 그의 국내 개혁 프로그램은 성공적으로 실현되었고 미래까지 계속 유지·발전되었다. 일상적으로 발생하는 문제들에 대해 그는 체계적인 계획에 집착하기보다 문제를 실용적으로 해결하는 데 주안점을 두었다.

대통령이 되고 초기에 루스벨트는 매킨리 내각을 그대로 유지했다. 그러나 시간이 지나면서 직책에 적합한 능력과 자격을 갖춘 사람들을 임명했다. 기퍼드 핀쇼(Gifford Pinchot)의 산림청장 임명은 더욱 그러하다. 루스벨트가 임명한 인사들 가운데 관심을 끌 만한 주요 스캔들에 연루된 사람은 하나도 없었다. 그는 인사를 할 때 지역적 고려나 다른 고려사항들에는 신경을 쓰지 않고 능력을 최고의 기준으로 삼았다. 그러나 그의 대통령직 전체를 통해 모든 인사가 효과적으로 이루어진 것은 아니었다. 그는 충분한 권위를 드러내지 못했고 종종 그 스스로 일을 처리했다. 뿐만 아니라 내각 인사들과는 상의도 하지 않고 독단적으로 결정하고 행동하는 경우가 많았다. 그리고는 그렇게 행동한 이유와 결과를 행정부 관리들과 의회, 그리고 일반 국민에게 통지를 하곤 했다. 뛰어난 수많은 글을 쓴 작가이자 활동적인 연설가였던 그는 사람들에게 알리기는 하되, 일이 벌어지고 난 후에 알렸던 것이다. 그는 새로 독립된 기관들을 설립하여 자신의 개혁프로그램을 수행하기 위해 그들과 기존의 관리들과 함께 협력하여 일을 해 나갔다.

관세개혁을 제외하면 루스벨트는 첫 번째 임기 동안 의회에서 자기 당 출신 의원으로부터 대대적인 지지를 받았다. 루스벨트는 자신의 두 번째 임기를 1908년에는 대통령에 다시 출마하지 않겠다고 선언하는 것으로 출발했기 때문에, 자신의 당원으로부터 충성과 지지를 받지 못하는 레임덕 현상이 너무 쉽게 와 버렸다. 특히 그의 임기 마지막 2년 동안은 더욱 그러했다. 오히려 그는 반대당으로부터 많은 지지를 받았는데, 사실 민주당이 후에 루스벨트가 추진하였던 대부분의 개혁프로그램을 넘겨받았다. 그러나 외교정책에서는 대체로 양당 모두로부터 지지를 받았다.

루스벨트는 사법부와는 선린관계를 유지했다. 사법부는 특히 트러스트와 독점을 파괴하는 일에서 그에게 도움을 주었다. 대법원은 북부 증권사의 소송에서 루스벨트의 견해를 확실히 지지했다. 또 대법원 판사 엘버트 게리(Albert H. Gary)는 미국 철강회사가 테네시 탄광철강회사를 인수하는 것을 반대하지 않는다는 루스벨트의 의견을 지지함으로써, 그를 도와 1907년 공황을 끝내도록 했다. 루스벨트는 그 유명한, 아마 미국 역사상 가장 유능하고 정직한 판사인 올리브 웰델 홈스(Oliver Wendell Homes)를 포함한 3명의 대법원 판사를 임명했다.

루스벨트 대통령은 언론과도 좋은 관계를 유지했다. 초기에 그는 언론의 힘을 남용하는 저널리스트들를 비꼬아 폭로자라는 말을 사용했다. 그러나 곧 공정거래 프로그램을 수행해 나가면서 저널리스트들과 협력관계를 이루었다. 언론들은 저널리스트들을 위해 많은 기사거리를 제공해 주는 생기 넘치는 테디(Teddy)와 그의 아이들을 즐겁게 보도하였다.

루스벨트는 항상 공적인 이익이 된다고 생각하는 것을 위해 행동했고, 심지어 대통령 권한을 확대할 때에도 국민 다수의 선을 위해 행동했다. 그는 평범한 사람들을 포함하여 진정한 모든 국민들의 대통령이었다.

지도력 및 의사결정과 관련된 업무수행 : 17점 4위(공동)

루스벨트는 다른 사람들을 격려하여 자신의 지도력을 따르도록 했다. 대통령이 되기 전에 그는 사나운 기병을 지휘한 전쟁영웅으로, 큰 사냥감을 잡는 사냥꾼으로, 목장주로, 산악등반가로, 자연보호주의자로, 자연주의자로, 그리고 격렬한 스포츠를 즐겼고, 이 모든 활동을 통해 그는 자신의 카리스마를 다져 갔다. 스스로 모범을 보임으로써, 또 연설과 글을 통하여, 루스벨트는 국민들에게 영감을 주어 국가적 목표를 성취해 내도록 했다. 대통령은 대단한 설득력을 발휘하였다. 그는 사람들에게 자신이 행하고 있는 일들이 올바르다는 것을 확신시킴으로써 자신을 믿고 따르게 만드는 능력을 갖고 있었다. 일이 이것으로 이루어지지 않을 때는 목표를 달성하기 위해 위압과 압력을 사용했다.

1907년 공황을 극복하고 루스벨트는 국민들의 신뢰감을 회복했다. 강력한 동기를 유발하는 그는 자신과 다른 사람을 위해 수준 높은 업무수행 능력을 설정했다. 그는 국가를 단결시켰으며 상호 일체감을 조성시켜 국민들 사이에서 국가의 목표를 공유하도록 했다. 그는 부자들과 가난한 자들 사이에 벌어지는 불화와 분열에 대해 경고했다.

루스벨트는 이상적인 인물이라기보다 실용적인 인물에 더욱 가깝다. 그는 미국 경제에서도 도덕적인 문제에 집착했다. 그의 지정학적 지식에 입각한 통찰력과, 어떻게 미국이 미래세계에 적응해 나갈 것인가에 대한 통찰력은 매우 인상적이다. 그는 미국과 세계가 함께 발전해 나가야 한다는 생각을 가지고 있었으며, 이를 달성하기 위해 단호한 결심이 필요하다고 생각했다. 그는 많은 전략을 생각하지 않는 대신, 문제가 발생하는 대로 처리해 나가는 스타일로, 문제처리는 매우 신속하였다. 그는 다양한 선택안을 고려하여 각 행동으로 인해 발생할 수 있는 가능한 결과를 미리 공지했다. 이 과정 또한 매우 신속하게 이루어졌다.

역사학도이기도 하였던 루스벨트는 과거로부터 많은 것을 배웠다. 그는 약간의 실수도 있었지만 대부분은 단순한 것이었다. 그는 비록 실용주의자이기는 하였지만 실수로부터 배우려 하지는 않았다. 그는 매우 지적이며, 뛰어난 기억력에 명백한 판단력을 가지고 있으며, 우유부단함과는 거리가 멀었다. 그는 이러한 재능을 이용하여 최고에 도달하기 위해 노력했다. 그는 중단 없이 자신이 실시한 정책을 평가하고, 절반의 성취라도 전혀 하지 않는 것보다는 낫다고 믿고서 능숙하게 타협을 해 나갔다. 용기백배한 루스벨트는 어려운 결정을 내리고 정확하게 판단하였다. 역시 비상사태를 처리해 나갈 때도 뛰어난 재능을 발휘했다.

개인적 성격과 도덕성 : 18점 2위(공동)

루스벨트는 자녀들과 단순히 놀고 있을 때도, 스포츠를 할 때에도, 또 하이킹을 하는 도중에도 대통령으로서의 적절한 권위를 가지고 행동했다. 미국인들은 루스벨트가 자신들의 대통령이라는 사실을 너무 자랑스러워했다. 많은 사람들이 그를 진정한 영웅으로 보았다. 아마 루스벨트만큼 평범한 일반 국민들의 사랑을 받은 대통령도 없을 것이다. 국민들은 대통령이 자신들 편이라고 생각했다. 그는 트러스트와 철도회사를 상대로 서민정책을 펼쳤으며 친노동자적 견해를 피력했기 때문이다. 루스벨트는 일상 생활을 하는 중에 내내 많은 방문객을 받았는데, 권투선수로부터 목장주, 외교관 등이 많았다. 그는 밤에 활동하는 것을 좋아하지 않고, 오후 식사에 사람들을 만나기를 좋아했다. 그는 다양한 손님들로부터 많은 정보를 입수하였다. 그는 대통령직을 '공직의 권위'로 보고 의회와 다른 국가 지도자들을 제치고 국민들에게 직접 호소하는 정책을 폈다. 국민들은 루스벨트의 정열적인 스타일과 지칠 줄 모르는 에너지에 즉각 반응했다. 그들은 그의 정책을 인정했으며 그의 개성에 매력을 느꼈다. 국민들은 그에게 애정과 존경을 보냈다.

비범한 테디 루스벨트 덕분에 대통령직은 미국은 물론 국외에서 더 많은 존경을 받았다. 그는 담대한 행동을 통해 대통령의 권한을 강화시켰다. 그는 국내외에서 발생하는 각종 문제와 도전에 능동적으로 대처하기 위해서는 반드시 필요한 것이라고 믿고, 의도적으로 대통령이 사용할 수 있는 행정력의 범위를 확대시켰다. 그가 수행한 대통령직은 트러스트 파괴, 파나마 운하 획득, 먼로 독트린에 대한 루즈벨트 추론의 선언, 러일전쟁 종결, 모르코에서의 전쟁의 방지, 1907년 공황의 타개, 무엇보다도 공정거래정책의 실행을 통해 미국의 정치적·사회적 시스템에 대한 미국인의 생각을 변화시킴으로써 그 지위를 더욱 향상시켰다.

루스벨트는 확고한 도덕적 가치와 원리에 입각하여 행동했다. 그는 정부 내에서, 또 기업 세계에서, 나아가 외국에서 행해지는 부도덕과 맞서 싸웠다. 그는 약속을 하면 반드시 지켰으며, 너무나 정직했다. 부자로 태어난 그는 공직을 지내면서 더 많은 부를 획득하려 하지 않았다. 수준 높은 인격의 소유자인 루스벨트는 공적으로든 사적으로든 어떤 스캔들에도 연루되지 않았다.

종합평가 : 69점 7위

시어도어 루스벨트는 20세기 국내개혁 프로그램을 도입했다. 그는 최초의 현대적 대통령으로 불리고 있다. 대단히 정직한 성품을 가진 그는 정부와 기업세계에서 부패와 맞서 싸웠다. 그는 대체적으로 라틴아메리카의 이웃 나라들에 대해 중세의 거만한 기사처럼 행동하여 외교를 비롯한 대외관계와 관련된 업무 수행에서 공동 18위를 차지하였지만, 이것을 제외하고는 다른 모든 영역에서 상위 10위권 안에 들었다. 그가 가장 높은 점수를 받은 영역은 개인적 성격과 도덕성으로 2위를 차지했다. 전체적으로 그는 69점을 받아 7위를 차지했다.

윌리엄 태프트
William H. Taft | 1909~1913

	평가점수	평가등수
외교를 비롯한 대외관계와 관련된 업무수행	8	21(공동)
국내의 각종 문제 및 사업에 대한 업무수행	11	10(공동)
행정부와 정부 내에 관련된 업무수행	7	17(공동)
지도력 및 의사결정과 관련된 업무수행	0	29(공동)
개인적 성격과 도덕성	7	23(공동)
종합평가	33	21

배경

태프트는 1857년 9월 15일 오하이오 신시내티의 명문가에서 태어났다. 예일대학을 2등으로 졸업하고 신시내티 법과 대학원을 다녔다. 1880년에 변호사 시험에 합격한 그는 변호사로서 성공을 거두고 그 후 여러 공무원을 두루 역임하였다. 해밀턴 카운티의 부검찰총장, 신시내티 지부 내국세 징수관, 신시내티 부법무관, 신시내티 대법원 판사, 미연방 법무국장, 제6 순회항소법원 연방판사, 필리핀 총독, 시어도어 루스벨트 대통령 때 전쟁장관 등이 그가 거친 공무원 직책이었다. 태프트는 루스벨트 행정부에서 국제적인 분쟁 조정자였으며 내각에서 가장 인기 있는 인물이었다.

대통령 후보 지명과 선거

1908년 시어도어 루스벨트는 백악관의 주인 자리를 추구하지 않았다. 국무장관 엘리후 룻(Elihu Root)은 당선 가능성이 없다는 것을 알고서 태프트를 자신의 후임자로 결정했다. 루스벨트의 도움으로 태프트는 공화당 대통령 후보자 경정선거 1차 투표에서 쉽게 후보로 확정되었다. 윌리엄 브라이언이 또다시 민주당의 후보가 되었다. 그리고 여러 군소 정당들도 후보를 냈다. 이번 선거에서는 두 주요 정당 간에 정치적으로 크게 다른 점이 없었고, 자연히 선거는 과열되지 않았다. 태프트는 브라이언을 일반투표에서 약 백만 표 이상을 리더하고 선거인단 투표에서 162대 321로 쉽게 승리했다.

그러나 대통령직을 지내면서 태프트는 공화당 혁신주의자들의 지지를 점차적으로 상실해 갔다. 공화당 혁신주의자들과 마찰을 일으키게 된 주요 원인은 태프트가 보인 여러 가지 보수적인 행동이었다. 태프트는 보수적인 페인-올드리치 관세법에 적극 찬성했으며, 산림청장으로 개혁적인 인물이었던 기퍼드 핀쇼(Gifford Pinchot)를 해임시켰으며, 하원의장인 조 캐넌(Joe Cannon)의 무한권력을 제한하고자 하는 혁신주의자들의 노력을 반대했다. 1912년 공화당 자유주의자들은 대통령에게 공개적으로 반항했다. 시어도어 루스벨트는 이전의 추종자들을 동원하여 공화당의 대통령 후보자리를 얻어내려고 했다. 그러나 이 사나운 기병이 대부분의 예비선거에서 승리를 거두기는 했으나 현직 대통령인 태프트는 당의 기구를 보유하고 있었다. 자격심사위원회에서 어려운 심사과정을 거친 후 태프트는 다시 공화당 대통령 후보로 지명되었다. 이에 루스벨트의 지지자들은 새로운 정당을 만들었고, 소위 숫사슴당(Bull Moose Party)이라고도 불린 혁신당은 루스벨트를 또 다른 대통령 후보로 선출했다. 공화당이 이렇게 분열되자 민주당 후보인 윌슨이 쉽게 당선되었다.

외교를 비롯한 대외관계와 관련된 업무수행 : 8점 21위(공동)

태프트 행정부 동안 전쟁이 없었다. 태프트가 피한 멕시코와의 전쟁은 윌슨 전쟁 때에 발생했다. 1909년 10월에 그는 현직 미국 대통령으로는 처음으로 멕시코를 방문하여 멕시코 대통령 프로피리오 디아즈(Profirio Dias)와 우호관계를 맺었다. 그는 멕시코와의 국경지역에 주둔하고 있는 미군 4개 대대에게 미국인들이 엄격히 중립을 지키고 멕시코의 여러 문제에 간섭하지 말도록 조치를 취할 것을 명령했다. 그는 전쟁물자를 멕시코로 반입하는 행위를 금지하는 행정명령을 내렸다. 태프트는 군을 동원하여 텍사스 국경지역을 지키도록 했다. 1909년 호세 고메스(Jose Gomez)가 쿠바 대통령으로 당선되었을 때 태프트는 미국의 쿠바 점령을 종결시켰다. 1912년 그는 만약 쿠바의 군대가 계속 정치에 간섭을 한다면 미국이 간섭을 할 것이라고 쿠바 정부에 경고했다. 1912년에 니카라과에서 임시 대통령인 아돌프 디아즈(Adolfo Dias)가 미국 해병대의 상륙을 요청했다. 이에 따라 태프트는 미 해병대를 파병하여 질서를 회복시키고, 몇 달 후 대부분의 해병대를 철수시켰다.

태프트는 평화의 주창자였다. 국제분쟁의 평화적인 정착을 원했던 그는 세계평화를 위한 첫 번째 조치로서 영국과 프랑스의 중재협상을 이끌었다. 그러나 이 중재안은 연방상원에서 수정을 거치면서 본래 의도가 약화되어 폐기되었다. 태프트의 중재 제안과 세계평화에 대한 주장은 유럽 국민들 사이에 미국에 대한 호의적인 반응을 이끌었다. 1909년 그는 행정명령을 내려 군사력을 10% 줄이도록 했다. 유럽 강대국들 사이에 전운이 감돌자 태프트는 다시 미국의 군사력을 강화했다. 1911년에 그는 의회에 특별 메시지를 보내 파나마 운하의 건설 속도를 높이기 위한 자금을 요청했다.

1908년의 공화당 강령에는 관세개정이 포함되어 있었다. 태프트는 이 약속을 실행하기 위해 의회에 특별회기를 요청했다. 그는 미국인은 물론 다른 나라 사람들에게도 이익이 되는 무역을 촉진하기 위해 관세율을 낮추고자 하였다. 그는 역시 상임 관세위원회를 만들고자 했다. 페인-올드리치 관세법이 의회를 통과하고 여기에 태프트가 서명을 했다. 이 법은 많은 논쟁과 갈등을 불러와 결국 공화당의 분열을 확대시켰다. 어떤 사람들은 이 관세법으로 고율관세가 유지되거나 관세가 인상된다고 말했고, 어떤 이들은 관세가 인하된다고 했다. 실제로 654개 품목이 내리고 220개 품목이 올랐으며 1,150개 항목은 변하지 않은 채 그대로 있었다. 태프트는 관세위원회를 만들고 매년 물품에 관한 진상을 조사하고 이에 대한 보고서를 제출하도록 했다. 페인-올드리치 관세법에는 필리핀과의 자유무역을 위한 조항과 법인의 소득세에 대한 조항도 포함되었다.

태프트는 캐나다와 호혜무역조약을 추진했다. 이것은 연방의회를 통과하였으나 캐나다 의회에서 거부되었다. 자유무역의 확립은 필리핀인들에게 이익을 가져다주었다. 태프트는 세계무역의 증진을 원했고 이는 일정하게 성공을 거두었다. 미국의 수출입상에서 지불되는 달러 가치는 1909년 회계상에서 줄어들었지만 곧 회복되었다. 달러 가치가 가장 크게 증가한 것은 캐나다와 태평양 지역과의 무역을 통해서였다.

국내의 각종 문제 및 사업에 대한 업무수행 : 11점 10위(공동)

태프트는 번영의 시기에 대통령이 되었다. 1909년에서 1910년 동안 그는 5천만 달러에 달하는 적자를 1천 9백만 달러의 흑자로 돌려놓았다. 태프트는 물가인상으로 인해 비난을 샀고 이 때문에 1910년 선거에서 공화당은 여러 의석을 잃게 되었다. 1912년 태프트는 다시 2천 2백만 달러의 적자를 기록했다.

연방정부는 루스벨트 대통령 때와 같이 태프트 대통령 때에도 트러스트 반대소송을 두 배 이상 제기했다. 태프트는 노동운동 반대자라는 평판을 듣지 않았다. 그는 노동자는 파업을 할 수 있고 조직을 할 수 있는 권리를 갖고 있다고 믿었다. 그의 행정부 동안 노동장관이 내각으로 들어왔고, 철도 노동자들과 주간 통상업무를 보는 노동자들의 수당을 요구했다. 그는 파업에 대한 법원의 금지명령을 제한하는 법안을 만들도록 했다. 태프트는 새롭게 내각에 들어온 노동부에 어린이국을 두도록 했다. 1911년 수정된 순수식품의약법은 소비자를 혼동케 할 상표의 사용을 금지시켰다. 그는 역시 광산과 철도 분야에서도 안전에 필요한 조치를 취하도록 했다.

1909년 6월 태프트는 의회에 특별 메시지를 보내 소득세에 관한 처리권한을 부여해 주는 헌법수정을 요청했다. 이 수정안은 1909년 7월 의회를 통과했고 여러 주에서 비준되었으며 1913년 2월에 그 효력을 발휘했다. 태프트는 이 수정안의 통과와 채택을 위해 많은 노력을 기울였다. 1909년 6월 태프트의 권고에 따라 의회는 법인 소득세법을 통과시켰다.

태프트는 루스벨트의 자연보호정책을 이어받아 계속하였다. 그러나 그는 루스벨트의 충실한 충성파이자 이전 행정부에서 인기가 있었던 산림청장으로, 자신에게는 불복종하는 기포드 핀쇼를 해고시켜 버렸다. 루스벨트를 따르는 공화당 내 혁신세력들은 핀쇼의 해고를 불만스러워워하였다. 해고되기 전에 핀쇼는 보수주의자이며 개발업자인 내무장관 리처드 볼린저(Richard Ballinger)가 상당한 가치를 가진 알래스카 광산을 민간회사인 구겐하임사(Guggenheimes)에 불하해 주고 부당이득을 취했다고 고발했다. 의회에 조사위원회가 결성되어 조사가 이루어졌고 볼린저는 무혐의로 밝혀졌다. 그러나 핀쇼의 해고와 볼린저의 무혐의 조치는 많은 갈등을 일으켰다. 태프트의 평판은 루스벨트의 프로그램이 이제 더 이상 진행되지 않는다는 핀쇼의 주장으로 상당히 손상되었다. 그러나 실제로 태프트 행정부 아래에서 수백만 에이커에 달하는 땅과 애팔래치아 산에 있는 수백만 에이커에 달하는 산림보호지가 자연보존을 위해 보호 지정되었다. 여기에다 태프트는 판매를 위해 내놓은 공공용지의 지하에 묻힌 풍부한 광물자원의 보존조치를 취했다. 그는 공공용지법을 개선하고, 나아가 광부들의 복지를 연구하고 다른 목적을 수행하기 위해 광산국을 설치했다. 그는 역시 우편저금국제도, 소화물 처리제도, 그리고 철도 운영에 요구되는 안전조치를 만들었다. 그는 1919년에 맨-앨킨스법(Mann-Elkins)을 지지했다. 이는 주간통상위원회에 전신과 전화, 전보 통신의 기지와 서비스 관할권을 주는 내용이었다. 의회는 상법 전문가들로 구성되고 주간통상위원회에 항소할 수 있는 특별 통상법원을 만들고자 하는 태프트의 계획을 승인했다.

태프트는 종교적 자유를 지지했다. 유일교파인 그는 윌리엄 브라이언이 추구하는 그런 종교적 아집을 몹시 싫어했다. 그는 시민의 자유를 해치는 적대적인 일은 한 적이 한 번도 없었다. 필리핀 총독으로 그는 가톨릭 수도사들의 토지소유 문제를 어떻게 처리할지를 두고 바티칸과 토론하기 위해 로마를 방문했다. 그는 새로 만든 어린이국 국장에 줄리아 러스럽(Julia Lathrop)을 임명했다. 미국 정부 고위직에 여성이 임명된 것은 이것이 처음이었다. 그는 최초로 여성 참정권주창자들의 전국모임에서 연설을 했는데, 자신은 이 운동에 완전하게 동정하지는 않는다고 말했을 때 그의 연설을 듣고 있던 관중들이 야유를 보냈다. 그는 대부분의 여성들은 투표에 관심이 없으며 따라서 여성들의 투표는 소수 여성에 의해 적절히 통제되어야 한다고 생각했다. 그는 그

당시 대부분의 다른 사람들에 비하면 인종적 편견에 보다 자유로운 입장이었다. 루스벨트는 캘리포니아에서 일본인이 공립학교에 다니는 것을 금하고 그들에게 미국 땅을 소유하지 못하게 했을 때 일본인의 불만을 완화시키기 위해 태프트를 일본에 파견하였다. 또한 루스벨트는 미국 상품 불매운동을 벌이는 중국정부를 설득하기 위해 그를 중국에 파견했다. 그는 문자시험을 요구하는 내용이 포함된 이민법을 즉시 반대했다.

필리핀 총독으로서 그는 도로와 항만을 건설했으며 필리핀 자치정부의 성립을 위해 노력했다. 또한 필리핀의 토지개혁을 위한 운동을 주도했다. 그는 필리핀에 학교를 세우고 필리핀 국민들의 경제상태를 개선하기 위해 노력했다.

그는 루스벨트가 세운 예술위원회를 폐지하고, 그래시어 국립공원을 세우고, 5개의 국립묘지를 세웠다. 퍼스트 레이디 헬렌 태프트는 수도 워싱턴에 일본 벚꽃나무를 심는 일을 담당했다.

행정부와 정부 내에 관련된 업무수행 : 7점 17위(공동)

취임연설에서 태프트는 주간통상과 트러스트 법률에 대한 헌법수정을 제안할 것이라고 말했다. 그는 자신의 첫 목표인 관세법 개정을 위한 특별회기를 의회에 요청했다. 태프트는 주간통상위원회의 권한을 강화시켜 주고 법원에서 주간통상위원회의 명령을 쉽게 처리해 주는 철도법안, 우편저금국 법안, 자연보호 법안, 그리고 철도 안정장치와 관련한 여러 가지 개선 법안을 의회에 제출했다. 그는 투자가들의 이익을 보호하고 그들의 유가증권의 안정성을 보장하는 연방 법인 법안, 법원의 금지명령을 한정하는 법안, 선거비용을 공개하는 법안, 그리고 애리조나와 뉴멕시코를 주로 승인하는 법안을 의회에 제출했다. 1912년 연두교서에서 그는 은행과 화폐개혁을 요구했고 철도노동자와 주간통상업무를 보는 노동자들을 위한 노동자 수당의 지불을 요구했다.

태프트는 어린이국과 광산국을 만들었다. 그의 행정부 동안 노동부가 상무부에서 분리되었다. 태프트는 다른 사람들은 자신이 선택한 인물로 교체하고 루스벨트 내각의 인사 두 명만은 유임시켰는데, 이는 많은 비난을 샀다.

대통령은 하급자들에게 너무 많은 권한을 위임했다. 너무나 태평스럽고 하급자들을 너무나 신뢰하였던 그는 그들의 업무 결과에 대한 책임을 묻는 데 실패했다.

그의 연설은 지루하고 답답했으며 무미건조하였다. 그는 단조로운 전달자에 불과했다. 그는 1910년 이후 정적으로 돌아선 화려한 루스벨트에 비해 너무나 무미건조했다. 태프트는 일반 국민과 의회와 행정부서에 자신의 의견을 전달하기는 했으나, 루스벨트에 비하면 초라하기 짝이 없는 것이었다.

태프트는 예상되는 연방예산을 조사하기 위해 내각인사들로 구성된 예산위원회를 만들어 운영했다. 대통령에 취임하고 한 달 만에 그는 정부의 모든 물자를 구입하는 중앙기구를 설치하라는 행정명령을 내렸다. 그는 행정예산을 준비하는 데 있어 과거의 어떤 대통령보다 면밀한 검토를 행했다. 그는 예산운영체제를 만들어 사용하도록 권고하는 경제효능위원회를 구성했으나 그 승인을 위해 의회에 제출하지는 않았다.

태프트가 취임하기 이전에 공화당은 보수주의와 혁신주의로 갈려 있었다. 공화당 내 혁신주의와 민주당의 연합은 보수적인 태프트 행정부에 대해 많은 반대를 했다. 그럼에도 태프트 행정부는 입법 면에서 많은 성과를 거두었다. 트러스트 파괴법과 자연보호법이 만들어지고, 주간통상위원회에 많은 권한이 첨가되었으며 우편저금국 법안과 수화물 처리법안 등이 만들어졌다. 또한 공무원의 봉사범위가 확대되고 노동부가 새로운 내각으로 등장했다. 뿐만 아니라 16차, 17차 수정헌법이 통과되었다. 거의 무한한 권력을 쥐고 있었던 하원의장 조 캐넌을 차단하려는 투쟁에서 태프트는 혁신주의자들을 지지하지 않았는데, 이 때문에 당내 자유주의자들은 물론 많은 자유주의자들이 그에 대한 지지를 철회하였다. 연방 상원은 태프트가 제안한 영국과 프랑스의 중재제안을 반대했다. 의회와의 여러 마찰에도 불구하고 태프트는 자신이 거부권을 행사한 단 한 건—금주를 실시하고 있는 주(州)로 술의 운반을 금지하는 법안인 웹-케년 법안(Webb-Kenyon)—만 다시 번복되었다.

태프트는 대통령보다는 대법원장이 되기를 원했던 만큼 사법부와의 관계는 각별했다. 그는 이전의 어떤 대통령보다 많은 6명의 대법원 판사를 임명했다.

그가 임명한 판사들은 모두 유능한 사람들이었고, 북동부, 남부, 서부 등으로의 지역적인 안배나 가톨릭 교도와 프로테스탄트 교도를 막론한 종교에 얽매이는 일이 없이 민주당과 공화당을 골고루 안배한 초당파적 인사였다. 그럼에도 그의 임명은 비판을 받았다. 그는 1921년에 퇴임 대통령으로는 유일하게 연방 대법원장이 되었다.

태프트는 흔히 보수주의자이고 개혁에 반대하는 반동적인 집단의 일원으로 잘못 이해되고 있다. 태프트는 모든 국민의 이익을 위해 최선을 다하고자 했지만 루스벨트와 혁신주의자들의 반대에 직면하여 많은 어려움을 겪었다.

지도력 및 의사결정과 관련된 업무수행 : 0점 29위(공동)

태프트는 우둔하고 느리고 게으르다는 비판을 받았고 늘 여러 가지 면에서 비판의 대상이 되었다. 카리스마가 부족했던 그는 바보는 아니지만 다소 따분하고 우둔한 사람으로 보였다. 활력도 부족했고 회의 때에는 종종 졸고 심지어 선 채로 자기도 했다. 그러나 그는 매우 민감한 사람이기도 했다. 그의 육중하고 답답해 보이는 외모는 다른 사람들에게 영감을 부여하기 어려웠다. 공화당이 분열되자 태프트는 당의 충성파를 상대로 자신을 따르도록 설득했다. 또 루스벨트와의 결별 후 그는 당내 보수주의자들에게 자신을 따르도록 설득했다.

태프트는 대통령으로서 1907년 공황 후 국민들에게 신뢰감을 회복시켜 주었다. 번영이 다시 돌아왔고 지속되었다. 그는 볼린저와 핀쇼 문제로 갈등을 이는 와중에도 정부에 대한 신뢰감을 유지시켰다. 그러나 그의 행정부는 루스벨트와의 결별, 1912년 선거 전 루스벨트의 태프트에 대한 공격 등으로 상당히 약화되어 있었다.

태프트는 미국과 세계 다른 나라가 어떻게 발전되어 가야 하는가에 대한 개념을 가지고 있었다. 그는 평화와 번영의 주창자였다. 그러나 그의 행정부는 분열에 분열을 거듭하였다. 태프트가 소속되어 있는 공화당의 분열은 그에게 파괴적인 결과를 가져다주었다. 그는 국민들을 설득하여 자신의 목적과 미래 비전에 성원을 보내고 이를 따르게 할 능력을 갖고 있지 못했다.

태프트는 정치적 전략을 이끌어 내는 데는 형편 없었다. 정치력은 너무 부족했던 그는 정치지도자보다는 사법부 직책에 더 어울렸다. 종종 태프트는 하급자의 충고와는 반대로 행동하였다. 그는 자신의 인생을 국민에 대한 봉사에 헌신한 지적인 인물이었다. 그는 문제를 해결하고 의사를 결정하는 데 있어 자신의 지능을 이용했다. 그러나 정치적 갈등과 이 갈등으로 빚어지는 분파 문제를 해결하는 능력은 부족했다. 그의 과거 경력은 선거를 통해 쌓은 것이 아니라 임명을 통한 것이 대부분이었고, 그의 판단과 결정사항은 정치적으로 인기가 없었다. 그는 의사를 결정할 때 신중하게 검토하기보다는 직관에 의존하는 경우가 많았다.

만약 태프트가 혁신주의자들을 달래줄 여러 문제에 기꺼이 타협을 했다면 정치적으로 보다 많은 지지를 얻어냈을 것이다. 그는 관세문제를 놓고 보수주의자들과 타협을 했고 결국 페이-올드리치 관세법에 서명하였다. 이것은 결국 혁신주의자들을 따돌리는 것이 되어 그들의 분노를 샀다. 이 관세법에 대한 그의 적극적인 지지는 정치적으로 큰 타격을 주었다. 만약 그가 그렇게 적극적으로 지지하지 않고, 관세법에 찬성을 한 것은 그저 타협의 산물이고 그렇게 하는 것이 서로를 위한 최선의 길이었다고 주장했다면, 아마 혁신주의자들이 그를 그토록 심하게 비판하지는 않았을 것이다. 그는 타협을 필요로 하는 때와, 타협하지 않아도 되는 때, 그리고 자신의 결정을 어떻게 얼마나 어느 정도의 수위에서 지지해야 할지 등 정치력 발휘의 시기와 정도를 정확히 이해하지 못했다. 태프트는 인기 있는 핀쇼를 해고하는 것과 같은 곤혹스러운 결정을 내렸다. 그는 이 조치가 자신에게 얼마나 정치적인 타격이 될지 알고 있었다. 그럼에도 불구하고 그가 이러한 조치를 취한 것은, 핀쇼가 국정의 규칙을 깨고 있다고 보았기 때문이다.

개인적 성격과 도덕성 : 7점 23위(공동)

태프트는 큰 몸집만큼이나 권위를 지니고 있는 것처럼 보였고, 실제로 항상 위엄과 권위를 가지고 행동했다. 그러나 태프트는 국민들에게 자부심을 부여하여 많은 환호를 받았던 전임자와 같은 환호는 결코 받지 못했다. 태프트는 국내에서보다 유럽에서 더 존경을 받았는데, 세계평화에 대한 그의 노력 때문이었다. 국내에서는 루스벨트에 비해 전혀 존경을 받지 못했다. 카리스마적인 테디와 비교하여 태프트는 약한 지도자였고 영향력도 적은 인물이었다.

태프트는 트러스트의 파괴와 자연보호에서 루스벨트의 방법을 그대로 이용했다. 육중한 몸의 소유자 태프트의 대통령직 수행은 대통령 권한의 약화까지 초래하지 않았다. 일반 국민들은 태프트가 보수반동세력에 근접하였고, 국민이 아닌 특정 기업의 이익을 대변한다고 잘못 생각했다. 이 때문에 국민들은 그의 재선을 지지하지 않았다. 태프트는 국민들과 함께 지내기를 원한 온화하고 친절한 사람이었다. 그와 그의 아내는 많은 여흥과 레크레이션을 준비했다. 여러 사교 모임에서 그에게 전달되는 여러 충고에 그가 진지하게 관심을 기울였는가 하는 점은 의심스럽다. 1910년 새해에 약 5천 명의 손님이 백악관 리셉션에 초대되었다. 또한 그와 그의 아내는 백악관 정원에서 1911년 6월 19일 수천 명의 손님을 초대한 가운데 그들의 은혼식 기념일을 성대하게 치렀다. 태프트는 종종 일반 국민을 상대로 연설을 했으나 그 연설은 지루하고 따분한 것이었다. 그는 강력한 카리스마를 가진 전임자처럼 대통령직을 이용하여 강제적으로 연설을 이끌어 갈 만한 능력이 없었다. 1909년에 그는 약 13,500마일의 국내 여행을 하면서 250차례의 연설을 했다. 이런 연설에서 페인-올드리치 관세법은 공화당이 지금까지 통과시킨 최고의 법이라고 연설하여 정치적으로 많은 비난을 샀다.

태프트는 시종일관 확고한 도덕적 체계를 가지고 행동했다. 그는 신뢰할 수 있는 인물이었고 입이 가벼운 사람이 아니었다. 그는 정직했으며 공직을 이용하여 사적인 이익을 추구하지 않았다. 그가 은혼식 파티에서 일반 국민들로부터 선물을 받았다는 비판을 듣고 있지만 도를 넘은 것은 하나도 없었다. 태프트는 일생 동안 높은 수준의 개인적 도덕성을 유지했다.

종합평가 : 33점 21위

비록 정치적 지도력이 결여되었지만 그는 재능을 가진 대통령이었다. 그는 총 33점을 받아 21위를 차지했다.

우드로 윌슨
Woodrow Wilson | 1913~1921

	평가점수	평가등수
외교를 비롯한 대외관계와 관련된 업무수행	13	6(공동)
국내의 각종 문제 및 사업에 대한 업무수행	15	6
행정부와 정부 내에 관련된 업무수행	16	2(공동)
지도력 및 의사결정과 관련된 업무수행	14	9(공동)
개인적 성격과 도덕성	18	2(공동)
종합평가	76	3(공동)

배경

토마스 우드로 윌슨은 1856년 12월 29일 버지니아주 스타운턴에서 태어났다. 목사의 아들인 그는 아버지의 새로운 목회장소를 따라 여러 곳을 이사다녔다. 어렸을 때 토미로 불렸던 그는 프린스턴 대학을 졸업한 후 토마스를떼어 버렸다. 버지니아 대학에서 법학 학위를 받고 아틀랜타에서 변호업을개업하였으나 곧 존스 홉킨스 대학 대학원에 입학하여 역사와 정치학을전공했다. 우수한 성적으로 박사학위를 받은 그는 1885년에 비린 머러 대학역사학 조교수직을 받아들였고, 1888년에 웰슬리 대학 정치경제학과 역사학교수직을 지냈다. 1890년에 그는 프린스턴 대학 법률학과 정치경제학 교수가되었다. 그는 대학에서 인기 있는 강사이자 뛰어나 연구자로 정평이 났고1902년 프린스턴 대학의 총장이 되었다. 즉시 그는 프린스턴 대학의 재학생들을 위한 각종 프로그램을 재조직했다. 개인지도 과목제도를 도입했고 속물근성 가득한 사립 식사 클럽을 없애는 개혁조치를 단행했다. 윌슨은 대학 개혁을완성하지는 못했지만 이 일로 인하여 고등교육을 보다 민주적으로 만들어

가고자 하는 교육지도자로서 전국적인 명성을 얻었다.

1910년에 뉴저지주 민주당 보스인 제임스 스미스(James Smith)가 윌슨에게 민주당 후보로 뉴저지 주지사에 출마할 것을 제안했다. 당 조직이 도움을 주겠다는 확인을 받고 윌슨은 프린스턴 총장직을 사임하고 주지사 선거에 임했다. 선거에 임한 그는 우러나오는 힘과 강한 설득력을 바탕으로 한 연설로 압도적인 승리를 거두었다. 윌슨은 신속히 당 조직기구로부터 독립된 자신의 조직을 구성했다. 그는 입법 과정을 통해 여러 가지 개혁조치를 실행해 나갔다. 이런 법안 중에는 부패소송법, 예비선거법, 공공시설 관리법, 노동자 수당법, 여러 교육개혁법 등이 포함되었다. 2년 만에 그는 연방정부에서 가장 보수적이었던 뉴저지를 가장 혁신적인 주로 탈바꿈시켰다.

대통령 후보 지명과 선거

윌슨은 뉴저지 개혁을 통해 전국적인 인물로 부상하였다. 1912년 민주당 전당대회가 열렸을 때 윌슨은 민주당 대통령 후보군 중에서 4강에 포함되었다. 혁신주의자들은 윌슨과 챔프 클락(Champ Clark) 사이에서 누구를 밀어줄 것인가를 놓고 분열되었다. 남부 보수주의자들은 오스카 언더우드(Oscar Underwood)를 지지했고 북부 보수주의자들은 주드슨 하몬(Judson Harmon)을 지지했다. 1차 투표에서는 클락이 우위를 차지했다. 그러나 투표는 10차까지 끌었으나, 여전히 후보 지명에 필요한 2/3를 넘는 후보가 나오지 않았다. 정당의 대통령 후보로 지명되기 위한 절대다수를 얻지 못한 것은 1844년 이래 처음이었다. 윌슨은 자신을 지지하는 대의원들이 자유롭게 처신할 수 있도록 하고자 했으나 조금 더 기다려 보기로 합의했다. 14차 투표에서 당에서 가장 영향력을 갖고 있던 윌리엄 브라이언이 윌슨을 지지하고 나섰다. 이때부터 윌슨이 힘을 얻어 28차 투표에서 선두를 차지했다. 결국 윌슨은 제48차 투표에서 대통령 후보로 지명되었다. 윌슨은 부통령 후보에 남부의 보수주의자 언더우드를 지명했으나 거절당하였고, 이에 전당대회를 통해 토머스 마셜이 부통령 후보로 선택되었다.

공화당은 태프트를 다시 대통령 후보로 지명했다. 전직 대통령 시어도어 루스벨트의 지지세력들은 공화당을 떠나 새로운 혁신당을 조직했다. 공화당의 분열은 가을 선거에서 민주당에게 승리를 보장해 주는 것이었다. 그럼에도 윌슨은 수많은 연설을 통해 국민들에게 감동을 주면서 힘겹게 선거전을 치렀다. 그는 관세인하, 독점체제 종결, 자유경쟁의 부활을 공약으로 내세우고, 노동자들의 단체교섭권을 보장한다고 발표했다. 루스벨트는 윌슨보다 한 단계 더 나아가 모든 혁신주의 운동은 십자군운동과 같다고 말했다. 현직 대통령 태프트는 이 두 명의 강력한 주자의 도전에 빛을 잃고 실망감 속에서 차분함을 유지하며 연설도 거의 하지 않았다.

공화당의 희망은, 윌슨과 루즈벨트가 혁신주의자의 지지를 분열시켜 유일한 보수주의자인 태프트가 당선되는 것이었다. 그러나 1912년의 미국의 분위기는 혁신주의 한가운데 있었다. 일반투표에서 윌슨이 1위를 했고 루스벨트가 2위를 했다. 태프트가 그 뒤를 따랐고 사회당 후보인 유진 뎁스와 다른 두 명이 1백만 표 이상을 얻었다. 따라서 윌슨은 1860년 링컨 이래로 가장 낮은 지지율인 41.56%의 지지로 대통령이 되었다. 선거인단 투표에서는 윌슨이 쉽게 승리했는데 그는 435표를, 루스벨트는 88표, 태프트는 8표를 얻었다.

1916년에 윌슨은 1차 투표에서 마셜을 부통령 후보로 삼아 압도적으로 대통령 후보에 지명되었다. 공화당 후보는 찰스 에번스 휴즈(Charles E. Hughes)였다. 국제상황이 긴장 상태에 있었기 때문에 윌슨은 활발한 선거운동은 펴지 못하고 주로 백악관에 머물렀다. 윌슨의 지지자들은 "그는 우리를 전쟁에 개입하게 하지 않을 것이다"라는 슬로건을 내걸었다. 반면 휴즈의 선거운동은 적극적이었다. 그는 하루 8시간 노동법을 노동의 '사기행각'이라 부르며 비난하였다. 또한 고율 관세를 지지하고 윌슨의 멕시코와 독일에 대한 정책을 비탄했다.

선거일 저녁, 휴즈의 승리가 발표되었다. 대부분의 사람들은 잠을 자러 갔고, 이때는 선거인단 투표에서 휴즈가 과반수에 8표가 모자라는 254표를 얻은 상황이었다. 어떤 신문들은 아예 휴즈가 승리했다는 소식을 미리 담은 호외신문을 발행하기도 했다. 그러나 모든 개표를 마쳤을 때, 윌슨이 캘리포니아에서 승리를 거두고 선거인단에서 과반수 이상을 차지했다. 277대 254로 윌슨의 승리였다.

외교를 비롯한 대외관계와 관련된 업무수행 : 13점 6위(공동)

윌슨은 미국이 가능한 한 명예를 지키면서 전쟁에 개입하지 않기를 원했다. 1915년 루시타니아호(Lusitania) 침몰 이후 윌슨은 독일과 교섭에 들어갔고 그들에게 중립국의 상선과 여객선에 대해서는 잠수함 공격을 가하지 말 것을 요구했다. 그러나 2년도 채 되지 않아 독일은 다시 중립국 상선을 공격했다. 이에 윌슨은 미국 배를 포함한 모든 배에 대한 독일의 무제한 잠수함 공격을 멈추게 할 수 없음을 인식했다. 심지어 석세스호(Sussex)가 어뢰공격을 받고 난 후 윌슨은 독일에 최후통첩을 보냈지만, 독일의 공격은 계속되었다. 결국 윌슨은 독일의 이 같은 잠수함 공격에 대해 전쟁을 선언하였다. 물론 독일이 미국에 요구한 것은 영국에 대한 전쟁물자의 공급 중지였다. 그러나 이러한 요구는 윌슨이 받아들일 수 없는 것이었고, 미국 국민들 역시 마찬가지였다.

미국이 일단 전쟁에 개입하게 되자 윌슨은 스스로 강력한 전쟁지도자임을 입증하였다. 전쟁 수행을 위해 동원령을 내린 그는 미국의 물자와 인력을 효과적으로 동원했을 뿐 아니라, 전쟁에 참가하면서 세계의 모든 사람들이 열망하는 도덕적 이상을 드높였다. 그는 미국이 세계 민주주의의 안전을 위해서 싸운다고 말했고, 의회 연설을 통해 세계평화를 위한 자신의 프로그램인 14개조 원칙을 발표했다. 이 중 제14조는 세계평화를 지키기 위해 국제기구를 창설하자는 내용이었다. 이 연설은 많은 미국인들로부터 공감을 샀고, 독일의 사기를 저하시켰다. 그러나 무엇보다 중요한 것은 이 연설이 독일 역시 평화를 위해 무엇인가를 하게 하는 기본을 제시했다는 점이다.

14개 조항을 실천하기 위해 윌슨은 미국의 대표단을 이끌고 파리 평화협상에 참가했다. 그는 파리에서 영웅적인 환대를 받았다. 유럽에서 그가 가는 곳마다 수많은 군중들이 인류애의 희망으로 윌슨을 환호했다. 그러나 프랑스, 영국, 이탈리아 등의 지도자들은 그의 이상주의를 공유하지 않았다. 윌슨은 유럽 강대국들이 자신의 14개 조항을 받아들이도록 하기 위해 여러 가지 중요 현안문제에서 타협을 하지 않으면 안 되었다. 이러한 타협은 윌슨의 도덕적 입장을 상당히 위축시켰다. 그러나 회의에 참석한 각국의 지도자들은 결국 국제연맹의 창설에 합의했고 이 일로 인해 윌슨은 1920년 노벨 평화상을 받았다. 많은 면에서 양보를 하면서 유럽과 타협을 일궈냈지만, 윌슨은 공화당의 베르사유 조약 시행 유보 주장을 거부했다. 따라서 이 조약은 연방 상원에서 인준 되지 못했고, 미국이 회원국에서 빠진 상태에서 성립한 국제연맹은 본래의 의도와는 달리 너무나 허약하고 효과도 별반 없었다. 그럼에도 이것은 일정하게 성공을 거두었고, 이후 국제연합 창설의 초석을 마련해 주었다.

윌슨 행정부 동안 라틴아메리카 국가와의 관계는 퇴보했다. 윌슨은 라틴아메리카 국가와 평등과 명예를 지키면서 그들과 친밀한 관계를 유지하기를 원했다. 그러나 윌슨의 행동을 지켜본 라틴아메리카 각국은, 그가 과연 라틴아메리카 국가들을 평등하게 생각하며 친밀한 관계를 유지하기 원하는지 확신할 수 없었다. 그는 먼로 독트린의 일방적인 정책에서 상호안보를 보장하는 체제로 바꾸기를 원했다. 그러나 그의 행정부 동안 라틴아메리카에 대한 미군의 군사적 개입이 크게 증가한 상황에서 의심의 눈초리를 피할 수는 없었다. 그는 소요가 발생한 지역에 질서를 회복시키기 위해 멕시코를 두 차례나 침공했으며 아이티, 산토도밍고, 니카라과 등을 점령했다. 그러나 그는 멕시코와의 분쟁을 중재하고자 한 소위 ABC나라(아르헨티나, 브라질, 칠레)의 제안을 수락했다. 1917년 의회는 덴마크로부터 3개 섬으로 구성된 버진 섬의 구입을 승인했다.

멕시코와의 분쟁은 1913년 유혈 쿠데타를 통해 정권을 장악한 멕시코의 후에르타(Huerta) 정부의 승인을 윌슨이 거부하면서 일어났다. 윌슨은 독재자 후에르타를 타도하기 위한 반란에 쓰일 무기의 구입을 허용하고 권고했다. 이에 후에르타 세력이 탐피코 부근에서 일하는 다수의 미국인 선원을 체포하는 사건이 벌어졌다. 윌슨은 후에르타의 사과를 받아들이지 않고 독재자가 성조기에 경의를 표할 것을 원했다. 후에르타가 이 요구를 거절하자 윌슨은 미군을 파견하여 멕시코의 베라크루즈를 점령하였다. 이 과정에서 18명의 미국인이 사망했다. 결국 윌슨은 ABC 나라의 제안을 수용하고 평화가 정착되었다. 후에르타는 사임하고 멕시코를 떠났다. 후에르타를 계승한 베누스티나노 카란자(Venustiano Carranza) 정부는 미국의 승인을 기다렸다. 그런데 이번에는 프란시스코 판초 빌라(Francisco Pancho Villa)가 카란자 정부를 상대로 반란을 일으켰다. 빌라는 리오그란데 강을 따라 들어선 미국인 정착촌을 습격하였고, 이에 많은 미국인들이 전쟁을 요구했으나 윌슨은 당분간 '지켜보면서 기다리는' 정책을 취했다. 1916년 윌슨은 퍼싱(Pershing) 장군을 책임자로 한 원정대를 멕시코 깊숙이 파견하였다. 소규모 전투가 벌어졌으나 확전은 되지 않았다. 판초 빌라를 체포하기 위한 미국 원정대의 권고에 따라 멕시코는 새롭고 급진적인 헌법을 채택했다. 1917년 윌슨은 이 새로운 헌법에 따라 다시 구성된 카란자 정부를 승인했다.

윌슨은 폴란드와 과거 헝가리-오스트리아 제국에 속해 있던 여러 나라의 민주주의 발달을 후원했다. 또한 라틴아메리카에 안정된 정부가 들어설 수 있도록 미군을 배치하였고, 미군은 아직 민주주의의 경험이 없는 나라에 질서를 가져다주었다. 윌슨은 그들의 자치정부를 인정하지는 않았으나, 그들이 경제를 개선하고 도로를 건설하며 위생상태를 개선시키고 나아가 교육을 개선시키고 미래의 민주주의의 발전을 위한 토대를 마련하도록 해주었다. 미국은 1914년에 벨기에에 식량을 제공한 것을 포함하여 전쟁으로 폐허가 된 유럽 여러 나라에 식량·의복·의약 등을 제공했다. 이 같은 노력은 헐버트 후버에 의해 이루어졌는데, 처음에는 민간기구를 통해, 나중에는 윌슨 행정부의 공무원 자격으로 이루어졌다.

언더우드 관세법은 윌슨의 최초의 개혁법안이다. 이는 수입품에 대한 관세율을 평균 25% 정도를 낮추고 많은 품목에서 관세를 완전히 없앤다는 내용이었다. 언더우드 관세법이나 파나마 운하 사용세법 폐지, 독일 잠수함의 중립국 상선 공격 금지조치 등은 세계무역을 증진시키고자 한 윌슨의 노력을 말해준다. 파리에서 보여준 윌슨의 행동은 미국에 대한 세계여론을 긍정적인 방향으로 고양시켜 주었다. 비록 미국상원에 의해 국제연맹의 비준이 거절된 후 윌슨의 명성이 약간 손상을 입기는 했지만 그럼에도 윌슨 행정부 당시의 미국에 대한 인식은, 평화를 사랑하고 공평한 강대국이었다. 또한 세계의 다른 나라들로 하여금 미국을 의존할 수 있는 나라라는 생각을 갖도록 해주었다.

국내의 각종 문제 및 사업에 대한 업무수행 : 15점 6위

윌슨은 국립은행법과 자금 관련 통화법을 개혁하기 위한 입법을 제안했다. 은행업을 하는 이익집단들의 반대에 불구하고 의회는 일반적으로 미국 역사상 가장 효율적인 은행관련 법안으로 알려진 1913년의 연방준비제도법을 통과시켰다. 은행과 통화 관련 법에 대한 윌슨의 개혁, 연방준비제도를 통한 단기 농업융자관련 법, 1916년의 연방농업대부법 등은 미국의 번영을 유지시켜 주었다. 비록 전쟁기의 인플레이션까지는 어쩔 수 없었지만 윌슨은 인플레이션이 지나치지 않도록 수위를 잘 조절하였다.

첫 번째 임기 동안 윌슨은 지금까지 그 어떤 대통령보다 의회를 통해 가장 폭넓은 개혁입법을 추진해 나갔다. 대통령의 주문과 성화에 따라 의회는 1914년에 연방무역위원회를 설치했다. 이는 정부에게 불공정한 무역관행을 조사하고 이 무역을 중단시킬 수 있는 권한을 주는 것이었다. 같은 해 의회는 클레이턴 트러스트 금지법안(Clayton Antitrust Act)을 통과시켰다. 이 법은 정부에게 거대기업의 독점을 막고 불공정한 거래관행을 금지시키는 권한을 주는 것이었다. 또한 윌슨은 선원들에게 보다 안전한 조치를 제공하고 선주와의 관계에서 보다 자유로운 입장을 누릴 수 있는 권리를 부여하는 선원법을 통과시켰다. 1916년에 만들어진 애덤슨 법(Adamson Act)은 철도노동자들의 하루 8시간 노동을 내용으로 한 것이었다. 또 어린이노동법은 어린이들의 노동시간을 한정시켜 주었다.

클레이턴 법에는 노동의 '대헌장'이라 불릴 정도의 여러 혁신적인 조항들이 포함되었다. 이 법에는, 노동조합의 경우 트러스트 반대법을 통한 기소를 면제시켜 주고, 노동분쟁 중에 금지명령을 제한하고 모욕재판에서는 배심원단에 의한 사전판결을 가능케 한다는 내용이 포함되어 있었다. 또한 이 법은 노동자들의 파업과 핏켓팅, 보이콧 권리, 파업수당을 받을 권리를 포함시켰다. 윌슨은 노동부를 창설하는 법안에 서명했다. 최초의 노동부장관에 그는 미국 광산노조의 평노동자 출신인 윌리엄 윌슨(William D. Wilson)을 임명했다.

사실 이 임명은 미국노동총연맹의 권고에 따른 것이었다. 그러나 윌슨의 친노동정책은 급진적인 세계산업노동자단(Industrial Workers of the World : IWW)에게까지는 확대되지 않았다. 1918년 윌슨 행정부는 IWW 지도부를 재판에 회부했다. 이 조치는 당시가 전시였고, IWW가 공개적으로 혁명을 목표로 내걸고 있었다는 점에서 충분히 이해될 수 있는 것이었다. 윌슨은 1919년 미국을 휩쓴 대대적인 파업의 물결 속에서도 파업노동자들을 상대로 연방 차원의 힘을 사용하지 않았다.

윌슨은 대기업의 과도한 행위를 규제하고, 자신의 노동정책, 금융정책, 농업법안 등을 통해 국민의 복지를 추진했다. 분명 국민들은 윌슨의 이러한 '신자유주의'로 경제적인 이익을 보았다. 윌슨의 세금정책은 세금을 내야 하는 사람들에게 고루 부과되었다. 16차 수정헌법을 기초로 최초의 소득세법이 윌슨 행정부 때 만들어졌다. 윌슨은 교육보조금에서 여러 가지의 새로운 연방 자금을 인정했다. 1914년의 스미스-레버 법(Smith-Lever Act)은 연방정부가 윌슨의 농업확충정책 프로그램에 협력하도록 선택된 어떤 주정부의 기여 자금만큼 연방정부의 달러를 대응투자 할 수 있도록 해주었다. 1917년 스미스-휴즈법(Smith-Hughes)은 역시 대응투자의 기본개념 하에 농업, 상업, 산업, 국내 경제, 그리고 공립학교에서의 직업교육을 위한 예산을 확보해 주었다. 이 법은 도로건설 지역에 대응투자의 원리로 자금이 제공된 1916년 연방 고속도로법과 같이 일반적인 복지 신장에 크게 기여했다.

윌슨은 인종문제에서 정의를 실현하는 일에는 크게 기여하지 않았다. 그는 브라이언을 통해 캘리포니아주 입법부에 간섭하였지만 성공하지 못했다. 그는 외국인, 특히 일본인들이 캘리포니아주의 토지소유를 금하는 법의 통과를 방해하고자 했지만 성공하지 못했다. 그는 연방내각의 각 부서와 하부 기관에서 인종차별의 관행을 차단할 수 있는 어떤 일도 하지 않았다.

일생을 통해 윌슨은 누구나 표현의 자유를 누려야 한다는 믿음을 강하게 갖고 있었다. 그러나 미국이 전쟁에 개입하면서 극단적 애국주의와 외국인 혐오사상, 그리고 반대세력에 대한 억압 등이 동시에 나타났다. 방첩법이 통과되고, 보다 강력한 보안법인 선동금지법이 1918년에 통과되었다. 수백

명에 달하는 양심적 반대자들이 양심범으로 체포되어 감옥으로 갔다. 전쟁 동안에는 연방 대법원의 묵인 하에 언론과 출판의 자유가 엄격히 통제되었다. 윌슨은 1918년 전쟁반대 발언으로 물의를 일으킨 유진 뎁스(Eugene Debs)의 투옥에 반대하지 않았다. 윌슨은 종교의 자유를 지지했고, 자신의 인사정책에서 종교를 문제시 삼지 않았다. 그는 최초의 유대인 출신 대법원 판사인 루이스 브랜다이즈(Louis Brandeis)를 임명했다.

윌슨은 억압적인 이민법에 대해 두 번이나 거부권을 행사했다. 그러나 영어를 읽지 못하는 성인에게는 미국 입국을 불허한다는 내용의 1917년 이민법이 윌슨의 거부권 행사에도 불구하고 통과되었다. 윌슨이 이 법에 거부권을 행사한 것은, 법의 실제 목적이 북서 유럽에 비해 읽기와 쓰기 능력이 떨어지는 남동 유럽의 이민들을 차단하기 위한 것이었고 이는 차별대우라고 보았기 때문이다. 윌슨은 국적에 따른 이민의 차별대우에도 반대했다.

여성참정권을 인정하는 수정헌법이 윌슨이 지켜보는 가운데 통과되었다. 윌슨은 아네트 애덤스(Annette Adams)를 법무차관에 임명했는데, 아네트는 정부 고위직인 차관직에 임명된 최초의 여성이었다. 국내외를 막론하고 인권에 대한 강한 지지자인 윌슨은 지위와 신분에 관계없이 모든 사람을 존경으로 대하였다. 그는 모든 사람의 운명을 개선시키고자 노력했다.

행정부와 정부 내에 관련된 업무수행 : 16점 2위(공동)

윌슨은 달성하고자 한 일련의 목적과 목표를 개발했고 이를 달성하기 위한 체계적인 계획을 즉시 개발했다. 그는 취임식 연설에서 자신의 목적을 발표하고, 자신이 제안한 것들을 법제화시키고자 정부조직을 가동시켰다. 대통령에 취임하고 한 달도 되지 않았을 때 윌슨은 의회에 특별회기를 소집했다. 그는 상하 양원에서 동시에 연설을 했는데, 존 애덤스가 같은 방법으로 연설을 한 적이 있었다. 국내의 개혁 분야에서 보여준 윌슨의 계획은 대단히 뛰어났다. 세계평화를 모색하는 그의 장기적인 목표 역시 가장 수준 높은 계획 중 하나였다.

윌슨은 건전한 행정관리상의 원칙에 따라 행정부서를 구성하고 이에 따른 내각을 인선했다. 그는 각 행정부서장에게 각 부서의 책임을 위임했다. 월슨 대통령은 의사전달 수단을 잘 운영하고 효과적으로 내각인사들을 관리했으며 보좌관들과 고문들을 적절히 활용하여 자신이 제안한 내용이 법으로 만들어지도록 했다. 월슨은 자격과 능력이 있는 사람으로 내각을 구성했다. 대통령으로서 월슨은 공로에 따라 인사를 행하고자 했다. 그러나 실제로 정치적 고려를 해야 한다는 것을 잘 알고 있었다. 월슨의 제기에 따라 의회는 두 개의 중요한 독립기구를 만들었다. 하나는 연방준비위원회고 다른 하나는 연방무역위원회였다. 월슨은 이 기구에 강력하고 비당파적인 인물을 인선했다.

월슨은 능력 있는 인물들을 내각 인사로 임명했다. 브라이언은 이상적인 국무장관은 아니었지만, 월슨은 브라이언의 지지 없이는 의회에 대한 통제권을 행사할 수 없다고 보았다. 또한 브라이언은 국무장관 이하의 직책은 받아들이려 하지 않았다. 해군장관 조셉 다니엘스(Joseph Daniels)는 해군 쪽에는 경험이 없었으나 유능한 인물이었고 배와 해군에 대해 익숙한 프랭클린 루스벨트의 보좌를 받고 있었다. 다른 내각 인사도 각각의 분야에서 모두 적합한 선택이었다. 월슨은 자신의 인사기준을 정직성, 성실성, 높은 수준의 도덕성에 두었다고 말했다. 그래서인지 내각 인사들로 인해 월슨의 행정부가 오염되거나 하는 부정사건은 한 건도 없었다. 월슨은 각 내각부서장들에게 충분한 권한을 위임했으며 일의 결과에 대해 책임을 지도록 했다.

월슨은 의사소통에도 뛰어났다. 내각회의에서는 공개적인 토론이 장려되었고, 그 스스로 의회에 자신의 입법 요구를 했다. 그는 정규적인 기자회견을 가진 최초의 대통령이었다. 매일 오후에는 따로 시간을 만들어 두어 약속 없이도 누구든지 잠시 동안의 만남을 가질 수가 있었다. 그는 뛰어난 작가이자 연설가이기도 했다. 언론은 그에게 쉽게 다가갈 수 있었고, 많은 기자들과 편집자들이 월슨을 높이 평가하였다.

뛰어난 행정가였던 월슨은 예산지출을 적절히 통제했다. 이를 위해 그는 각 부서장과 개인적인 관계를 잘 유지했다. 각각의 정부 기관들은 재무장관에게 필요한 예산을 요구했고, 재무장관은 '예산안 서류'를 만들어 이에 대한 평가나 개정 없이 이를 의회로 보냈다. 월슨은 예산 요구에 대한 대통령의 통제권을 행사하고자 했다. 의회가 대통령의 통제를 받지 않는 예산국을 설립하는 법안을 통과시키자 윌슨은 거부권을 행사했다.

첫 번째 임기 동안 윌슨은 자신이 속해 있는 민주당으로부터 압도적인 지지를 받았다. 그 결과 그는 중요하고 혁신적인 안건들을 법으로 만들 수가 있었다. 그러나 두 번째 임기가 끝나갈 무렵 이러한 지지는 상당히 줄어들었다. 그는 첫 번째 임기 동안 공화당으로부터 선택적으로 지지를 받았고 전쟁 동안에는 전쟁에 관련된 법안에 대해서도 공화당으로부터 많은 지지를 받았다. 평화협상이 끝난 후 그와 의회의 관계는 상당히 악화되어 대통령직에 심각한 손상을 줄 정도였다. 의회의 강한 반대 속에서 그의 임기 마지막 2년 동안의 외교정책은 상당한 타격을 받았다.

윌슨은 사법부에 능력 있는 인사를 발탁하고 승인을 받았다. 그가 임명한 사법인사 가운데 루이스 브랜다이즈(Louis Brandeis)는, 지금은 가장 뛰어난 인물로 평가받고 있지만 당시에는 가장 격심한 반대를 받은 인물이었다. 어떤 보수주의 정치가는 후에 자신이 브랜다이즈를 그렇게 반대했던 것을 부끄럽게 여긴다고 말하기도 했다. 윌슨이 임명한 다른 대법원 판사는 제임스 맥레이놀즈(Jamed McReynolds)인데 그는 윌슨 행정부의 첫 법무장관을 지냈고 한때 트러스트 파괴자로 이름을 날렸다. 그는 급진적인 견해를 가진 사람으로 인식되었으나 시종일관 보수적인 판결을 내렸다.

윌슨은 국정의 우선권을 국가에 두었고 모든 일은 항상 국민들에게 최고의 이익이 되는 쪽으로 진행시켜 나갔다. 그러나 공장노동자, 광부, 가난한 농민 등의 이익에는 다소 소홀했다. 윌슨은 '특별한 이익단체'를 상대로 싸웠다. 윌슨은 흑인과 인디언에 대해 소홀했을 수는 있다. 그러나 많은 전임 대통령들이 그러했던 것처럼 이들에 대해 적대적인 것은 아니었다. 비록 윌슨은 특별한 이익단체에 대해서는 강력히 반대하는 입장을 취하였지만, 그렇다고 해서 그들이 한데 뭉쳐 윌슨의 국내개혁 프로그램들을 파괴할 정도로 적대적이지는 않았다. 국민들은 윌슨을 대단히 존경하였고, 그의 고귀한 이상을 존경했다. 국민들은 윌슨의 개혁프로그램에 열렬히 환호를 보냈고, 그가 특별한 이익단체를 이길 수 있었던 원인도 바로 여기에 있었다. 국민들은 윌슨을 중심으로 뭉쳐 대규모 전쟁도 성공적으로 치러냈다. 그러나 평화협상의 실패와 함께 그는 국민들의 지지를 잃었다.

지도력 및 의사결정과 관련된 업무수행 : 14점 9위(공동)

우선 모범적으로 윌슨은 행정관료들에게 영감을 부여하여 높은 수준의 업무 수행능력을 통해 생산적인 노력을 다하도록 했다. 첫 임기 동안 그가 달성한 중요한 국내 목표들은 윌슨을 전후한 다른 대통령에 비해 훨씬 성공적인 것이었다. 윌슨은 카리스마로 뭉친 매력적인 개성을 갖고 있지는 않았다. 그러나 자신이 추구하는 이상과, 이 이상을 실현해 나가는 현실 때문에 많은 국민들이 자신을 믿고 따랐다. 전쟁에서의 승리와 같은 중요한 국가적 목적을 달성하기 위해 윌슨이 연설과 글을 통해 보여주는 전심전력하는 모습은 국민들에게 감동을 주었다. 대통령 취임 초기에 윌슨은 자신의 재능을 이용하여 의회를 설득, 미국 역사상 대단히 중요한 개혁입법을 통과시켰다. 윌슨은 역대의 백악관 주인들 가운데 가장 뛰어난 설득력을 발휘한 문필가이자 연설가 중 한 명이었다. 그는 많은 반대세력에게 자신이 올바른 길을 가고 있다는 것을 인식시켜 줌으로써 그들로부터도 지지를 얻어 냈다. 윌슨은 스스로 높은 수준의 업무수행을 목표로 설정했고 다른 사람들 역시 높은 수준으로 업무를 수행하도록 격려했다.

윌슨은 차갑고 냉담한 인물로 비치기도 했지만 상호간의 존경과 신뢰를 바탕으로 자신의 프로그램을 실현해 나가는 과정에서 상대방으로부터 도움을 이끌어 낼 줄 아는 사람이었다. 윌슨은 자신의 사고와 행동에 대한 이유를 분명히 설명하고, 많은 사람들의 의견에 귀를 기울이고 자신이 듣고 느낀 것을 하급자에게 전달했다. 그러나 전쟁기에 들면서 윌슨의 정책 공개 정도는 형편없이 떨어졌고, 그의 두 번째 임기 말기에 그가 아프고 나서부터는 거의 공개가 되지 않았다.

전쟁 동안 윌슨은 국민들로 하여금 단결케 하고 국가적 목표를 공유케 하는 등 국가적 단결을 이끌어 냈다. 그러나 이 같은 단결심도 평화협상을 전후하여 급격하게 사라졌다. 프랑스, 영국, 이탈리아 등의 외국 정상들은 윌슨을 변하지 않는 현실정치(realpolitik)의 장벽을 인식하지 못하는 순진한 사람으로 여겼지만, 그래도 윌슨의 이상주의와 지성을 존경했다. 평화협상에서 이들 유럽의 지도자들은 어떤 면에서는 윌슨의 주도를 따랐지만 각국의 이해관계가 얽힌 문제에 대해서는 타협 여지 없이 윌슨과 갈등을 겪었다. 이들 강대국 이외의 다른 나라, 특히 유럽에서 새롭게 만들어진 나라들은 대부분의 유럽인들과 같이 열렬한 윌슨 지지자였다. 그는 분명 국제적인 지도자였고 4대 강국(미국 영국, 프랑스, 독일)의 지도자 중 한 사람이었다. 윌슨은 그 이전에 어떤 대통령들보다 더 미국을 국제적인 지도자의 위치로 끌어올리고 또 책임 있는 국가로 만들었다.

윌슨은 미국과 세계가 어떤 방향으로 발전되어 갈지에 대한 명백한 미래비전을 가지고 있었다. 그는 이 미래비전과 자신의 이상이 일치되기를 바랬고 또 그렇게 행동하였다. 그는 미래비전을 달성하기 위한 구체적인 전략을 가지고 그에 따라 행동했다. 그가 꿈꾸었던 미래비전이 충분히 달성되지 못한 것은, 그의 이성과 비전이 잘못된 것이 아니라, 다른 사람들이 이것을 추구하고자 하지 않았기 때문이다.

윌슨은 항상 다양한 선택안을 고려했으며, 어떤 것을 선택하면 그 선택에 대한 각각의 결과에 대해 신중한 판단을 내렸다. 그는 국제연맹을 놓고 공화당의 로지(Lodge)를 중심으로 한 반대세력을 설득할 수 있을 것이라는 잘못된 판단을 내렸다. 이 반대 때문에 결국 연맹은 아무 쓸모도 없는 기구가 되어버렸다. 미국이 빠진 국제연맹이란 윌슨이 희망하였던 이상적인 역할을 해낼 수 없었던 것이다.

윌슨은 미국사뿐 아니라 유럽사에 정통한 학자였다. 대통령으로서 그의 행동은 과거 역사에 대한 폭넓은 지식과 깊은 이해에 기초를 두고 있었다. 그는 세계가 과거의 실수를 반복하지 않기를 바랬으며 이를 위해 노력했다. 그는 자신의 실수를 인정하는 데에는 다소 인색했지만 이런 실수로부터 많은 것을 배우고 또한 다시는 같은 실수를 범하지 않았다. 그는 어떤 일에 대해 재평가를 행하는 제도를 가지고 있지 않았지만, 필요하다고 판단되면 마음을 바꾸어 재평가를 했다. 비록 윌슨은 미국의 전쟁 개입에 강력히 반대했지만, 독일이 잠수함 정책을 바꾸지 않아 할수없이 전쟁에 개입하게 되자 승리를 위해 최선을 다했다. 월슨은 역대 대통령 가운데 가장 뛰어난 지식과 지성의 소유자였다. 그는 자신의 지식과 지성을 이용하여 사건의 상황을 분석하고 해결책을 모색했다.

대통령 월슨은 자신이 추구하는 계획이 승인을 받기 위해서는 일정한 타협이 필요하다는 사실을 알고 있었다. 그러나 절대적인 도덕적 원리까지 희생시키면서 타협을 하지는 않았다. 그는 평화협상을 체결하는 과정에서 연합국 지도자들과 지나치게 많은 타협을 했다는 비판을 받았다. 동시에 상원에서 평화협상을 비준 받는 데 필요한 타협에는 지나치게 인색했다는 혹평을 받았다. 베르사유에서의 결과를 다른 나라로부터 승인받기 위해서는 타협은 절대적이었다. 이것을 국내에서 승인받기 위해서는 더 많은 타협이 요구되었다. 그러나 월슨은 고집불통의 공화당 상원의원들에게 양보하려 하지 않았다.

월슨은 의사를 결정해야 할 상황에 맞닥뜨리면 결과의 심각성에도 불구하고 단호함과 결단력을 결정을 내렸다. 월슨은 유럽에서 전쟁이 발발하는 국제적인 비상사태 하에서도 침착성을 유지했다. 대부분의 국민들은 미국이 좀더 일찍 전쟁에 개입하기를 원했으나, 월슨은 무모하게 행동에 나서기보다는 기다리면서 기회를 포착하였다.

개인적 성격과 도덕성 : 18점 2위(공동)

월슨은 항상 최고의 권위를 가지고 행동했다. 그의 처신과 행동은 대통령직에 잘 어울렸다. 국민들은 월슨을 자랑스럽게 생각하였고 이 위대한 사람이 자신들의 대통령이라는 사실에 자부심을 느꼈다. (1918년 이런 상황이 바뀌어 갔다.) 그러나 전쟁이 끝난 당시에는 업적 때문에 미국의 대통령직은 국내는 물론 국외에서도 많은 존경을 받았다.

각종 국내 개혁, 특히 교육과 고속도로 건설 프로그램 같은 대응투자 프로그램을 통해 월슨은 공공복지를 향상시킴으로써 대통령의 권한을 신장시켰다. 전쟁기에 그에게 주어진 과도한 권력은 일시적인 것으로 영구적이 아니었다.

이는 미국인과 미국 대통령이 미래의 위기에 대처하는 선례가 되었다.

월슨은 자신이 국민의 대통령이라는 점, 대통령이 특별한 이익단체에 반대하고 그들의 편에 서 있다는 점을 국민들에게 효과적으로 확신시켰다. 월슨은 연설과 글을 통해 국민에게 다가갔다. 많은 언론들은 그의 짧은 연설을 그대로 인쇄했다. 그는 간결한 언어로 자신을 분명히 표현하는 재능을 가지고 있었다. 그는 뇌졸중인 상태였음에도 불구하고 국제연맹에 대한 지지를 얻기 위해 전국을 여행했다. 아마도 그는 자신이 국민드에게 직접 국제연맹의 필요성을 설명하면 그들이 이를 받아들일 것이고, 이것이 상원을 압박하여 연맹을 인정하게 만들 것이라고 생각했던 것 같다. 그러나 이는 잘못된 생각이었다. 불행하게도 월슨은 건강이 더욱 악화되어 더 이상 활동을 할 수가 없게 되었다.

월슨은 확고한 도덕적 가치와 원리를 바탕으로 행동했다. 역대 미국 대통령 가운데 월슨의 도덕적 가치와 원리를 능가하는 대통령은 없었다. 그는 엄격한 도덕적 규범을 추구했다. 그의 개인적인 정직에 관해서는 비난할 거리가 전혀 없다. 다른 사람을 희생으로 삼아 사적인 이익을 추구한 적이 단 한 번도 없으며 다른 사람들 역시 이 원칙을 따라야 한다고 굳게 믿었다. 월슨은 자신이 임명한 사람들이 높은 도덕적 기준과 정직성을 가지고 행동할 것을 요구했다. 월슨이 대통령으로 있던 동안 그의 행정부를 더럽힐 만한 스캔들은 한 건도 없었다. 월슨은 일생을 통해 보여준 높은 수준의 개인적 도덕성으로 대통령직의 명예를 드높였다.

종합평가 : 76점 3위(공동)

모든 평가 영역에서 월슨은 상위 10위권 안에 들었다. 그의 전체 점수는 76점으로 공동 3위를 차지했다.

워렌 하딩
Warren G. Harding | 1921~1923

	평가점수	평가등수
외교를 비롯한 대외관계와 관련된 업무수행	7	26(공동)
국내의 각종 문제 및 사업에 대한 업무수행	2	26
행정부와 정부 내에 관련된 업무수행	-2	29(공동)
지도력 및 의사결정과 관련된 업무수행	-5	35
개인적 성격과 도덕성	-1	35
종합평가	1	33

배경

워렌 하딩은 1865년 12월 2일 오하이오주 코르시카(현재는 블루밍 그로버) 근처의 한 농가에서 태어났다. 교실 한 칸짜리 학교에서 공부하다 후에 칼도니아에 있는 공립학교에 다녔다. 어린 시절 그는 집안의 허드렛일을 돕고, 그의 아버지가 일부 소유자로 되어 있는 주간 신문『칼도니아 아르구스』(*Caldonia Argus*)에서 조판 일을 배웠다. 14세가 되자 오하이오 중앙대학에 들어갔고 1882년 졸업식 때는 학생대표로서 졸업식 연설을 했다. 졸업 후 오하이오 마리온 근처에 있는 교실이 하나밖에 없는 학교에서 한 학기 동안 교편을 잡았다. 신문업에 발을 들여놓기 전에 법률서적을 많이 읽었으며 보험 세일즈를 하기도 했다. 1884년 그와 두 친구는 300달러를 주고 파산직전에 처한 주간지『마리온 스타』(*Marion Star*)를 사들였다. 얼마 후 그는 두 친구들로부터 지분을 사들여 이 신문사를 단독으로 소유하게 되었고, 이를 발전시켜 수익성 있는 주간지로 만들었다. 1892년 지역 감사원에 출마했다가 낙방하고, 1899년에는 오하이오주 상원의원에 출마하여 향후 20년 이상 그의 정치적 조언자가 될 해리 도허티(Harry Daugherty)의 도움으로 당선되었다.

주 상원의원으로 두 .번에 걸쳐 연이어 의원직에 있는 동안 그는 다수당의 지도자가 발돋움하였다. 1903년 오하이오주 부주지사에 당선되고, 1910년에는 오하이오주 주지사 공화당 후보로 출마했으나 민주당 후보인 제임스 콕스(James M. Cox)에게 압도적인 차이로 패배했다. 1912년 하딩은 공화당 전국위원회 대의원으로 활동하고 여기에서 태프트를 공화당 대통령 후보로 지명했다. 1914년 오하이오주 연방 상원의원에 당선되었으나, 상원의원으로 있으면서 자신이 발의한 중요 법안은 하나도 없었으며 6년 동안 의원 회의에 거의 절반 이상이나 참석하지 않았다. 1916년에 공화당 전국위원회의 의장으로 기조연설을 하고, 정치적으로 경력을 쌓으면서도 여전히 그는 『스타』의 편집자이자 출판업자였다.

대통령 후보 지명과 선거

1920년 공화당 전당대회가 열렸을 때 대통령 후보 지명에 나선 유력한 후보는 레오나르드 우드(Leonard Wood) 장군, 일리노이 주지사 프랭크 로던(Frank O. Lowden), 캘리포니아주 연방 상원의원 하이엄 존슨(Hiram Johnson)였다. 하딩은 다크호스로 여겨졌으나 그의 입후보는 그의 아내와 도허티에 의해 강력히 추진되었다. 대통령 후보자 결정선거 1차 투표에서 우드가 1위를 했고 당시까지만 해도 하딩은 6위에 지나지 않았다. 투표가 하루 종일 계속되었고 선두그룹 중 그 누구도 다수표를 확보할 수 없다는 사실이 분명해졌다. 전당대회는 밤까지 연기되었다. 이때의 상황을 설명하는 전설적인 이야기가 하나 있다. 공화당의 지도자 그룹이 새벽 2시까지 블랙스톤 호텔의 연기 자욱한 방에 모여 다크호스 후보인 하딩을 지지함으로써 고착상태에 빠진 전당대회를 이끌어 가기로, 했다는 것이다. 그리고 이렇게 되리라는 것을 도허티가 미리 예상했다는 것이다. 다음 날 제10차 투표에서 하딩이 공화당 대통령 후보로 지명되었다. 부통령 후보로는 보스턴 경찰관 파업을 통해 국민들에게 이름이 많이 알려진 매사추세츠 주지사 출신의 캘빈 쿨리지가 지명되었다. 민주당은 오하이오 주지사 제임스 콕스(James M. Cox)를 대통령 후보로, 프랭클린 루스벨트를 그의 러닝메이트로 지명했다. 이 선거는 윌슨 행정부와 국제연맹에 대해 그 성공 여부를 국민들에게 물어보는 일종의 평가와도 같았다. 콕스는 이 두 가지 쟁점에 대해 전심전력으로 지지를 표했다. 그러나 하딩은 고향 마리온에 머물면서 소위 '현관 선거운동'을 했는데, 그곳에서 고관대작을 만나고 연설을 했다. 그는 국제연맹에 대해서는 비난을 가했지만 앞으로 국가 간의 협조를 통해 일을 추진해 나가겠다고 약속했다. 그는 '정상으로의 복귀'를 약속하면서 국내문제에 대해서는 특별한 언급을 회피했다.

선거는 공화당의 압도적인 승리로 끝났다. 하딩은 일반투표에서 60% 이상의 지지를 받았다. 선거인단 투표에서도 하딩은 콕스의 127표에 비해 404를 확보했다.

외교를 비롯한 대외관계와 관련된 업무수행 : 7점 26위(공동)

하딩은 외교관계에서 일정하게 성공을 거두었다. 그가 행정수반으로 있는 동안 1차 세계대전을 공식적으로 끝내는 평화조약이 체결되었다. 또한 9개국 대표가 참석하는 무기감축회의가 워싱턴에서 열려, 5대국―이탈리아, 일본, 영국, 프랑스, 미국―협정이 체결되었다. 이러한 모든 노력은 평화를 만들어 내거나 평화를 유지하기 위한 의도된 조치였고 이는 일시적으로 성공을 거두었다. 하딩은 역시 코스타리카와 파나마 사이의 갈등, 또 칠레와 페루 사이의 갈등을 해결하는 데 도움을 주었다.

하딩은 비록 국제연맹을 반대했지만 워싱턴 군축회의와 5대국 협정에서 보여주었듯이 국제적 협력에 대해 호의적이었다. 그는 미국과 라틴아메리카 와의 관계를 크게 개선시켰다. 그는 국제연맹을 대치할 수 있는 국가 간의 자발적인 협조체제를 권고했지만, 이를 실현하기 위한 어떤 조치도 취하지 않았다. 하딩 대통령은 외국 정부의 대부분의 수반들과 좋은 관계를 유지했다. 그러나 의회를 설득하여 소련정부를 인정하게 할 수는 없었다. 또한 연방 의회의 비타협적인 성향 때문에 그는 국제연맹에도 협조를 하지 못했다. 그렇지만 그는 국제적인 협력관계를 신장시키는 데 적지않은 역할을 했다. 하딩은 쿠바와 산토도밍고에서 군대를 철수시켰다. 그러나 철수를 하기에는 여전히 너무나 불안한 곳이었던 하이티에는 군대를 그대로 유지시켰다. 그는 1903년의 파나마 혁명기 때 미국의 개입에 대한 배상으로 2천 5백만 달러를 주는 내용이 들어 있는 조약을 콜롬비아와 체결했다(이 조약에는 미국의 개입에 대한 유감의 표현도 들어 있었으나 상원에서 비준을 받기 위해 삭제해 버렸다). 그는 역시 중앙아메리카 여러 국가들 사이의 갈등을 중재하기 위한 사법재판소의 설치를 이끌어 내기 위해 협상을 소집하기도 했다.

비록 미국은 그 어떤 동맹관계에 가입하지는 않았지만, 하딩은 라틴아메리카에서 지역동맹을 형성하는 데 도움을 주었다. 또한 그는 여러 지역에서 긴장 해소에 도움을 주어 다른 나라와 협력하고자 애를 썼다. 워싱턴 군축회의는 긴장 완화에 단기적으로는 도움이 되었지만 장기적으로는 그렇지 못했다. 일본이 이 협정을 어겼기 때문이다. 하딩의 행동은 미국에 대한 라틴아메리카의 평가를 높였다. 세계 여러 곳에서 보이는 그에 대한 평가는 복합적이지만 대체적으로는 긍정적인 평가를 받고 있다.

하딩의 승인으로 의회는 고율의 새로운 보호관세법인 포드니-매큠버법(Fordny-McCumber Act)을 만들었다. 이 같은 고율 관세는 비록 미국 경제의 어떤 부분에는 일시적으로 이익이 될 수 있었으나 장기적으로는 미국 경제발전에 해를 끼치는 것이었다. 심지어 고율 관세를 열심히 주장한 농촌사회에서도 이 고율 관세는 손해를 주었다. 결국 이 관세는 세계무역의 발달에도 손해를 입혔다.

국내의 각종 문제 및 사업에 대한 업무수행 : 2점 26위

제1차 세계대전 동안과 그 직후에 인플레이션이 발생했다. 전쟁이 끝나고 하딩이 당선된 지 얼마 안 된 1920년 봄 갑자기 미국 경제에 디플레이션이 찾아왔고, 따라서 하딩은 이전 행정부로부터 경기침체라는 유산을 물려받아야 했다. 경기회복은 하딩 대통령이 사망할 무렵 시작되었다. 경기회복에 대해 그의 정책이 얼마나 도움이 되었는가에 대해서는 논쟁의 여지가 있다. 그의 정책의 기본은 조금씩 조금씩 일을 해결해 가는 트리클다운(trickle-down)

방법이었다. 말하자면 투자를 장려하기 위해 부자들에게 세금을 삭감시켜 경제에 자극을 주는 것이다. 그의 농가대부법은 농촌지역의 침체를 완화시키는 데 도움을 주었지만, 이보다 훨씬 많은 돈을 필요로 했다. 농무부 장관 헨리 월리스(Henry C. Wallace)의 요구와 대통령 하딩의 지지에 따라 연방의회는 반독점법-팩커스와 스톡야드 법-을 통과시켰다.

하딩은 노동조합에 반대하는 입장이었다. 그는 새뮤얼 곰퍼스(Samuel Gompers)를 너무나 싫어했다. 그의 법무장관은 연방판사에게 파업중인 철도 노동자들에 반대하여 부당하고 억압적인 금지명령-월커슨 금지명령(Wilkerson Injunction)-을 발하도록 시켰다. 그러나 하딩은 철강산업자들에게 압력을 가하여 하루 12시간 노동으로 줄이게 함으로써 노동자들에게 도움을 주었다. 또 그는 단체교섭, 특히 노동조합에 의한 강제적 위협에 의하기보다 경영자들의 자발적인 행동에 의해 노동조건을 개선시키고자 했다.

하딩은 실업이란 연방정부의 고용 프로그램보다 자발적인 수단, 즉 기업의 경영자와 주정부나 지방정부의 협력을 통해서 완화될 수 있다고 생각했다. 하딩은 연방 복지 프로그램이나 반빈곤 프로그램 같은 것은 한 번도 수용하지 않았다. 비록 그가 건강, 교육, 안전, 또는 국민복지 등을 신장시키기 위해 정부의 모든 권력을 사용하지는 않았지만 여성과 어린이의 건강을 위한 방안인 세파드 타우너 법안(Sheppard Towner)을 지지했다.

하딩의 경제정책은 1923년에 시작되는 경기회복에 일정한 역할을 한 것으로 보이지만 확실하지는 않다. 경제 부분에서 그의 중요한 기여는 연방 예산국의 신설이다. 처음에 연방예산에 대한 생각은 윌슨 행정부 때에 주창되었다. 연방의회 예산에 대한 법안을 통과시켰는데 이에 대해 윌슨이 거부권을 행사하였던 것이다. 이후 하딩이 대통령이 되고 이 법안에 대한 요구가 계속되어 연방의회는 연방예산에 대한 보다 많은 통제권을 대통령에게 부여하는 법안을 통과시켰고, 하딩이 여기에 서명을 했다. 이 법안의 부정적인 면은 무엇보다 상류계급이 지고 있었던 납세 부담을 중산계층의 납세로 바꾸었다는 데 있다.

하딩은 인종에 대한 관용정책과 인종차별의 종결을 요구했다. 그러나 한편으로는 남부와 남동부 유럽지역에서 들어오는 이민을 억제하기 위해 차별적인 정책이 적용되는 소위 퍼센트법(Per Centum Act)을 지지했다. 하딩은 여성의 참정권을 적극 지지했고 공화당에 대한 여성유권자들의 지지를 확보하고자 노력했다. 그러나 하딩은 정작 정부 내의 중요 요직에는 단 한 명의 여성도, 단 한 명의 소수 인종도 포함시키지 않았다. 심지어 대통령에게 이를 요구하는 흑인 지도자들을 향해 자격을 갖춘 적격자를 찾기 어렵다는 이유를 대면서 고려의 대상으로 삼지도 않았다. 그러나 그는 버밍햄의 한 연설에서 흑인에게 참정권을 허락하지 않은 남부인을 비난했으며 그들에 대한 경제적·교육적·정치적 차별을 끝낼 것을 요구했다. 또 한편으로 그는 사회적 평등을 불가능하게 만드는 '영원하고 피할 수 없는 차이'가 존재한다고 말했다.

언론의 자유를 지지하였던 하딩은 적색공포 기간 동안 극단주의자들과 행보를 달리하였다. 그는 보안법인 선동금지법을 위반하여 구속된 유진 뎁스(Eugene Debs)와 떠돌이 노동자라는 의미인 워블리(Wobblies)를 포함한 다른 정치범들을 석방했다. 그는 전쟁기에 정치범으로 투옥되었던 사람들을 거의 석방시켰다. 하딩은 독실한 종교인은 아니었다. 그는 종교적 자유를 지지하기는 했지만 이를 신장시키기 위한 어떤 특별한 조치를 취하지는 않았다.

행정부와 정부 내에 관련된 업무수행 : −2점 29위(공동)

대통령의 임기를 막 시작하면서 하딩은 연방의회에서 특별 연설을 빌어 자신의 행정부의 목표를 발표했다. 그러나 그는 이러한 목표를 달성하기 위한 어떤 조직적인 계획도 갖고 있지 않았다. 장기적인 계획에 관해서는 거의 무관심했고, 바로 눈앞에 닥친 것에 더 많은 관심을 표명했다.

하딩은 정상적인 행정의 원리에 따라 행정부를 조직하고 인사를 단행했다. 그는 연방 예산국을 신설하고 총체적인 예산을 작성하여 연방의회에 제출한 최초의 대통령이었다. 그는 교육, 대중 건강, 위생 등의 분야에서 연방정부의 활동을 확대시키기 위한 공공복지부의 신설을 제안했다. 그러나 그 실현을 위해서는 아무일도 하지 않았다. 그는 재향군인회를 창설했는데, 이는 하딩이 회장으로 임명한 재향군인회 회장 때문에 스캔들로 가득한 조직이 되었다. 농업부분으로 대표되는 압력단체의 요구에 부응해서 하딩은 연방준비제도 이사회의 구성을 바꾸었다. 그는 주간통상위원회가 주간 거래상의 각종 세금을 줄이도록 시도했지만 실패했다.

하딩이 선정한 사람들 가운데 몇몇은 매우 뛰어난 인물들이었다. 국무장관인 찰스 휴즈(Charles Evans Hughes), 상무상관 헐버트 후버(Herbert Hoover), 농무장관 헨리 윌리스(Henry Wallace)는 하나같이 최상급에 속하는 사람들이었으며 적절한 자리에 배치되었다. 이들은 정직하고 식견이 있었으며 국민의 충복으로서 헌신하였다. 물론 이들 가운데 후버와 윌리스 같은 경우는 불미스러운 경마도박에 개입하기도 했지만. 그러나 이들을 제외하면, 하딩이 선택한 다른 인사들은 그야말로 비극 그 자체였다. 이들 때문에 하딩 행정부는 온통 더러운 스캔들로 얼룩졌다.

대부분의 경우, 하딩은 선발한 인사들에게 적절한 역할을 부여하고 그들이 맡은 바 임무를 제대로 수행할 수 있도록 그에 걸맞는 권위를 부여해 주었다. 하딩은 그들에게 대통령이 우선적으로 처리해야 할 문제에 관심을 갖고 명백한 목적과 목표를 개발할 것을 요구하지 않았다. 그는 자주 임명한 인사들에게 충분한 방향을 설정해 주지도 않고 그들의 일에 대해서 감독도 하지 않은 채 느슨한 상태로 내버려두었다. 아마도 이것이 하딩 대통령을 보잘 것 없는 대통령으로 만든 핵심적 원인이 아닌가 생각한다. 그의 행정부에서 일하고 있던 많은 사람들은 부적절하고, 정직하지 못하며, 불법적인 활동에 개입했다. 하딩은 이러한 부당한 활동이 국가에 미칠 피해를 막기 위해 그들을 잡아들이지도 않았고 더 이상 나쁜 짓을 못하도록 막지도 못했다. 하딩 정부에 대한 국민의 확신은 그가 사망하고 난 후 그의 행정부 동안에 발생한 여러 스캔들이 폭로되면서 산산조각 나버렸다.

하딩은 내각의 구성원들에게 자신의 국정 방향을 거의 알리지 않았다. 예들 들어 도허티가 주도하고 대법원 판사 월커슨이 참석한 모임이 있는 그 날 내각회의를 열었음에도 불구하고 하딩은 이 내각회의에 대해 아무말도

하지 않았다. 따라서 내각의 구성원들은 신문 기사를 읽고 난 후에야 비로소 금지명령이 내려졌다는 사실을 알았다. 하딩은 정책 형성과 의사 결정에서 내각인사들의 전체적인 의견을 듣기보다 주로 사적인 대화 통로를 이용하였다. 그는 상원의원에서 곧바로 대통령이 되었음에도 불구하고, 또 많은 국민들이 강력한 상원의원들이 실질적으로 정부를 운영해 주기를 기대하였음에도 불구하고, 심지어 하딩이 타협에 능하다는 평판을 듣고 있었음에도 불구하고 그는 의사를 결정하기 전에 의회와 대화를 하지 않았다.

그러나 하딩 대통령은 연설과 글로 쓴 교서를 통해 국민들과 의회에 여러 가지 국정을 알렸다. 그는 두 명의 루스벨트 대통령 사이에 낀 어떤 대통령들보다 많은 기자회견을 가졌고 기자들과는 우호적인 관계를 유지했다. 하딩은 언론과 특별한 관계를 유지하였을 뿐만 아니라 전국의 대부분의 신문 사설에서 긍정적인 지지를 받기도 했다.

의회 내 공화당은 하딩이 제출한 대부분의 안건에 지지를 보냈다. 그러나 의회는 대통령이 가장 우선적으로 처리해야 한다고 주장한 선박회사에 보조금을 주는 법안에 대해서는 지지를 하지 않았다. 또한 대통령이 우선적으로 처리해야 한다고 하는 여러 사소한 것들에 대해서도 지지를 하지 않았다. 심지어 의회 내 소집단의 고립주의자들과 공화당 혁신주의자들은 대통령에 대해 노골적인 반대를 표시했다. 민주당은 말할 것도 없이 하딩이 제안한 거의 모든 안건에 반대했다. 그러나 민주당이 하딩의 모든 제안을 패배시킬 수는 없었다. 비록 공화당과 민주당은 확연히 구분된 외교정책을 갖고 있었지만, 중요한 외교정책과 관련한 하딩의 제안에 대해서는 양당이 제휴하여 지지를 보내 주었다.

하딩이 임명한 대법원 판사는 모두 능력과 자질을 갖춘 사람들로 아주 보수적이었다. 그가 임명한 하급법원 판사들 역시 예외없이 인정되었다. 특히 대통령을 지낸 윌리엄 태프트를 대법원 판사에 임명한 것은 많은 지지를 받았다. 판사 서드랜드(Sutherland)와 버틀러(Butler)는 후에 프랭클린 루스벨트가 추방한 9명의 원로 중 두 명이었다.

하딩과 대부분의 기업 이익집단은 일반적으로 볼 때 동일한 견해를 공유하고 있었기 때문에 협력을 했다. 그러나 노동조합은 전반적으로 하딩을 좋아하지 않았다. 하딩은 농업국으로부터는 많은 지지를 받았지만 다른 농업단체로부터는 늘 적지 않은 반대에 부딪혀야 했다. 하딩은 자신의 행정부를 출발시킬 즈음 일반 국민들로부터 많은 지지를 받았다. 그는 늘 정답고 상냥한 태도를 취했고 젠체하는 것을 싫어했다. 그러나 그러한 인기는 계속되는 경기침체 속에서 계속 줄어들었다. 물론 경기의 회복 조짐과 함께 다시 인기가 회복되는 기미가 있었다. 일반 국민의 대통령에 대한 존경 정도를 보면, 대체로 국민들은 그를 위대한 인물로는 보지 않았다. 그러나 스캔들이 폭로되기 전까지는 그래도 하딩에 대해 대체적으로 만족하는 편이었다. 하딩이 죽은 후 그에 대한 존경은 완전히 사라졌다. 하딩은 오늘날 미국 대통령들 가운데 가장 존경받지 못하는 대통령 중 한 사람으로 평가받고 있다.

지도력 및 의사결정과 관련된 업무수행 : -5점 35위

하딩은 원기왕성하고 창조적인 지도력을 발휘하지 못했다. 비록 그는 열심히 또 오랫동안 일했지만 느슨하여 긴장감이 결여되어 있었다. 그의 태평스럽고 놀기 좋아하는 태도를 보면, 다른 사람들은 그에게서 어떤 영감을 받지 못했으며 생산적인 활동에 나설 어떤 자극도 받지 못했다. 더군다나 카리스마가 절대적으로 부족했기 때문에 하딩은 국민들에게도 전혀 영감을 주지 못했다. 국민들은 전쟁이 끝나고 대통령과 그들이 이전과는 다른 새로운 방향으로 나아가기를 원했기 때문에 일시적으로 그를 따랐던 것이다. 하딩에게는 미래 비전이 없었다. 단지 막연하게 평화와 번영을 원하였으며, 전쟁이 없는 세계를 원하고 있었을 뿐이다. 그러나 당시에는 이것만으로도 하딩이 대통령이 될 수 있는 충분한 조건이 되었다. 평화를 위한 대통령의 전략은 무기감축과 분쟁지역의 조정을 위한 중재 정도였다. 번영을 위한 그의 전략은 세금을 줄이고, 관세를 높이고, 기업인에게 믿음을 주는 그런 종류의 것이었다. 그가 잠시 동안 대통령직에 있으면서 결코 많은 일을 하지 않았지만, 그럼에도 불구하고 그로부터 생겨난 재앙은 오랫동안 계속되었다.

하딩은 설득력이 부족한 사람이었다. 그에게는 자신이 선택한 과정이 올바르다는 것을 다른 사람에게 확신시켜 줄 그런 조리있는 말솜씨가 없었다. 그가 국민들로부터 약간이나마 인기를 얻었을 때는 자신과 국민 사이에 의견일치가 이루어졌을 때 정도였다. 하딩은 영감을 부여하는 고무적인 지도자가 아니었다. 따라서 그는 국민들은 어떤 감동과 영감도 주지 못했고, 국민들로부터 국가의 중요한 목표를 위한 희생을 이끌어 낼 수도 없었다. 그러나 그가 행한 연설 중 이것만은 기억할 만하다. "여러분의 정부가 여러분을 위해 무엇을 해줄 것인가를 묻지 말고, 여러분들이 여러분의 정부를 위해 무엇을 해줄 것인가를 물어라"(일반적으로 이는 케네디가 한 말로 알려져 있으나 원래는 하딩이 한 말이다. 40년 후 존 F. 케네디는 보다 격조 높은 언어로 이 말을 해 많은 반향을 불러일으켰다). 그러나 하딩이 대통령이 될 당시의 미국 국민들은 1차 대전 동안의 희생과 총력적인 노력으로 너무 지쳐 있었다. 그들은 하딩이 말한 '정상'(nomalcy)으로 되돌아갈 준비를 하고 있었다.

고분고분한 성격의 하딩은 다른 사람의 감정에 극도로 신경을 썼고, 다른 사람들이 자신을 좋은 사람으로 보아주기를 몹시 갈망했다. 그는 너무나 오랫동안 주저하다가 자신의 믿음을 저버린 사람을 해고하지 못했다. 하딩은 일부 하급자에게 자신의 행동에 대한 이유를 설명했으며, 그들로부터 의견을 들었다. 그러나 그는 결코 모든 문제에 대해서 모든 하급자를 대상으로 하지는 않았다. 그는 자신의 의견에 반대하는 사람들과 주고받는 토론에 관여할 수는 있었다. 대통령으로서 그의 가장 큰 실패는 높은 수준의 업무수행을 행하지 못했다는 점과, 하급자들에게 도덕적으로 또 높은 수준의 전문성을 가지고 행동하도록 요구하지 못했다는 점이다.

당시 국민들은 국제연맹을 둘러싸고 갈등을 겪고 있었기 때문에 국가는 하딩을 중심으로 뭉치고자 했다. 국민들은 정상으로 돌아가고 싶어했고 돌아갈 준비도 되어 있었다. 국민들은 하딩이 원하는 평화와 번영을 원했다.

의사를 결정하기 전에 하딩은 하나 이상의 선택을 고려했다. 그러나 그는 자신의 결정이 가져올 눈앞의 결과에만 급급했다. 그는 예측하지 못한 다양한 행동 과정과 결과에 대해서는 능동적으로 대처하지 못했으며, 그러기 위한 상상력이 절대적으로 부족했다. 하딩 대통령은 항상 자신이 원하는 행동을 몇몇 측근 조언자들의 도움을 받아서 했다. 만약 자신의 행동이 어떤 반대에 부딪히게 될 경우, 자신의 결정을 보충하려 했고, 또는 만족할 만한 타협점을 찾기 위해 일반 대중을 포함하여 다른 사람들과 같이 행동하고자 했다.

하딩은 역사를 통해 아무것도 배우지 못했다. 그는 그랜트가 대통령으로서 저지른 똑같은 종류의 실패를 저질렀다. 이전의 대통령들의 경험과 그들의 업적과 실패에 대해 조금이라도 공부하고 그 역사적 의의를 되새겼더라면 그는 자신의 행정부를 부패로 물들게 한 더러운 스캔들로부터 피할 수 있었을 것이다. 하딩은 항상 자신이 무엇을 잘못했는지 제대로 알지 못했다. 사실 도허티를 법무부 장관으로 쓰지 말았어야 했으며, 대통령의 가장 가까운 조언자 중 한 사람으로 두지 말았어야 한다는 사실을 일찌감치 깨달았어야 했다. 그는 이런 것을 제대로 인식하지 못했을 뿐만 아니라, 자신의 옛 친구들을 너무나 오랫동안 적절치 못한 자리에 앉혀 두었다. 하딩은 어리석은 사람은 아니었다. 그는 착한 마음을 가지고 있었다. 그러나 그러한 착한 마음을 제대로 사용하지를 못했다. 일에 대한 분석이라든가 심사숙고 같은 것은 그에게 해당되지 않는 말들이었다. 하딩은 자신의 프로그램에 대해 지속적으로 아니 간헐적으로라도 평가를 하지 않았다. 심지어 그의 프로그램을 변경해야 할 때도 그러했다. 그러나 그가 대통령직에 있었던 것은 2년 반뿐이었으므로 이에 대한 평가는 다소 유보적이라 할 수 있다.

하딩은 항상 논쟁을 피하기 위해 기꺼이 타협을 했으며 다른 사람의 지지를 얻기 위해 자신의 주장을 포기했다. 많은 역사가들은 그가 지나치게 타협에 열중했다고 지적한다. 그러한 그도 어떤 중요한 원칙에 대해서는 고집을 세웠다. 특히 국가가 제공할 필요가 없다고 본 재향군인 보너스 법안에서 그러했다.

비록 하딩은 가능한 한 어떤 논쟁도 피하고 싶어했고, 또 일단 문제가 발생하면 그것이 저절로 해결되기를 기대하며 자주 자신의 행동을 연기했지만, 필요하다고 생각되면 어려운 결정을 내리는 용기를 가지고 있었다. 또 그는 자신이 승리할 수 있는 기회를 가졌다고 생각하고 자신에게 중요하다고 여겨지는 것에 대해서는 태도를 확고히 하는 용기를 갖고 있었다. 논쟁을 피하고 싶어했던 것은 용기가 부족해서가 아니었다. 그것은 그의 스타일이었다. 그는 모든 사람들이 자신을 좋아하기를 원했으며 모든 사람들과 같이 손잡고 나아가기를 원했다.

하딩은 비상사태와 어려운 처지에 놓일 경우 침착성을 유지하는 힘이 턱없이 부족했다. 위기나 해결하기 곤란한 문제에 직면하면 좌절하는 경향이 역력했다. 심지어 법무장관 도허티가 파업중인 철도노동자들을 상대로 윌킨슨을 시켜 금지명령을 내리게 한 것과 같이, 다른 사람들에게 경솔한 결정을 내리도록 하는 실수를 저지르기도 했다.

개인적 성격과 도덕성 : -1점 35위

하딩 대통령은 공적으로는 위엄 있는 모습으로 생활했다. 그러나 사적인 생활에서는 위엄과는 거리가 멀었다. 정직하지 못한 하급자들에게 충분히 통제권을 행사하지 못한 결과, 그는 대통령직의 품위를 떨어뜨렸다. 각종 스캔들이 폭로될 때까지 그래도 국민들은 비록 위대하지는 않지만 하딩을 영감을 주고 비전을 주는 지도자로 보고 자신들의 대통령에 대해 일정하게 자부심도 가지고 있었다. 이는 비범하지 않고 평범한 사람일지라도 좋은 일을 행할 수 있다는 증거이기도 하다. 1920년 초까지만 해도 미국은 하딩이 세계적으로 미국을 대표하는 인물로서 등장하는 것을 기꺼이 인정했다. 물론 그 뒤에 폭로된 스캔들은 이러한 생각들을 여지없이 파괴시켜 버렸다.

하딩의 정치철학은, 대통령의 권한은 확대될 수 없다는 것이었다. 그는 헌법상에 보장되어 있는 권력의 분산을 믿었으나, 스캔들은 대통령직의 위상을 결국 약화시켰다.

하딩 대통령은 전쟁 동안 윌슨보다 더 국민들이 가까이 다가올 수 있도록 허락했다. 뿐만 아니라 하딩은 신앙심 깊고 내내 성인군자연하는 윌슨보다 국민들과 더 친하게 지냈다. 그러나 하딩이 국민들과 친하게 지내면서 그들을 통해 받았던 정보들을 신중히 고려했는가는 분명하지 않다. 다만 그는 국민들로부터 인기 있는 대통령이 되고 싶어했고 정치를 펴는 데 있어 국민의 의견을 고려한 대통령이었다. 하딩은 사귀기 쉽고 친해지기 쉬운 사람이었다. 그는 결코 허풍을 떤다거나 딱딱한 그런 사람이 아니었다. 국민들은 그들의 대통령이 특정 엘리트에 속하는 것이 아니라 국민의 한 사람이라고 생각했다. 중산층은 그들의 대통령이 자기들 편이라고 생각했다. 적어도 하딩의 하급자들이 사적인 이익을 누리기 위해 교묘한 수단으로 국가를 속였다는 사실을 알기 전까지는 말이다.

하딩은 국민들과 접촉할 때 많은 종류의 공식적·비공식적인 대화창구를 이용했다. 라디오를 사용할 수 있게 된 최초의 대통령이었던 하딩은 이 새로운 상품으로부터 많은 이점을 누렸다. 그는 치명적인 알래스카 여행을 떠나기에 앞서 장기간에 걸쳐 여행하면서 연설을 위해 전국일주에 나서기도 했다. 이러한 여행으로 인한 극도의 피로감은 그를 죽음으로 내몬 중요한 원인이 되었다.

하딩은 특별하고 확고한 도덕적 가치나 원리를 가지고 있지 않았다. 종교, 도덕적 원리, 그리고 철학 등은 그의 인생에서 큰 역할을 하지 않았다. 하딩은 자신이 그것을 지키겠다고 말했을 때만 그것에 대해 가치를 두었다. 충성은 하딩이 가장 높게 보는 가치 중의 하나였다. 그러나 불행히도 그는 이 충성을 극단적으로 밀고 나가 그의 친구들이 자신의 행정부와 자신의 평판을 오염시키게 만들었다.

선거에 당선된 후 그는 자신을 도와준 친구들에게 보상해 주고 갈등을 피하는 것을 가장 중요하게 여겼다. 그는 자신이 국가의 발전을 위해 행동한다고 생각했다. 그래서 어떤 연구자들이 하딩은 국민의 이익을 제일로 삼는 데 실패했다고 생각하고 있다는 것을 알게 된다면 아마도 이를 서운하게 여길지도 모르겠다. 하딩은 중서부의 전형적인 소규모 기업인 출신이었고 폭넓은 중산계층을 대표하는 인물이었다. 그는 농민, 노동자, 소수세력, 심지어 여성과 어린이들의 노동조건에 대해 깊은 관심을 가지고 있었다. 문제는 그가 제안한 해결책이 중산층에게 맞추어져 있어, 하층에게는 이익이 돌아가는 프로그램이 아니었다는 점이다. 그는 노동자와 농업 관계 이익단체들의 의견도 들었다. 그는 기업이란 모든 사람들을 위할 책임이 있다고 생각했으나,

이런 생각은 실천으로 옮기는 경우는 거의 없었다.

하딩은 사적인 생활에서 높은 수준의 도덕성을 유지하지 못했다. 그는 당시에는 널리 알려지지 않았지만 두 명의 애인을 두고 있었다. 담배도 많이 피웠는데 특히 씹는담배를 즐겼다. 그는 그 스스로 금주법에 찬성하였고 대통령으로서 국가의 법이 집행되는 것을 지켜보아야 했음에도 불구하고, 백악관에서 공개적으로 밀조된 술을 즐겼다. 또한 포커를 즐겼으며 도저히 미국의 대통령다운 것이라고 할 수 없는 그런 오락활동을 즐겼다. 그러나 이러한 활동 중 그 어느 것도 그의 대통령직 수행을 손상시키는 것은 없었다. 역대 대통령 중 많은 사람들이 이 같은 활동을 했고 그것은 그들의 행동에 대한 징계사유가 되지 못했다.

죽음을 전후한 일

1922년 말 하딩은 자신의 행정부 내에서 벌어진 부패에 대해 알기 시작했다. 재향군인회가 남은 전쟁물품을 공개적이고 경쟁에 입각한 입찰 형식이 아니라, 미리 구색을 갖춘 업자에게 원 가격보다 훨씬 헐값으로 팔아치워 이익을 보았였다는 것, 또 새로운 물품을 정상가격보다 높게 구입을 했다는 사실들이 폭로되었다. 사건이 폭로되자 대통령과 포커게임을 즐기는 친한 동료 사이였던 재향군인회의 회장 찰스 포브스(Charles R. Forbes)가 사임을 했다. 1923년 3월에는 재향군인회의 변호사인 찰스 크래머(Charles F. Cramer)가 자살을 했다. 5월 29일에는 하딩의 또 다른 친한 친구인 제시 스미스(Jesse Smith)가 법무장관 도허티의 아파트에서 권총자살을 했다.

1923년 6월 20일, 일련의 사건들로 걱정에 빠진 대통령은 캐나다와 알래스카로 장기 여행을 떠났다. 그가 탄 특별 열차가 캔자스 시티에 도착했을 때 하딩은 몇 달 전 내무장관직을 사임한 알버트 폴(Albert Fall)의 부인의 방문을 받았다. 비록 그들이 어떤 이야기를 나누었는지는 분명하게 밝혀지지 않았지만 하딩이 폴 부인과 대화를 마치고 나왔을 때 대단한 충격을 받았음이 역력하였다. 얼마 후 폴은 티폿돔(Teapot Dome) 스캔들에서 뇌물을 받은 혐의로 기소되어 감옥을 갔다. 7월에 그가 알래스카를 도착했을 때 또 그를 배반한 다른 친구에 관한 전보를 받았다. 여행에서 돌아오는 길에 하딩은 식중독에 걸렸다. 공적 행사들이 취소되었고 하딩은 샌프란시스코로 갔다. 여기에서 그는 폐렴에 걸렸다. 그는 회복되는 듯 보였으나 8월 2일 하딩은 죽었다. 담당의사는 핏덩어리가 대통령의 뇌에 있는 것을 의심하고 해부를 주장하면서 허락을 요청했다. 그러나 하딩의 아내가 이를 허락하지 않았다. 하딩의 죽음의 정확한 원인은 아직도 밝혀지지 않고 있다. 소문을 좋아하는 사람들은 대통령이 부패를 저지른 친구들에 대해 증언하는 것을 막기 위해 독살되었을 것이라고 의심했다. 남편에 대한 기억을 보호하고자 한 헛된 노력에서 퍼스트 레이디 플로렌스(Florence) 하딩은 그녀가 발견한 대통령의 모든 서신들을 불태워 버렸다.

종합평가 : 1점 33위

하딩은 외교를 비롯한 대외관계와 관련된 업무수행에서 자신이 받은 최고 점수인 7점을 받았고 지도력 및 의사결정과 관련된 업무수행에서 -5점을 받아 최하 점수를 받았다. 종합적으로 하딩은 1점을 받아 간신히 -점수를 면했다. 그는 모든 대통령 중 33위를 차지했다.

캘빈 쿨리지
Calvin Coolidge | 1923~1929

	평가점수	평가등수
외교를 비롯한 대외관계와 관련된 업무수행	2	33
국내의 각종 문제 및 사업에 대한 업무수행	-5	33(공동)
행정부와 정부 내에 관련된 업무수행	-3	31(공동)
지도력 및 의사결정과 관련된 업무수행	-2	32(공동)
개인적 성격과 도덕성	3	31(공동)
종합평가	-4	34(공동)

배경

존 캘빈 쿨리지는 1872년 7월 4일 버몬트주 플리머스 노치에 있는 쿨리지 집안이 운영하는 시골 잡화점 부근의 집에서 태어났다. 버몬트주 루드로우에 있는 블랙리버 아카데미를 졸업한 그는 앰허스트 대학의 입학시험에 실패한 후 루드로우에 있는 성 존스뷰리 아카데미에서 대학입학을 위한 예비과정을 수료했다. 이 과정을 수료한 후 무시험으로 앰허스트 대학에 자동적으로 입학할 수 있었다. 대학 2학년까지 그저 평범한 학생에 불과했던 그는 점차 성적이 오르면서 1895년에 우등으로 졸업을 했다.

대학졸업장에서 쿨리지는 자신의 이름 가운데 존(John)을 떨어뜨렸다. 졸업 후 그는 매사추세츠주 노샘프턴에 있는 한 법률회사에 입사하여 법학서적을 읽기 시작했다. 1897년 변호사 시험에 합격한 그는 노샘프턴에서 법률회사를 개업하면서 공화당에서 활동하기 시작했다. 1898년 시의원에 당선되고, 1900년에는 시 법무관이 되었다. 1904년에는 그 지역 공화당 지역구의 의장이 되었다. 1906년에는 매사추세츠주 주의원에 당선되어 두 번의 임기를 지냈다. 1909년에 노샘프턴 시장에 당선되어 역시 두 번의 임기를 지냈다. 1912년에서 1915년 사이에 주 상원의원에 당선되어 네 번의 임기를 지냈다. 그 중 두 번은 주 상원의원 의장으로 활동했다. 1915년에 그는 부지사에 당선되어 두 번 임기를 지냈고, 1918년에 매사추세츠 주지사에 당선되었다. 쿨리지는 주지사로 있으면서 보스턴 경찰관 파업을 처리하여 전국적으로 유명인사가 되었다. 경찰관들이 파업에 들어가고 밤에 불량배들이 거리를 활보하자 쿨리지는 주 방위군에게 질서의 회복을 명령하였다. 이 과정에서 쿨리지는 다음과 같은 말을 했다. "어느 누구도, 어느 곳도, 어느 때에도 국민의 안전에 반하는 파업을 할 권리는 없다." 1919년 그는 압도적으로 지지로 주지사에 재선되었다.

대통령 후보 지명과 선거

1920년 공화당 전당대회가 열렸을 때 쿨리지는 대통령 후보로서 매사추세츠주가 가장 선호하는 인물이었다. 그러나 정작 그는 대통령 후보가 되기 위하여 진지한 논의를 하지 않았다. 하딩을 대통령 후보로 결정을 한 당 지도부는 그의 러닝메이트로 위스콘신주 연방 상원의원 어빈 렌룻(Irvine Lenroot)을 선택하기로 합의를 보았다. 그러나 렌룻이라는 이름이 전당대회에 회부되자 오리건주에서 온 한 대의원이 의장에게 렌룻의 지명에 대해 문제를 삼았다. 대신 그는 쿨리지를 추천하여 당 지도부의 결정에 반대의사를 표했다. 전당 대회장은 환호성으로 가득 찼고 혼란이 있은 후 침묵의 칼(Silent Cal)이 1차 선거에서 부통령 후보가 되었다. 11월 대통령 선거에서 공화당이 압도적으로 승리를 함으로써 그는 부통령이 되었다.

쿨리지는 정기적으로 열리는 내각회의에 참석한 최초의 부통령이었다. 그러나 그는 국정을 논의하는 토론에는 참석하지 않았다. 그러다 버몬트에 있는 아버지의 집에서 휴가를 보내던 중 하딩 대통령이 죽었다. 당시 쿨리지의 집에는 전화가 없었기 때문에 대통령의 사망 소식은 전보 배달부들로부터 직접 전해들었다. 자정이 지난 후에야 도착한 그들은 이미 잠든 존 쿨리지를 깨우고 다시 아버지가 캘빈을 깨웠다. 치안판사였던 아버지가 아들의 대통령 취임을 집정했다. 우연히 새롭게 대통령에 임명된 쿨리지는 다시 침대로

가 잠자리에 들었다.

1924년 공화당 전당대회 때 공화당 내 혁신주의자들 사이에 명목적인 반대가 있기는 했지만, 쿨리지는 대통령 후보자 결정선거 1차에서 쉽게 후보로 지명되었다. 쿨리지는 상원의원 윌리엄 보라(William Borah)를 러닝메이트로 삼고 싶어했으나 보라가 이를 거절했다. 이에 당 지도부가 프랭크 로던(Frank Lowden)을 다시 부통령 후보로 지명했으나 그 역시 거절했다. 결국 부통령 후보 자리는 찰스 도우즈(Charles G. Dawes)에게 돌아갔다. 1924년에 민주당은 지금까지 주요 정당에 의해 개최된 전당대회 중 가장 긴 대회를 열었다. 민주당의 선두주자는 알프레드 스미스(Alfred E. Smith)와 윌리엄 맥아두(William G. McAdoo)였다. 스미스의 도시풍 자유주의와 가톨릭 신봉자라는 그의 종교는 민주당 남부 출신의 대의원들에게 용납되지 않았다. 맥아두는 그 자신이 비록 쿠 크럭스 클랜(Ku Klux Klan)을 거부했지만 이로부터 지지를 받았기 때문에, 북부 출신의 자유주의자들과 중도파들이 그에게 거부감을 느꼈다. 어떤 후보도 대통령 후보 지명을 위한 2/3 이상의 찬성을 얻지 못하였다. 드디어 103차 민주당 대통령 후보자 결정선거에서 당은 존 데이비스(John W. Davis)를 대통령 후보로, 러닝메이트로 찰스 브라이언(Charles W. Bryan)을 선택했다. 자유주의자들은 쿨리지도 데이비스도 그 누구를 지지할 수 없었기 때문에 새롭게 혁신당을 만들어 대통령 후보에 로버트 라폴렛(Robert M. LaFollette)을, 부통령 후보에 버턴 휠러(Burton K. Wheeler)를 선택했다.

민주당은 하딩 행정부의 스캔들을 이용하고자 했다. 그러나 월스트리트 자본가들의 주식 법률고문인 민주당의 데이비스는 자신을 개혁후보로 하여 이 나라 국민을 통합할 수가 없었다. 한편, 라폴렛은 개혁주의자들을 흥분시킬 수는 있었으나, 제3당 후보는 미국 대통령 선거사상 단 한 번도 승리하지 못했다는 문제가 있었다. 뿐만 아니라 어떤 유권자들은 그를 위험한 인물로까지 보았다. 쿨리지는 집에 머물면서 거의 말을 하지 않았고, 이 때문에 그는 전혀 선거운동에 관심이 없는 사람처럼 비쳐졌다. 그의 지지자들은 "차분함을 유지하고 쿨리지를 지키시오"라고 선전했다. 현직 대통령인 쿨리지는 전후 그동안 계속되어 온 번영으로부터 많은 도움을 받았다. 쿨리지는 압도적인 지로 승리했는데 선거인단 투표에서 총 382표를 얻었다. 데이비스는 136표, 라폴렛은 13표였다.

1927년 8월 2일 블랙 힐에서 휴가를 보내는 동안 쿨리지는 간단한 내용이 적힌 쪽지 하나를 기자들에게 건네줌으로써 온 나라를 놀라게 했다. "나는 1928년 대통령 선거에 출마하지 않겠다." 그는 더 이상의 부연설명은 거부했다.

외교를 비롯한 대외관계와 관련된 업무수행 : 2점 33위

멕시코와의 분쟁이 심각해졌을 때 쿨리지는 기존의 미국 대사를 소환하고 대신 드와이트 모로우(Dwight Morrow)를 미국 대사로 임명했다. 모로우는 일시적으로 양측을 모두 만족시키고 전쟁의 위험도 피해가는 협상을 이끌어 냈다. 쿨리지는 질서회복을 위해 니카라과, 온두라스, 파나마 등지에 미 해병대를 파견했다. 그는 산토도밍고에서 해병대를 철수시켰지만 아이티에는 그대로 유지시켰다. 쿨리지의 지지자들은 그의 군대 동원이 질서를 유지시키고 미국의 경제적 이익을 보존하는 수단으로서 정당한 것이었다고 말했다. 그러나 라틴아메리카에서는 이것이야말로 양키 제국주의라고 비난했다. 1927년부터 1928년 사이에 쿠바 하바나에서 개최된 범아메리칸회의에서 국무장관 휴즈는 중재를 위한 다변적 협정을 체결했다. 휴즈를 뒤이어 국무장관이 된 프랭크 켈로그(Frank B. Kellogg)는 국제분쟁을 정착시키기 위한 수단으로서 전쟁을 사용하는 것은 불법이라고 보는 하나의 조약을 체결한 공로로 노벨 평화상을 받았다. 1928년 켈로그-브리앙 조약은 비록 강력하게 시행되지는 않았지만 하나의 상징적인 사건이 되었다.

외국과의 관계에서 쿨리지는 한결같이 미국의 국가적 이익을 추구했다. 그는 니카라과의 헌법정부를 인정했다. 그러나 중앙아메리카의 다른 나라들과 멕시코는 이를 인정하지 않았다. 그는 미국이 국제사법재판소의 회원이 되도록 노력했으나, 연방상원은 미국이 그 회원이 되기에는 국제연맹의 조건이 부족하다며 보류를 고집했다. 국무장관 휴즈에 의해 미국은 제6차 범아메리칸 회의에서 중요한 역할을 했다.

비록 쿨리지는 라틴아메리카의 평화를 유지하는 데 기여했지만 그의 '달러 외교'는 상황을 악화시켰다. 국제문제에서 일정하게 쌓아올린 쿨리지의 업적은, 사실상 그가 가장 관심을 갖고 있는 것은 라틴아메리카 사람들을 착취한 미국의 경제적 이익집단들을 보호하는 것이라는 판단에 따라 상쇄되어 버렸다. 라틴아메리카에 살고 있는 사람들은 미국을 선린국가로 보지 않았다. 쿨리지는 그곳의 평화와 무장해제에 핵심적인 역할을 했음에도 불구하고, 정작 미국이 순수한 의도를 가지고 그렇게 행동하고 있음을 다른 나라에게 확신시키지 못했다. 몇몇 라틴아메리카 국가들은 계속 미국을 위협적인 국가라고 보았다. 제1차 세계대전 후 독일이 배상금을 갚는데 대한 도움을 주기 위해 마련한 도우즈 안(Dawes Plan)은 유럽에서 긴장을 완화켰어야 했다. 그러나 당시 많은 유럽인들 역시 미국에 대해 불신하고 있었기 때문에 도우즈 안은 본래의 목적을 달성하지 못했다. 도우즈는 이 계획의 작성에 참가한 공로로 노벨 평화상을 공동으로 수상하였다. 당시 유럽경제의 현실에 비추어 연합국이 미국에게 전쟁비용을 상환하고, 독일이 배상금을 지불한다는 것은 사실상 불가능했다. 그런데도 쿨리지는 본래 그대로의 상환과 지불을 고집했던 것이다.

쿨리지는 미국 제조업자들의 이익을 고려하여 한결같이 고율의 보호관세를 유지했다. 그의 정책은 세계경제의 발전과 미국의 농업분야에 악영향을 주었다. 아마도 장기적으로 볼 때 이는 미국의 산업분야에도 악영향을 끼쳤을 것임에 틀림없다.

국내의 각종 문제 및 사업에 대한 업무수행 : −5점 33위(공동)

쿨리지가 대통령으로 있던 시기는 미국 도시지역이 번영을 구가한 시기였다. 그러나 농업분야는 이 번영을 공유하지 못했다. 쿨리지 대통령 역시 농민을 돕기 위해 만들어진 맥네리-호겐 법안(McNary-Haugen Bill)에 강력하게 반대했다. 그는 역시 관세를 낮추는 것을 반대했고 이것은 농민들에게 피해를 입혔다. 쿨리지는 주가수익률의 불일치와 신용의 과대확장으로 주식시장이 붕괴 위협에 처했을 때 대통령의 명성을 이용하여 주식시장의 가격을 유지시켰다. 결국 그의 행동은 1929년까지 주식시장의 붕괴를 연기시켰을 뿐이다.

대통령으로서 쿨리지는 뚜렷한 반(反)노동주의자는 아니었다. 쿨리지가 대통령으로 있는 동안 보스턴 경찰관파업 같은 사건으로 자신에게 도전하는 것은 없었다. 그러나 그의 정책은 분명히 반(反)농업적이었다. 그가 친기업적이라는 것은 너무나 분명했다. 그는 '미국의 할 일은 사업이다'라고 말했으며 정부의 기능은 기업을 보호하는 것이라고 생각했다. 기업우위정책을 요구하는 미국 상공회의소의 압력에 의해서라기보다 쿨리지가 모든 일에서 기업우위정책을 펼쳐 나갔기 때문에 상공회의소는 지속적으로 기업우위의 방향으로 나갈 수 있었다. 따라서 쿨리지는 반트러스트 법의 시행에 대해서는 전혀 관심이 없었다. 심지어 그는 설탕 트러스트가 1910년에 동부 설탕산업을 좌지우지하려고 한 스캔들에 연루되었던 찰스 워렌(Charles Warren)을 법무장관에 임명하기까지 했다. 그러나 연방상원은 워렌을 거부했다. 비평가 윌리엄 알렌 화이트(William Allen White)는 쿨리지에게 접근한 기업 지도자들에 대해, 하딩 행정부를 온갖 더러운 스캔들로 물들게 만든 불량배들보다 더 해악을 끼치고 있다고 말했다.

쿨리지는 정부의 역할 가운데 경제분야에 가장 큰 무게를 두었다. 그는 퇴역군인의 보너스 법안에 대해 거부권을 행사하고, 우체국 직원들에 대한 봉급 인상에 대해서도 거부권을 행사했다. 또한 그는 농업구제법안인 멕네리-호겐 법안에 대해서도 거부권을 행사했고, 개인 기업주들에게 자연상태가 잘 보존되어 있는 머스클 모래톱(Muscle Shoals)을 넘겨주고자 했다. 뿐만 아니라 쿨리지는 환경 보호에도 거의 관심이 없었으며, 심지어 국민의 복지, 건강, 안전 문제 등의 개선에 대해서도 전혀 관심을 보이지 않았다.

쿨리지는 부자들의 세금은 인하시켜 주면서 이전 정부로부터 시작된 부자에서 중산계층까지 세금부담을 완화시키는 정책을 계속 유지했다. 쿨리지의 재정정책은 그의 친기업적 정책을 그대로 반영하였다. 그는 정부는 어떤 다른 분야보다 공공지출을 줄임으로써 국민의 경제적 부실을 개선시킬 수 있다고 말했다. 그는 전반적인 번영의 시기에도 불구하고 농업분야를 압박하며 고통을 주고 있던 경기후퇴에 대처하기 위해 농민들을 도울 목적으로 만들어진 법안에 거부권을 행사했다.

쿨리지는 소수 인종에 대해 보다 나은 정책을 실시하는 데 대해 찬성한다고 했지만, 정작 이런 일을 위해서는 아무것도 하지 않았다. 오히려 그는 일본인을 제외시키는 이민억제법안에 서명을 했다. 그러나 다행스럽게도 그는 보안법인 방첩법을 위반하여 기소된 모든 사람들을 사면시켜 주었다. 비록 그는 시민의 자유를 신장시키는 데는 큰 관심이 없었지만, 그럼에도 대통령의 신분으로 시민의 자유를 억압하는 정책은 실시하지 않았다. 그는 여성참정권을 지지했지만 일반적으로 여성들이 공공업무를 담당하는 것에 대해서는 탐탁지 않게 여겼다.

비록 쿨리지는 보다 세련된 부, 지식, 인격 등을 중요하게 여겼지만 그렇다고 해서 그가 하층 계층의 부, 지식, 인격에 대해 무시하거나 경멸하였다는 것은 아니다. 사실 그는 대통령이 되고 나서 새로운 친구들과 사회적으로 결코 평등하지 않은 플리머스와 노스햄턴 출신의 사람들을 친구로 삼고 있었다. 그는 열심히 일 하면 누구든지 정당한 대가를 받게 된다고 믿으면서 가난한 사람들의 부와 생활을 개선하기 위한 어떤 조치도 취하지 않았다.

행정부와 정부 내에 관련된 업무수행 : -3점 31위(공동)

쿨리지는 달성해야 할 목표나 계획을 설계하지도, 준비하지도 않았다. 그는 정부 지출을 줄이기를 원했고 평화와 번영의 유지를 원했다. 그러나 정작 그는 평화와 번영을 가져오기 위한 특별한 계획 같은 것은 전혀 수립하지 않았다. 그가 가장 선호한 전략 중 하나는 일을 가능한 한 늦추어 그 일을 유야무야시켜 버리는 것이었다. 1924년 선거 후 의회에서 행한 첫 번째 연설에서 쿨리지는 "행정부의 어떤 기능을 가진 연방 행정구조의 재조직을 인증해 줄 것"을 의회에 요구했다. 그러나 그 후 의회가 이런 것과 관련된 것을 인증했다는 증거나 대통령이 이것을 추진했다는 증거는 어디에서도 찾을 수 없다. 쿨리지가 대통령으로 있는 동안 행정부의 재조직이 이루어진 적은 한 번도 없었다. 그는 위임자를 굳게 믿었다. 적임자를 임명하여 그에게 혼자 그 일을 하도록 내버려두었다. 쿨리지는 내각 구성원들에게 지나치게 많은 권한과 책임을 넘겨 버렸다. 따라서 그들에게 일에 대해 방향제시를 해주는 일도 없었고 일을 관리감독하는 일도 없었다. 또한 그는 내각 구성원들이 자신의 부서를 개선시키기 위한 목표나 계획을 개발하여 추진하도록 그들에게 독려하지도 않았다. 각 행정부서와 기관들은 일정하게 효과를 내는 선까지만 일했고 목적과 목표도 그 정도 선에서 달성했다. 문제는 바로 그들의 목표가 너무나 한정적이었다는 데 있다.

쿨리지는 전직 대통령이 사망한 후 하딩의 잔여 임기 동안에 하딩 내각의 인사들을 교체할 권리가 자신에게 없다고 생각했기 때문에 전 행정부의 내각 구성원들을 그대로 유지시켰다. 당시 법무장관인 도허티의 경우도 처음에는 변호해 주었으나, 그가 연루된 것으로 의심되는 스캔들이 점차 커지게 되자 1924년 3월 도허티에게 사임을 요구했다. 뒤이어 해군장관 에드윈 덴비(Edwin Denby)와 내무장관 앨버트 폴(Albert Fall) 역시 특별한 요구 없이 사임을 했다. 하딩이 임명한 인물들 가운데 계속 터져나오는 스캔들에 연루되지 않은 사람들도 이러저러한 이유로 사임을 했다. 농무장관이었던 헨리 월리스(Henry Wallace)가 사임을 한 것은 하딩 행정부의 내각에서부터 있어 왔던 갈등을 해소하는 차원에서였다. 상무장관이었던 후버는 그대로 남아 있었지만 그 영향력은 현저히 떨어졌다. 쿨리지가 새로 임명한 인사들은 그저 평범한 인물들로 정직하기는 했지만 어떤 분야에서 특출한 인물은 아니었다. 단 국무장관에 임명된 켈로그와 법무장관에 임명된 피스크 스톤(Fiske Stone)은 둘 다 뛰어난 인물들로, 탁월한 선택이었다. 쿨리지는 이들에게 자신의 부서를 자유롭게 운영하도록 상당한 여유를 주었다. 쿨리지 행정부에서는 새로운 스캔들은 일어나지 않았다.

쿨리지는 특히 의사소통 면에서 상당한 문제를 안고 있었다. 그는 간결하고 극단적으로 의사표시를 한다는 자신에 대한 평판을 즐겼다. 그의 말은 상호적인 것이 아니라 일방적인 것이었다. 그는 많은 사람들과 대화를 하지 않았다. 아마도 대화를 나누게 되면 그 사람의 통제 아래 들어가는 것처럼 느껴졌기 때문일 것이다. 특히 자기 당의 개혁적 성향의 사람들과는 거의 대화를 하지 않았다. 그 결과 상원에서 공화당 의원들은 그의 프로그램을 놓고 두 파로 갈라졌다.

쿨리지는 정부의 소비지출을 전쟁 때보다 반 이상을 삭감하는 데 성공했다. 20세기 들어 대통령으로 있는 전 임기를 통해 적자소비를 하지 않은 대통령이 그와 하딩이다. 쿨리지는 자유주의자들을 만족시켜 줄 프로그램에 충분한 돈을 쓰지 않았다. 그러나 자신과 자신을 대통령으로 만들어 준 보수주의자들을 위해서는 아낌없이 돈을 썼다.

대통령이 제안한 많은 것들이 의회에서 통과되었지만 모두가 그런 것은 아니었다. 의회는 그가 반대하여 거부권을 행사한 퇴역군인 보너스 법안을 번복하고 다시 통과시켰다. 그는 거부권을 행사했지만 의회는 다시 이를 무시했다. 의회는 미국을 국제사법재판소의 회원으로 가입시키고 한 쿨리지의 노력을 무산시켰다. 또한 의회는 쿨리지가 반대한 이민법인 일본인 배제법안을 통과시키고, 쿨리지가 거부권을 행사한 군인연금법안도 통과시켰다. 또한 대통령이 역시 거부권을 행사한 농업원조법안도 통과시켰다. 의회와의 관계에서 쿨리지가 속한 당내의 고립주의자들과 개혁주의자들은 거의 민주당원들 만큼이나 그를 반대했다.

쿨리지는 공화당에 대한 후원세력으로 연방법원 판사들에 대한 임명권을 행사했다. 대법원장 태프트는 쿨리지에게 초당적인 인사를 할 것을 조언했지만 그는 이를 무시해 버렸다. 태프트는 쿨리지가 임명한 판사들 중 많은 사람이 함양미달이라고 생각했다. 그러나 그가 법무장관에 임명한 하랜 스톤은 적절한 자격을 갖춘 사람으로, 이 임명은 양당으로부터도 지지를 받았다.

쿨리지는 특별한 이익단체로부터 어떤 과도한 압력은 받거나 하지 않았다. 대통령이 이익집단들에 대해 대부분 동의했기 때문에 그들은 원하는 대부분을 가질 수가 있었다. 따라서 그들의 압력을 통한 실력행사란 불필요한 것이었다. 대통령은 모든 사람의 이익을 위해 일하고 있다고 생각했다. 만약 정부가 기업인들의 손에서 잘 운영된다면 모든 국민이 보다 잘 살게 될 것이고 믿었기 때문이다. 그는 노동분야와 농업분야보다 기업을 가장 우선순위에 놓았다. 그렇게 하는 것이 국가를 위한 최고의 길이라고 생각했기 때문이다.

지도력 및 의사결정과 관련된 업무수행 : -2점 32위(공동)

쿨리지는 국민들에게 영감을 주는 지도자는 아니었다. 그에게는 국민을 이끄는 카리스마가 턱없이 부족했으며 행정부 인사들에게 높은 수준의 업무를 수행하도록 하지도 못했다. 그러나 그의 행정부가 아무 일도 하지 않은 것은 아니며, 경기침체의 모든 원인이 쿨리지가 현직에 있는 동안에 발생한 것은 아니었다. 국민들이 대통령을 따르게 하는 데 쿨리지는 어떤 것은 실패하고 어떤 것은 성공했다. 어쨌든 쿨리지는 하딩 행정부의 스캔들 이후 정부에 대한 국민의 확신을 다소 회복시켰다. 역시 주식의 일부가 1928년에 요동치기 시작했을 때 쿨리지는 주식시장에 대한 확신도 계속 유지시켰다. 대통령은 자신과 다른 사람들의 업무수행을 보통 수준으로 맞추었다. 쿨리지는 나태하다는 비판을 받고 있다. 그러나 이것은 사실상 쿨리지 자신이 나태해서라기보다 그 자신이 정부란 많은 일을 해야 하는 존재라고 생각하지 않았기 때문이다. 쿨리지는 미래 비전을 가지고 있지 않은 대통령이었다. 그는 너무나 철저하게 사무적이고 꾸밈없이 말하는 사람이었다. 아마도 그는 일반적으로 알려진 것보다 훨씬 지적이었을 것이다. 장기적으로 전략을 세워 국가를 발전시킨다든가 하는 것은 쿨리지의 머리 속에 들어 있지 않았다. 그는 있는 그대로를 유지하는 데에 최선을 다했다.

쿨리지는 양자택일을 하는 데에 특히 능숙하지 못했으며 선택한 행동의 결과에 관해 정확한 판단을 내리는 능력도 턱없이 부족하였다. 그는 충고를 별로 달가워하지 않았으며, 자신에게 동의 하지 않은 사람과는 대화하기를 거부했다. 그는 비록 역사를 일정하게 공부했지만 역사로부터 배울 수 있는 교훈을 완전히 이해하지 못했다. 그는 매사에 매우 완고한 사람이었다. 심지어 자신이 잘못되었다는 것을 알았을 때에도 잘 인정하려 하지 않았다. 바로 이러한 태도 때문에 자신의 잘못으로부터 뭔가를 배을 수가 없었다. 쿨리지가 형편없는 판단과 행동을 내렸을 때, 이는 그의 지적 수준이 낮아서라기ㄴ다 오히려 예측력이나 판단력이 부족했기 때문이다. 다른 사람과 마지 못해 나눈 대화는 실수를 일으키기 일수였다. 쿨리지는 타협에도 서툴기 짝이 없었다. 만약 어떤 사안을 둘러싸고 논란이 될 때 타협을 통해 원하는 쪽으로 이끌기보다는 오히려 자기 주장만 고집하거나 차라리 패배하는 쪽을 선택했다. 심지어 그는 전혀 중요하지 않은 내용에 대해서조차 타협을 거부했다.

그러나 쿨리지는 만약 필요하다면 어려운 결정을 내리는 용기는 가지고 있었다. 그러나 어떤 사안에 대한 결정을 너무나 지연시키는 바람에 어려운 결정을 해야 할 적절한 때를 놓치곤 했다. 그는 비상시에도 침착함을 유지했다. 하딩이 죽었을 때에도 그는 즉시 조용하게 대통령직을 승계했으며 국가의 안정을 유지시켰다. 라틴아메리카의 여러 나라들이 연루된 그렇게 중요하지는 않지만 그러나 갈등을 겪고 있었던 그는 안정을 유지하면서 결코 서둘러 행동에 나서지 않았다.

개인적 성격과 도덕성 : 3점 31위(공동)

쿨리지는 과묵하고 엄격하고 웃지 않는 양키로 스스로를 '침묵의 칼'(Silent Cal)이라는 이미지를 만들었다. 붙임성 있는 하딩과 지적인 윌슨에게 식상해진 국민들은 쿨리지의 새로운 이미지를 좋아했다. 쿨리지는 자주 너무나 철저하게 침묵하였기 때문에 그 자리에 있는 모든 사람들을 당혹하게 만들기도 했다.

대부분의 미국인들은 1920년대의 평화와 번영의 시기에 자신의 나라에 대해 자부심을 가지고 있었다. 어떤 미국인은 미국의 농촌과 전통적 가치를 대변하는 그들의 대통령에 대해서도 자부심을 가지고 있었다. 쿨리지는 대통령직이 하딩 행정부의 각종 스캔들 같은 것으로 오염되는 것을 방지하면서 대통령직의 기본적 위상을 유지시켰다. 그러나 그는 대통령의 권력에 대해 제한적인 견해를 가지고 있었다. 그는 대통령직에 대한 권한을 줄이는 일이든 신장시키는 일이든 아무것도 하지 않았다.

분명 쿨리지는 기업인 편을 드는 기업인의 대통령이었다. 농부와 노동자들은 대통령을 좀처럼 자신들 편이라고 생각할 수 없었다. 쿨리지는 하딩의 잔여 임기를 마친 후 선거에 나서서 압도적인 차이로 당선되었다. 사람들은 1920년대의 번영의 이유를 보통 그의 덕으로 보기도 했는데 쿨리지에게는 행운이라 할 수 있다. 그러나 쿨리지의 반대자들은 1968년 제3당이 출현하기 전까지 가장 큰 제3의 정치세력이었던 라폴렛에게 투표했다. 이것으로 보아 당시 모든 사람들이 쿨리지를 긍정적으로만 본 것이 아니었음을 알 수 있다. 쿨리지는 일반 대중들이 백악관을 가까이하는 것을 거부했다. 실제로 그는 국민들의 백악관 방문을 거부했을 뿐만 아니라 마음으로도 대중에 대한 자신의 마음을 닫고 생활했다. 그는 일반 국민으로부터의 정보를 입수하지 않았다. 최소한의 인원으로 구성된 자문단만이 그에게 접근할 수 있었다. 대통령은 국민에게 다가가는 데 관심이 없었고, 국민들에게서 가능한 한 멀리 떨어져 혼자 지냈다. 국민들과 같이 지낼라치면 불편한 심기를 드러냈다.

쿨리지는 정직과 신뢰와 같은 덕성에는 자부심을 가지고 있었다. 그의 도덕적 가치와 원리는 얼마나 견고했을까? 그는 말뿐인 신앙을 자주 고백하곤 했는데, 특별히 종교적인 사람은 아니었다. 그의 가치와 원리는 기업과 기업인에 대한 존경에 가까운 긍정적 판단과 좀처럼 갈등을 빚지 않았다.

돈에 관심이 많고 인색한 사람이었음에도 불구하고 쿨리지는 자신을 부자로 만들어 줄 수 있는 기회를 이용하거나 하지는 않았다. 적은 봉급을 착실히 저축하고, 대통령이 되고 나서 워싱턴에서 자신의 생활공간을 확보하고 있을 때도 값싼 호텔에서 생활했다. 심지어 그는 손님에게 대접할 햄이 너무나 크다면서 백악관의 요리사와 실랑이를 벌이기도 했다. 돈 문제에 대해서는 엄격할 정도로 정직했다. 인생 전체를 통해 쿨리지는 자신에 대해 가장 높은 수준의 개인적 도덕성을 가지고 생활했다. 하딩 스캔들 이후 쿨리지 개인의 모범적인 도덕성은 대통령직에 대한 신뢰를 어느 정도 회복시켰다.

종합평가 : -4점 34위(공동)

쿨리지는 외교를 비롯한 대외관계와 관련된 업무수행 영역에서 2점을 받아 긍정적인 점수를 받았다. 그는 전체적으로 보아 그의 점수는 -4점이고 39명의 대통령 중 34위를 차지했다.

헐버트 후버

Herbert Hoover | 1929~1933

	평가점수	평가등수
외교를 비롯한 대외관계와 관련된 업무수행	8	21(공동)
국내의 각종 문제 및 사업에 대한 업무수행	8	14(공동)
행정부와 정부 내에 관련된 업무수행	-2	29(공동)
지도력 및 의사결정과 관련된 업무수행	-8	37
개인적 성격과 도덕성	1	35
종합평가	7	30

배경

헐버트 후버는 1874년 8월 10일 아이오와주 웨스트 브랜치에 있는 방이 두 개 달린 작은 집에서 태어났다. 9세 때 고아가 된 그는 아이오와와 오리건의 농촌지역에 살고 있는 친척집에서 성장했다. 16세 때 스탠포드 대학에 들어가 1895년 5월 지질학으로 학위를 받았다. 그는 뉴멕시코, 콜로라도, 오스트레일리아, 중국 등에서 지질학 분야에서 일하면서 광산업 분야 토목 기술자가 되었다. 1908년 런던에 본부를 둔 자기 소유의 토목회사를 세워 운영하고 동시에 세계 여러 곳에 광산업을 다시 조직했다. 이 사업은 성공을 거두어 1914년이 되었을 때는 그는 백만장자가 되었다. 1차 대전 동안 후버는 벨기에 사람들을 위한 식량구제사업을 조직했으며 미국 식량청을 이끄는 청장으로 일했다. 1920년이 되자 그는 세계에서 가장 유명하고 가장 존경받는 사람 중 한 사람이 되었다. 웨렌 하딩 행정부와 캘빈 쿨리지 행정부에서 상무장관으로 일했다.

대통령 후보 지명과 선거

쿨리지가 다시는 출마하지 않겠다고 발표를 하자마자 후버는 1928년 공화당 대통령 후보 중 가장 유력한 인물로 부상했다. 그는 대통령 후보자 결정선거 1차에서 너무나 쉽게 후보자로 선정되었다. 민주당이 가톨릭 신자로서 금주법의 폐지를 주장하는 뉴욕 주지사 알프레드 스미스(Alfred Smith)를 대통령 후보로 지명하자, 선거는 사실상 인신공격을 주로 하는 선거로 변질되었다. 그러나 후버와 공화당은 적극적이고 긍정적인 선거운동을 펼치기로 결정하고 종교나 금주법, 그리고 아일랜드인에 대한 사회적 태도에 대해서는 언급하지 않고, 공화당이 번영을 가져다줄 것이라는 점을 강조하면서 선거에 임했다. 그러나 후버가 용납하지 않았음에도 불구하고 그의 지지자들 중 다수가 가톨릭 세력에 반대하는 전략을 이용하였다. 어쨌든 후버는 선거인단 투표에서 스미스가 87표를 받은 데 비해 444표를 받음으로써 수월하게 승리했다. 심지어 그는 견고한 남부에서조차 5개 주에서 승리를 거두며 남부를 분산시키기도 했다. 1개 주를 제외하고 구(舊)남부동맹에 속해 있었던 모든 주가 재건시대 이래로 공화당에게 투표한 것은 이것이 처음이었다.

1932년 후버는 대통령 후보자 결정선거에서 1차로 다시 공화당 대통령 후보가 되었다. 수백만의 사람들이 일자리를 잃고 국가경제가 휘청거리는 상태에서 그가 대통령에 다시 당선될 여지는 거의 없었다. 그러나 그의 지지자들은 공화당 전당대회에서 후버를 확고하게 지지했다. 1932년 선거에 대한 상세한 설명은 프랭클린 루스벨트 편을 참조하기 바란다.

외교를 비롯한 대외관계와 관련된 업무수행 : 8점 21위(공동)

후버는 이전에 그 어떤 대통령보다 더 많은 국제적 경험을 가지고 백악관에 입성했다. 그는 외교정책에서 스스로 의사결정을 내리고자 시도했지만 경제문제로 인하여 외교업무에서 자주 벗어나지 않으면 안 되었다. 그는 미국의 전쟁 개입을 막고자 애를 썼고, 따라서 그의 행정부 동안 국가안보에 대한 위협은 없었다. 그는 다른 나라, 특히 쿠바와 멕시코의 경우 군사적 간섭을 행할 기회가 많이 있었음에도 불구하고 이를 피해 갔다. 그는 그 어떤 외국세력에 대해서도 군사력의 위협을 가하지 않았다.

1928년 선거 후 후버는 7주에 걸쳐 라틴 아메리카 10개 국을 여행했다. 이 여행에서 그는 아이티와 니카라과에서 군대 철수를 약속했다. 그는 먼로 독트린에 대한 루스벨트 추론을 시행하기를 거절했다. 후버는 오래 전부터 필리핀인들의 자유를 옹호해 왔다. 그럼에도 의회가 10년 내에 필리핀의 독립을 허용한다는 법안을 통과시켰을 때 이 섬에 대한 미국의 책임감을 언급하면서 거부권을 행사했다. 의회는 이 거부권 행사를 번복했다.

무장해제를 주장한 후버는 1930년의 런던 해군군축회의의 성공을 간절히 기원했다. 당시 이 회의의 결과 맺어진 조약은 대대적인 성공으로 선전되었다. 그러나 사실상 이 조약은 지속력이 없고 그저 제한적이고 일시적인 효과만 있었을 뿐이다. 1932년에 열린 제네바 세계군축회의에서 그는 무장군사력의 30% 감소를 주장했다. 그러나 이 회의에서는 거의 아무것도 성사되지 않았다.

후버는 만약 어떤 체제들이 적절한 절차를 통해 투표를 하고 국제적인 조약을 지킨다고 약속만 한다면 정당한 정부로 인정할 것이라고 선언했다. 1930년 영국의 정치가로 노동당 당수이자 수상인 램지 맥도널드(Ramsey MacDonald)와의 만남은 후버의 외교적 승리로 여겨지고 있다. 1931년 피에르 라발(Pierre Laval)과의 만남에서 그는 프랑스가 금본위제를 유지하겠다는 약속을 받아냈다. 후버는 1차 세계대전 동안과 그 후에 구제사업을 했기 때문에 외국정부로부터 높은 존경을 받았다. 맥도널드와 라발과의 만남은 그의 명성을 더욱 높여 주었다. 후버는 외국과 관계되는 일을 담당하는 대외 부서를 만들고 국무부의 예산도 증가시켰다.

1931년, 일본이 만주에서 전략상 중요한 철도노선을 장악했을 때 국제연맹과 미국은 일본에 대해 철수를 요구했다. 일본이 거절하자 미국은 켈로그-브리앙 조약, 문호개방정책 , 또 중국에서의 미국인의 권리 등에 반대되는 내용은 그 어떤 협약도 인정하지 않을 것이라는 스팀슨 독트린(Stimson Doctrine)이 발표되었다. 이 스팀슨 독트린에도 불구하고 일본은 소이탄으로 상하이를 위협했다. 이에 후버는 미국은 이 문제에 대해 간섭하지 않겠다고 일본에게 확신시켜 주었다. 스팀슨이 일본에 대해 경제적 제재를 가하자고 제안하자 후버는 그러한 제재조치가 전쟁으로까지 발전될 수 있다는 점을 생각하고 이를 일축해 버렸다.

후버는 행정부의 찬성만으로 관세를 50% 전후로 올리고 내릴 권한을 갖는 강력한 관세위원회의 구성을 원했다. 비록 그는 1930년 봄에 스무트-홀리 관세법(Smoot-Hawley Tariff)에 서명하기는 했지만, 이로 인해 형성된 높은 관세율이 미국과 유럽 경제에 손해를 입혔기 때문에 몹시 분노했다.

대통령으로서 후버가 경제분야에서 남긴 가장 위대한 기여는 다른 나라에 대해 지불유예를 인정해 준 점이다. 그는 경기가 침체되기 전에는, 전쟁의 모든 비용은 지불되어야 한다는 생각을 가지고 있었다. 그러나 경기침체가 전 세계적으로 퍼지게 되자 생각을 바꾸었다. 1931년 6월 20일, 그는 정부 사이에 지불해야 하는 모든 지불금, 전쟁비용, 배상금 등을 1년간 유예할 것을 제안했다. 이것은 결과적으로 유럽의 공황과 경제적 재앙을 막았다.

미국에 대한 세계여론은 후버의 대통령 당선으로 더욱 고양되었다. 대통령이 되었을 당시 후버는 공화당의 전임 대통령들보다 외국인들에게 훨씬 많이, 그리고 고상한 인물로 알려져 있었다. 미국에 대한 긍정적인 세계여론은 후버의 라틴아메리카 정책, 외국 지도자들과의 만남에서 보여준 그의 태도, 평화를 유지하고 무장해제를 원하는 그의 노력, 그리고 전쟁비용에 대한 지불유예정책으로 더욱 높아졌다.

국내의 각종 문제 및 사업에 대한 업무수행 : 8점 14위(공동)

몇몇 다른 대통령과 같이 후버 역시 자신의 잘못과는 상관없이 발생한 경기침체 때문에 비난을 받았다. 대통령이 되기 전에 그는 자주 주식시장의 지나친 투기열풍을 경계해야 한다고 경고했었다. 그는 대통령 쿨리지에게 사립은행과 사립 금융회사들에 대한 추가적인 통제방안을 찾아야 한다고 반복해서 주장했다. 대통령에 취임하기 이틀 전, 후버는 연방준비은행 관리들과 주식투기를 억제하는 방안에 대해 협의했다. 그러나 1929년 8월 23일 주식시장의 대붕괴가 시작되었다. 후버는 여기에 신속히 대응했다. 그는 기업 간부들과 연이어 만남을 가지면서 그들에게 자발적인 타협과 노력을 통해 적절한 임금을 받는 조건으로 고용되어 있는 노동자들을 해고시키지 말 것을 요청했다. 또한 의회에도 노동자들이 자신의 일자리를 유지하면서 돈을 벌 수 있도록 도움을 줄 것을 요청다. 그는 공공사업을 통해 노동을 활성화할 수 있도록 더 많은 정부지출금을 융통시켜 줄 것을 요청했다. 정부는 직접적으로 실업문제나 이익이 적은 낮은 가격의 상품의 문제, 그리고 농업분야의 실업 등을 다루기보다 금융시스템 그 자체를 부활시키는 데 초점을 맞추었다. 비록 후버는 정부 주도로, 그 중 얼마는 뉴딜 정책을 예시해 주는 몇몇 새로운 프로그램을 도입하기는 했지만, 정책을 공개하고 자발적이고 자연적으로 일이 해결되기를 바라는 스타일이었다. 후버의 노력에도 불구하고 경기침체는 임기 내내 지속되었다.

그런데 후버에 대해 노동세력보다 자본세력에게 더 우호적이라고 평가하는 대중적인 인식은 완전히 정당한 것은 아니다. 비록 그 자신이 공학기사로 있는 동안 반(反)노동조합주의자라는 평을 들었지만, 대통령이 된 후 그의 행동은 결코 반(反)노동적인 것이 아니었다. 1928년 대통령 후보로서 그는 일일 노동시간을 줄이고 노동자의 구매력을 확대할 것을 주장했다. 대통령이 되어 그는 1932년의 노리스-라구아디아법(Norris-LaGuardia Act)에 서명했다. 이는 황견계약(yellow dog contracts)을 불법화하여, 위험하고 상해의 가능성이 없을 때를 제외하고는 법원의 금지명령을 제한한다는 내용으로 되어 있다. 그는 반트러스트법에 따라 석유회사에 면세하는 것을 거부했다. 또한 반트러스트법을 위반한 회사에 대한 기소가 이전의 그 어떤 대통령 시기보다도 이때 많이 이루어졌다.

후버는 어린이의 복지와 대중건강에 대해 진지하게 관심을 기울였다. 그는 연방 상원의 의사진행 방해자들에 의해 무시되었던 농촌건강법안의 통과를 강조했다. 그는 연방 차원의 건강, 교육, 복지부서의 창립을 제안했다. 이에 의회는 후버의 권고를 무시했으나 그는 국립건강협회를 만들었다. 후버는 주택과 도시계획을 위한 구역을 설정하는 문제를 다룰 진상조사위원회를 구성하여 운영했다. 건설금융회사는 슬럼가를 근절하기 위해 자금을 대부해 주었다. 그는 의회로 하여금 지역사회가 중심이 되고 정치적으로는 혁신적인 법으로 개인과 정부의 상호협력을 촉진시킨다는 내용의 1929년 농업시장법을 통과시키도록 독려했다. 그는 시어도어 루스벨트 이후 자원보존에 관심을 가진 자원보호주의자 대통령이었다. 후버는 상당한 영향력을 행사하는 개인 회사가 켄터키주의 아름다운 경치로 유명한 컴벌랜드 호수 위쪽에 댐을 건설하는 것을 막았다. 또한 콜로라도 강에 바울더 댐(Boulder Dam)의 건설을 지지했으며 컬럼비아 강에 그랜드 카울리 댐(Grand Coulee Dam)을 건설하기 위한 계획을 세웠다. 그는 정부에게 머스컬 모래톱에 대한 운영권을 주자는 내용의 법안에 거부권을 행사했다.

후버가 퇴역군인에 대한 수당 지급과 그들에 대한 적절한 대우에 대해 반대하자, 일반 국민들은 후버가 추진한 이러한 혁신적인 법안들을 보다 중요한 것으로 보았다. 그는 사적으로 구원활동을 통해 상당히 많은 공헌을 했고, 가난한 사람을 돕기 위한 정부주도 프로그램을 시행했다. 그러나 그는 정부가 나서서 가난한 사람들을 가난에서 벗어나도록 해주는 것은 개인의 자발성을 파괴시킨다고 생각했다. 그는 보다 많은 부를 가진 미국인들이 자유롭게 그들의 이웃을 구원해 주기를 희망했다. 개인적 자선행위와 관련하여서는 자원봉사를 강조했다. 그는 연방정부가 주정부 차원의 고용시스템에 보조를 해주는 법안에 대해 거부권을 행사했다. 그가 결정한 연방차원의 구원제도는 건설금융회사(RFC)를 이용하는 것이었다. 그러나 이것은 구원기구로서는 아무 효과도 없는 것이었다. 후버는 구원법의 일종인 와그너-그래함 안정법(Wagner-Graham Stabilization Act)에 서명했으나 이 법을 시행하기 위한 책임자 임명은 수개월 뒤로 미루었다.

1차 대전에 참전했던 퇴역군인으로 구성된 소위 '보너스 군'에 대한 후버의 취급은 그의 평판에 크게 악영향을 미쳤다. 약 2만 명에 달하는 무직의 퇴역군인들이 보너스의 조기지급을 요구하며 워싱턴으로 모여들었다. 그들은 이제는 사용하지 않고 있는 정부 소유의 건물에 모여, 국회의사당이 있는 아나코스티아 지역에 천막을 치고 농성에 들어갔다. 후버는 지역 경찰에 지시하여 음식과 생필품을 이들 퇴역군인에게 제공해 주었다. 하원은 보너스 법안을 통과시켰으나 상원은 이 법안을 부결시켰다. 후버는 집으로 돌아가고 싶어하는 퇴역군인에게는 연방자금으로 여비를 마련해 주었다. 그러나 여전히 3천 명이나 되는 수가 남아 있었다. 농성중인 몇몇 퇴역군인들이 국회의사당의 잔디밭으로 걸어나와 의사당 계단을 농성장소로 잡았을 때 후버는 군대를 동원하여 몇 명의 과격분자를 체포하는 데 동의했다. 나아가 맥아더 장군이 지휘하고 있던 군대가 농성중인 퇴역군인들을 도심 밖으로 강제 추방시켜 버렸다. 맥아더는 퇴역군인들과 군중들을 해산시키기 위해 기병과 보병으로 구성된 기병대에게 최루가스를 사용하도록 했다. 대통령의 명령을 무시한 맥아더와 그가 이끄는 군대는 아나코스티아로 가는 지름길인 다리를 가로질러 그곳 천막에 불을 질러 버렸다. 이에 사적으로 후버는 명령에 불복한 맥아더를 질책했지만 공적으로는 그를 지지했다.

후버는 근로소득에서 연방소득세가 낮아지기를 원했다. 그는 정부의 모든 세금 축소를 공개적으로 시행하라고 명령했다. 1931년 9월까지 그는 소비를 적절하게 줄임으로써 균형예산을 이룰 수 있다고 하면서 세금 상승에 반대했다. 그럼에도 그는 식량과 비싸지 않은 의류품목에 대해서는 적용하지 않을 것이라 주장하면서 제조업자들의 판매세를 적극 검토했다. 그러나 이 세금은 하원에서 부결되었다. 후버는 사치품과 비생활필수품에 대한 물품세 인상에 적극적으로 찬성했다. 그는 고소득층에 대한 소득세를 올리기를 원했고 부동산의 세금을 올리기를 원했다. 그는 당시 가장 혁신적인 성향의 세금법인 1932년 세법에 서명을 했다.

초창기에 후버는 인종차별주의적인 발언을 수없이 했다. 시간이 흐름에 따라 그의 이러한 경력은 차츰 개선되었다. 후버와 퍼스트 레이디는 워싱턴에 있는 그들의 거주지(백악관)에 흑인과 유대인들이 들어오지 못하도록 하는 규제조약에 서명을 하지 않았다. 그들은 백악관에서 많은 흑인들을 환영·접대했다. 1928년 대통령 선거전에서 후버는 린치금지법을 지지했다. 그는 중간 수준의 정부 일자리에 쿨리지와 하딩 행정부가 합친 수보다 더 많은 흑인들을 임명했다. 그는 흑인들에게 그들이 소작인으로 일하고 있던 토지에서 그들의 소유를 확보하는 데 도움을 주겠다고 제안했다. 그는 남부지역의 부패한 몇몇 흑인 지도자들을 공화당에서 추방시켰다. 또한 그는 정부가 발주한 사업에서 흑인과 백인 노동자 간의 임금차별을 금지하라는 명령을 했다. 그러나 이 명령이 실제로 실행에 옮겨진 것은 거의 없었다. 그의 인디언 정책은 토착 아메리카들이 독립된 생활을 하고 그들의 문화를 보존하는데 도움을 주었다. 그는 인디언의 토지에 대해서 종족 공동의 소유권을 지지했다. 그는 인종차별의 폐지를 원했지만 인디언을 미국인으로 동화시키는 것은 원하지 않았다. 나아가 그는 인디언 보호구역 같은 제도는 끝이 나야 한다고 생각했다. 그럼에도 그는 토착 미국인들을 위한 정부지출금을 두 배로 책정하여 운영했다.

후버는 시민권을 옹호했다. 그는 백악관 앞에서 평화적으로 피켓 시위를 한 공산주의자들의 석방을 요청했고, 어느 한 가정을 조사하는 데 비밀 수사요원을 이용한 법무차관의 사임을 받아들였다. 나아가 그는 도청과 불법조사와 불법체포를 반대했다.

후버는 어떤 특정 자리에 여성을 임명하기를 원한다고 말했지만 사실상 그는 임명할 만한 특출난 여성을 발견하지 못했다. 1930년의 미대륙간여성위원회(ICW)는 국적과 관련된 법 속에서 성(sex)에 기초를 둔 차별은 없을 것이라는 내용이 포함된 조약을 승인했다. 이어 계속된 헤이그 회담에서 미국은 국제법을 법제화하는 국제협정에 서명하기를 거절했다. 여기에는 성과 관련된 차별이 없을 것이라는 내용이 부족했기 때문이다. 1932년의 경제법은 정부 내에서 배우자가 함께 일할 경우 여성을 해고함으로써 인원을 줄이는 것을 골자로 하고 있었다. 후버는 이 조항에 항의했으나 결국 이 법을 승인했다. 그러나 그는 1932년 말에 새로운 일자리에 고용하는 데 있어서 성에 의한 차별을 금지하라는 명령을 내렸다. 그는 이민을 규제하는 데에는 동의했다. 그는 국적에 따른 이민 쿼터 제한법이 큰 결점을 안고 있다고 생각했으나 결국 1890년 인구에 따른 쿼터 제한법에 동의했다.

후버는 교도소 개혁을 원했으나 이것과 관련해서도 역시 아무 일도 하지 못했다. 그는 인정 많은 사람이었고 모든 사람에게 자비로운 태도로 대했다. 후버는 집 없는 사람들의 주거지를 개선하고, 가난으로부터 오는 고통을 줄이고, 힘이 약한 사람들을 위해 정의를 실현하기를 원했다. 그러나 그의 정책과 프로그램은 이러한 목적들을 달성시키지 못했다.

행정부와 정부 내에 관련된 업무수행 : -2점 29위(공동)

후버가 자신의 목적과 목표를 달성시키기 위한 장기적인 계획에 골몰하지 못했던 것은 경기침체 때문이었다. 그는 국가의 발전을 위해 자신이 극복해야 할 문제들을 구체적으로 진단할 수 없었다.

대부분의 경우 후버는 건전한 행정적 원리를 따라 행정부와 행정부 인사를 조직했다. 그러나 어떤 경우에는 너무 많은 사람들을 하급자로 선발하는 경우도 있었다. 후버는 쿨리지 내각에서 일해 온 앤드류 멜론(Andrew W. Mellon)과 제임스 데이비스(James J. Davis)를 유임시켰다. 그가 임명한 사람들 중 핵심은 세 명이었다. 국무장관 헨리 스팀슨(Henry L. Stimson), 해군장관 찰스 애덤스(Charles F. Adams), 법무장관 윌리엄 미첼(William D. Mitchell) 등이다. 그가 임명한 다른 사람들은 그리 중요한 사람들이 아니었다. 그가 내각인사로 임명한 사람은 모두 남성이었다. 또한 그의 내각 인사에는 가톨릭 교도, 유대인, 남부인 등이 없었고, 대부분이 백만장자였다. 특이하게도 그는 많은 우체국장을 공무원으로 임명했다. 그가 임명한 사람들은 자발적으로 잘 행동하면서 그의 행정부를 더럽힐 스캔들이나 부패사건에도 연루되지 않았다.

후버는 자신이 임명한 사람들에게 적절한 역할을 부여했으며 그들에게 주어진 의무를 수행하도록 권위를 부여했다. 후버가 임명한 사람들은 그들의 목적과 목표를 달성해 가는 과정에서 상호 밀접한 관계 하에서 일을 하지 않았을 뿐 아니라, 후버도 그들의 활동을 세밀하게 감독하지 않았다. 그는 자신이 임명한 사람들에게 자주 무뚝뚝한 표정으로 대했고, 좀처럼 그들의 관심사에 대해 그들과 함께 대화를 나누지 않았다. 그의 행정부서와 기관들은 대부분 잘 운영되었다. 모두가 많은 업무를 수행해 냈으나, 그것으로는 총체적인 경제적 불경기로 빠져 들어가는 미국을 구해 내지 못했다.

후버는 의사소통과 관련하여 대단히 부정적인 평가를 받고 있다. 그는 기자회견을 자주 할 생각이라고 했고, 기자들에게도 자신에 대한 보도를 허락한다고 했지만 이 약속을 지키지 않았다. 그는 언론이 개인의 사생활을 침해한다고 생각했다. 후버의 비서진은 잠재적으로 심각한 피해를 줄 수 있는 경제뉴스를 언론에 내보내기 전에 자신들과 상의를 해주라고 요구했다. 대통령 후버는 혹시나 심각한 내용이 보도되지나 않을까 하여 누설된 비밀에 대해 노심초사했다. 언론은 이에 대해 검열제도라고 보고 걱정을 드러냈다. 후버는 단조롭고 탁한 금속성의 목소리를 가지고 있었고, 그의 대중연설에는 과장적인 표현이 많았다. 사람들과 공개적이고 친한 관계를 유지하지 못하는 후버의 태도는 언론과 의회, 그리고 일반 대중들과의 관계에서 자신에게 악영향을 주었다.

후버는 과다하고 소비성향이 있는 지출을 허락하지 않음으로써 정부지출을 엄격히 통제했다. 그는 대공황에 효과적으로 대처하는 데 필요한 자금을 의회로부터 확보하지 못했다. 그는 적자예산에 의한 지출이 절실히 필요할 때 억지로 균형예산을 이루겠다고 고집했다.

후버는 의회와의 관계에서도 원만한 관계를 유지하지 못했다. 그는 수완을 부리거나 거래를 하거나 감언이설로 속이거나 타협하는 것을 좋아하지 않았다. 그는 민주당 출신의 의원만큼이나 자신이 속해 있는 공화당 출신의 의원들과도 불편한 관계를 유지했다. 이렇게 어려운 관계 속에서 그는 두 가지 중요한 일에서 불신을 당했다. 하나는 대법원 판사의 임명에 관한 것이고, 다른 하나는 자신이 거부권을 행사한 퇴역군인에 대한 보너스 법안이 다시 번복된 것이었다. 뿐만 아니라 의회는 후버에게 단순히 넘겨버릴 사안이 아닌 것에 패배를 안겨주었다.

연방 사법부에 대한 후버의 임명은 엄격히 말한다면 칭찬할 만하다. 그는 클리블랜드 대통령 이후로(태프트는 제외) 자기 당의 인사를 가장 적게 임명한 인물이었다. 대법원 판사에 찰스 휴즈(Charles E. Hughes), 오언 로버츠(Owen Roberts), 벤저민 칼도조(Benjamin Cardozo) 등이다. 사법부에 대한 임명과 관련하여 후버가 저지른 실수는 존 파커(John J. Parker)를 대법원 판사에 임명한 것이다. 파커는 판사경력 초기에 노동자들에게 강제적으로 황견계약을 체결하게 하는 법원의 금지명령을 내린 경력을 가지고 있을 뿐만 아니라, 1920년에 흑인들은 아직 정치분야에는 참가할 준비가 전혀 되어 있지 않다고 발언 한 사람이었다. 상원은 바로 파커에 대한 임명에 인정을 하지 않았던 것이다.

후버는 대통령으로서 특별한 이익집단을 위해 일을 하는 실수를 종종 했다. 그러나 실재로 그는 그 어떤 것보다 앞서 일반 대중의 이익을 앞세우고자 했다. 경기침체를 극복하지 못한 후버의 무능은 국민들이 자신에 대한 존경심을 상실하게 만들었다. 그럼에도 그는 국민들에게 최선이 되는 것은 하고자 노력했다. 대공황으로 밀어닥친 국가적 난제에 이를 해결하고자 하는 그의 전략은 자신의 뚜렷한 의도와 목적을 가지고 대책을 진행한 것이 아니라 어찌할 바를 몰라 허둥지둥하는 것이었다. 후버는 역사상 최악의 경기침체로 고통받고 있는 이 나라를 곤궁으로부터 구해내는 효과적인 대통령이 되는데 대한 확고한 비전을 가지고 있지 못했다.

지도력 및 의사결정과 관련된 업무수행 : −8점 37위

후버는 영감을 주는 지도자가 아니었다. 국민들의 마음을 매료시키지 못했기 때문에 경기침체를 벗어나고자 하는 그의 노력은 의도한 것과 달리 전혀 효과를 발휘하지 못하게 만들었다. 후버는 다른 사람들이 자신을 따르도록 설득하는데 한계를 가지고 있었다. 그는 사람들과의 관계를 유지할 때, 감정적이고 감동적인 전략보다 너무나 논리적이고 명확한 사실에만 의존했다. 따라서 그는 무엇인가 좋아지고 있다는 점을 사람들에게 확신시킬 수가 없었다. 대통령은 경기침체와 싸워 이를 극복하고자 하는 자신의 목표 속에 국민들을 통합시킬 수 있는 비전을 공유하지 못했다. 결국 국가를 경기침체로부터 벗어나게 하려는 후버의 전략은 적절하지 못한 것으로 판명되었다. 그는 너무 많은 것을 자발적인 노력에다 의존했으며, 경기침체에 대처하기 위해 정부를 들어 총체적인 힘을 기울이지도 않았다. 따라서 그의 실패 이유는 경기침체를 벗어나야 한다는 개념적인 것이라기보다, 어떻게 벗어나게 하는가 하는 지도력의 문제였다.

기술자로서 후버는 일종의 과학적인 결론을 어떻게 내려야 하는지에 대해서는 잘 알고 있었다. 그러나 정치가로서는 누구든지 다양한 사람들을 어떤 특정 목적 속으로 통합시키는 능력이 있어야만 했다. 후버는 이 일을 하는 방법을 전혀 몰랐다. 그는 만약 항상 사람들이 이성적으로 행동한다면 확실하고 분명한 결과가 나올 것이라고 생각했다. 그는 자신이 비합리적이라고 생각한 일에 대한 결과에 대해서는 전혀 예측하지 못했다. 그는 명령을 내려 해결할 사실적인 용기를 가지고 있었지만, 이 내용 자체만으로는 문제해결을 위한 해답을 줄 수 없었다. 결국 그는 문제해결과 관련하여 다른 시각을 갖고 있는 사람들과 대화를 하지 못했다. 그러다 보니 각각의 행위에 대한 결과를 평가하고자 하는 그의 시도는 모두 실패로 돌아갔다. 또한 그는 워낙 비타협적이어서, 제안사항에 대한 지지를 얻어 내기 위한 일환으로 결코 타협을 하지 못했다. 그는 타협을 통한 정치철학인 소위 주고받기를 절대 하지 못했다. 그는 이런 행위를 기만적인 속임수로 보고 적절한 행동이 아니라고 생각했다.

그러나 후버는 자신의 인생역정에서 여러 번 입증해 보였듯이 어려운 의사결정을 내리거나 비상시에 잘 대처하는 능력을 가지고 있었다. 대통령으로서 대공황이라는 비상사태에 직면하게 된 후버는 차분함을 유지하면서 허둥지둥하지 않았다. 오히려 그는 대공황을 해결하기 위한 효과적인 행동을 취하는 데 너무 뜸을 들였다는 데 문제가 있었다. 그의 이러한 기다림은 행동 그 자체와 행동이 가져올 결과에 대한 두려움 때문이라기보다 오히려 너무 진지하고 신중한 그의 생활태도에서 나왔다고 할 수 있다.

개인적 성격과 도덕성 : 1점 35위

후버는 항상 스스로 권위를 가지고 행동했다. 대통령으로서 그는 사소하고 천하고 비열한 성향의 행동에는 좀처럼 관여하지 않았다. 후버는 위대한 인도주의자라는 그런 평판을 듣고 있었다. 후버가 대통령이 된 초기에는 국민들은 이런 사람이 자신들의 대통령이라는 사실에 자부심을 가졌다. 그러나 공황이 점점 심해져 감에 따라 많은 국민들이 후버를 비난했다. 대공황이 한창일 때 국민들은 그들 자신은 물론, 그들의 대통령, 그들의 나라에 대해서도 자부심을 갖지 못했다. 그럼에도 외국에서는 후버가 하딩과 쿨리지 대통령보다 훨씬 많은 찬사를 받았다. 그러나 대공황이 심화되어 감에 따라 국내에서는 상황이 달라졌다. 후버는 대통령직에 대한 권력을 신장시키지 않았다. 그는 경기침체 문제를 다룰 때 자신의 대통령직의 권한을 한계 상황까지 발휘하지 않았기 때문이다.

경기침체는 갈수록 심해지고 이에 대한 해결의 기미는 보이지 않자 많은 국민들은 후버 대통령이 일반 국민보다는 기업의 편을 들고 있다고 생각하게 되었다. 국민들은 대통령이 은행의 운영을 국민의 생활보다 더 중요시한다고 믿었다. 또한 대통령은 일반 국민에 대해 동정심을 좀처럼 가지고 있지 않다고 생각하게 되었다. 이러한 생각은 물론 잘못된 것이었지만 경기침체가 격심해짐에 따라 더욱 확산되어 나갔다. 게다가 그럴수록 후버는 일반 국민들과의 접촉 기회를 더욱 줄였다. 더 중요한 것은, 국민들의 후버에 대한 원망이 커져 감에 따라 후버의 마음 역시 국민들에게서 멀어져 가고 있다는 사실이었다. 대단히 사적인 성품이었던 후버는 국민들이 자신을 배격하고 있다고 느꼈다. 국민들 역시 후버가 더 이상 자신들을 돌보지 않는다고 생각했다. 후버의 가장 큰 약점 중 하나는 국민들에게 다가서지 못한다는 것이었다. 1차 세계대전 동안 그는 식량보존과 분배에 관한 다양한 활동을 통해 국민들에게서 우호적인 반응을 불러일으키는 데 성공을 거두었다. 그러나 대통령으로서의 후버는 국민들로부터 이 같은 우호적인 반응을 기대할 수 없었다.

후버는 시종일관 자신의 가치와 원리에 따라 행동했다. 그의 정치철학은 완성되지 못한 것이었으나, 그는 자신만의 도덕적 원리에 집착했다. 대통령으로서 후버는 공무원이란 공적인 믿음 그 자체라는 생각으로 행동했으며, 대통령직을 이용하여 사적인 이익을 챙기거나 하지 않았다. 후버의 개인적인 생활은 나무랄 데가 없다.

종합평가 : 7점 30위
후버는 종합점수 7점으로 39명의 대통령 중 30위를 차지했다.

프랭클린 루스벨트
Franklin D. Roosevelt | 1933~1945

	평가점수	평가등수
외교를 비롯한 대외관계와 관련된 업무수행	17	1
국내의 각종 문제 및 사업에 대한 업무수행	18	1
행정부와 정부 내에 관련된 업무수행	9	14(공동)
지도력 및 의사결정과 관련된 업무수행	16	7
개인적 성격과 도덕성	16	8(공동)
종합평가	76	3(공동)

배경

프랭클린 루스벨트는 1882년 1월 30일 뉴욕의 하이드 파크에 있는 부유하고 유명한 명문가에서 태어났다. 가정교사와 사립학교에서 교육을 받은 루스벨트는 하버드를 졸업하고 컬럼비아 로스쿨에서 학위를 받았다. 그는 시어도어 루스벨트의 조카이자 자신과 5촌이 되는 엘리너 루스벨트(Eleanor Roosevelt)와 결혼했다. 엘리너는 지금까지 미국 역사상 가장 활동적인 퍼스트 레이디였다. 1910년 프랭클린은 뉴욕주 상원의원에 당선되었고 1913년에는 윌슨 대통령에 의해 해군 차관에 임명되었다. 1914년 미국 연방 상원의원에 도전했으나 실패하고, 1차 대전 동안 해군부에 남아 있었다. 1920년 그는 제임스 콕스(James M. Cox)를 대통령 후보로 하고 자신은 부통령 후보로 대통령 선거에 임했지만 공화당의 하딩과 쿨리지 후보에게 패배했다. 선거 후 그는 뉴욕시에 있는 한 법률회사에서 협력변호사로 일하면서 한 보증보험 회사의 책임을 맡았다. 1921년 그는 소아마비에 걸렸다. 이후 그는 비록 남의 도움이나 보조기구 없이는 걸을 수 없게 되었지만, 대중들 앞에서 자신의 불구를 드러내지 않았다. 1928년 그는 뉴욕 주지사에 당선되었고, 1930년에는 압도적인 표차로 재선되었다.

대통령 후보 지명과 선거

1932년 민주당 전국위원회가 열렸을 때 루스벨트는 대통령 후보지명전에서 최고 선두를 달리고 있었다. 그는 민주당 대통령 후보 지명선거에서 유권자들의 다수를 확보했다. 그러나 사실 그는 후보에 필요한 2/3의 찬성표를 확보하기 위해 상당한 노력을 기울였다. 경기침체로부터의 회복을 위한 계획과 금주법의 폐지가 선거전에서 중요 현안이 되었다. 루스벨트는 현직 대통령 후버를 상대로 한 선거인단 투표에서 472대 59로 수월하게 당선되었다. 1936년에 루스벨트는 압도적인 구두 표결로 두 번째로 대통령 후보가 되었다. 이 선거는 그의 뉴딜정책에 대한 중간 평가라는 성격을 띠었다. 이 선거에서 루스벨트는 공화당의 무기력한 후보 알프레드 랜던(Alfred M. Landon)을 상대로 압도적으로 당선되었다. 선거인단 투표에서 48개 주에서 무려 46개 주를 휩쓸며 523대 8로 당선되었다. 이 표 차는 1820년 선거에서 무적의 제임스 먼로가 보여준 것과 같은 양상이었다. 1940년 루스벨트는 다시 민주당 대통령 후보로 지명되었다. 이 선거에서 현직 대통령 루스벨트와 도전자 공화당의 웬델 윌키(Wendell Willkie)는 특별히 현안문제를 두고 차이가 없었기 때문에, 선거의 맹점은 '미국 대통령은 두 번의 임기를 넘을 수 없다'는 전통을 포기할 것인가에 맞추어졌다. 그럼에도 불구하고 루스벨트는 449대 82로 승리를 거두었다. 1944년 루스벨트는 다시 압도적인 표 차로 민주당 후보에 지명되었다. 그러나 당시 부통령 후보를 놓고는 격렬한 갈등이 일어났다. 루스벨트는 헨리 월리스(Henry Wallace)를 부통령 후보로 선정하고자 했지만 뜻대로 되지 않았다. 결국 타협후보로 해리 트루먼(Harry Truman)이 선정되었다. 공화당은 토머스 듀이(Thomas E. Dewey)를 지명했다. 이번 선거에서도 두 후보 사이에는 어떤 정치적 현안이나 원리에서 큰 차이가 없었다. 듀이는 루스벨트의 고문단을 비난했고 대통령의 건강을 문제 삼았다. 선거인단 투표에서 듀이가 99표를 얻은 반면 루스벨트는 432표를 확보했다. 루스벨트는 대통령으로서 선서를 한 지 3개월 후 뇌출혈로 사망했다.

외교를 비롯한 대외관계와 관련된 업무수행 : 17점 1위

외교를 비롯한 대외관계와 관련된 업무수행 영역에서 프랭클린 루스벨트는 총 20점 만점에 17점을 획득함으로써 가장 위대한 대통령으로 선정되었다. 알다시피 프랭클린 루스벨트는 2차 대전에서 미국을 승리로 이끈 주인공이다. 군 최고사령관으로서 그는 참모장에 조지 마셜(George Marshall), 유럽 전선 최고사령관으로 드와이트 아이젠하워(Dwight Eisenhower), 태평양 전선 최고 사령관에 더글러스 맥아더(Douglas MacArthur)를 임명하여 가장 탁월하고 성공적인 인사를 행사하였다. 루스벨트는 친구처럼 서로 공감대를 형성하고 있는 미국인들을 격려하여 그들로 하여금 국내전선에서 총력을 다하여 물자를 생산하도록 만들었다. 처칠, 스탈린 등과 같은 연합국 지도자들과 루스벨트의 협력에 힘입어 연합국은 완벽한 승리를 거두었다. 루스벨트와 처칠에 의한 대서양 헌장 채택과 루스벨트의 '네 가지 자유'에 대한 연설은 FDR의 영감력 넘치는 지도력을 유감 없이 발휘한 구체적인 증거다.

전쟁에 개입하기에 앞서 루스벨트는 외교를 비롯한 대외관계와 관련된 업무수행에서 이미 전쟁의 목표물을 확정하고 있었다. 또한 그는 전쟁 발발을 미연에 방지하기 위해 외교적 수완을 적절히 이용하고자 했다. 1938년 그는 백악관에 외교업무를 관장하는 모든 공직자를 소집하여 그들에게 세계평화, 무기감축, 자원에 대한 평등한 이용 등의 일을 추진할 것을 제안했다. 영국의 수상 아서 체임벌린(Arthur Chamberlain)이 그의 제안을 거절하자 루스벨트는 이 계획을 취소했다. 그는 뮌헨에서의 유화정책에 대해 극도로 놀래지 않을 수가 없었다. 영국에 대한 무기대여 프로그램은 두 나라에게 도움을 주었다. 이것은 미국이 전쟁대비를 하는 사이 영국이 나치를 꽁꽁 묶어 두는 역할을 하도록 해주었다. 일본이 진주만을 공격할 때까지 전면적인 전쟁 개입을 미루는 동안, 미국은 그 이전에 개입했던 어떤 전쟁보다도 더 열광적이고 통일된 전쟁노력을 확보해 두었다.

루스벨트는 단연코 전시에 위대한 지도자였다. 그는 라틴아메리카와 '선린 우호' 정책을 전개하였고 카리브해에 위치한 여러 공화국으로부터 미국 군대를 철수시켰다. 그는 쿠바에 대한 정치적 간섭과 미국의 투자를 보호할 목적으

로 만들어진 플레트 헌법수정조항(Platt Amendment)을 폐기시켰고, 멕시코와
의 석유분쟁을 종결시켰다. 또한 그는 라틴아메리카의 여러 나라들과 상호무
역협정과 불가침조약을 맺었으며, 캐나다와도 다양한 상호무역협정을 체결
했다. 프랭클린 루스벨트 행정부는 20가지 이상의 무역협정을 체결했는데,
이들 협정 중 대부분이 관세 인하와 관련된 것이었다. 이러한 조치들은,
비록 수입된 외국 식료품들이 일시적으로 일부 미국 농가에 손해를 입히기는
했지만 장기적으로 볼 때 미국은 물론 다른 나라에도 이익이 되는 것이었다.
그는 1936년 평화유지를 위한 미 대륙국가간 협의회에 참가함으로써 현직
대통령으로서는 맨 처음으로 남아메리카를 방문하게 되었다.

프랭클린 루스벨트는 1933년 소련을 승인했다. 이 역시 미국의 국익에
도움이 되는 것이었다. 반면 일본의 만주 괴뢰정부에 대한 그의 승인 거절은
너무나도 적절하고 당연한 것이었다. 그러나 전쟁 동안 망명중인 드골 정부를
오랫동안 질질 끌며 승인하지 않은 것은 연합국에 도움이 되는 것이 아니었다.
그는 도움이 되리라고 믿으면서 1944년에 동유럽 정부에 대한 승인 혹은
불승인을 선택적으로 사용하고자 했다. 그러나 소련이 동유럽을 점령하고
있고, 일본을 상대로 한 소련의 선전포고가 절실하게 요구되던 상황에서,
그의 이러한 선택적인 주도권 발휘란 거의 불가능했다.

프랭클린은 해외 식민지주의를 종결시키고자 하였으며 나아가 인도와
인도차이나, 그리고 아프리카 여러 나라의 독립을 지지했다. 비록 그는 라틴아
메리카의 군사독재자들과 협력했지만 그가 진정으로 바란 것은 미국이 이들
을 직접 통치하는 것보다 그들 스스로 자기 나라를 지배하는 것이었다. 그는
독립은 민주주의를 위한 선행조건이라 굳게 믿고 이를 위해 노력했다.

전쟁 동안 영국, 소련, 그리고 여러 다른 나라와의 협력은 전쟁을 승리로
이끌기 위해서뿐 아니라 전후 평화유지기구를 창조하기 위해 반드시 필요한
것이었다. 그는 추축국과 싸우는 연합국은 세계평화를 위한 조직이 되어야
한다고 주장했으며, 이를 위해 국제연합을 창설할 것을 제안했다. 국제연합을
창설하기 위한 샌프란시스코 협의회의 기본 원리는 프랭클린이 죽고 난
얼마 후 만들어졌다. 이 역시 프랭클린의 선구적인 역할의 결과였다.

요약해 보면 프랭클린 루스벨트는 진정한 세계 지도자 중 한 사람이었다. 그는 미국의 권익과 이익을 증진시키는 쪽으로 국제관계를 이끌었다. 동시에 그는 세계 공동체국가에서 미국을 강하고, 평화를 사랑하며, 공정하고, 신뢰할 만한 국가로 보도록 세계 여론을 고양시키는 쪽으로 국제관계를 이끌었다.

국내의 각종 문제 및 사업에 대한 업무수행 : 18점 1위

국내의 각종 문제 및 사업에 대한 업무수행 영역에서 프랭클린 루스벨트가 총 20점 만점에 18점을 획득함으로써 이 분야에서 1등을 차지했다.

루스벨트는 미국의 가난을 대규모로 추방하기 위해 노력한 최초의 대통령 이었다. 그는 연방정부의 모든 권한을 이용하여 광범위한 불경기와 싸웠다. 그가 대통령이 되었을 당시 실업자 수는 약 1,300만 명 이상에 달했고 그들은 가정을 잃은 가족, 많은 농민, 그리고 도시노동자를 위한 식량을 구하기 위해 식료품을 무료로 배급받는 실업자의 줄에 서있었다. 거기에다 그들은 저당권에 따른 지불능력이 없기 때문에 파산의 골은 더욱 깊어갔다. 은행 역시 수천 개가 파산되었다. 루스벨트는 즉시 은행 휴일을 선포했고, 정부 공무원들은 은행의 회계장부를 면밀히 검토했다. 회계상태가 좋은 것으로 밝혀진 은행은 다시 영업을 허락받았고 국고에서 자금을 지원해 주었다. 대통령은 연방의회의 특별회기를 요청하여 의회의 승인을 받기 위한 많은 법안을 제출했다. 이때 루스벨트가 제출하여 법제화된 것들 중에는 농업조종 법, 테네시 계곡 개발공사, 전국 산업부흥법, 민간자원보존단, 공공사업 추진 청, 사회보장법, 연방예금보험조합, 증권거래위원회 등이 있다. 더 많은 뉴딜 프로그램들이 불경기가 가져온 고통을 덜어주고 경기회복을 위한 경제 활성 화를 자극하기 위해 만들어졌다. 유럽에서 전쟁이 발발하기까지 비록 완전한 회복이 이루어지지는 않았지만 루스벨트의 노력은 자신감을 상실한 미국민들 에게 용기와 희망을 주는 값진 역할을 했다.

정부지출을 줄이고 균형예산을 이루겠다는 선거공약에도 불구하고 프랭클 린 루스벨트는 소위 '펌프에 마중물을 붓는 식의 경기부양책'이 경제를 자극하 는 최선의 길임을 알았다. 1937년 그가 정부지출을 다소 억제하자 다시 경기후퇴가 발생했고, 이에 그는 또다시 경제를 자극하기 위한 재정정책을 실시했다. 전쟁 동안 그는 가격통제, 임대료 통제, 그리고 수습 불가능한 인플레이션을 막기 위한 다른 재정정책을 제도화했다.

노동자들에게 조직과 단체교섭을 할 수 있는 권리를 주는 전국노동관계법이 행정부의 지지 없이 통과되었다. 왜냐하면 루스벨트는 전국부흥청이 이 법을 불필요한 것으로 보고 있다고 생각했기 때문이다. 그래서 루스벨트는 상원이 이 법안을 통과시키고 나서 바로 서명을 했다. 루스벨트는 연좌파업을 불법이라고 생각했지만 군대를 동원하여 파업중인 제네랄 모터스 공장의 노동자를 강제해산시키는 것에 반대했다. 1938년 루스벨트는 한동안 내재되어 있던 트러스트 금지법안과 반독점 규제법안을 부활시키는 데 큰 관심을 가졌다. 루스벨트는 서먼 아놀드(Thurman Arnold)를 법무차관에 임명하여 트러스트 금지활동을 맡게 하고, 연방의회는 전국경제위원회를 구성하여 독점상태를 조사하도록 했다.

농업조종법은 농업에 새로운 활력을 불어넣기 위한 포괄적인 계획이었다. 이 법은 1936년에 위헌이라는 판결을 받았고, 1938년에 토지분배, 각종 지불수당, 잉여생산물을 보관하는 보관 대부금, 시장 할당제 등의 내용을 포함한 개정을 통해 토양보존법안으로 다시 통과되었다. 1935년 프라지어렘크 지불유예법(FrazierLemke Moratorium Act)은 담보물을 찾을 권리가 상실된 담보물을 채권자가 5년 동안 마음대로 처리하지 못하도록 한 것이었다. 또한 이것은 농민들에게 저당 잡힌 자신들의 담보물건에 대한 합리적인 보상을 받을 수 있게 해주었다. 이 법은 위헌이라는 판결이 내려졌지만 법원의 면밀한 조사에도 불구하고 약간의 수정을 거쳐 다시 법으로 통과되었다.

테네시 계곡 개발공사는 홍수통제 및 전력의 생산과 분배를 목적으로 하여 댐을 건설하는 책임을 담당하였다. 또한 새로운 형태의 비료를 개발하고 지역의 농업과 산업을 개발하고 육성하기 위한 또 다른 일도 책임지고 추진하였다. 비록 농촌지역의 전략화 프로그램이 TVA의 최고의 성과물로 알려졌지만, 이 공사는 침식작용의 방지, 상업적 항해영역의 확대, 그리고 여가시설의 증대에 크게 기여했다. 또한 이 공사는 지방자치단체와 협력하여 대중들의 건강시설을 제공하고, 고용인들의 복지를 위해 저렴한 가격의 주택을 제공했으며, 일반적인 복지를 위한 또 다른 기여를 했다.

루스벨트는 누진소득세를 개인뿐 아니라 단체, 특히 주식회사에도 적용했다. 루스벨트 이전에 그 어떤 대통령도 능력 있는 사람들에게 세금 부담을 지우는 제도를 확립한 대통령은 없었다. 모든 뉴딜 프로그램 중 가장 혁명적인 것이라 할 수 있는 것은 사회보장제도일 것이다. 여기에는 노인연금과 실험보험과 관련된 것, 빈민, 의존을 필요로 하는 사람, 불구자 등에 대해 적절한 지원을 제공한다는 내용이 들어 있다.

그는 방위산업체와 정부조직에 인종, 신앙, 피부색, 혹은 국적으로 인한 인종차별대우를 금지하는 행정명령을 내렸다. 그는 공정고용실행위원회를 만들어 성(gender)과 종교에 관계없이 능력과 자격을 갖춘 사람들을 고용했다. 그는 프란시스 퍼킨스(Frances Perkins)를 노동장관에 임명했는데, 미국 역사상 최초의 여성 장관이었다. 그의 네 가지 자유연설은 시민자유와 인권을 위한 영감을 불러일으키는 말이었다. 그러나 루스벨트는 두 가지 점에서 오점을 남겼다. 그는 전쟁 동안 일본계미국인을 수용소에 집단적으로 감금시켰다. 또한 무정하게도 그는 유대인 망명자들을 미국으로 받아들이지 않았다. 그가 유대인들을 받아들인 것은 1944년이 되어서야였다.

이상 보는 바와 같이 루스벨트는 모든 국민의 전반적인 복지를 증진시키기 위해 대통령직의 권한을 이전의 그 어떤 대통령보다 크게 이용했다. 에이브러햄 링컨과 그의 계승자 앤드류 존슨이 국내의 각종 문제 및 사업에 대한 업무 수행과 관련된 영역에서 2위로 같은 등수를 차지했다. 해리 트루먼과 린든 존슨이 각각 4위를, 우드로 윌슨이 6위를 차지했다.

국내의 각종 문제 및 사업에 대한 업무 수행과 관련된 영역에서 가장 최악의 점수로 꼴찌를 차지한 대통령은 로널드 레이건이다. 레이건은 부자들의 재산이 소득이 낮은 사람들에게로 조금씩 이동되리라는 희망 속에서 부자들의 세금을 감면시켜 주었다. 그러나 이러한 이론은 생각대로 되지 않았고, 오히려 빈부 격차는 더욱 커져만 갔다. 갑자기 연방예산의 부족이 발생했고, 그 결과 미래 세대에게 거대한 규모의 국가 빚을 안겨주게 되었다. 그는 역시 부자와 기업에 대해 각종 세금 부담으로부터 감면해 줌으로써 그들이 일정하게 책임져야 할 사회의 기본시설을 형편없게 만들었으며, 역시 부자와 기업에게 부담이 되었던 환경부담금을 삭감해 주고, 미국뿐 아니라 전 세계적으로 관심이 고조되고 있던 환경 보호를 위한 각종 법안들에 반대했다.

이 영역에서 부정적인 평가를 받은 대통령은 프랭클린 피어스, 조지 부시, 그랜트, 제임스 뷰캐넌, 캘빈 쿨리지, 리처드 닉슨, 제럴드 포드, 드와이트 아이젠하워, 벤저민 해리슨 등이다.

행정부와 정부 내에 관련된 업무수행 : 9점 14위(공동)

대통령으로서 행정부의 일을 시작할 때 루스벨트는 하나의 중요한 목표를 가지고 있었다. 바로 경기침체로부터 국가를 구원해 내는 일이었다. 그러나 후에 루스벨트의 목표는 전쟁에 말려들지 않는 것이었다가, 곧바로 전쟁준비를 하는 것이었고, 이어 전쟁에서 승리를 하는 것으로 바뀌었다. 그리고 최종적으로는 전후세계에 대한 구상이 목표가 되었다. 그러나 이러한 각각의 목표들을 달성하기 위한 구체적이고 체계적인 계획은 갖고 있지 못했다. 말하자면 그의 행정부는 현실적인 실험을 하는 행정부에 가까웠다. 그는 보좌관들의 도움에도 불구하고 국가의 경제문제를 다룰 장기적인 계획을 구성하지 못했다. 그러나 전쟁에서 승리하기 위한 그의 장기적인 계획은 다소 건실하게 이루어졌다.

루스벨트는 일반적으로 정설로 받아들여지고 있는 행정부의 원리에 따라 행정부를 조직하지 않았다. 그의 행정부에서는 서로 다른 행정부의 업무가 명백히 구분되지 않았다. 그의 행정부는 철저한 계획에 입각한 것이 아니라 우연히 조직되었고 운영되었다. 따라서 그의 행정부는 많은 점에서 그 원리가 위반되었다. 비록 대통령은 조직적이고 체계적인 구조 속에서 업무를 수행하는 데 다소 부족했지만 그는 새로운 조직을 구성해 내는 일에는 아주 창조적이었다.

그의 어떤 부서는 필요 이상으로 인원이 배치되었다. 루스벨트의 내각은 일류의 최상급 인물에서 평범한 사람까지 능력에 따라 혼합되어 구성되었다.

각 행정부서의 장들은 거의 상호 협력하지 않았다. 대통령은 주로 내각의 각료들보다 개인 비서진과 보좌관들에게 의존했다. 루스벨트가 임명한 인사들은 모두가 철저하게 양심적으로 정직한 것은 아니었지만, 루스벨트가 대통령으로 있는 동안에는 중요한 스캔들이나 부패사건은 발생하지 않았다.

루스벨트는 특히 맡은 바 역할을 명확히 규정짓고, 권한을 위임하고, 그리고 하급자에게 책임을 지우는 일에 부족함이 있었다. 여러 행정부를 관리하는 사람으로서 적절한 능력을 발휘했지만, 그렇다고 모든 일에 다 그랬던 것은 아니다. 그는 행정부 관리들과 의회 의원들, 그리고 국민들과 대화를 할 수 있는 효과적인 체계를 개발하여 항상 이를 활용했다. 그러나 종종 그는 일을 실제로 착수하기 전에 적절한 대화와 토론을 끌어내지 못하여 의회의 반대에 부딪혀 일을 폐지하거나 축소시켜야 하는 경우도 있었다. 루스벨트 대통령이 가지고 있었던 강점 중 하나는 국민들에게 국정을 솔직하게 알리는 것이었다. 그가 이용한 노변정담은 특히 효과적이었다. 비록 루스벨트는 많은 면에서 신문 출판업자 대다수로부터 자주 혹독한 반대를 받았지만, 그럼에도 그는 신문기자들과 우호적인 관계를 유지했다. 그는 기자들에게 핵심적인 문제에 대해 질문하게 하고 이에 대해 자신은 물론 하급자들이 친절하게 답변하게 함으로써 언론정책을 솜씨 있게 운영했다.

루스벨트는 예산안을 적절하게 제출했고 이로써 의회의 승인을 확보했다. 그는 예산의 과다지출로 비난을 받기도 했지만 단 한 번도 예산지출과 관련하여 비난이 구체화되지는 않았다. 그는 각 부처별로 지출하는 비용에 대해 적절하게 통제를 가했다. 그러나 트루먼 위원회는 국방비용을 집행하는 데 있어 방위산업 관계자들이 부당이익을 취하도록 하는 등 많은 면에서 비능률적으로 돈을 사용하는데 어떤 조치를 취하지 않았다. 이와 관련하여 범죄를 저지른 사람들은 비록 기업가들이었지만 루스벨트는 국가 예산이 집행되는 일에 있어 세심한 모니터를 하는 체계를 만들지 못했다. 비록 루스벨트의 행정부와 각각의 독립기관들이 일반적으로 인정되는 원리나 최고의 기능을 발휘하여 운영되지는 않았지만 그럼에도 각 부서와 기관들은 중요한 목적과 목표를 수월하게 수행했고 그 결과는 매우 효과적이었다.

첫 번째 임기 동안 루스벨트는 자신이 제안하여 통과된 거의 모든 일에서 국민들로부터 압도적인 지지를 받았다. 그러나 이러한 지지는 점점 약해져 갔고 심지어 대법원 판사를 새롭게 구성하거나 단일세금법안을 구성할 때 자신이 속한 민주당으로부터도 전폭적인 지지를 얻지 못했다. 보수적인 성향의 민주당원들을 축출하고자 한 노력도 실패로 끝났다. 그럼에도 루스벨트의 전체적인 업적은 매우 긍정적이라 할 수 있다. 첫 번째 임기 동안 의회 내에서 공화당 소속 의원은 극히 소수에 불과했다. 그러나 의회가 다시 양당으로 재편되면서 루스벨트에 대한 반대는 더욱 격심해졌다.

일본이 진주만을 공격하기 전에 루스벨트는 의회 내의 고립주의자들과 좀처럼 협력을 이끌어 내지 못했다. 그러나 진주만 공격이 있은 후 루스벨트는 전쟁 수행을 위한 자신의 외교정책과 지도력 발휘에 만장일치의 지지를 받았다.

루스벨트가 주도한 법원 개편안은 정치적으로 그에게 심한 타격을 주었다. 이는 사법부의 독립이라는 민주주의 원리에 대해 타격을 가한 행동이기도 했다. 뉴딜 정책이 많은 점에서 비헌법적이라고 선언한 판사들이 어쨌든 그의 대법원 재구성 발표 이후 곧 사퇴해 버렸다. 그 결과 그의 법원 개편안은 현명하지 못한 처사였을 뿐 아니라 불필요한 시도였다는 것이 밝혀졌다. 왜냐하면 비록 대법원 자체가 뉴딜 정책의 수행을 방해하지는 않았지만, 이를 계기로 당내 인사들과 많은 보수주의자들이 자신의 정책에 빈번하게 반기를 들었기 때문이다. 루스벨트는 역대 그 어떤 대통령들보다 많은 9명의 대법원 판사를 임명했다. 이들 중에는 뛰어난 법률가인 휴고 블랙(Hugo L. Black), 펠리스 프랭크푸르터(Felix Frankfurter), 윌리엄 더글러스(William Douglas) 등이 포함되었다. 어떤 이들은 뛰어난 법률가는 아니었지만 그들은 모두 유능했다.

루스벨트는 강력한 이익집단을 결집시켜 자신의 프로그램 중 많은 것을 지지하도록 했다. 심지어 산업조직회의(CIO)의 위원장인 존 루이스(John L. Lewis)와 사이가 틀어진 이후조차도 루스벨트는 이 조직의 평조합원들로부터 지지를 확보할 수 있었다.

선거에 이기는 것이 루스벨트에게는 무엇보다도 중요했지만, 그것이 중요한 만큼 국민들의 끊임없는 관심을 받는다는 것 또한 중요하다고 보았다. 오히려 그는 대통령이 되어 활동하는 것보다 이 일에 더 치중했는지도 모른다. 그는 둘 중요하다고 보았고 사실 그렇게 행동했다. 루스벨트의 행정부를 잘 살펴보면 그가 일반 국민의 이익을 위해 행동한 것이 분명히 나타난다. 그는 모든 국민의 대통령이 되기를 원했다. 말하자면 경제적 피라미드의 최하층에 있는 사람들로부터 부유한 엘리트 계층에 이르기까지 그들에게 사회적으로 평등한 대통령이 되기를 원했던 것이다. 부유한 사람들이 자신을 거부하고자 했을 때에도 그는 모든 국민에게 최고라고 생각한 것을 위해 노력했다. 얼마간 우익 성향을 지닌 사람들게 비난을 샀지만 그는 결코 어떤 노동조합이나 혹은 다른 특별한 이익단체를 위한 도구가 되지 않았다. 이것은 대통령직에 있을 동안의 그의 기록을 살펴보면 분명해진다. 그가 노동조합이나 특별한 이익단체가 잘못되었다고 생각할 때는 경제적 보수주의자들에 반대했던 것과 같이 거기에 반대하는 정책을 과감히 내놓았다.

루스벨트는 소수에게 쓰라린 비난의 소리를 들어야 했지만 대부분의 국민들에게는 인기가 높았다. 시간이 지남에 따라 그의 인기는 줄어들었지만 그럼에도 그는 국민들이 보내주는 인기를 국가를 위한 자신의 목적을 달성하는 데 유용하게 이용하였다.

지도력 및 의사결정과 관련된 업무수행 : 16점 7위

가장 카리스마 넘치는 미국 대통령에 속하는 프랭클린 루스벨트는 뉴딜 정책 초기와 전쟁을 이끌어 가는 중에 국민들에게 영감을 부여하는 고무적인 대통령이었다. 그의 원기 넘치는 정신은 경기침체로 인한 암울한 시대에 국민들에게 희망을 주었다. 그는 경기침체의 한가운데에서 국민들에게 다음과 같이 말했다. "우리가 두려워해야 할 유일한 것이 있다면 그것은 두려움 그 자체다." 그는 자신의 정부에 대해, 국가에 대해, 나아가 자신들의 미래에 대해 국민들에게 확신을 심어 주었다. 매력적이고 사교적인 그는 진심으로 일반 국민과 일반 국민의 문제에 깊은 관심을 가졌다. 그는 국민을 설득하여 자신이 주도하는 일에 동조하도록 만드는 데 뛰어난 능력을 발휘했다.

루스벨트는 자신과 다른 사람들에게 높은 수준의 업무수행을 책정했고, 다른 사람을 격려하여 높은 수준으로 업무를 수행하도록 했다. 그의 내각 인사 중 몇몇과 다른 고위 공직자들이 기대한 것과 같이 업무를 수행하지 못했지만 그는 이들을 해고하는 것을 몹시도 싫어했다. 그 대신 또 다른 사람들에게 그들의 일을 할당함으로써 일을 우회적으로 처리했다. 이러한 방식 때문에 그의 행정부서 내에서는 약간의 잡음이 일었고, 정부의 효능을 떨어뜨려 혼동을 불러오기도 했다.

루스벨트는 혹독한 경기침체 동안에 국가를 통합했다. 그러나 이러한 통합은 그의 법원 개편안, 3선 문제, 고립주의를 택할 것인가 연합군을 지원할 것인가 하는 것에 대한 갈등과 논쟁으로 다소 와해되었다. 이 같은 와해의 조짐은 일본의 진주만 공격으로 사라졌고, 새롭고 단단한 통합이 이루어졌다. 아마도 2차 세계대전 동안 루스벨트의 지도력 하에 이루어진 통합은 국가가 형성된 이래 미국 역사상 그 어느 때보다도 강력한 것이었다. 경제적 위기와 전쟁이라는 혼란의 와중에 미국민들은 그들의 대통령을 중심으로 똘똘 뭉쳤다.

루스벨트는 모든 국민들이 번영의 결과를 공유하는 번영하는 국가에 대한 비전을 가지고 있었다. 그는 모든 사람이 자신이 선택한 정부와 평화를 구가하는 세계조직에 의해 결정되는 평화로운 세계에 대한 비전을 가지고 있었다. 뉴딜을 기획하여 이행하고, 전쟁을 승리로 이끌고, 국제연합을 창설한 것은 이러한 꿈을 실현시키기 위한 그의 전략이었다.

의사결정을 하기에 앞서 루스벨트는 항상, 그러나 모든 사안에 대해 그런 것은 아니었지만, 대체적으로 그는 선택안을 놓고 신중한 판단을 했다. 그리고 그 선택이 어떠한 결과를 가져올 것인지를 세밀하게 판단했다. 이 점에서 전쟁 동안 건강이 악화되었음에도 불구하고 그의 능력은 더욱 개선되었다. 학자는 아니었지만 루스벨트는 역사학도처럼 역사공부에 몰두했고 이로부터 많은 식견을 얻었다. 특히 전임 대통령들의 착오와 업적으로부터 많은 지혜를 얻었다. 그는 자신이 잘못된 방향으로 일을 처리하고 있다는 사실을 재빨리 인식했으며, 이 경우 주저 없이 노선을 전환시켰다(그러나 이 점에서는 사안에 따라 다소 이견이 있다. 특히 대법원 개편안 같은 경우는 이 같은 일반화의 예외에 속한다. 그러나 아집을 버리는 이러한 방향전환은 다른 대통령들보다 루스벨트에게서 더욱 돋보인다). 루스벨트의 지능은 아마 비판가들이나 심지어 중립적 입장에 서 있는 사람들로부터 과소평가되었다고 볼 수 있다. 그는 자신의 예리한 지성을 이용했을 뿐만 아니라 스스로 발탁한 가장 현명한 참모들로 행정부를 채웠다.

루스벨트는 항상 목적을 달성하기 위하여 세부항목별로 기꺼이 타협과 절충을 했다. 그러나 몇몇 사안에서는 타협을 꺼려했고 이것이 그를 악화시켰다. 아마도 그는 북아프리카와 이탈리아를 탈환하고 난 후 프랑스를 탈환하는 문제를 연기할 때 처칠과 같이 너무나 많이 타협을 한 것이 분명하다.

루스벨트는 어려운 문제를 결단하는 데 있어 그 결과가 아무리 어렵더라도 결코 이를 피해가거나 주저하지 않았다. 그는 국가비상시에 최선을 다했다.

개인적 성격과 도덕성 : 16점 8위(공동)

루스벨트는 미국이 세계에서 명예를 떨칠 수 있는 방식으로 자신의 행동을 해 나갔다. 그가 육체적 약점을 극복하는 방식은 특히 감탄할 만하다. 공적인 자리에서 대통령은 대통령이라는 자리가 요구하는 권위를 가지고 행동했다. 그는 대부분의 시민들이 가지고 있는 미국의 자존심을 강화시켰다. 많은 국민들(모든 사람은 아니지만)이 그들의 대통령에 대해 강한 자부심을 가지고 있었다. 루스벨트의 대통령직에 대한 수행과 위업으로 인하여 이제 대통령이라는 직은 더 많은 존경을 받게 되었다.

그의 담대한 행동은 국가를 위한 좋은 일을 하는 데 있어 대통령직의 권한을 크게 증대시키게 했다. 몇몇의 사람들은 그의 주제넘은 권력의 독점을 독재로 향하는 단계로 보고 반대했다. 또 다른 사람들은 경심한 경기침체기를 겪으면서 '사적 독재자'가 출현한 것이나, 급진적 혁명을 막기 위해 이것이 필요한 것이라고 보았다. 전쟁기에 그는 긴급조치 권한을 취했다. 이는 1차 세계대전기에 윌슨의 예와 비슷하지만, 남북전쟁기에(국가안보에 대한 위협이 보다 컸다) 링컨이 취한 비상 권한보다는 적은 것이었다.

루스벨트는 대부분의 국민들이 대통령을 국민의 편이라고 생각하도록 만들었다. 그들은 루스벨트가 노동자 계급에 속하는 소위 잊혀진 사람들의 편이라고 믿었으며, 대통령이 기꺼이 자신들을 도와줄 것이라 생각했다. 대통령은 모든 부분의 국민들로부터(반드시 이를 추구하지는 않았지만) 정보를 수집했다. 대통령은 일반적으로 공론화되지 않고 망각되어 있는 이러한 정보의 내용에 대한 많은 정보를 알고 있었다. 비록 이러한 망각된 정보에 의해 영향을 받든 받지 않든 그는 많은 부분으로부터 많은 정보를 알고 있었다. 그러나 프랭클린 루스벨트 행정부 아래서 중요한 문제를 둘러싸고 진지한 토론이 소수의 참모들로 안에서 이루어졌다. 그는 다른 대부분의 전임자들보다 국민에게 더 가까이 다가가기 위해 효과적인 수단을 이용했다. 그의 라디오를 통한 노변정담은 특히 효과적이었다. 또한 그가 자주 행한 기자회견 역시 이에 못지 않았다. 그는 국민들이 대통령이 자신들을 위해 깊은 마음을 가지고 있다고 생각하도록 만들었다.

　　확고한 도덕적 가치와 원리를 시종일관 고집한 것은 아니지만 루스벨트는 이러한 가치와 원리로 인하여 무엇이 어떻게 작용하는가에 대해 더욱 큰 관심을 가졌다. 그는 신뢰할 수 있는 사람이었으며, 좀처럼 약속을 어기지 않았다. 개인적으로 정직한 그는 대통령직을 이용해 사적으로 경제적 이익을 추구하지 않았다. 그는 아들 중 몇몇이 사복을 채우기 위해 공직과 친척관계를 이용했다는 사실이 밝혀졌을 때 몹시도 당황하고 크게 격노했다. 그는 개인적인 생활에서 높은 수준의 도덕성을 실천하지는 않았다. 그러나 이 사실은 당시 대중들에게 알려지지 않았기 때문에 대통령직에 손상을 가하지는 않았을 뿐 아니라 그가 대통령으로서 발휘하는 효능에도 손상을 미치지 않았다.

종합평가 : 76점 3위(공동)

　　역대 미국의 대통령 중에서 프랭클린 루스벨트는 외교를 비롯한 대외관계와 관련된 업무수행 영역과 국내의 각종 문제 및 사업에 대한 업무수행에서 최고 점수를 받았다. 그는 대공황과 전쟁기에 국가에 잘 봉사했다. 그는 전체적으로 100점 중 74점을 획득하여 모든 대통령 가운데 공동 3위를 차지했다.

해리 트루먼
Harry Truman | 1945~1953

	평가점수	평가등수
외교를 비롯한 대외관계와 관련된 업무수행	14	3(공동)
국내의 각종 문제 및 사업에 대한 업무수행	16	4
행정부와 정부 내에 관련된 업무수행	13	4(공동)
지도력 및 의사결정과 관련된 업무수행	12	13(공동)
개인적 성격과 도덕성	15	10
종합평가	70	5(공동)

배경

해리 트루먼은 1884년 5월 8일 미주리주 라마르에서 태어났다. 경제적 어려움 때문에 대학을 다닐 수 없었던 그는 여러 가지 사무직에서 일하고 가족농장을 운영했으며 선거사무원, 도로감독관, 우체국장을 지냈으며 미주리 민병대에 가입해 활동했다. 1차 세계대전 동안 그는 프랑스에서 야전 포병중대를 지휘하고, 소령으로 군대한 후 그는 신사용 장신구점을 개업했다. 그러나 이 사업은 1921년부터 시작된 농업분야의 경기침체 때문에 실패했다. 캔자스의 타락한 정치세력인 펜더거스트 도당(Pendergast machine)으로 트루먼은 1922년에 지방판사에 당선되었다. 1923년에서 1925년까지 그는 캔자스시 로스쿨을 다녔다. 1924년에 그는 지방판사 재선에 실패했지만 1926년에는 다시 당선되었고 1934년 그가 연방 상원의원에 당선되기까지 지방판사로 일했다. 1940년에 재선된 트루먼은 국가방위 프로그램을 조사하는 한 위원회의 위원장으로 일을 했다. 트루먼 위원회는 국가방위 프로그램의 일부가 낭비와 비능률이 있음을 밝혀냈다. 이 위원회는 또한 약 10억 달러의 국가예산을 절약하면서 전시 물품 생산에 속도를 더해 주었다. 이 일로 인하여 워싱턴 정가를 둘러싼 언론들의 여론조사는 트루먼을 프랭클린, 루스벨트 다음으로 미국의 전쟁노력에 기여한 인물로 평가했다.

대통령 후보 지명과 선거

1944년에 대통령 루스벨트는 부통령으로 누구를 지명할 것인가 공개적으로 밝히기를 거절했다. 상당한 막후교섭 후에 당 지도부는 트루먼을 지지하기로 결정했다. 헨리 월리스(Henry Wallace)가 후보자 결정선거 1차에서 앞섰지만 2차 투표에서 트루먼이 부통령 후보로 지명되었다. 루스벨트가 네 번째 임기의 대통령에 취임한 지 채 석 달이 되지 않은 시점에 사망하게 되자 트루먼이 그를 계승했다.

1948년 민주당은 당내 분열이 심하게 나타났다. 당내 혁신파들은 대통령의 시민권 프로그램을 지지하기는 했지만 대통령 후보로는 보다 자유적인 성향을 가진 인물을 원하고 있었다. 반면 보수적 성향의 남부 출신들은 반(反)노동적이며 반(反)뉴딜적이고 시민권에 대해 단호히 반대했다. 당내 또 다른 분파는 특별한 노선은 없었지만 현직 대통령이 11월 선거에서 이기지 못할 것이라고 예상하고 그의 재지명을 반대했다. 드와이트 아이젠하워 장군을 중심으로 한 당내 반대파들의 단결 노력은 아이젠하워가 대통령 후보 지명을 거절했을 때 실패로 끝났다. 당 강령에서 시민권과 관련된 조항에 대해 열렬한 반대를 한 후 당내 남부출신 중 다수는 탈당을 했다. 우여곡절 끝에 트루먼은 대통령 후보자 결정선거 1차에서 민주당 후보로 지명되었다.

탈당한 남부출신 민주당원들은 새로운 주권당을 만들어 스톰 서몬드(J. Storm Thurmond)를 대통령 후보로 지명했다. 혁신파들은 헨리 월리스(Henry Wallace)를 후보로 지명했다. 민주당이 3개 분파로 분리되어 혼란을 겪는 동안 공화당은 토머스 듀이(Thomas E. Dewey)를 정점으로 뭉쳐 강력한 세력을 형성했다. 그러나 트루먼은 선거전에 직접 뛰어들면서 승리를 약속했다. 현직 대통령인 트루먼은 의회에 대해 특별회기의 개최를 요구했고 이 나라가 결정해야 할 의사결정 사항들은 내놓았다. 의회가 이를 거절하자 대통령은

"아무일도 하지 않는 80대 의회"라고 비난하면서 전국적인 지원 유세여행을 떠났다. 승리를 확신한 듀이는 대통령의 도전을 무시했다. 많은 유권자들은 공화당의 승리가 확실하다고 보았기 때문에 선거를 많이 하지 않았다. 그러나 대통령은 선거운동에 임하면서 열렬한 수많은 군중들로부터 환영을 받았다. 그렇지만 여전히 선거에 관한 전문가들은 트루먼이 대중적 지지를 받고 있다는 사실을 분석해 내지 못했다. 서몬드가 남부에서 선거인단 38표를 얻었다. 월리스는 뉴욕과 미시간에서 민주당에게 패배를 안겨줄 만큼 충분한 유권자 표를 모으지 못했다. 결국 서부 전 지역에서 승리를 거둔 트루먼은 선거인단에서 303표를 얻고 듀이는 189표를 얻는 데 그쳤다.

외교를 비롯한 대외관계와 관련된 업무수행 : 14점 3위(공동)

트루먼이 대통령이 되고 나서 한 달도 채 되지 않았을 때 독일이 항복을 했다. 유럽에서 전쟁이 끝이 났다. 세 달 후 대통령은 일본에 원자폭탄을 투하할 것을 명령했다. 이 조치는 2차 세계대전을 종결짓고 일본 본토 침공을 준비하고 있던 수만 명의 미군병사의 생명을 구한 결과가 되었다. 전쟁이 끝나자 소련은 과거 나치의 점령에서 해방된 동유럽 여러 나라에 공산주의 정부를 세웠다. 더 이상 공산주의가 확대되어 가는 것을 막기로 결심한 대통령은 공산주의의 침략을 거부하는 그 어떤 나라에도 원조를 보장한다는 트루먼 독트린을 발표했다. 선언의 첫 번째 실행으로 그는 그리스와 터키를 원조하기 위해 의회로부터 예산을 확보했다.

트루먼은 이제 막 탄생한 국제연합(UN)의 조직 운영과 발전에 미국의 지지가 필수적이었을 때 이 조직에 대한 적극적이고 종합적인 지원을 해주었다. 1949년 트루먼은 북대서양조약기구(NATO)의 창설을 이끌었는데 여기에서는 회원국은 어느 한 나라가 공격을 받을 때 모든 회원국이 공격을 받는 것으로 간주한다는 내용이 담겨 있었다. 트루먼의 지휘 아래 미국은 공산주의로부터 여러 나라를 해방시키려고까지는 하지 않았지만 소위 봉쇄정책이라는 수단을 사용하여 공산주의의 확장을 막고자 했다. 소련이 베를린을 봉쇄하자 이 봉쇄가 풀릴 때까지 베를린에 필요한 물자를 공수하라는 명령이 공군에 하달되었다. UN에 대한 트루먼의 지지는 평화를 유지하고자 하는 그의 대대적인 노력이었다. NATO에 대한 지지와 그리스와 터키에 대한 원조, 그리고 베를린 공수작전은 모두 힘을 통해 침략을 저지시키는 데 성공한 그의 결단력을 입증해 준 것이었다.

봉쇄정책과 유럽에서 보여준 트루먼의 행동은 그의 문제해결에 대한 의지를 명백하게 확신시켜 주었다. 그러나 트루먼은 남한에 대한 방위의 경우, 미국의 국가적 이익을 지키는 일에 포함시키고 있었는지를 북한에게 명백하게 보여주지 않았다. 그러나 북한이 남한을 침략하자 트루먼은 군사적 행동에 대한 UN의 승인을 확보하면서 신속하고 단호한 태도를 보여주었다. 그는 전 한반도에 대한 통제권을 가지게 됨으로써 공산주의를 막고자 하는 목적을 달성했다. 한국전쟁이 미국에게 장기적으로 이익이 되는가 하는 문제는 논쟁거리였다. 동시에 공산주의의 침략은 어느 곳에선가는 반드시 제지되어야 했다. 만약 한국이 공산주의에 대한 저지선으로 자리하게 된다면, 그 위의 다른 나라들은 도미노처럼 공산주의로 넘어갈 것이 분명했다. 이 같은 생각을 가지고 있던 트루먼은 한국전쟁을 반드시 한계 내에서 마무리해야 한다고 믿었다. 또한 한국전쟁은 어떻게 해서든 핵전쟁으로까지 발전되어서는 안된다고 믿었다. 이에 따라 대대적인 인기를 누리며 임무를 수행하고 있던 맥아더(D. MacArthur) 장군을 해고하는 용기를 보여주었다.

트루먼은 라틴아메리카와 특히 멕시코와의 관계를 개선했다. 그는 루스벨트의 선린우호관계를 유지했다. 비록 이 지역의 압제적인 정부를 지지했지만 이 같은 조치가 이 지역의 안보와 안정에 기여하는 것이라고 믿었다. 그는 현직에 있으면서 멕시코를 방문한 최초의 대통령이었는데, 멕시코를 방문하는 동안 대멕시코전으로 목숨을 잃은 6명의 10대 사관후보생을 기리는 로스니노스 영웅(Los Ninos Heroes)을 위한 기념비에 화관을 바쳤다. 이 행동은 근 100년에 걸쳐 멕시코인의 가슴을 헤집어 놓았던 상처를 봉합시켰으며, 이로 인해 트루먼은 멕시코에서 대대적인 인기를 끌게 되었다.

국무장관 마셜의 유럽 복구 프로그램은 2차 세계대전의 피해로부터 유럽을 재건하는 데 도움을 주었다. 마셜 플랜은 경제적 원조가 민주주의의 안정된 발전에 기여한 세계 역사상 가장 성공적인 사례 중 하나였다. 독일과 일본의 재건에 도움을 준 것은, 전쟁으로 완전히 피폐화된 이 나라의 생활수준을 향상시키는 데 최고의 기여를 했다. 트루먼 대통령은 남동아시아 지역에서 공산주의에 의해 위협을 받고 있는 나라들을 원조하기 위한 것으로서, 후진국에 대한 과학이나 기술의 원조계획인 포인트 포(Point Four) 프로그램을 구성했다. 비록 이 계획은 논란이 있었지만 트루먼이 독일연방공화국을 승인하고 신생 이스라엘을 승인한 것과 마찬가지로 미국의 이익에 도움을 주었다.

공산주의의 확장에 대한 트루먼의 강경한 반대는 냉전체제를 이끌었고 미·소 간의 긴장을 고조시켰다. 미국은 공산주의의 확장을 단호히 막고자 했다. 냉전은 피할 수 없는 시대적 대세였다.

국내의 각종 문제 및 사업에 대한 업무수행 : 16점 4위

노사 간의 분쟁에 간섭을 행한 트루먼은 정부의 힘을 이용하여 전시에서 평시 경제체제로 전환하는 데 도움을 줌으로써 번영을 유지하고자 했다. 그가 대통령을 그만두었을 때쯤 해서는 거의 완전고용상태가 되었다. 농가수입, 회사 수입, 배당금이 모두 그의 임기 내내 상승했다. 실제적인 생활수준이 그가 대통령이 되었을 때보다 상당히 높아졌다. 1947년, 예상되었던 전후의 경제적 붕괴현상은 일어나지 않았다. 트루먼의 경제정책이 그러한 대재앙의 회피에 결정적인 영향을 미쳤는가의 여부는 명백히 밝혀지지 않았지만, 확실히 당시 그의 정책이 진행되고 있었고 예견되었던 경제적 재앙은 발생하지 않았다. 트루먼은 가능한 한 가격을 통제하고, 노동자들의 임금인상투쟁을 잠재웠으며, 경영자들에 대해서는 물가를 올리지 않도록 했다. 비록 물가는 약간 상승했지만 트루먼 행정부 동안에 끝없이 치솟는 인플레이션은 일어나지 않았다. 1949년 트루먼은 소위 '빈자'들에 대한 세금 삭감을 제안하여 통과시켰다. 이를 통해 각각의 납세자들은 40달러의 세금을 공제 받았다. 이에 대해 트루먼이 '부자'의 세금안이라고 부르는 법안을 의회가 통과시켰을 때 여기에 거부권을 행사했다.

1947년 트루먼은 트러스트 금지법의 강화를 의회에 요구했다. 그러나 의회는 이에 대해 아무런 조치도 취하지 않았다. 그는 또한 탄광노동자, 철도노동자, 철강노동자들의 파업을 국가의 이익에 반(反)하는 것으로 보고 강력히 반대했다. 심지어 그는 파업에 참가한 철도노동자들을 군대에 강제 징집시키자는 제안까지 하였다. 한편으로 그는 반(反)노동조합적인 성격의 태프트-하틀리법(Taft-Hartley Act)에 반대했다. 그는 역시 농작물 보험을 포함한 농민들에 대한 지지도 확대했다. 트루먼은 수력전기시설 사업과 관개, 자연자원의 보존에도 강력한 지지를 보냈다. 그는 에버글레이드 국립공원을 만들고, 원자에너지위원회를 만들어 민간의 통제 하에 두었다.

트루먼은 실업보상의 확대 저임금자의 생활 상태를 개선하기 위한 즉각적인 최저임금 상승, 주택 마련을 위한 연방자금의 보조 등 여러 가지를 제안했다. 트루먼이 제안한 내용 중 일부는 법으로 제정되었고 이러한 법 시행에 대한 지지를 재확인 했다. 그의 이러한 정책은 소위 공정정책으로 알려졌고, 의회에 보낸 교서와 연설에서 확인되었다. 그는 사람들에 대한 사회보장제도의 도움을 금지하자는 공화당 법안에 대해 거부권을 행사했다. 트루먼 행정부 동안에 사회보장제도로 혜택을 받은 사람은 두 배가 넘었고 최저임금도 상승했다. 또한 미국 고등교육의 본질을 완전히 변화시킨 약 800만 명의 사람들이 미군 권리장전을 통해 대학에 다니게 되었다. 그는 슬럼가를 정리정돈 했으며 연방자금을 통해 수백만 채의 신 주택을 건설하였다. 퇴역군인들에게는 낮은 이자율을 통해 다른 여러 가지 일을 할 수 있도록 해주었다. 또한 교육과 의료보험 프로그램에 대해 연방이 도움을 주기 위해 열심히 노력했다. 비록 그는 의회에서 자신이 제안한 건강프로그램에 대한 지지를 확보하지는 못했지만 그의 이러한 제안은 국민에 대한 관심과 국가에 대한 비전을 보여주는 것이었다.

한편 그는 용감무쌍하게도 많은 논란을 불러일으켰던 군대 내 인종차별주의를 폐지하였다. 역시 연방공무원에 대해서도 인종차별주의 금지와 다른 혁신적인 조치들을 단행하였다. 그는 미국이 시민권에 관심을 돌리게 하기 위해 링컨 이래 가장 열심히 노력한 대통령이었다. 그는 미국시민권위원회를 만들었다. 또한 연방린치 반대법 제정, 투표권의 보호, 인두세 금지법, 고용주와 노동조합에 의한 차별대우를 중지시킬 수 있는 권한을 가진 공정고용실행위원회의 설치, 또한 주(州) 간 여행에서의 차별대우 금지 등을 요구했다. 또한 제2차 세계대전 동안 수용소에서 보낸 일본계를 조상으로 둔 미국인들의 주장, 즉 일본계 미국인에 대한 차별대우 금지를 법제화하도록 의회에 요청했다.

비록 트루먼은 전반적으로는 언론의 자유를 지지했지만 연방고용인충성안정 프로그램을 두었다. 이 프로그램은 의회의 국정조사가 언론에 미치는 부작용까지는 아니었지만, 트루먼 자신도 후에 인정하였듯이 수정헌법 1차 권리를 위반하는 결과가 되었다. 그는 보다 자유로운 이민정책을 주장하면서 가톨릭과 유대인을 차별대우하는 유민법의 변화를 강력히 주장했다. 그는 뛰어난 자격을 갖추기만 하면 종교와 관계없이 공직에 임명했다. 비록 고위 공직에 흑인과 여성을 거의 임명하지는 않았지만 가톨릭교도와 유대인을 차별하는 고용 형태에 대해서는 강하게 반대하면서, 이런 것이 지켜지도록 자신의 신념대로 행동했다. 여성과 흑인들도 물론 공정고용실행위원회와 시민권법의 혜택을 받았다.

트루먼의 이민정책과 그의 시민권 신장정책, 차별대우를 끝내고자 하는 노력, 그리고 국내외를 막론하고 경제적으로 어려운 상태와 사람들을 돕고자 하는 그의 노력은 인권신장에 관한 그의 정책목적을 보여주는 것이라 하겠다. 트루먼의 경제정책과 시민권 정책, 그리고 각종 차별대우 금지정책은 그의 행정부의 권위를 한층 상승시켜 주었다.

행정부와 정부 내에 관련된 업무수행 : 13점 4위(공동)

루스벨트의 죽음은 트루먼을 전혀 준비되지 않은 상태로 백악관으로 밀어 넣는 격이 되었다. 사망 전까지 루스벨트는 부통령에게 많은 중요한 문제를 공개하지 않았기 때문이다. 정권인수의 초기 시간이 지나고 나서 트루먼은 자신의 행정부가 추구해야 할 목적과 목표를 설정했고 성취를 위한 계획을 수립했다. 대통령이 되고 나서 끊임없이 발생하는 사건들, 완강한 의회, 그리고 세계 도처에서 일어나는 전혀 생각지 않았던 사건들과 새로운 위협 등은 대통령직 수행에 많은 어려움을 주었다. 그러나 트루먼은 자신이 추구해야 할 목표를 잊어버리지 않았다.

　트루먼은 자신의 노력에서뿐 아니라 트루먼이 공적 생활로 다시 불러들인 전직 대통령 허버트 후버가 주도하는 위원회의 권고를 통해 행정부의 조직을 개선했다. 그의 업적 중 가장 위대한 것의 하나는 군(軍)에 관계되는 일을 국방부에 통합시킨 것이었다.

　트루먼은 내각에 일류 인사들을 임명했다. 그들은 존 마셜(John Marshall), 딘 에치슨(Dean Acheson), 제임스 바이네스(Jamrs Byrnes), 톰 클라크(Tom Clark), 제임스 포레스탈(James Forrestal), 에버릴 해리먼(Averill Harriman), 로버트 로벳(Robert Lovett) 등이 그들이다. 그 외 인사들 역시 뛰어난 인물들이었다. 심한 반대에도 불구하고 데이비드 릴리엔셜(David Lilienthal)은 원자에너지 위원회 위원장에 임명했고 리지웨이(Ridgway) 장군을 한국전쟁의 영웅 맥아더를 대신하여 사령관에 임명했다. 물론 트루먼은 인사권 행사에서 약간의 실수도 있었다. 그러나 대체적으로 트루먼의 인사는 20세기의 다른 대통령의 인사권 행사와 비교해 보면 그 내용이 우수했다. 트루먼의 내각 인사들은 대부분 과단성 있는 강직한 마음의 소유자들이었다. 그래서 그들은 자신의 목소리를 내는 데 주저하지 않았다. 심지어 자신의 의견이 행정부의 다른 인사들의 의견과 전혀 다른 경우에도 그러했다. 그는 행정부에 속하지 않는 여러 독립기관에 대한 인사 역시 뛰어난 사람들을 임명하여 그들과 적절한 관계를 유지했다. 트루먼이 임명한 인사들은 대부분 뛰어난 수준을 보여주었지만, 그 중 몇몇은 믿음을 저버리고 스캔들을 일으키는 등 트루먼 행정부에 누를 끼치기도 하였다. 그 중에서도 가장 악명 높은 것은 해리 바우한(Harry Vauhan)의 사건이다. 그는 실상 불법적인 일을 저지른 것은 아니나, 자신과 대통령과의 관계를 이용하여 혜택을 보려 한 사람들을 처리하는 데 신중하지 못한 판단을 내렸으며 일 처리 또한 공정하지 못했다.

　트루먼은 자신이 책임을 지고 있는 동안 어떻게 권한을 집행해야 할지를 알고 있었다. "모든 것을 내가 책임진다"라는 것은 그에게 그저 공허한 슬로건은 아니었다. 그는 내각 인사들에게 광범위한 권한을 주었지만 마지막 결정에서는 절대로 대통령의 결정을 포기하지 않았다. 군사문제에 대해 극도로 비밀을 엄수해야 하는 전쟁기에 대통령이 되었지만, 트루먼은 행정부에서 부당하고 또 과도하게 비밀을 유지하거나 하지 않았다. 특히 국내문제에서는 참모들과 언론, 그리고 일반 국민들과 정보를 공유했다. 일반 국민들에게 국정을 알려준 트루먼의 행동은 그의 최대 장점 중 하나였다.

대통령은 기존의 정부가 계획하고 있던 모든 프로그램을 시행하고 또 그가 인정받기 위해 의회에 보낸 새로운 프로그램을 운영하기 위한 충분한 예산을 확보했다. 그런데 국가건강보험과 같은 프로그램에 대해 의회가 인정을 하지 않은 것은 거기에 들어가는 비용 때문이라기보다 정치적·철학적 근거에 기초를 둔 것이었다. 그러나 사실상 트루먼은 낭비적이고 불필요한 비용에 대해서는 철저한 감시를 하는 절약하는 행정가였다. 그는 예산 운영에 빈틈이 없는 인물이었다. 트루먼은 상원에 있는 동안 방위산업에서의 낭비요소와 부정행위를 밝혀내어 전국적인 명성을 얻었고, 대통령이 되고 나서도 모든 낭비적인 요인을 없애고자 노력하였다.

행정부 관할 하에 있는 여러 부서와 프로그램들은 대부분 운영이 아주 우수하겨 효과를 발휘했다. 만약 어떤 부서의 책임자가 행정부에서 우선 처리해야 할 일보다 개인적인 것을 앞세워 주장할 경우 그 책임자는 공직에서 물러나야 했다. 이는 국무장관이건 군대 장군이건 예외가 없었다. 트루먼 행정부의 업적은 강렬한 인상을 준다. 트루먼이 임명한 대법원 판사들은 능력이 뛰어난 사람들로 다른 대통령이 임명한 사람들과 상당히 비교된다.

트루먼은 이익집단으로부터 오는 후원을 조금도 누리지 않았다. 강력한 힘을 가진 기업인 이익집단들은 전반적으로 그를 좋아하지 않았다. 이는 노동조합도 마찬가지였다. 트루먼은 항상 일반 국민의 이익을 생각했고 이를 위해 행동했다. 위대하다고밖에 할 수 없는 용기를 가지고 그는 정치적으로 큰 희생을 치르면서도 시민권의 신장을 위해 투쟁했다. 뿐만 아니라 역시 대단한 용기의 발휘라 할 수 있는 일로서, 자기보다도 인기가 높았던 맥아더 장군을 전쟁을 수행하고 있는 와중임에도 불구하고 해고했다. 트루먼이 보았을 때 맥아더를 해고하는 것이 국가에 이익이 된다고 보고 그런 과감한 조치를 취했던 것이다. 트루먼은 충실한 민주당원이었지만 정치적 갈등을 일으키는 문제를 둘러싸고는 공화당으로부터도 많은 지지를 받았다. 그에게 첫 번째는 미국이었고 민주당은 그 다음이었다. 그는 심지어 당이 분열되는 상황에서도 국민 모두에게 최고의 이익이 된다고 생각되는 정치를 위해 용기를 보여주었다.

트루먼은 항상 모든 미국인들로부터 존경을 받은 것은 아니다. 특히 미국의 대중미디어를 통제하고 있는 사람들은 트루먼을 과소평가하는 경향이 있었고 그들의 편견은 일반 국민들에게 영향을 미쳤다. 폭넓게 시행된 여론조사를 통해 보면 일반 국민들은 어떤 때는 트루먼을 대단히 성공적인 인물로 평가하고, 또 어떤 때는 성공하지 못한 인물로 평가했다. 1948년 대통령선거에서 트루먼에 대한 지지가 낮았을 때 그는 국민들에게 직접 호소를 했다. 민주당이 남부 출신들과 혁신파로 분당되어 있음에도 불구하고 트루먼은 국민들에게 직접 호소하는 길을 택했고, 국민들은 그가 진실을 이야기한다고 믿었다.

지도력 및 의사결정과 관련된 업무수행 : 12점 13위(공동)

카리스마를 갖는 지도자 스타일이 아니었던 트루먼은 국민들에게 카리스마를 발휘하여 자신을 따르게 하지는 못했다. 그러나 자신을 아는 사람들에게 영감을 부여하여 헌신할 수 있도록 했다. 트루먼은 항상 국민들을 설득해서 그가 올바른 길을 가고 있음을 확신시키는 방식으로 자신을 따르도록 했다. 트루먼은 여러 가지 새로운 일을 시도했는데, 전국건강보험프로그램과 같이 항상 성공을 거두었던 것은 아니다. 한편 트루먼은 의회를 설득하여 장래를 고려한 시민권법을 통과시키도록 했다. 또한 행정명령을 내려 군대 내와 연방 공무원들에게 차별대우를 금지하도록 했다. 이러한 조치에는 많은 반대가 따랐지만 트루먼은 이렇게 하는 것이 올바른 조치임을 국민들에게 충분히 확신시킴으로써 일을 추진했다.

트루먼은 대부분의 일에서 정부에 대한 일반 국민의 확신을 유지시켰다. 그러나 종종 이러한 확신을 약화시키는 때도 있었다. 상원의원 조셉 매카시 (Joseph McCarthy)와 그의 추종자들이 주도한 정부내 공산주의에 대한 고발, 트루먼이 임명한 인물들 중 몇몇이 연루된 사소한 스캔들, 그리고 중국국민당

464

의 본토 탈환에 도움을 주지 못한 것 등은 때때로 국민들의 확신을 떨어뜨렸다.

대통령은 자신은 물론 다른 사람들의 높은 수준의 업무수행을 기준으로 삼았다. 대통령은 자신이 임명한 다른 사람들이 높은 수준으로 일할 수 있도록 해준 반면, 만약 그들이 대통령이 설정한 일정한 기준에 도달하지 못할 경우 그들의 공직을 여지없이 박탈했다. 그는 다른 사람들을 자극하여 매우 효과적으로 높은 수준의 업무수행을 할 수 있도록 해주었다.

트루먼은 미국과 세계가 어떻게 발전되어 가야 할 것인가에 대한 기본적 개념을 가지고 있었다. 그는 모든 국민들은 그들이 원하는 곳에서 자유롭게 살고 일할 수 있는 그런 국가, 개인적 자유와 법 앞의 평등을 헌법적으로 보장하는 그런 국가, 그리고 평범한 국민들이 교육받을 수 있고 공정한 임금을 받고 일자리를 얻을 수 있고 의료보호와 일정한 기준의 생활수준을 유지하면서 생활할 수 있는 그런 국가를 원했다. 그는 법의 원칙에 의해 지배되고 폭력으로부터 자유롭고 나아가 전쟁의 위협으로부터 벗어난 그런 세계를 갈망했다. 트루먼은 이 나라가 발전하기 위한 기본적 필요조건을 인식했으며 이를 위한 계획과 세부적인 전략을 개발시켰다.

중요한 의사결정을 내리기에 앞서 트루먼은 여러 가지 선택안을 신중히 고려하고 자신의 행동과정에 대해 다양한 결과를 예측했다. 일단 최고의 선택안이 정해지면 트루먼은 결정을 내린 후 이에 대해 왈가왈부하지 않았다. 의사결정이 이루어지고 행동에 착수하게 되면, 트루먼은 자신의 마음을 변경하기가 어렵다는 것을 알았다. 그는 잘못되었다는 것을 공적으로 공개하기를 싫어했다. 뿐만 아니라 좀처럼 자신의 선택이 잘못되었다고 생각하지 않았다. 그러나 자신의 선택이 잘못되었다는 것이 명백해지면, 신속하게 이를 시정하기 위한 조치를 내렸다.

트루먼은 비록 학자까지는 아니었지만 역사를 열심히 공부했으며 다른 많은 사람들이 생각하고 있는 것보다 더 많은 지식을 가지고 있었다. 군사(軍史)와 군 지도자들의 자서전은 그가 가장 좋아한 독서거리였다. 그는 미국은 물론 유럽의 역사도 잘 알고 있었고 이를 국정운영에 적절히 응용했다. 트루먼은 그의 비판자들이 알고 있던 것보다 훨씬 더 지적인 인물이었다. 많은 사람들은 흔히 그가 대학을 나오지 않았다는 이유 때문에 그의 예리한 지적능력과 지식의 깊이를 과소평가하는 경향이 있다. 그는 의사결정을 하는 데 있어 자신의 지혜와 지식을 이용하여 그런 비판적인 시각을 일축했다.

무엇보다도 트루먼은 원칙을 지키는 사람이었다. 그가 어떤 원칙이 위기에 처했다고 생각할 때도 정치적으로 편리한 조건과 타협을 하지 않았다. 그러나 만약 어떤 타협안이 자신이 옳다고 여기는 것을 손상시키지 않는다면, 맞닥뜨리게 될 곤궁한 상태를 막고 일의 전체적인 손상을 막기 위해 타협을 했다. 특히 트루먼은 어려운 의사결정을 내려야 할 때 거의 실수를 범하지 않았다. 의사결정에 대한 선택안이 아무리 어렵고 그 결과가 아무리 심각하더라도 필요한 결정은 꼭 내리는 그런 대통령이었다. 그는 비상사태에도 침착성을 유지했고 시간이 허락하는 한 의사결정 과정을 신중하게 검토하여 적절한 결정을 내렸다. 그런데 트루먼은 전쟁이나 평화에 대한 중대한 결정을 내려야 할 상황에 직면했을 때보다 가족 중 일원이 비판의 도마 위에 오를 때에 더 신중하지 못한 행동을 하곤 했다.

개인적 성격과 도덕성 : 15점 10위

비록 트루먼의 행동은 도덕관념에서 모범적이었지만, 항상 일부 사람들이 자신들의 대통령이 본받을 만하다고 생각할 정도의 권위를 가지고 행동하지는 않았다. 때때로 그는 공식석상에서도 화를 냈는데, 특히 신문 칼럼리스트들에게 비난의 화살이 돌아가곤 했다. 또한 트루먼은 딸의 노래를 통렬히 비평한 한 음악비평가에게 신체적으로 해(害)를 가할 것이라고 험악한 위협까지 했다. 어떤 때는 급한 성미를 드러내어 대통령직의 의미를 격하시키기도 하였다. 국민들은 그들의 대통령이 타락한 펜더거스트 정치도당의 후원으로 등장했다는 것을 달가워하지 않았다. 그러나 한편으로 대부분의 국민들은 이 성마른 작은 사람이 용기와 고결한 성품을 가지고 있다는 데 자랑스러워했다. 또한 국민들은 1948년 대통령선거에서 소위 전문가들을 당혹하게 만들고 트루먼을 다시 대통령으로 뽑은 데 대해 자랑스러워했다. 많은 사람들은 이 평범한 일반 사람을 대통령으로 다시 선출한 선거 결과를 두고, 이는 트루먼 개인의 승리인 동시에 미국인의 승리라고 보았다.

트루먼은 비록 국내외에서 많은 존경을 받았지만 대통령직을 더욱 신장시키지는 못했다. 그는 중요하고 큰 일을 만나서는 당당히 행동했지만 중요하지 않은 작은 일에서는 너무나 무관심하게 행동했다. 이러한 무관심과 소심함이 그의 당당한 행동에서 나온 고결함을 상쇄시켜 버렸다. 그의 전임자인 프랭클린 루스벨트는 1933년에 대통령이 되었을 때보다 대통령직의 상태를 훨씬 더 신장시켰다. 그러나 트루먼은 인종차별 대우금지를 위한 행정명령과 한국에서 군사적 행동을 명령하는 총사령관으로서의 명령을 통해 대통령직의 권한을 약간 강화시킨 데 그쳤다.

트루먼은 국민의 대통령이었다. 그는 국민들로 하여금 대통령이 특권층과 특별이익단체와의 투쟁에서 국민 쪽에 서 있다고 생각하게 만들었다. 그는 모든 계층의 일반 국민들로부터 정보를 입수했다. 그는 더 많이 기자회견을 열었고 아침 산책시간에는 보다 많은 사람들과 대화를 나누었다. 뿐만 아니라 그의 전임자들 그 누구보다 더 자주 일반 국민들과 재치있는 대화에 참석했다. 트루먼이 일반 국민에게 너무나 가까이 다가간 것은 그를 보호해야 할 책임을 가진 경호원들에게는 하나의 걱정거리였다. 그는 공식적이고 비공식적인 다양한 의사소통 채널을 통해 국민들과 자주 접촉을 했다. 그가 국민에게 다가간 가장 중요한 증거는 1948년의 선거운동 때 보여준 유세여행이었다. 이때 그는 국민들에게 자신을 지지해 주어 공화당을 지지하고 있는 특별이익단체를 패배시키도록 해줄 것을 호소하였다.

일생 동안 트루먼은 확고한 도덕적 가치체계와 원리에 따라 행동했다. 그는 과거 미국의 대통령 자리에 올랐던 어떤 대통령에 비해도 손색이 없을 만큼 대단히 성실한 대통령이었다. 트루먼이 생각하고 실천한 도덕적 가치체계 중에서 최고로 본 것은 신용이었다. 트루먼에게 있어서 약속이란 반드시 실천해야 할 도덕적 약속이었다. 트루먼은 사적 생활에서뿐 아니라 공적 생활에서도 철저하게 정직했다. 진실, 정직, 성실, 용기, 의무에 대한 헌신, 열심, 그리고 겸손은 그가 어렸을 때에 주입된 덕성들이었고, 그는 일생을 통해 이러한 덕성에서 벗어나지 않았다. 그는 "옳은 것은 옳은 것이고 나쁜 것은 나쁜 것이다"라고 배웠다. 그는 이것을 믿었고 이 믿음대로 행동했다.

종합평가 : 70점 5위(공동)

트루먼은 모든 영역에서 고루 좋은 점수를 받았다. 그는 총 70점을 받아 5위를 차지했다.

드와이트 아이젠하워

Dwight D. Eisenhower | 1953~1961

	평가점수	평가등수
외교를 비롯한 대외관계와 관련된 업무수행	1	34(공동)
국내의 각종 문제 및 사업에 대한 업무수행	-3	30(공동)
행정부와 정부 내에 관련된 업무수행	11	11(공동)
지도력 및 의사결정과 관련된 업무수행	10	17(공동)
개인적 성격과 도덕성	11	15(공동)
종합평가	30	24

배경

드와이트 아이젠하워(Davis Dwight Eisenhower)는 1890년 10월 14일 텍사스주 데니슨에서 태어났지만 캔자스주 아빌린에서 성장했다. 그는 초등학교를 다니면서 이름을 바꾸었는데, 여기에서 아이크(Ike)라는 별명을 얻었다. 고등학교를 졸업한 후 낙농장에서 일을 하여 대학에 갈 수 있는 돈을 벌었다. 그는 원래 해군사관학교에 입학하려 했으나 결국 웨스트포인트에 있는 육군사관학교에 입학하여 170명 중에서 65등으로 졸업했다.

육군사관학교를 졸업한 후 아이젠하워는 샘 휴스턴 요새에 있는 보병연대에 배속되었다. 판초 빌라(Pancho Villa)를 추적하는 원정대에 그 일원으로 참가하고자 한 그의 요구는 거절되었고 1차 세계대전 동안 유럽에서 복무할 수 있게 해 달라는 요청도 거절되었다. 대신 그는 군인들을 훈련시키고 풋볼 코치를 하면서 미국에 남아 있었다. 1919년 그는 메릴랜드에서 캘리포니아를 가로지르는 육군 호송부대를 이끌었다. 이는 개선된 도로와 교량에 대한 국가의 필요성을 알리기 위한 것이었다. 1920년 아이크는 소령으로 진급했고 그 후 16년 동안 진급을 하지 못한 채 이 계급에 있었다. 파나마에서 3년 동안 복무를 하고 그 후 참모학교에 입학하여 1등으로 졸업했다. 이어 그는 퍼싱(Pershing) 장군의 조수로 일하고, 육군전쟁대학에 다닌 후 워싱턴 전쟁부에 배속되었다. 이어 그는 1932년에서 1939년까지 맥아더 장군의 조수로 일을 했다. 1936년이 되어서야 중령으로 진급한 그는 1941년에 대령으로 진급했다. 이후부터 대장이 되기까지 진급이 빠르게 이루어져 1944년에는 대장이 되었다. 일본이 진주만을 공격하고 5일 후 마셜(Marshall) 장군은 그를 워싱턴의 전쟁기획부로 파견했다. 여기에서 그는 전쟁운영부의 부장으로 일했고, 곧바로 유럽에 파견된 미군 장군이 되었다. 1944년에는 런던에서 연합군 본부를 책임지게 되었다. 그는 전투에서 군인을 지휘하지는 않았지만 1944년 노르망디 상륙작전과 나치독일에 대한 마지막 공격을 포함한 군대운영을 기획하고 통합하는 일을 했다. 이로써 미국인과 많은 국민들에게 그는 가장 뛰어난 전쟁장군으로 급부상했다. 1945년 마셜 장군을 대신해 참모장에 임명되었고, 1948년에 현역을 벗어나 컬럼비아 대학교 총장이 되었다. 여기에서 그는 『유럽의 십자군』(*Crusade in Europe*)이라는 책을 썼다. 1950년에 그는 유럽 나토군 총사령관으로 다시 현역에 복귀했다.

대통령 후보 지명과 선거

1948년 대통령선거에서 민주당은 물론 공화당도 아이크에게 대통령 후보를 제의하였으나 모두 거절했다. 1952년 공화당 대통령 후보로 유력했던 로버트 태프트(Robert Taft)가 유럽방위를 위한 집단안보체제의 원리를 반대하고 나섰고 아이젠하워는 그와 심하게 말다툼을 벌였다. 유럽에서 돌아온 그는 군대에서 제대를 하였다. 당시 태프트는 공화당 지도부의 가장 인기 있는 인물이었으나, 국민들에게 가장 인기 있는 인물은 역시 아이젠하워였다. 그는 대통령 예비선거를 치러야 하는 주정부에서 가장 유력한 인물이었다. 전당대회가 열리고 태프트가 대통령 후보로 가장 앞섰고 아이젠하워가 그 뒤를 이었다. 아이젠하워의 지지세력은 태프트를 지지하는 남부 출신의 대의원을 상대로 그의 자격문제를 제기했다. 결국 격심한 경쟁 끝에 아이젠하워는 대통령 후보자 결정선거 1차에서 공화당 대통령 후보자가 되었다. 민주당 후보가 된 아들라이 스티븐슨 2세(Adlai E. Stevenson, Jr.,)는 공화당의 이 인기 있는 전쟁영웅을 상대할 기회가 거의 없었다. 대신 그는 '워싱턴의 혼란상태'를 완전히 정리할 것을 약속했고 인기 없는 전쟁을 끝내기 위해 한국을 방문할 것이라고 약속했다. 반면 공화당의 슬로건은 "나는 아이크를 좋아한다"였다. 유권자들은 공화당의 슬로건을 공유했다. 선거인단 투표에서 아이크는 442표를 얻고 스티븐슨은 89표를 얻었다.

1956년 아이젠하워는 심각한 이의 없이 다시 공화당 대통령 후보에 지명되었다. 일반투표에서는 1952년과 비슷했다. 선거인단 투표에서 아이젠하워는 457표를 얻었고 스티븐슨은 73표를 얻었다.

외교를 비롯한 대외관계와 관련된 업무수행 : 1점 34위(공동)

대통령으로 아이젠하워가 가장 중요하게 여긴 책임감은 미국의 국가적 안보를 유지하고 증진시키는 일이었다. 그는 최초로 외교정책 대통령이 되고자 했다. 그에게 있어서 공산주의의 위협은 실질적이었고 이것은 모스크바가 사주하고 있다고 생각했다. 그는 제3세계 국가들은 강대국의 경쟁 속에서 도미노처럼 무너지게 될 것이고, 안정적이고 협력적인 유럽은 미국이 세계안보를 유지하기 위해 의지할 수 있는 핵심적인 힘이라고 생각하였다.

아이젠하워는 한국전쟁을 빠른 시일 내에 종결시키겠다는 약속을 수행했다. 그의 정책은 소련과 중국(중공)을 상대로 냉전체제를 유지하는 것이었지 그들과 실질적으로 전쟁을 하는 것이 아니었다. 베트남과 중동지역에서 그의 평화유지 노력은 일시적으로 성공을 거두었지만, 이것은 곧바로 오히려 나쁜 결과를 낳았다. 경제원조, 군사원조, 그리고 아랍국가들과 친밀하게 지내기 위한 미국의 직접적인 군사개입 등의 내용을 담고 있는 아이젠하워 독트린은 1957년 시리아의 급진적 관리들에 의한 성공적인 쿠데타와 1958년의 이라크 왕 파이살(Faisal)에 대한 암살을 막지 못했다. 1953년 아이젠하워는 CIA에 명령을 내려, 당시 석유국유화를 시도하고 있던 이란에서 쿠데타를 조직하여 실행에 옮기도록 했다. 그 결과 이란 수상 모사데크(Mossadeq)가 축출되고 이란 국왕이 다시 복위했다. 이후 종교적이고 민족적인 이란인들의 분노는 약 25년 후 호메니히(Ayatollah Khomeni)가 권력을 잡을 때까지 계속되었다.

아이젠하워는 서방 동맹국들이 협력을 하고 의회가 동의를 하지 않는 한 호치민(胡志明)을 지도자로 하는 1941년~54년의 베트남 독립동맹군인 베트민(VietMinh)에 대해 공군포격을 하지 않겠다고 거절했다. 서방 동맹국은 여기에 동의하지 않았고, 그래서 미국은 고 딘 디엠(Ngo Dinh Diem)을 도와 분리된 남베트남 국가를 세우게 만들었다. 아이크는 수에즈 운하를 다시 소유하고자 하는 영국·프랑스의 노력과 나세르(Nasser)를 추방시키는 일에 도움을 주기를 거절했다. 레바론 대통령의 요구에 따라 아이크는 베이루트 해안에 미 해병대를 파견해 예견된 혁명에 대처하도록 했다. 그러나 혁명은 일어나지 않았다.

군사력의 위협은 국무장관 존 덜레스(John F. Dulles)와 아이젠하워가 위험한 고비까지 밀고 나간 '벼랑 끝 외교'의 핵심이었다. 대량 보복정책을 주장한 아이젠하워는 소련이 동유럽 위성국가를 장악해 나가는 데 대해 전혀 손을 쓰지 못했다. 대규모의 보복을 가하겠다고 위협하였으나, 소련의 탱크가 동베를린과 헝가리를 침공하여 저항세력을 쳐부수었을 때 어떤 실질적인 행동도 이루어지지 못했다. 그러나 중국에 대한 공군폭격과 핵무기 사용 가능성에 대한 위협은, 1953년 7월 26일 한국전쟁의 휴전협정 조인을 이어졌다. 반면 만약 공산주의자들이 대만 부근의 큐모이(Quemoy) 섬과 매츄(Matsu) 섬에 폭격을 계속한다면 중국 본토에 핵무기 보복을 가하겠다는 위협은, 오히려 중국에 대한 공격을 소련에 대한 공격으로 간주하겠다는 흐루시초프 의 경고를 불러왔다. 양측은 다소 후퇴를 해서 전쟁은 피해 갔다.

아이젠하워는 남동아시아조약기구(SEATO)의 구성에 많은 도움을 주었지 만 거의 효과가 없었고 결국 해체되었다. 미국은 이전에 프랑스가 인도차이나 반도에서 담당하고 있던 역할을 담당했다. 아이크는 유엔에 '평화를 위한 원자핵' 프로그램을 제안하여 국제원자핵에너지국(IAEA)을 이끌어냈다. 1955년에 프랑스, 영국, 소련, 미국의 정상들이 제노바에서 정상회담을 열었 다. 아이크는 미국과 소련이 서로 상대방 군사기지에 대한 비행사찰을 허락하자고 제안했다. 그런데 소련은 "창공을 공개하자"는 이 제안을 거절했다. 아이크와 흐루시초프는 1959년에 캠프 데이비스에서 다시 만나 파리에서 열리게 될 새로운 회담에 대해 의논하고자 했다. 이 회담이 열리기 전에 미국의 U-2정찰기가 소련에 의해 추락되었다. 아이크는 추락한 비행기는 날씨를 조사하는 비행기라고 주장했으나, 소련은 조종사를 억류하고 추락한 비행기의 잔해를 포획하고서 미국이 거짓말을 한다고 폭로했다. 결국 회담은 없었던 일이 되었다. 아이크는 제3세계에서 CIA에 의한 비밀활동을 확대시켰다. 아이크는 반서구·반식민지를 외치는 점증하는 민족주의 활동에 대해 어떤 변화가 아니라 현상유지를 원하고 있었다. 이란에서의 쿠데타는, 후에 왕정을 복구시킨 이란 왕이 극단적인 이란 민족주의자들에 의해 축출 당한 것을 볼 때 장기적으로 오히려 미국의 이익에 손해를 주었다.

아이크는 라틴아메리카 이웃 국가들과 선린우호관계를 유지하지 못했다. 과테말라 대통령 자코보 아라벤즈(Jacobo Arbenz)는 너무나 필요로 했던 토지개혁 프로그램을 도입했고, 그는 미국인의 지분이 많은 연합과일회사 소유의 미개발 토지 중 일부를 몰수했다. 이에 미국 CIA는 과테말라의 반정부 운동가들을 선동하고 훈련시켜 이들로 하여금 과테말라 시에 폭탄을 터트리도록 했다. 곧 군사정권이 들어섰고, 이 정권은 연합과일회사의 재산을 환원시켜 주고 외국인 투자자들의 이익에 부과되는 세금을 면제시켜 주었다. 이 일은 미국에 대한 강한 적대감을 불러일으켰다. 1959년 아이크는 과테말라에서 쿠바에서 추방된 사람들을 모아 이들이 카스트로 정권을 전복시켜 주기를 희망하면서 비밀훈련을 시켜 다시 전투준비를 할 수 있도록 했다. 미국과 쿠바 사이의 긴장관계는 오늘날까지도 계속되고 있다.

아이크는 평화적인 목적을 위해 원자폭탄에 대한 정보와 원자물질을 공유하자고 제안하는 등 국제적 긴장상태를 완화시키고자 시도를 했다. 그러나 그 이면에서 그는 벼랑끝 외교정책, 말하자면 대량보복을 운운하고 동유럽의 해방을 운운하며 CIA를 동원하여 제3세계 국가에 간섭을 행하였다. 그런데 CIA의 활동은 대부분 비밀리에 이루어졌고, 때문에 당시 미국 국민들은 좀처럼 이것에 대해 알 수가 없었다. CIA 비밀요원들은 북베트남에서 불법적인 파괴활동을 전개했고, 인도네시아 대통령 수카르노 정부를 전복시키기 위해 인도네시아 반정부 요원들에게 군수품을 공수하였다. 또한 CIA는 콜로라도 산간지역에 티베트 게릴라들을 위한 비밀훈련기지를 세우고 달라이라마를 구원하기 위한 은밀한 활동을 전개했다. 콩고 공화국에서는 CIA가 주도한 반란을 통해 CIA에 우호적인 조셉 모부투(Joseph Mobutu)가 권력을 장악하고 수상 패트릭스 루멈바(Patrice Lumumba)가 암살되는 상황이 초래되었다. 아이크는 CIA의 새로운 구조를 통해 대통령의 승인 없이도 외국에서 반혁명적인 활동을 계속할 수 있게 했기 때문에, 사실상 그는 어떤 특별한 사건에 대해서는 알지 못했을 수도 있다.

아이크의 벼랑 끝 외교정책과 제3세계 국가에서 일고 있는 민족주의운동에 대한 적대감은 미국에 대한 세계시민의 여론을 악화시켰다. 특히 과테말라시에 대한 폭격으로 라틴아메리카 시민들의 미국에 대한 여론은 크게 악화되었다. 동유럽인들 역시 동유럽을 해방시켜야 한다는 말만 앞세울 뿐, 정작 헝가리인들이 소련의 굴레에서 벗어나고자 투쟁하고 소련 탱크가 이를 궤멸시켰을 때 아무런 도움의 손길도 내밀지 않았던 미국에 대해 배신감을 맛보았다.

아이젠하워는 국가적 차원에서가 아니라 민간 투자가들에게 저개발국가에 대한 지원을 맡겨 두었다. 1957년까지 보다 안정된 경제적·정치적 관계를 이루는 수단으로, 또 이러한 활동을 비밀리에 실시해야 하는 필요성이 약화됨에 따라 제3세계 국가에 대한 정부차원의 무역과 원조를 거부했다. 대신에 그는 서유럽에 대한 원조로서 마셜플랜을 지지했다. 아이크는 안정되고 자립한 서유럽이 미국이 추진하는 세계안보의 핵심이 된다고 믿었기 때문이다. 아이젠하워는 평화를 유지하고 미국의 안보를 지키는 데서는 성공을 했지만 그의 정책 이면에는 장기적으로 볼 때 미국의 국가적 이익에 해를 끼치는 요인이 크게 도사리고 있었다.

국내의 각종 문제 및 사업에 대한 업무수행 : -3점 30위(공동)

아이젠하워는 계몽되고 통합된 지도력에 의해 미국이 자기수양을 통해 스스로 발전하고 협조적인 사회로 탈바꿈하기를 원했다. 그는 뉴딜과 페어딜에서 본 정부의 간섭정책을 거부했다. 그는 역시 특별한 이익집단의 파당적 요구를 달가워하지 않았다. 그는 농업조직과 노동조합, 소수집단을 특별한 이익집단으로 보면서도 기업인들은 특별한 이익집단으로 보지 않았다. 그는 반트러스트법의 시행에 관심도 없었으며 열중하지도 않았다. 농민들은 농산물에 대한 대정부 지원을 줄이고자 하는 아이크의 정책에 망연자실했다. 1957년 랜드럼-그리핀 법(Landrum-Griffin Act)의 노동조합 반대조항은 주식회사의 로비스트를 기쁘게 해주었다. 또한 아이젠하워 행정부가 파업을 반대하는 가운데 나온 법원의 금지명령은 노동세력을 안정시켰다. 아이크는 미국에서 큰 영향력을 발휘하고 있는 거대기업의 대표들을 국가의 중요 행정보직에 임명하여 국정운영의 조언자와 친구로 삼았다. 그는 농민과 노동자의 요구보다 이들 기업대표의 요구에 더 귀를 기울였다. 또한 기업 대표들을 정부의 각종 규제 위원회 위원으로 선발하고 이들의 수와 역할을 확대하였다.

아이젠하워가 직면한 경제문제로는 인플레이션, 실업, 그리고 예산부족 등이 있었다. 그는 이 세 가지 문제를 일정하게 해결하였는데, 특히 인플레이션 문제는 성공적으로 다루었다. 비록 국가부채가 아이젠하워 행정부 동안 270억 달러 상승했지만 8년 중 3년 만에 흑자로 돌아섰다. 아이크는 인플레이션보다 실업문제를 훨씬 더 걱정했다. 1954년 경기후퇴가 계속되는 중에 그는 사적으로 은행업자들을 만나 은행에게 이자율을 낮추고 신용기준을 완화시킬 것을 재촉했다. 그는 사적인 분야에 종사하는 사람들을 격려하여 기업활동의 부활을 위한 보다 큰 책임을 지게 했다. 그는 기업 지도자의 자발적인 행동이 정부의 통제보다 우선한다고 믿었다. 1957년과 1958년에 또 한 번 경기후퇴가 있었다. 아이젠하워는 이에 대한 폭넓은 정부 소비 프로그램을 반대했는데, 이러한 프로그램들이 인플레이션을 유도한다고 믿었기 때문이다. 1958년 여름경 기업활동은 정상으로 돌아왔고, 아이젠하워는 산업현장과 자본시장의 세금을 인하시켜 주었다.

아이크는 빈곤 상태를 줄이고 건강보호 프로그램을 제공하고 또 일반 국민들의 이익을 위해 기업을 규제하기 위한 정부 프로그램에 반대했다. 그는 사회보장제도를 탐탁치 않게 생각했지만, 그 인기가 대단하고 대중적이어서 노골적으로는 반대할 수 없다는 것을 알고 있었다. 결국 그는 사회보장제도를 확대시켰다. 그는 가격과 임금 통제를 없앴으나 최저임금은 인상했다. 그는 주택부족 문제를 해결하기 위한 국가자문위원회를 만들었다. 이 위원회에 들어간 인사들은 대부분 연방공공주택 건설에 반대하는 부동산업자, 건설업자, 은행업자, 그리고 정치가 등이었다. 결과적으로 1959년 주택법이 만들어졌으나 이는 저임금자의 주택 부족문제를 완화시켜 줄 수 없었다.

아이크는 심해 항로를 건설하기 위해 1956년에 세인트로렌스 항로 개발회사(St. Lawrence Seaway Development Corporation)의 창립을 승인했다. 주간고속도로법도 추진했는데, 이는 자동차 여행을 위한 핵심적인 교통망 개량사업이었다. 그러나 이것은 도시교외로 도로가 뻗어 나가야 하고 대량수송과에너지 보존을 어렵게 만들고 또 공기오염을 증가시켜 인하여 도시 세금을 낭비하였다. 그는 개펄을 주(州)나 민간기업이 운영하는 바다밑 석유 저장소로 바꾸고, 천연가스 개발에 대한 규제 철폐를 확대하여 이를 밀어부쳤다. 그는 아이다호주와 캘리포니아주에 사립 수력발전소 건설을 추진하는 데 방해가 되는 공공 요소들을 제거했다. 그러나 그는 테네시 계곡 개발공사(TVA) 사업의 확대 추진에 대해서는 방해공작을 벌였다. 아이크의 주도 아래 연방정부는 미국 핵에너지 개발에서의 공립독점체제를 끝장내는 법안을 만들었다. 사실상 많은 문제점을 안고 있었지만, 어쨌든 주간 고속도로체제와 심해항로 개발은 대통령으로서 아이크가 추진한 국내사업 중 가장 성공적인 업적으로 평가되고 있다.

첫 임기 동안 아이젠하워는 트루먼에 의해 시작된 군대내 인종차별대우 폐지정책을 보충했고 수도 워싱턴의 공공시설에서 인종차별을 폐지시켰다. 그는 학교에서 이루어지는 인종차별과 관련한 재판에서, 법무부의 소송사건 적요서를 애매하게 작성할 것을 명했다. 그는 공립학교에서 인종차별대우가 폐지되면 어떤 장점이 있는지에 대한 공식적인 견해를 밝히지 않았다. 사실상 개인적으로는 그는 인종차별대우 폐지에 대해 대단히 회의적이었다. 그럼에도 불구하고 인종차별주의자들이 아칸소주 리틀록 중앙고등학교에 입학하고자 하는 흑인학생들을 공격했을 때, 그는 아칸소주 민병대에 명령을 내려

낙하산 부대를 파견하여 흑인학생들을 보호하고 경비병을 파견하여 그들을 학교까지 호송해 주었다. 그는 주저주저하면서 1957년의 민권법을 지지하고, 미국 민권위원회에 자극을 받아 1960년 추가적인 투표권법을 인정했다.

그는 정부의 폭력적인 전복을 시도하여 기소된 사람들로부터 시민권을 박탈하고, 목격자로 하여금 제5차 수정헌법의 권리를 포기하게 만들고, 나아가 국가안보를 위한 조사에서 증언을 하게 하고, 스파이 행위와 사보타주 행위의 금지를 확대하는 법안을 적극 지지했다. 그는 연방정부의 새로운 국내 보안시찰 프로그램을 만들었다. 이 프로그램은 피고용인들에게 충성의 단계를 넘는 그 이상의 것을 요구하였다. 말하자면 음주, 동성애 등 정치적 신념과는 하등 관계가 없는 일 때문에 연방정부에 고용된 사람들이 해고당할 수가 있었다. 그는 스미스법(Smith Act)에 입각하여 공산당 지도부를 계속 기소했고 공산당의 활동을 면밀히 조사하고 그들의 활동을 방해하는 것을 지지했다. 그는 국가 비상사태 시에 고발과 영장 없이도 FBI가 의심스러운 급진분자를 체포하는 계획을 승인했다. 그는 개인적으로는 그렇게까지 할 필요는 없다고 생각했지만 로버트 오펜하이머(Robert Oppenheimer)로부터 그의 안보 관련 사항 취급허가증을 회수하도록 했다. 아이젠하워는 상원의원 조셉 매카시(Joseph McCarthy)의 공격에 아무런 반응도 보이지 않았는데, 매카시의 공격이 트루먼 정권의 인물들과 유능한 외교관들에서부터 아이젠하워가 임명한 사람들에게까지 옮겨지기 시작하자 딱 한 번 응대했을 뿐이다. 심지어 그는 매카시에 대한 개인적인 탄핵조치에 대해서도 반대했다.

아이젠하워는 모든 개개인에 대해 인도적인 대우를 해야 한다고 생각했음에도 불구하고 외국에서의 인권을 묵살한 군사적 독재자들을 지지했다. 그에게는 반공(反共)이 인권보다 앞서는 우선적인 문제였다. 그는 민간기업을 재촉해서 노동자들의 처우 개선을 요구했는데 이런 일은 정부의 책임이 아니라고 생각했다. 그의 친한 친구와 조언자 집단은 엄청난 부자들로 백인 기업가 중심의 행정관료들이었다.

그는 교육과 대학생에 대한 지원 프로그램에 연방정부가 도움을 주는 데 대해 반대했다. 그는 1958년에 마지못해 국방교육법에 서명했다. 정부의 재조직을 위한 후버 위원회의 권고에 따라 의회는 1953년에 건강, 교육, 복지부를 만들었다. 아이젠하워는 이 새로운 부서 장관에 오베타 호비(Oveta C. Hobby)를 임명했는데 그녀는 미국 역사상 백인남성 중심의 내각에 내각인사로 입각한 두 번째 여성이었다. 아이젠하워의 내각인사들 가운데 딱 한 명을 빼고는 전부 백만장자였다. 아이젠하워는 예술과 인문학 분야에도 정부 지원을 하지 않았다. 그는 국립공원에 대한 지원도 달가워하지 않았다. 그의 행정부에서 설립한 유일한 공원은 버진 섬에 있는 공원뿐이다.

행정부와 정부 내에 관련된 업무수행 : 11점 11위(공동)

아이젠하워는 행정부를 적절하게 조직했다. 그는 내각 인사들로 하여금 각자 자기 분야에 책임을 지게 하였다. 군에서 자신의 부하였던 셔먼 애덤스(Sherman Adams)를 수석보좌관으로 임명하여 대통령이 처리해야 할 많은 단조로운 일들을 그에게 맡겼다. 외교문제와 관련한 조언은 내각인사들보다 국가안보위원회에 주로 의존했다. 아이크 내각은 민간기업, 법 관련 분야, 또 정치 분야에서 두드러진 성공을 거둔 사람들로 구성되어 있었다. 그들은 아이젠하워 대통령의 프로그램을 수행해 나갈 힘과 능력을 갖춘 사람들이었다. 그럼에도 불구하고 이들은 대부분 미국 국민들의 생활상태를 개선해 가는 데는 신선한 생각을 해내지 못했다. 국무장관 존 덜레스(John Dulles)는 벼랑끝 외교를 가장 핵심적으로 주장한 인물이었다. 또한 아이크는 덜레스가 외교적 모험정책을 실시하는 것에 대해 조금도 간섭하지 않았다. 농무부 장관 에자라 벤슨(Ezra Benson)은 가족단위 경영의 농민들에게 너무나 인기가 없었다. 왜냐하면 벤슨은 소규모 농민들의 이익보다 기업의 이익을 대표하는 사람으로 인식되었기 때문이다. 테네시 계곡 개발공사에서 필요한 전력을 위해 사립 발전소의 건설을 촉구하는 행정보고서를 작성한 한 보좌관이 멤피스와 원자에너지위원회에 전력을 공급하기 위해 발전소를 건설하고 있는 딕슨-야트스 사(Dixon-Yates)의 고문이라는 사실이 밝혀졌을 때, 이를 둘러싼 이익집단들 사이에 소란이 일어났다. 더욱 심각한 것은 한 직물 제조업자에게 사적으로 선물을 받고 그 대가로 그의 사업에 영향력을 행사하였다는 비난을 산 스캔들에 셔면 애덤스가 개입된 사건이었다. 애덤스는 아이크의 가장 영향력 있는 보좌관이었다. 이 스캔들 때문에 애덤스는 의회의 압력을 받고 사임을 했다.

아이크는 백악관도 군대식으로 운영했다. 그는 각 내각의 장관들에게 권한을 위임했고 작고 사소한 일들에는 간섭하지 않았다. 아이크는 각 장관들에게 보좌관인 셔먼 애덤스와 협력하여 일을 해 나가도록 지시했다. 아이크의 참모들은 한 쪽 분량의 보고서를 준비해야 했는데, 이는 장문의 보고서를 읽어야 하는 대통령의 수고를 덜어준다는 의미가 있었다. 이 같은 방식은 결국 아이크가 정부의 사소한 일에는 관심을 두지 않는다는 비난을 낳았다. 그러나 아이젠하워 행정부는 대체적으로 매끄럽게 운영되었고 각 부처의 중요한 목표도 거의 달성되었다.

아이크는 대중선전활동에 뛰어났다. 그는 선전활동을 위해 백악관에 상설 위원회를 설치했는데, 텔레비전 방송을 통해 자신의 프로그램을 선전하고 각종 선거운동을 위한 광고와 대통령의 공식연설을 방송으로 내보냈다. 그는 기자회견에서 발췌한 내용을 선택적으로 방송하는 것을 허용했다. 비록 아이크는 기자들에 대해 확고한 믿음을 갖고 있지 않았지만 그럼에도 기자 및 편집자 그리고 각종 미디어의 출판업자들과 좋은 관계를 유지하고 있었다. 각종 보도기관을 이용한 그의 의사소통 전략은 대중들과의 관계를 더욱 좋게 만들었다. 사실상 그와 골프를 치고 카드놀이를 함께 하는 국가안보위원회 위원과 대기업의 간부, 백악관의 보좌관과 내각 요원을 제외한 그 누구도 대통령에게 가까이 접근할 수가 없었다. 그는 백악관 집무실에 은밀하게 설치한 비밀도청장치를 운영하고 있었다.

아이젠하워는 정부의 소비지출을 통제했다. 그럼에도 그의 행정부 동안 연방예산은 지속적으로 상승했고 연방부채도 늘어났다. 한국전쟁이 종결되었음에도 불구하고 아이젠하워 행정부 동안 예산 결핍은 트루먼 행정부 때보다 더욱 늘어났다.

민주당은 1954년 중간선거에서 상하 양원에서 승리, 의회의 통제권을 장악하였고 아이크의 두 번째 임기 동안에도 의회에서 우위를 점했다. 아이크는 국내문제를 원활하게 처리하기 위해 공화당 내 보수파를 달래면서 민주당 의원들과 타협을 시도했다. 종종 그는 의회에서 공화당 보수파들보다 민주당의 의견을 더 지지하기까지 했다. 그는 대통령의 거부권을 효과적으로 이용하는 방법을 배웠다.

공식적으로 아이크는 사법부의 독립을 지지했다. 그럼에도 그는 개인적으로 동의하지 않는 법원의 결정을 집행하는 최고 행정책임자로서 자신의 권력을 이용했다. 그는 미국에서 가장 능력 있는 대법원장 중 한 사람인 얼 워렌(Earl Warren)을 임명했다. 아이젠하워가 임명한 다른 대법원 판사들은 존 할랜(John Harlan), 윌리엄 브렌낸 2세(William Brennan, Jr.,), 찰스 윗테이커(Charles E. Whittaker), 포트 스티워트(Potter Stewart) 등이 있다. 이 중 세 사람은 대법원에서 오랫동안 몸 담고 있으면서 뛰어난 업적을 남겼다. 아이크가 임명한 대법원 판사는 대부분 아이크보다 훨씬 자유주의적 성향이 강한 사람들이었다.

아이크의 정치적 견해를 모르는 사람들은 아이젠하워를 무척 좋아하고 그를 신뢰했다. 대중을 상대로 한 성공적인 선전활동 덕분에 아이크는 애국적인 지도자, 당파적 한계를 뛰어넘고 해악을 미치는 특별한 이익집단의 이익보다 국민 다수를 우선하는 정치를 하는 사람이라는 이미지를 갖게 되었다. 사실상 아이크가 혹평을 하고 불이익을 준 특별한 이익집단은 그가 환대하며 친하게 지낸 기업인들이 아니라, 일반 국민들과 더욱 친한 세력이었다. 그러나 많은 국민들은 이 같은 사실을 보지 못했다. 일반 국민들은 대개 아이크를 자신들의 이익을 위해 최선을 다하는 최고의 친구로 생각했던 것이다.

지도력 및 의사결정과 관련된 업무수행 : 10점 17위(공동)

아이젠하워는 전쟁기에 영감을 주는 지도자였다. 싱글거리는 웃음과 친밀감을 주는 태도, 그리고 신중하게 잘 배합된 선전활동을 통해 아이크는 미국 국민의 영웅으로 자리잡았고, 대다수 일반 국민들은 그를 이상적인 인물로 받아들였다. 아이크는 대단한 설득력을 가지고 있었다. 심지어 반대당인 민주당이 통제하고 있는 의회에서도 아이크는 자신이 발의한 많은 프로그램을 법제화하는 데 성공하였다.

그러나 아이크는 미래 발전적인 비전을 갖고 있는 지도자는 아니었다. 그는 미국이 계몽된 기업지도자들의 지도력에서 나타나는 자기 수양적이고 협력적인 사회로 회복되기를 원했다. 그는 정부와 기업의 공동협력적 관계가 유지되기를 바랬는데, 이때 정부는 기업보다 아래 파트너로 참가하는 것을 원했다. 국제무대에서 그는 이미 뚜렷해진 공산주의의 위협으로 사태를 합리적으로 파악하지 못하고, 결국 미국과 공산주의 세력에 의해 지배받고 있지 않는 제3세계의 미래발전 전략에 대해서는 아무 구상도 하지 못했다. 그는 동유럽 위성국가들의 독립에 대해 이야기했으나, 이를 위해 어떤 행동도 하지 않았다. 아이젠하워는 미국이 어떤 종류의 사회로 발전해 갈 것인가 하는 큰 밑그림을 그리는 일은 전혀 생각도 하지 못했다. 또한 소련의 지배로부터 동유럽을 해방시키는 문제에서도 어떤 효과적인 일도 못했다.

그럼에도 대통령은 정부에 대한 일반 대중들의 믿음을 유지시킬 수 있었다. 심지어 경기후퇴와 딕슨-야트사를 둘러싼 혼란과 셔먼 애덤스가 연루된 스캔들이 터진 와중에도 일반 국민들은 아이크와 그의 정부에 대해 믿음을 잃지 않았다. 단 매카시가 활동하던 시기에 몇몇 정부 관리들에 대해서는 믿음을 상실했다. 사실상 아이크는 매카시가 불충하다는 이유로 고발한 사람들을 더 신속히 더 열렬하게 변호했어야 했다.

아이크는 항상 자신뿐 아니라 행정부 내의 모든 사람들에게 높은 수준의 업무 수행능력을 원했다. 그는 행정부서의 각종 업무 중 많은 부분을 셔먼 애덤스에게 위임했기 때문에, 골프와 휴식을 위한 시간이 많았다. 그러다 보니 첫 번째 임기 동안 아이크는 열심히 일하는 성실한 대통령이라는 인식을 주지 못했다. 그러나 건강상의 어려움을 겪고 나서는 행동을 추슬러 이전보다 더 열심히 일하는 모습을 보여주었다.

아이젠하워는 의사결정을 하기에 앞서 여러 가지 선택안을 신중히 검토했다. 그는 각 행동과정에서 나올 수 있는 가능한 결과를 예측했다. 그는 자신이 신뢰하는 보좌관들과 친구들로부터만 조언을 들었다. 그는 자신에 대한 대중들의 반응을 유리하게 만드는 대중 선전활동을 제외하고는, 대부분의 의사결정과정을 비밀에 부쳤다. 아이크는 예리한 지능을 소유하고 있었고 이를 이용하여 문제를 해결하고 의사결정과정을 판단했다. 그는 중대한 실수를 거의 범하지 않았다. 그는 자신이 발의한 프로그램의 선정과 실천을 위해 필요하다고 판단되면 타협을 했다. 대통령이 되고 초기에 그는 매카시를 달래보려고 했다. 그는 민주당이 통제하고 있는 의회와도 타협을 했다. 그러나 이러한 경우라도 결코 자신의 원칙을 해치는 타협을 하지는 않았다.

아이젠하워는 전쟁기에 이미 어려운 의사결정을 내리고 비상사태에서도 침착성을 유지하였다. 대통령으로서 그런 다음과 같은 능력을 여전히 가지고 있었다. 중요한 의사결정이 필요할 때 이를 해내고, 그에 대해 완전한 책임을 졌다. 말하자면 중대한 결정을 내리는 것은 대통령의 책임이었고 아이크는 이를 실천했다. 그가 생각하기에 별로 중대하다고 생각하지 않는 사항에 대해서는 참모진들에게 그 책임을 위임하거나 그 결정의 필요성이 사라질 때까지 결정을 유보했다.

개인적 성격과 도덕성 : 11점 15위(공동)

아이젠하워는 대통령을 비롯한 공무원들에게 요구되는 권위를 가지고 행동했다. 그는 자신의 대통령직 수행으로 많은 존경을 받았고, 그의 행동과 외모 역시 대통령직 수행에 잘 부합되어 반영되기를 원했다. 그는 자신이 공적인 인물이라는 점, 또 대통령으로서의 지도력을 발휘하는 전략에 대해 특별한 관심을 기울였다. 그는 한 정당의 지도자로서의 역할보다 한 국가의 수장으로서의 자신의 의무를 강조했다. 그는 달갑지 않은 논쟁에 연루되는 것을 원하지 않았다.

국민들은 아이크를 자랑스럽게 생각했다. 그가 그들의 대통령이라는 것을 자랑스러워했고, 그들이 미국인이라는 점을 자랑스러워했다. 많은 국민들이 그를 아버지 같은 사람, 인자한 할아버지 같은 사람으로 생각했다. 물론 소수의 국민들은 히틀러를 무찌르고 승리를 가져온 전쟁영웅으로 또 공산주의의 위협에 맞서는 용기있는 사람으로 보고 있었다. 아이크는 대다수 국민들의 친구이고 그가 그들과 그들의 나라를 위해 옳은 일을 하고 있다는 것을 확신시켰다. 그들은 아이크를 좋아했고 신뢰했다.

당시 미국의 대통령직은 대통령이 되는 사람의 넓은 도량으로 인하여 국내에서 많은 존경을 받고 있었다. 해외에서도 아이젠하워의 거짓된 약속에 배반 당했다고 믿는 소수를 제외하고 많은 나라에서 그에게 존경을 보냈다. 대통령직의 권한은 아이젠하워가 대통령으로 있는 동안 약간 위축되었다. 의회는 국정 지배권을 주도하고자 애를 썼다. 그는 타협만 한 것이 아니라 의회를 상대로 싸움을 벌여, 외교 권한과 관련된 행정력의 수행에 대해 상원의 승인을 받아야 한다는 브릭커 수정법안(Bricker Amendment)의 통과를 막았다. 아이크의 거부권 사용은 대통령의 권한을 상당히 회복시켜 주었다.

대통령에 대한 접근은 엄격하게 또 교묘하게 통제되었다. 기자회견에서 그는 종종 난해한 수식어구로 장식한 문장을 사용하였는데, 행정정책의 세부적인 상황을 비밀로 하려는 강력한 의지에서 기인된 것이다. 그는 일반 국민들로부터 폭넓은 정보를 구하지 않았고 혹시 그가 받은 정보에 대해서도 신중한 고려를 하지 않았다. 아이크는 비록 일반 국민들의 접근을 좋아하지 않았고 그들이 주는 정보에도 큰 관심을 기울이지 않았지만 국민들에게 다가갈 수 있었고 그들로부터 지지를 받을 수 있었다. 그는 국민들로부터 지지와 환호를 얻는 데 뛰어난 재능을 소유하고 있었다.

아이젠하워는 성실과 믿음을 유지하고 있다는 평판을 받았다. 그는 국제문제에서 적과 친구를 구분하지 않고 속임수를 사용하였는데, 외교분야에서는 이러한 행동이 용인되었다. 그는 높은 수준의 도덕적 기준과 원리를 가진 사람으로 여겨졌다. 아이젠하워는 공직을 이용하여 일반 국민들을 희생으로 삼아 사적인 이익을 추구하거나 하는 일은 절대로 하지 않았다. 아이젠하워는 높은 수준의 도덕성을 유지함으로써 대통령직의 명성을 향상시켰다.

종합평가 : 30점 24위
아이젠하워는 전체적으로 30점을 받아 39명의 대통령 중 24위를 차지했다.

J. F. 케네디
John F. Kennedy | 1961~1963

	평가점수	평가등수
외교를 비롯한 대외관계와 관련된 업무수행	12	12(공동)
국내의 각종 문제 및 사업에 대한 업무수행	14	7(공동)
행정부와 정부 내에 관련된 업무수행	13	4(공동)
지도력 및 의사결정과 관련된 업무수행	13	11(공동)
개인적 성격과 도덕성	13	12
종합평가	65	8

배경

케네디는 1917년 5월 29일 매사추세츠주 브룩클린에서 태어났다. 그의 아버지는 자수성가한 백만장자였고, 그의 외할아버지는 연방 하원의원과 보스턴 시장을 지낸 인물이었다. 그의 가족들은 거의 매년 캐이프 코드의 하이안니스에 있는 집에서 여름휴가를 보냈고 겨울에는 플로리다의 팜 비치에 있는 집에서 보냈다. 잭(Jack)은 대학입학 예비학교인 촉트 학교를 다녔고, 1936년 여름 런던대학에서 경제학을 전공했으나 곧 그만두고 가을에 프린스턴 대학에 입학했다. 그러나 이곳도 곧 그만두고 하버드 대학에 입학하여 1940년에 하버드에서 우등으로 졸업했다. 그 후 잠시 스탠퍼드 대학 경영대학원에 다녔고, 곧바로 군에 입대하고자 했으나 등에 난 상처로 인하여 거절되었다. 그러나 잭은 여러 가지로 노력하여 해군에 입대하고자 했고 워싱턴에서 착실한 준비를 했다. 진주만 공격이 있은 후 해군에 지원 입대하여 복무하였다. 1943년 8월 2일 그가 지휘하는 어뢰정이 일본 구축함에 의해 파괴당하여 부하 2명이 죽고 자신도 부상을 당했으나 부상당한 부하를 구명하였다는 이유로 미 해군과 해병대로부터 메달을 받았다. 그러나 그는 이때 입은 부상과 기승을 부리는 말라리아 때문에 건강이 악화되어 명예제대를 하지 않을 수 없었다. 그가 귀환을 하고 치료를 받고 있을 때 형 조(Joe)가 서부전선에서 사망했다는 소식이 들려왔다. 병원에서 퇴원을 한 케네디는 잠시 동안 신문기자로 일했다. 1946년 연방 하원의원에 당선되고 연이어 두 번이나 재선되었다. 1952년에는 연방 상원의원에 당선되었다. 1956년 민주당 전당대회에서 케네디는 민주당 대통령 후보인 아들라이 스티븐슨(Adlai Stevenson)을 위해 연설을 했다. 스티븐슨이 의회 내에서 부통령 후보를 경선할 것이라고 공표했을 때 케네디는 이를 위해 노력했지만 에스테스 케파우버(Estes Kefauver)에게 패배했다. 그는 곧바로 1960년 대통령 선거를 위해 준비했다. 1958년에 연방 상원의원에 다시 당선되었지만 그의 눈은 1960년에 맞추어져 있었다.

대통령 후보 지명과 선거

지금까지 미국 역사상 가톨릭 교도가 대통령으로 당선된 예가 전혀 없었기 때문에, 케네디는 자신이 이 약점을 극복하는 유일한 방법은 예비선거에서 자신에 대한 지지표를 확실하게 모으는 것이라고 생각했다. 그는 8개 주 예비선거에 참가했다. 그의 경쟁자인 휴버트 험프리(Hubert Humphrey)는 5곳에 참가했다. 다른 경쟁자인 스튜어트 시밍턴(Stuart Symington)과 린든 존슨(Lynden Johnson)은 전당대회 동안 정치적 이변이 일어나기를 기대하면서 예비선거에 참가하고 있지 않았다. 첫 번째 예비선거는 위스콘신에서 치러졌다. 케네디가 승리를 거두었는데 가톨릭 구역에서는 압도적인 승리를 했지만 프로테스탄트 지역에서는 패배했다. 또 한 번의 중대한 실험은 주민의 95%가 프로테스탄트인 웨스트버지니아주에서 치러졌다. 케네디는 여기에서도 승리를 했다. 이에 험프리는 대통령 후보자 결정전에서 사퇴했고 나머지 예비선거에서 케네디는 쉽게 승리를 하여 사실상 후보가 되었다. 그는 민주당 대통령 후보자 결정선거 1차에서 후보로 당선되었다. 남부의 지지를 확보하기 위해 케네디는 존슨을 부통령 후보로 지명했다. 상대당인 공화당은 리처드 닉슨을 대통령 후보로, 헨리 로지 2세(Henry C. Lodge, Jr.,)를 부통령 후보로

지명했다. 민주당 내 소수세력이 후보에 대해 불만을 토로했지만 큰 문제가
되지 않았다.

대통령 선거전에서 케네디가 초점을 맞춘 것은 세 가지였다. 하나는 미국이
소련과의 미사일 경쟁에서 뒤떨어져 있다는 군사전문가들의 주장인 이른바
'미사일 격차'(missile gap) 문제, 다른 하나는 불경기에 빠진 경제상황, 또
하나는 증가한 인구의 다양한 수요를 충족시켜 주지 못하는 현상이었다.
그는 미국이 군사력에서 소련보다 뒤떨어져 있으며 경제력의 성장비율을
고려해 보면 소련과 서유럽 국가들보다 훨씬 성장이 느리다고 비난했다.
그는 미국이 군사력의 현대화에 실패했다고 주장했다. 지금의 공화당은 공공
사업, 건강, 교통, 도시개혁의 필요성은 조금도 충족시켜 주지 못했다고 비난했
다. 선거 전세는 근소하게 접근되었다. 유권자들은 초기에 케네디에게 지지를
보였으나 갤럽 여론 조사는 닉슨이 우위를 유지하고 있음을 보여 주었다.
그러나 네 번에 걸친 텔레비전 토론회가 선거 양상을 바꿔 놓았다. 케네디는
전국에 방영되는 텔레비전에서 뛰어난 외모로 시청자들의 호감을 사고, 토론
의 내용과 태도에서도 닉슨을 압도하는 세련된 면을 연출했다. 결국 케네디는
근소한 차로 승리했는데, 49.9%로 인구의 과반수 이상의 득표를 하는 데는
성공하지 못했다. 1916년 이래 과반수를 넘지 못한 첫 대통령이었다. 그러나
선거인단 투표에서 닉슨이 219표를 얻은 데 비해 케네디는 303표를 얻었다.

외교를 비롯한 대외관계와 관련된 업무수행 : 12점 12위(공동)

케네디는 '대량보복'에서 '유연한 대응' 정책으로 대치했다. 그는 쿠바와
베를린, 그리고 라오스 등에서 미국이 전쟁을 하지 않도록 미국의 힘을 보여주
고 능력 있는 외교술을 발휘했다. 대통령에 취임한 지 3개월이 막 지난 후
케네디는 이 계획을 충분히 그만둘 수 있는 시간과 여건이 되었음에도 불구하
고 아이젠하워 행정부가 계획한 피그만 침공을 허락했다. 이것은 그의 중대한
실수로 기록되었다. 이때의 실수는 1년반 후 미국이 쿠바 미사일 위기를
성공적으로 해결하기까지 미국의 명성에 악영향을 미쳤다. 케네디는 해상
봉쇄정책으로 쿠바에 소련 미사일 기지를 설치하지 못하게 했다. 이에 대한

반대급부로 케네디는 쿠바를 침공하지 않겠다고 약속했다. 그는 소련이 동독에게 베를린으로 가는 서유럽의 공급로인 육로와 공중을 통제하게 하는 정책을 실시하지 못하도록 군사력 증강과 완고한 외교정책이라는 양동정책을 실시했다. 1961년 비엔나에서 개최된 흐루시초프와의 회담에서 두 정상은 라오스의 중립과 독립을 지지한다는 데 합의를 보았다. 1년 후 라오스에 연합정부가 들어섰고,. 미국과 다른 13개 국이 라오스의 독립을 보장했다.

케네디는 베트남과 태국에 미군과 군수품을 보내도록 명령했다. 이미 아이젠하워는 동남아시아에 약 2천 명의 군사고문단을 파견하였는데, 케네디는 더 많은 군수품과 더 많은 군인들을 파견했다. 공식적으로는 그는 미군이 이 지역에서 전투에 가담하는 것을 원하지 않았지만 미국의 군사고문단 자격으로 파견된 군인들 중 다수가 이미 전투에 개입되었고 일부는 사망하였다. 그가 만약 살아 있었다면 1964년과 그 후 베트남에 대한 그의 정책이 어떻게 진행되었을지는 분명하지 않다. 1964년 베트남 정책에 대한 그의 마지막 설계는 군사와 경제 원조를 더욱 증강하는 것이었다. 그러나 이와 달리 사실상의 미국 정책은 1963년 말이 되기 전에 파견되어 있는 군의 일부를 철수한다는 계획이었다. 케네디의 죽음과 함께 이런 계획은 무산되었고, 그가 생전에 기초해 둔 계획에 따라 라오스 국경 30마일 내부에서까지 비밀군사작전이 진행되었다. 이제 인접한 캄보디아가 미국에게 가장 중요한 지역으로 포함되었다. 또한 '관련 사실에 대한 그럴 듯한 부인'을 하면서 북베트남에 대해 은밀한 군사행동도 지행했다.

케네디는 국제적 협력을 강구했다. 1961년 미국은 민주적 개혁에 착수하기로 합의한 라틴 아메리카 나라들을 돕기 위한 프로그램인 진보동맹을 결성했다. 캐나다 공군방위체제는 미국의 통제 하에 핵탄두로 무장했다. 1962년 의회는 유엔에 대한 재정적 지원을 돕기 위해 약 100만 달러의 공채를 발행했다. 케네디는 비록 프랑스가 핵무기를 보유할 수 있는지 드골에 대해 확신을 가질 수 없었지만 나토가 강력한 힘을 유지하기를 원했다. 소련이 비공식적으로 핵무기 실험 금지조항을 파기하자, 미국은 소련에 대한 밀 판매금지 정책을 실시했다. 워싱턴과 모스크바 사이의 긴급 통화선이 1963년 6월 2일에 연결되었다. 약 5년에 걸친 협상 후 대기권 내와 대기권 밖, 그리고 수중에서의 핵무기 실험을 금지한다는 조항이 1963년 8월 5일에 조인되고, 9월에 미국 상원에서 비준되었다. 핵실험금지조항은 케네디 행정부가 이룩한 주요 업적 중 하나다.

케네디는 쿠바 미사일 위기와 소련의 위협에 대항하여 미국의 국가적 이익을 보호하기로 결심한 베를린 위기 동안 미국의 단호한 행동을 보여줌으로써 소련의 행동을 자제시켰다. 우주 경쟁에서 보인 미국의 발전과 그에 따른 정치적 심리적 기대감은 쿠바, 베를린, 동남아시아 등에서의 케네디의 행동 못지않게 미국에 대한 세계여론에 긍정적으로 작용했다. 평화봉사단의 설치·운영 역시 중요한 긍정적 요인이 되었다.

의회는 대통령이 발의한 무역확대법을 통과시켰다. 이것은 대통령에게 관세를 인하시킬 수 있는 권한을 주어 미국이 유럽공동시장과 자유롭게 무역할 수 있도록 해 주는 것이었다. 케네디는 1961년 1월 25일에 유럽과 상호간의 관세삭감을 요구하여 이를 실시했다. 이 조치는 긍정적으로 작용했는데, 쿠바 경제에 악영향을 준 무역금지조치로 인한 여러 가지 손해를 부분적으로 보충해 주었다.

케네디 행정부의 중요한 혁신 조치는 1961년 3월 1일 대통령 행정명령으로 시작되고 후에 의회가 승인한 평화봉사단의 운영이었다. 평화 봉사단, 진보동맹, 그리고 국제개발국 등은 모두 전 세계 모든 시민들의 생활수준을 향상시키는 데 그 목적을 둔 것이었다.

국내의 각종 문제 및 사업에 대한 업무수행 : 14점 7위(공동)

케네디는 완만하게 계속되는 불경기에 빠진 경제를 이어받았다. 1960년과 1961년의 경기침체는 그가 대통령이 되고 나서 사라졌다. 인플레이션의 비율이 낮아졌고 케네디는 계속 이 비율을 유지하는 정책을 실시했다. 인플레이션에 잘 대처하기 위해 그는 자발적인 임금 가이드라인을 설정했다. 1962년에 철강노동자들은 임금인상을 요구하지 않는다는 데 합의했지만, 여러 철강회사는 상품가격을 인상했다. 이에 케네디는 텔레비전 방송에 출현하여 철강업자들을 비난했다. 결국 행정부의 압력을 받은 철강회사들은 철강제품의 가격인상을 철회했다. 1963년 그는 경제를 활성화시키기 위한 세금삭감을 제안했다. 그러나 이 세금삭감계획은 그의 암살로 실시되지 못했다.

케네디는 대체적으로 친(親)노동적이었다. 법무장관인 그의 동생 로버트 케네디는 부정하게 돈벌이를 하는 노동폭력단과 트러스트 금지조항 위반자들을 기소하는 데 조금도 주저하지 않았다. 케네디의 농업정책은 의회에서 통과되지 않았다. 1961년 4월에 경제적으로 침체된 지역을 돕기 위한 자금을 배정했다. 그는 새로운 시설을 투자하는 회사에게 세금 혜택을 늘려 줌으로써 기업활동을 도왔다. 그가 제안한 1963년의 세금삭감정책은 기업의 세금을 줄이는 것도 포함되어 있었다.

대통령에 취임한 첫 날 케네디는 행정명령 1호를 내려 약 4백만에 달하는 곤궁한 미국인들에 대한 식량배급을 두 배로 늘리도록 했다. 도시문제를 다루는 내각 부서와 노인의 의료문제를 다루는 부서를 만들고자 한 그의 제안은 의회에서 거부되었다. 그는 무의탁 어린이들의 보조를 확대시켰다. 그는 역시 사회보장제도의 혜택도 증대시켰다. 그는 최저임금을 1달러에서 1.25달러로 늘릴 것을 제안했다. 침체지역을 돕기 위한 법안은 통과되었다. 케네디는 자연보존과 환경보존을 주장했고, 대기와 수질의 오염을 막는 법안을 도입했다. 또한 대량수송수단을 건설하기 위한 지원도 제안했다.

케네디는 시민권위원회에 보다 신중하게 처신하여 자유를 위한 승차자들(freedom riders)이 버스 승차를 하지 못하도록 할 것을 요청했다. 그러나 무조건 남부지역을 버스로 돌아다니며 흑백통합을 주장하며 시위를 하고 급기야 폭력을 당하는 사태가 벌어지자 케네디는 연방군을 남부에 파견하여 그들을 보호하도록 했다. 또한 흑인인 제임스 메르디스(James Meredith)가 입학하고자 했을 때 연방군을 미시시피로 보내 그를 보호하도록 했다. 그는 앨라배마 민병대를 연방군으로 편입시켜 앨라배마 대학과 주(州)공립학교에 대해 인종차별을 하지 말도록 했다. 케네디는 호텔, 모텔, 식당 등 서비스가 요구되는 모든 장소에서 인종차별을 금지하는 법안을 의회에 제출하여 그 통과를 재촉했다. 1961년 말경에 적어도 법적으로는 '백인'과 '흑인'을 구분하는 장소는 사라졌다. 그러나 현실적으로 시민권의 보장이라는 문제는 그리 단순한 것이 아니었다. 케네디는 이러한 시민권의 실천을 강요한 것은 아니지만 궁극적으로 행정명령, 법률적 조치, 그리고 도덕적 지도력을 발휘하여 시민권의 실천을 지지했다. 그가 추진했던 법률적 프로그램들은 존슨 대통령에 의해 법으로 만들어졌다.

케네디는 교회와 국가의 분리를 강하게 지지했다. 그는 종교적인 아집과 편견을 너무나도 싫어하였다. 행정명령을 통해 케네디는 주택을 소유하고 이를 운영하는 데 있어, 또 연방자금으로 재정적인 지원을 받는 데 있어 인종차별의 종결을 명령했다. 그는 대통령 직속 평등고용기회위원회를 설치하고 고위직 연방관리에 흑인을 임명했다. 그러나 그는 여성에게 평등한 보수를 주고자 하는 내용의 법안에 대해서는 반대했다. 그는 또한 법무부를 시켜 정치적 라이벌에 대한 험담을 캐내게 했으며 심지어 에드거 후버(J. Edgar Hoover)가 FBI의 조사권을 남용하는 행위도 완전히 모른 척했다.

그는 모든 인간들은 그 나름의 존엄성과 평등할 권리를 가지고 있다고 믿었다. 그는 미국의 이상과 항금률에 도전하는 앨라배마 주지사 조지 월리스(George Wallace)의 흑백분리에 대한 지지연설 이후 더욱 뚜렷한 목소리로 인간의 존엄성과 평등을 이야기했다.

케네디는 학교에 연방자금을 지원했지만, 그것은 공립학교였고 교구학교는 그 대상이 되지 못했다. 그는 예술에 관한 대통령 자문위원회를 설치했고 많은 예술가들과 작가, 음악인, 그리고 노벨상 수상자들이 백악관에 초대되었다. 캐멀롯(Camelot)의 분위기가 문화부흥을 지지했다. 케네디가 대통령을 지내는 동안 지성에 대한 경멸과 멸시 풍조는 사라졌다. 백악관은 최초로 문화적 조정자를 주인으로 두게 되었고, 케네디는 인간능력의 개발과 훈련을 지지했다.

행정부와 정부 내에 관련된 업무수행 : 13점 4위(공동)

케네디의 목표는 경제를 발전시키고 국방과 국력을 소련과 대등한 관계로 강화시키고 또 국내적으로 미국인의 생활을 개선시키는 것이었다. 그는 이 모든 목표를 재빨리 행동으로 옮기고자 노력했다. 이들 목표 중 일부는 확실히 달성했지만, 시간이 오래 걸리는 이러한 장기적인 목표에 시종일관 초점을 맞출 수는 없었다. 왜냐하면 시민권 문제, 쿠바와 베를린, 그리고 동남아시아 등의 비상사태 등 예기치 않은 문제들과 맞닥뜨려야 했기 때문이다.

케네디는 많은 일들을 직접 챙겼다. 국정을 처리할 때도 아이젠하워처럼 다른 사람에게 위임하거나 하지 않고 대부분 스스로 처리했다. 그는 강하고 능력 있는 내각을 구성했다. 이들 중에는 딘 러스크(Dean Rusk), 더글러스 딜론(Douglas Dillon), 로버트 맥나마라(Robert McNamara), 아서 골드버거(Arthur Goldberg) 등이 포함되어 있었다. 단 그의 동생 로버트를 법무장관에 임명한 것에 대해서는 족벌주의적 인사형태라는 비난을 사기도 했다. 그는 아프리카계 미국인인 로버트 위버(Robert Weaver)를 주택과 가정금융국 국장에 임명했는데 이 자리를 내각의 지위까지 향상시켰다. 그는 역시 훌륭한 학자들을 소위 케네디 팀에 합류시켰는데, 공화당 출신의 학자들도 케네디 행정부에서 고위직에 임명되었다. 그가 임명한 사람들은 대부분 나름의 적절한 역할을 분담하게 되었다. 케네디는 임명된 사람들에게서 결과에 대한 책임을 물었다. 대부분의 내각 부서와 하급 기관들은 잘 운영되었고 소기의 목적을 달성했다. 그러나 종종 군과 CIA, 그리고 FBI의 일부 관리들은 대통령에게 알리기에 앞서 일을 처리해 버리는 경우도 있었다.

케네디는 개방적인 언론정책을 추진했다. 그가 취임하고 단지 두 달밖에 되지 않았을 때 그는 무려 12번의 대중연설을 했고 7번의 기자회견을 했으며 28차례나 외국 정상과 회담을 했다. 대부분의 기자들은 이전에 어떤 대통령보다 더욱 쉽게 그의 기자회견에 참가할 수 있었다. 그는 텔레비전 생방송으로 최초로 기자회견을 한 대통령이었다.

그의 행정부에 의해 발의된 법안들은 거의 대부분 연방 하원을 통과했다. 바로 통과되지 않은 법안들은 보수적인 남부민주당 의장이 이끄는 위원회에서 계류되었다. 1962년 중간선거에서 민주당은 상원에서 4석을 더 얻었지만 하원에서는 2석을 잃었다. 이 선거의 결과는 1900년 이래 중간선거에서 집권당이 의회에서 더 많은 의석을 차지한 세 번 째가 된다. 비록 케네디는 남부 민주당원과 공화당원의 연합 때문에 그가 발의한 국내의 모든 정책을 입법화할 수 없었지만 그는 의회와 조화를 잘 이루었고 외교에 관계되는 문제에서뿐만 아니라 국내에 관계되는 문제에서도 양당의 지지를 확보했다. 케네디는 국가의 소비지출에 대해 적절히 통제를 했다. 그 역시도 자신이 제안한 어떤 사업의 추진을 위해 들어갈 자금을 완전히 확보하지 못할 경우도 있었다.

대통령은 대법원 판사에 바이런 화이트(Byron White), 아서 골드버거(Arthur Goldberg)를 임명했는데 이들은 둘다 대단한 능력을 갖춘 사람들이었다. 그러나 하급법원 판사들의 임명은 다소 적합하지 못한 면이 있었다. 상원의원 이스트랜드(Eastland)는 상원법사위원회 위원장이었고 그는 시민권을 옹호하는 판사의 임명을 거부할 권한을 쥐고 있었다. 케네디는 그와 거래를 했다. 케네디는 이스트랜드가 설굿 마셜(Thurgood Marshall)을 연방 항소법원에 임명하는 데 동의한 대가로 인종주의자 윌리엄 칵스(William Cox)를 지방법원 판사로 임명했다. 케네디는 그가 임명한 지방법원 판사의 몇몇에 대한 과거 행적을 신중히 고려하지 않았던 것이다.

케네디는 특별한 이익집단의 도구로 이용되지 않았다. 그는 항상 국가를 위해 가장 좋은 일을 하고자 했고, 사회정의의 실현이 우선되고 정부의 권력은 그 다음이었다. 그러나 그는 다양하게 활동하는 압력단체의 실상에 대해 잘 알지 못했고 심지어 자신이 제안한 프로그램의 실행을 위해 이들의 힘을 이용하기조차 했다. 그는 대통령에 재선되기 위해 최선을 다했고 때로는 재선을 위해 정의롭지 못한 일을 하기도 했다.

지도력 및 의사결정과 관련된 업무수행 : 13점 11위(공동)

케네디는 영감과 카리스마를 가진 지도자였다. 그는 하급자들에게 영감을 발휘하여 전력을 다하도록 배려하고, 대통령 스스로 올바른 과정을 가고 있다는 것을 확신시킴으로써 다른 사람들을 설득하여 자신을 따르도록 만들었다. 그는 훌륭한 연설자였으며 일반 국민들을 설득할 수 있는 재능 있는 연설원고의 작성자였다. 사적으로 그는 자신의 견해를 강하게 표현할 수 있었다. 정부에 대한 일반 국민들의 확신은 카멜롯 시기로 일컬어지는 케네디

정부보다 더 높게 나타나는 경우는 거의 없었다. 대통령은 자신과 다른 사람들에게 있어 높은 수준의 업무수행 능력을 책정했다. 그는 자신의 일을 열심히 했으며 다른 사람들이 높은 수준의 업무를 수행하도록 동기를 부여했다. 아무렇게나 일을 처리하는 방식은 그에게 참을 수 없는 것이었다.

케네디는 인간을 달에 착륙시키는 일이나 미국의 정신에 다시 생기를 불어넣는 일과 같은 미래 비전을 가지고 있으면서 이를 다른 사람들과 대단히 잘 공유하였기 때문에 위대한 비전의 소유자로 여겨졌다. 그는 외교정책과 우주경쟁에서는 국가를 단합시켰지만 인종적으로 구분되어 있는 국가를 치유하지는 못했다.

케네디는 상황을 정확하게 분석하고 국가의 운명을 개선시키는 전략과 위험으로부터 국가를 구해내는 전략을 구상하는 데서 뛰어났다. 그는 대통령의 행동은 순응적인(proactive)것이 아니라 반응적인(reactive)것이라고 믿었다. 그는 예기치 않은 사건과 보이지 않는 힘에 반응해야 했다. 정책과 의사를 결정하기 전에 케네디는 선택안을 신중히 검토하고 객관성을 충분히 유지하며 각 행동의 가능한 결과에 대해 예측했다. 그는 시간이 허락하는 한 많은 정보를 수집했고, 하급자들로부터 많은 이야기를 들었는데 거기에는 좋은 충고와 나쁜 충고가 다 포함되어 있었다. 자신의 실수로부터 배웠으며, 일정하게 증거는 있지만 가치는 다소 떨어지는 충고로부터도 배웠다. 케네디는 예리한 지능을 이용하여 의사를 결정하고 문제를 해결했다. 그는 냉정한 분석가였고, 일단 어떤 결정에 도달하면 감정이나 주관적 판단, 도덕적 논쟁에 흔들리지 않았다.

케네디는 타협의 예술을 이해했다. 자신이 제안한 일에 대한 보다 폭넓은 지지를 확보하기 위해 그는 자주 원하는 일의 일부를 포기했다. 터키에서 미국의 미사일을 철수시키고, 쿠바 미사일 위기에서의 그의 타협은 잃은 것보다 얻은 것이 훨씬 많은 대성공작이었다. 이는 역시 흐루시초프의 체면도 살려준 것이 되었다. 그러나 상원의원 이스트랜드와의 타협은 바람직하지 못한 일이었다.

케네디는 대통령으로 있던 짧은 기간 동안 대단히 어려운 의사결정을 했다. 그는 위험한 시기-쿠바 미사일 위기와 베를린 위기-에 국가를 위해 무엇을 해야만 최선의 길이 되는가에 대해 확고함과 침착함을 유지했다.

개인적 성격과 도덕성 : 13점 12위

공식적으로 케네디는 일반 국민들이 존경하는 스타일로 행동했다. 그의 이미지는 건강과 젊음의 활력과 넘치는 에너지였다. 예술과 문화 분야에 지도자들을 백악관으로 초대한 그의 행동은 대통령직의 품격을 높였다. 케네디는 국민들이 미국인이라는 사실에 자부심을 가지도록 해주었다. 케네디가 대통령으로 있는 동안 이 나라는 다시 힘차게 움직이고 쿠바와 베를린에서 소련과 나란히 설 수 있게 되었으며 우주경쟁에서는 소련을 따라잡아 능가하게 되었다. 미국인들은 이 잘 생긴 대통령과 그의 아름답고 맵시 있는 아내를 자랑스럽게 생각했다.

케네디에 대한 일반 국민들의 이러한 인식 때문에 케네디는 대통령으로서 국내에서 많은 존경을 받았다. 그는 외교문제서 힘과 용기와 결단력을 소유한 대통령으로 또 미국 국민들에게 희망과 자긍심을 주는 대통령으로 인식되었다. 활력이 가득한 JFK의 대통령직 수행은 활동이 적었던 아이젠하워 시기에 약화된 대통령직의 권한을 다시 강화시켜 주었다.

1960년 선거에서 과반수의 지지를 받지 못하고 대통령에 당선되었지만 그는 곧바로 국민들로부터 압도적인 지지를 받았고 곧바로 영웅으로 등장했다. 그는 1960년 선거 당시 일반투표에서 단지 49%의 지지밖에 받지 못하였으나 3년 후 실시된 여론조사에서는 차후 그에게 투표할 것이라고 지지한 세력이 59%였다. 이것은 많은 사람들이 초기에 보였던 케네디에 대한 의심을 극복하고 케네디가 그들의 대통령이라는 사실을 인정하게 되었음을 의미한다.

케네디는 사회 각계 각층으로부터 정보를 수집했다. 그는 비록 가까이 있는 보좌관들을 강하게 신뢰하고 있었지만 그의 내각에는 많은 공화당 출신의 인사들도 포함되어 있었다. 맥나마라(McNamara), 번디(Bundy), 길패트릭(Gilpatric), 클레이(Clay), 맥클로이(McCloy), 로지(Lodge) 등이 그들이다. 케네디는 국민들과 수많은 공식·비공식 대화를 나누었다. 그는 텔레비전에 능통한 최초의 대통령이었다. 그의 스타일과 활기를 통해 케네디는 비언어적인 의사소통에서도 뛰어난 능력을 발휘했다.

공적인 의무를 수행하는 데 있어 JFK는 성실과 신뢰감으로 일관했다. 비록 그는 정치적인 문제를 우선 처리했지만 국가를 위해서 해야 할 의무를 게을리하지 않았다. 그는 공직을 이용해 일반 국민들을 희생으로 삼아 부를 축적하지 않았으며 임명권을 이용해서도 이러한 일을 하지 않았다. 그와 동료들이 연루된 그의 행정부를 오염시킬 만한 그 어떤 경제적인 사건도 없었다.

비록 JFK는 그 스스로에게서 나오는 대중적인 이미지에 힘입어 대통령직의 명성을 훨씬 향상시켰지만, 이러한 이미지는 그와 친밀한 기자들의 공모로 인하여 가능했다. 사실 JFK는 도덕적 기준에서 신중하지 못한 행동을 보여주었다. 유명한 마피아 보스 샘 지안캐나(Sam Giancana)의 애인인 주디 액스너(Judy C. Exner)와 같은 여성들은 그에게 지각 없는 충고를 했을 뿐 아니라 국가안보에도 위협이 될 충고를 했다. 복잡하고 너무 많았던 케네디의 혼외정사도 문제였다. 에드거 후버는 이 사실을 잘 알고 있었고, 때문에 대통령은 그를 FBI 국장에서 물러나게 하지 못했다.

암살과 그 여파

1963년 11월 22일 케네디는 텍사스 댈러스 거리를 지나는 한 자동차 행렬에서 무개차를 타고 가고 있었다. 그때 총이 발사되었고 그는 치명적인 상처를 입고 그 자리에 쓰러졌다. 파크랜드 메모리얼 병원에서 그가 죽었다는 소식이 전해졌다. 리 오스왈드(Lee H. Oswald)가 암살자로 체포되었다. 11월 24일 오스왈드가 주 감옥으로부터 이송될 때 수백 명의 사람들이 텔레비전으로 지켜보는 가운데 잭 루비(Jack Luby)가 그를 저격하여 사살했다. 오스왈드는 살아서 재판을 받을 수 없었기 때문에 존슨 대통령은 워렌 대법원장을 위원장으로 위원회를 구성하여 이 암살사건을 조사하도록 했다. 워렌 위원회는 오스왈드가 유죄이며 단독범행이었다고 발표했다. 이러한 발표에도 불구하고 많은 사람들 사이에서는 암살사건의 배후에 뭔가가 있다는 다양한 음모이론이 성행하였다.

종합평가 : 65점 8위

케네디는 100점 만점에 65점을 받았고 전체 39명 중 8위를 차지했다.

린든 존슨
Lyndon B. Johnson | 1963~1969

	평가점수	평가등수
외교를 비롯한 대외관계와 관련된 업무수행	1	34(공동)
국내의 각종 문제 및 사업에 대한 업무수행	16	4(공동)
행정부와 정부 내에 관련된 업무수행	12	6(공동)
지도력 및 의사결정과 관련된 업무수행	15	8(공동)
개인적 성격과 도덕성	2	33
종합평가	46	15

배경

린든 존슨은 1906년 8월 27일 텍사스주 스톤월 근처의 한 농가에서 태어났다. 그의 아버지는 농부이면서 학교 선생이었는데 텍사스주 입법부에서 다섯 번이나 의원을 지냈다. 린든이 다섯 살이 되었을 때 그의 가족은 할아버지가 세운 텍사스 존슨시로 이사를 했다. 15세에 존슨시 고등학교를 졸업한 후 그와 다섯 명의 친구들은 포드 중고차 모델 T를 타고 캘리포니아를 여행했다. 린든은 그 후 히치하이크를 하면서 여행을 계속했고 웨이터, 접시 닦이, 농업노동자의 일을 경험했다. 한동안 친척의 법률사무소에서 사무원으로 일한 후 또 다시 히치하이크를 통해 존슨시로 되돌아 왔고, 도로 건설단에서 일했다. 1927년 그는 샌 마르코스에 있는 남서부 텍사스주 교육대학에 입학하여, 여기에서 처음에는 학교관리인으로, 후에는 총장 비서로 일하면서 학비를 충당했다. 한동안 텍사스의 코튤라에 있는 한 초등학교에서 교편을 잡았는데 이때 그는 정규 대학에 들어갈 만한 돈을 충분히 벌었다. 1930년 그는 역사학 전공 문학사가 되었고 교사자격증을 받았으며 공립학교 교사가 되었다. 1931

년 리처드 클레버거(Richard Kleberg)는 연방 하원의원에 당선되었고 존슨을 개인비서로 삼았다. 1935년 그는 전국청년관리단의 텍사스 주 이사가 되었다. 1937년에 연방 하원의원에 당선되고 연거푸 6번이나 재선되었다. 1941년에 연방 상원의원에 출마하여 리 오다니엘(W. L. O'Daniel)에게 간발의 차이로 패배했다. 진주만 사건 이후 해군에 입대하여 대위로 복무하던 중 그의 비행기가 뉴기니아에서 일본군에 의해 공격을 받고 탈출한 공으로 은성훈장을 받았다. 1942년 프랭클린 루스벨트 대통령이 모든 하원의원들은 연방의회에서 본연의 임무를 다하도록 명령했을 때 군을 제대했다.

1948년에 연방 상원의원에 출마한 존슨은 부정수단과 비합법적인 방법으로 97표를 사기당했다는 민주당 예비선거에서 콕 스티븐슨(Coke Stevenson)을 누르고 승리했다. 1954년 상원의원 선거에서 압도적으로 승리를 거둔 그는 1951년에 민주당 원내총무에 당선되었고, 1953년에는 소수당의 원내총무가 되었다. 민주당이 1955년에 상원에서 승리했을 때 존슨은 다수당의 원내총무가 되었다. 그는 실행 가능한 타협안을 찾아내는 본능을 가진 역동적이고 능력 있는 의회정치에 정통한 사람으로, 정치에 정통하고 대단히 뛰어난 정치력을 소유했다.

젊은 연방 하원의원으로 존슨은 성심을 다하는 뉴딜 추종자였으며 FDR을 철저히 지지하는 사람이었다. 그러나 그는 트루먼에 대해서는 확고한 지지를 보내지 않았고 트루먼의 시기가 다가도록 상원과 하원에서 보수적인 입장을 견지했다. 그가 다수당의 원내총무로 있는 동안 민주당은 남부 보수주의자와 북부 자유주의자로 심하게 양분되어 있었다. 이때 민주당은 상원에서 단지 2석만 우위를 차지하고 있었다. 공화당의 한 표가 백악관에 있었다. 공화당과 민주당 남부 보수주의자들의 연합이 다수세력을 이루었다. 미국 상원의원 역사상 존슨은 가장 유능하고 강력한 원내총무로서 뛰어난 업적을 남겼다. 다수당의 원내총무로 있으면서 그가 남긴 두 가지 큰 업적은 국가항공우주국의 설립과 1957년 시민권법 통과다.

1960년 존슨은 민주당 대통령 후보자에서 앞선 주자였다. 그러나 케네디가 미리 유리한 지명전을 준비한 예비선거에 출전하지 않았다. 민주당 내 자유주의자들에게 놀라움과 실망을 준 일로 케네디는 린든 존슨을 부통령 후보로 지명했다. 이 일은 케네디가 젊은 나이를 극복하고 또 남부의 세력을 끌어들이기 위한 조치였다. 11월 선거에서 존슨은 케네디의 승리를 위해 철저하게 도움을 주었다. 부통령으로서 그는 대통령 직속 평등고용기회위원회와 국가항공우주국의 책임자 역할을 했다. 그는 부통령으로 11번에 걸쳐 33개 국의 나라를 방문했다. 그는 미국 부통령의 신분이었지만 권력의 행사로부터 멀어져 있었다. 그런 그는 시종일관 자신이 미국 부통령이라는 사실을 몹시도 싫어했다.

대통령 후보 지명과 선거

존슨은 1964년 민주당 전당대회에서 반대를 받지 않았다. 그와 자신이 선택한 러닝메이트인 휴버트 험프리(Hubert Humphrey)는 대통령 후보자 결정선거 1차에서 환호성을 받으며 후보로 지명되었다. 공화당은 대통령 후보에 베리 골드워트(Barry Goldwater)를 지명했다. 골드워트의 '극단주의'가 이 선거의 쟁점이었다. 골드워트는 공산주의에 대해 확고한 반대입장을 고수했다. 그는 베트남 전쟁에서 승리하기 위해서는 더 많은 군사력을 이용해야 한다고 주장했고, 연방정부 주도의 프로그램을 삭감하고, 권력을 주정부에게 돌려주는 정책을 주장했다. 그는 또한 민주당과 백악관의 능란한 수완가들이 연루되어 있는 도덕적인 부패현상에 대해 통탄을 금치 못했다. 이에 비해 존슨은 평화와 번영을 주제로 선거운동에 임했다. 베트남에서 전쟁의 확대는 없을 것이며 핵무기 버튼을 누르는 손가락도 없을 것이며 국내에서는 위대한 사회를 건설할 것이라고 공약했다. 골드워트는 존슨의 경쟁대상이 되지 못했다. 존슨은 무려 1백 60만 표를 더 얻어 61.1%로 압도적으로 승리했다. 선거인단에서도 486대 52로 승리했다.

외교를 비롯한 대외관계와 관련된 업무수행 : 1점 34위(공동)

LBJ가 대통령이 되기 전에 미군은 이미 베트남 깊숙이 들어가 있었다. 존슨의 보좌관들은 공산주의 북 베트남이 비공산주의 국가인 남 베트남을 침공하여 만약 남베트남을 점령하면 동남아시아에 있는 다른 나라들도 공산화되는 소위 도미노 현상이 일어날 것이라고 말했다. 1965년 2월 미 공군기들이 북베트남을 포격했다. 3월에 미 해병대가 남베트남에 파병되었는데 전투병으로 첫 파병이었다. 4월에 LBJ는 기꺼이 평화협상을 시작할 의도를 가지고 있다고 발표했다. 12월에 휴일 휴전협정이 선언되었다. 미국의 밀사들이 휴전 가능성을 타진하기 위해 여러 나라에 파견되었다. 1966년 7월에 미국 전투기들은 비무장지대에 있는 공산주의자의 기지를 포격했다. 8월에 LBJ는 베트남 평화협상을 제안했으나 1967년 3월 호치민(Ho Chi Minh)은 이 제안을 거부하였다. 이에 존슨의 보좌관은 만장일치로 전쟁의 확대를 권고했다. 전쟁의 확대는 협상에 대한 요구와 1965년에서 1968년 사이에 간헐적인 포격 중단과 함께 계속되었다. 1968년 봄 구정공세(Tet offensive)까지 존슨의 보좌관들 가운데 베트남으로부터 철수를 권고한 사람은 아무도 없었다. 1968년 3월 존슨은 북베트남에 대한 폭격을 부분적으로 중지한다고 발표하면서 호치민에게 협상 테이블로 나올 것을 다시 요구했다. 평화협상이 5월에 파리에서 시작되었지만 전혀 진전이 보이지 않았다. 1968년 10월에 LBJ는 베트남에 대한 완전한 포격 중지를 선언했다. 그러나 호치민을 평화협상에 데리고 올 수 없었던 LBJ는 전쟁을 계속하거나 남베트남을 포기해야 했다. 존슨과 그의 보좌관들은 물론이고 대부분의 미국 국민들은 베트남에서의 이 전쟁을 시민전쟁이나 혁명전쟁으로 보지 않았다. 그들은 이 전쟁을 또 다른 공산주의자 권력집단의 도움을 받는 북베트남이 하나의 독립국가인 남베트남를 침략한 것이라고 보았다. 도미노 이론에 따라 존슨은 자신이 생각한 것이 옳다고 믿었다. 그러나 시간이 지나면서 존슨의 판단이 잘못되었다는 사실이 분명해졌다. 존슨은 기존에 생각했던 방식 그대로 군사력을 이용하여 국가의 이익을 추구했다. 존슨의 군사력 이용권은 1964년 8월 4일 의회에서 거의 만장일치로 통과된 통킹만 결의안으로 승인되었다. 그러나 베트남 전쟁은 시간이 흐르면서 미국에게 하나의 재앙과도 같은 전쟁임이 드러나기 시작했다.

1968년 미국과 소련은 하나의 문화협정을 체결했다. 1963년에서 1967년까지 LBJ는 무려 20개 국 이상의 정상들과 만나 회담을 했다. 1966년에 그는 아프리카에서 백인우월주의자의 체제를 비난했고 아프리카인이 만드는 국가의 건설을 위해 원조를 할 것이라고 약속했다. 같은 해 유엔 총회는 우주공간에서 핵무기 사용을 금지한다는 조약 초안을 만장일치로 채택했다. 존슨은 캐나다와 컬럼비아강 수력 사용과 홍수통제 협정을 체결하였고, 1964년 파나마와의 관계가 정상화되었다. 1965년 4월 미 해병대는 도미니카 공화국에 상륙했으나 곧 해안경찰대에 그 임무를 넘겨주었다. 존슨은 아시아에 대해 정복이 아니라 계속적으로 화해무대를 조성할 것이라고 발표했다. 그러나 베트남에서 보여준 미국의 행동은 국제적인 긴장상태를 완화시키기보다 훨씬 증가시켰다. 존슨은 소련과 긴장상태의 완화를 위한 기초를 마련하기 위해 소련 수상 코시긴(Kosygin)과 정상회담을 주선했다. 그러나 이 계획은 소련 탱크가 체코슬로바키아를 침공하면서 취소되었다. 다른 무엇보다도 미국에 대한 세계여론은 베트남에서의 미국의 행동이 가져온 결과에 맞추어졌다. 베트남이 아닌 다른 지역에서 아무리 선한 행위를 했더라도 이것은 베트남에서 저지른 미국의 행동에 대한 결과를 일부만 상쇄시켜 주었을 뿐이다.

존슨 대통령은 마치 베트남의 TVA 프로그램과 같은 동남아시아 개발 프로그램을 제안했다. 물론 이 일은 베트남인들이 진정으로 원하지 않았기 때문에 진전되지 않았다. 1966년 그는 인도에 식량원조를 허락했다. 외국에 대한 그의 원조 프로그램은 자립과 인구제한의 강조였다.

국내의 각종 문제 및 사업에 대한 업무수행 : 16점 4위(공동)

린든 존슨 행정부 동안 미국의 이익은 증대되었고 가난은 줄어들었다. 4% 안으로 실업률을 줄이고자 한 목표는 달성되었다. 최저임금은 시간당 1.60달러로 올랐고 평균임금도 상승했다. 물가는 1965년을 시작으로 올랐다. 1966년에 LBJ는 인플레이션 발생의 반대조치로 기업의 세금공제를 중지했다. 그는 세금인상에 반대했고 강제적으로 임금을 통제하는 것에도 반대했다. 그는 가격상승에 대처하는 방법으로서 소비 감소를 원했다. 알루미늄, 구리, 철강 등에서의 가격상승은 LBJ의 압력으로 무효가 되거나 수정되었다. 그럼에도 그의 인플레이션 조장 반대조치는 완전히 성공을 거두지 못했다.

1965년 1월 4일 LBJ는 자신의 위대한 사회프로그램을 발표했다. 여기에는 노인의료보험제도, 젊은이에 대한 교육비 보조, 배고픈 사람에 대한 식량 제공, 무주택자에 대한 주택 제공, 가난한 사람에 대한 보조금 지급, 흑인에 대한 법적 보호, 장애자에 대한 재활기회 제공, 실업자에 대한 실업수당 제공, 소비자를 위한 공정한 표시제도 정착, 그리고 모든 사람들을 위한 시민권과 보다 안전한 환경 보장 등의 내용이 포함되었다. 의회는 몇 달 안에 그가 제안한 프로그램 중 많은 것을 법으로 만들었다. 3월에 애팔래치아 원조 법안이 통과되었고, 4월에 초등과 중등교육에 대한 원조법안이 통과되었다. 7월에는 노인의료보험제도가, 8월에는 투표권법과 보조금을 빌려주는 주택법안이 통과되었다. 10월에는 가난퇴치법안을 실행하기 위한 자금으로 1,785백만 달러를 책정하여 통과되었다. 이 액수는 1964년에 비해 두 배가 넘었다. 1966년에 그는 최저 소득에 대한 보조금 지급 법안을 권고했으나 법으로 통과시키지는 못했다. 그는 자동차의 안전기준을 세우는 법안, 수질오염을 통제하는 법안, 청정공기 회복 법안에 서명했다.

존슨 행정부 초기에 기업을 위한 세금환불제도가 실시되었다. 1965년 6월에는 소비세가 삭감되었다. 1966년 국가는 번영하고 있었지만 문제는 인플레이션이었다. 처음에 존슨은 세금인상에 반대했다. 1967년 1월 전쟁을 수행하고 자신의 국내 프로그램에 들어갈 자금을 충당하기 위해 소득세에서 6%에 달하는 특별세를 요청했으나 의회는 여기에 부정적이었고, 결국 1968년에 가서야 통과되었다.

앨라배마의 셀마에서의 시위사건 이후 존슨은 텔레비전 방송에 출현하여 인간사에 관한 연설을 했다. 그는 연설을 통해 도덕적 지도력과 인간들의 위대한 정신을 표현했다. 그는 시민권법에 대한 진실한 신봉자가 되었다. 그는 역사상 어떤 대통령보다 시민권 문제에서 가장 진보적인 입장에 서 있었다. 그는 앨라배마주 민병대에 명령을 내려 셀마에서 몽고메리까지의 행진을 보호하도록 했다. 1964년 7월 2일 그는 1964년 민권법에 서명했다. 이는 1965년 투표권법으로 이어졌고 1966년 시민권법에 대한 백악관의 협의를 이끌어 냈다. 1968년 시민권법은 주택의 판매와 임대에서 인종차별을 금지시켰고 시민권법을 위반한 자에 대한 처벌을 강화시켰다. 나이에 따른 고용차별금지법안도 1967년에 통과되었다.

존슨은 종교의 자유를 주장하는 사람이었다. 그는 1965년의 초·중등교육법에서 교구학생들에게도 이 법에 따라 혜택을 받도록 인정하는 타협을 수용했다. 그는 전쟁반대자들의 평화적인 시위에 대해서는 허락을 했다. 그러나 시위가 폭력으로 발전하고 도시폭동이 아프리카계 미국인들 사이에서 발생하게 되자 시위를 금지하였다. 언론의 자유에 대한 그의 태도는 순수하지 못했다. 그는 때로는 보상을 주고 때로는 처벌을 가하는 방식으로 기자들을 마음대로 요리하고자 했다. 또한 그는 달갑지 않은 기사를 작성한 편집자들을 크게 비난했고, 백악관에는 녹음 시스템을 설치했다.

존슨은 출생국별 이민을 제한하는 이민제한법을 무효화시키는 새로운 이민법에 서명했다. 그는 최초의 흑인 대법원 판사로 설굿 마셜(Thurgood Marshall)을 임명했고 최초의 주택도시개발 장관에는 또 다른 흑인인 로버트 위버(Robert Weaver)를 임명했다. 그는 모든 인간은 신분에 상관없이 인간적인 대우를 받아야 한다고 믿었다. 그는 무주택자들의 생활을 개선하고 가난을 줄이며 모든 힘없는 집단을 위한 정의실현에 노력했다.

존슨은 이 나라 역사상 공립학교에 주어진 가장 대규모이고 포괄적인 연방원조 프로그램인 초·중등 교육법안을 통과시켰다. 그는 인디언들에게는 개선된 교육 프로그램, 미숙련자에게는 직업교육을 제공했다. 또한 그는 공연예술을 위한 JFK 센터에 연방자금을 지원했다. 1965년 11월 그는 대학에 연방자금을 부여하고 전국교사조합의 출범이 포함된 고등교육법을 서명했다.

행정부와 정부 내에 관련된 업무수행 : 12점 6위(공동)

케네디의 암살 후 LBJ가 대통령이 되었을 때 그는 케네디의 참모와 목표를 그대로 이어받았다. 1964년 자신이 직접 대통령에 당선되었을 대 존슨은 각 분야의 중요 현안을 다루고 가장 중요한 문제를 분석하여 특별 프로그램을 권고하는 17명의 테스크 포스팀을 구성해 운영했다. 1965년에 그는 입법화를 요구하는 63개의 서로 다른 서류를 제출했다. 그는 행정부에 두 개의 새로운 부서-교통부와 주택도시개발부-를 신설하고, 정부 재조직을 연구하기 위해 하이만 위원회(Heiman Commission)를 구성했다.

존슨은 자신이 살해당한 대통령의 채우지 못한 임기 동안에는 전 대통령의 내각과 백악관 참모들을 그대로 유임시킬 것임을 밝혔다. 존슨은 이들로부터 정보를 구했고 그들의 도움과 충고를 요구했다. 그리고 자신이 대통령으로 선출되었을 때 비로소 자신이 선택한 인물들로 내각과 참모를 바꾸어 갔다. 그는 충성스럽고 지적이면서 활기찬 사람들을 참모로 구성했다. 그는 참모장을 두지 않았고 핵심 보좌관들과 직접 대화를 나누었다. 그는 이들로부터 많은 것을 요구하였으나 자신이 노력하는 만큼의 효과를 거두지는 못했다.

대통령의 참모들은 내각보다 그 영향력에서 더 우위에 있었다. 그들은 예산과 인사문제에 대한 결정에 영향력을 발휘했다. 이것은 내각과 내각 장관의 권한을 약화시키는 역할을 했다. 또한 이것은 대통령에게 더 많은 책임과 권한을 집중시키게 만들었다. 존슨은 자신이 임명한 사람들에게 나름의 적절한 역할을 부여했고 그들에게 일의 결과에 대해 책임을 지도록 했다.

존슨은 언론을 이익집단으로 보았다. 그의 모토는 "당신이 원할 때 원하는 사람에게 정보를 줄 수 있도록 매일 당신 손에 새로운 정보를 가지고 있어라"였다. 그는 언론에 대한 정책으로 대통령에게 접근할 수 있는 점을 보상 혹은 처벌의 형태로 이용했다. 그는 정규적인 계획에 의해서보다 자신이 원할 때 기자회견을 했다. 만약 자신이 공개되기를 원하지 않는 비밀이 누설되거나 공표되면 기자들과 비밀을 누설한 사람을 당황하게 만들기 위해 일부러 계획을 바꿔 버렸다. 모든 대통령들은 전쟁기에는 비밀유지의 필요성을 느끼고 있었다. 존슨 역시 그가 의도했던 것 이상으로 비밀유지를 실천했다. 미국이 베트남에 어느 정도 개입을 하였는가에 대해서는 가능한 오랫동안 비밀로 유지되었다.

존슨은 명백한 목적에 따른 프로그램을 평가하고 예산설정 과정에 대한 대통령의 통제권을 확대하기 위한 국가 프로그램 계획과 예산제도를 손질했다. 그는 대통령이 전체 정부의 예산을 책임지고 있다고 믿고서 각 부서의

장에게 자기 부서의 예산통제권을 주지 않았다. 존슨은 베트남에서의 전쟁과 그의 위대한 사회 프로그램에 들어갈 충분한 자금을 확보하기 위해 세금을 올리지 않은 상태에서 이를 동시에 실천하기 위한 예산을 확보하고자 노력했다. 결국 이것은 국가의 부채를 증대시켰고 인플레이션 발생에 원인을 제공했다. 그는 베트남에서의 전쟁과 위대한 사회 프로그램에 가장 큰 우선권을 두었고, 이를 위해 소비되는 자금은 바람직할 뿐만 아니라 필수불가결한 것이라 생각했다.

각 행정부와 하급기관들은 잘 운영되었다. 미국 역사상 어떤 행정부보다 존슨 행정부는 국내 문제에서 특히 많은 업적을 남겼다. 그러나 대외문제인 베트남에 대해서는 목적한 바를 제대로 성취하지 못했다. 왜냐하면 그와 최고위 보좌관들은 베트남 전쟁의 본질을 잘못 이해하고 있었기 때문이다.

존슨은 행정부와 입법부 사이의 높은 장벽을 허물고자 노력했다. 그는 자신이 제출한 법안에 대해 의회도 동참을 한다는 느낌을 부여하고자 노력했다. 그는 결정적인 것은 아니었지만 항상 의회의 충고와 전략을 바라고 있음을 보여주었다. 그는 테스크 포스 팀에 자신이 선택한 상·하원의원을 포함시켰고, 내각 인사들에게 법안을 기초한 핵심적인 법률초안자와 대화를 할 것을 요구했다. 그는 백악관에서 브리핑 시간을 가졌는데, 이때 자신이 제안한 법안들에 대한 내용을 차트에 올려놓고 이 법안을 앞으로 어떻게 진행시켜야 할 것인지에 대한 전략을 토론했다. 1965년 베트남 문제가 가장 우선되는 문제로 등장하기 전에 각 내각의 중요 안건은 각종 현안 법안을 신속히 처리하는 것이었다. 그는 각 부서의 장은 물론 부서에서 일하고 있는 사람들에게 법안의 핵심적인 내용을 상세하게 설명했다. 만약 이 법안의 실행이 어렵다면 타협의 여지는 없는가?가 질문으로 던져졌다. 그는 법안을 통과시키는 데 타협이 반드시 필요하지 않는 것에 대해서는 원안대로 밀고 나갔다. 법안을 통과시키기 위해 의회에 잘 알고 있는 의원에게 도움의 손길을 내미는 일은 최후의 수단이었다. 그는 언론과의 관계보다는 의회와의 관계에 훨씬 능한 인물이었다. 이로써 그는 자신의 국내 프로그램에 대한 압도적인 지지를 확보했다. 외교문제서도 그는 양당으로부터 지지를 확보했는데, 베트남 전쟁이 비난의 대상이 되기 시작한 이후에도 그는 적어도 베트남 정책에서 민주당보다 공화당에서 더 많은 지지를 받았다.

LBJ는 2명의 대법원 판사를 임명했다. 한 사람은 아베 포타스(Abe Fortas)로 존슨의 개인 변호사이며 대단한 능력의 소유자였으나 1969년 사소한 부정사건에 연루되어 사임했다. 다른 한 사람은 설굿 마셜이었는데 최초의 아프리카계 미국인 판사로, 20세기에 가장 자유로운 재판관 중 한 사람이 되었다. 그러나 하급 법원 판사에 대한 존슨의 임명은 훌륭하지 못했다. 존슨은 포타스가 대법원 판사에 합류한 후 그와 정치에 관해 많은 이야기를 나누었다고 하여 비난을 받았다. 그러나 사실 대통령과 대법원 판사 사이의 상호작용은 아주 혼한 일이었다.

존슨은 대통령에 취임하고 몇 달 동안 보기 드물게 국가의 단합된 분위기를 조성했다. 그는 노동, 기업, 시민권 지도자 및 다른 단체의 지도자들과 자주 만남을 가졌으며, 대통령이 되고 난 첫 해에 능란한 솜씨로 자신이 제안한 법률안에 일반 국민들의 관심을 집중시켰다. 그는 가난에 찌든 지역을 방문하면서 또 가난에 대해 무조건 전쟁을 선포하면서 가난을 일반 국민들의 가장 핵심적인 관심사로 만들었다. 그는 뛰어난 재능으로 가난 문제를 잘 다루었다. 그는 합의를 이끌어 내는 자신의 능력을 통해 이익집단의 지도자들로부터 지지를 확보했고 최소한 잠재적인 반대를 근절시켰다. 그는 보수적인 미국혁명의 딸들이라는 단체로부터 사회당에 이르기까지, 기업 협회로부터 미국노동총연맹산업별회의(AFL-CIO)라는 노동자단체에 이르기까지 극히 다양한 집단의 사람들과 만났다. 초기에 이익집단들은 그의 베트남 정책을 지지했다. 그들이 전쟁과 관련하여 존슨에 대해 반대 입장을 피력하자 존슨은 1968년 재선 출마를 포기했다.

지도력 및 의사결정과 관련된 업무수행 : 15점 8위(공동)

케네디가 암살 당하고 넉 달이 지나기까지 LBJ는 뛰어난 지도력과 정치력을 발휘했다. 존슨은 자신을 "케네디의 목적과 의도를 충실히 실행하는 대행자이자 좌절해 기진맥진해 있는 국가를 치료하는 지도자"로 생각하고 또 그렇게 행동했다.59) 비록 모든 국민이 LBJ의 텍사스 스타일의 카리스마를 적극적으로 좋아하지는 않았지만 그는 분명 대단히 성공한 지도자였다. 그는 열심히 일하는 모범적인 모습을 국민에게 보여줌으로써 그들에게 영감을 주었다. 그러나 베트남전 상황이 악화되었을 때 국가의 단합된 모습을 유지시킬 수가 없었다.

개인적으로 대화를 나눌 때의 LBJ는 지금까지 백악관의 주인이 된 사람들 중에서 가장 뛰어난 설득력을 갖춘 사람이었다. 그는 자신이 설득하려고 하는 대상에 대해 미리 가능한 한 상세히 파악해 두고, 설득할 상황에 적합한 수단을 이용했다. 이러한 그의 재능은 소규모 집단과의 대화에서 잘 발휘되었던 반면 보다 많은 청중을 두고는 그렇지 못했다. 존슨은 케네디의 암살 후 국가와 국민에게 다시 용기를 심어주고 두려움을 잠재우고 확신감을 일깨워 주는 데 뛰어난 일을 했다. 그러나 후에는 베트남전 처리문제로 많은 국민들로부터 신뢰를 상실했다.

존슨은 자신과 다른 사람들에 대해 높은 수준의 업무수행능력을 기준으로 삼았다. 그는 근면을 주장했으며 다른 사람에게 반드시 그 영향을 주었다.

초기에 LBJ는 케네디의 유산과 목적을 성취하기 위해 헌신했다. 그러다 1964년 선거에서 당선되자 그때부터 자신의 길을 갔고 더 이상 LFK의 유산에 연연해하지 않았다. 그는 미국의 미래사회에 대한 자신의 비전을 제시하는 위대한 사회 프로그램을 제안했다. 그의 이상은 모든 사람들이 국가의 발전과 책임을 공유하는 그런 나라였다. 그는 자신의 비전을 실현시킬 전략을 구체화하였고, 그의 전략은 적어도 자신과 이 나라 미국이 베트남에 의해 선을 이탈하기 전까지는 놀라울 정도로 성공적이었다.

존슨 대통령은 여러 가지 선택안을 신중하게 다루었고 각 의사결정에 따라 생길 수 있는 가능한 결과에 대해 다양한 정보를 수집하여 판단을 내렸다. 베트남 정책에 대한 그의 실수는, 그가 선택안을 잘못 고려했기 때문이 아니라, 행동에 따른 가능한 결과를 잘못 판단하였기 때문이다. 그러나

---

59) Doris Kearns, *Lyndon Johnson and the American Dream* (New York: Harper and Row, 1976), 173.

이러한 판단은 대부분 혼자만의 판단이 아니라 자신이 대화를 나눈 행정부서의 관리들과 군사 보좌관들과 공유한 내용이었다. 아마도 그는 베트남 문제를 비밀로 할 것이 아니라 보다 공개적인 문제로 다루고, 보다 많은 사람들과 정확하고 정직한 설명을 통제 문제의식을 공유하는 것이 더 나았을 것이다.

존슨은 자신을 비판하는 동부지역의 여러 언론 관계자들보다 더욱 지적이었다. 그는 의사를 결정하고 문제를 해결할 때 자신이 가지고 있는 지적 능력을 사용했지만, 역시 본능적 판단이라든가 흑백논리에 따라 판단을 내리는 경우도 더러 있었다.

린든 존슨은 타협의 대가였다. 목적을 달성하기 위해 꼭 필요한 때라면 더욱 그러했다. 그런데 목적을 달성하기 위해 그가 기꺼이 선택하는 타협안이란 무조건적인 것이 아니라, 대통령으로서 처리할 수 있는 범위 내의 것이었고 특별한 사람이나 이익집단이 어떻게 문제를 풀어나갈 것인가 하는 범위 안에서 이루어졌다. 그런데 호치민과의 관계에서는 호치민이 이 같은 타협을 원하지 않았다는 데 문제가 있었다. 결국 협상 결과는 보잘 것 없었다. 존슨은 어렵고 힘든 의사를 결정할 때 주로 타협과 협상을 하고자 했지만, 그러나 만약 타협과 협상이 아니라 스스로 처리해야 할 어려운 결정일 경우에는 존슨 혼자서 결정하였다. 그는 결코 남에게 책임을 전가시키지 않았으며, 어떤 일을 행동으로 옮기지 않아 일을 쓸모없게 만들어 버리거나 하지 않았다.

개인적 성격과 도덕성 : 2점 33위

LBJ가 케네디의 죽음 후 대통령을 승계했을 때 그는 케네디의 거만을 거부했고 그의 깊은 인간애를 수용했다. 또한 그는 JFK의 목적을 반드시 추구할 것이며 결실을 거두게 될 것이라는 확신을 표현하였다. 그는 첫 번째 주요 연설에서 JFK가 그토록 고귀하게 여긴 이상과 이념들은 이제 행동으로 바뀌어 구체화될 것이라고 했다. 그는 이제 케네디를 추모할 시간을 아껴 시민권법의 통과를 위해 노력하자고 하였다. 초기에 미국 국민들은 LBJ에 대해 특별히 자랑스럽게 여기지는 않았다. 캐멀롯의 이미지를 가진 케네디에 비해 LBJ의 이미지는 너무나 보잘것 없었다. 그는 국민들에게서 수완을 발휘하는 정치가라는 이미지, 상원의원 선거에서 명확하지 못한 처신으로 얻게 된 평판을 완전히 씻어내 버릴 수 없었다. 그의 뛰어난 지도력과 미래에 대한 훌륭한 비전에도 불구하고 LBJ는 대통령직의 상태를 그렇게 향상시키지 못했다. 존슨은 국민들이 그들의 이상적인 대통령에게서 요구하는 특성의 일부를 보여주지 못했다. 도시풍의 세련된 케네디와는 대조적으로 존슨은 시끄럽고 거칠고 사납고 교양 없는 인물로 여겨졌다. 때때로 그는 조잡하고 저속한 모습으로 비치기도 하였다. 그럼에도 불구하고 존슨은 일반적으로 대통령이 갖추어야 할 예의범절을 알고 있었다.

LBJ가 대통령의 권한을 강화시킨 것은 분명하다. 그는 예산문제와 인사문제를 결정할 때 강력한 권한을 행사했다. 그는 철저한 준비와 신중한 예상을 통해 법률의 입법화 과정을 통제했다. 통킹만 결의안은 의회의 특별 승인이 없이도 대통령이 군을 파견하고 이용할 수 있는 권한을 소유하는 등 대통령의 권한을 크게 증대시킨 것이었다.

린든 존슨은 근면한 태도를 국민들에게 보여주어 소위 '국민'의 대통령이 되었다. 베트남 전쟁을 제외하면 그는 대통령직 수행에서 성공적이었다. 전쟁을 반대하는 많은 국민들은 그들의 대통령이 자신들 편이 아니라는 생각을 하였다. 그의 인기는 전쟁이 지지부진 계속되면서 뚝 떨어졌다. 대통령직 초기에 그는 여러 태스크 포스팀을 구성하여 자신의 정책 개발과 운영에 활용하였고, 많은 단체의 지도자들과 자주 만났다. 그러나 해가 지남에 따라 이러한 초기의 개방적 경향은 엄격히 통제되었다. 비록 언론이 과거 어떤 전쟁보다도 베트남 전쟁을 철저히 포장했지만 그럼에도 많은 기자들은 베트남전과 관련해서 존슨이 내린 결정을 비밀로 삼는 데 대해 불만을 토로했다.

존슨은 국민들과 가까이 지내는 점에서도 성공적이지 못했다. 비록 그는 개개인과 소규모 단체의 사람들을 다루는 데서는 뛰어난 능력을 발휘했지만 많은 청중들과 친밀한 관계를 유지하지 못했다. 서민 출신이었던 그는 서민들과 잘 지냈고, 역사상 그 어떤 대통령보다 서민들과 많은 이야기를 했다. 그러나 당시는 물론이고 아직도 많은 사람들은 존슨을 완전히 받아들이지 못하고 있다.

존슨의 정직성은 자주 의심을 받고 있다. 대통령이 되기 이전에 출마한 선거에서 적절치 못한 선거운동을 했다는 이유가 그 주된 이유다. 그럼에도 그는 자신이 생각하고 실천해 나간 도덕적 원리와 가치체계를 갖추고 있었다. 그는 이 원리와 가치체계로부터 이탈하지 않았다. 그는 사실 국민들에게 받고 있던 평판보다 더 정직한 사람이었다. 그의 부정이득을 추구하지 않았다. 물론 그의 아내가 작은 라디오 방송국을 수백만 달러의 자산을 갖는 통신회사 제국으로 키운 것은 대통령이라는 그녀의 남편이 가진 직책에 힘입은 바가 적지 않았다. 그러나 그와 그녀의 아내가 어떤 잘못을 범했다는 증거는 아무것도 없다. 그는 자신의 친구 몇몇을 고위공직에 임명했지만 이것 역시 다른 대통령과 거의 비슷한 수준이었다. 그러나 그는 연방 상원의원에 처음 출마했을 때 선거부정에 개입하였으며 이를 알면서도 묵인한 비겁자나 협잡꾼으로 비난을 사고 있다. 존슨은 항상 높은 수준의 도덕성을 추구하지는 않았다. 그는 때때로 대통령직의 명성을 실추시키기도 했지만 결코 정직하지 않거나 부패한 대통령은 아니었다.

종합평가 : 46점 15위

존슨은 그야말로 이해하기 복잡한 대통령이었다. 그는 위대한 대통령의 반열에 낄 수가 있었다. 우리는 존슨을 국내의 각종 문제 및 사업에 대한 업무수행 분야와 행정부와 정부 내에 관련된 업무수행 분야, 그리고 지도력 및 의사결정과 관련된 업무수행 분야에서 상위 10위권의 대통령으로 평가했다. 그러나 외교를 비롯한 대외관계와 관련된 업무수행 분야와 개인적 성격과 도덕성 분야에서는 아주 낮은 점수와 등수를 주었다. 전체적으로 그는 총 46점을 받았고 39명의 대통령 중 15위를 차지했다.

존슨 행정부 동안 미국은 재건시대가 끝난 이래로 시민권 문제에서 대대적인 진보의 발걸음을 걸었다. 시민권 운동은 단지 아프리카계 미국인만을 도와준 것이 아니라 미국 내의 다른 소수세력, 여성, 그리고 장애인들에게도 큰 발전적인 도움을 주었다. 존슨의 위대한 사회프로그램은 국가가 뉴딜 프로그램에서 한 단계 위로 도약하는 계기가 되었다. 또한 이것은 전쟁과 사회혼란으로 국가가 정상의 길에서 벗어났을 때 사회적 약자들의 생활을 크게 개선시켜 주었다. 한편, 그의 행정부는 불안한 시민사회, 정치적 암살의 소용돌이, 도시폭동, 그리고 청년들의 도덕적 기준의 혁명적 변화 등의 모습을 보여주었다.

리처드 닉슨

Richard M. Nixon | 1969~1974

	평가점수	평가등수
외교를 비롯한 대외관계와 관련된 업무수행	12	12(공동)
국내의 각종 문제 및 사업에 대한 업무수행	-5	33(공동)
행정부와 정부 내에 관련된 업무수행	-10	38
지도력 및 의사결정과 관련된 업무수행	4	24(공동)
개인적 성격과 도덕성	-9	38(공동)
종합평가	-6	36

배경

리처드 닉슨은 1913년 1월 9일 캘리포니아주 요르바 린다에서 태어났다. 그가 아홉 살이 되었을 때 그의 가족은 캘리포니아주 위티어로 이사를 했다. 어린 나이에도 불구하고 닉슨은 가난한 자신의 집안 수입을 보충하기 위해 여러 가지 일들을 해야 했다. 위티어 고등학교, 위티어 대학을 거쳐 1937년 듀크 대학 로스쿨을 3등으로 졸업했다. 2차 세계대전 동안 미 해군 공군 수송단의 장교로 복무를 하고, 1946년 연방 하원의원에 당선되었는데, 이때 알저 히스(Alger Hiss)에 대한 심문을 통해 명성을 얻었다. 연방 하원에서 두 번에 걸친 임기를 마친 후 1950년 그는 연방 상원의원에 당선되었다. 그는 하원이건 상원이건 선거에 나섰을 때 상대방을 공산주의에 나약하다는 이유를 들어 공격했다. 1952년 부통령에 당선되었고 아이젠하워 대통령은 그로 하여금 50개 국 이상의 외국을 친선 방문하도록 했다.

1960년 닉슨은 공화당 대통령 후보가 되었다. 이 선거에 대한 상세한 설명은 앞의 존 F. 케네디를 참조하면 될 것이다. 1960년 선거 이후 닉슨은 캘리포니아로 되돌아왔고 여기에서 주지사에 출마했으나 당선되지 못했다. 1963년 그는 다시 뉴욕으로 가서 월 스트리트에 있는 한 법률회사의 동업자 법률가로 활동했다. 1966년 연방 하원의원 선거에서 공화당 후보들을 위해 열렬히 선거운동에 임했으며 이로 인하여 당으로부터 많은 주목과 감사를 받았다.

대통령 후보 지명과 선거

1968년 닉슨은 대통령 예비선거에서 여러 주에서 압도적으로 승리를 거둠으로써 그동안 상실한 이미지를 회복했다. 공화당 전당대회에서 대통령 후보로 선출된 그는 부통령 러닝메이트에 스피로 애그뉴(Spiro Agnew)를 선택했다. 베트남전으로 인하여 심하게 분열된 민주당은 휴버트 험프리(Hubert Humphrey)를 대통령 후보로 지명했다. 조지 월리스(George Wallace)는 미국독립당의 후보로 선거전에 뛰어들었다. 닉슨과 험프리는 둘다 베트남에 평화를 가져오게 할 것이라고 공약했다. 닉슨은 서로 다른 나라들이 세계평화를 유지하는 것은 물론 저개발국가를 돕는 일에 더 많은 책임을 져야 한다고 주장했다. 그는 역시 미국에서 법의 엄격한 시행을 공약했다. 험프리는 궁핍한 사람들을 위한 더 많은 연방원조를 약속했고, 여러 도시에서 슬럼지역을 다시 세울 것을 약속했다. 월리스는 인민주의자이자 반(反)지성적이고 반(反)정부적인 운동을 진행했으며 인종통합에 반대하는 자신의 견해를 피력했다. 1960년 선거와는 달리 이번 선거에서는 대통령 후보들 간의 토론회가 격심하지 않았다. 선거운동 초반기에는 닉슨이 크게 유리했다. 그러나 선거운동 마지막 날 험프리는 두 사람 간의 격차를 상당히 줄였다. 일반투표에서는 박빙이었다. 일반투표에서 닉슨은 과반수가 넘지 않은 최다 득표로 승리를 했다. 닉슨과 험프리와의 득표 차이는 거의 1%도 되지 않았다. 그러나 선거인단 투표에서 닉슨은 301표를, 험프리는 191표를, 월리스는 46표를 획득해 별무리 없이 닉슨이 대통령에 당선되었다.

1972년 닉슨은 환호 속에서 두 번째 임기를 위해 대통령 후보에 선정되었다. 민주당은 조지 맥거번(George S. McGovern)을 대통령 후보로 선정했다. 중국과 소련과의 관계에서 외교적 승리를 거두어 닉슨의 인기는 상승해 있던 상태였다. 상대당 후보는 너무 자유로운 성향을 가졌기 때문에 대통령이 되어서는 안 된다는 분위기가 확산된 가운데 닉슨은 이번에는 더욱 압도적인 표차로 당선될 듯한 분위기였다. 그럼에도 불구하고 그는 대통령재선위원회 (CREEP)를 만들어 운영했고, 이 위원회는 6천만 달러라는 기록적인 대통령 선거자금을 모금했다. 이 위원회로 검은 돈이 흘러들었고 불법적인 목적에 사용되었다. 이 위원회는 워터게이트 빌딩에 있는 민주당 선거본부에 대한 무단침입과 불법적인 도청장치의 설치에도 책임이 있었다. 닉슨은 11월 선거에서 일반투표에서 거의 60% 이상의 표를 얻고 선거인단 투표에서 520대 17표라는 압도적인 표차도 당선되었다.

외교를 비롯한 대외관계와 관련된 업무수행 : 12점 12위(공동)

베트남에서의 닉슨의 군사력 사용은 당시 상황에 비추어 보건대 적절했다고 할 수 있다. 그는 남베트남의 방어를 베트남인에게 넘기는 정책을 시도하면서, 점차 미군을 철수시켰다. 캄보디아에 대한 공습은 논쟁의 여지가 있지만 아마도 이것은 전쟁을 끝내기 위한 전략의 하나로 정당화될 수 있을 것이다. 세계의 다른 지역에서 군사력을 배경으로 한 그의 암시적인 위협은 소련의 군사적 확장을 저지시키는 역할을 했다. 닉슨은 소련과 중국에게 미국이 강력한 힘과 용기, 그리고 적의 어떤 위협에도 대항하여 국가적 이익을 방어할 의지를 가지고 있음을 보여주었다. 소련·중국에 대해 외교적 교섭을 개시하는 동안 베트남전을 종결시키고 미국의 힘을 계속 유지시켜 나가고자 한 그의 노력은 평화를 유지시키고자 한 그의 적절한 노력이었다.

북대서양조약기구(NATO)와 유엔을 지지한 닉슨은 기존의 미국의 동맹관계를 계속 유지했다. 그가 발표한 닉슨 독트린은 좌익의 전복활동을 저지시키는 데 그동안 미국이 지고 있던 책임을 영향력 있는 다른 국가들에게 전가시킨다는 내용이었다. 대통령이 되자마자 그는 유럽을 방문하여 프랑스와 영국과의 관계를 더욱 강화·개선시켰다.

닉슨은 선거를 통해 당선된 칠레 대통령 살바드로 알렌드(Salvador Allende)

를 쿠데타로 몰아낸 칠레의 군사정권을 지지했다. 이러한 닉슨의 행동에 대해 미국과 대부분의 라틴아메리카 정부는 대대적인 지지를 보냈다. 그러나 닉슨의 이러한 행동에 대해 칠레의 일반 국민들과 다른 몇몇 라틴 아메리카 국가는 지나친 내정간섭이라고 생각했다. 닉슨은 이전의 다른 미국 대통령들과 마찬가지로 칠레의 새로운 정권과 친밀한 관계를 유지했는데, 칠레 국민들이 볼 때 모든 과정이 정당했음에도 불구하고 닉슨은 칠레의 새로운 반공정부를 지지했다.

베트남전의 종결을 위한 장기적인 전략 과정은 국제적 긴장상태를 완화시켜 주었다. 여기에서 소련과의 교섭도 가능했으며 닉슨의 중국방문도 가능해졌다고 할 수 있다. 또한 그는 소련과 전략무기감축조약(SALT)을 위한 협상을 시작했다. 중국과의 관계정상화를 위한 일괄타결은 미국의 국제관계에서 큰 이익이 되었다. 이러한 외교는 닉슨의 가장 중요한 승리 중 하나로 인식되었다. 사실 이러한 인식(공산주의자와 타결을 통한 승리)은 매우 역설적이라 할 수 있다. 왜냐하면 그는 공산주의자들에게 너무나 유약하다는 고발을 했고, 그 고발에 대한 두려움 때문에 그의 전임자들 중 그 누구도 닉슨과 같은 일을 하지 못하도록 만들었기 때문이다. 중국을 미국시장에 개방시킨 것은 긍정적인 진보였다.

외교정책에 관한 한 닉슨은 미국에 대한 세계여론을 긍정적으로 상향 평가하게 했다고 확신한다. 그가 대통령으로 있는 동안 미국은 세계에서 강력하고 의지할 만한 구성원으로 등장할 수 있었다.

국내의 각종 문제 및 사업에 대한 업무수행 : -5점 33위(공동)

닉슨은 실업률을 더 이상 높이지 않고 인플레이션을 줄여 번영을 유지하고자 했다. 그러나 그는 대통령이 되고 2년 동안은 전혀 이렇게 할 수 없었다. 인플레이션은 증가했고 실업률도 덩달아 증가했다. 따라서 그의 첫 번째 임기 2년 동안은 국민총생산이 떨어졌다. 이런 상태는 최악의 이중고를 가져왔다. 인플레이션이 증가하고 실업률도 증가한 것이다. 이에 대통령은 제도적으로 임금과 물가를 통제하고 연방준비은행으로 하여금 팽창통화정책을 채택하도록 했다. 이 같은 조치는 1970년부터 서서히 조짐이 보이기 시작하는 경기후퇴에서 벗어나게 하는 데 도움을 주는 등 경제적으로 단기간 유리한 효과를 나타냈다. 임금과 물가의 통제정책은 1971년에 일시적으로 인플레이션을 완화시켰지만 통제정책을 폐지한 1972년 선거 후에는 인플레이션이 다시 앙등되었다.

닉슨은 비록 친노동입법을 제안하지는 않았지만 노동지도자 특히 조지 미니(George Meany)에게 환심을 사고자 노력했으며 자신이 추진하는 사회문제에서 일반 노동자를 비롯한 많은 서민들로부터 지지를 확보하고자 노력했다. 그러나 대체적으로 닉슨 정부는 친노동적이 아니었다. 그의 행정부는 기업합병과 독점규제를 그렇게 강조하지 않았다.

빈곤과 투쟁하는 문제에서 닉슨의 업적은 더욱 복잡하다. 그는 일자리를 구하는 이전의 복지 혜택자들에게 실질적으로 연간보장수입을 제공해 주는 가족원조계획(FAP)인 복지개혁계획을 주장했지만 결국 이 계획을 취소해 버렸다. 따라서 이 계획은 법제화되기 위해 의회에 상정도 되지 않았다. 닉슨은 경제기회국의 폐지를 위해 노력했다. 이에 의회는 경제기회국의 프로그램인 합법적인 서비스와 경제발전을 위한 계획, 그리고 지역사회의 실천 프로그램의 폐지를 거부했다. 닉슨은 의회가 이런 프로그램들을 위해 책정해 놓은 자금을 몰수해 버렸다. 그러나 닉슨은 인플레이션의 수준을 맞추기 위해 사회보장제도에 들어갈 자금을 증가시키는 조건으로 사회보장 프로그램을 계속 유지시켰다. 그는 정부 주도의 강제적인 건강 보험제도에 반대했다. 반면 식품 검색 프로그램을 지지했다. 그는 강한 '법과 질서'의 주창자였다. 그러나 범죄를 예방하고자 하는 그의 노력은 거의 대부분 말뿐이었다.

경제학자들에게 실망감을 느낀 닉슨은 일관된 재정정책을 펼치지 않았다. 어느 순간 그는 신용투자를 철회하고 약 2%정도 법인세를 줄이고 개인의 세금비율을 삭감하는 등의 내용이 포함된 세금제도의 개혁을 옹호했다. 결국 그는 자신이 거부권을 행사하기가 위험스러웠던 민주당 법안에 대해 서명을 했다. 선거 때 닉슨은 균형예산의 실현을 공약했으나 결국 이를 실행할 수는 없었다. 인플레이션, 경기후퇴, 그리고 세금인하에 대한 요구 등의 결과가 너무나 강한 나머지 균형예산을 실현하기란 불가능했다. 단지 1969년 한 해만 정부 세입이 세출을 약간 능가했을 뿐이다. 1971년과 1972년의 예산부족은 1968년을 제외하고 2차 세계대전 이래로 그 어떤 해보다 더욱 심각했다. 정부지출을 줄이기 위해 그는 복지 분야에서 많은 돈이 필요하였음에도 불구하고 복지 프로그램을 위한 예산을 삭감했다.

행정명령으로 닉슨은 상무부 내에 소수민족기업체국을 설립했다. 그는 정부와 기업체가 협력하여 소수민족 출신의 노동자들의 일부를 고용하게 하는 소위 필라델피아 계획을 지지함으로써 건설업에서 오랫동안 계속되어 온 인종적 장벽을 없애고자 했다. 그러나 이는 학교에서 점차적으로 인종차별 폐지를 시행하고자 한 시도로 인해 상쇄되어 버렸다. 닉슨은 스스로 시민권을 옹호하는 모범적인 기록을 가지고 있다고 생각했으며, 그래서 대부분의 흑인들은 자신을 반대할 수 없을 것이라고 생각했다. 그러나 그의 기록을 살펴보면, 그는 학교의 인종차별 폐지에 반대하는 사람 중 한 명이었고, 필라델피아 계획을 제외한 인종차별 폐지를 위해 확정적인 행동을 하는 데 반대했다. 그는 일반적으로 인종차별을 반대하는 프로그램에 반대했고, 1965년의 투표권법의 확대조차 반대했다.

닉슨은 반전운동가들의 비난을 샀다. 특히 이들의 항의가 폭력적인 상태로 발전되었을 때 더욱 그러했다. 그는 펜타곤 문서의 출판이 평화협상에 손상을 준다는 헨리 키신저(Henry Kissinger)의 확신에 따라 이 문서의 출판을 중지시키고자 했다. 대통령의 이러한 행동은 베트남에서 전쟁을 하고 있다는 사실에 의해 정당화될 수 있었다. 그는 도청장치의 설치를 돕고, 경찰에 의한 예고 없는 무단침입을 허용하여 미란다 원칙을 위반하고, 또 백악관 방문자들의 이야기를 비밀리에 녹음함으로써 시민권의 자유에 대한 그의 기록은 완전히 손상되었다. 닉슨은 반유대주의정책으로 인하여 비난을 받았고 그의 발언 가운데 일부는 이 같은 비난을 확인해 주었다. 그러나 그는 그의 내각의 고위직과 백악관에서 보좌역을 하는 각종 위원회에 여러 명의 유대인을 임명했다.

닉슨은 미국의 이민정책에서 특별히 중요한 변화를 가져오지는 않았다.

그는 공화당의 승리와 자신의 승리를 위해 소위 인종적인 투표에 많은 신경을 썼다. 닉슨은 여성들의 권리에 대해서는 찬성인지 반대인지 뚜렷한 입장을 표명하지 않았다. 비록 그는 대통령 후보로서 평등권 헌법수정조항을 지지했지만 대통령이 된 후 이것을 다시 확인하기를 거부했다. 그는 행정부의 고위직에 여성을 임명하지 않았다. 그러나 1972년 평등고용기회법이 닉슨 행정부 동안에 통과되어 평등고용위원회의 권한을 확대시켜 주었다. 그러나 닉슨은 이 위원회에 부당한 고용을 시정하라는 정지명령권을 주는 것에 대해서는 반대했다. 결국 이 위원회의 회장은 사퇴를 했는데 행정부의 지원이 부족했기 때문이다. 그의 내각의 전체 인사들과 백악관의 고위 참모들, 뿐만 아니라 대법원에 임명된 사람들은 모두 백인이었다.

공적으로건 사적으로건 닉슨은 자수성가한 백만장자를 너무나 좋아했다. 그는 부를 세습해 온 소위 '귀족'들에게는 만족하지 못하고 역시 중소기업인들과 동질감을 느꼈다. 공개적으로 그는 미국 노동자계급을 옹호하고, 반전을 외치는 대학생들을 경멸했다. 그의 사적인 대화 속에는 유대인을 비난하는 이야기가 다수 포함되어 있었다. 그는 집없는 사람들의 주거를 개선하거나 가난을 줄이거나 사회적 약자들을 위한 정의를 실현하려는 노력은 거의 하지 않았다. 결국 백악관의 비밀테이프는 인권의 존엄성에 대해서는 전혀 관심을 두지 않는 한 사람을 폭로시킨 것이라 할 수 있다.

행정부와 정부 내에 관련된 업무수행 : -10점 38위

닉슨은 외교를 비롯한 대외관계와 관련된 업무 수행에서 여러 가지 목적과 목표를 가지고 있었다. 그러나 국내분야에서는 목적과 목표 같은 것을 거의 생각도 하지 않았다. 그는 장기적인 계획 수립에는 문외한이었고, 이 때문에 그의 행정부는 놀라울 만큼 행정상의 모순과 불일치를 보였다.

애당초 닉슨은 정부 내각인사들에게 호감이 컸다. 그러나 대부분의 최근 대통령들과 마찬가지로 그 자신도 내각보다는 백악관의 참모들을 더 신뢰했다. 그는 조직적으로 시스템을 구성하고 의사소통 채널을 운영하는 면이 유난히 약했다. 그가 구성한 가장 중요한 조직적 변화는 경영예산국(OMB)의 창설이었다.

약간 예외는 있지만 그의 행정부는 능력 있는 사람들에 의해 운영되었다. 그러나 그의 인사는 대체적으로 뛰어난 인사는 아니었다. 국가안보보좌관인 헨리 키신저는 최고의 영향력을 가진 내각의 구성원이었다. 그는 베트남전의 종결을 위한 협상에 기여한 공으로 1973년 노벨 평화상을 받았다. 그의 내각 구성원들은 서로간에 상당한 갈등을 안고 있었을 뿐 아니라 어떤 행정부서 내에서는 행정구조상의 우위를 두고 하부조직 간에 갈등을 빚곤 하였다. 법무장관 존 미첼(John Mitchell)은 너무나 부패했고 그의 행동은 닉슨 정부를 심하게 오염시켰다. 대통령의 가신(家臣)그룹인 개인적 참모들은 워터게이트 은폐사건에서도 보여주듯이 국가보다 닉슨에게 더 충성을 바쳤다. 대통령 조언자들 가운데 팻 모이니핸(Pat Moynihan) 같은 최상의 일등급 인물들도 있었다. 사실 대통령은 관료주의체제의 규모를 축소하고자 했지만 그의 독특한 정치스타일로 인하여 결국 그렇게 하지 못했다. 하급자들에게 적절한 역할을 부과하지 못하고 또 그들에게 그들이 행한 일의 결과에 대해 책임을 묻지 못한 것은 워터게이트 스캔들이 일어난 이유 중 하나가 되었다.

닉슨은 의사소통을 하는 데 있어 상호적인 관계를 유지하고자 했지만 이를 실천에 옮기지 못했을 뿐 아니라 전혀 효과도 보지 못했다. 워터게이트 은폐사건은 일반 국민뿐만 아니라 의회와 조사위원회에까지 정보를 공개하지 않고 보류한 전형적인 사건이었다. 닉슨은 오랫동안 언론과 적대적인 관계를 유지해 왔다. 특히 1962년 캘리포니아 주지사 선거에서 패배한 후 닉슨과 언론과의 관계는 극도로 악화되었고 대통령이 된 후에도 언론과의 관계는 호전되지 않았다. 그는 대부분의 신문업자와 편집인들의 지지를 받았지만 기자들은 그에게 적대적이었다. 펜타곤 문서와 워터게이트 은폐사건에서 그가 언론에게 가한 억압조치는 그 관계를 더욱 악화시키는 결과를 가져왔다.

닉슨은 국가적인 문제가 발생하여 이를 공개할 필요성을 느낄 경우 연설, 담화문, 그리고 기자회견을 통해 국민들과 의회에 공개했다. 그는 워터게이트와 관련된 어떤 정보도 공개할 필요성을 느끼지 않았고 그래서 이를 공개하지 않았다.

닉슨은 반대입장에 있는 의회와 협력하지 못해 자신이 국가적으로 필요하다고 인식하고 그래서 우선적으로 처리해야 된다고 본 예산승인을 의회로부터 받아낼 수 없었다. 그는 의회와 타협을 했어야만 했다. 그러나 그는 타협은커녕 가능한 큰 규모로 행정부와 하부 부서의 지출에 대한 대통령의 통제권을 행사했다. 심지어 그는 의회의 승인을 받은 정부지출금까지 통제했다. 그러나 국내의 각종 프로그램을 없애고 삭감하고자 하는 그의 노력에도 불구하고 그의 행정부 동안 정부의 소비는 해마다 증가하는 결과가 되었다.

워터게이트 사건 전에도 닉슨은 의회와의 관계에서 서툴기 짝이 없었다. 그의 은폐 사실이 확실해진 후에는 그나마 닉슨의 입장을 옹호하던 의회의 지지까지 완전히 상실했다. 그는 대통령이 된 초기에 의회의 다수파인 민주당과 타협을 했다. 그들이 원하는 것의 일부를 주고 그 대신 그들로부터 원하는 일부를 얻고자 했기 때문이다. 그러나 시간이 갈수록 닉슨과 의회와의 관계는 적대적이 되었다. 그럼에도 불구하고 닉슨은 일부 외교문제에서는 양당의 지지를 동시에 확보했다. 예컨대 닉슨이 중국·소련과 교섭을 시도하는 것을 민주당도 적극 도왔다.

대법원 판사에 대한 인사 중 2명—클레멘트 해인스워스 2세(Clement Haynsworth, Jr.,)와 조지 카스웰(George Carswell)—이 상원에서 통과되지 않았다. 카스웰의 임명은 특히 문제가 되었다. 그 외에 다른 대법원 판사 임명은 상당히 능력위주로 이루어진 것이었다. 해리 블랙문(Harry Blackmun), 루이스 포웰(Lewis Powell), 윌리엄 르휀큐이지스트(William Lehnquist), 그리고 대법원장 워렌 버거(Warren E. Burger) 등이다. 그러나 하급 법원에 대한 그의 인사는 많은 자유주의자들과 시민권 옹호자들에게서 비난을 받았다.

닉슨은 의사결정을 하는 데 있어 하급자는 물론 국민들의 응집력을 발휘하게 하는 데 성공하지 못했고 이 때문에 그는 강력한 이익집단을 동원하여 자신의 국내 프로그램을 지지하도록 하는 데 실패했다. 그는 너무나 자유로운 입장에 있는 민주당 자유주의자들을 반대하는 것 외에는 별다른 공통점을 찾을 수 없는 서로 다른 이익집단들을 묶어 새로운 연합을 이끌어 내고자 했다. 민주당이 통제하고 있는 의회는, 자신들의 어떤 일면을 보호해야만 하는 이익집단의 확고한 지지를 얻어내려 한 닉슨의 노력을 무력하게 만들었다. 닉슨은 자신이 시행한 각종 정책프로그램에서 이익집단들로부터 얻은 지지보다 선거에서 더 많은 지지를 얻었다. 대통령 재선이 닉슨에게는 가장 중요했다. 몇몇 참모와 친구들이 백악관 테이프를 파괴시키라고 한 조언에도 불구하고, 테이프를 대법원에 제출하라는 명령을 따른 것은 하나의 명예를 지킨 일이라 할 수 있다. 그러나 그는 테이프 일부를 삭제한 상태에서 제출했다. 탄핵재판을 받는 것 대신 사임을 택한 것은 아마도 공공의 이익에 도움이 되었을 것이다. 닉슨은 모든 국민을 대표하는 대통령이 되기를 원했지만 많은 국민들은 그와 그의 정책, 그리고 그의 방법론을 좋아하지 않았다.

지도력 및 의사결정과 관련된 업무수행 : 4점 24위(공동)

닉슨은 비록 지도력을 가지고 있었지만 이를 응집시킬 능력이 부족하고 국내 문제에서 일관성 없는 모순된 정책으로 지도자로서의 효능이 삭감되었다. 닉슨은 카리스마적인 인물은 아니었다. 그러나 자주 다른 사람들에게 자신이 가는 과정이 올바른 길이라고 확신시킴으로써 그들이 자신을 따르도록 잘 설득하곤 했다. 그러나 닉슨은 중요한 국가적 목표를 달성하기 위해 총력을 다하지 않았기 때문에 국민들에게 영감을 주지 못했다.

닉슨은 일반 국민들에게 인정을 베풀지 못했다. 자신의 몇몇 가신그룹들하고만 친밀하게 지냈을 뿐이다. 그럼에도 그는 다른 사람들로부터 많은 충성을 이끌어 냈다. 닉슨은 자신의 행정부 내에서 자신의 의견에 동의하는 사람이건 그렇지 않은 사람이건 항상 함께 토론에 참가하는 부하 가신그룹의 말에 귀를 기울였다. 가신그룹을 지나치게 신뢰하다 보니 이 때문에 닉슨은 종종 자신이 속한 공화당이나 상대 민주당의 의회 지도자들의 조언을 무시하여 목적을 달성하지 못한 경우도 자주 있었다. 그는 단지 소수의 가신그룹의 조언만으로 자신의 계획을 구상했다.

첫 번째 임기 동안 닉슨은 일반 대중들로부터 대대적인 지지를 받았다. 그는 역사상 가장 많은 표 차이로 재선되었으나 워터게이트 사건으로 이같은 지지를 상실해 버렸다. 은폐를 조작하려 한 그의 행동과 직권남용이 폭로되면서 사람들은 그에 대한 존경심을 완전히 버렸다. 워터게이트 사건은 당시는 물론 이후에도 줄곧 정부에 대한 일반 국민들의 대중적 신뢰를 파괴시켰다. 미국사회에서 워터게이트 사건에 대한 여파는 아직도 감지되고 있다. 최근 빌 클린턴 대통령이 관련된 사건과 같이 독립된 특별검사제도가 마련되어 워터게이트 은폐사건의 조사에 들어갔다. 닉슨은 비록 근면함으로 열심히 일했지만 자신의 행정부에서 자신뿐만 아니라 다른 사람을 위해 높은 수준의 업무수행을 하지 못했다. 그는 1960년대의 국가의 분열을 극복하고 국가가 다시 일치단결되기를 기대했다. 워터게이트는 이 점에서 어떤 희망의 싹을 잘라버리는 결과를 초래했다.

닉슨은 이 나라와 세계가 어떤 방향으로 발전되어야 하는가에 대한 견해를 가지고 있었다. 대외문제에서 그는 강력한 유엔에 지도되는 평화로운 세계를 기대했다. 대내 문제에서는 국내 여론의 불일치가 끝나기를 원했고 튼튼한 경제구조가 유지되기를 바랬다. 닉슨은 국제적인 목적을 달성하기 위한 전략은 가지고 있었지만, 국내의 목적을 달성하기 위한 실행 가능한 전략은 가지고 있지 못했다. 대통령은 특히 국내문제에서 장기적인 계획을 수립하고 실행하는 데는 거의 문외한이었다.

대부분의 일에서 닉슨은 의사를 결정하기에 앞서 선택안을 신중하게 고려했고 나타날 가능성이 있는 결과에 대해 미리 판단을 했다. 어떤 경우에는 일어날 수 있는 결과를 전혀 고려함이 없이 무턱대고 일을 추진하기도 했다. 그러나 그는 상황이 변화되었을 때 즉, 임금과 가격의 통제정책에서처럼 자신의 입장에 대해 기꺼이 재평가를 했다. 닉슨은 반대 입장에 선 의회와 함께 일하기 위해서는 세부적인 것뿐만 아니라 기본 원리에서 타협할 필요성이 있음을 알고 있었다.

닉슨은 충분하지는 않지만 역사를 통해 많은 것을 배웠다. 어떤 경우에는 자신이 내린 정책 판단이 잘못되었음을 깨닫고 이를 인정하고 수정했다. 그러나 어떤 대상에 대한 닉슨의 두려움, 불안정, 야심 등을 고려해 보건대, 그는 워터게이트 은폐사건 같은 것이 결국 자신을 파멸로 몰고가리라는 것을 깨닫지 못한 것 같다. 닉슨은 대단히 지적이고 영리한 사람이었다.

그는 그러한 예리한 지적 능력을 외교관계를 다루는 데 적용하여 외교문제에서는 뛰어난 대통령으로 평가를 받았다. 또한 그는 자신의 예리한 지적 능력을 정치적인 일을 꾸미는 데 적용하여 '교활한 딕'(Tricky Dick)이라는 별명을 얻었다. 그 덕분에 임기 중간에 대통령직에서 물러난 유일한 대통령이 되었다.

닉슨은 어려운 결정을 내리는 데 큰 용기를 가지고 있었다. 그러나 때때로 비상사태로 여겨지는 일에 대해 무모하게 행동했고, 어떤 경우에는 지나친 행동으로 불행한 결과를 초래하기도 했다.

개인적 성격과 도덕성 : -9점 38위(공동)

닉슨은 좁고, 소심하고, 비열하고, 조잡한 행동으로 대통령직의 명예에 심각한 손상을 입혔다. 워터게이트 사건이 폭로된 이후 미국인들은 그들의 대통령에 대해 자부심을 가질 수 없었다. 닉슨의 행동은 대통령직의 가치를 떨어뜨렸고, 워터게이트는 대통령직에 크게 손상을 입혔지만, 그렇다고 해도 장기적으로 보면 그것은 대통령의 권한을 심각하게 약화시키지는 않았다.

닉슨은 '새로운 공화당 다수세력'을 이끌어 대통령을 자기들 편으로 생각하도록 만들었지만, 소수세력들은 전혀 전혀 그렇지 못했다. 일반 국민들은 대통령에게 직접 접근하는 것이 거의 불가능했고, 지지나 항의의 표시로서 전보를 통해 대통령과 접촉할 수 있었다. 그는 자신의 지지세력에 대해서는 쉽게 환상에 젖었고, 자신을 반대세력에 대해서는 몹시 화를 냈다. 이를 보건대 과연 닉슨이 국민들의 여론을 신중히 고려했는지가 좀 의심스럽다. 한때 그는 감정에 호소하는 연설을 통해 국민들에게 다가가고자 했지만 항의자들과 미디어에 대한 자신의 경멸적 태도 때문에 국민들과 거의 접촉을 할 수 없었다.

워터게이트 사건이 폭로되기 오래 전부터 닉슨은 신뢰하지 못할 사람이라는 평을 받고 있었다. 거기에서 터진 워터게이트 은폐사건으로 그는 모든 도덕적 원리를 상실하게 되었다. 닉슨은 공공자금의 운영에 관한 한 개인적으로 정직한 사람이었다. 그는 대통령직에 있으면서 뇌물이나 부정직한 수단이 아닌 합법적인 수단을 통해 부를 늘렸다. 그러나 자신의 소득세를 다루는 데서 부정을 저지르고 1974년 4월에 50만 달러를 돌려받은 일로 인하여 심한 비난을 받았다. 닉슨 행정부의 최고직인 법무장관 미첼과 부통령 애그뉴 역시 부패와 연루되었다. 워터게이트 사건은 이러한 닉슨 정부의 스캔들에 한 가지를 더 첨가시키는 것이었다.

사임

1973년 2월 3일 연방상원은 만장일치로 워터게이트 사건과 1972년의 선거운동을 조사한다는 결정을 내렸다. 조사위원회는 1973년 5월 17일 텔레비전을 통해 조사청문회를 방송하기 시작했다. 워터게이트 대배심원단은 1974년 6월 6일 닉슨을 워터게이트 은폐사건의 숨어 있는 공모자로 발표했다. 하원 법사위원회는 1974년 7월 24일 대통령 탄핵을 위한 헌법조항을 두고 토론회를 열었다. 이 위원회는 탄핵을 결정했다. 탄핵 안건이 상원으로 가기 전 닉슨은 1974년 8월 9일 사임했다. 1년 후 대통령 포드는 닉슨이 대통령으로 있으면서 받은 모든 비난과 책임을 전면 사면했다. 전직 법무장관 미첼과 여러 명의 공무원들이 감옥으로 갔다. 역시 전직 법무장관인 리처드 클라인디언스트 (Richard G. Kliendienst)는 집행유예를 선고받았다.

종합평가 : −6점 36위

닉슨은 외교를 비롯한 대외관계와 관련된 업무수행에서 12점을 받고 행정부와 정부 내에 관련된 업무수행에서 -10점을 받았다. 종합적으로 그는 대통령들 중 36위로 총 -6점을 받았다.

제럴드 포드
Gerald Ford | 1974~1977

	평가점수	평가등수
외교를 비롯한 대외관계와 관련된 업무수행	11	15(공동)
국내의 각종 문제 및 사업에 대한 업무수행	-4	32
행정부와 정부 내에 관련된 업무수행	-7	35
지도력 및 의사결정과 관련된 업무수행	-2	32(공동)
개인적 성격과 도덕성	4	29(공동)
종합평가	2	32

배경

제럴드 포드는 1913년 7월 14일 네브래스카 오마하에서 태어났다. 그는 서부에서 활동한 모직물 상인 출신인 어머니 도로시 가드너(Dorothy Gardner)와 아버지 레슬리 킹(Leslie King)의 외아들이었다. 이들 부부는 아들에게 레슬리 킹 2세라는 이름을 붙여주었다. 1915년 이들 부부는 이혼했고 도로시는 두 살난 킹 2세를 데리고 미시간주 그랜드 라피드스의 친정 아버지 집으로 갔다. 1년 후 그녀는 제럴드 포드와 재혼했는데, 재혼 후 킹 2세를 제럴드 포드 2세로 개명시킨 공식적인 문서는 찾을 수 없다. 포드는 1931년 그랜드 라피드스에 있는 남부고등학교를 졸업하고 풋볼선수 장학금을 받고 미시간 대학에 입학했다. 학부과정을 평균 B학점을 받고 졸업한 그는 곧이어 예일대학 풋볼 팀의 부(副)코치가 되고 1939년에 예일대학 법과대학원에 입학했다. 1941년 이곳을 3등으로 졸업하면서 법학 학위를 받고 곧 그랜드 라피드스로 돌아와 여기에서 변호업을 개업했다. 1942년 해군에 입대하여 소위로 임관한 그는 노스캐롤라이나 대학에 설치된 V-5프로그램을 운영하기 위한 체력

훈련단에 소속되었다. 그러나 그는 바다 복무를 요구하여 포술훈련을 받은 후 항공모함 몬트레이호(Monterey)에 배속되어 체력단련 교관으로서 군복무를 했다. 이 항공모함은 남태평양에서 여러 전투에 가담했는데 4년 동안 복무하면서 전투스타 10걸에 들어갔고 소령으로 진급했다.

제대를 하고 다시 그랜드 라피드스로 돌아와 법률회사에 들어간 그는 1948년 미시간주에서 연방 하원에 당선되었고 이후 내리 12번이나 당선되었다. 1952년 연방 예산위원회에 소속되었고 그는 연방 하원의장을 목표로 삼았다. 1963년 공화당협의회 의장이 되었다. 케네디 암살 후 존슨 대통령은 당 소속이 다른 포드를 워렌 위원회 위원으로 선임했다. 1964년 그는 하원에서 소수당의 원내총무가 되었다. 여기에서 그는 존슨의 베트남전 수행에 반대하고 전쟁에 승리하기 위해 해군과 공군의 단호한 작전을 펼치는 것 대신에 제한적인 전투를 수행해야 한다고 주장했다. 그는 역시 주택 판매와 대여에서 인종차별을 금지하는 존슨의 개방주택법안에 반대했다. 그러나 자신이 속해 있는 공화당의 동료 의원들이 포드의 이 같은 반대에 반발하고 원내총무의 능력을 문제 삼자 그는 이 법에 찬성표를 던졌다. 닉슨이 대통령에 당선된 후 포드는 시종일관 그를 지지했다. 그는 닉슨의 인도차이나 정책과 또 이전 행정부의 시민권 정책에 반대하는 닉슨의 주장, 다른 사회문제에 대한 닉슨의 견해를 전폭적으로 지지했다. 포드는 유능한 대법원 판사 윌리엄 더글러스 (William O. Douglas)를 탄핵하는 일을 주도하면서 국민들로부터 신뢰를 많이 상실했다.

부통령 에그뉴(S. Agnew)가 불명예로 사임하게 되었을 때 닉슨은 포드를 그의 승계자로 임명했다. 백악관 동쪽 집무실에서 열린 취임식이 텔레비전으로 방송되었다. 이미 워터게이트 은폐사건에 연루된 혐의로 탄핵의 위협 아래 놓여 있던 대통령은 자신이 선정한 의회의 간부들 앞에서 포드의 부통령 승계를 발표했다. 그러나 포드의 임명은 민주당이 우위를 점하고 있는 의회에서 추인받아야 한다는 숙제를 안고 있었다. 그러나 포드가 보여준 성실성과 정직성은 양당의 이해관계를 초월하였고, 이로 인하여 압도적인 지지로 상원은 물론 하원에서 추인을 받았다. 1973년 12월 6일 그는 미국 역사상 최초로 선거를 치르지 않은 채 부통령이 되었다.

부통령 포드는 워터게이트 사건에서 여러 가지 핵심적 혐의를 받고 있는 닉슨의 무죄를 강력히 피력했다. 그러나 닉슨 대통령은 감추고 있던 증거를 내놓지 않으면 안 되었고 사법부와 입법부와의 거래에서 더 많은 것이 밝혀지게 되었다. 닉슨이 사임한 후 1974년 8월 9일 포드는 미국 제38대 대통령에 취임했다.

대통령 후보 지명과 선거

제럴드 포드는 미국 역사상 처음으로 선거를 통하지 않고 부통령과 대통령이 된 유일한 사람이었다. 사실상 포드 대통령의 지지도 상실은 그의 취임 때부터 시작되었다. 그는 리처드 닉슨을 사면했고 곧바로그의 인기도는 21%나 곤두박질쳤다. 설상가상으로 미국의 경제상태가 급격하게 악화되어 동남아시아에서 전해오는 소식은 미국 국민들을 몹시 불쾌하게 만들었다. 실업률과 인플레이션이 증가했다. 1975년 결국 공산주의자들이 캄보디아를 점령하고 사이공을 접수했다. 베트남전쟁은 공산주의자들의 완전한 승리로 끝 났다.

이런 모든 악제에도 불구하고 포드는 1976년 대통령선거에서 공화당의 후보가 되겠다고 나섰다. 그 와중에 1975년 각각 다른 사건으로 두 명의 여자가 포드를 암살하고자 했다. 리네트 프롬메(Lynette Fromme)라는 여성은 포드에게 총을 발사했으나 불발이었고, 사라 무어(Sara J. Moore)라는 여성이 발사한 총알은 빗나갔다. 두 여성은 기소되어 종신형을 받았다. 로널드 레이건이 공화당 대통령 지명전에 뛰어들었다. 포드와 레이건은 예비선거에서 막상막하였다. 그러나 전당대회 대통령 후보자 지명선거 제1차에서 레이건이 1,070표를, 포드가 1,187표를 얻었다. 포드는 상원의원 로버트 돌(Robert Dole)을 부통령 후보로 지명했다.

포드는 선거전은 너무나 서툴렀다. 선거전 초기에 그는 악화된 미국의 경제상태와 도시빈민과 곤궁한 상태에 아무런 조치를 취하지 못한 것, 가난한 사람들에 대한 무감각한 처신, 그리고 닉슨을 사면해준 것으로 인하여 많은 타격을 입었다. 민주당 대통령 후보인 지미 카터는 선거전 처음부터 앞서 나갔다. 그러나 그 역시 선거전에는 서툴러 두 후보의 격차는 크게 줄어들었다. 경제상태도 인플레이션과 실업률이 떨어지면서 정세가 포드에게 상당히 유리하게 돌아갔다. 적자예산도 상당히 완화되었다. 그러나 이러한 상태의 호전을 알아채는 국민들은 별로 없었다. 어쨌든 포드가 카터와의 격차를 상당히 줄여가고 있을 즈음, 그는 결정적인 실수를 저질렀다. 텔레비전 토론회에서 그는 동유럽이 소련의 지배 하에 있지 않다고 주장한 것이다. 결국 선거인단 투표에서 카터는 297표를 포드는 240표를 얻었다.

외교를 비롯한 대외관계와 관련된 업무수행 : 11점 15위(공동)

베트남에서의 전쟁은 남베트남 정부의 무조건 항복과 함께 1975년 4월 30일 막을 내렸다. 사이공이 함락되고 3일이 지난 후 포드 대통령은 사이공에 남아 있는 미국인들에게 헬리콥터로 탈출할 것을 명령했다. 미국은 포드 행정부 동안에는 전쟁에 연루되지 않았다.

미국 상선 매이아귀즈 호(Mayaguez)가 캄보디아 해군함정에게 나포되었을 때 포드는 미군에게 나포된 상선을 도로 찾아올 것을 명령했다. 이 과정에서 수많은 미국인 사상자가 발생했다. 인명의 희생 없이 외교적인 수단으로 이 상선을 되찾을 수 없었는지 그 여부는 알려지지 않았다. 이에 많은 미국인들은 포드가 파견한 군사력보다 더 많은 군사력의 사용을 지지했다. 매이아귀즈 호에 대한 포드의 행동은 국가 이익을 보호하기 위한 미국의 결단력과 능력을 보여준 것이었다.

외교력을 발휘하여 포드는 국제적 긴장상태를 완화시키고자 했다. 동독과의 외교관계 수립은 그 적극적인 발전단계였다. 국무장관 키신저가 나서서 이집트와 이스라엘 사이의 화해를 주선했지만 결과는 실패였다. 대통령 포드와 소련 서기장 브레즈네프(Leonid Brezhnev)가 블라디보스토크에서 만나 공격핵무기의 수를 줄이는 회담을 했다. 그들은 10년간에 걸쳐 전략핵무기 감축을 위한 협상을 계속할 것에 합의했다. 미국과 소련은 지하 핵무기 실험으로 인한 폭발의 규모를 제한하는 조약에도 서명하면서 서로간에 사찰을 허용하는 내용에도 합의를 보았다. 포드는 일본을 방문한 최초의 미국 대통령이었지만 여기에서 특별한 성과를 얻은 것은 없다. 그는 역시 한국도 방문했지만 이곳에서도 역시 특별한 성과를 거두지는 못했다. 그는 서독, 이스라엘, 프랑스 그리고 다른 여러 나라의 정상들과 회담했고 유럽의 여러 나라의 수도를 5곳 이상 방문했다.

앙골라에서 소련과 쿠바가 공산정권을 세우는 데 성공한 후 포드는 흑인이 대다수인 아프리카 여러 나라에서 다수의 지배를 지지했고 소수 백인의 권리에 대해서도 보장했다. 그는 파나마 운하의 운영권을 파나마에게 넘겨주고자 하는 린든 존슨의 정책으로 시작된 협상을 계속 이어갔다.

미국에 대한 세계여론은 포드의 외교적 노력에 의해 긍정적으로 향상되었다. 그러나 이러한 긍정적인 평가도 인도차이나에서 마지막으로 남아 있던 미국에 대한 희망의 상실, 우방의 몰락, 그리고 국가경제에 심각한 악영향을 미칠 정도의 석유수출국기구(OPEC)의 석유가격 인상을 막지 못한 무능으로 인하여 상당히 상쇄되어 버렸다. 포드 행정부 동안 관세정책에서는 특별한 변화가 없었다. 소련에 대한 미국곡물의 판매는 소련의 제반 상황에 도움을 주었다.

국내의 각종 문제 및 사업에 대한 업무수행 : -4점 32위

포드는 경제상태가 좋지 않은 때에 대통령이 되었다. 경제와 관련하여 많은 것들이 점점 악화되어 갔다. 1974년의 인플레이션은 1947년 이래 최악이었다. 실업률 역시 1941년 이래로 최악의 상황을 연출하며 1975년에 크게 악화되었다. 대통령이 되고 3일이 지난 후 포드는 의회 연설을 통해 악화일로에 있는 인플레이션과 싸우기 위한 특별조치를 요구했다. 그는 인플레이션을 '제1의 공공의 적'이라고 불렀다. 그는 현재의 인플레이션 격파 프로그램인 윈(Whip Inflation Now : WIN) 프로그램을 발표하고 기업에게 가격 인플레 현상을 자제해 줄 것을 요구했다. 이 연설의 결과 두 개의 중요한 철강회사와 포드 자동차 회사가 당초 계획한 가격인상을 축소시켰다. 가격인상을 억제하기 위한 더 많은 시도로서, 노천 채굴에 대한 환경통제를 강화하는 법안에 대해 거부권을 행사하여 기업에 도움을 주고자 했다. 또한 의회를 향해 자동차

회사가 배출가스 기준을 강화해야 한다는 법안을 취소시켜 줄 것을 요구했다. 그는 역시 수입석유의 20%는 높은 가격을 물어야 하는 미국의 저장시설로 운반해야 하며 이 일은 미국 노동자를 사용해야 한다는 법안에 대해서도 거부권을 행사했다. 이 원 프로그램에 대해서는 비록 많은 국민들의 비난과 조롱이 뒤따랐지만 1976년에 가서 포드는 인플레이션을 1974년 때의 절반 이하로 줄이는 데 성공했다.

포드의 중요한 경기후퇴 반대 프로그램은 주로 세금환급과 투자 세금공제를 결합한 형태였다. 의회는 대통령이 요구한 것보다 훨씬 많은 액수의 세금을 줄이는 법안을 통과시켰다. 그 결과 예산부족현상이 극심해졌다. 1976년의 예산부족액은 건국 후 지금까지 미국 역사상 가장 많은 액수를 기록했다. 계속해서 경제를 활성화시키기 위한 포드의 노력은 OPEC와 미국 석유회사들의 석유값 인상 발표로 인한 석유값 인상으로 크게 위축되었다. 연료로 쓸 석유의 부족이 너무나 심각해서 많은 공장은 물론 사무실, 학교 등이 1977년 1월에 문을 닫았다. 연료 부족현상에 대처하기 위해 포드는 할당된 석유에 대한 가격보다 일반 석유에 대한 가격을 올림으로써 석유소비를 줄이고자 했다. 가격인상으로 인한 확대된 인플레이션에 대처하기 위해 포드는 세금환급, 세금삭감, 그리고 직접적인 보조금 지급이라는 방법으로 수십 조 달러에 달하는 액수를 일반 국민들과 기업에 돌려줄 것을 제안했다.

분명 포드는 노동세력에 비해 자본세력에게, 농업에 비해 산업에 더 우호적인 정책을 펼쳤다. 포드는 애당초 약속한 건설노동조합의 권한을 확대시키는 법안에 거부권을 행사함으로써 노동자와의 약속도 위반했다. 그의 노동장관은 이에 대한 항의로 표시로 사퇴하였다. 포드의 세금삭감은 개인은 물론 기업에게도 적용되었는데 주로 혜택을 보는 쪽은 기업이었다.

포드는 이미 책정되어 있는 절대적인 액수가 들어가는 가난퇴치 프로그램의 규모를 줄이지는 않았다. 그러나 늘어난 인플레이션의 비율을 고려하지 않았고 결과적으로 가난한 사람들에게 돌아간 혜택은 줄어들었다. 포드의 견해에 따르면 가난 문제는 기본적으로 정부보다는 개인이 해결해야 할 문제였고, 따라서 가난을 줄이기 위한 어떤 특별한 조치를 취하지 않았다.

닉슨과 같이 그는 가난에 대처하기 위한 지방정부의 노력과 이에 대한 법률적 지원프로그램을 없애고자 했다. 그는 국민복지를 향상시키기 위해 대통령의 권한을 이용하는 것을 달가워하지 않았다.

대통령으로서 포드는 교육과 문화를 장려하는 일에는 물론 국립공원과 휴식공간을 개발하는 일에 아무 조치도 취하지 않았다. 그는 국내 교통망을 개선하는 일에도 대통령의 권한을 사용하지 않았다. 그는 자연을 보호하고자 하는 그 어떤 법안도 찬성하지 않았고 제출된 환경보호입법에 대해 거부권을 행사했다.

또한 포드는 인권신장을 옹호하는 발언을 했지만 이를 위한 어떤 특별한 조치도 취하지 않았다. 그는 미국의 인종문제에서 정의를 실현하는 데 정부의 권한을 사용하지 않았다. 인권 및 투표권법과 관련해서도 대통령의 신분으로서 그는 아무런 조치도 취하지 않았다. 심지어 의회에서는 가난한 사람들을 위해 마련한 주택법안을 공개적으로 반대했고, 닉슨의 인권신장 반대 프로그램을 지지한다고 발표했다. 또한 포드는 소수세력의 고용기회 확보문제에 대해 전혀 관심을 보이지 않았다. 그는 내각에는 단 한 명의 여성과 단 한 명의 흑인이 임명되었을 뿐이다. 그러나 그는 시민이 자유를 누릴 수 있는 권리에 대해서는 지지를 보냈다. CIA에 의한 불법적인 수색의 진상을 조사하는 특별위원회를 설치했고, CIA가 밝힌 국내 간첩활동에 대한 록펠러 위원회의 보고서를 공개했다. 그는 조지 부시를 CIA의 새 국장으로 임명했고 그에게 전체 조사과정을 책임지도록 했다.

행정부와 정부 내에 관련된 업무수행 : -7점 35위

예상치 않게 대통령직을 승계하게 된 포드는 대통령으로서 특별한 국정목표나 목적을 설정하지 못했다. 대통령에 취임하자마자 그는 인플레이션에 대한 대처방안이 현 행정부의 최고 현안이라고 발표했다. 그는 언론과 국민들의 비난과 조롱에도 불구하고 인플레이션 문제를 해결하기 위한 대책으로 상당한 효과를 거두었다. 그는 또한 경제 개선을 위한 계획을 수립했다. 그러나 다른 국내정책에서는 국가를 부흥시키기 위한 어떤 특별한 노력과 장기적인 계획은 들어 있지 않았다.

포드는 명백하고 조직적으로 일을 처리하거나 국민을 상대로 한 의사소통 문제를 공개하는 일에 매우 서툴렀다. 때때로 그의 행정부는 전혀 조직되지 않고 아무렇게나 운영되었다. 포드는 백악관의 참모 숫자를 축소했다. 물론 그는 닉슨의 내각과 닉슨의 참모를 그대로 물려받았는데, 이들 중 몇몇은 유능하였지만 다른 사람들은 포드가 대통령이 되면서 자리에서 물러나야 했을 사람들이었다. 닉슨의 잔여 임기 동안 대통령직에 있으면서 포드는 무려 서로 다른 세 명의 참모장을 임명했다. 비록 이 세 사람 모두 나름의 능력을 갖춘 사람들이었지만 특별히 성공적으로 자신의 역할을 해낸 사람은 없었다. 그는 넬슨 록펠러(Nelson Rockefeller)를 부통령으로 임명했고 그에게 행정부의 일에 능동적으로 참여할 것을 주문했다. 록펠러는 비록 한두 가지 중요한 일에 관여했지만, 그의 임명으로 본래 의도했던 만큼의 성과는 거두지 못했다. 닉슨의 내각인사였던 농무장관 얼 벗츠(Earl Butz)는 이상한 행동으로 대통령과 국민들을 몹시도 난처하게 만들고 나서 사임했다.

처음에 포드는 각 행정부서장에게 일을 위임했고 그들에게 결과에 대한 책임을 지우고자 했다. 그의 계획은 참모장을 통하기보다 각 행정부서장의 보고서를 대통령이 직접 전달받는 방식이었다. 그러나 이러한 조치는 각종 마찰과 악의에 찬 험담, 그리고 내각 구성원들 사이에 서로에 대한 환멸감을 불러일으켰다. 포드는 국무장관 헨리 키신저와 마찰을 일으킨 국방장관 제임스 슐레징어(James Schlesinger)를 해고시켰다. 다른 행정부서장들도 포드의 참모장과 사사건건 마찰을 일으켰고 특히 포드 대통령 위원회 의장인 보 갤라웨이(Bo Gallaway)와 심한 마찰을 일으켰다. 포드는 각 부서 간의 이러한 마찰을 방지하기 위해 어떤 조치도 제시하지 못했다. 결국 사람들의 눈에 비친 포드 행정부는 백악관 참모들 간의 중상모략과 다툼으로 상처투성이가 된 행정부였다. 포드는 이러한 다툼을 몹시 싫어하는 신사적인 사람이었고 참을성이 강한 사람이었다. 그는 자신의 내각인사와 참모들 간의 시기와 격한 경쟁과 증오를 중재하고 해결하기 위해 단호한 통제권을 발휘할 필요가 있었다. 포드 행정부 내의 인사들과 참모들 간의 갈등과 마찰이 너무 심해지면서 일반 국민들도 이를 다 알게 되었고, 국민들은 혼란에 빠졌다.

그는 의사소통이나 언론과 관련해서도 여러 가지 문제점을 안고 있었다. 그는 능력 있는 대중연설가가 아니었다. 그의 발언은 늘 서툴렀고 정제되어 있지 못했다. 비록 그는 공개적이고 솔직 담백한 사람으로 평가받고 있지만 대통령으로서의 그의 행동은 꼭 그런 것만은 아니었다. 예를 들어 닉슨을 사면하는 그의 결정은 비밀리에 진행되었다. 그가 닉슨의 사면을 발표했을 때 언론 담당 비서가 여기에 항의하면서 사임해 버렸다. 종종 포드는 참모들과 같이 각자의 아이디어를 내놓고 최선책을 결정하는 창조능력 개발법인 블레인스토밍 토론회에 비공식적으로 참여하곤 했다. 그러나 이 자리에서 그는 어떤 때는 전혀 대화를 나누지 않았고 심지어 다른 사람들의 아이디어에 대해 어떤 논평도 하지 않은 채 침묵하다가 나중에 혼자서 결정을 내렸다. 대통령의 생각을 종잡을 수 없는 상태에서 내각 인사들과 참모들은 서로를 비난했고 이는 결국 정부의 공식적인 입장이 무엇인지 밝혀지지 않은 상태로 남게 되었다.

포드는 정부의 소비지출에 대해 통제를 행사했다. 그가 국가의 우선권이 무엇인지를 정확히 알고 있었는지는 의심스럽다. 그러나 그가 대통령이 되었을 때 국가는 심각한 침체기에 빠져 있었고 그는 세금감면을 통해 기업활동을 장려함으로써 이에 대처하고자 했다. 그 결과 예산 부족현상이 이전의 그 어떤 대통령들 때보다 심각하였다.

오랫동안 연방 하원의원이었던 포드는 의회와 원만한 관계를 유지할 수 있을 것이라 생각했다. 그는 의회와의 관계에서 '정보교환, 화해와 조정, 타협, 협력'을 원칙으로 삼았으나 성공하지 못했다. 의회는 포드와 키신저의 희망에 반대하여 국방비 지출을 통제했고 앙골라와 동남아시아에 대한 확대 개입에도 반대했다. 또한 의회는 그의 석유공급과 보존문제 등에 대해서도 반대했고 포드가 권고한 세금삭감액보다 더 많은 액수를 삭감했다. 포드는 무려 66개 법안에 대해 거부권을 행사했는데 그 중에서 12번은 의회에서 다시 번복되었다.

포드는 단 한 명의 대법원 판사를 임명했다. 그는 존 스티븐스(John Stevens)

로 중도적인 입장을 가진 존경받는 법률가였다. 사법부와는, 대법원 판사 더글러스와 오랜 갈등관계에 있었는데, 그가 대통령으로 있는 동안에도 변함이 없었다. 따라서 대통령과 사법부 사이에는 상호신뢰와 존경이 있었다고 말하기는 어려울 것이다.

일반 국민들의 이익에 대한 대통령의 견해는 상당히 한정적이었다. 그는 분명 일반 국민들보다 기업 이익 쪽에 더 많은 관심을 기울였다. 국민들은 그를 예의바르고 너그럽고 존경할 만한 인물로 보았다. 그러나 동시에 실수도 잘 하는 대통령으로 평가하였다. 그는 자신의 프로그램에 대한 지지를 이끌어 낼 만큼 일반 국민들의 여론을 동원할 능력이 없었다.

지도력 및 의사결정과 관련된 업무수행 : -2점 32위(공동)

카리스마가 부족한 포드는 영감을 발휘하는 지도자는 아니었다. 그는 각 행정부서의 인사들과 참모들을 격려하여 그들로 하여금 높은 수준의 업무수행을 하도록 하고 생산적인 활동을 하도록 만들지 못했다. 물론 그는 다른 사람들이 자신의 제안을 받아들이고 자신의 프로그램을 수행하도록 하는 데 일정하게 성공하였다. 한편 워터게이트 사건 이후 국민들에게 정부의 도덕성에 대한 신뢰감을 다시 회복시켜 줄 수 있었지만, 닉슨 사면은 이를 파괴시켜 버렸다. 그의 행정부 시기는 미국 국민들에게 혼동과 낙담의 시기로 각인되었다. 포드는 자신과 다른 사람들이 높은 수준의 업무수행을 하도록 하지 못했다. 활동적인 다른 대통령에 비해 그는 게으르고 비활동적인 사람으로 비쳤다. 그는 미국이 어떻게 발전되어 가야 하는가에 대한 장기적인 비전을 가지고 있지 않았다. 그는 언론 문제에서도 긍정적이지 못했고 국가를 단합시킬 어떤 조치도 취하지 않았다. 국가발전을 위한 전략을 구체화시키지도 못했다.

의사를 경정하기 전에 포드는 하급자의 의견을 듣기는 했다. 종종 그는 사안에 따라 공정한 토론회에 참가하기도 했다. 그러나 결정은 대부분 혼자서 내렸다. 그는 역사에 대해 폭넓은 지식과 깊은 이해를 갖고 있지 못했다. 그럼에도 그는 일반적으로 인식되고 있는 것보다 지적인 인물이었고, 그의 문제해결과 의사결정 과정은 평균 이상의 점수를 받을 만하다.

포드는 자신의 목적을 달성하기 위해 항상 어떤 것이든 타협을 하고자 했다. 한 가지 예외(닉슨 사면)는 있지만 포드는 꼭 필요하지 않은 의사결정이라면 강제로 추진하지 않았다. 그는 비상사태에 당황하지 않았고 가능한 침착함을 유지했다. 그는 어려운 의사결정을 해야 할 때 이에 대해 두려워하지 않았다.

개인적 성격과 도덕성 : 4점 29위(공동)

포드는 미숙하고 부적당한 행동으로 대통령직의 품위를 실추시키거나 하지 않았다. 비록 외형적으로는 서툴러 보였지만 자신의 행동 하나하나를 잘 정제하고 있었다. 닉슨의 이미지와 다른 그의 모습은 대통령직 수행에도 잘 반영되었다. 닉슨과 달리 포드는 국민들에게 포드와 같은 사람이 자신들의 대통령이라는 자부심을 가지게 해주었고 국민들이 상실해 버렸던 자부심을 다시 회복시켜 주었다. 또한 포드는 국내외를 막론하고 전임자 닉슨의 행동으로 인하여 미국 대통령직에 대한 잃어버린 존경심을 다시 회복시켜 주었다. 그러나 그의 닉슨 사면은 국민들에게 많은 실망감을 주었다. 포드는 대통령직의 권한을 신장시키지는 못했고 오히려 의회가 행정부의 권한을 대신해서 그 권한을 확대했다.

국민들은 포드를 자신들의 적으로는 보지 않았지만, 그렇다고 해서 포드를 국민의 편으로 본 것도 아니다. 특히 수입이 적고 가난한 사람들은 대통령이 자신들의 문제에 대해 별 관심을 두지 않는다고 생각했다. 포드는 다양한 국민들로부터 정보를 얻는 데 별 관심이 없었다. 대통령에게 접근할 수 있는 세력은 정부관리와 부자, 그리고 영향력을 행사하는 사람들로 한정되었다. 세련되지 못하고 서툰 의사소통과 카리스마의 부족으로 포드는 대통령으로서 국민에게 다가가는 데 실패했다. 그는 붙임성 있는 사람이었으나 국민들과 직접적인 '접촉'을 하지 못했고, 그들이 자신들의 요구를 지나치게 관철하고자 한다고 생각했다.

포드는 정직하고 성실하며 신뢰감을 갖춘 사람으로 평가를 받고 있다.

그러나 종종 상황이 달라지면 약속을 깨는 경우도 있었다. 개인적으로 포드는 정직했다. 비록 그는 부자들과 친하게 지내고 노동세력보다 자본세력과 친밀한 관계를 유지했지만 무조건 부자와 자본가 편을 든 것은 아니었다. 그가 부자기업들의 호의를 받아들이고 그들의 입장을 지지했다면, 그들로부터 뇌물을 받아서가 아니라 진정한 상호호혜성 내지 그의 정치적 철학의 결과이다. 포드의 개인적 도덕성은 최근 대통령을 지낸 다른 대통령에 비해 우수했고 이는 대통령직의 명성을 높여 주었다.

종합평가 : 2점 32위
종합적으로 포드는 2점을 받고 32위를 차지했다.

지미 카터
Jimmy Carter | 1977~1981

	평가점수	평가등수
외교를 비롯한 대외관계와 관련된 업무수행	11	15(공동)
국내의 각종 문제 및 사업에 대한 업무수행	11	10(공동)
행정부와 정부 내에 관련된 업무수행	6	21
지도력 및 의사결정과 관련된 업무수행	6	21
개인적 성격과 도덕성	8	21(공동)
종합평가	42	16(공동)

배경

제임스 얼 카터 2세(James Earl Carter, Jr.,)는 1924년 10월 1일 조지아주 플레인스에서 태어났다. 지미는 플레인스에서 남서쪽으로 3마일 떨어진 아키 어라는 시골농가의 먼지투성이 도로 옆에 있는 나무합판으로 만든 집에서 성장했다. 지미는 공립학교를 다녔고 1941년에 플레인스 고등학교를 졸업했다. 17세에 조지아 사우스웨스턴 대학에 입학하고 1년 후 해군 ROTC 장학금을 받고 조지아 기술과학 대학으로 편입했다. 1943년 아나폴리스에 있는 미해군사관학교에 입학함으로써 어린 시절의 꿈을 실현하게 되었다. 1946년 820명 중 59등으로 해군사관학교를 졸업한 그는 해군에서 7년 동안 전투함과 잠수함에서 복무하면서 해군 소령으로 진급했다. 해군에 있는 동안 유니언 대학에서 한 학기 동안 핵물리학 과정을 수료하고, 해군을 제대한 후에는 아버지에게서 유산으로 물려받은 땅콩사업을 경영하기 위해 플레인스로 되돌아왔다. 1970년대 초 카터 도매점은 조지아주에서 가장 큰 땅콩 도매업 회사가 되었다.

카터는 플레이스 침례교회에서 집사로, 또 조지아주 종자협회 회장으로,

라이온스 클럽 지부장으로, 지역현안 기획위원회의 의장으로, 지역도서관협회 회원으로, 병원위원회 회원으로, 학교교육위원회 위원으로 활동하면서 지역에서 공공의 일을 하기 시작했다. 1962년 주 상원의원에 당선되고, 1964년에 재선되었다. 1966년에 주지사에 출마했다가 고배를 마셨으나 1970년에 주지사에 당선되었다. 주지사 취임연설에서 카터는 인종차별의 시기는 끝났다고 선언했다. 이 연설은 소위 '신남부'(New South)의 자유주의적 목소리를 대변하는 것으로 그는 전국적으로 주목을 받게 되었다. 주지사로서 가장 핵심적인 업적은 주정부의 재조직이었다. 무려 278개의 기관과 부서가 폐지되었다. 카터는 1974년에 주지사 임기가 끝나면서 자격이 없었지만 민주당 전국위원회 의장이 되었다.

대통령 후보 지명과 선거

카터가 대통령에 입후보하겠다고 선언했을 때 그의 선언을 진지하게 고려하는 사람들은 거의 없었다. 그러나 그가 아이오와주 코커스 대회와 뉴햄프셔주 예비선거에서 상대후보를 거의 두 배 차이로 따돌리며 승리를 하고 나서부터 카터는 적합한 주자로 인정받게 되었다. 카터는 그 후 계속된 예비선거에서 얼마는 패배하고 많은 주에서 승리를 거두었다. 모든 곳을 방문한다는 그의 선거운동전략을 성공을 거두었다. 민주당 전당대회에서 카터는 대통령 후보자 결정선거 1차에서 대통령 후보로 지명되었다. 그는 월터 먼데일(Walter Mondale)을 부통령 후보로 선택했다. 공화당에서는 로널드 레이건(Ronald Reagan)과 극히 근소한 차로 현직 대통령 포드가 공화당 대통령 후보가 되었고, 로버트 돌(Robert Dole)이 러닝메이트가 되었다.

카터는 윤리성·도덕성·정의감을 정부정책에 주입시켜 나가겠다고 선언한 워싱턴의 아웃사이더로서 선거운동을 전개했다. 그는 국민건강시스템의 마련하고, 방위예산을 삭감하며, 가난한 사람을 돕고 고용을 부양시키는 정책을 실시하겠다고 공약했다. 포드는 실업과 인플레이션 문제를 효과적으로 다루지 못한 것 때문에 선거전에서 큰 피해를 입고 있었다. 또한 그는 닉슨에 대한 사면과 가난한 사람들에 대한 무관심 때문에 역시 손해를 보고 있었다. 선거전은 노동절에 본격적으로 시작되었다. 이때 이루어진 초기의 여론조사에서 도전자인 카터는 포드를 15%나 앞서고 있었다. 재미없고 단조로운 선거전에서 카터는 그의 우세를 지키고자 했다. 선거가 있기 전날 마지막 여론조사에서 두 경쟁자의 지지율은 거의 동일하게 나타났다. 선거는 마지막 여론조사가 나타냈듯이 박빙의 승부였다. 일반투표에서 카터는 50.4%의 지지로 총 40,828,929표를 얻었고, 포드는 39,148,940표를 얻었다. 선거인단 투표에서도 카터가 297표를, 포드는 240표를 얻었다. 이때 워싱턴주 선거인단 중 한 명은 레이건에게 표를 던졌다.

1980년 경기침체와 높은 인플레이션, 그리고 이란 테헤란에서 발생한 미국인 인질사건 등은 카터 대통령을 극도로 난감하게 만들었다. 에드워드 케네디(Edward Kennedy)와 제리 브라운(Jerry Brown)이 민주당 대통령 후보 경쟁에서 카터에게 도전했다. 그러나 카터는 예비선거에서 1등을 차지하여 대통령 후보자 결정선거 1차에서 후보로 임명되었다. 공화당은 로널드 레이건을 대통령 후보로, 조지 부시를 부통령 후보로 지명했다. 일리노이주 연방 하원의원인 존 앤더슨(John Anderson)이 독자 후보로 출마했다. 석유부족, 인플레이션, 이란 인질위기 등은 대통령에게 큰 타격을 입혔다. CBS의 존경받는 취재기자 월터 크론키트(Walter Cronkite)는 아직 석방되지 않고 남아 있는 이란 인질을 보여주면서 야간방송을 마무리했다. 뒤이어 이루어진 텔레비전 토론회는 잘 생긴 전직 영화배우이자 방송인인 공화당 후보를 더욱 빛나게 만들었다. 이 선거에서 레이건이 압도적으로 승리했다.

외교를 비롯한 대외관계와 관련된 업무수행 : 11점 15위(공동)

호전적인 이란의 투사들이 테헤란에 있는 미국대사관에 침입하여 66명을 인질로 잡고 신병치료차 미국에 와 있던 이란 왕 팔레비(Reza Pahlavi)의 송환을 요구했을 때, 카터는 전쟁을 거부하면서 인질을 석방시키기 위한 시도로 외교적인 조치를 취했다. 그러나 이 조치는 너무나 형편없었고 당연히 평가는 좋지 않았다. 이것은 궁극적으로 카터의 대통령 재선에 결정적인 걸림돌로 작용하였다. 테헤란의 인질들을 구출하기 위해 파견된 헬리콥터

분대는 정비분량으로 취소하지 않으면 안 되었다.

대통령으로서는 물론이고 특히 대통령 이후의 경력에서 카터는 세계평화를 증진시키는 데 대단히 큰 역할을 했다. 그의 주선으로 이스라엘 수상 베긴(M. Begin)과 이집트 대통령 사다트(A. Sadat)가 캠프 데이비스에서 만났다. 카터는 그들이 이스라엘과 이집트의 분쟁을 끝낸다는 캠프 데이비스 협정에 서명하도록 주선했다. 6개월 후 이스라엘과 이집트는 워싱턴에서 공식적인 평화조약에 서명했다. 이 협정으로 베긴과 사다트는 노벨평화상을 받았다. 1979년 카터는 중화인민공화국을 승인하고 중국과 완전한 외교관계를 수립했다.

카터 행정부 때 아메리카 대륙의 이웃 국가들과의 관계가 개선되었다. 미국과 캐나다는 알래스카에서 남쪽 48개 주까지 무려 2,700마일에 달하는 천연가스 수송관로를 설치하기 위한 공동 프로젝트에 합의했다. 파나마 운하의 통제권을 파나마에 넘겨주는 일을 둘러싼 협상은 1964년 이래로 계속되어 온 것이었다. 드디어 1977년 협상단은 카터 대통령과 파나마 대통령 오마르 헤라라(Omar T. Herara)는 합의 하에 서명한 조약을 발표했다. 시간이 흐르면서 이 문제를 둘러싸고 엄청난 논란이 발생했고 상원은 1978년에 조약을 승인했다.

소련이 아프가니스탄을 침공한 뒤 카터는 소련에 대한 과학기술 분야의 판매를 봉쇄했고 나아가 식량판매도 극도로 줄일 것을 선언했다. 그는 소련이 아프가니스탄으로부터 군대를 철수시키는 유엔의 결의안을 확보했다. 대통령의 강력한 주장에 반응하여 미국올림픽조직위원회는 1980년에 열린 모스크바 올림에 보이콧할 것을 의결했다. 이 의결은 의도했던 결과를 확보하지 못했지만, 소련의 침공을 중지시키기 위한 수단으로 전쟁을 사용하지 않는다는 암시를 해주었다.

이란의 인질을 구출하고자 하는 노력에서, 또 아프가니스탄에 대한 소련의 침공에 대해서, 중국에 대한 외교적 승인에서 카터가 보여준 절제있는 중도정책은 국제적 긴장상태를 다소간 완화시켰다. 파나마 운하 조약과 이스라엘-이집트 평화조약협정에서 카터가 수행한 역할은 미국에 대한 세계여론을 한층 더 향상시켰다. 이것은 인질 구출 후 이란에 대해 보다 강경한 정책을 펼치겠다고 한 카터의 실수를 일정하게 상쇄시켰다. 어떤 사람들은 이것을 카터의 나약함과 소심함의 증거라고 생각했다.

카터는 석유수출국기구로부터 수입해 온 석유의 미국 소비를 줄일 목적으로 수입석유에 대한 세금을 부과하고자 했으나 의회는 이를 거부하는 결의안을 채택했다. 카터는 이 결의안에 거부권을 행사했고, 다시 의회는 카터의 거부권을 거부했다. 결국 외국산 석유에 대한 미국의 의존도를 줄이기 위한 카터의 시도는, 석유 판매 이익이 부자들에게만 돌아가고 가난한 사람들과 공유하지 않는 석유수출국기구 나라들의 경제에 타격을 주지 못했다. 그의 외교정책은 도덕성, 정의감, 그리고 인권 등의 덕성에 기초를 두었다.

국내의 각종 문제 및 사업에 대한 업무수행 : 11점 10(공동)

카터는 침체된 경제상태를 물려받았다. 포드 행정부는 인플레이션, 높은 실업률, 개대한 적자예산 등으로 점철되어 있었다. 이 같은 경제상태는 1976년 들면서부터 개선되기 시작했으나 곧이어 석유가격의 상승 때문에 경제는 다시 악화되었다. 1977년의 무역적자는 미국 역사상 가장 심각한 것이었다. 카터 행정부 아래서 예산적자는 1976년을 정점으로 정체되고, 실업률은 포드가 대통령으로 있었던 때보다 해마다 줄어들어 갔다. 그러나 인플레이션은 카트 행정부 내내 증가하고 있었다. 의회는 사실상 인플레이션을 억제시키기 위한 카터의 에너지 정책에 제동을 걸었다. 자동차 산업에서 더 많은 실업자들 줄이기 위해 의회는 경제적으로 위태로운 크라이슬러 회사를 돕기 위한 연방예산 중 10억 5천 달러를 승인했다. 1980년에는 카터가 또 하나의 불경기가 시작되었다고 발표했다.

카터는 미국 역사상 가장 긴 파업인 110일 동안 진행된 광부들의 파업에 대해 간섭하지 않았다. 그는 항공회사의 규제를 철폐하는 법안에 서명했고, 트럭산업과 천연가스의 가격에 대한 규제를 철폐할 것을 제안했다. 또한 카터 행정부는 소련에 대한 밀수출을 금지함으로써 농부들이 손해를 입지 않도록 국내가격을 평상시와 같이 유지하여 시장으로부터 곡식을 사들이도록 했다.

타고난 기독교인으로서 카터는 가난하고 불운한 사람들의 생활상태를 개선시키고 실업률을 줄이고자 노력했다. 그는 정부의 소비지출을 줄이고자 했다. 그러나 소비지출을 줄이는 주요 대상이 가장 필요한 것이고 미국에서는 부족한 자원이었기 때문에 방향수정이 불가피했다. 그는 수입이 적은 사람들에게 이익을 주기 위해 소득세와 복지제도의 개혁을 원했고, 역시 전국건강프로그램을 만들어 운영하기를 원했다. 그러나 이러한 모든 계획은 완강한 의회와 곤란에 빠진 경제상태 때문에 좌절되었다.

카터는 미국의 에너지 소비를 줄이기 위해 석유소비세를 상승시킬 것을 요구했다. 이에 의회는 카터가 본래 제안했던 것보다는 다소 약하지만 막대한 이익을 내고 있는 석유회사에 세금을 부과하는 법안을 통과시켰다. 1980년 카터는 의회가 요구한 대규모의 세금삭감 압력을 물리쳤다.

카터는 환경, 특히 에너지 소비에 대해 걱정을 했다. 그의 첫 번째 노변정담은 에너지 소비에 초점이 맞추어졌다. 에너지 문제는 카터의 국내정책 중 가장 선결해야 할 과제였다. 그는 에너지의 국내생산을 장려하고, 에너지 소비를 촉진시키며, 태양열과 같은 대체에너지를 개발하기를 원했다. 1977년 에너지부가 창설되었다. 카터는 1978년에 의회를 통과한 에너지 종합정책을 도입했다. 1980년경에 이르러 석유소비는 약 11% 줄어들었고 석유 수입도 약 8% 줄어들었다. 카터는 하수오물을 바다에 투기하는 것을 금하는 법안에 서명했고, 육지와 바다에서 환경의 질을 보호하고자 하는 법안을 도입했다. 1977년에는 광산업 개발을 규제하는 법안, 1978년에는 바닷가를 훈련장소로 임대해 주는 것을 규제하는 법안을 통과시켰다. 1980년 말에 무기력한 의회는 추가적인 에너지 법안과 1억 5천 마일에 달하는 알래스카 황무지를 청소하여 보호하고자 하는 법안을 통과시켰다.

세계 최고의 인권 주창자 중의 한 사람인 카터는 당연히 시민의 자유를 지지했다. 그는 어떤 분야보다 인종적·종교적 차별대우에 대한 것과 또 반대자들에 대한 억압문제에 특히 더 관심을 기울였다. 카터는 인종적 정의를 믿었다. 그는 직접적으로 시민자유를 위한 투쟁에 관여하지 않았지만 미국의 시민권 지도자로서 존경을 받았다. 카터의 이민정책은 차별을 두지 않았다.

그는 국적과 신분 상태에 따른 차별을 반대했다. 그는 국내외를 막론하고 이런 문제에 우려를 표명하고 큰 관심을 쏟았다. 그는 고용 기회의 평등을 지지하여 내각에는 3명의 여성을 임명했고 유엔 대사로는 처음으로 아프리카계 미국인을 임명했다. 그는 이전에 그 어떤 대통령보다 연방법원에 보다 많은 여성, 아프리카계 미국인, 히스패닉을 임명했다. 카터는 인권을 자신의 외교정책의 근본이념으로 삼았다. 그는 집없는 사람들의 운명을 개선시키고 가난으로부터 오는 고통을 줄이고 국내는 물론 국외에서도 정의를 확보하고자 하였다.

카터는 역대 미국 대통령 중 대중교육에 대한 가장 뛰어난 지지자 중 한 사람이었다. 그는 보상교육을 강화시키고 1977년과 1978년에 초중등교육법을 다양화시키고 개선시켰다. 또한 비(非)국방비로 교육비에 들어갈 예산 중에서 임의로 사용할 수 있는 비율을 두 배로 책정했으며 반대를 무릅쓰고 연방교육부를 창설했다. 그의 행정부 동안 교육에 대한 연방의 지원은 약 25%나 올랐으며 대학생에 대한 대부프로그램은 3배나 올랐다.

행정부와 정부 내에 관련된 업무수행 : 6점 21위

카터는 자신의 행정부가 달성해야 할 훌륭한 목표와 목적을 세웠고 그 달성을 위한 계획을 수립했다. 그러나 카터는 이 목적과 목표를 실현해 가는 데 방해가 되는 여러 문제들을 극복할 수 없었다. 그는 두 개의 새로운 행정부서를 창설했는데 에너지부와 교육부가 그것이다. 이는 그가 이 두 분야에 대한 국가의 관심을 보다 강조하는 것을 보여준다. 카터 행정부의 의사소통을 위한 통신채널은 적절했다.

카터 행정부의 참모들은 뛰어난 인물들이 아니었다. 국무부의 사이러스 밴스(Cyrus Bance)와 에드워드 머스키(Edward Muski)를 제외한 대부분의 인사들은 전국적으로 알려진 인물이 아니었다. 너무나 많은 인물들이 워싱턴의 정치세계에서 그 운영을 어떻게 할지를 잘 알지 못하는 아웃사이더들이었다. 경영예산국 국장에 임명된 버트 랭스(Bert Lance)의 경우, 카터 행정부의 일원으로 동참하기 전에 은행업자라는 경력밖에 갖고 있질 않아 그의 자격을 둘러싸고 시비가 붙자 그는 사임했다. 그가 공직에 있는 동안 어떤 일을 잘못했다는 증거는 특별히 없다. 그러나 1979년 6월 다섯 내각인사의 총 사임은 대통령의 인사정책이 서툴고 적절치 못하다는 인상을 주었다.

행정부를 소규모로 운영하지 않은 것을 제외하고는 카터는 행정부를 그만 그만하게 운영했다. 그러나 행정부 관리들의 일을 관리 감독하는 일에서는 뛰어나지 못했다. 카터는 행정 공무원들을 재편성하여 그들로 하여금 일을 수행하도록 하는 데 기반을 마련하도록 했다. 대체적으로 그의 행정부는 적절하게 운영되었고 중요한 목적과 목표를 일부 달성하기도 했다. 그러나 대통령의 모든 목표를 달성하는 일은 그들의 통제권에서 벗어나 있는 세력들에 의해 차단되곤 했다.

카터는 연설이나 의사소통을 효과적으로 하는 대통령이 아니었다. 그의 주저주저하는 연설과 미국 남부 조지아의 독특한 느린 말씨로는 야박한 청중들과 상호신뢰를 쌓기에 역부족이었다. 카터는 비록 많은 기자회견을 했지만 백악관과 기자단과의 관계가 좋지 못했다. 많은 기자들은 카터의 참모들 중 다수가 미성숙했거나 순진한 사람들이라고 생각했다.

카터는 정부예산을 자신이 생각한 우선투자 분야에 쓰고자 했다. 이는 의회와 잦은 마찰을 불러일으켰다. 인플레이션에도 불구하고 그는 적자예산을 포드 행정부 수준보다 더 낮추고자 한 반면 교육과 환경 분야에 들어가는 예산에 대해서는 늘리고자 했다.

카터는 비록 자신이 제안한 많은 것들을 법제화시키는 데는 성공했지만 그럼에도 일반적으로 의회와 함께 일하는 데서는 무능한 대통령으로 여겨졌다. 심지어 자신이 속한 당의 의회지도자와 협력을 하고 또 그들을 지도하는 데서도 능숙하지 못했다. 의회의 기록을 잘 살펴보면 그의 업무수행은 그가 받고 있는 평판만큼 그리 나쁘지는 않다는 것을 알 수 있을 것이다.

카터는 단 한 명의 대법원 판사도 임명할 기회가 없었다. 하급법원 판사들에 대한 그의 임명은 역대의 어떤 대통령들보다 다양성을 보여주었다. 그가 임명한 인물들은 여성, 흑인, 히스패닉 등 다양했을 뿐만 아니라 그들의 자질 역시 뛰어났다. 그는 항소법원의 판사들을 선택하는 데는 실력본위제도를 마련했다. 역시 연방 판사에 여성과 소수민족을 선발하는 시스템도 마련했다. 미국변호사협회는 카터의 법관임명은 이전의 다섯 명의 다른 대통령들에 의해 행해진 것보다 뛰어난 질과 자격을 갖춘 것이었다고 평가했다.

카터는 일반 대중의 이익을 우선으로 생각했다. 그는 어떤 특정한 이익집단에게 마음을 빼앗기지 않았으며 자신의 프로그램을 위해 특별한 이익단체의 지지를 끌어모으지도 않았다. 인플레이션과 다른 경제적 문제 때문에 또 그의 행정부가 테헤란에 사로잡힌 인질들을 구해내지 못했다는 무능 때문에 카터 대통령은 점점 국민들로부터 존경심을 잃어 갔다. 때문에 카터로서는 자신의 프로그램을 추진해 갈 힘으로서 국민여론을 이용할 수가 없었다. 물론 카터가 국민들의 이익을 위해 최선을 다했다는 데는 의심의 여지가 없다. 그는 대통령에서 물러난 지 20년이 지난 현재 많은 사람들로부터 다시 존경을 받고 있다.

지도력 및 의사결정과 관련된 업무수행 : 6점 21위

카터는 카리스마적인 지도자가 아니었다. 그의 개인적인 모범적인 행동으로 인하여 어떤 사람들은 그를 이상적인 사람으로 보고 그의 지도를 따랐지만, 그러나 그의 지도는 모든 사람들을 따르게 만들지는 못했다. 그는 여러 차례 자신이 추구하는 과정이 바른 과정임을 다른 사람들에게 확신시킴으로써 그들을 설득하여 자신을 따르도록 했지만 어떤 경우에는 전혀 그렇게 하지 못했다. 그는 베트남전과 워터게이트 사건으로 입은 국가적 상처를 치료하는 데 도움을 주었다. 그는 베트남전의 병역 기피자들을 사면해 주었다. 그러나 국민들에게 완전한 확신을 심어주기에는 역부족이었다. 어려운 경제상태와 봉착상태에 빠진 이란 인질사건은 미국인에게 하나의 위기의식을 심어주었다. 언론은 이를 국가적 위기상태라고 떠들었고 그 책임을 카터에게 돌렸다. 카터는 미국과 세계가 정의, 평등, 인간의 존엄성을 어떻게 발전시켜야 하는가에 대한 하나의 비전을 가지고 있었다. 그러나 그는 이 비전을 설득력 있게 국민들과 공유하지 못하여 국가를 단결시키지 못했고 국민들의 단결심은 물론 국가적 목표도 공유하지 못했다. 국가를 발전시켜 나가고자 하는 카터의 전략에서, 비록 그가 이를 아무리 잘 인식하고 있었다 해도 그는 장애물(경제·인질 문제)을 극복하지 못했다. 카터는 혼자서는 분명 높은 수준의 업무수행을 설정했다. 그러나 그는 다른 사람들로 하여금 자신과 같은 높은 수준으로 업무수행을 하도록 동기를 부여하지는 못했다.

카터는 국정에서 어떤 선택을 하기 전에 여러 사실들을 모으고 어느 것을 선택할 것인가에 대해 심사숙고하여 여러 행동과정에서 나올 수 있는 가능한 결과를 예측하는 것이 중요하다는 사실을 알고 있었다. 그러나 어느 것을 선택할지 그 선택안에 대한 카터의 신중함은 전국 규모의 정치적 경험의 부족은 물론 국제분야에서의 경험 부족과 약점투성이인 그의 참모들로 인하여 상당히 한정되어 있었다. 역대 대통령들 가운데 선택안을 판단하는 능력에 점수를 매긴다면 아마도 그는 중간 정도에 지나지 않을 것이다. 카터는 예리한 지능을 소유하고 있었으며 이것을 문제의 해결과 의사 결정에 이용했다. 그는 조급히 서두르는 사람은 아니었다. 때때로 실수를 하기도 했지만 이러한 실수는 카터의 지능 때문이 아니었다.

그렇게 자주는 아니지만 카터는 때때로 자신이 제안한 것에 대해 폭넓은 지지를 확보하기 위해 세부 항목별로 타협을 하기도 했다. 그러나 그는 원리에 대해서는 좀처럼 타협을 거부하였다. 타협을 거부하면서 종종 그는 자신의 행동에 대한 정치적 결과를 계산하는 데 실수를 범하곤 하여 목적을 달성할 기회를 상실하기도 하였다. 그는 필요할 때에 완고한 결정을 내렸고 이러한 결정은 그를 궁지로 몰아넣고 정치적으로 손해를 끼쳤다.

개인적 성격과 도덕성 : 8점 21(공동)

카터는 항상 대통령직이 요구하는 권위를 가지고 행동했다. 그는 구식의 케케묵은 사람은 아니었다. 그는 여행용 가방을 들고 백악관에 들어갔으며 스스로 제임스(James)보다는 지미(Jimmy)라는 이름으로 불리기를 좋아했다. 이런 식의 서민적이고 평범한 그의 행동을 많은 사람들이 칭찬을 했다. 그러나 1976년 대통령 선거운동 기간에 『플레이보이』(Playboy)와의 유감스러운 인터뷰는 위엄과는 거리가 먼 것이었다. 국민들은 카터가 자신들의 대통령이라는 사실에 자부심을 갖지 못했다. 임기가 끝나갈 즈음 많은 사람들은 카터를 경멸하기까지 했다. 대통령직에서 물러난 이후의 카터의 경력만 보는 사람들은 최근의 그의 선행 때문에 그에 대해 자부심을 가지고 있는 것은 당연하다. 그러나 이런 것들은 대통령으로서의 그를 평가할 때는 포함되어서는 안 되는 것이다.

대통령이 되고 처음에 카터는 자신의 정직과 개방적인 태도로 인하여 대통령직의 권한을 신장시켰다. 그러나 이란 인질사건이 시간을 질질 끌고 국가가 경제적 고통 속에 빠져들게 되자 그의 권한은 물론 대통령직의 권한도 약화되었다.

대통령이 되고 초기에 카터는 국민들로 하여금 자신이 그들의 편이라고 생각하도록 만드는 데 성공했다. 그의 겸손하고 거만 떨지 않은 태도, 형식에 치우치지 않는 태도, 서민적인 태도 등은 많은 사람들에게 긍정적으로 보여졌다. 그러나 임기가 끝나갈 무렵 아마도 가장 중요한 것으로 이란 인질을 구해내지 못했기 때문에 그에 대한 초기의 이러한 긍정적인 생각은 대부분 사라졌다. 카터는 사회의 모든 분야에서 주어지는 정보를 기꺼이 받아들였고 이 정보를 신중히 고려하였다. 최근에 대통령을 지낸 사람들은 이 나라 초기에 대통령이 된 사람들보다 일반 국민이 접근하기 상당히 어려운 존재로 되어 있었다. 카터의 경우는 임기 초기에는 국민들에게 보다 가까이 다가가고자 했으나 임기 말기로 가면서 점차 그러지 못했다.

카터는 줄곧 높은 수준의 도덕적 원리에 입각하여 행동했다. 그의 성실성은 아주 뛰어났다. 카터는 공무원이라 공적인 믿음 그 자체이며 공직을 이용해서 대중들을 희생 삼아 경제적으로 이익을 추구하지 않았다. 그는 대통령으로 있는 동안 자신의 땅콩사업을 신용 임대했는데 이로 인하여 많은 돈을 잃어버렸다. 인생 전체를 통해 카터는 높은 수준의 개인적 도덕성을 유지했다. 그는 종교적으로 헌신적인 사람이었다. 대부분의 사람들이 자신의 종교적 이상에 따라 행동한 것보다 그는 더욱 철저히 종교적 이상을 추구했다.

종합평가 : 42점 16위(공동)

카터는 100점 만점에 총 42점을 받았다. 그는 39명의 대통령들 중 16위를 차지했다.

로널드 레이건
Ronald Reagan | 1981~1989

	평가점수	평가등수
외교를 비롯한 대외관계와 관련된 업무수행	3	31(공동)
국내의 각종 문제 및 사업에 대한 업무수행	-8	39
행정부와 정부 내에 관련된 업무수행	-8	36
지도력 및 의사결정과 관련된 업무수행	2	27
개인적 성격과 도덕성	7	23(공동)
종합평가	-4	34(공동)

배경

로널드 레이건은 1911년 2월 6일 일리노이주 탐피코에 있는 한 제과점 위 방이 다섯 개 달린 아파트에서 태어났다. 어렸을 때 일리노이의 여러 지역사회에서 생활한 그는 딕슨 고등학교를 졸업 한 후 풋볼 부분 장학금을 받고 유레카 대학에 입학했다. 접시를 닦고 경호원 생활로 생활비를 벌면서 학교를 다닌 그의 학교성적은 평균 정도였다. 1932년 유레카 대학을 졸업한 그는 아이오와주 다벤포터에서 라디오 아나운서로 자리 잡기 전에 경호원 생활도 하고 여러 임시직을 거쳤다. 데스 모이네스에 있는 세계보건기구로 일자리를 옮긴 후에 그는 중서부 지역에서 가장 유명한 스포츠 방송 아나운서로 활동했다. 1937년 그는 스크린 테스트에 성공하여 워너 브러더스사와 계약을 맺고 영화배우로 활동하기 시작했다. 그 후 20년 동안 레이건은 수십 편의 영화에 출현했고, 자주 주인공 역할을 맡았다. 1942년에 기갑 예비부대원으로 군에 입대한 그는 육군항공대 제1영화사에서 비행훈련영화를 만드는 일을 했다.

1947년 레이건은 영화배우조합의 회장에 당선되어 5년 연속 일하고, 1949년에는 영화산업위원회 회장에 당선되어 활동했다. 1950년대 중반 당시 가장 인기 있는 텔레비전 쇼프로인 '제너럴 일렉트릭 무대'(General Electric Theatre)에서 주인공이자 프로그램 감독자가 되었다. 여기에서 일하는 동안 그는 다양한 회사의 지도자들은 물론 여러 시민단체와 봉사단체 등에서 수백 차례에 걸친 연설을 했다. 이 일을 하면서 쌓은 다양한 연설 경험은 이후 자신의 정치적 경력에 필요한 기본적 토대가 되었다. 1962년에서 1965년 사이에 레이건은 또 다른 텔레비전 시리즈인 '죽음 계곡의 나날'(Death Valley Days)에서 주인공이자 출연자로 활동했다.

1966년 레이건은 캘리포니아 주지사에 당선되고 1970년에 주지사에 재선되었다. 주지사로서 그는 자유로운 낙태법안에 서명했고, 주정부 예산을 삭감시켰으며, 캘리포니아주의 대학시스템과 여러 차례에 전쟁을 벌여 승리를 했고, 주 영업세와 개인별 소득세, 그리고 은행과 주식회사에 대한 세금 등을 올렸다. 두 번째 임기에서 그는 복지제도의 개혁을 이루고, 학교 재정제도를 개선시켰으며 재산세를 삭감시켰다. 주지사의 두 번째 임기가 1975년에 끝났을 때 레이건은 신문협회의 칼럼을 썼고, 라디오 논평을 했으며, 보수주의자들의 모임에서 수없이 많은 연설을 했다. 1976년 그는 공화당 대통령 후보자가 되고자 했다. 대통령 후보 자리를 놓고 벌인 당시 현직 대통령인 포드와의 경쟁은 지루하게 여러 달 동안 계속되었다. 이때 그는 혁명적인 세금삭감, 자유시장, 견고한 반공산주의자 강령 등을 주장했고, 그 자신을 워싱턴 정가의 부패한 인사이더들과 싸우는 아웃사이더로 표현했다. 그는 10곳의 예비선거에서 승리를 거두었으나 공화당 전당대회에서 포드에게 패배했다.

대통령 후보 지명과 선거

1976년 공화당 전당대회 이후 레이건은 즉시 1980년 선거를 위한 계획에 착수했다. 3년 동안 그는 신문의 칼럼과 라디오 프로그램을 계속하였고 전국을 돌아다니면서 수백 차례의 연설을 했다. 1980년 레이건의 선거운동은 아이오와주 간부회의에서 조지 부시에게 패하면서 그 출발이 좋지 않았다. 그러나 뉴햄프셔주 예비선거에서 압도적인 승리를 거둠으로써 이 같은 상황을 반전시켰다. 1980년 봄, 이미 레이건은 후보 지명이 확실시되었다. 5월 26일 부시는 공화당 대통령 후보 경선에서 포기했고, 당의 결속을 위해 레이건은 부시를 자신의 러닝메이트로 선택했다. 그 후 공화당 전당대회에서 큰 반대 없이 레이건은 공화당 대통령 후보로 지명되었다.

많은 유권자들은 자유기업체제로 전환하고 강인하고 애국적인 외교정책을 펼침으로써 경제를 부활시키겠다는 레이건의 메시지에 큰 관심을 보였다. 그는 세금을 인하하고, 공공비용을 줄이거나 없애며, 정부주도 프로그램의 많은 것을 지방분산화시키고, 환경보호규제를 약화시킴으로써 산업에 대한 규제를 대폭 없애고, 대규모의 군사적 재무장을 이루겠다고 공약했다. 선거운동에서 유권자들에게 강렬한 인상을 준 것은 그의 연설 스타일이었다. 그의 연설 스타일은, 유권자들이 진지하고 봉사적인 사람을 우연히 발견한 것처럼 만들었다. 연설을 하면서 출처가 분명치 않은 일화들을 사용하였는데 신빙성은 없었지만 매우 효과적이었다. 그의 행동은 명랑하고 낙관적이었다. 카터 대통령 시대 하에서의 미국 경제문제를 환기시키면서 레이건은 다음과 같은 질문을 선거운동 슬로건으로 내걸었다. "여러분은 1976년의 형편보다 지금이 더 나아졌습니까?" 이러한 상황에서 이란에 잡혀 있는 미국인 인질들을 석방시키지 못한 카터의 무능이 겹쳐져 현직 대통령의 패배를 예견되고 있었다. 레이건은 일반투표에서 압도적인 승리를 했으며, 선거인단 투표에서도 카터가 단지 44표를 얻은 것에 비해 그는 489표를 얻었다.

1984년 레이건이 공화당 대통령 후보로 되는 데 반대는 없었다. 이번에 그는 확신, 힘, 성공, 낙관주의 등 이미지에 입각한 운동을 전개했다. 이란에서 인질이 석방되고, 인플레이션 비율이 하락했으며, 1982년부터 시작된 경제적 팽창이 이루어지자 레이건은 새로운 선거 슬로건을 내걸었다. "미국에 다시 아침이 오고 있다." 유권자들은 진심으로 레이건의 이 시나리오에 동참했다. 대부분의 유권자들은 무역균형 문제나 하늘높이 치솟는 적자예산에 대해 전혀 걱정하지 않았다. 레이건은 압도적인 지지를 받으며 재선되었다. 그는 선거인단에서 525표를 얻고 카터는 단지 13표만을 얻었다.

외교를 비롯한 대외관계와 관련된 업무수행 : 3점 31위(공동)

레이건 행정부 동안 미국은 비록 여러 번에 걸쳐 군사적 행동에 참가했지만 대규모 전쟁에는 관여하지 않았다. 테러분자들이 베이루트 공항에 있는 미 해병대 본부에 폭탄을 탑재한 트럭을 몰고 돌진하여 해병대원 241명의 사상자를 냈을 때 레이건은 해병대를 바닷가 멀리로 후퇴시켰다. 그러나 테러분자들의 공격은 계속되었고 더 많은 미국인 사상자가 나왔다. 이에 레이건은 리비아의 카다피(Muammar Quddafi)를 세계에서 가장 원초적인 테러리스트로 비난했다. 두 번이나 미국의 전투기가 리비아 해안을 따라 교묘하게 작전 중인 리비아 전투기를 격추시켰다. 1986년 4월 미 전투기들이 리비아의 수도 트리폴리를 폭격했다. 이 폭격으로 카다피의 집이 파괴되었고 그의 어린 딸이 사망했다. 많은 나라들이 이 폭격에 대해 미국에 의한 테러리즘의 표본이라고 비난했다.

1983년 레이건은 미 육군과 해병대로 하여금 카리브해의 섬나라 그레나다를 침공할 것을 명령했다. 당시 그레나다는 소련의 지원을 받고 있는 것으로 알려진 좌익 극단주의자들에 의해 점령되어 있었다. 이 섬에 대한 침공 구실은 쿠바에 의한 정권탈취를 막고 나아가 이 섬의 의과대학에 다니고 있는 미국학생들의 생명을 보호한다는 것이었다. 유엔안전보장이사회는 이 침공을 비난했다. 니카라과에서는 레이건 행정부는 친미 독재정권을 전복시킨 혁명적 산디니스타(Sandinistas) 정권을 무너뜨리는데 최선을 다해온 반군 콘트라(contras)에 자금, 무기, 훈련과정을 원조해 주었다. 이 일을 위해 니카라과의 한 광산촌에 미국 CIA가 은신을 하면서 이 일에 관여했고 이 사실이 폭로되었다. 결국 의회는 '콘트라'에 대한 군사원조를 중단시켰다.

1987년 미국은 이란·이라크 전쟁에 개입하면서 중재에 나섰다. 당시 이란은 페르시아만(걸프만)에 수뢰를 뿌려 석유수송을 중단시키고자 했다. 11개에 달하는 쿠웨이트의 석유탱크가 미국 상선에 선적되어 미해군 전투함의 호위를 받으면서 걸프만을 통해 나갔다. 양측 간에 미사일 공격이 뒤따랐다. 2차 대전 이후로 미해병대 잠수함 전투 중 가장 중요한 전투가 벌어지고 이란 해군의 20%가 궤멸당했다. 미 해병대가 공격적인 이란 공군기로 오인하고 이란의 제트 여객기를 격추시켜 290명이 사망했다. 2주 후 이란은 이라크와의 교전상태를 중지할 것을 요구한 유엔의 결의안을 수용했다. 이로써 미국은 결과적으로 석유의 자유수송로 확보하는 데는 성공했으나 많은 인명 손실이라는 대가를 치러야 했다.

미하엘 고르바초프(Mikhail Gorbachev)가 소련공산당 서기장이 되고 개방의 개념인 글라스노스트(glasnost)와 개혁 개념인 페레스트로이카(perestroika)를 주창한 이후 레이건은 정상회담을 개최하는 데 동의했다. 1985년 11월 제노바에서 이루어진 레이건과 고르바초프의 만남은 1979년 이래 미국과 소련 정상의 첫 만남이었다. 장시간에 걸친 협상을 통해 두 정상은 중거리 미사일을 제거하자는 중거리핵무기조약에 서명했다. 이는 냉전시대에 무기를 제한하는 가장 획기적인 조약이었다. 이로써 두 나라는 2,600개의 탄두를 제거할 수 있었고 소련과 미국이 상대방 미사일 시설을 사찰할 수 있게 되었다.

레이건의 그레나다 침공과 니카라과 반정부 단체인 콘트라에 대한 지원은 아무리 생각해도 이웃나라와 우호관계를 유지하려는 행위는 아니었다. 포클랜드 섬을 둘러싼 분쟁에서 미국이 아르헨티나와 싸우고 있던 영국을 지지한 것도 역시 라틴아메리카의 여러 이웃 나라에게는 적절치 못한 처신으로 보였다. 레이건은 라틴아메리카의 여러 나라, 특히 엘살바도르의 억압적인 군사 독재정권도 지지했다.

트루먼 행정부 이래로 미국의 외교정책은 공산주의를 봉쇄하는 정책이 주를 이루었다. 그러나 레이건은 여기에서 한 발 더 나아가 국민들로부터 인기가 없음에도 소련의 지지에 의해 정권이 지탱되고 있는 여러 나라의 공산주의에 대해 강경정책을 실시했다. 그는 CIA를 움직여 제3세계의 반공산주의 반란을 은밀하게 추진했는데, 이런 정책은 레이건 독트린으로 알려지게 되었다. 이 정책은 아프가니스탄과 앙골라에서 어느정도 성공을 거두었다. 그의 첫 번째 임기 동안 레이건이 소련을 악의 제국으로 비난했을 때 그는 미국의 군사력을 증강시켰다. 1983년 그는 바르샤바 조약기구에 속한 나라들의 계속되는 무기증강에 반응하여 영국에 크루즈 미사일 기지를 배치했다. 후에 고르바초프에 의해 냉전체제가 무너지게 되자 미국과 소련은 자신들의 미사일을 감축시켰다. 이러한 성공과는 대조적으로 국제적 테러리즘을 해결하고자 한 레이건의 시도는 한 마디로 비참한 결과를 낳았다. 1980년 대통령 선거에서 레이건의 승리를 담보해 준 공약 중 하나가 테러리즘에 대한 신속한 보복과 테러리스트와는 어떠한 협상도 하지 않겠다는 것이었다. 그러나 그의 보복은 원래의 의도를 달성하는 데 실패했고, 그의 비밀협상은 참모 가운데 다수가 연루된 몹시 난처한 스캔들과 범죄적 활동으로 이어졌다.

레이건의 첫 번째 임기 동안에 국제적 긴장상태가 현저하게 증가했는데 이러한 현상의 최소한의 원인은 레이건의 거친 말솜씨 때문이었다. 그는 소련체제를 '현대세계의 악의 중심'으로 비난했다. 두 나라 사이의 관계는 1983년에 가장 험악한 관계로까지 악화되었다. 이때 소련은 소련영공으로 잘못 들어간 한국 여객기를 격추시켰다. 이 사건으로 한 명의 미국 연방 하원의원이 포함된 승객과 승무원 전원이 사망하였다. 동시에 소련은 서유럽을 목표로 하는 중거리 핵미사일 보유 수를 증강시켰다. 이에 미국은 나토 회원국의 승인을 얻어 유럽에 미사일을 배치했다. 이러한 긴장상태는 소련에서 고르바초프가 권력을 잡고 나서부터 완화되기 시작했다. 리비아에서의 사건과 페르시아 만에서의 사건, 그리고 국제적 테러리즘의 확산은 국제적 긴장상태를 더욱 조장했다. 레이건의 두 번째 임기가 끝나갈 무렵 미국은 소련과의 관계를 개선시켰고, 세계는 그가 대통령이 되었을 때보다 훨씬 더 완화되었다.

레이건의 외교정책이 가져온 결과에 대해 세계 여러 지역에서 서로 다른 견해를 내놓았다. 어떤 지역, 특히 영국은 레이건의 외교정책이 긍정적인 결과를 낳았다고 보았다. 그러나 라틴아메리카의 여러 나라에서는 부정적인 결과를 낳았다고 보았다. 이란-콘트라(Iran-Contra) 사건은 많은 사람들로부터 비난을 받았다. 그러나 그의 두 번째 임기 동안 소련과의 관계개선은 세계여론에서 지지를 받았다.

레이건 대통령과 캐나다 수상 블레인 멀로니(Brain Mulroney)는 각자의 입법부를 통해 두 나라 사이의 실제적인 자유무역을 약속하는 무역협정을 승인토록 추진했다. 그 결과 1999년 완전한 자유무역의 목표를 달성하기 위해 점차적으로 두 나라 사이의 상품과 용역에 대한 관세가 폐지되었다. 레이건은 항상 낮은 관세율을 주장했다.

레이건 행정부는 남아프리카공화국의 백인 소수정부를 제재하는 조치에 반대했다. 이러한 행동이 오히려 흑인 노동자들을 다치게 한다고 생각했기 때문이다. 그럼에도 불구하고 의회는 이와 관련된 대통령의 거부권을 무시하고 제재조치를 비준했다. 그 결과 남아프리카에서의 어떤 수입도, 또 새로운 투자도 차단되었고, 두 나라 사이의 항공노선도 일시 중지되었다. 페르시아만을 통한 석유의 자유로운 유통을 위한 레이건의 노력은 세계무역에 도움을 주었다. 니카라과 반군에 대한 지원과 쿠바에 대한 계속된 배척정책은 세계무역뿐 아니라 이 두 나라 국민의 일상 생활에도 악영향을 미쳤다.

국내의 각종 문제 및 사업에 대한 업무수행 : -8점 39위

경제정책을 다루는 레이건의 계획은 소위 '레이거노믹스'(Reaganomics)로 알려진 공급중시경제학(supply-side economics)이었다. 이 이론은 기업과 고소득을 올리는 개인에게 세금을 삭감해 주게 되면 보다 큰 투자를 이끌어 낼 수 있고, 기업이 생산시설을 확장하고 현대화한다는 것이다. 이를 통해 생산성의 증가를 가져오고, 경제를 팽창시키며, 더 많은 일자리를 창출하고, 더 많은 수익을 만들어 내어 이와 함께 정부소비를 줄여 균형예산을 이끌어 내고 인플레이션을 막는다는 것이다. 레이건이 대통령이 되었을 때 인플레이션 비율은 11%였고 이자율은 20%까지 올랐다. 연방준비은행은 인플레이션의 비율을 떨어뜨리기 위한 금융긴축정책을 실시했다. 역사상 가장 큰 규모의 3단계에 걸친 세금삭감을 위한 대통령의 제안을 의회가 승인했다. 가장 큰 삭감은 연방정부의 소비분야에서 이루어졌다. 건강, 식량, 주택, 교육 등에 소요되는 비용을 포함한 사회복지 프로그램에 들어가는 비용의 삭감이 가장 컸다. 그러나 당시 그 결과는 너무나 심각했는데, 1930년대 대공황 이래로 가장 심각한 경기침체가 일어났다. 1982년 11월경 실업률은 42년 만에 최악에 이르러 약 1,200만 명이 일자리를 잃었다. 1983년 국가의 빈곤율은 1965년 존슨 대통령이 빈곤과의 전쟁을 선포한 이래 가장 높은 수준에 도달했다.

그러나 시간이 흐름에 따라 그의 금융긴축정책은 경제에 도움을 주기 시작했다. 1984년 동안 인플레이션 비율이 떨어졌고 실업률 역시 레이건이 대통령이 되었을 초기와 비슷한 수준에 이르렀다. 주식시장은 상한가를 치고 있었고 호전되는 경제상태는 레이건의 재선에 결정적인 영향을 주었다. 그러나 경제의 모든 분야가 한꺼번에 호전된 것은 아니었고, 그의 임기 내내 서서히 개선되어 갔다.

세금 삭감은 초기에 국가수입의 부족을 불러일으키지만 궁극적으로 경제성장을 가져와 수입을 증가시키고 소비의 증대까지 이르게 된다는 믿음은 잘못된 것이었다. 1982년에서 1987년 사이의 재정 현실에서 연평균 예산부족액은 180억 달러 이상이었고 총 부족액은 1조 1천억 달러에 이르렀다. 미국은 수백만 달러를 외국에서 빌려와야 했고 그 결과 미국은 세계에서 가장 큰 채권국에서 가장 큰 채무국으로 바뀌는 신세가 되었다. 레이건이 대통령으로 있는 동안 국가부채는 이전에 모든 대통령들이 졌던 부채보다 더 많이 늘어났다. 레이건 행정부 동안 부채에 대한 이자상환은 이전보다 두 배로 늘어났다. 이에 레이건은 예산부족에 대해 의회를 비난하면서, 사회비용을 마음대로 낭비한 탓이라고 주장했다. 그는 균형예산을 이루기 위한 수정헌법을 만들어야 한다고 주장했다. 그러나 예산적자 1조 1천억 달러를 낳게 한 6번의 예산안 가운데 약 93%가 레이건 행정부에 의해 의회에 제출되었다. 의회에 의해 쓰여진 예산은 총 적자예산의 14분의 1에 지나지 않았다.

레이건은 노동자와 농민의 이익보다 자본가와 기업가의 이익을 옹호했다. 1981년 그는 연방정부에 고용된 사람은 파업을 할 수 없다는 이유를 들어 파업중인 13,000명에 달하는 항공관제관들을 해고시키라고 명령했다. 그들의 일자리는 자격 미달자들로 채워졌다. 이는 결정적으로 노동운동에 결정타를 날리고 항공운행 안전에 심각한 위협을 주게 되었다. 대공황 이래로 미국 농업이 가장 심각한 위협에 맞닥뜨렸음을 나타내는 농가부채의 위기에 대해, 레이건 행정부는 1985년에 6억 5천 달러에 달하는 자금 대부 프로그램을 용이하게 했지만 더 많은 자금이 들어가는 것에 대해서는 철저하게 거절했다.

1983년 레이건은 2050년을 넘기기까지 사회보장제도의 지불능력을 보장해

주는 하나의 법률안에 서명했다. 이 법안에서 사회보장을 위한 세금비율이 점차 증대되었다. 우선 보다 높은 수입을 올리는 퇴직자들의 사회보장을 위한 세금증대, 생활비용의 증대에 대한 공식적인 억제정책, 은퇴를 65세로 연기하는 방안, 연방정부에서 일하는 모든 공무원들의 강제적인 회원가입, 그리고 2027년까지 은퇴 나이를 점점 늘리는 방향 등으로 세금이 더 거두어지게 되었다. 레이건은 건강보호를 위한 연방자금을 줄였고 가난한 사람들에게 식량을 배급하는 일 역시 극도로 축소시켰으며 기업의 환경부담금을 반대했다.

레이건의 1981년 세금 삭감은 미국 역사상 가장 큰 규모였다. 1986년 그는 세금과 관련된 법을 철저하게 개정하여 법으로 만들었다. 1986년 개정안은 세금을 기피하는 방법을 억제시켰고, 개인 부담보다 기업의 부담 쪽이 더 커졌고 세금명부에서 수백만 명의 저소득층 명단이 제외되었다. 그러나 소득세에서 고소득층의 세금을 삭감해 주어 가장 부유한 미국인들에게 뜻밖에 횡재를 안겨주었기 때문에 이것은 결코 개혁적이지 못했다. 연방정부 차원에서 주정부 차원으로 여러 사회 프로그램이 이동된 것은 주정부가 그들의 세금을 올리기 위해 필요한 것이었다. 연방의 다른 세금과 다양한 이용료가 급격히 올랐다. 레이건 행정부 동안 평범한 납세자의 전체적인 세금부담은 거의 변하지 않았거나 혹은 더 나빠졌을 것이다. 두 번째 임기 동안 세금을 올리는 것에 대한 레이건의 거절은 예산적자를 눈덩이처럼 불리는 원인이 되었다. 그는 대통령직을 떠나면서, 1980년에 선거운동을 하면서 공약한 내용인 균형예산을 이루지 못한 것이 가장 유감스러운 일로 남는다고 말했다. 그러나 그는 실패 이유를 자신의 행정부에 두는 것이 아니라 의회와 특별한 이익집단, 그리고 미디어에 두었다.

레이건의 규제반대 입장은 그가 자연자원을 보존하고 환경을 보호하려는 정부의 노력에 반대한다는 것을 의미했다. 레이건에게 있어 '환경보호주의자'란 아무런 가치도 없는 경멸적인 말이었다. 그는 내무장관에 제임스 와트(James Watt)를 임명했는데, 그는 에너지 탐사를 위한 황무지 개발, 석유탐사를 위한 더 넓은 연근해 지역으로의 진출, 국립공원을 이용하기 위한 지불유예의 선언을 원하였다. 와트는 북미대륙 서부 황무지에서 자라는 소위 '산쑥의 반란자'(Sagebrush Rebellion)를 주도한 지도자 중 한 사람이었다. 레이건은 자랑스럽게 자신을 '산쑥의 반란'이라 불렀고, 대통령으로서 공기오염의 통제에 별다른 신경을 쓰지 않고 산성비의 위험성을 경고하는 사람들의 목소리에도 귀를 기울이지 않았다. 그는 연방정부 자금을 사용하여 대규모 수송로를 만든다든가 국가사회간접자본을 건설하는 것에 반대했다. 또한 레이건은 교육분야에 대한 연방자금의 지원에도 반대했다. 그는 국립공원과 휴식공간 시설의 개선에도 관심이 없었다. 그의 정부는 예술분야와 인문학 분야의 발전을 지지하지 않았다. 뿐만 아니라 텔레비전과 다른 미디어의 교육적인 이용을 위한 개선에도 신경 쓰지 않았다.

비록 레이건이 1964년의 민권법에 반대하기는 했지만 그렇다고 영 고집불통은 아니었다. 그는 쿠 클럭스 클랜이 자신을 지지해 주는 것을 거절했다. 그러나 그는 클랜이 엄격하게 인종적인 문제와 관련되어 있지 않는 한 특별한 잘못은 없다고 보았다. 그는 인종문제에 관한 대법원의 판례를 잘 몰랐으며 이에 대해서는 행정부 정책에 따르도록 했다. 그는 인종적으로 정의를 실현하기 위한 어떤 새로운 프로그램도 제안하지 않았다. 레이건은 종교적 자유를 포함한 시민권의 자유를 지지했거, 소수민족의 권리를 지지했다. 그는 여성을 대법원 판사에 임명한 최초의 미국 대통령이었다.

레이건은 다른 나라 사람들이 인권을 보장받도록 하기 위한 어떤 특별한 행동을 취하지 않았다. 그는 모든 사람을 신분에 관계없이 존경심을 가지고 대했다. 그는 가난과의 전쟁에 대한 중지를 요구했는데, 이는 가난한 사람을 경멸했기 때문이 아니다. 그는 가난한 사람들이란 정부 프로그램에 기대기보다는, 대기업의 성장을 촉진시키면 간접적으로 중소기업의 성장도 이루어져 그 혜택이 개인에게로 돌아간다는 소위 '트리클 다운(trickle-down) 이론'에 의해 도움을 받을 수 있다고 믿었기 때문이다.

행정부와 정부 내에 관련된 업무수행 : -8점 36위

레이건의 중요 목표 중 가장 핵심은 경제의 개선과 소련에 대한 미국의 군사력 우위였다. 이러한 목표를 달성하기 위한 그의 주요 계획은 공급중시

경제학의 도입, 미사일 발사 능력의 증대, 별들의 전쟁으로 더 잘 알려진 전략방위계획 등이다. 다른 중요 목표로는 국제 테러리즘의 근절과 기업에 대한 정부 규제의 완화였다. 그러나 그는 이런 목표를 달성하기 위한 장기적인 계획은 가지고 있지 않았다.

레이건은 높은 수준의 업무수행을 이루기 위한 구조적 장치나 절차를 마련하는 데 실패했다. 뿐만 아니라 자신의 최측근들의 행동을 파악하기 위한 구조적 장치도 마련하지 못했다. 레이건은 최측근들의 자리를 채울 때 너무 형편없는 판단과 결정을 했다. 법무장관 에드윈 미즈(Edwin Meese), 내무장관 제임스 와트, 백악관 참모들 중 다수, 국가안보보좌관 로버트 맥팔렌 (Robert McFarlane)과 그의 후계자 존 포인덱스터(John Poindexter)와 이들의 참모 올리버 노스(Oliver North)는 국민들의 신뢰를 저버렸거나 그들이 맡은 공직에 전혀 적합하지 않은 사람들이었다. 미즈는 뇌물을 받았다는 비난 속에서 사임을 했다. 노스와 포인덱스터는 음모와 사기로 정부자금을 횡령했 다는 이유로 기소되었다. 맥팔렌은 의회를 혼미하게 만든 유죄를 인정했다. 레이건은 행정부의 여러 관리들에게 너무나 많은 권한을 위임해 버렸다. 그는 이들의 행동반경을 제대로 알지 못했으며 심지어 그들의 일에 대해 가장 기초적인 행정 감독조차 행하지 않았다. 결국 레이건은 자신의 정책의 수행 과정과 그 결과를 관리감독하지 못했다고 하여 타워 위원회로부터 비난을 받았다.

그러나 얄궂게도 레이건은 텔레비전 청중들을 대상으로 자신과 자신의 프로그램을 이해시키는 탁월한 능력을 발휘하여 '위대한 이야기꾼'이라는 별명을 얻었다. 말하자면 그는 일화들로 가득 채워진 타고난 이야기꾼이었고 그것도 사람의 마음을 끌면서 이야기해 가는 스타일이었다. 그러나 대통령으 로서 그는 참모들과 충분한 대화가 이루어지지 않았고 행정부서 사이에서도 수평적인 의사소통이 충분히 이루어지지 않았다. 그는 기자회견을 거의 열지 않았으며 그가 가지고 있는 정보에 대해서도 거의 알려주지 않았다. 레이건 행정부는 여러 신문에 리비아에서 미국의 의도에 관한 거짓정보를 주는 등 그릇된 정보를 퍼뜨렸다. 이 때문에 수많은 항의를 받은 국무부 언론담당

대변인 버나드 칼브(Bernard Kalb)는 사임했다. 이란-콘트라 사건에서 백악관 참모들은 여러 가지 서류를 파괴시켰으며 이 사건의 진상을 알려줄 무기판매와 자금유용을 은폐시키기 위해 사건에 관한 거짓일람표도 만들었다. 국가안보보좌관 존 포인덱스터는 콘트라에게 무기판매의 이익을 대주는 계획을 승인하면서, 그럴 듯한 거짓말을 제공하기 위해 대통령에게 알리지 않았음을 인정했다. 서류 역시 자신이 파괴시켰다고 인정했다. 올리브 노스도 자신이 거짓말을 했으며 서류를 파기시켰다는 사실을 인정했다.

평화와 번영의 시기였음에도 불구하고 레이건 행정부 동안 늘어난 국가부채는 엄청났다. 예산부족은 대통령이 정부 소비를 관리감독할 수 없을 정도로 늘어난 부채로 인해 갚아야 할 이자의 상승을 가져왔다. 국가 부채에 대해 지불해야 할 연간 이자는 국내의 각종 프로그램에 들어간 예산을 삭감하여 만들어진 연방정부 자금을 훨씬 능가했다.

약간의 예외는 있지만 레이건 행정부와 행정부에 속한 다른 기관들이 잘 관리되지 않았으며 목표 달성에도 실패하고 적절치 못한 일을 행하기도 했다. 레이건 대통령 시기에 주택과 도시개발부는 사기·절도·편파·후원 등의 활동을 통해 각종 이권에 개입했다. 이러한 활동을 하는 데 납세자가 낸 수백만 달러의 세금이 유용되었다. 또한 레이건 대통령 시기에 부적절한 관리감독으로 인하여 저축과 대부산업이 붕괴되었다. 결국 납세자들은 레이건 전에는 생존할 수 있었던 사업을 살리기 위한 긴급융자용으로 약 5억 달러를 기부해야 했다.

레이건은 전체적으로 볼 때 의회 내에서 자신이 속한 공화당 의원으로부터 지지를 받았다. 당시의 의회 운영은 재앙과도 같은 예산 소비와 함께 진행되었다. 그는 어떤 일에 대해서는(결코 모든 일은 아니었지만) 외교정책의 주도권에 관한 한 초당적인 지지를 받았다. 그러나 의회는 남아프리카공화국 제재조치에 대한 대통령의 거부권을 무시했고, 또한 콘트라에 제공하던 군사적 원조를 사실상 중단시켰다.

레이건은 연방 대법원 판사에 최초로 여성 판사인 산드라 오커너(Sandra Day O'Connor)를 임명했다. 그는 윌리엄 렌큐스트(William Rehnquist)를 대법원장으로 승진시켰고 안토닌 스칼리아(Antonin Scalia)를 판사에 임명했다. 레이건은 로버트 보커(Robert Bork)를 판사에 임명했는데, 극단적인 보수주의자여서 연방 상원에서 거부되었다. 또한 레이건은 앤서니 케네디(Anthony Kennedy)를 판사에 임명했다. 지방법원과 항소법원에 대한 레이건의 임명은 거의 보수주의 일색이었다. 결국 시민의 자유나 인종적 정의에 대한 발전은 이러한 임명으로 상당히 위축되었다.

레이건은 특별한 이익집단을 편파적으로 대하지는 않았다. 그는 우선적으로 대중의 이익을 앞세웠다. 만약 그가 기업집단을 유리하게 해주었다면 그것은 그의 정치적 신념에 따른 곳이고 결코 압력에 굴복해서가 아니었다. 레이건 대통령은 많은 대중에게서 존경을 받았는데 심지어 레이건의 정책으로 손해를 본 사람들조차 그를 좋아했다.

지도력 및 의사결정과 관련된 업무수행 : 2점 27위

레이건은 카리스마를 가지고 있었다. 그의 화려하고 뛰어난 화술은 마치 마술을 걸 듯 다른 사람에게 영감을 줄 수 있었다. 그러나 그는 행정부 관리들을 지도하여 그들을 중요한 국가적 목표를 수행해 나가도록 만들지는 못했다. 관리감독을 소홀히 하는 레이건의 행정 스타일은 자연히 행정부 관리들이 적절하지 못한 행동에 관여하도록 방관하는 결과를 낳았다. 레이건은 위대한 지도자가 될 수 있는 능력을 가지고 있었으나 이 능력을 충분히 활용하는 데는 실패했다. 설득력이 뛰어났던 레이건은 다른 사람들에게 자신을 따르게 하여 자신의 프로그램을 추구하도록 할 수도 있었다.

레이건은 카터 행정부 이래 유쾌하지 못한 시대적 분위기에서 정부와 미국에 대한 일반 국민들의 신뢰를 회복시킬 수 있었다. 그의 침착한 확신과 영감을 주는 연설은 1981년에서 1982년 사이의 극도의 경기 침체와 치솟는 예산부족, 이란-콘트라 스캔들, 저축과 대부제도의 붕괴, 그리고 레이건 정부의 또 다른 부적절한 행동 속에서도 레이건 정부와 미국에 대한 국민의 확신을 유지하게 해주었다. 레이건에 대한 국민의 확신을 파괴할 수 있을 만한 것은 아무것도 없었다. 그는 '테플론 대통령'(Teflon Presidency)이었다.

레이건 대통령은 다소 모호한 태도로 관리감독을 했으며, 자신의 정책을 수행하는 데 통제가 능란하지 못하였다. 이러한 스타일을 가장 잘 보여주는 예가 이란-콘트라 사건이다. 그러나 이것은 행정부 내에서 이루어진 풍토병 같은 것이었다. 그는 짧은 시간만 일했으며, 참모들의 모임에도 자주 주의 깊지 못한 태도를 보여주었다. 게다가 놀라울 정도로 국가와 세계에 관한 중요 사건들에 대해 알지를 못했다.

레이건은 미국에 대한 비전을 가지고 있었고 이 비전을 잘 공유할 수 있었다. 이것이 바로 그가 대단한 인기를 유지할 수 있는 이유 중 하나였다. 그러나 이것은 미래지향적인 비전이 아니고 미국의 영광스러운 과거에 대한 비전이었다. 분명 즐거운 비전임에는 틀림 없지만 이 비전은 1980년대라는 어려운 시기에 위대한 국가의 지도자에게는 어울리지 않는 비전이었다. 그에게는 위대한 사회가 도래한다는 꿈이 없었다. 그의 꿈은 지난날의 보다 단순한 시기로 돌아가는 것이었다.

레이건은 일을 할 때 문제를 분석하고 개념을 정리하는 데 시간을 쓰지 않았다. 레이건은 어떤 안을 선택할 것이며 이로 인하여 생길 수 있는 가능한 결과에 대해 다른 사람과 토론을 하는 데는 관심이 없었다. 그는 역사에 관한 폭넓은 지식도 깊은 이해도 없었다. 그는 직관적으로 의사결정을 할 수 있다고 믿었다. 그는 충분히 지능적이지만 이 지능을 활용하여 전략적으로 의사를 결정하고 문제해결을 하는 데는 적용시키지 못했다.

레이건은 항상 폭넓은 지지를 확보하고 논쟁을 피하기 위해서는 타협도 주저하지 않았다. 그는 실용적이었다. 그러나 그의 중요한 원리가 흔들리는 경우는 거의 없었다. 그는 확고한 원리를 유지했다. 대통령은 비상시에도 침착성을 유지했고, 의사결정을 하는 데 결코 두려워하지 않았다. 그의 의사결과정 과정에서는 신중함과 세심함은 보기 힘들지만, 그것이 필요하다고 생각되면 제때에 의사결정을 내리는 대통령이었다.

개인적 성격과 도덕성 : 7점 23위(공동)
레이건은 자신에게 적절한 권위를 가지고 행동했다. 그는 침착하고, 자신만

만해했으며 온화하였다. 심지어 생활보조금을 받는 어머니와 같은 비참한 이야기를 할 때에도 이런 스타일로 이야기를 했기 때문에 그의 이야기를 듣는 대부분의 청중들에게는 좀처럼 비참한 이야기로 들리지 않을 정도였다.

레이건은 국민들이 미국인이라는 사실에 자부심을 가지게 했고 대부분의 국민들은 레이건이 자신들의 대통령이라는 사실에 자부심을 가졌다. 심지어 그의 행정부의 스캔들이 폭로되고 있는 중에도 이 '테플론 대통령'의 빛은 꺼지지 않았다. 레이건이 대통령으로 있는 동안 대통령이라는 직책은 국민들에게 아마도 레이건이 이룩한 업적과 레이건의 출신 때문에 더 많은 존경을 모았다. 레이건은 대통령에게 주어진 권한 모두를 이용하지 않았다. 그는 부하들에게 너무나 많은 것을 위임했고, 이들을 충분히 관리감독하는 데 실패했다.

이 위대한 이야기꾼은 그가 국민들 편이라는 것을 대다수 국민들에게 확신시켰다. 평가를 위한 여론조사를 보면 그는 모든 대통령들 중 상위에 속해 있다. 그는 국민들로부터 정보를 구하려 하지 않았다고, 국민들로부터 자신이 얻은 정보에 대해서도 그렇게 심각히 고려하지 않았다. 그는 일반 국민들과 좋은 관계를 유지하는 데는 대가였고, 자신을 국민들에게 어필하는 데 텔레비전을 효과적으로 이용할 줄 아는 대통령이었다.

사람들은 레이건을 정직하고 성실한 사람으로 보았다. 그들이 보기에 그는 가능한 한 약속을 지키는 사람이고 믿을 만한 사람이었다. 그러나 국가안보보좌관 존 포인덱스터가 재판을 받는 동안 국민들은 이 같은 믿음에 대해 의구심을 품기 시작하였다. 이 재판에서 레이건은 대답을 요구받고 기억해 낼 것을 요구받았을 때 무려 일백 번 이상이나 "나는 모른다" 혹은 "나는 기억나지 않는다"라고 답했다. 사실 레이건은 이란-콘트라 사건을 은폐하고자 하였고, 이 점에서 그는 비난 받아 마땅하며 그가 받은 높은 점수도 하향 조정되어야 한다. 레이건은 공직에 있으면서 자신의 부를 늘리는 않았다. 그는 영화와 텔레비전에 출현한 돈을 캘리포니아 부동산에 투자함으로써 백만장자가 되었다. 레이건은 도덕적으로 모범이 되는 사람은 아니었다. 그러나 그는 대통령직의 명성을 손상시키거나 개인적 도덕성의 약점으로 인하여 대통령으로서의 자신의 효능을 약화시키지는 않았다.

종합평가 : −4점 34위(공동)

레이건은 총점에서 -4점을 받아 전체 39명의 대통령 중 공동 34위를 차지했다.

	평가점수	평가등수
외교를 비롯한 대외관계와 관련된 업무수행	8	21(공동)
국내의 각종 문제 및 사업에 대한 업무수행	-7	37(공동)
행정부와 정부 내에 관련된 업무수행	3	25(공동)
지도력 및 의사결정과 관련된 업무수행	5	22(공동)
개인적 성격과 도덕성	5	27(공동)
종합평가	14	28(공동)

배경

조지 부시는 1924년 6월 12일 매사추세츠주 밀턴에서 태어났다. 어렸을 때 그의 가족은 코네티컷주 그린위치로 이사를 했다. 그린위치 지역 통학제 학교와 필립스 아카데미를 다닌 그는 졸업 후 해군에 입대했다. 해군 소위로 임관한 그는 항공모함에 승선한 어뢰 폭파병 비행단에서 근무를 했고 당시 두 번이나 그의 비행기가 추락하기도 했다. 그는 58번이나 출격을 했으며 이로 인하여 수훈 비행 철십자 훈장을 받았다. 제대 후 예일대학에 들어가 경제학을 전공하고 성적이 우수한 미국 재학생·졸업생들로 조직된 모임인 파이 베타 카파 회 회원이 되었다. 1948년 예일대학을 졸업한 후 텍사스로 가서 석유사업을 하고, 1년도 채 안 되어 휴스턴에 본부를 둔 사파타 오프셔 (Zapata Offshore)의 회장이 되었다.

1962년 부시는 해리스 지역 공화당 의장으로 선출되었다. 1964년에 연방 상원의원에 출마했으나 민주당 현직 상원의원에게 패했다. 1966년과 1968년 에 그는 연방 하원의원에 당선되었고, 1970년에 상원의원에 다시 출마했으나 또 고배를 마셨다. 당시 닉슨 대통령은 그를 유엔 대사로 임명했고, 이어서 그는 공화당 전국위원회 의장이 되었다. 제럴드 포드가 미국 대통령이 되자 그는 베이징 주재 미국 연락사무소 공사가 되었다. 곧이어 CIA 국장으로 일하다가 1977년 CIA를 떠나 휴스턴으로 되돌아와 여러 주식회사의 이사로, 혹은 보수가 좋은 고문으로 일을 했다.

1980년 대통령선거에 출마하여 이이오와 코커스 대회에서 압승을 했으나 로널드 레이건이 다른 주의 예비선거에서 압승을 거두어 공화당 대통령 후보가 되었다. 레이건은 부시를 그의 러닝메이트로 선발했다. 1980년 대통령 선거에서 레이건-부시 진영은 카터-먼데일 진영을 쉽게 물리쳤고 이어 1984년 선거에서 먼데일과 페라로(Geraldine Ferraro)도 물리쳤다. 이에 대한 자세한 설명은 레이건 항목을 참조하기 바란다.

대통령 후보 지명과 선거

부시는 1988년 공화당 대통령 후보 경선에서 일찌감치 선두주자였다. 불거진 이란-콘트라 사건은 그가 책임져야 할 가장 큰 정치적 부담이었다. 사실 그는 아이오와 코커스 대회에서 로버트 돌(Robert Dole)과 팻 로버트슨(Pat Robertson)을 이어 3위를 차지했다. 아이오와에서의 패배는 절망적인 것으로 보였다. 그러나 돌은 부시에 대한 무뚝뚝하고 비열한 공격으로 인하여 뉴햄프셔 예비선거에서 참패했다. 부시는 남부지역에서 수퍼 화요일 예비선거를 휩쓸고 후보 지명을 위한 안정권 안에 들어갔다. 그는 댄 퀘일(Dan Quayle)을 러닝메이트로 선택했다. 처음에 부시는 레이건의 유산 즉 평화와 번영에 대한 약속을 들고 선거운동에 임했다. 여기에다 더하여 부시는 보다 친절하고 온화한 미국을 건설하겠다고 약속했다. 말하자면 정부원조에 대한 의존이 사회 각계각층으로부터 나오는 자원봉사로 대치되는 그런 사회를 제시하였다. 그는 세금으로 충당되는 각종 자본의 삭감을 약속했고 더 이상 새로운 세금은 없을 것이라고 말했다. 그는 "내 말을 믿으세요. 새로운 세금은 없습니다"를 선거 슬로건으로 채택했다. 반면 민주당은 매사추세츠주 3선 주지사 경력의 미하엘 듀카키스(Michael Dukakis)를 대통령 후보로 지명했는데 그는 초반전에 압도적인 리드를 보였다. 한동안 듀카키스는 포지티브하게 선거전을 이끌었다. 그는 세분화된 건강보험 계획, 수업료에 대한 연방자금 대부제도 확대, 교사에 대한 재정적 장려금 확대, 연방 어린이보호시설 확충 등을 공약으로 내세웠다. 그런데 선거전은 갑자기 네거티브하고 사악한 방향으로 바뀌었다. 부시는 듀카키스가 모든 공립학교 교사들에게 교실에서 학생들에게 일일 충성맹세를 하도록 하는 법안에 반대한다는 이유를 들어 그를 비애국적이라고 비난했다. 또한 부시는 보스턴 항의 오염과 매사추세츠 재정문제에 대해서도 듀카키스를 상대로 맹포격을 가했다. 부시는 역시 듀카키스를 범죄에 유약하고 미국시민자유연맹 회원이라는 이유를 들어 비난했다. 선거전에서 거칠게 변한 부시는 중요 마약 불법 거래상인에 대한 사형을 주장하고, 역시 듀카키스가 사형제도에 반대한다는 이유로 비난했다. 뿐만 아니라 부시는 듀카키스가 지상기지발진 미사일을 반대한다고 비난했으며, 이미 입안된 별들의 전쟁사업인 우주공간에 기지를 두는 시스템이 국가 안보에 위협을 준다고 반대한 것에 대해서도 비난했고, 소련과 협상을 하는데 미국의 영향력을 과소 평가한 데 대해서도 비난했다. 한 텔레비전 광고는 감옥에서 일시적으로 풀려나 있는 동안 백인여성을 폭행하여 기소된 흑인 범법자 윌리 홀턴(Willie Horton)을 출연시켰다. 이 광고는 홀턴의 피부색을 강조했고 이것은 인종차별적 감정을 가지고 있는 유권자들의 본능을 자극하는 기능을 발휘했다. 이러한 네거티브한 선거전은 효과를 내어 부시는 여론조사에서 선두를 고수했다. 부시의 네거티브한 선거전에 공격을 받은 듀카키스 역시 네거티브하게 선거전을 이끌었다. 그러면서 그는 얼마간 실수를 저질렀고 기자들의 질문에 적절한 대답을 하지 못했다. 선거전 마지막 3일 동안 그는 최선을 다했지만 역부족이었다. 선거인단 투표에서 부시가 426표를 듀카키스가 111표를 얻었다.

1992년 부시는 구두표결로 대통령 후보에 다시 지명되었다. 그는 민주당의 빌 클린턴, 독립당의 로사 페로(Ross Perot), 그리고 다수의 소수당 후보들에게 도전을 받았다. 이 선거전에 대해서는 빌 클린턴을 참조하기 바란다.

외교를 비롯한 대외관계와 관련된 업무수행 : 8점 21위(공동)

1990년 8월 이라크가 쿠웨이트와 쿠웨이트 석유에 대한 통제권을 주장하면서 쿠웨이트를 침공했다. 이에 부시 대통령의 강력한 주장에 따라 유엔 안정보장이사회는 이라크의 즉시 철수, 국제적 제재조치 수락, 1월 15까지 이라크가 철수하지 않을 시 무력 사용이라는 결의안을 통과시켰다. 부시는 많은 나라의 군인으로 구성된 다국적군을 결성했다. 미군이 사우디아라비아에 파병되었고 해병대가 걸프만에 파병되어 군사적 행동을 위한 준비에 들어갔다. 1991년 1월 12일 미국 연방 상·하원은 만약 이라크가 철수 시한을 지키지 않으면 무력 사용을 정당화한다는 합동결의안을 통과시켰다. 철수 시한이 되었음에도 불구하고 이라크가 철수를 하지 않자 다국적군의 공군이 포격을 시작했고 미군 장군의 지휘 아래 다국적군이 진격을 시작했다. 4일이 채 되지 않아 이라크 군은 쿠웨이트로부터 퇴각하지 않으면 안 되었고 전쟁의 포성은 중지되었다. 이 전쟁에서 연합군은 미국보다 재정적으로 훨씬 많은 기여를 했다.

명백하게 국제법을 위반한 사건으로, 미군은 1989년 파나마의 사실상의 지도자로 플로리다에 마약을 불법거래하고자 한 마누엘 노리에가(Manuel Noriega) 장군을 체포하기 위해 파나마를 침공했다. 이 사건으로 23명의 미국인과 많은 민간인이 포함된 약 500명 이상의 파나마인이 사망했다. 재산 손실 역시 10억 달러를 넘었다. 당시 미군에 의해 파괴된 많은 파나마인의 집은 재건되지도 않았다. 그럼에도 불구하고 이 침공은 미국인들 사이에서 인기를 끌었고 심지어 CBS의 한 여론조사에서는 대부분의 파나마인이 이 침공을 정당한 것으로 믿는다는 주장까지 나왔다.

유고슬라비아 내전 동안 미국은 이 나라의 해체를 당연한 것으로 받아들이고 보스니아와 헤르쩨고비니아의 독립을 인정했다. 미국은 세르비아 정부에 대해 제재조치를 가하기 위한 유엔 안전보장이사회의 결의안 통과에는 성공했지만, 보스니아와 헤르쩨고비니아에 대한 세르비아의 공격을 멈추게 할 수는 없었다.

1990년 워싱턴 정상회담에서 부시와 고르바초프는 전략무기와 비축 화학

무기의 감축, 원자 에너지 연구에의 협력을 합의했다. 부시와 나토의 지도자, 그리고 바르샤바 조약기구 국가의 지도자들은 상호불가침조약에 서명했다. 바르샤바 조약기구는 1991년에 해체되었다. 미국은 레이건 행정부가 영국에 설치해 두었던 마지막 남은 순항 핵미사일을 철수시켰다. 1992년에 부시와 고르바초프는 전략핵무기감축조약에 서명했는데, 이는 7년 이상 동안 핵무기의 축적을 완전히 단절한다는 것을 의미했다. 1993년 부시는 모스크바로 날아가 보리스 엘친 대통령과 전략무기감축회담 II 조약(START II Treaty)에 서명하고 허용되는 핵무기의 수를 완전히 줄였다. 이 조약으로 사실상 냉전은 막을 내렸다.

니카라과 반군에 대한 인도주의적인 지원은 이 나라에서 선거가 이루어질 때까지 확대되었다. 바이올레타 카메로(Violeta Chamorro)의 당선과 함께 부시는 니카라과에 대한 경제 제재조치를 완화시켰다. 또한 니카라과에 대해 더 많은 직접적인 원조를 약속하고 반군들에게 해체를 요구했다. 이러한 조치는 미국이 파나마 침공으로부터 얻은 결과보다 훨씬 좋은 결과를 얻었다. 미국은 파나마 침공으로 인해 아메리카 국가협회에 속한 나라들로부터 20대 1로 비난을 받았다.

걸프 전쟁과 파마나 침공은 미국이 국가적 이익을 보호하는 데 단호한 결단을 내릴 것임을 입증해 주었다. 부시 대통령 임기 동안 주요 강대국이 미국에 도전하는 사건은 거의 없었다. 소련에 대한 미국의 행동은 국제적 긴장상태를 완화시켰다. 이라크 군이 쿠웨이트에서 철수하자마자 이라크와 쿠웨이트로부터 미군을 즉각 철수시킴으로서 이 지역에 대해 점령 의도가 없음을 보여 주었다. 세계 여론은 소련을 달래어 냉전의 종결을 가져온 것에 대해 대단히 고무적인 반응을 보냈다. 또한 걸프만에서의 미국의 행동에 대해서도 압도적으로 지지를 보냈다. 그러나 파나마에 대한 침공만은 거의 세계 모든 나라들로부터 비난을 받았다.

1992년 12월 17일 부시는 캐나다와 멕시코와 함께 북미자유무역협정(NAFTA)에 서명했다. 부시는 세계의 무역발전에 이익을 주고 다른 나라의 생활수준을 향상시키는 데 도움을 주는 것으로 낮은 관세율과 나프타와 관세와 무역에 관한 일반협정(GATT)을 지지했다. 부시는 내전으로 인하여 기아에 허덕이는 소말리아에 군대를 파견해 식량을 원조하고, 보스니아와 헤르쩨고비니아에 구호물자를 보내주도록 유엔에 요구했다. 부시는 새로운 나라를 건설함으로써 안게 될 부채의 일부를 국제은행에게 포기하도록 권유하는 계획을 지지했다.

국내의 각종 문제 및 사업에 대한 업무수행 : −7점 37위(공동)

부시는 어려운 경제상황을 유산으로 물려받았다. 생산성은 떨어지고 적자예산이 늘어났으며, 실업이 증가하고 여기에 국가부채가 급속히 증가하고 중·하류층의 생활수준이 급락한 것 등은 레이거노믹스(Reaganomics)의 총체적인 결과였다. 부시는 이러한 문제에 직면하여 이를 해결하기 위한 어떤 단호한 행동도 취하지 못했다. 적자예산은 역사상 최고조에 달했다. 부시 정권 아래 연방정부의 소비는 2차 세계대전 이후로 최고를 기록하여 1992년에 GNP의 25%에 달했다. 부시 행정부 동안 통화팽창은 급격히 하락해 연간 3% 이하로 떨어졌다. 다른 경제지표 역시 계속 악화일로를 걷고 있었다. 실업률은 급속도로 증가했다. 대공황 이래 그 어떤 행정부 때보다 더 많은 기업들이 파산했으며 일자리는 거의 창출되지 않았다. 저소득자에 대해 연방정부가 발행하는 식량배급표는 전체 인구의 10%를 육박하고 빈부격차는 더욱 더 확대되었다. 연간 예산부족은 무려 3,500억 달러를 넘어섰다. 부시는 잘못된 경영과 부패는 물론 규제에서 벗어나 무한경쟁체제에 적응할 수 없어 파산하게 된 수백 개의 저축과 보험 금융권 회사들이 제출한 청구서를 서명했다. 그 액수는 약 3,000억 달러에 이르렀다.

저축과 보험 금융권 회사의 붕괴에 뒤이어 부시는 각종 국가의 기금과 제재조치에 부과된 청구서에도 서명하지 않으면 안 되었다. NAFTA와 GATT에 대한 그의 지지는 대규모 농업 관련 회사를 포함한 기업들에 도움을 주었다. 그러나 부시의 이런 정책에 대해 노동자와 농민은 반대했다. 그럼에도 그는 노동계와 농업 전반에 필요한 자본을 충당하는 데 유리한 조건을 만들어 주었다.

부시는 걸프 전쟁 증후군으로부터 고통받고 있는 퇴역군인을 돕고자 하는 목소리에 적절하게 대처하지 못했다. 그는 기업이 요구하는 법률안은 물론 대중수송에 관한 것과 육체적으로 불구인 사람들이 이용할 수 있는 공공편의시설을 마련하는 법률안을 승인했다. 이때 만들어진 장애인법은 1964년 민권법 이래 가장 큰 영향력을 발휘한 반(反)차별적인 법안이었다. 그는 대도시 중심부의 저소득층 거주지역에서 거주하는 사람들을 돕기 위해 구상된 것으로, 기획도시를 만들기 위한 270억 달러에 달하는 세금안에 대해 거부권을 행사했다. 그가 임명한 주택·도시개발 장관은 가난과의 새로운 전쟁에 나서고 국가의 주택정책과 기획도시를 실현해 가고자 하였지만 대통령의 지지를 받지 못했다. 그는 연방의회에게 교회가 관련된 어린이 보호에 대해 보모 선택권과 연방자금 운용을 용인하라고 설득한 후 1990년 어린이보호법안에 서명했다. 그는 저소득층들이 보험증서를 사는 데 도움을 주고, 작은 기업이 큰 기업으로 흡수되면서 보험관계를 개혁하는 데 도움을 주고, 또 의약 오남용 법안을 개혁하는 데 도움은 주고, 각종 보호프로그램을 장려하는 데 도움을 주기 위해 세금의 신용 납부를 용이하게 했다. 그러나 정작 그는 이런 것들을 실천하기 위한 세부적인 시행안은 의회에 제출하지 않았다.

더 이상 새로운 세금은 없다는 맹세를 깨고 부시는 중산층과 부유층을 대상으로 하는 일련의 세금인상에 동의했다. 특히 가솔린과 담배, 술, 사치품에 대한 연방세금을 매우 높게 책정했다. 또한 소득세 비율도 최고에 달했다. 이 법안에는 물론 가난한 노동자 계층을 위한 세금의 신용납부도 포함되어 있었다. 그럼에도 불구하고 민주당은 담배와 가솔린에 부과된 세금이 억압적이라고 주장했고 심지어 맥주에 부과된 세금은 가난한 사람들의 소득을 고려할 때 가장 균형을 잃은 세금이라고 주장했다. 부시는 역시 65세 이상의 노인을 대상으로 하는 노인의료보험의 보험료를 인상했다. 이것은 1992년 선거를 치르면서 자신이 맹세한 것을 깨뜨린 결과가 되었지만 그럼에도 이것은 바람직한 조치였다.

부시는 자신을 환경 대통령이라고 주장했다. 그는 환경보호국을 내각의 하나인 환경부 수준으로 격상시킬 것을 요구했다. 그러나 정작 그는 EPA보다 경쟁위원회의 편을 들었고 환경규제법안에 대해 비난했다. 행정력을 이용해 그는 방목을 허락하고 광산채굴권을 인정하고 석유탐사권을 인정하는 등의 문제와 관련하여 그는 내무부의 결정 사항에 대해 경쟁을 시킬 수 있는 일반 국민들의 권리를 없애 버렸다. 심지어 그는 미국 습지대의 절반을 개발하는 데 걸림돌이 되는 각종 제한조치를 없애 버리자고까지 주장했다. 역시 그는 행정력을 이용해 일반 국민들에게 알리지도 않고 산업체가 배기기준량을 올리도록 허락했다. 그러면서도 1990년에 부시는 공해방지 기준을 강화하는 청정공기법에 서명했다. 그는 연방군대를 알래스카에 파견하여 석유유출을 막는 데 도움을 주도록 했다. 마지못해 참석한 리오데자네이로에서 열린 지구정상회담에서 부시는, 자신은 환경 극단주의자들로부터 미국의 기업과 미국의 일을 보호한다고 하면서 핵심적인 환경우선정책에 반대를 했다. 그러나 또한 그는 제3세계 국가의 숲을 보호하는 원조 액수를 늘렸고 미국에서는 완전한 벌채를 막는 법안을 변경했다. 안전을 이유로 들어 부시의 에너지 장관인 제임스 왓킨스(James Watkins)는 사바나 강의 원자로의 재시동을 연기했다. 왓킨스는 석유탐사를 위해 알래스카에 있는 북극지방 국립야생동물보호지의 일부를 개방시킬 것을 종용했다.

1990년 부시는 일자리 차별 방지방안을 마련할 의도로 만들어진 민권법에 대해 거부권을 행사했다. 그러나 1991년 그는 1년 전에 거부권을 행사하였던 법과 너무나 유사한 새로운 민권법에 서명했다. 부시의 법무국장인 케네스 스타(Kenneth Starr)는 대법원으로 하여금 방송을 허가하는 데 있어 약자보호조치(affirmative action)에 대한 고려를 거두하도록 종용했다. 그는 여러 학교에 인종차별 상태에 대한 연방법원의 관리감독을 끝내는 데 찬성했다.

부시는 제1차 수정헌법 조항으로부터 성조기 문제를 배제하자는 헌법수정안에 찬성했다. 이 수정안이 성립되지 않자 그는 이 문제를 대법원으로 가지고 가서 똑같은 목적을 가지고 만들어진 수정안을 지지해 줄 것을 종용했으나 역시 실패했다. 부시는 인종과 종교를 근간으로 하여 차별을 하는 여러 단체에 속한 회원이었다. 스타 검사는 법원의 관리감독 하에 공립학교에서 졸업기도회를 가지도록 강요했으며 경찰의 수색권 확대와 체포권의 확대 등을 주장했다. 부시는 고용시장의 운용에서 적극적인 행동을 하는 데 반대했다. 그는 적극적인 행동의 반대자인 클리어런스 토머스(Clarence Thomas)를 설굿 마셜(Thurgood Marshall)에 이어 대법원 판사에 임명했다. 부시는 대법원 판사에는 단 한 명의 여성도 임명하지 않았다. 그가 구성한 최초의 내각은 한 명의 여성, 한 명의 흑인, 한 명의 히스패닉이 포함되어 있었다.

부시는 높은 신분에 따르는 도의상의 의무감(noblesse oblige)을 가지고 있었다. 그는 정부가 나서서 사회적 약자나 개인을 위해 가난을 줄이고 정의실현을 개선하는 일에 찬성하지 않았다. 그가 생각하기에, 이러한 일은 자원봉사나 자선행위에 의존해야 할 것이었다. 그는 남아프리카공화국에 대한 제재조치를 완화시켰다.

공립학교와 사립학교의 구분을 고려하지 않고 부시는 사립학교에 보조금을 지급해 주는 할인보증제도를 지지했다. 부시의 교육우선정책에는 모든 성인 미국인들을 읽고 쓸 수 있도록 한다는 것이 포함되어 있었으나, 이것을 실행하기 위한 자금을 확보하는 데는 실패했다. 그는 예술분야와 인문학 분야의 발전을 위한 일에 연방정부의 자금을 지원하지 않았고, 교육에 대한 국가적 목적을 설정하기 위해 주지사들과 만났다. 이 만남은 미국 2000제안으로 구체화되었는데, 여기에는 교육개선을 위한 여섯 가지 목표가 설정되었다. 부시는 신미국학교발전법인이 제안한 기업은 혁신적인 학교를 만들기 위한 돈을 벌어야 한다는 것에 찬성을 했다. 또한 부시는 공립학교뿐 아니라 사립학교와 종교학교에서도 자금운용에서 학부모의 선택을 존중했다. 그러나 총체적으로 부시의 교육우선정책은 정작 교육에 실제적인 영향을 주지 못했다.

행정부와 정부 내에 관련된 업무수행 : 3점 25위(공동)

부시는 국가발전을 위한 포괄적인 목적이나 목표를 가지고 있지 않았으며 이런 것을 달성하기 위한 면밀한 계획도 없었다. 그는 레이건 행정부 동안의 평화와 번영이 계속되기를 바랐고 더 이상의 세금 인상 없이 이것이 이루어지기를 원했다. 이라크의 쿠웨이트 침공, 경기후퇴, 증가일로에 있던 연방 자금의 예산부족은 그가 목표 달성을 방해하였다.

부시는 자신으로부터 시작되는 의사전달의 효과를 높이기 위해 중앙집권화된 조직구조를 선호했다. 부시가 대통령에 취임하자마자 그는 수석참모를 임명했다. 그는 자주 여러 문제들을 다루기 위한 각종 위원회나 특수 임무를 처리하는 태스크 포스팀을 구성했으나 이들 위원회나 태스크 포스팀의 그 어느 누구도 문제를 처리하는 데 필요한 권고사항을 내지 않았다. 부시는 새롭게 내각으로 만들어진 보훈처의 첫 번째 처장을 뽑았다. 저축과 대부를 다루는 은행업이 대대적으로 파산하면서 연방 주택융자은행 위원회와 연방 저축과 대부 보험회사가 붕괴되고 새로운 기구가 만들어졌다. 그것은 저축 감독국과 정리 트러스트 회사였다. 부시는 자신의 전임자 보다 더 많은 책임을 전담해야만 했다.

부시의 내각은 유능한 인사들로 구성되었지만 특출난 사람은 없었다. 비록 걸프 전쟁을 통하여 영웅으로 만들어진 국방장관 딕 체니(Dick Cheney)가 있었지만 수퍼스타는 없었다. 주택도시개발부 장관 잭 캠프(Jack Kemp)와 교육부 장관 레마르 알렉산더(Lamar Alexander)가 나중에 공화당 대통령 지명전에서 경쟁자가 되었다. 부시는 대도시 중심부의 저소득층 거주지역과 가난한 사람을 돕자는 캠프의 제안을 지지하지 않았다. 알렉산더는 공립학교를 운영하는 데 있어 이윤을 목적으로 하는 단체들과 결탁하였는데, 그것은 만약 공립학교가 상업적인 방송을 본다면 공립학교에 텔레비전을 기증하도록 한 것이었다. 아마 부시의 내각 인사들 가운데 가장 큰 영향력을 발휘한 것은 수석보좌관인 존 서누누(John Sununu)와 경영 예산국 국장 리처드 달만(Richard Darman)일 것이다.

비록 부시가 행정부 인사들의 일을 관리감독한다는 면에서는 레이건보다 훨씬 나았다고 하지만 그럼에도 그는 뛰어난 행정가는 아니었다. 외교문제에서는 부시 자신의 책임을 명확히 하고, 대부분의 국내 문제에서는 내각의 장관과 다른 뛰어난 조언자들이 반대의견을 개진하도록 했다. 만약 어떤 안건이 일치에 도달하지 않으면 행동으로 옮겨지지 않았다.

부시는 어떤 의미에서 적절했지만 항상 국민과의 효과적인 의사소통을 위한 전달자는 아니었다. 그는 지나친 비밀사항과 오보에 집착하지 않았다.

부시 정권 하에서 국민들은 이전의 그 어떤 전쟁보다도 걸프 전쟁에 관해 더 잘 알 수 있었다. 그는 최근에 대통령을 지낸 그 누구보다도 언론과 많은 대화를 했지만 효과는 그리 크지 않았다. 형식을 중요시하지 않는 그의 연설 스타일은 세련되지 못하고 다소 파격적인 것이 많았다. 연설을 할 때 그는 처음부터 끝까지 같은 선상에서 연설을 해 나가려다 자주 어려운 상황에 빠졌다. 그는 평상시에는 설득적이고 회유적이었으며 국민들과 함께 기꺼이 충분한 대화를 나누고자 했다. 그러나 비상시에는 고립 상태에서 단독으로 결단을 내리곤 했다. 예컨대 걸프 전쟁의 위기 상황 속에서 그는 자신이 결정을 내리기에 앞서 이 지역의 전문가와 어떤 대화도 나누지 않았다.

통제할 수 없는 현실에 직면한 부시 행정부는 차츰 지출이 늘어날 수밖에 없었다. 부시는 지출이 늘어나는 현실과 더 이상 새로운 세금이 없을 것이라는 그의 맹세를 깨뜨린 것을 가지고 대단히 불공평하게 비난을 받았다. 부시의 입장에서 보면 국가적인 비상사태이기 때문에 소비는 늘어날 수밖에 없었고 이를 위해 세금을 늘리지 않을 수 없었던 것이다.

부시 정권 하에서 행정부의 각종 기구들은 적절하게 운영되었다. 국방부는 걸프 전쟁에서 뛰어난 전쟁 수행력을 발휘하여 신용을 얻었다. 부시 정권 하에서 이룬 가장 중요한 성과 중 하나인 냉전의 종결은 어떤 의미에서 보면 미국의 노력보다 고르바초프와 엘친의 노력 덕분이며 또한 소련 공산주의의 몰락 때문이다. 그러나 부시가 국무부에 이 일을 위임시켜 두기보다 자신이 직접 이 일을 주도하며 국가 간의 친교와 무기감축을 가져오는 기회를 잘 이용한 데에도 그 이유가 있었다고 하겠다.

부시는 민주당에 의해 주도되는 의회와 마찰을 겪었다. 대통령이 되고 나서 부시는 처음에 의회와는 우호적이고 초당적인 관계를 유지해 나가고자 했다. 그래서 그는 의사당과 백악관 사이에 가로놓인 장벽을 무너뜨리고자 무척이나 애를 썼다. 그럼에도 그에 대한 의회의 지지도는 최근에 대통령이 된 그 어떤 사람들보다 낮게 나타났다. 그러나 부시는 의회와의 관계에서 어느 정도 성공을 거두어 항상 양당의 중도파들로부터 지지를 받았다. 자연적으로 민주당 자유주의자들과 공화당의 극단적 보수주의자들로부터는 반대를 받았다. 그의 거부권 행사가 무시된 것은 46번 중 딱 1번이었다. 그는 의회와의 타협을 이끌어 내기 위해 거부권을 위협용으로 사용하였다. 그는 외교정책을 주도해 나갈 때 양당의 지지를 받았으나, 임기 말이 다가오면서 의회와 상당히 불편한 관계가 되고 마침내는 전혀 의사소통이 이루어지지 않는 사태로까지 악화되었다. 결국 1992년 선거에서 부시는 의회를 비난하는 선거운동을 하게 된다.

부시가 대법원 판사에 클리어런스 토머스를 임명한 것은 사법부와의 관계에서 낮은 점수를 받게 했다. 그러나 이 임명은 뛰어난 자질을 갖춘 중도파 인사인 데이비드 소우터(Davis Souter)의 임명으로 일정하게 상쇄되었다. 부시는 자신과 정치적 견해를 공유한다고 여겨지는 인물을 하급법원의 판사로 임명했다. 그는 대통령 직속 연방 사법부 인사 선발위원회를 통해 사상검증을 하고 난 후 판사로 임명했지만, 제출된 인사들의 명단을 미국변호사협회에 보내 재고를 해주도록 요청했다. 그가 최종적으로 판사 명단으로 제출한 인사들 중 단 1명만이 상원에서 거부되었다. 그는 소수인종과 여성들이 판사직에 임명되는 것에 대해 관심을 표명했다. 그러나 이는 말 그대로 관심에만 그쳤고, 대부분은 중년의 부유한 백인으로사 공화당 출신 남성들 중에서 선발하여 임명하였다.

부시는 사리사욕에 앞서 공적인 이익을 먼저 처리했다. 부시는 자신의 프로그램이 진행되도록 압력을 행사하기 위해 강력한 이익집단을 동원하지 않았으며 여러 압력단체에도 굴복하지 않았다. 한편 이란-콘트라 사건으로 인하여 구속된 6명의 죄인에 대한 그의 사면은, 인도주의적인 차원에 의한 것이라기보다 자기 이익에 대한 관심에 따른 것으로 여겨졌다. 이 사면으로 일반 국민들은 이란-콘트라 사건에 대한 부시의 불(不)개입 주장이 사실인지를 판가름할 수 있는 청문회의 기회를 박탈당한 셈이 되었다.

지도력 및 의사결정과 관련된 업무수행 : 5점 22위(공동)

소규모 단체에서 부시는 항상 지도자로 등장했으나, 그의 카리스마는 보다 큰 규모의 단체에서 연설을 행할 경우 그리 효과를 발휘하지 못했다. 그에게는 텔레비전 시청자들을 대상으로 한 레이건의 호소력과 같은 것이 많이 부족했다. 그는 국가가 직면한 핵심적인 문제를 해결하는 데 지도력을 발휘하지 못했다. 부시는 어떤 일을 추구하기 위한 특별한 대의명분을 가지고 있을 때 항상 다른 사람이 자신을 따라주도록 그들을 설득해 낼 수 있었다. 이는 그가 항상 정의의 편에 서 있었기 때문에 그러했다. 그러나 그는 너무나 자주 자신이 선택한 과정이 정당하고 올바르다고 믿는 신념이 부족했다. 부시는 자신뿐 아니라 다른 사람에게 높은 수준의 업무수행능력을 설정했다. 그는 그럭저럭 동기를 유발시키는 힘을 갖고 있었으나 결코 뛰어난 것은 아니었다. 그의 가장 큰 약점은 본질적인 문제를 처리해 나갈 때 적절한 방향을 설정하지 못했다는 점이다.

정부에 대한 일반 국민의 확신을 유지하는 데 있어서 부시의 업적은 상당히 혼란스럽다. 외교정책에서 거둔 그의 승리는 많은 미국인들 사이에 큰 자부심과 확신에 찬 신념을 심어 주었다. 그러나 한편으로 많은 사람들은 이란-콘트라 사건에 부시가 연루되지 않았다는 주장을 그대로 믿지 않았다. 부시가 대통령으로 있는 동안 경제의 안정에 대한 확신 역시 계속 증가하는 예산부족과 국제적인 무한경쟁으로 인한 일자리의 상실, 저축을 비롯한 금융계가 약세를 기록하면서 크게 흔들렸다.

부시는 미국 국민들과 미래에 대한 비전을 공유하지 못했다. 그는 자신의 이런 약점을 인식했지만 이 약점을 극복하기 위한 독창적인 생각이나 의사소통 기술은 턱없이 부족했다. 그는 명백하고 분명한 정치적 프로그램을 제시하지 못해, 어떤 특별한 대의명분을 갖고 있지 못한 대통령으로 여겨지고 있다. 새로운 세계질서에 대해 언급은 했지만 그것이 구체적으로 어떻게 진행되어야 하고 그 속에서 미국이 어떤 역할을 해야 하는지를 찾아내지 못했다.

국가가 어떻게 발전해 가야 할지에 대한 상황을 정확히 분석하고 이에 대한 계획을 세우는 일에서도 부시는 약점을 드러내었다. 그는 거의 대부분의 문제를 자신의 수석 보좌관들에게 의존하였고 그들의 결정에 따랐다. 만약 그들이 어떤 일치된 결론에 도달하지 못할 경우 그는 가능한 한 결정을 늦추었다. 그는 논란거리가 되는 문제에 대해 자기 면전에서 반대의견을 피력해 줄 것을 요구했다. 국내정책에 대한 의사를 결정할 때에는 많은 선택사항이 제시되고, 다시 세밀한 정리와 비판을 통해 최종 평가가 내려졌다. 그런데 중요한 문제는 이것이 수석 보좌관들에 의해 다루어졌다는 점이다. 존 스누누는 부시의 일등 가는 법률 보좌관이자 정치적 조언자, 그리고 국내정책 입안자였다. 정부의 특권을 과다하게 사용하고 정부자금을 유용하여 턱없이 여행을 많이 다녔다는 이유로 기소된 후 서누누는 새뮤얼 스킨너(Samuel Skinner)로 대치되었다. 서누누는 재기가 뛰어나고 엄격했고, 거만했으며, 성미가 매우 급하고 참을성이 없었다. 자연적으로 언론도 일반 대중도 그를 별로 좋아하지 않았다. 서누누에 비해 스킨너는 모든 면에서 수준이 한 단계 아래였다.

부시는 일어날 수 있는 가능한 결과에 대해 고려를 하지 않고 무조건 의사를 결정해 버리는 서툴고 무모한 사람은 아니었다. 부시는 잘못된 결정을 내려 위험을 초래하기보다는 결정을 연기하는 쪽을 택했다. 그는 의사를 결정하는 일에서 폭넓은 경험을 갖고 있었다. 예일 대학에서 경제학 분야로 상을 받았으며 레이거노믹스를 '부두교 경제학'(voodoo economics)으로 정확하게 진단을 내렸다. 그럼에도 그는 더 이상 세금은 없을 것이라는 어리석은 맹세를 했다. 부시는 매우 지능적인 사람이었으나 의사를 결정하는 데 있어서는 이 지능을 제대로 활용하지 못했다.

필요하다고 여겨지면 부시는 타협도 마다하지 않았다. 민주당에 의해 통제되고 있던 의회와 함께 일을 하면서 부시는 어떤 일인가를 성취하기 위해서는 타협을 해야 한다는 사실을 알고 있었다. 그는 의회와 타협을 할 때 자신이 취하는 행동의 수단으로 거부권의 위협을 효과적으로 이용했다. 어떤 확고한 신념을 갖고 있지 않았기 때문에, 부시는 타협을 위해 자신의 원리원칙을 깨뜨릴 필요는 없었다. 부시는 단호하게 결정을 내리지 않았다. 오히려 어느 쪽인가 하면 문제가 스스로 해결될 때까지 기다리는 쪽이었다. 그러나 꼭 필요하다고 여겨지면 단호히 결정을 내렸는데, 파나마 침공과 사막의 폭풍작전 같은 것이 그런 것이다. 국가 비상사태에서도 그는 차분함을 유지했고 이성적인 태도로 행동했다.

개인적 성격과 도덕성 : 5점 27위(공동)

거의 예외 없이 부시는 미국 대통령에 적합한 권위를 가지고 행동했다. 선거운동을 하는 기간에만 사소하고 마음 좁은 행동을 했다. 부시의 행동 중 어떤 것, 특히 걸프 전쟁에서의 승리는 미국인이 미국에 산다는 것에 대해 자부심을 갖게 했고 부시가 자신들의 대통령이라는 사실에 대해서도 자부심을 갖게 했다. 그러나 부시의 어떤 것, 특히 그의 무관심 때문에 국민들은 그를 지속적으로 자신의 영웅으로 주장하기 어려웠다. 대신 그 자리는 콜린 파월(Colin Powell)에게로 돌아가고 어느 정도는 슈와츠코프(Schwartzkopf) 장군에게로 돌아갔다. 국방장관인 딕 체니는 부시보다 더 많은 믿음을 받았다. 부시가 자신이 추진한 일을 다 마무리했는가에 대해 가늠해 보면, 사담 후세인 (Saddam Hussein)은 여전히 권좌에 앉아 있고 결국 부시는 자신의 지도력을 의심받을 수 있는 것이다.

부시는 대통령직을 신장시키지도 추락시키지도 않았다. 그러나 그는 민주당의 통제 하에 있는 의회 내 4개의 위원회로부터 승인을 받지 않고 콘트라에 대한 지원을 중단한다고 합의함으로서 대통령직을 다소 손상시켰다. 그는 걸프만에 미국 군대를 파견하기에 앞서 의회의 승인을 받아 냈다. 그러나 파나마에 군대를 보낼 때는 의회의 승인을 받지 않았다. 고르바초프와 엘친, 그리고 동유럽의 구(舊)소련 위성국가들의 지도자들과 일하면서 발휘한 그의 지도력은 다른 데서는 발휘하지 못했던 지도력을 상쇄시켜 주었다.

부시는 대중 여론에 호소하는 데 특히 재능력 없었다. 그의 무관심과 서투른 스타일 때문에 국민들은 그들의 대통령에 대해 친근감을 느끼지 못하였다. 그는 사실 국민들과 가까이 접촉하지 않았다. 그는 일상적인 생활과 너무나 동떨어져 있어서 심지어 1992년 대통령 선거에서 경제상태가 자신에게 어떤 영향을 줄 것인가에 대해 질문을 받았을 때는 이를 확실하게 이해하지도 못했다. 부시는 많은 일반 국민들로부터 정보를 구하지 않는 것으로도 유명하며, 권력 중추부에 위치한 측근 그룹이 아닌 다른 사람들로부터 받는 충고에 귀를 기울이지 않는 대통령으로도 유명했다. 그러나 그는 대중여론조사에 대해서는 민감한 반응을 보였다. 국민 개개인에 대한 관심보다 단체에 더 많은 관심을 표명했던 것이다. 그는 자신이 일반 국민들과 접촉할 수 있게 해주는 공공 토론회와 읍민회에 별반 관심을 보이지 않았다. 그는 일반 시민들과 접촉하여 그들의 의향과 목소리를 듣는다는가 하는 일을 좀처럼 하지 못했다.

부시의 귀족적인 무관심은 스스로 국민들에게 다가서기 어렵게 만들었다. 그는 대통령직을 이용하여 국민들에게 많은 일을 해주고자 했지만 정작 대중의 지지를 이끌어 내는 데는 실패했다. 무엇보다 구체적인 행동을 위한 프로그램을 만들어 내지 못했기 때문이다. 그는 보다 좋은 교육에 대해 언급했고 또 불법마약을 처단할 것이라고 말했지만 이를 실천하기 위한 구체적인 프로그램을 제시하는 데는 실패했다.

부시는 도덕적 가치와 원리에 입각하여 행동했다. 그는 가족, 질서, 계급 조직 등을 확실하게 믿었고 그의 성실한 정직성에 대해서는 좀처럼 의심을 받지 않았다. 그러나 그는 가장 유명한 약속을 깨뜨렸다. "내 말을 믿으세요. 새로운 세금은 없습니다." 그는 이 적절치 못한 약속을 깨뜨리기는 했지만 사실 그렇게 하는 것이 타당한 것이었다. 부시는 개인적으로 정직하고 부지런했다. 부유한 가정에서 태어난 그는 공직을 이용해 경제적으로 이익을 취하지 않았으며, 자신의 친구나 친척에게도 경제적으로 이익을 보게 하지 않았다. 비록 이들 중 많은 사람을 공직에 임명한 것은 사실이지만 이들은 대부분 경제적으로 오히려 손해를 보았다.

부시는 1988년과 1992년 대통령 선거 때 약간 일탈을 했지만 평생을 통해 높은 수준의 개인적 도덕성을 유지했다.

종합평가 : 14점 28위(공동)

부시는 100점 만점에 14점을 받았고 전체 대통령 중에서 28위를 차지했다.

윌리엄 클린턴
William J. Clinton | 1993~1999

	평가점수	평가등수
외교를 비롯한 대외관계와 관련된 업무수행	13	6(공동)
국내의 각종 문제 및 사업에 대한 업무수행	14	7(공동)
행정부와 정부 내에 관련된 업무수행	7	17(공동)
지도력 및 의사결정과 관련된 업무수행	10	17(공동)
개인적 성격과 도덕성	-3	36
종합평가	41	18(공동)

배경

윌리엄 제퍼슨 블리스 4세(William Jefferson Blythe IV)는 1946년 8월 19일 아칸소주 호프에서 태어났다. 그의 아버지는 미래의 대통령이 태어나기 전에 운전중에 차가 길에서 미끄러져 배수구에 빠져 죽었다. 16세가 되었을 때 빌(Bill)은 합법적으로 자신의 성(姓)을 의붓아버지의 성인 클린턴으로 바꾸었다. 핫 스프링스 고등학교를 졸업하고 조지타운대학에 입학한 그는 국제관계학을 전공하고 뛰어난 성적과 재능을 발휘하여 로즈 장학금을 받았다. 이 장학금으로 영국 옥스퍼드에서 공부를 하고 1970년에는 예일대학 법학부에 장학금을 받고 입학하였으며 여기에서 힐러리 로드햄(Hillary Rodham)을 만났다. 그녀는 그 스스로 공직을 가진 최초의 대통령 부인이었다. 힐러리는 건강에 대한 정보·서비스·장비 등을 제공하는 국가기관의 일에 대해 대통령에게 자문 역할을 하는 태스크 포스 팀을 이끌었다. 뿐만 아니라 그녀는 백악관의 서쪽지역에 자신의 사무실을 가진 최초의 퍼스트 레이디였다.

1973년 예일대학 법학부를 졸업한 후 클린턴은 아칸소 대학 법학부 교수를 지냈다. 1974년 민주당의 지명을 얻어 연방하원에 출마했으나 근소한 차이로 떨어지고 1976년에 아칸소주 검찰총장에 당선되었다. 1978년 아칸소 주지사에 당선된 클린턴은 교통망 개량사업에 들어갈 재원을 마련하기 위해 주의 휘발유 세금을 올리고 자동차 등록세를 올렸다. 그는 교육에 들어가는 예산도 증가시켰다. 1980년에 주지사 재선에 패배한 그는 1981년에서 1982년까지 아칸소주 리틀록에서 변호사를 개업하고 1982년에 다시 주지사에 당선되어 연거푸 세 번 더 당선되었다. 이때 주지사로 있으면서 그는 공교육과 관련한 수많은 개혁들을 성취하였다. 이 개혁에 들어가는 재원은 판매영업세와 지방 재산세를 인상하여 충당했다. 클린턴은 새로운 기업을 아칸소주로 유치하는 데 아칸소주의 낮은 임금과 낮은 세금을 자극 요인으로 삼았다. 그는 건강보험의 적용범위를 확대하고 임신한 여성과 아기에 대한 건강서비스를 개선시켰다. 클린턴은 소수민족이 주인으로 있는 기업이 만들어 낸 상품의 구입을 증가시키기 위한 노력을 관리감독하기 위해 소수민족기업자문위원회를 만들었다. 그리고 과거 아칸소 주지사 중 그 누구보다도 많은 흑인과 여성들을 고위직에 임명했다.

주지사로 있는 동안 클린턴은 전국적으로 유명 인사가 되었다. 그는 1990년과 1991년 사이에 민주당지도력위원회 의장직을 맡아보았고, 1985년에서 1986년에는 남부발전정책위원회 의장직을, 1986년에서 1987년에는 주 교육위원회 의장직을, 역시 같은 1986년에서 1987년에 전국주지사협회 의장직을, 1990년에 1991년에는 아동보호를 위한 전국주지사협회 태스크 포스 팀장직 등을 맡아보면서 전국적인 인물로 등장하였다. 1991년에 『뉴스위크』(Newsweek)가 실시한 전 미국 주지사들에 대한 여론조사에서 클린턴은 전국에서 가장 영향력 있는 주지사로 선정되었다.

대통령 후보 지명과 선거

1991년 클린턴은 민주당 대통령 후보지명전에 후보로 등록했다. 톰 하킨스 (Tom Harkins)가 아이오와주 코커스에서 승리를 했고, 폴 송거스(Paul Tsongas)가 뉴햄프셔주 예비선거에서 승리했다. 그러나 클린턴의 입후보는 군대 문제를 성실하게 처리하지 못하고 베트남전에서 징집을 피하기 위해 적절치 못한 처사를 했다는 이유로 어려움을 겪었다. 그럼에도 불구하고 클린턴은 나머지 코커스와 예비선거에서 모두 승리했다. 민주당 전국전당대회가 열리기 전에 이미 클린턴은 대통령 후보 지명을 위한 정족수를 확보해 두었고 대통령 후보자 결정선거 1차에서 승리를 했다. 러닝메이트로 그는 상원의원 앨 고어(Al Gore)를 선택했다. 그의 선거전략의 핵심은 경제성장이었고, 그 외에 복지정책의 개혁, 강력한 국방력, 낙태를 할 수 있는 권리, 건강관리에 대한 보편적인 접근, 육아정책의 확대, 가족이 비상시에는 무급휴가를 할 수 있는 권리, 새로운 공공사업, 환경보호정책 등이었다.

현직 대통령 부시 역시 대통령 후보자 결정선거 1차에서 공화당 대통령 후보로 선정되었다. 또 다시 로사 페로가 독립당 후보로 이 경쟁대열에 들어왔다. 초반기 여론조사에서 페로의 지지도는 부시와 클린턴을 앞질렀다. 아마도 이러한 현상에는 악화된 경제상태에 대한 국민의 실망과 클린턴의 인격에 대한 유권자들의 걱정이 작용했던 것으로 보인다. 그러나 페로의 선거진영에서 분열이 일어나 당분간 페로는 선거전을 떠날 수밖에 없었다. 그가 다시 선거전에 뛰어들었을 때는 페로가 자신들을 버렸다고 생각한 과거의 지지자들의 마음을 되돌릴 수가 없었다.

여론조사에서 클린턴이 압도적인 우세를 보였다. 부시는 이번에도 4년 전과 같이 네거티브한 선거전략으로 나갔다. 그는 클린턴을 세금을 소비하고 낭비를 일삼는 자유주의자로 공격했다. 또한 클린턴은 베트남 전쟁에서 징집을 피하고 옥스퍼드 대학을 다니는 동안 반전운동에 참가했다고 비난했다. 부시는 클린턴이 확인 되지 않은 인물이고, 신뢰할 수 없는 인물이며, 비애국적인 인물이라고 비난했다. 부시는 불경기에 빠진 경제를 살리는 자극제로 주요 소득세의 삭감을 주장했다. 또 세금공제가 건강보험에 대한 비용을 상쇄시켜 줄 것이라고 주장하고, 헌법을 수정하여 낙태를 제한하자는 주장을 폈다. 페로는 예산적자 문제를 주요 안건으로 삼고 휘발유와 담배, 그리고 사회보장제도로 얻게 된 이득에 대한 세금 인상을 주장했다. 클린턴은 미국의 최고 부자 2%의 세금을 인상하고 중산층에 대한 세금은 삭감하자고 주장했다. 그는 예산부족을 점차적으로 줄이기 위해서는 경제성장에 의존해야 한다고 믿었다. 그는 역시 고속철도 서비스를 제공하고, 전국컴퓨터망을 설치하고, 국가의 사회간접자본을 수리하기 위해서는 공공사업을 추진해야 한다고 주장했다. 그는 국가건강보험프로그램을 위한 일자리와 모든 자격 있는 대학생들을 위한 재정적 지원을 돕는 일자리, 복지개혁을 위한 일자리를 창출하자고 주장했다. 세 후보 모두 국방예산은 삭감되어야 하며 반면 교육여건은 개선되어야 한다고 주장했다. 세 명의 대통령 후보자들의 토론회가 열렸다. 클린턴의 인격적인 면을 물고 늘어져 큰 타격을 가하고자 했던 부시의 전략은 후보자들이 지나치게 이 문제에 집착한다는 질문자들의 주장으로 뜻을 이루지 못했다.

클린터은 최다 득표자였으나 역시 과반수는 넘지 못했다. 선거인단 투표에서 부시가 168표를 얻은 것에 비해 클린턴은 360표를 얻었다. 페로는 일반투표에서 상당히 선전을 했지만 선거인단 투표에서는 단 한 표도 얻지 못했다.

1996년 시카고에서 열린 민주당 전당대회에서 클린턴과 고어는 두 번째 임기를 위해 후보로 지명되었다. 공화당에서는 힘겨운 선거운동을 통해 상원의원 밥 돌(Bob Dole)이 후보로 지명되었다. 이번에도 로사 페로는 자신이 만든 개혁당의 후보로 나섰다. 클린턴은 이전의 선거전략을 그대로 유지했다. 반면 돌은 입장을 바꾸어 공급 측면의 경제학(정책)을 받아들였다. 그는 5,480억 달러에 달하는 약 15%의 세금 삭감을 주장했다. 또한 그는 교육시스템에 대한 정밀조사를 통해 사립학교와 교회 관련 학교에 학생들에 대한 보증을 해주고, 5년 이내에 연방예산의 균형을 이루겠다고 주장했다. 세금삭감 주장은 항상 유권자들에게 인기를 끄는 정책이었지만 돌이 약속한 것을 믿는 사람은 거의 없었다. 페로는 양당제도에 대해 비판을 가했다. 페로가 제외된 채 클린턴과 돌 사이의 두 번에 걸친 토론회가 열렸다. 돌은 이전에 부시와 같이 클린턴의 인격을 집요하게 공격하였다. 반면 클린턴은 이런 공격을 무시하고 자신의 업적을 강조했다. 선거전은 맥이 빠졌고 투표율을 형편없이 곤두박질쳤다. 선거인단 투표에서 돌이 159표를, 페로가 단 한 표도 얻지 못한 것에 비해 클린턴은 379표를 얻어 다시 대통령에 당선되었다.

외교를 비롯한 대외관계와 관련된 업무수행 : 13점 6위(공동)

여러 가지에서 성공한 경험이 있는 클린턴은 세계의 많은 지역에서 평화와 안정을 가져오기 위해 때로는 협상을 때로는 군사적 위협을 이용했다. 군사 쿠데타가 일어나 하이티 대통령 아리스티데(Jane-Bertrand Aristide)를 축출했을 때 유엔 안전보장이사회는 미군에게 하이티를 침공하여 쿠데타 지도자들을 축출하고 선출된 이 대통령을 복위시키도록 했다. 전직 대통령 카터를 팀장으로 하는 협상팀이 평화정착을 위해 협상에 들어갔다. 쿠데타의 지도자는 아리스티데에게 군을 인계하고 이 나라를 떠났다. 미군은 역시 소말리아와 보스니아에서도 인도주의적 사업을 벌이고 있는 유엔을 도와 활동했다. 미국 평화유지군은 소말리아에서 폭력을 안정시키고 망령과도 같은 기근을 줄이기 위해 노력했다. 그럼에도 미국은 소말리아에 안정된 정부를 정착시키지는 못했다. 클린턴은 보스니아에 대한 유엔무기금수조치에 참여했고 1998년에는 북아일랜드의 폭력사태를 잠정적으로 중단하는 휴전을 협상했다. 그는 나토 평화유지군의 일부로 코소보에 군을 파견하였다.

이라크와의 분쟁은 계속되었다. 클린턴은 후세인이 소유하고 있는 것으로 알려진 화학과 생물학 무기가 아랍 이웃국가와 유럽에 즉각적인 위협이 될 것인지 아니면 되지 않을 것인지에 대해 확신을 할 수가 없었다. 미국의 무기사찰단이 이라크에서 추방 당했을 때 그들이 다시 이라크로 들어갈 수 있도록 외교적 수단이 동원되었다. 이라크는 사찰에 대한 제한조치를 요구하였다. 1998년 클린턴은 미 공군에게 명령하여 무기를 만들고 적재해 둔 곳으로 의심되는 지역을 폭격할 것을 명했다. 1999년 미국이 이라크에 비행금지구역을 설정해 두었을 때 여러 가지 사건이 발생했다.

이스라엘과 팔레스타인 해방기구 대표들이 1993년 백악관에서 만나 잠정적으로 팔레스타인 자치 통치의 원리를 인정하는 협정을 맺었다. 이 협정은 지속적이고 포괄적인 평화정착을 이끌 것으로 기대되었다. 클린턴의 중재와 재촉 아래 라빈(Yitzhak Rabin) 총리와 아라파트(Yasser Arafat)가 악수를 나누었으나 평화에 대한 희망은 라빈의 암살과 함께 산산조각나 버렸다. 1998년 클린턴은 중동의 평화정착에 대한 새로운 희망을 끌어내기 위해

이스라엘 수상 네다냐후(Benjamin Netanyahu)와 아라파트와의 회담을 매릴랜드에서 주선하였다.

우크라이나, 러시아, 미국 대통령이 회담을 한 후 우크라이나가 핵보유를 포기하는 데 동의했다. 미국과 러시아는 1994년 5월 30일 이후부터는 그들의 전략핵무기가 그 어떤 나라의 영토도 겨냥하지 않을 것이라는 데 합의했다. 클린턴은 상원을 설득하여 포괄적인 핵실험 금지조약을 비준하도록 하지는 못했다. 그러나 그는 미국이 이 조약의 내용을 따를 것이라고 서명했다.

클린턴은 북한에 대한 제재조치를 제안했다. 그 결과 북한은 핵 프로그램 동결에 합의했고 핵 시설에 대한 사찰을 허용했다. 클린턴은 일본 자동차에 대한 100% 관세의 인상을 제안했다. 이에 일본은 미국으로부터 보다 많은 상품을 수입하는 데 합의했고 미국에서 일본 자동차의 생산을 늘리는 데 합의했다. 1996년에 미국은 오키나와에 있는 공군기지를 철수시키고 그곳에 미국 군대의 주둔을 일소하는 데 합의를 보았다. 또한 미국과 베트남은 외교관을 교환하는 데 합의했다. 베트남은 베트남 전쟁 말기에 몰수된 미국의 재산에 대해 2억 850만 달러를 배상하는 데 동의했다. 미국 역시 미국에 있는 베트남의 1억 3천만 달러에 달하는 자산의 동결을 풀어 주었다.

클린턴의 관세정책은 세계무역의 발달에 도움이 되었다. 미국과 멕시코는 1993년 11월 북미자유무역협정(NAFTA)에 조인하고, 그 한 달 후 캐나다가 승인을 했다. 클린턴은 1994년 1월 1일부터 이 조약이 효력을 발생하는 데 서명했다. 또한 클린턴은 멕시코의 재정적 붕괴를 피할 수 있도록 180억 달러에 달하는 금액을 신용 처리할 수 있게 해주고, 자신의 비상권한을 이용해 200억 달러의 대부를 해주었다. 클린턴은 아시아-태평양 경제협의기구에 참가하였는데, 이 회의에 참가한 각국 정상들은 많은 상품에 대한 관세 인하 및 철폐에 합의했다. 연방의회는 1994년에 소위 관세와 무역에 관한 일반협정의 우루과이 라운드의 관세삭감조항에 서명했다.

클린턴의 평화를 유지하고 인도주의적인 정책을 이끌고자 하는 노력은 미국에 대한 세계여론을 우호적으로 향상시켰다. 비록 1998년에 미국 대사관 폭탄사건에 대해 과잉반응으로 수단과 아프가니스탄에 대한 포격이라는 문제도 있었지만 대체적으로 긍정적인 반응이었다.

국내의 각종 문제 및 사업에 대한 업무수행 : 14점 7위(공동)

클린턴이 대통령이 되었을 때 미국의 실업률은 무려 7%를 넘고 있었다. 1993년의 적자예산은 3천 273억 달러에 달했고 1994년에서 1998년까지의 적자 역시 이와 비슷한 액수가 되리라 예견되었다. 한 가지 긍정적인 면이라면 낮은 비율의 인플레이션이 유지되고 있다는 점이었다. 1993년 의회는 클린턴 대통령의 요구에 훨씬 못 미치는 경기회복을 위한 일괄타결안을 통과시켰다. 그럼에도 불구하고 경제는 개선되기 시작했다. 1997년 실업률은 지난 20년 동안에 최하를 유지했고, 1999년 연두회견에서 클린턴은 1957년 이래 평화기에 가장 낮은 실업률을 기록했다고 발표했다. 클린턴은 또한 약 1,800만 개에 달하는 새로운 일자리가 자신의 재임기간 중에 창출되었으며 임금은 인플레이션에 비해 두 배 이상 올랐다고 주장했다. 또한 이 나라 역사상 가장 많은 가정이 생성되고 지난 30년 동안 복지 혜택을 보는 등록인원은 가장 낮은 비율을 보였다고 주장했다. 코닥사의 강제 휴업, 레비 슈트라우스사의 휴업이 수천 개의 일자리를 앗아갔다. 그 결과가 공개되어 나프타는 이를 비난했지만 외국과의 무역에서 얻은 총체적인 결과는 엄청난 것이었다. 물론 많은 사람들은 그러한 변화와 무관했지만 어쨌든 클린턴 대통령 하에서 미국경제는 호전되어 갔고 예산적자도 줄어들었다. 1998년 드디어 미국은 1969년 이래로 처음으로 예산흑자를 기록했다.

노동조합과 소규모 농민 단체들은 나프타와 가트를 자신들의 이익을 좀먹는 조직이라고 비난했다. 세부적인 내용이야 어떻든 전체 일자리 숫자가 크게 증대되었기 때문에 국제간의 무역 협정이 일자리의 손실을 가속화시키는지에 대해서는 논쟁의 여지가 있다. 클린턴은 노동과 환경기준에 대한 확고한 기준 정립과 갑작스럽게 불어난 수입으로 인한 부정적인 충격을 막기 위한 나프타의 후속 협정에 서명을 했다. 이 협정은 농업 관련 산업과 주식회사가 된 대규모 농업인에게 유리하였고, 가족 중심의 소규모 농민에게는 불리하게 작용했다. 농민들은 클린턴 행정부 동안에 미국이 누린 전반적인 번영을 공유하지 못했다. 클린턴도 사실 농지자유처분법에 마지못해 서명했고, 사실 이 법은 소규모로 농사를 짓는 농민들에게 피해를 주었다.

클린턴이 대통령이 되고 난 후 한 달도 안 되어 그는 레이건과 부시에 의해 만들어진 낙태 억제 제한조치를 뒤집는 행정명령을 내렸다. 그는 군대에서 신병을 모집할 때 더 이상 성적인 본능에 따른(sexual orientation) 구분을 하지 말도록 명령했으며 군대 내의 공개된 동성애자(gay)를 강제로 제대시키지 말고 예비병으로 보유하도록 명령했다. 또한 클린턴은 이전에 부시가 두 번씩이나 거부권을 행사한 것과 비슷한 내용의 가족과 의료 위임법에 서명했다. 가장 야심 찬 정책으로서 클린턴은 국가가 건강에 대한 정보·장비·서비스 등을 제공하는 사업에서 테스크 포스팀을 구성했다. 건강과 관련한 이 사업은 1993년 9월에 발표되었다. 이에 대해 미국경영협회(AMA)는 반대입장을 표명했다. 이 법안이 의회에 제출되어 논란을 일으키는 동안 클린턴은 미국 인구의 95%을 포함하는 것을 골자로 하는 건강에 관한 법안을 만들 것이라고 했다. 그러나 클린턴의 이러한 공언에도 불구하고 연방상원 지도부는 각종 기업과 보험회사, 제약회사 등의 반대로 모든 사람에게 혜택이 돌아가는 건강보험에 관한 계획을 포기하지 않을 수가 없었다. 1995년 클린턴은 청소년들의 담배소비를 자제시킬 목적으로 식량과 의약 규제에 관한 법에 서명을 했다. 그러나 정작 담배 소비를 통제하고자 하는 법은 1998년에 상원에서 통과되지 않았다. 1996년 건강에 관한 클린턴의 종합적인 사업 역시 의료에 관한 보통예금계좌 문제를 놓고 공화당과 민주당의 의견 불일치로 인하여 법으로 통과되지 않았다.

1993년 클린턴은 주로 자동차에서 생활하는 유권자들에 관련된 법안 하나를 승인했다. 결과적으로 어느 주에 있더라도 미국 국민들은 운전면허증을 제시하면 투표를 하기 위해 등록을 할 수 있게 되었다. 행정명령을 내려 클린턴은 무기판매업자의 허가를 엄격히 규제하도록 했으며 반자동 무기의 수입을 금지시켰다. 그는 역시 권총폭력방지법안에 서명했다. 1994년 의회는 범죄와 관련된 법안을 하나 통과시켰는데 클린턴이 이를 적극 지지했다. 이 법안은 보조 경찰공무원에 대해 자금을 제공하고 주 교도소 시설을 확장하는 내용, 연방 사형제도를 확대하는 내용, 19가지 종류의 반자동 무기의 사용을 금지하는 내용, 이와 관련된 3진 아웃제도가 포함되어 있다. 이 법안은 범죄율이 높은 지역에서 사회 프로그램을 운영하는 데 들어갈 자금을 확보하고 있었는데, 법을 통과시키기 위해 타협하는 가운데 그 액수가 많이 축소되었다. 1997년 전국범죄희생자조사는 정부가 1973년에 기록을 시작한 이래로 가장 낮은 범죄율을 보여주었다. 미연방수사국(FBI)은 1969년 이래로 가장 낮은 살인범죄율을 보여주었다고 발표했다. 1996년 클린턴은 후천성 면역 결핍증(AIDS)에 감염된 군인은 제대를 시키는 것을 요구하는 내용이 포함된 법안에 서명했는데, 정작 그는 이 법의 적극적인 시행에 대해서는 고려하지 않았다. 같은 해에 그는 이미 임신기간이 오래된 임산부의 낙태를 금지하는 법안에 대해 거부권을 행사했고, 불량상품을 만들어 유통시키는 사람들에 대한 처벌조항에 제한을 두는 조치에 대해서도 거부권을 행사했다. 그러나 그는 최저임금을 인상시키는 법안에 서명을 했고 노동자들이 직업을 바꾸었을 때에도 이전 상태로 건강보험제도의 혜택을 받게 하는 새로운 법을 승인했다. 고기를 검사할 때 세균에 대한 보다 많은 과학적인 실험을 요구하는 법안이 만들어졌는데 클린턴은 이를 승인했다.

클린턴은 1996년 복지개혁법안에 서명을 했는데 이것은 복지혜택을 받는 수혜자가 5년 내에 일자리를 다시 찾거나 아니면 복지혜택을 받을 자격을 상실한다는 내용을 포함하고 있었다. 이 법안은 수혜자들이 반드시 일자리를 찾을 수 있다는 것을 보장하지는 않았다. 여기에서는 직업훈련과 육아를 위한 얼마간의 자금을 제공한다고 명시하고 있지만, 이것으로는 전혀 충분하지 않았다. 이 법안은 아주 가난한 어린이들을 위한 현금지원에 대한 연방정부의 보증을 끝내게 하고, 주정부에게 일괄하여 일시에 돈을 지불함으로써 주정부 자체 프로그램을 운영하도록 했다. 그러나 클린턴 행정부는 총체적으로 볼 때 의회가 의도했던 것보다 더 엄격한 생활기준을 요구했기 때문에 가난하고 불구의 어린이들이 더 고통을 받는 결과를 낳았다. 가난하고 불구인 사람으로 복지혜택을 받는 사람은 그 수를 14만 2천명으로 한정했기 때문에 클린턴 행정부 이래 새로 복지혜택을 신청한 사람들 중 2/3가 혜택을 받을 수 없었다.

　대통령이 되고 나서 곧바로 클린턴은 고소득을 올리는 집안을 대상으로 개인소득세를 인상했고 기업의 소득세도 인상했다. 그는 기업이 식사와 환대에 공제할 수 있는 액수를 줄였다. 클린턴은 휘발유와 연료용 기름에 대한 세금을 인상하고 정부의 소비지출을 줄였다. 그는 65세 이상의 노인의료보험 제도의 보험 수당지급에 대한 새로운 한계를 설정했다. 오랫동안 서로간에 실랄한 토론을 거친 후에 예산을 줄이고 세금을 올린다는 내용의 타협안이 통과되었으나 상하 양원에서 모든 공화당원이 이 법안에 반대표를 던졌다.

　공화당 소속의원의 강력한 의사진행 방해가 있은 후 클린턴은 북서부 지역에 있는 연방 소유의 오래된 숲에 대한 벌채를 제한하고 멸종 위기에 처한 종(種)을 보호하는 계획안을 제출했다. 이 계획안은 연방의회의 승인 없이 단지 법원의 승인만 얻으면 되었다. 행정조정을 거쳐 클린턴은 정부 소유의 공공토지에서 동물을 돌보아주는 공무원격인 목장주의 봉급을 두 배로 인상시켰다. 이 조정안에는 목초지 환경을 엄격하게 보호해야 한다는 조항도 포함되어 있었다. 또한 그는 습지대가 완전히 없어지지 않도록 무척이나 애를 썼다. 1994년 연방상원은 공화당 소속의 의사진행 방해자의 방해를 무시하고 약 6백 60만 에이커에 달하는 캘리포니아 사막 황무지 지역을 미개발지로 놔두기로 결정했다. 환경보호청은 2년 내에 36가지 이상의 살충제 사용을 금지시킬 것을 제안했다. 1998년에 타결을 본 예산안에서 클린턴은 땅위를 흐르는 오염된 빗물을 처리하고 온실가스를 연구하고 위험에 처한 종을 보호하는 비용으로 17억 달러에 달하는 추가예산을 확보했다. 1996년 클린턴은 지역 전화회사와 장거리 운송회사, 그리고 전신 운영자들 사이의 경쟁을 촉진시키기 위한 법안에 서명했다. 같은 해에 클린턴은 주정부가 시정부의 식수체계 운영을 향상시키는 데 도움을 주는 맑은 물의 이용과 관련된 법안에 서명했다. 이 법안은 일반 대중들에게 물의 오염 정도에 대한 정보를 알 수 있게 해주었다. 행정명령을 내려 클린턴은 유타주에 나선 모양의 대규모 국립기념물을 만들도록 했다.

　클린턴은 의회와 법원, 그리고 주정부에서 자신의 정책에 대한 반대에 대해 소수민족에 대한 차별철폐정책을 펼치는 등 적극적인 행동정책을 취하였다. 그는 법무부 내에 시민권을 다루는 최고 행정 책임자로 중국계 미국인을 임명하였는데, 클린턴의 지나친 적극 행동 때문에 상원에서 차단되었다. 그는 적극행동정책을 유지하여 미연방 대법원 판사에 두 명의 유대인을 임명했다. 지난 여러 해 동안 미 연방 대법원에서는 유대인이 임명된 것이 없었고 게다가 두 명이 동시에 임명된 경우는 전혀 전례가 없었다. 클린턴은 인사정책에서 중요한 판단 기준을 다양하게 이용했다. 그는 본래의 "미국처럼 보이는" 내각을 원했다. 그의 첫 번째 내각에는 두 명의 흑인, 두 명의 히스패닉, 그리고 세 명의 여성이 포함되어 있었다. 클린턴은 여성을 국무장관에 임명하고 여성을 법무장관에 임명한 최초의 대통령이었다. 쿠바와 아이티에서 들어오는 난민의 수를 줄이기 위해 어느 곳이든 그들을 위한 안전한 수용소를 만들어 주고자 했다. 클린턴은 합법적이건 불법적이건 상관 없이 모든 외국인에 대한 혜택을 박탈하려는 의회의 행동을 막고자 했고, 결과적으로 합법적 이민에 대해서는 종래의 혜택을 다시 회복시켜 주었다.

클린턴은 소말리아, 보스니아, 아이티 등에 미군을 파견했는데, 이 나라 국민들에 대한 보다 인간적인 대우를 확보하기 위해서였다. 그는 1993년에 중국의 장쩌민(Jiang Zemin)을 만나 앞으로 중국이 인권 상태를 개선시키지 않는다면 미국은 중국과 우호적인 관계를 다시 시작하지 못할 것이라고 말했다. 그러나 그는 사실상 중국이 인권 상태를 개선하지 않았음에도 불구하고 중국과의 관계를 새롭게 시작했다. 1997년 클린턴이 장쩌민의 인권정책에 대해 정면으로 도전하고 난 후, 장쩌민은 중국의 반체제 지도자 중 한 사람인 위진성(Wei Jinsheng)을 석방했다.

클린턴은 여러 가지 교육개혁안을 제출하여 크게 성공을 거두었다. 클린턴은 교육예산의 사용을 둘러싸고 의회와 줄기차게 투쟁을 벌였다. 클린턴은 단지 공립학교에만 연방자금을 지원해 주려 했지만 의회내 공화당원은 사립학교와 교구학교에도 얼마간의 지원을 해주기를 원했다. 클린턴이 행사한 최초의 거부권은 의회에 의한 교육비 삭감을 실행하고자 하는 법안이었다. 결국 의회는 클린턴이 교육, 훈련, 환경 프로그램을 실시하는 데 필요한 자금을 확보해 주는 법안을 통과시켰다. 1993년 의회는 클린턴이 기초한 국민병역법안을 통과시켰다. 협의를 통해 통과된 1998년 예산안에서 의회는 클린턴에게 공립학교 교사의 추가 고용에 필요한 비용으로 11억을 추가 승인해 주었다. 클린턴은 또한 대학생에게 줄 장학금으로 들어갈 추가비용과 대학생을 둔 학부모의 세금공제를 위한 추가비용을 확보했다.

행정부와 정부 내에 관련된 업무수행 : 7점 17위(공동)

클린턴은 그의 행정부가 달성해야 할 목적과 목표를 설정하고 있었다. 그는 이 목적과 목표를 달성하기 위해 조직적으로 계획을 수립했다. 예를 들어 건강에 대한 정보·서비스·장비 등을 제공하는 활동을 수행하기 위해 특별한 태스크 포스팀을 만들어 운영하면서 여러 달에 걸쳐 청문회를 열고 증언을 듣고 세부적인 계획을 만들어 냈다. 그러나 클린턴은 이 문제를 의회에까지 상정하여 처리하지는 못했다. 이러한 것은 그의 행정부가 계획을 잘못 세운 데 있었던 것이 아니라 이 계획을 실천하지 못한 데 있었다.

클린턴 행청부 초기에는 백악관 참모들의 조직과 운영이 원활하지 않았다. 회의와 토론이 지나치게 잦아 적절한 결정을 내릴 수가 없었다. 여러 정치고문과 보좌관들은 그의 행정부에서 너무나 많은 역할을 했는데, 백악관 참모들은 클린턴에게 우유부단하고 효과도 없는 조언을 해주었다. 조직적인 운영도, 의사소통의 채널도 어느 것 하나 분명한 것이 없었다. 그러나 레온 패내타(Leon Panatta)가 참모장이 되면서 이들 고문의 활동을 제어하기 시작했다. 많은 것을 꼼꼼하게 챙기기 시작하였다. 패내타는 대통령에게 서류가 전달되기 전에 모든 서류를 다시 점검했고, 사전 예약 없이 백악관을 출입하는 일은 줄어들었다. 패내타가 사임하고 난 후에도 그가 추진한 개혁의 일부는 그대로 활용되었다.

적극적인 입장에서 클린턴은 "정부를 다시 만들어 낸다"는 계획을 발표했다. 약 800명 이상의 사람들로부터 권고를 받고, 이것들을 부통령 고어가 통합하여 정부를 더욱 효과적이고 반응에 민감한 조직으로 만들어 갔다. 예산안 책정과 이에 대한 사용은 2년을 주기로 해서 만들었는데, 의회가 이 계획을 받아들이지 않았다. 이 계획대로라면, 피고용자의 해고나 보고서 숫자를 줄이는 일, 의사결정 권한이 중간 간부들에게 쉽게 넘어가게 되어 있었다. 연방정부에 고용된 전 노동자의 수는 252,000명으로 한정되었다. 지역의 많은 공직이 폐쇄되고, 이에 따라 5년 동안에 약 1천 80억 달러를 절약할 수 있었다. 고어에게 주어진 권고사항들 중 많은 것은 의회의 승인을 요하는 것이었고, 따라서 이것들 중 많은 것은 사실상 입법적 과정의 부족 때문에 실현되지 않았다. 클린턴은 약 10개 이상의 연방정부 일자리를 없애면서 정부를 유선형의 더욱 효과적인 조직으로 만들어 나갔다.

클린턴은, 뛰어난 인물은 없지만 거의 모두가 강력한 힘을 가진 사람들로 지금까지 그 누구보다도 가장 다양한 내각을 구성했다. 클린턴은 이전에 자신들의 주장을 굽히기 전에 정치적으로 반대자 입장에 섰던 사람들 중 여러 사람을 내각 인사로 임명했다. 사람들은 이것을 보고 그의 정부가 우유부단하고 나약하고 준비가 되지 않다는 인상을 받았다. 클린턴은 행정부 인사들의 일을 관리 감독하는 데 능숙하지 못했다. 초기에 어설픈 실수를 경험하고 나서 클린턴은 행정부 인사들에게 적절한 역할을 부여했고 그들에게 충분한 권한과 권위를 주었다. 그리고 이들로 하여금 자신의 일이 가져온 결과를 책임지도록 만들었다. 그러나 그는 행정부를 완벽하게 장악하지 못하여 그들에게 명백한 임무를 부여하지도 못했고 그들에게 명백한 목적을 개발하도록 도움을 주지도 못했다.

클린턴의 의사소통 과정은 대통령으로 있는 동안 개선되었다. 건강문제와 관련하여 그가 특별히 임명한 태스크 포스 팀은 자신들이 수행하는 계획 중 일부를 알리지 않은 채 너무 오랫동안 정보를 비밀리에 운영했다고 클린턴으로부터 비난을 샀다. 클린턴은 너무 많은 정보를 줌으로써 오히려 국민들에게 무엇이 중요한지 그 초점을 맞추지 못하게 했다. 이러한 현실은, 보다 중요한 정책 문제나 보다 핵심적인 문제에 대한 것보다 사소하고 스캔들이나 소문 수준의 것들에 더 많은 관심을 표명하는 미디어의 일반적인 성향이 합쳐져 더욱 혼란스러운 양상을 연출하였다. 클린턴은 전직 대통령 레이건의 보좌관 데이비드 저젠(David Gergen)을 고용하여 일반 국민들이 관심의 초점을 중요 정책에 맞추도록 하고자 했다. 그러나 이 일은 성공적이지 못했다. 클린턴은 미디어가 인정하는 것보다 일반 국민들과 의사소통을 하는 데 더욱 효과적인 일을 했다. 그는 매주 라디오 연설을 통해 국정을 발표하고 텔레비전을 통해 기자회견을 했다. 그는 자신의 계획과 우선 처리하고자 하는 일, 국가가 어떻게 발전되어 가야 하는가에 대한 희망을 텔레비전 연설을 통해 발표했다.

클린턴은 정부지출을 줄여 가는 동안 가난한 사람들에게 주는 복지기금을 삭감한 것을 제외하면 사회복지 프로그램에 큰 해를 주지 않았다. 그는 예산 균형과 흑자예산에서 눈부신 성공을 거두었다. 그는 예산문제와 관련하여 자신이 성취하고자 하는 중요한 목적과 목표를 달성했다. 그의 목표는 적대적인 의회에 방해를 받기도 했지만, 그가 달성한 업적 중 일부는 사실 주목할 만한 것이었다.

클린턴은 상하 양원에서 민주당이 다수당으로 되어 있는 가운데 대통령에 올랐다. 그는 처음부터 입법부의 지지를 많이 얻는 정책을 실시했다. NAFTA 협정의 경우는 민주당보다 공화당으로부터 더 많은 지지를 받았다. 그러나 시간이 지나 감에 따라 공화당은 클린턴에게 걸림돌이 되어 갔다. 의회의 회기가 교착상태에 빠진 채로 끝이 났다. 공화당 상원의원들은 다수결의 원칙을 적용하여 법안으로 채택되는 것을 막기 위해 의사진행 방해자를 활용하고, 다른 지연작전을 펼쳤다. 공화당은 1994년 중간선거에서 상하 양원에서 승리하였다. 특히 연방하원에서 공화당은 많은 법안을 통과시키면서 성공을 거두었다. 그러나 이것들 가운데 상원에서는 법안으로 통과된 것은 거의 없었다. 8월의 휴회가 지났을 때 의회가 통과시킨 법안은 겨우 20가지 정도였다. 1995년 의회는 예산안의 통과를 거부했으며 정부 기능을 유지시키기를 거부했다. 그 해 12월 클린턴 정부는 그 기능이 중지되었다. 다음 해 1996년 1월 정부 운영을 다시 속개하는 법안에 서명을 했다. 일반 국민들은 정부가 고착상태에 빠진 것에 대해 클린턴보다 의회를 더 비난했다. 11월 선거에서 국민들은 다시 클린턴을 대통령으로 선출했고 의회의 다수당은 공화당이 차지하여다. 이제 더 이상 정부의 기능중지란 있을 수 없었다.

그럼에도 불구하고 공화당은 클린턴이 임명한 인사들에 대한 청문회를 거절함으로써 정부가 기능을 발휘하지 못하도록 방해했다. 때때로 민주당도 클린턴의 정부 운영에 고집센 반항아처럼 행동했다. 다수당인 공화당이 대통령의 무역협정과 관련된 결정사항에 찬성을 했지만 민주당은 이에 반대를 했다. 1998년 공화당은 초를 다투는 타협을 통해 대통령과 협상을 함으로써 또 한 번의 정부기능 상실을 피할 수가 있었다.

1994년 의회의 통제권을 공화당이 장악했기 때문에 클린턴은 상하 양원에서 통제하기 힘든 적에 둘러싸인 상황이 되었다. 의회에서 소위 종교적인 권한을 주장하는 사람들은 대통령에게 강한 적대감을 품었다. 담배생산에 대한 마케팅 전반을 통제하고자 한 노력은 의회가 우연히 반대한 것이었다. 상원의 의사진행 방해자들은 클린턴의 재정문제에 대한 개혁 노력을 방해했다. 일반 국민들이 압도적으로 탄핵에 반대하고 연방상원 역시 대통령에 대해 분명히 유죄입증을 내지 않았음에도 불구하고 연방하원은 당리당략에 이끌려 대통령을 탄핵했다. 사실 상원에서 대통령을 탄핵하기 위해서는 2/3 이상의 찬성이 있어야 하는데, 이 조건이 충족되지 않아 상원에서의 유죄입증은 이루어지지 않았다.

클린턴 대통령은 두 명의 훌륭한 자격을 갖춘 대법원 판사-루스 진저버거(Ruth B. Ginsburg)와 스티픈 브레이어(Stephen Breyer)-를 지명하여 의회의 승인을 받았다. 그러나 공화당 상원의원들은 하급법원에 대한 클린턴의 임명에 대해서는 거의 모든 청문회를 방해했다.

클린턴에게 있어서는 첫 번째 임기 동안 가장 우선되는 것은 대통령 재선이었지만, 전반적으로 볼 때 그는 국민의 이익에 최고의 관심을 보였다. 그는 국정을 운영하면서 강력한 유권자인 노동조합세력을 두려워하지 않았다.

지도력 및 의사결정과 관련된 업무수행 : 10점 17위(공동)

클린턴은 영감을 주는 지도자는 아니었지만, 대단히 호감을 주는 인물이었으며 상당한 카리스마도 가지고 있었다. 그러나 그는 너무나 많은 일을 한꺼번에 처리하려고 하는 성향을 갖고 있어서, 그의 행정부 관리들에게는 높은 수준의 업무수행이나 생산적인 결과를 기대하기 어렵게 만들었다. 클린턴은 상당한 설득력을 갖추고 있었지만 자신이 선택한 길이 올바른 길이라는 것을 항상 다른 사람에게 확신시키지는 못했다. 비록 그는 국정운영에서 자신이 주장한 프로그램을 선택하게 하는 데 상당한 성공을 거두었지만, 일부 핵심적인 문제에서는 그러하지 못했다.

소문에 이어 조사와 고발이 있었음에도 불구하고 클린턴은 1998년 9월 스타(Starr) 검사의 보고서가 나오기까지 정부에 대한 국민들의 확신을 유지시켰다. 많은 국민들은 클린턴에 대한 비난과 고발은 정치적인 것에 그 동기가 있다고 보았다. 그러나 클린턴과 모니카 르윈스키(Monica Lewinsky)와의 정사 사건 폭로와 이를 은폐하고자 한 시도는 정부는 물론 대통령에 대한 확신을 상당히 파괴시켰다. 많은 사람들은 대통령의 행동은 물론 스타 검사의 악의에 찬 복수행위, 또 의회에서 당파성에 얽매인 공화당에 대해 매스꺼워했다.

미국의 미래에 대한 클린턴의 비전은 이 나라의 비전이었다. 그것은 미국을 위해 기꺼이 일하고자 하는 모든 사람들의 실체인 미국의 꿈이었다. 미국사회의 다양성은 모두 함께 보다 강하게 성장하는 것이었고 평화와 자유와 번영을 주도해 나가는 미국의 지도력으로 세계 평화와 자유와 번영을 유지하는 것이었다. 이 비전을 달성해 가고자 한 클린턴의 전략은 모든 미국인들을 위한 기회를 창출하고 모든 사람에게 책임을 요구하고 나아가 보다 강력한 미국사회를 만들어 내는 것이었다. 그러나 그는 이런 비전을 모든 국민들 속에서 공유된 국가적 목표로 창출해 낼 만큼 의사소통을 충분히 하지 못했다. 그렇지만 대통령과 미국은 목적 없이 표류하는 수준은 아니었다. 클린턴 대통령은 이 나라가 올바른 방향으로 발전해 가야 하는 프로그램을 내놓았지만, 그는 의회에서 승인을 얻는 데 어려움을 겪어야 했다.

여러 가지 선택안을 놓고 고심하면서 클린턴은 하급자들과 여러 고문과 친구들의 이야기를 들었다. 그는 여러 사람의 다양한 견해를 듣고 철학적이고 정치적인 토론을 즐겼다. 대단한 독서광이었던 그는 역사에 대해 상당한 지식과 이해를 갖고 있었다. 그는 아주 영리하였으며 정신적으로 게으른 인물이 아니었다. 그는 자신의 지능을 이용하여 문제를 해결했으며 의사를 결정했다. 클린턴은 너무나 영리하여 타협을 할 수 없는 것으로 보였다. 그러나 그는 절반이라도 없는 것보다는 낫다고 생각했다. 이런 생각으로 그는 신속하게 타협에 응했고, 사람들은 이런 클린턴을 보면서 그가 지나치게 유하거나 미지근한 사람이라는 인상을 받았다. 클린턴은 때때로 국민들과의 갈등을 유발시킬 수 있는 내용에 대해서는 그의 목소리를 죽였다.

클린턴은 비상사태에 침착함을 유지했다. 그는 신중하고 분별력 있으며 만약 피할 수 있다면 비상시 임시결정을 하지 않았다. 그러나 꼭 필요한 것이라면 과감하게 결정을 내렸다. 그는 어리둥절하거나 당황한 모습을 거의 보이지 않았다. 그는 문제의 본질이 아닌 것을 떼어내어 버리고 핵심적인 문제에 집중하는 능력을 가지고 있었다. 많은 사람들은 그에 대한 탄핵재판이 진행중인데도 불구하고 그가 외교문제나 국내 프로그램에 대한 핵심적인 문제에 초점을 맞추고 있다는 사실에 놀라지 않을 수가 없었다.

개인적 성격과 도덕성 : −3점 36위

클린턴은 공적으로는 항상 권위를 가지고 행동했다. 그는 너무 많은 인터뷰 프로에 출현하여 개인적 질문에 대해 너무나 많은 대답을 했다. 대배심원 앞에서의 증언은 그의 권위에 손상을 주었고 심지어 대통령직에 대한 심판을 요구하게 했다. 대배심원 앞에서의 증언이 공개되기까지 클린턴은 대통령으로서 국민들이 미국인이라는 자부심을 가지고 있는 것에 큰 영향을 주지 않았다. 그러나 대배심 앞에서 증언이 이루어지고 난 후 대부분의 사람들은 클린턴이 그들의 대통령이라는 사실에 자부심을 갖지 못하게 되었다. 어떤 사람들은 아예 그가 자신들의 대통령이라는 사실에 부끄러움을 느꼈다. 클린턴의 흉한 사적 행동에 대한 폭로는 대통령직의 상태를 약화시켰다.

의회는 클린턴 대통령에게 대통령의 개별조항 거부권을 주었다. 이는 대통령의 권한을 일시적으로 증대시켜 주었는데, 법원이 이를 위헌이라고 판결할 때까지 유지되었다. 클린턴 행정부 동안 대통령직의 권한은 독립된 특별검사에게 주어진 권한에 의해 또 대통령에게 민사소송에서 증언을 하도록 요구하는 법원의 판결에 의해, 또 비밀을 유지할 수 있는 행정특권을 거부함으로써 일시적으로 약화되었다. 그러나 한편 사임 요구에 대한 클린턴의 단호한 거부는 대통령직의 권한을 강화시켜 주었다. 특별검사에 의한 권력 남용은 대통령직의 폐지나 혹은 대통령직에 대한 엄격한 통제 쪽으로 초점이 맞추어졌다. 그러나 대통령직의 권한은 곧바로 원상복귀되었고 클린턴이 저지른 잘못 때문에 영향 받지 않았다.

대다수의 국민들은 마음 속으로 클린턴을 자기 편이라고 생각했다. 국민들은 클린턴이 자기들 편이며 자신들의 이익을 위해 노력하고 자신들을 위해 일한다고 생각했다. 비록 대통령선거운동에서 큰 액수를 기부한 사람들이 대통령에게 수월하게 접근할 수 있었지만, 클린턴은 모든 분야의 국민들로부터 정보를 입수했다. 대통령에 취임하고 초기에 그는 백악관에서 일주일에 두 번씩 약 40명 이상의 일반 국민들과 식사를 했다. 클린턴은 초대한 사람들과 둘러앉아 그들 모두와 이야기를 나누었다. 그는 국민들과 이야기하는 것을 즐겼고 제3자의 입장에서 군중 속에 끼여들어 대화하기를 좋아했다. 클린턴은 연설과 여행을 통해 국민들에게 가까이 다가갔는데, 의회 간부들에 대해서는 국민들에게 보였던 만큼의 친숙함을 유지하지 못했다.

클린턴은 흠이 없는 고결한 사람으로 보이지는 않았다. 그의 성격이 도마 위에 올랐고, 그는 기꺼이 타협을 했기 때문이다. 클린턴이 구성한 내각인사들 중 몇몇이 정적들로부터 공격을 당했을 때 클린턴이 그들을 지지해 주지 않은 것은 그가 고결한 사람이 못 된다는 점을 잘 보여준다. 대배심원 앞에서 행한 증언에서 그가 지나치게 법률적으로 변호하려 한 태도 역시 그의 고결성을 의심하게 만드는 요소였다.

클린턴이 아칸소 주지사라는 공직을 이용하여 경제적으로 이익을 취했다는 고발은 입증되지 않았다. 역시 대통령직을 이용하여 공익을 희생으로 삼아 사적으로 이익을 취했는지에 대한 증거도 없다.

사적생활에서 높은 수준의 도덕성을 유지하지 못한 클린턴의 행동은 대통령직의 명성을 다소 위축시켰다. 화이트워터 사건, 파울 존스(Paul Jones) 스캔들, 그리고 부적절한 자금모금에 대한 고발 역시 대통령직의 명성에 상처를 주었다. 그러나 여기에서도 클린턴이 직접적으로 불법행동을 했는가에 대한 뚜렷한 증거는 없었다. 그러나 대부분의 국민들은 모니카 르윈스키와 클린턴의 관계는 비도덕적인 행위에 해당된다고 믿었다. 거기에다 대부분의 국민들은 클린턴이 대배심원단 앞에서 위증을 했을 뿐 아니라 심지어 가족과 참모진 그리고 국민들에게도 위증을 했다고 믿었다. 그럼에도 대대수의 국민들은 이것 때문에 클린턴이 대통령직을 그만두어야 한다고는 생각하지 않았다.

종합평가 : 41점 18위(공동)

아직 클린턴의 두 번째 임기가 끝나지 않았지만(이 책이 출간된 시점에서) 우리는 그에게 임시적으로 41점을 주었고 이는 총 18위에 해당한다. 그에 대한 평가에 영향을 줄 수 있는 많은 일들이 아직 진행중이다. 테러공격은 물론 중요한 전쟁의 발발, 세계적 규모의 경제침체의 도래 등 클린턴 대통령에 대한 평가에 영향을 줄 수 있는 사건들이 일어날 가능성이 크다. 계속되는 번영과 성공을 거듭하고 있는 평화유지를 위한 행동, 그리고 건강과 관련된 프로그램은 물론 재정제도의 개혁, 또 다른 혁신적인 개혁안에 대한 클린턴의 제안을 의회가 승인한 일 등을 보건대 그에 대한 평가가 상향될 가능성도 없지는 않다. 그런데 경험으로 미루어 보건대 대부분의 대통령은 첫 번째 임기보다 두 번째 임기에서 성공하는 비율이 낮다. 따라서 우리는 클린턴에 대한 평가 역시 상향조정되리라고 큰 기대는 하지 않는다.

Alden, John R. *George Washington: A Biography*. Avenal, NJ: Random, House Value, 1995.

Ammon, Harry. *James Monroe: The Quest for Identity*. New York: McGraw-Hill, 1971.

Ariail. Dan, and Cheryl Heckler-Fritz. *The Carpenter's Apprentice*. Grand Rapids: Zondervan, 1996.

Bailey, Thomas A. *Presidential Greatness*. New York: Appleton-Century, 1996.

Barber, James David. "Analyzing Presidents: From Passive-Positive Taft to Active-Negative Nixon." *Washingto n Monthly* (1966).

Barber, James D. *Presidential Character: Predicting Performance in the White House*. 4th ed. Paramus, NJ: Prentice-Hall, 1992.

Barilleaux, Ryan J. *The Post-Modern Presidency: The Office After Ronald Reagan*. Westport, CT: Green-Wood, 1988.

Bishop, Joseph Bucklin. *Theodore Roosevelt and His Time, Shown in His Own Letters*. 2 vols. New York, 1920.

Blakesley, Lance. *Presidential Leadership from Eisenhower to Clinton*. Chicago: Nelson-Hall, 1995.

Bolden, Morton, ed. *America's Ten Greatest Presidents*. Chicago: Rand McNally, 1961.

Bourne, Peter G. *Jimmy Carter: A Comprehensive Biography From Plains to Postpresidency*. New York: Lisa Drew Books/Scribner, 1997.

Brandt, Irving. *The Fourth President: A Life of James Madison*. Indianapolis: Bobbs Merrill Co., 1930.

Brody, Richard A. *Assessing the President: The Media, Elite Opinion, and Public Support*. Stanford, CA: Stanford University Press, 1991.

Burk, Robert F. *Dwight D. Eisenhower, Hero and Politician*. Boston: Twayne

Publishers, 1986.

Burner, David. *Herbert Hoover: A Public Life.* New York: Alfred A. Knopf, 1979.

Burns, James McGregor. *Roosevelt: The Lion and the Fox.* New York: Harcourt, Brace, Jovanovich, 1956.

Busch, Noel F. *T. R. The Story of Theodore Roosevelt and His Influence on Our Times.* New York: Morrow, 1963.

Cannon, Lou. *Reagan.* New York: G.P. Putnam's Sons, 1982.

Carroll, John Alexander, and Mary Wells Ashworth. Completing the biography by Douglas Southall Freeman. *George Washington.* vol. 7. *First in Peace.* New York: Charles Scribner Sons, 1957.

Carter, Jimmy. *Keeping Faith: Memoirs of a President.* New York: Bantam Books, 1982.

Chitwood, Oliver Perry. *John Tyler: Champion of the Old South.* Newtown, CT: American Political Biography Press, 1990. (Originally published by the American Historical Association, 1939.)

Clinton, Bill. *Between Hope and History.* New York: Random House, 1996.

Collier, Peter with David Horowitz. *The Roosevelts: An American Saga.* New York: Simon & Schuster, 1994.

Coolidge, Calvin. *The Autobiography of Calvin Coolidge.* New York: Cosmopolitan Book Corporation, 1929.

Cormier, Frank. *LBJ: The Way He Was.* Garden City, NY: Doubleday, 1977.

Corwin, Edward S. *The President: Office and Powers.* 5th rev. ed. New York: New York University Press, 1984.

Cronin, Thomas E. *The State of the Presidency.* Boston: Little, Brown, 1973.

Cunnigham, Noble E., Jr. *The Pursuit of Reason: The Life of Thomas Jefferson.* Baton Rouge: Louisiana State University Press, 1987.

Davis, Burke. *Old Hickory: A Life of Andrew Jackson.* New York: Dial Press, 1977.

Davis, James W. *The American Presidency.* 2nd ed. Westport, CT: Greenwood, 1995.

DeGregorio, William A. *The Complete Book of Presidents.* Avenal, NJ: Random House Value, 1997.

Derbyshire, Ian. *The United States from Carter to Bush.* Edinburgh: W.& R. Chambers, 1990.

Di Clerico, Robert E. *The American President*. 4th ed. Paramus, NJ: Prentice-Hall, 1994.

Donald, David Herbert. *Lincoln*. New York: Simon and Schuster, 1995.

Drew, Elizabeth. *On the Edge: The Clinton Presidency*. New York: Simon & Schuster, 1994.

Duffy, Herbert S. *William Howard Taft*. New York: Minton, Balch, 1930.

Duffy, Michael, and Dan Goodgame. *Marching in Place: The Status Quo Presidency of George Bush*. New York: Simon & Schuster, 1992.

Eckenrode, H.J. *Rutherford B. Hayes, Statesman of Reunion*. New York: Dodd, Mead, 1930.

Edwards, David V. *The American Political Experience*. 2nd ed. Englewood Cliffs, NJ: Prentice Hall, 1982.

Ellis, Joseph J. *Passionate Sage: The Character and Legacy of John Adams*. New York: Norton, 1993.

Evans, Rowland, Jr., and Robert D. Novak. *Nixo n in the White House: The Frustration of Power*. New York: Random House, 1971.

Ewald, William Bragg. *Eisenhower the President*. Englewood Cliffs, NJ: Prentice-Hall, Inc. 1981.

Fehrenbacher, Don. E. *The Leadership of Abraham Lincoln*. Problems in American History Series. New York: Wiley, 1970.

Fehrenbacher, Don. E. *Prelude to Greatness*. Stanford, CA: Stanford University Press, 1962.

Fehrenbacher, Don. E. *The Changing Image of Lincoln in American Historiography*. Oxford: Clarendon Press, 1968.

Ferling, John E. *The First of Men: A Life of George Washington*. Knoxville: University of Tennessee Press, 1988.

Finer, Herman. *The Presidency: Crisis and Regeneration*. Chicago: University of Chicago Press, 1960.

Freeman, Douglas Southall. *George Washington*. Vol. 6. *Patriot and President*. New York: Charles Scribner Sons, 1954.

Friedman, Leon, and William F. Levantrosser. *Richard M. Nixon, Politician, President, Administrator*. New York: Greenwood, 1991.

Fuess, Claude M. *Calvin Coolidge: The Man from Vermont*. Westport, CT: Greenwood, 1965.

Gara, Larry. *The Presidency of Franklin Pierce.* American Presidency Series. Lawrence: The University Press of kansas, 1963.

Grant, Ulysses S. *Personal Memoirs of U.S. Grant.* 2vols. New York: Charles L. Webster, 1885, 1886.

Green, Fitzhugh. *George Bush: An Intimate Portrait.* New York: Hippocrene Books, 1989.

Hamilton, Holman. *The Three Kentucky Presidents.* Lexington: The University Press of Kentucky, 1978.

Green, Fitzhugh. *Zachary Taylor.* (2 vols.) Indianapolis: Bobbs-Merrill, 1941, 1951.

Haynes, Sam W. *James K. Polk and the Expansionist Impulse.* New York: Longman, 1997.

Hecht, Marie. *John Quincy Adams: A Personal History of an Independent Man.* New York: Macmillan, 1972.

Heckler-Feltz, Cheryl, and Daniel G. Ariail. *The Carpenter's Apprentice.* Grand Rapids: Zondervan, 1996.

Hesseltine, William B. *Ulysses S. Grant, Politician.* New York: Dodd, Mead, 1935.

Hill, Dilys M., and Phil Williams, eds. *The Bush Presidency: Triumphs and Adversities.* New York: St. Martin's, 1994.

Hoyt, Edwin D. *James Buchanan.* Chicago: Reilly & Lee, 1966.

Jewett, Robert ed. *The Captain America Complex.* Santa Fe. NM: Bear, 1984.

Kane, Joseph Nathan. *Facts about the Presidents.* 6th ed. New York: H.W. Wilson, 1993.

Kearns, Doris. *Lyndon Johnson and the American Dream.* New York: Harper and Row, 1976.

Kellerman, Barbara. *The Political Presidency: Practice of Leadership From Kennedy Through Reagan.* New York: Oxford University Press, 1986.

King, Frank R. *America's Nine Greatest Presidents.* Jefferson, NC: McFarland, 1997.

Klein, Phillip S. *President James Buchanan.* Signature Series on American Politics. University Park: Pennsylvania State University Press, 1962.

Krog, Carl E., and William R. Turner, eds. *Herbert Hoover and the Republican Era.* Lanham, MD: University Press of America, 1984.

Lasky, Victor. *Jimmy Carter: The Man and the Myth*. New York: Richard Marek, 1979.

Leech, Margaret. *In the Days of McKinley*. New York: Harper, 1959.

Lerner, Max. *Thomas Jefferson: America's Philosopher-King*. New Brunswick, NJ: Transaction, 1996.

Light, Paul C. *The President's Agenda: Domestic Policy Choices from Kennedy to Reagan*. 2nd rev. ed. Baltimore: Johns Hopkins Press, 1991.

Link, Arthur S. (ed.) *Woodrow Wilson: A Profile*. New York: Hill &Wang, 1968.

Lorant, Stefan. *The Glorious Burden*. Lenox, MA: Authors Edition, 1976.

Lorant, Stefan. *The Presidency*. New York: Macmillan, 1951.

Lorant, Stefan. *The Life and Times of Theodore Roosevelt*. Garden City, NY: Doubleday, 1959.

Loth, David. *Woodrow Wilson: The Fifteenth Point*. New York, J.B. Lippincott, 1941.

Lyons, Eugene. *Herbert Hoover: A Biography*. Garden City, NY: Doubleday, 1964.

McCormac, E. L. *James K. Polk: A Political Biography*. Newtown, CT: American Political Biography Press, 1922.

MCoy, Charles A. *Polk and the Presidency*. Austin: University of Texas Press, 1960.

McCullough, David. *Truman*. New York: Simon & Schuster, 1992.

McElroy, Robert. *Grover Cleveland, the Man and the Statesman: An Authorized Biography*. 2vols. New York: Harper & Brothers. 1923.

Mapp, Alf J., Jr. *Thomas Jefferson: Passionate Pilgrim*. Lanham, MD: Madison Books, 1981.

Maranell, Gary M. "The Evaluation of Presidents: An Extension of the Schlesinger Polls." *Journal of American History* 57(June 1970): 104-131.

Marble, Harriet Clement. *James Monroe: Patriot and President*. New York: G. P. Putnam's Sons, 1970.

Mariniss, David. *First in His Class: The Biography of Bill Clinton*. New York: Simon & Schuster, 1995.

Mason, Alpheus Thomas. *William Howard Taft: Chief Justice*. London: Oldbourne, 1965.

Michaels, Judith E. *The President's Call: Executive Leadership from FDR to*

George Bush. Pittsburgh: University of Pittsburgh Press, 1997.

Morgan, H. Wayne. *William McKinley and His America*. Syracuse: Syracuse University Press, 1963.

Morgan, Ted. *FDR: A Biography*. New York: Simon & Schuster, 1985.

Morrill, Martha McBride. *Young Hickory: Life and Times of President James K. Polk*. New York: E.P. Dutton, 1949.

Murray, Robert K. *The Harding Era: Warren G. Harding and His Administration*. Minneapolis: University of Minnesota Press, 1969.

Murray, Robert K., and Tim H. Blessing. *Greatness in the White House*. University Park: Pennsylvania State University Press, 1988.

Murray, Robert K., and Tim H. Blessing. "The Presidential Performance Study: A Progress Report." *Journal of America History* 70 (December 1983): 535-555

Myers, Elisabeth P. *Benjamin Harrison*. Chicago: Reilly & Lee, 1969.

Nagel, Paul C. *John Quincy Adams: A Public Life*. New York: Alfred A. Knopf, 1997.

Neal, Steve. "Our Best and Worst Presidents." *Chicago Tribune Magazine*(January 10, 1982): 8-13, 15, 18.

Nelson, Michael. *Presidency: A History of the Office of the President of the United States from 1789*. New York: Smithson, 1996.

Neustadt, Richard E. *Presidential Power and the Modern Presidents: The Politics of Leadership from Roosevelt to Reagan*. New York: Free Press, 1989.

Nichols, Roy Franklin. *Franklin Pierce: Young Hickory of the Granite Hills*. Philadelphia: University of Pennsylvania Press, 1931.

Niven, John. *Martin Van Buren: The Romantic Age in American Politics*. New York: Oxford University Press, 1983.

Osborne, John. *White House Watch: The Ford Years*. Washington: New Republic Books, 1977.

Parmet, Herbert S. *Richard Nixon and His America*. Boston: Little Brown, 1990.

Peckham, Howard. *William Henry Harrison: Young Tippecanoe*. Indianapolis: Bobbs-Merrill, 1962.

Pederson, William D. *The Barberian Presidency: Theoretical and Empirical Readings*. American University Studies: Political Science, Ser. X, vol 14. New York: Peter Lang, 1989.

Rayback, Robert J. *Millard Fillmore*. Buffalo: Buffalo Historical Society, 1959.

Reeves, Richard. *President Kennedy: Profile of Power*. New York, 1993

Reeves, Thomas C. *Gentleman Boss: The Life of Chester A. Arthur*. New York: Alfred A. Knopf. 1975.

Riccards, Michael P. *Ferocious Engine of Democracy: A History of the American Presidency*. 2 vols. New York: Madison, 1995.

Riccio, Barry D. "The U.S. Presidency and the 'Ratings Game.' " *Historian* 52 (August 1990): 566-583.

Ridings, William J., Jr., and Stuart B. McIver. *Rating the Presidents*. Secaucus, NJ: Citadel Press, 1997.

Rossiter, Clinton. *The American Presidency*. New York: New American Library, 1962

Russell, Francis. *The Shadow of Blooming Grove: Warren G. Harding in His Times*. New York: McGraw-Hill, 1968.

Schlesinger, Arthur M., Jr. *The Age of Roosevelt*. vol.2. *The Coming of the New Deal*. Boston: Houghton Mifflin, 1959.

Schlesinger, Arthur M., Jr. *The Age of Roosevelt*. vol. 3. *The Politics of Upheaval*. Boston: Houghton Mifflin, 1960.

Schlesinger, Arthur M., Jr. "The Ultimate Approval Rating." *New York Times Magazine* (December 15, 1996)

Schlesinger, Arthur M., Sr. "Historians Rate U.S. Presidents." *Life* (November 1, 1948): 65-66, 68, 73-74.

Schlesinger, Arthur M., Jr. "Our Presidents: A Rating by 75 Historians." *New York Times Magazine* (July 29, 1962):12-13, 40-41, 43.

Seager, Robert Ⅱ. *And Tyler Too:A Biography of John and Julia Gardiner Tyler*. New York, McGraw-Hill, 1963.

Sidey, Hugh. *A Very Personal Presidency: Lyndon Johnso n in the White House*. New York, 1968.

Sievers, Harry J. *Benjamin Harrison, Hoosier President*. 3 vols. Chicago: H. Regnery, 1952-1969.

Sinclair, Andrew. *The Available Man: Warren Gamaliel Harding*. New York: Macmillan, 1965.

Smith, Elbert B. *The Presidencies of Zachary Taylor and Millard Fillmore*. American Presidency Series. Lawrence: The University Press of Kansas

1988.

Smith, Page. *Jo hn Adams*. 2 vols. Garden City, NY: Doubleday, 1962.

Smith, Richard Norton. *An Uncommo n Man: The Triumph of Herbert Hoover*. New York: Simon & Schuster, 1984.

Sokolsky, Eric. *Our Seven Greatest Presidents*. New York: Exposition Press, 1964.

Taylor, Tim. *The Book of Presidents*. New York: Arno Press, 1972.

Ter Horst, Jerald F. *Gerald Ford and the Future of the Presidency*. New York: Joseph Okpaku, 1974.

Thelen, David, ed. *The Constitution and American Life*. Ithaca, NY: Cornell University Press, 1987.

Thomas, Benjamin P. *Abraham Lincoln*. New York: Alfred A. Knopf, 1952.

Thomas, Lately. *The First President Johnson: The Three Lives of Andrew Johnson the Seventeenth President of the United States of America*. New York: Morrow, 1968.

Tugwell, Rexford Guy. *Grover Cleveland*. New York: Macmillan, 1968.

Welch, Richard E., Jr. *The Presidencies of Grover Cleveland*. American Presidency Series. Lawrence: The University Press of Kansas, 1988.

White, William Allen. *A Puritan in Babylon: The Story of Calvin Coolidge*. New York: Capricorn Books, 1938.

Whitney, David C., and Robin Vaughn Whitney. *The American Presidents*. Pleasantville, NY: Readers' Digest Association, 1996.

Wills, Gary. *Reagan's America: Innocents at Home*. Garden City, NY: Doubleday, 1987.

Wright, Anna Marie Rose. *The Dramatic Life of Abraham Lincoln*. New York: Grosset & Dunlap, 1925.

| 찾아보기 |

지은이 **찰스 F. 파버**

미국의 여러 대학에서 교수를 역임하다 은퇴했다. 그는 미국 대통령에 대한 평가뿐만 아니라 미국 야구와 야구 선수에 대한 평가, 교육분야의 다양한 평가를 전문 연구분야로 하고 있다. 현재 켄터키주 렉싱턴에 살고 있다.

리처드 B. 파버

교사, 공무원, 공군장교로 활동하다가 역시 은퇴했다. 현재 아이오와주 데모인에 살고 있다.

옮긴이 **김형곤**

거창고등학교, 한성대학교 사학과를 졸업하고 중앙대학교 대학원에서 미국사로 석사, 박사학위를 받았다. 주요 논문으로 「미국의 적색공포(1919~1920)에 관한 연구」가 있고 저서로『미국의 적색(赤色) 공포』가 있다. 역서로『미국의 음식문화』,『위대한 대통령, 끔찍한 대통령』,『이런 대통령 뽑지 맙시다』 등이 있다. 최근 미국 사회와 정치, 특히 대통령에 대한 평가와 대통령의 지도력에 깊은 관심을 가지고 「캘빈 쿨리지 대통령의 평가에 대한 당위성」 등을 발표하였다. 현재 건양대학교 교수로 있다.

대통령의 성적표

찰스 F. 파버 | 리처드 B. 파버 지음
김형곤 옮김

1판1쇄 인쇄 | 2003년 1월 3일
1판1쇄 발행 | 2003년 1월 6일

발행처 도서출판 혜안
발행인 오일주
등 록 1993년 7월 30일 제22-471호
주 소 서울시 마포구 서교동 326-26번지 102호
전 화 3141-3711~3712
팩 스 3141-3710
이메일 hyeanpub@hanmail.net

값 25,000원
ISBN 89-8494-170-0 03340